Le droit du travail du Québec

5ᵉ édition

Robert P. Gagnon

Le droit du travail du Québec

5ᵉ édition

ÉDITIONS YVON BLAIS

UNE SOCIÉTÉ THOMSON

Catalogage avant publication de la Bibliothèque nationale du Canada

Gagnon, Robert P., 1946-

    Le droit du travail du Québec

    5ᵉ éd.

    Comprend des réf. bibliogr. et un index.

    ISBN 2-89451-634-7

    1. Travail – Droit – Québec (Province). 2. Travail – Droit – Québec (Province) – Jurisprudence. I. Titre.

KEQ642.G33 2003   344.71401   C2003-940392-0

Nous reconnaissons l'aide financière du gouvernement du Canada accordée par l'entremise du Programme d'aide au développement de l'industrie de l'édition (PADIÉ) pour nos activités d'édition.

© Les Éditions Yvon Blais Inc., 2003
C.P. 180 Cowansville (Québec) Canada
Tél.: (450) 266-1086 Fax: (450) 263-9256
Site web: www.editionsyvonblais.qc.ca

Dépôt légal: 1ᵉʳ trimestre 2003
Bibliothèque nationale du Québec
Bibliothèque nationale du Canada

ISBN: 2-89451-634-7

MERCI

à la vie,
à ceux et celles avec qui je la partage,
de m'avoir permis
d'ajouter à la mienne
l'épisode qui suit.

R.P.G.

AVANT-PROPOS

Cette présentation du droit du travail privilégie une approche pratique de la matière. Tout en exposant les principes essentiels qui animent le droit du travail du Québec, elle met délibérément l'accent sur leurs principales conséquences et modalités d'application dans les situations les plus courantes auxquelles les rapports individuels et collectifs du travail donnent lieu.

L'exposé qui suit fait d'abord état, au titre préliminaire, des grands principes constitutionnels et quasi constitutionnels qui conditionnent l'application du droit du travail du Québec. Il présente par la suite les aspects les plus significatifs de la législation québécoise du travail, d'abord au niveau des relations individuelles et, ensuite, dans le cadre des relations collectives du travail.

Une partie du présent ouvrage fait l'objet d'une adaptation abrégée pour les fins du cours de formation professionnelle du Barreau du Québec.

Cette édition met à jour et développe l'édition précédente de 1999. À cette fin, elle rend compte du droit législatif et jurisprudentiel au 1er décembre 2002. Elle intègre néanmoins complètement, en la commentant, la réforme du *Code du travail* du Québec adoptée en juin 2001 et mise en vigueur progressivement par la suite. Il y aura lieu pour le lecteur, à cet égard, de s'assurer de la date de prise d'effet des diverses modifications issues de cette réforme.

Robert P. Gagnon

---

* Avocat, associé du cabinet *Grondin Poudrier Bernier* de Québec et Montréal

LISTE DES PRINCIPALES ABRÉVIATIONS

A.C.	Appeal Cases
al.	Alinéa
art.	Article
B.R.	Cour du banc du roi ou de la reine
c.	Chapitre ou contre
C.A.	Cour d'appel
C.A.F.	Cour d'appel fédérale
C.A.L.P.	Commission d'appel en matière de lésions professionnelles
C.A.S.	Commission des affaires sociales
C.C.I.	Cour canadienne de l'impôt
C.c.B.-C.	Code civil du Bas-Canada
C.c.Q.	Code civil du Québec
C.cr.	Code criminel
C.C.R.I.	Conseil canadien des relations industrielles
C.C.R.T.	Conseil canadien des relations de travail
C.H.R.R.	Canadian Human Rights Reporter

C.L.P.	Commission des lésions professionnelles
C.L.P.E.	Commission des lésions professionnelles express
C.N.T.	Commission des normes du travail
C.P.	Cour provinciale
C.p.c.	Code de procédure civile
C.p.p.	Code de procédure pénale
C.Q.	Cour du Québec
C.R.T.	Commission des relations du travail
C.S.	Cour supérieure
CSC	Cour suprême du Canada
C.S.E.	Conseil des services essentiels
C.S.S.T.	Commission de la santé et de la sécurité du travail
C.T.	Commissaire du travail
C.t.	Code du travail
C.T.C.	Canada Tax Cases
D.L.R.	Dominion Law Reports
D.T.C.	Dominion Tax Cases
D.T.E.	Droit du travail express
E.P.J.	Exigence professionnelle justifiée
J.E.	Jurisprudence express
L.A.T.M.P.	Loi sur les accidents du travail et les maladies professionnelles
L.C.	Lois du Canada

L.F.I.	Loi sur la faillite et l'insolvabilité
L.I.	Loi sur les impôts
L.I.R.	Loi de l'impôt sur le revenu
L.N.T.	Loi sur les normes du travail
L.Q.	Lois du Québec
L.R.C.	Lois révisées du Canada (1985)
L.R.Q.	Lois refondues du Québec
L.S.S.T.	Loi sur la santé et la sécurité du travail
Q.A.C.	Quebec Appeal Cases
R.C.S.	Recueil des arrêts de la Cour suprême du Canada
R.D.F.Q.	Recueil de droit fiscal québécois
R.D.J.	Revue de droit judiciaire
R.D.T.	Revue de droit du travail
R.E.J.B.	Répertoire électronique de jurisprudence du Barreau
R.J.D.T.	Recueil de jurisprudence en droit du travail
R.J.Q.	Rapports judiciaires du Québec
R.L.	Revue légale
T.A.	Tribunal d'arbitrage
T.D.P.	Tribunal des droits de la personne
T.D.P.Q.	Tribunal des droits de la personne du Québec
T.T.	Tribunal du travail

TABLE DES MATIÈRES

TITRE PRÉLIMINAIRE

L'ARRIÈRE-PLAN CONSTITUTIONNEL ET QUASI CONSTITUTIONNEL EN DROIT DU TRAVAIL

CHAPITRE 1

LE PARTAGE DE LA
COMPÉTENCE LÉGISLATIVE

1 – *Loi constitutionnelle de 1867* – Le partage de la compétence législative qui résulte du régime fédératif institué par la Constitution du Canada se répercute en droit du travail.

Aucune des dispositions de la *Loi constitutionnelle de 1867*, en particulier ni l'article 91 ni l'article 92 de celle-ci, n'a constitué les «relations de travail» en un titre de compétence exprès et indépendant attribué à l'un ou l'autre des deux ordres de gouvernement, fédéral ou provincial. Ce silence des auteurs de la Constitution a été à l'origine de nombreux conflits juridiques entre le gouvernement fédéral et ceux des provinces, ainsi qu'entre les administrés eux-mêmes. Il a obligé les tribunaux à définir les règles du partage de cette compétence législative entre le Parlement du Canada et les législatures des provinces.

La connaissance des principes qui régissent ce partage de compétence ainsi que de leurs principales modalités d'application est d'une importance manifeste. De cette connaissance dépend la capacité de déterminer quelle législation, fédérale ou provinciale, s'applique à une situation donnée de rapport de travail. Pour tout intervenant en droit du travail, le traitement d'un dossier exige un réflexe initial d'examen de cette dimension constitutionnelle.

I- LES PRINCIPES

2 – *Compétence de principe et compétence d'exception* – Par interprétation de la Constitution, la compétence législative usuelle en matière de relations du travail appartient aux législatures provinciales. De son côté, le Parlement du Canada dispose d'une compétence d'exception, mais néanmoins exclusive, sur les relations de travail dans les entreprises à l'égard desquelles la Constitution l'a habilité, de façon générale, à légiférer.

A. La compétence usuelle des provinces

3 – *Reconnaissance par les tribunaux* – Au début de l'année 1925, le Conseil privé rendait l'arrêt *Toronto Electric Commissioners*[1], devenu fondamental en droit constitutionnel et en droit du travail. Il y concluait à l'inconstitutionnalité de la loi connue sous le nom de *Loi Lemieux*[2], qui imposait une conciliation et une enquête obligatoires avant le recours à la grève dans les entreprises minières, de transport ou de communications, ou dans un service public. Le Conseil privé estima que cette loi se rapportait ainsi directement aux droits civils des employeurs et des employés, sujets réservés à la seule compétence des provinces en vertu du paragraphe 13 (La propriété et les droits civils) de l'article 92 de la *Loi constitutionnelle de 1867*:

> Whatever else may be the effect of this enactment, it is clear that it is one which could have been passed, so far as any Province was concerned, by the Provincial Legislature under the powers conferred by s. 92 of the British North America Act. For its provisions were concerned directly with the civil rights of both employers and employed in the Province.
>
> [...]
>
> What the Industrial Disputes Investigation Act, which the Dominion Parliament passed in 1907, aimed at accomplishing was to enable the Dominion Government to appoint anywhere in Canada a Board of Conciliation and Investigation to which the dispute between an employer and his employees might be referred. The Board was to have power to enforce the attendance of witnesses and to compel the production of documents. It could under the Act enter premises, interrogate the persons there, and inspect the work. It rendered it unlawful for an employer to lock-out or for a workman to strike, on account of the dispute, prior to or during the reference, and imposed an obligation on employees and employers to give thirty days' notice of any intended change affecting wages or hours. Until the reference was concluded neither were to alter the conditions with respect to these. It is obvious that these provisions dealt with civil rights, and it was not within the power of the Dominion Parliament to make this otherwise by imposing merely ancillary penalties. The penalties for breach of the restrictions did not render the statute the less an interference with civil rights in its pith and substance. The act is not one which aims at making striking generally a new crime. Moreover, the employer retains under the gene-

---

1. *Toronto Electric Commissioners* c. *Snider*, [1925] A.C. 396.
2. *Loi des enquêtes en matière de différends industriels*, S.C. 1907, c. 20.

ral common law a right to lock-out, only slightly interfered with by the penalty. In this connection their Lordships are therefore of opinion that the validity of the Act cannot be sustained.[3]

Quelques mois plus tard, sans toutefois mentionner l'arrêt *Toronto Electric Commissioners*, la Cour suprême du Canada adoptait la même position dans l'affaire du *Renvoi au sujet du Traité de Versailles et des heures de travail*[4]. Il s'agissait alors de déterminer si l'État fédéral avait autorité pour adopter des législations en matière de limitation des heures de travail dans les entreprises, pour donner effet aux engagements contractés par le Traité de Versailles relativement aux conventions et recommandations de la Conférence générale de l'organisation internationale du travail de Genève. Répondant négativement au nom de la Cour suprême, le juge Duff écrivit:

> The second, third and fourth questions submitted relate to a particular draft convention, that, namely, adopted by the General Conference of the International Labour Organization of the League of Nations on the 29th of October, 1919, which has for its object the limiting of the hours of work in industrial undertakings as therein defined to eight hours in the day and forty-eight hours in the week.

> Under the scheme of distribution of legislative authority in the British North America Act, legislative jurisdiction touching the subject matter of this convention is, subject to a qualification to be mentioned, primarily vested in the provinces. Under the head of jurisdiction numbered 13 in section 92, Property and Civil Rights, or under the sixteenth head, Local and Private Matters Within the Provinces, or under both heads, each of the provinces possesses authority to give the force of law in the province to provisions such as those contained in the draft convention. This general proposition is subject to this qualification, namely that as a rule a province has no authority to regulate the hours of employment of the servants of the Dominion Government.[5]

Malgré les opinions déjà exprimées par le Conseil privé et par la Cour suprême, le Parlement du Canada adoptait en 1935 trois lois du travail applicables à toutes les entreprises en matière de repos hebdomadaire, de salaire minimum et de limitation des heures de travail. La constitutionnalité de ces trois lois fut soumise à l'examen de la Cour suprême, dont le banc de six juges se divisa à trois contre trois[6].

---

3. *Toronto Electric Commissioners* c. *Snider*, précité, note 1, p. 403 et 408.
4. *Re: Legislative Jurisdiction over Hours of Labour*, [1925] R.C.S. 505.
5. *Ibid.*, p. 510.
6. *Re: The Weekly Rest in Industrial Undertakings Act, the Minimum Wages Act and the Limitation of Hours Work Act*, [1936] R.C.S. 461.

Saisi à son tour du litige, le Comité judiciaire du Conseil privé déclara les trois lois *ultra vires* du Parlement, parce qu'elles tombaient sous le titre de compétence des provinces en matière de propriété et de droits civils, selon le paragraphe 13 de l'article 92 de la Constitution[7].

Ces arrêts ont ainsi posé le principe de la compétence usuelle des provinces en matière de relations employeurs-employés, principe réaffirmé depuis lors régulièrement par les tribunaux[8].

B. La compétence fédérale d'exception

4 – *Généralités* – Le pouvoir de légiférer de l'État fédéral peut atteindre le domaine des relations de travail à la fois directement et indirectement. D'abord, le Parlement du Canada peut légiférer sur les relations de travail comme telles à l'endroit des entreprises qui, par la nature de leur activité, sont soumises de façon générale à sa compétence législative. D'un autre côté, le pouvoir législatif dévolu au Parlement en vertu de l'un ou l'autre de ses divers titres de compétence constitutionnelle, par exemple en matière de droit criminel, est également susceptible d'influer, de façon incidente mais non moins réelle, sur des situations qui, d'un point de vue factuel, s'inscrivent dans les relations de travail.

1. La compétence directe

5 – *Employés fédéraux* – Le Parlement dispose en premier lieu d'une compétence législative directe sur les conditions d'emploi des employés du gouvernement fédéral, de même que dans les territoires qui ne sont pas à l'intérieur des frontières des provinces, comme les Territoires du Nord-Ouest et le Yukon. En 1925, dans l'affaire du *Renvoi au sujet du Traité de Versailles et des heures de travail*, la Cour suprême posa expressément la réserve selon laquelle les provinces, malgré leur compétence première en matière de relations de travail,

---

7. *Attorney General for Canada* c. *Attorney General for Ontario*, [1937] A.C. 326.
8. *C.P.R.* c. *Attorney General for British Columbia*, [1950] A.C. 122; *Oil Chemical and Atomic Workers International Union* c. *Imperial Oil Limited*, [1963] R.C.S. 584; *Agence maritime Inc.* c. *Conseil canadien des relations ouvrières*, [1969] R.C.S. 851; *Construction Montcalm Inc.* c. *Commission du salaire minimum*, [1979] 1 R.C.S. 754; *Canadian Pioneer Management Ltd.* c. *Commission des relations du travail de la Saskatchewan*, [1980] 1 R.C.S. 433; *Bell Canada* c. *Québec (Commission de la santé et de la sécurité du travail)*, [1988] 1 R.C.S. 749; *Groupe Admari Inc.* c. *Comité paritaire de l'entretien d'édifices publics*, [1990] R.J.Q. 945 (C.A.); *F.I.O.E.* c. *Alberta Government Telephones*, [1989] 2 R.C.S. 318.

n'avaient aucune autorité pour réglementer les conditions de travail des employés de la Couronne fédérale[9].

6 – *Employés d'entreprises fédérales* – Dès 1890, la Cour suprême reconnut à l'État fédéral le pouvoir implicite de légiférer sur les relations du travail à l'égard des entreprises relevant de sa compétence en vertu de l'une ou l'autre des dispositions de la *Loi constitutionnelle de 1867,* notamment le paragraphe 10 de l'article 92 et l'article 91[10]. En l'espèce, il s'agissait des entreprises de chemins de fer. Le pouvoir de réglementer l'activité même de ces entreprises impliquait nécessairement celui de régir l'important aspect de leurs relations de travail.

En 1955, la Cour suprême fut appelée à se prononcer sur la validité de la *Loi sur les relations industrielles et les enquêtes visant les différends de travail*[11], loi à l'origine de la partie I du *Code canadien du travail*[12] qui aménage les rapports collectifs du travail dans l'ordre fédéral. Le litige concernait l'applicabilité de cette loi à certains employés d'une entreprise de débardage. La Cour suprême affirma alors à l'unanimité la validité de cette législation qui visait à aménager les relations collectives du travail dans les entreprises fédérales, au sens constitutionnel. Le juge Abbott résuma ainsi sa pensée:

> The right to strike and the right to bargain collectively are now generally recognized, and the determination of such matters as hours of work, rates of wages, working conditions and the like, is in my opinion a vital part of the management and operation of any commercial or industrial undertaking. This being so, the power to regulate such matters, in the case of undertakings which fall within the legislative authority of Parliament lies with Parliament and not with the provincial Legislatures.[13]

---

9. *Re: Legislative Jurisdiction over Hours of Labour*, précité, note 4, p. 510. Le caractère absolu et exclusif de cette compétence, sans égard à la nature des activités exercées, a été réaffirmé par la Cour suprême dans *Procureur général du Canada* c. *St-Hubert Base Teachers' Association*, [1983] 1 R.C.S. 498 – enseignants à l'emploi du gouvernement fédéral. Par ailleurs, s'agissant plutôt cette fois d'enseignants à l'emploi d'une entreprise qui fournit des services de formation à une institution fédérale, voir: *Syndicat du personnel enseignant en milieu carcéral* c. *Centre de formation, d'évaluation et de développement inc.*, D.T.E. 96T-127 (T.T.).

10. *Canada Southern Railway* c. *Jackson*, (1890) 17 R.C.S. 316.

11. S.R.C. 1952, c. 152.

12. L.R.C. (1985), c. L-2.

13. *Reference re Industrial Relations and Disputes Investigation Act*, [1955] R.C.S. 529, 592.

Il s'ensuit que dès qu'une entreprise, par la nature de son activité, relève de l'autorité législative du Parlement du Canada, les relations de travail dans cette entreprise sont sujettes à la compétence fédérale, parce qu'elles constituent un aspect essentiel de la gestion et de l'exploitation de l'entreprise. La compétence pour réglementer les relations de travail, individuelles ou collectives, fait partie intégrante de la compétence générale dévolue par la Constitution au Parlement sur l'ouvrage, l'activité ou l'entreprise en question[14]. L'article 2 du *Code canadien du travail*[15] rend compte de l'étendue matérielle de la compétence fédérale en droit du travail. Il définit en effet l'expression «entreprises fédérales» comme désignant les «installations, ouvrages, entreprises ou secteurs d'activité qui relèvent de la compétence législative du Parlement, notamment:

a) ceux qui se rapportent à la navigation et aux transports par eau, entre autres à ce qui touche l'exploitation de navires et le transport par navire partout au Canada;

b) les installations ou ouvrages, entre autres, chemins de fer, canaux ou liaisons télégraphiques, reliant une province à une ou plusieurs autres, ou débordant les limites d'une province, et les entreprises correspondantes;

c) les lignes de transport par bateaux à vapeur ou autres navires, reliant une province à une ou plusieurs autres, ou débordant les limites d'une province;

d) les passages par eaux entre deux provinces ou entre une province et un pays étranger;

e) les aéroports, aéronefs ou lignes de transport aérien;

f) les stations de radiodiffusion;

---

14. *Commission du salaire minimum* c. *Bell Telephone Co. of Canada*, [1966] R.C.S. 767, 792; *Agence Maritime Inc.* c. *Conseil canadien des relations ouvrières*, [1969] R.C.S. 851, 859-860; *Construction Montcalm Inc.* c. *Commission du salaire minimum*, précité, note 8, p. 768-769; *Bell Canada* c. *Québec (Commission de la santé et de la sécurité du travail)*, précité, note 8; *Compagnie des chemins de fer nationaux du Canada* c. *Courtois*, [1988] 1 R.C.S. 868; *R.* c. *Investissements Navimex Inc.*, [1998] R.J.Q. 1673 (C.A.) – exigence d'un contrat d'engagement écrit entre le capitaine d'un navire et les membres de son équipage, en conformité avec la *Loi sur la marine marchande du Canada*, L.R.C. (1985), c. S-9.

15. Précité, note 12.

g) les banques et les banques étrangères autorisées, au sens de l'article 2 de la *Loi sur les banques*;

h) les ouvrages ou entreprises qui, bien qu'entièrement situés dans une province, sont, avant ou après leur réalisation, déclarés par le Parlement être à l'avantage général du Canada ou de plusieurs provinces;

i) les installations, ouvrages, entreprises ou secteurs d'activité ne ressortissant pas au pouvoir législatif exclusif des législatures provinciales;

j) les entreprises auxquelles les lois fédérales, au sens de l'article 2 de la *Loi sur les océans*, s'appliquent en vertu de l'article 20 de cette loi et les règlements d'application de l'alinéa 26(1)k) de la même loi.»[16]

7 – *Pouvoir résiduaire* – Il faut retenir que la compétence fédérale ne se limite pas au seul énoncé exprès des titres de compétence fédérale de l'article 91 ou du paragraphe 10 de l'article 92 de la *Loi constitutionnelle de 1867*. Elle porte également sur les champs d'activités qui ne sont pas mentionnés dans la Constitution mais qui relèvent du pouvoir résiduaire de l'État fédéral, comme l'aviation, la radiodiffusion ou la télédiffusion. Elle comprend également les travaux ou les ouvrages que le Parlement a déclarés être à l'avantage général du Canada ou de plus d'une province[17].

8 – *Exclusivité* – Dès qu'elle est établie, la compétence fédérale en matière de relations du travail revêt un caractère exclusif. En cas de défaut du Parlement du Canada d'avoir légiféré sur un aspect ou un autre des relations de travail dans une entreprise soumise à sa compétence législative, on ne saurait prétendre que la législation provinciale s'applique jusqu'à ce qu'une intervention législative fédérale prenne effet. Il en est de même, le cas échéant, lorsque c'est la province qui est compétente. Les compétences respectives des deux

---

16. Cette définition constitue une adaptation, en substance, des termes de celle qui était contenue dans la *Loi sur les relations industrielles et sur les enquêtes visant les différends du travail*, précitée, note 11, dont la validité constitutionnelle fut reconnue dans *Re: Validity of Industrial Relations and Disputes Investigation Act*, précité, note 13.
17. *Loi constitutionnelle de 1867*, art. 91(29) et 92(10)c); *Ontario Hydro* c. *Ontario (Commission des relations de travail)*, [1993] 3 R.C.S. 327.

ordres de gouvernement sont exclusives l'une de l'autre. On écarte ainsi l'application des théories constitutionnelles du double aspect et du champ inoccupé[18].

2. *La compétence incidente*

9 – *Généralités* – Certaines compétences exercées constitution-nellement par le Parlement du Canada répercutent leurs effets dans le domaine des relations de travail. Au premier chef, la *Charte canadienne des droits et libertés* vise l'action administrative et même législative des provinces sur les relations de travail. Il faut par ailleurs tenir compte du pouvoir de légiférer du Parlement en matière de droit criminel, ainsi qu'à l'endroit des Indiens ou en cas d'urgence nationale, de même que de celui de nommer les juges des cours supérieures.

10 – *Droit criminel* – L'application de certaines dispositions du *Code criminel* dans le contexte de conflits de travail illustre bien l'effet incident de la compétence fédérale en matière criminelle sur les relations de travail. Le Code contient des dispositions visant à assurer la liberté syndicale (art. 425 C.cr.) et réglementant le piquetage (art. 423 C.cr.). D'autres sont susceptibles de s'appliquer à l'occasion d'une grève, comme l'article 430 C.cr. qui traite du méfait, l'article 52 C.cr. en matière de sabotage ou l'article 422 C.cr. quant à la violation criminelle des contrats. Évidemment, toutes ces dispositions s'appliqueront, le cas échéant, à l'occasion d'un conflit de travail, même dans les cas où les relations de travail sont régies par la législation provinciale.

11 – *Indiens* – Le paragraphe 24 de l'article 91 de la *Loi constitutionnelle de 1867* confère une compétence exclusive au Parlement du Canada à l'endroit des Indiens. Cette compétence *ratione personæ* du législateur fédéral n'a qu'un effet très limité en matière de relations

---

18. *F.I.O.E.* c. *Alberta Government Telephones*, précité, note 8; *Bell Canada* c. *Québec (Commission de la santé et de la sécurité du travail)*, précité, note 8; *Northern Telecom Ltée* c. *Travailleurs en communication du Canada*, [1980] 1 R.C.S. 115, 132; *Commission du salaire minimum* c. *Bell Telephone of Canada*, précité, note 14; *Purolator Courrier ltée* c. *Hamelin*, [2002] R.J.Q. 310 (C.A.). Dans *Câble TV Ltée* c. *Commissaire du travail René Gosselin*, J.E. 79-307 (C.S.), on a annulé une décision d'accréditation d'un commissaire du travail rendue quelque cinq ans auparavant, suite à des arrêts de la Cour suprême du Canada ayant déclaré que les entreprises de câblodistribution relevaient de la compétence fédérale.

de travail. Dans un arrêt *Four B. Manufacturing Ltd.*[19], la Cour suprême a décidé que la compétence fédérale première sur les Indiens n'emportait pas automatiquement en sa faveur le pouvoir de réglementer les relations de travail dans les entreprises exploitées sur une réserve indienne. À défaut par le législateur fédéral d'avoir occupé ce champ au moyen de dispositions législatives valides, que ce soit dans le *Code canadien du travail* (ou dans la *Loi sur les Indiens*[20]), c'est la compétence provinciale de principe sur les relations de travail qui doit recevoir effet. L'arrêt de la Cour suprême ajoute d'ailleurs que l'attribution au Parlement du Canada d'une compétence lui permettant d'adopter une loi à l'égard de certaines catégories de personnes, comme les Indiens, n'implique pas nécessairement que tous les droits et devoirs de ces personnes relèvent de la compétence fédérale première; l'application des lois provinciales générales ne se trouve pas automatiquement exclue[21]. La Cour suprême a donc conclu à l'application de la législation provinciale aux entreprises situées dans une réserve indienne et qui ne sont pas des entreprises fédérales au sens constitutionnel.

Par ailleurs, une institution indienne régie par la *Loi sur les Indiens*, comme l'est un conseil de bande, exerce une activité qui relève de la compétence législative fédérale et, de ce fait, se trouve soumise à la législation fédérale du travail dans ses relations avec ses employés, le cas échéant[22].

12 – *Urgence nationale* – Le pouvoir exceptionnel d'intervention de l'État fédéral pour répondre à une situation d'urgence nationale, comme un état de guerre, pourrait lui permettre de supplanter temporairement l'application usuelle des règles qui relèvent de la compétence des provinces, dans la réglementation des rapports de travail comme dans tout autre domaine[23].

13 – *Nomination des juges* – L'article 96 de la *Loi constitutionnelle de 1867*, qui confère à l'État fédéral le pouvoir exclusif de nommer les juges des cours supérieures, de districts et de comtés dans

---

19. *Four B. Manufacturing Ltd.* c. *Travailleurs unis du vêtement d'Amérique*, [1980] 1 R.C.S. 1031.
20. L.R.C. (1985), c. I-5.
21. Voir aussi, à ce sujet: *Parents naturels* c. *Superintendant of Child Welfare*, [1976] 2 R.C.S. 751; *Dick* c. *La Reine*, [1985] 2 R.C.S. 309; *Francis* c. *La Reine*, [1988] 1 R.C.S. 1025.
22. *Alliance de la Fonction publique du Canada* c. *Francis*, [1982] 2 R.C.S. 72.
23. *Fort Frances Pulp* c. *Manitoba Free Press*, [1923] A.C. 695; *Renvoi: Loi anti-inflation*, [1976] 2 R.C.S. 373.

chaque province, a pour effet de limiter la capacité des législatures provinciales d'instituer, sous leur contrôle, des tribunaux chargés de l'application de leurs lois du travail. Les provinces ne peuvent ainsi créer des instances judiciaires ou quasi judiciaires dont les membres seraient nommés par elles et qui disposeraient d'une compétence totale, finale et exclusive sur les relations de travail. La jurisprudence constitutionnelle leur a toutefois reconnu la capacité d'établir et de régir certaines juridictions spécialisées dotées de pouvoirs de nature judiciaire ou quasi judiciaire en vue d'assurer la mise en œuvre des législations provinciales du travail[24].

Cette compétence des provinces est sujette à la réserve, sous peine de déclaration d'inconstitutionnalité, que les tribunaux administratifs ainsi créés ne peuvent se voir confier des pouvoirs d'une cour visée par l'article 96 de la *Loi constitutionnelle de 1867*, ou encore assimilables à ceux d'une telle cour et leur en conférant ainsi le caractère[25].

II- L'APPLICATION

A. La qualification constitutionnelle

14 – *Objet* – L'application des principes qui régissent le partage de compétence en relations de travail donne lieu à un exercice de qualification constitutionnelle qui porte, selon les cas, soit sur la matière substantielle d'une loi, soit sur la nature d'une entreprise.

1. La qualification de la loi

15 – *Méthode et effet* – La qualification d'une loi s'avère nécessaire pour décider de sa validité ou de son aire d'applicabilité cons-

---

24. *Labour Relations Board of Saskatchewan* c. *John East Iron Works Limited*, [1949] A.C. 134; *Tremblay* c. *Commission des relations du travail du Québec*, [1967] R.C.S. 697; *Tomko* c. *Labour Relations Board (Nouvelle-Écosse)*, [1977] 1 R.C.S. 112; *Syndicat canadien de la Fonction publique, section locale 903* c. *Société des alcools du Nouveau-Brunswick*, [1979] 2 R.C.S. 227; *Sobeys Stores Ltd.* c. *Yeomans*, [1989] 1 R.C.S. 238. Sur la constitutionnalité de l'instance d'appel qu'était le Tribunal du travail du Québec, voir: *Syndicat des travailleurs(euses) de l'hôtellerie de l'Outaouais (C.S.N.)* c. *Hôtel Plaza de la Chaudière*, [1988] R.J.Q. 2040 (C.A.); sur celle du forum chargé d'apprécier la suffisance d'un motif de congédiement, en vertu de la *Loi sur les normes du travail*, L.R.Q., c. N-1.1, voir: *Asselin* c. *Industries Abex Ltée*, [1985] C.A. 72.
25. *Ibid.* Voir aussi les arrêts *Procureur général du Québec* c. *Farrah*, [1978] 2 R.C.S. 638 et *Crevier* c. *Procureur général de la province de Québec*, [1981] 2 R.C.S. 220.

titutionnelle. La technique utilisée par les tribunaux consiste à identifier le caractère véritable de la loi ou de la disposition particulière soumise à l'examen, c'est-à-dire sa caractéristique dominante ou la plus importante. Si la loi porte, dans son essence, sur un titre exprès de compétence attribuée à l'ordre législatif qui l'a adoptée – par exemple, le droit criminel pour le fédéral, la santé, l'éducation ou la responsabilité civile pour la province – on pourra lui reconnaître des effets incidents dans les entreprises qui relèvent de l'autre ordre de gouvernement[26]. Si, par contre, elle se qualifie comme loi du travail, quel que soit le titre de compétence sous lequel on prétend l'avoir adoptée, la loi ne sera constitutionnellement applicable que dans les seules entreprises qui relèvent de la compétence de l'ordre législatif qui en est l'auteur[27].

2. La qualification de l'entreprise

16 – *Généralités* – Le plus souvent, c'est l'entreprise qu'il faudra qualifier, comme provinciale ou fédérale au sens constitutionnel, pour déterminer la législation du travail qui lui est applicable. La qualification de l'entreprise dépend alors de l'analyse de son activité, selon une approche concrète et fonctionnelle. À cet égard, la personne ou le statut de l'employeur, comme le fait qu'il s'agisse d'une personne morale constituée en vertu de la législation fédérale ou enregistrée selon une loi fédérale, ne constitue pas un élément de considération déterminant, ni même pertinent[28]. Le fait qu'une entreprise soit subventionnée par le gouvernement fédéral n'est pas plus concluant[29]. Il

---

26. *Global Securities Corp.* c. *Colombie-Britannique (Securities Commission)*, [2000] 1 R.C.S. 494, 2000 CSC 21; *Alltrans Express Ltd.* c. *Colombie-Britannique (Workers' Compensation Board)*, [1988] 1 R.C.S. 897 – possibilité d'application aux entreprises fédérales d'un régime d'indemnisation des accidents du travail; *Purolator Courrier ltée* c. *Hamelin*, précité, note 18 – inapplicabilité aux entreprises fédérales de l'article 32 de la *Loi sur les accidents du travail et les maladies professionnelles* (L.R.Q., c. A-3.001); *Albany Bergeron et Fils inc.* c. *Société québécoise de développement de la main-d'œuvre*, D.T.E. 2000T-930 – REJB 2000-20118 (C.A.) – applicabilité aux entreprises fédérales de la *Loi favorisant le développement de la main-d'œuvre*, (L.R.Q., c. D-7.1).
27. *Bell Canada* c. *Québec (Commission de la santé et de la sécurité du travail)*, précité, note 8; *Compagnie des chemins de fer nationaux du Canada* c. *Courtois*, précité, note 14.
28. *Canadian Pioneer Management Ltd.* c. *Commission des relations du travail de la Saskatchewan*, [1980] 1 R.C.S. 433; *Burns* c. *Cie du Trust National Ltée*, D.T.E. 90T-920 (C.A.).
29. *Four B. Manufacturing Ltd.* c. *Travailleurs unis du vêtement d'Amérique*, précité, note 19; *Y.M.H.A. Jewish Community Centre of Winnipeg Inc.* c. *Brown*, [1989] 1 R.C.S. 1532.

s'agit plutôt d'examiner et de déterminer la nature de l'exploitation à partir de ses activités normales et habituelles comme entreprise active[30].

Pour qu'une entreprise échappe à la compétence provinciale usuelle en matière de relations du travail et soit soumise à la législation fédérale du travail, il faut que son activité courante s'intègre à l'un ou l'autre des sujets de compétence du Parlement du Canada[31]. Le fait qu'une entreprise de nature provinciale se livre à certaines activités de compétence fédérale, de manière accessoire ou incidente dans la poursuite de son exploitation, comme la livraison extra-provinciale de produits qu'elle fabrique ou entrepose, ne remet pas en question sa qualification constitutionnelle[32].

17 – *Entreprise fédérale* – Par application des principes qui viennent d'être exposés, une entreprise peut être qualifiée de fédérale, au sens constitutionnel, de façon directe ou indirecte. La qualification est directe lorsqu'il s'agit d'une entreprise fédérale par nature, c'est-à-dire d'une entreprise dont l'exploitation principale porte directement sur l'un ou l'autre des sujets de compétence du Parlement fédéral. La question de la qualification indirecte se soulève dans le cas d'une entreprise dont l'activité est en elle-même de nature provinciale au départ et qui, dans le cours de cette activité, se trouve associée à une entreprise de nature fédérale, le plus souvent en lui fournissant des services plus ou moins importants, sous une forme ou sous une autre. On parle alors d'une «entreprise satellite» ou d'une «entreprise accessoire» à une entreprise fédérale principale.

---

30. *Northern Telecom Ltée* c. *Syndicat des travailleurs en communication du Canada*, [1983] 1 R.C.S. 733; *Northern Telecom Ltée* c. *Syndicat des travailleurs en communication du Canada*, précité, note 18; *Construction Montcalm Inc.* c. *Commission du salaire minimum*, précité, note 8; *C.C.R.T.* c. *Ville de Yellowknife*, [1977] 2 R.C.S. 729, 736-739; *C.C.R.T.* c. *Compagnie des chemins de fer nationaux*, [1975] R.C.S. 786; *Canadian Pacific Railway* c. *Attorney General for British Columbia*, [1950] A.C. 122; *Groupe Admari Inc.* c. *Comité paritaire de l'entretien d'édifices publics*, précité, note 8; *Léo Beauregard & Fils (Canada) Ltée* c. *Commission des normes du travail*, [2000] R.J.Q. 1075 (C.A.).
31. *Construction Montcalm Inc.* c. *Commission du salaire minimum*, précité, note 8; *Groupe Admari Inc.* c. *Comité paritaire de l'entretien d'édifices publics*, précité, note 8; *Nutribec ltée* c. *Commission d'appel en matière de lésions professionnelles*, D.T.E. 2002T-941 (C.A.). – entreprise fédérale.
32. *Syndicat des travailleurs de C.D.P. Protection (C.S.N.)* c. *Tribunal du travail*, [1999] R.J.Q. 2046 (C.S.); *Industries Vulcan Limitée* c. *Métallurgistes unis d'Amérique, local 7625*, [1975] T.T. 239; *Humpty Dumpty Food Ltd.* c. *Union internationale des travailleurs en boulangerie et en confiserie d'Amérique, local 333*, [1975] T.T. 21. Comparer ces jugements avec l'arrêt de la Cour d'appel dans *Société canadienne des métaux Reynolds Ltée* c. *Francœur*, [1983] C.A. 336.

18 – *Entreprise accessoire* – Dans l'affaire *Northern Telecom Ltée*, la Cour suprême du Canada a exposé les règles qui gouvernent la qualification d'une entreprise accessoire ou de service à une entreprise fédérale principale[33]. Ces règles font appel à la fois à l'examen des principes constitutionnels régissant le partage des compétences en matière de relations de travail et des faits constitutionnels pertinents. En l'espèce, Northern Telecom Ltée demandait de déterminer si son service d'installation, qui servait notamment Bell Canada, constituait une entreprise fédérale. La Cour suprême s'est déclarée mal avisée pour répondre à cette question, en l'absence de preuve suffisante sur les faits constitutionnels pertinents, à savoir:

– la nature générale des opérations de Northern Telecom Ltée et l'étendue du rôle de son service des installations au regard de ces opérations;

– la nature des relations entre Northern Telecom Ltée et les clients qu'elle desservait, dont Bell Canada;

– l'importance des travaux exécutés par le service des installations de Northern Telecom Ltée pour le compte de Bell Canada, en comparaison de ceux réalisés pour le compte d'autres clients;

– l'implication de ce service des installations de Northern Telecom Ltée dans les ouvrages de compétence fédérale.

Il s'agissait en somme, de façon fonctionnelle et pratique, d'examiner successivement l'exploitation de l'entreprise principale fédérale et celle de l'entreprise accessoire pour vérifier l'existence d'un lien nécessaire, fondamental, essentiel ou vital entre les deux. Les faits constitutionnels pertinents requis par la Cour suprême furent finalement soumis à son examen à l'occasion d'un pourvoi ultérieur où elle décida que le service des installations de Northern Telecom Ltée constituait une activité intégrée et essentielle aux opérations de Bell Canada et relevait par conséquent de la compétence fédérale[34].

---

33. *Northern Telecom Ltée* c. *Travailleurs en communications du Canada*, [1980] 1 R.C.S. 115; *Entreprises québécoises d'excavation LEQEL (1993) Ltée* c. *Commission de la construction du Québec*, D.T.E. 99T-273 (C.A.).

34. *Northern Telecom Ltée* c. *Syndicat des travailleurs en communication du Canada*, précité, note 30. Voir aussi *Conseil canadien des relations du travail* c. *Paul L'Anglais Inc.*, [1983] 1 R.C.S. 147; *Travailleurs unis des transports* c. *Central Western Railroad Corp.*, [1990] 3 R.C.S. 1112.

Dans ce type de situation, le facteur de rattachement de l'entreprise à la compétence législative fédérale demeure celui de l'intégration de son activité à l'une ou l'autre de celles confiées à la compétence du Parlement. C'est lorsqu'il s'avère que l'activité de l'entreprise secondaire est nécessaire au fonctionnement de l'entreprise fédérale principale sous un aspect essentiel que l'on conclura à son caractère fédéral par association. Dans cette appréciation, on peut tenir compte du fait que l'entreprise secondaire est associée, selon le cas, soit de façon régulière et significative, soit de façon purement ponctuelle et incidente, à l'exploitation de l'entreprise principale[35].

Le domaine du transport aérien a largement contribué à fournir des occasions d'application des règles de qualification constitutionnelle des entreprises associées à l'activité d'une entreprise fédérale principale. On a ainsi décidé qu'une entreprise de construction participant à la construction d'un aéroport demeurait sujette à l'application de la législation provinciale du travail parce qu'il s'agissait d'une entreprise locale par nature, que sa participation à un chantier de nature fédérale demeurait occasionnelle par rapport à ses activités courantes et que la détermination des conditions de travail de ses employés n'avait pas d'effet permanent ou direct sur la matière de compétence fédérale (l'aéronautique) et ne pouvait donc pas être considérée comme faisant partie intégrante de la compétence du fédéral en ce domaine[36]. Relativement à l'exploitation d'un aéroport, on a considéré comme purement accessoires et donc soumises à la législation provinciale du travail les activités d'une entreprise secondaire de location d'automobiles[37], d'entretien ménager des installations d'une société aérienne[38], de boutique hors-taxe[39] et de

---

35. *Groupe Admari Inc.* c. *Comité paritaire de l'entretien d'édifices publics,* précité, note 8, p. 951-952; *Jules Millette inc.* c. *Union des chauffeurs de camions, hommes d'entrepôts et autres ouvriers, Teamsters Québec, section locale 106 (F.T.Q.),* [2000] R.J.D.T. 1627 (T.T.); comparer avec: *Entreprises québécoises d'excavation LEQEL (1993) Ltée* c. *Commission de la construction du Québec,* précité, note 33.

36. *Construction Montcalm Inc.* c. *Commission du salaire minimum, supra,* note 8. Voir aussi: *Commission de l'industrie de la construction* c. *Verreault Navigation Inc.,* [1985] C.A. 156 – reconstruction du siège social d'une entreprise de dragage; *L'Espérance* c. *National Metal Finishing Canada Ltd.,* D.T.E. 2000T-1103 (T.T.) – construction et fourniture de pièces d'avion.

37. *Avis Transport of Canada Ltd.* c. *Cartage and Miscellaneous Employees Union, local 931,* [1971] T.T. 260.

38. *Service d'entretien Avant-garde Inc.* c. *Conseil canadien des relations du travail,* [1986] R.J.Q. 164 (C.S.).

39. *Union des employés de commerce, local 501* c. *Thomcor, Cie de gestion Ltée,* [1978] T.T. 244.

portefaix[40]. Par contre, les services d'une agence de sécurité ont été considérés comme vitaux et essentiels[41]. Dans d'autres contextes, le déchargement d'automobiles transportées par chemins de fer[42], le raccordement du câble de distribution chez les abonnés d'une entreprise de câblodiffusion[43], tout comme la vente de temps d'antenne et la production de messages commerciaux pour le compte d'un télédiffuseur[44] et l'entretien ménager d'un complexe immobilier propriété d'une société mandataire de la Couronne fédérale[45] demeurent des activités de nature provinciale. Le transport du courrier par une entreprise locale, au contraire, s'intègre suffisamment au service postal lui-même pour que cette entreprise soit assimilée à une entreprise fédérale[46].

19 – *Indivisibilité* – De création jurisprudentielle, la règle de l'indivisibilité de l'entreprise veut qu'une fois qualifiée de fédérale, l'entreprise soit considérée comme un tout indivisible[47]. Il s'ensuit que, dès qu'une entreprise ou une activité de l'employeur relève de la compétence du Parlement fédéral, toutes les relations de travail se rattachant à cette activité ou entreprise se trouvent assujetties à la législation fédérale du travail. À titre d'exemple, si une entreprise est identifiée comme une entreprise de transport vouée à la fois au transport à l'intérieur de la province et au transport extra-provincial, les

---

40. *Murray Hill Limousine Service Limited* c. *Batson*, [1965] B.R. 778.
41. *Agence de sécurité Fortin Inc.* c. *Union des agents de sécurité du Québec*, [1981] T.T. 153.
42. *Centeast Charny Inc.* c. *Union des chauffeurs de camions, hommes d'entrepôts et autres ouvriers, local 106*, [1975] T.T. 265. Voir aussi, au même effet, dans le cas d'activités de chargement et de déchargement pour une entreprise de transport extraprovinciale: *R. & G. Crochetière inc.* c. *Syndicat des opérateurs en chargement*, D.T.E. 94T-958 (T.T.).
43. *Claude Lafontaine (Les Entreprises C.L. Enr.)* c. *Syndicat canadien de la Fonction publique, local 1417*, [1973] T.T. 52. Voir aussi: *Installations de câbles R.P. Inc.* c. *Syndicat des travailleurs de I.C.R.P. (C.S.N.)*, [1990] T.T. 459 – installation de câbles, de systèmes de communications et de systèmes téléphoniques. Voir aussi *Entreprises québécoises d'excavation LEQEL (1993) ltée* c. *Commission de la construction du Québec*, précité, note 33 – enlèvement et redressement de poteaux de téléphone.
44. *Conseil canadien des relations du travail* c. *Paul L'Anglais Inc.*, précité, note 34; *Cogeco Métromédia enr.* c. *Beetz*, D.T.E. 99T-914 (C.S.).
45. *Union des employés de service, local 298 et local 800 et F.T.Q.* c. *Tribunal du travail*, [1987] R.J.Q. 2103 (C.S.). Voir aussi, dans le cas d'entretien du matériel roulant d'entreprises ferroviaires: *A.M.F. Technotransport inc.* c. *Syndicat national des travailleurs et travailleuses de l'automobile, de l'aérospatiale et de l'outillage agricole du Canada*, [1994] R.J.Q. 2598 (C.S.).
46. *Union des facteurs du Canada* c. *Syndicat des postiers du Canada*, [1975] 1 R.C.S. 178. Voir aussi: *North Canada Air Ltd.* c. *Canada Labour Relations Board*, 80 C.L.L.C. par. 14,072 (Cour d'appel fédérale).
47. *Attorney General for Ontario* c. *Winner*, [1954] A.C. 541.

relations de travail de l'ensemble de l'entreprise relèveront de la compétence fédérale[48].

20 – *Entreprises distinctes* – L'application correcte de la règle de l'indivisibilité de l'entreprise requiert par ailleurs la connaissance de la distinction capitale qui s'impose entre les notions d'employeur et d'entreprise. La notion d'employeur renvoie, dans ce contexte, à la personne juridique qui emploie la main-d'œuvre. Quant à l'entreprise, il s'agit de cet ensemble organique et fonctionnel dont l'activité est orientée vers la réalisation d'une fin particulière de production de biens ou de fourniture de services[49].

Dans un arrêt rendu relativement à l'Hôtel Empress de Victoria, le Conseil privé a décidé que cette entreprise hôtelière dirigée par le Canadien Pacifique était distincte et divisible de l'entreprise de chemins de fer exploitée par le même employeur et qu'elle relevait conséquemment de la législation provinciale en matière de relations de travail[50]. C'est en s'appuyant sur cet arrêt que les tribunaux sont parvenus à distinguer, dans certains contextes particuliers, des entreprises distinctes chez un même employeur pour ensuite les rattacher soit à la compétence fédérale soit à celle des provinces. On tient compte, à cette fin, de divers facteurs indicatifs comme la structure administrative mise en place par l'employeur, le degré d'autonomie relative des diverses activités soumises à l'examen, des points de vue fonctionnel et budgétaire, de leur importance par rapport à l'ensemble des opérations de l'employeur et de leur rattachement, à titre nécessaire ou simplement accessoire, à une activité principale fédérale ou provinciale, selon les cas. On peut ainsi en arriver à détacher en quelque sorte une entreprise provinciale chez l'employeur exerçant déjà une activité à caractère fédéral[51] ou, inver-

---

48. *Re Tank Truck Transport Ltd.*, [1963] 1 O.R. 272 (C.A.); *Léo Beauregard & Fils (Canada) Ltée c. Commission des normes du travail*, précité, note 30. À retenir, toutefois, qu'une activité discontinue, purement occasionnelle ou fortuite de transport à l'extérieur de la province ne suffira pas à conférer un caractère fédéral à l'entreprise: *Limousine Mont-Royal Inc. c. Syndicat des travailleuses et travailleurs de Murray Hill – Connaisseur (C.S.N.)*, D.T.E. 92T-328 (C.S.).
49. Voir, au sujet de la définition de l'entreprise dans un contexte de droit du travail, *U.E.S., local 298 c. Bibeault*, [1988] 2 R.C.S. 1048.
50. *C.P.R. c. Attorney General for British Columbia*, précité, note 8.
51. *Léo Beauregard & Fils (Canada) Ltée c. Commission des normes du travail*, précité, note 30 – transport scolaire distingué du transport extra-provincial par autocars nolisés; *Syndicat des employés de Terminus du Transport Voyageur (C.S.N.) c. Voyageur (1969) Inc.*, [1972] T.T. 77 – agence de voyages distinguée de l'entreprise de transport extra-provincial.

sement, une entreprise fédérale chez celui dont l'activité principale l'assujettissait d'abord à la législation provinciale[52].

B. Les exigences procédurales

21 – *Avis* – La mise en question, devant quelque tribunal, que ce soit, de la validité ou de l'applicabilité constitutionnelle d'une loi doit tenir compte de la nécessité d'en aviser préalablement les Procureurs généraux du Canada et du Québec[53].

C. Le changement de compétence législative

22 – *Continuité* – Dans un contexte de rapports collectifs du travail, tant la loi québécoise que la loi fédérale assurent le maintien de la reconnaissance syndicale et, s'il y a lieu, de la convention collective dans l'éventualité où une entreprise jusque-là assujettie à la législation du travail d'un ordre de gouvernement devient soumise à celle de l'autre[54].

---

52. *Société canadienne des métaux Reynolds Ltée* c. *Francœur*, précité, note 35 – exploitation d'installations portuaires distinguée de celle de l'entreprise industrielle d'aluminerie; *Gaston Bélanger et Dominique Gilbert, pharmaciens* c. *Union des employés du secteur industriel, section locale 791 (F.T.Q.)*, [1991] T.T. 307 – distinction d'un comptoir postal et d'une pharmacie dans les mêmes lieux d'exploitation; *Caron Librairie* c. *Union des employés de commerce, local 502 (F.T.Q.)*, [1983] T.T. 81 – opération d'un bureau de poste différenciée de l'exploitation d'une librairie. Exemples, par contre, de refus de reconnaître une entreprise fédérale distincte en présence d'une entreprise de compétence provinciale: *Union des agents de sécurité du Québec, métallurgistes unis d'Amérique, section locale 8922* c. *Pinkerton du Québec Ltée*, [1986] T.T. 90; *Pinkerton du Québec Ltée* c. *Union des agents de sécurité du Québec, métallurgistes unis d'Amérique, section locale 8922*, D.T.E. 86T-783 (T.T.).

53. *Code de procédure civile*, art. 95. *Northern Telecom Ltée* c. *Syndicat des travailleurs en communication du Canada*, précité, note 18; *L'Espérance* c. *National Metal Finishing Canada Ltd.*, [2000] R.J.D.T. 991 (T.T.).

54. *Code canadien du travail*, précité, note 12, art. 44; *Code du travail*, L.R.Q., c. C-27, art. 45.3.

CHAPITRE 2

LES CHARTES DES DROITS ET LIBERTÉS

23 – *Impact* – Au cours des deux dernières décennies, les relations du travail, comme les autres domaines de l'activité gouvernementale ou privée, ont connu l'impact de ces lois prééminentes que sont la *Charte canadienne des droits et libertés*, insérée dans la Constitution elle-même, et la *Charte des droits et libertés de la personne* du Québec, à laquelle les tribunaux reconnaissent un caractère quasi constitutionnel[1]. Ni l'une ni l'autre de ces deux lois prééminentes, il faut le noter, n'affirme de façon générale l'existence d'un droit au travail[2]. Les libertés et les droits fondamentaux qu'elles garantissent touchent toutefois les rapports du travail de multiples façons. Les conditions d'engagement, les conditions de travail entendues dans le sens le plus large, les motifs de terminaison d'emploi, l'exercice du droit d'association et ses manifestations, le règlement des litiges de toutes natures sont autant d'aspects des relations de travail qui doivent prendre en compte les règles énoncées dans les chartes, qu'elles soient de portée générale ou propres au domaine du travail.

24 – *Champ vaste et évolutif* – Les droits et libertés de la personne constituent une dimension de l'univers juridique contemporain qu'on ne saurait ignorer et un champ d'étude complet en lui-même. Ils nourrissent une jurisprudence abondante et évolutive. Notre propos n'est pas ici de les examiner de façon détaillée à partir de la réalité du travail. Il s'agit plus simplement d'en identifier les effets les plus significatifs et d'en cerner les aspects propres à cette activité.

---

1. *Charte canadienne des droits et libertés* (C.c.d.l.): *Loi de 1982 sur le Canada*, 1982, c. 11 (R.-U.) dans L.R.C. (1985), App. II, n° 44; *Charte des droits et libertés de la personne*, L.R.Q., c. C-12 (C.d.l.p.). La Cour suprême a reconnu à plusieurs occasions la valeur quasi constitutionnelle des lois sur les droits et libertés de la personne; voir entre autres: *Winnipeg School Division No. 1* c. *Craton*, [1985] 2 R.C.S. 150; *Québec (Commission des droits de la personne et des droits de la jeunesse)* c. *Montréal (Ville de)*, [2000] 1 R.C.S. 665, 2000 CSC 27.
2. *Schnaiberg* c. *Métallurgistes unis d'Amérique, section locale 8990*, [1993] R.J.Q. 55 (C.A.); *Béliveau* c. *Comité de discipline du Barreau du Québec*, [1992] R.J.Q. 1822 (C.A.); *Renvoi relatif à l'article 193 et à l'alinéa 195.1(1)c) du Code criminel (Man.)*, [1990] 1 R.C.S. 1123, 1179 (j. Lamer).

I- LES AIRES D'APPLICATION

A. La *Charte canadienne des droits et libertés*

25 – *Action gouvernementale* – La *Charte canadienne des droits et libertés* s'adresse exclusivement aux gouvernements, dans leur action législative, exécutive ou administrative (art. 32 C.c.d.l.)[3]. Son applicabilité exige la présence d'un acte ou d'une conduite de nature gouvernementale. La Charte canadienne régit ainsi les lois elles-mêmes et l'ensemble de la législation déléguée comme les règlements ou les décrets, qu'ils soient adoptés par le Parlement ou par les législatures provinciales. Elle s'applique également aux organismes qui peuvent être considérés comme des mandataires des gouvernements[4]. Quant aux entités juridiquement indépendantes des gouvernements, elles ne peuvent y être assimilées par le seul fait qu'elles assument une fonction ou responsabilité publique[5]. Ces mêmes entités seront par ailleurs soumises à la Charte, dans toutes leurs activités, lorsqu'elles sont gouvernementales par nature ou contrôlées par le gouvernement[6]. Elles peuvent aussi n'être sujettes à l'application de la Charte qu'à l'égard d'une activité spécifique jugée de nature gouvernementale, par exemple parce qu'elle s'inscrit dans la mise en œuvre d'un programme ou d'une politique gouvernementale[7].

26 – *Activités privées* – La Charte canadienne n'atteint pas directement les relations entre des personnes juridiques privées. Elle s'applique toutefois aux gouvernements lorsqu'ils se livrent à des activités de nature privée, comme la conclusion de contrats de travail ou de conventions collectives[8].

---

3. *Syndicat des détaillants, grossistes et magasins à rayons, section locale 580* c. *Dolphin Delivery Ltd.*, [1986] 2 R.C.S. 573; *New Brunswick Broadcasting Co.* c. *Nouvelle-Écosse (Président de l'Assemblée législative)*, [1993] 1 R.C.S. 319.
4. *Douglas / Kwantlen Faculty Assn.* c. *Douglas College*, [1990] 3 R.C.S. 570; *Lavigne* c. *Syndicat des employés de la Fonction publique de l'Ontario*, [1991] 2 R.C.S. 211.
5. *Eldridge* c. *Colombie-Britannique (Procureur général)*, [1997] 3 R.C.S. 624. Voir aussi: *Stoffman* c. *Vancouver General Hospital*, [1990] 3 R.C.S. 483 – hôpitaux; *McKinney* c. *Université de Guelph*, [1990] 3 R.C.S. 229 – universités.
6. *Ibid.* Dans *Godbout* c. *Longueuil (Ville de)*, [1997] 3 R.C.S. 844, trois juges ont affirmé que la Charte canadienne s'applique aux municipalités, les six autres s'abstenant de se prononcer sur cette question.
7. *Eldridge* c. *Colombie-Britannique (Procureur général)*, précité, note 5; *Blencoe* c. *Colombie-Britannique (Human Rights Commission)*, [2000] 2 R.C.S. 307, 2000 CSC 44; *Confédération des syndicats nationaux* c. *Commission de la santé et de la sécurité du travail*, [2001] R.J.Q. 1309 (C.S.).
8. *Lavigne* c. *Syndicat des employés de la Fonction publique de l'Ontario*, précité, note 4; *Eldridge* c. *Colombie-Britannique (Procureur général)*, précité, note 5.

27 – *Effet au Québec* – C'est dans ce cadre, qui demeure relativement restreint, que la *Charte canadienne des droits et libertés* pourra être invoquée à l'occasion d'un rapport de travail soumis à la compétence législative du Québec[9]. On peut s'y rapporter pour contester la validité d'une mesure gouvernementale d'autorité, comme une disposition législative ou réglementaire, ou d'une entente, comme un contrat de travail ou une convention collective, à laquelle le gouvernement ou un organisme de nature gouvernementale est partie, à moins que la situation ait été soustraite à l'application de la Charte par l'adoption, par l'Assemblée nationale, d'une disposition dérogatoire (clause «nonobstant») qui peut priver d'effet les dispositions de l'article 2 ou des articles 7 à 15 Charte (art. 33 C.c.d.l.)[10].

Par ailleurs, la jurisprudence relative aux droits et libertés fondamentaux affirmés dans la Charte canadienne s'avère en général éminemment pertinente pour l'interprétation et l'application des énoncés similaires de la *Charte des droits et libertés de la personne* du Québec, à laquelle nous nous arrêtons ci-après.

B. La *Charte des droits et libertés de la personne*

28 – *Universalité et préséance* – Les libertés et droits garantis par la *Charte des droits et libertés de la personne* du Québec s'imposent, à la différence de la Charte canadienne, tant aux relations entre personnes privées, physiques et morales, qu'à celles entre le gouvernement et ses administrés.

L'article 52 de la Charte québécoise donne préséance aux dispositions de ses articles 1 à 38 sur toute disposition d'une loi, même postérieure à la Charte, à moins que cette loi n'énonce expressément qu'elle s'applique malgré la Charte.

La Charte vise les matières qui sont de la compétence législative du Québec (art. 55 C.d.l.p.). Aux fins qui nous intéressent ici, elle n'affecte donc que les rapports du travail qui relèvent de la compétence québécoise, selon les règles exposées précédemment[11].

---

9.   Relativement aux relations de travail assujetties constitutionnellement à la compétence fédérale, il faut, au niveau des relations entre personnes privées, tenir compte de la *Loi canadienne sur les droits de la personne*, L.R.C. (1985), c. H-6.

10. L'Assemblée nationale du Québec a exercé ce pouvoir de façon générale et systématique de 1982 à 1985. Ces dérogations ont cessé d'avoir effet cinq ans après leur entrée en vigueur. Voir *Ford c. Québec (Procureur général)*, [1988] 2 R.C.S. 712.

11. Voir, *supra*, Titre préliminaire, chapitre 1; *Kealty c. Société internationale des télécommunications aéronautiques (SITA) Inc.*, [1991] R.J.Q. 397 (C.S.) – inapplicabilité de la Charte à une entreprise de compétence fédérale.

Dans son aire d'application constitutionnelle, la Charte du Québec s'impose donc directement aux relations entre les employeurs et leurs employés, dans des contextes de rapports collectifs autant qu'individuels, et les principes énoncés dans ses articles 1 à 38 supplantent même les normes législatives ou réglementaires qui leur seraient contraires.

II- LES DROITS ET LIBERTÉS GARANTIS

29 – *Généralités et examen* – Les rapports du travail, comme nous l'avons évoqué, peuvent donner lieu à une variété infinie de situations susceptibles de mettre en question l'un ou l'autre des droits ou des libertés qu'envisage la Charte québécoise. La référence à cette dernière doit donc être constante.

Au niveau des droits fondamentaux garantis par la Charte, c'est le droit à l'égalité qu'on invoque le plus souvent. On fait aussi fréquemment appel au droit à l'intégrité de la personne, au droit à la dignité, à l'honneur et à la réputation ainsi qu'au droit au respect de la vie privée, affirmés respectivement par les articles 1, 4 et 5 de la Charte. Dans le même ordre de préoccupation, les articles 46 et 48 C.d.l.p. affirment respectivement le droit de toute personne qui travaille à des conditions de travail justes et raisonnables et qui respectent sa santé, sa sécurité et son intégrité physique et le droit de toute personne âgée ou de toute personne handicapée d'être protégée contre toute forme d'exploitation. Nous examinons ci-après ces divers droits.

Les relations collectives du travail présentent quant à elles des occasions privilégiées d'exercer certaines libertés fondamentales reconnues par l'article 3 de la Charte. C'est le cas de la liberté d'association, avec la possibilité pour des employés, voire des employeurs, de se regrouper pour aménager un régime de rapports collectifs du travail. Il en est de même des libertés d'expression et de réunion pacifique lorsque, par exemple, un piquetage voudra témoigner de l'existence d'un conflit de travail. Pour éviter des répétitions, la portée de ces libertés fondamentales particulières sera examinée ultérieurement, à l'occasion de l'étude des situations qui leur font appel[12].

---

12. Voir en particulier, *infra*, au Titre II, les chapitres 2, 5, 6 et 7 qui traitent respectivement du droit d'association, de la négociation collective, des conflits de négociation et de la convention collective.

A. Le droit à l'égalité

30 – *Objet* – Comme l'a déjà signalé la Cour suprême, l'objet du droit à l'égalité est de favoriser l'existence d'une société où toutes les personnes sont traitées comme des êtres humains égaux qui méritent «le même intérêt, le même respect et la même considération»[13].

Pour réaliser cet objectif, le législateur québécois recourt à deux moyens: l'interdiction de la discrimination et la promotion de l'accès à l'égalité.

1. L'interdiction de discrimination

a) La notion de discrimination

31 – *Éléments constitutifs* – La notion de discrimination est d'abord liée à l'existence d'une distinction, exclusion ou préférence, qui emporte une différence de traitement, fondée sur une considération ou un motif prohibé par la Loi. L'article 10 de la Charte énonce les motifs illicites: la race, la couleur, le sexe, la grossesse, l'orientation sexuelle, l'état civil, l'âge sauf dans la mesure prévue par la loi, la religion, les convictions politiques, la langue, l'origine ethnique ou nationale, la condition sociale, le handicap ou l'utilisation d'un moyen pour pallier ce handicap. Cet énoncé est limitatif, à la différence de celui du paragraphe 15(1) de la *Charte canadienne des droits et libertés*, auquel peuvent s'ajouter des motifs analogues[14].

L'existence d'une discrimination prohibée par la Charte est indépendante de toute intention discriminatoire chez son auteur. Son constat peut être purement objectif[15].

---

13. *Law* c. *Canada (Ministre de l'Emploi et de l'Immigration*, [1999] 1 R.C.S. 497, par. 51; *Andrews* c. *Law Society of British Columbia*, [1989] 1 R.C.S. 143, 171 (j. McIntyre, dissident, sans par ailleurs être contredit sur cet aspect).
14. *Forget* c. *Québec (Procureur général)*, [1988] 2 R.C.S. 90; *Québec (Commission des droits de la personne et des droits de la jeunesse)* c. *Montréal (Ville de)*, précité, note 1. Voir, quant à la Charte canadienne: *Andrews* c. *Law Society of British Columbia, ibid.*; *Egan* c. *Canada*, [1995] 2 R.C.S. 513; *Vriend* c. *Alberta*, [1998] 1 R.C.S. 493; *Law* c. *Canada (Ministre de l'Emploi et de l'Immigration*, précité, note 13; *Lavoie* c. *Canada*, D.T.E. 2002T-266, 2002 CSC 23.
15. *Andrews* c. *Law Society of British Columbia*, précité, note 13, p. 174; *Commission ontarienne des droits de la personne* c. *Simpsons-Sears Ltd.*, [1985] 2 R.C.S. 536; *Action Travail des femmes* c. *Compagnie des chemins de fer nationaux du Canada*, [1984] 1 R.C.S. 1114, 1135-1138.

L'article 10 C.d.l.p. limite lui-même sa portée au seul exercice des droits et libertés garantis par la Charte. La discrimination qu'il prohibe est celle qui porte atteinte à l'exercice de ces droits et libertés[16]. Ce droit à un traitement en toute égalité, exempt de toute discrimination, ne peut être légalement affecté que dans la mesure permise par une autre disposition expresse de la Charte elle-même ou par une disposition d'une autre loi qui écarte explicitement l'application de la Charte[17].

En résumé, la discrimination interdite par la Charte du Québec repose sur la présence des éléments essentiels suivants: (1) une distinction, exclusion ou préférence; (2) fondée sur l'un motifs illicites identifiés au 1er alinéa de l'article 10; (3) et qui a pour effet de détruire ou de compromettre l'exercice d'une liberté ou d'un droit garanti[18].

b) L'application à la relation d'emploi

32 – *Principe* – Les articles 16 à 19 C.d.l.p. étendent l'interdiction de discrimination, au sens de l'article 10, à la relation d'emploi, notamment, à l'embauche, l'apprentissage, la durée de la période de probation, la formation professionnelle, la promotion, la mutation, le déplacement, la mise à pied, la suspension, le renvoi ou les conditions de travail d'une personne ainsi que dans l'établissement de catégories ou de classifications d'emploi. La portée concrète, en milieu de travail, de cette prohibition a été abondamment examinée par les tribunaux[19]. Les juridictions supérieures

---

16. *Commission scolaire régionale de Chambly* c. *Bergevin*, [1994] 2 R.C.S. 525; *Devine* c. *Québec (Procureur général)*, [1988] 2 R.C.S. 790; *Ford* c. *Québec (Procureur général)*, précité, note 10; *Forget* c. *Québec (Procureur général)*, précité, note 14.

17. L'article 9.1 C.d.l.p. prévoit que les libertés et les droits fondamentaux, énoncés à ses articles 1 à 9, s'exercent dans le respect des valeurs démocratiques, de l'ordre public et du bien-être général des citoyens, d'une part, et que la loi peut en fixer la portée et en aménager l'exercice, d'autre part. Le droit à l'égalité, sans discrimination, affirmé à l'article 10 de la Charte échappe donc à cette clause de justification. Tout à fait différemment, une situation de discrimination constatée au regard de la *Charte canadienne des droits et libertés* est dans tous les cas susceptible de justification en vertu de l'article 1er de cette Charte, aux conditions précisées par la Cour suprême dans l'arrêt *Andrews* c. *Law Society of British Columbia*, précité, note 13, p. 538.

18. *Commission scolaire régionale de Chambly* c. *Bergevin*, précité, note 16.

19. Voir, de façon générale sur le sujet: Henri BRUN, *Chartes des droits de la personne – Législation • Jurisprudence • Doctrine*, 15e éd., Montréal, Wilson et Lafleur Ltée, 2002, Collection Alter ego, p. 804-838. Voir en particulier sur le concept de discrimination et son lien avec les motifs énoncés à l'article 10 C.d.l.p.: *Québec (Commission des droits de la personne et des droits de la jeu-*

ont été particulièrement interpellées sur les chefs de discrimination que peuvent être le sexe[20], l'orientation sexuelle[21], l'état civil[22], l'âge[23], la religion[24], les convictions politiques[25], la lan-

nesse) c. *Montréal (Ville de)*, précité, note 1; *Tremblay* c. *Syndicat des employées et employés professionnels-les et de bureau, section locale 57*, D.T.E. 2002T-455, 2002 CSC 44, par. 16.

20. *Brooks* c. *Canada Safeway Limited*, [1989] 1 R.C.S. 1219 – sexe, grossesse; *Janzen* c. *Platy Enterprises Ltd.*, [1989] 1 R.C.S. 1252 – sexe, harcèlement sexuel; *Commission des écoles catholiques de Québec* c. *Gobeil*, [1999] R.J.Q. 1883 (C.A.) – salariée enceinte, priorité de rappel; *Association professionnelle des inhalothérapeutes du Québec* c. *Ménard*, D.T.E. 2001T-575 (C.A.) – droit de rappel de la salariée enceinte; *Institut Val-du-Lac Inc.* c. *Lavoie*, D.T.E. 91T-263 (C.A.) – nullité d'un affichage réservé aux personnes de sexe féminin; *Québec (Ville de)* c. *Commission des droits et libertés de la personne*, [1989] R.J.Q. 831 (C.A.); *Union des employés de commerce, local 503, C.T.C., F.T.Q.* c. *W.E. Bégin Inc.*, D.T.E. 84T-57 (C.A.).

21. Sur la nature de ce chef de discrimination, voir *Canada (Procureur général)* c. *Mossop*, [1993] 1 R.C.S. 554. Sur les conditions d'application du paragraphe 15(1) C.c.d.l. à l'endroit de ce motif de discrimination: *Egan* c. *Canada*, précité, note 14; *Vriend* c. *Alberta*, précité, note 14. Selon la Charte du Québec: *Québec (Procureure générale)* c. *Commission des droits de la personne et des droits de la jeunesse*, [2002] R.J.Q. 588 (C.A.) – droit à une rente de conjoint survivant; *Québec (Procureure générale)* c. *Tribunal des droits de la personne*, [2002] R.J.Q. 628 (C.A.).

22. *Brossard (Ville)* c. *Québec (Commission des droits de la personne)*, [1988] 2 R.C.S. 279 – liens familiaux; *Lachine (Ville de)* c. *Commission des droits de la personne et des droits de la jeunesse*, D.T.E. 2001-692 (C.A.); *Commission des droits de la personne du Québec* c. *École de conduite St-Amour Inc.*, [1983] C.P. 16; *Commission des droits de la personne du Québec* c. *Courtier provincial en alimentation*, [1982] 3 C.H.R.R. 1134 (C.S.).

23. À remarquer, d'abord, que l'énoncé de l'article 10 de la Charte québécoise, contrairement à d'autres lois semblables et notamment à l'article 15 de la *Charte canadienne des droits et libertés*, soustrait de la notion de discrimination la distinction fondée sur l'âge lorsque celle-ci est prévue par la loi. Cette réserve de la loi québécoise pourrait toutefois être mise en question au regard de l'article 15 de la Charte canadienne, à laquelle la Charte du Québec est elle-même assujettie; voir à ce sujet: *Harrison* c. *Université de la Colombie-Britannique*, [1990] 3 R.C.S. 541. Selon la Charte québécoise, voir: *Gazette (The) (une division de Southam Inc.)* c. *Parent*, [1991] R.L. 625 (C.A.) – absence de discrimination; *La Presse Ltée* c. *Hamelin*, [1988] R.J.Q. 2480 (C.S.). En vertu de la Charte canadienne, voir: *Tétreault-Gadoury* c. *Canada (Commission de l'emploi et de l'immigration du Canada)*, [1991] 2 R.C.S. 22; *Douglas College* c. *Douglas/Kwantlen Faculty Assn.*, précité, note 4; *McKinney* c. *Université de Guelph*, précité, note 5.

24. *Central Okanagan School Board District No. 23* c. *Renaud*, [1992] 2 R.C.S. 970; *Commission scolaire régionale de Chambly* c. *Bergevin*, précité, note 16; *Central Alberta Dairy Pool* c. *Alberta (Human Rights Commission)*, [1990] 2 R.C.S. 489; *Commission ontarienne des droits de la personne* c. *Simpsons-Sears Ltd.*, précité, note 15; *Commission des droits de la personne du Québec* c. *Collège Mérici*, [1990] R.J.Q. 604 (C.Q.).

25. *Commission des droits de la personne du Québec* c. *Collège d'enseignement général et professionnel St-Jean-sur-Richelieu*, [1984] R.D.J. 76 (C.A.) – absence de discrimination; *Dufour* c. *Syndicat des employées et employés du Centre d'accueil Pierre-Joseph Triest (C.S.N.)*, [1999] R.J.Q. 2674 (C.S.) – droit à la dis-

gue[26], la condition sociale[27] et le handicap ou l'utilisation d'un moyen pour le pallier[28]. L'interdiction de discrimination, par l'effet conjugué des articles 10 et 16 C.d.l.p., rejoint les conséquences nécessairement associées aux situations protégées, comme l'indisponibilité d'une personne salariée consécutive à l'exécution d'un devoir religieux ou à son état de grossesse[29].

33 – Exception: exigence professionnelle justifiée – Comme la plupart des lois sur les libertés de la personne, l'article 20 C.d.l.p. légitime, en la soustrayant à la notion de discrimination prohibée, une exigence fondée sur les aptitudes ou qualités requises par un emploi, que les tribunaux désignent couramment comme une E.P.J.[30]. La même disposition permet également de justifier une exigence particulière par le caractère charitable, philantropique, religieux, politique ou éducatif de l'institution de l'employeur, sans but lucratif ou qui est vouée exclusivement au bien-être d'un groupe ethnique[31].

---

sidence à l'intérieur d'une organisation syndicale. Sur la question connexe de la liberté d'expression en matière d'opinion politique, voir: *Osborne* c. *Canada (Conseil du Trésor)*, [1991] 2 R.C.S. 69.

26. *Forget* c. *Québec (Procureur général)*, précité, note 14; *Lachine (Ville de)* c. *Commission des droits de la personne du Québec*, [1989] R.J.Q. 17 (C.A.).

27. Sur cette notion de condition sociale elle-même, voir: *Johnson* c. *Commission des affaires sociales*, [1984] C.A. 61; *Lévesque* c. *P.G. Québec*, [1988] R.J.Q. 223 (C.A.). Voir également: *Québec (Procureur général)* c. *Lambert*, [2002] R.J.Q. 599 (C.A.) – conclusion d'absence de discrimination à l'endroit d'un prestataire de la sécurité du revenu, au vu de l'objectif poursuivi par la mesure législative attaquée.

28. Le handicap consiste en une anomalie anatomique ou physiologique de nature soit à limiter la capacité de l'individu de fonctionner normalement, soit même, en l'absence de limitation fonctionnelle, de nature à créer une perception subjective négative, à partir de préjugés ou de stéréotypes, quant à la capacité fonctionnelle de l'individu: *Québec (Commission des droits de la personne et des droits de la jeunesse)* c. *Montréal (Ville de)*, précité, note 1; Lukasz GRANOSIK, «L'arrêt Ville de Montréal: avons-nous tous un handicap?», dans Service de la formation permanente du Barreau du Québec, *Développements récents en droit du travail – 2001*, vol. 153, Cowansville, Éditions Yvon Blais, 2001, p. 113 et s. Voir aussi *Battlefords and District Co-operative Ltd.* c. *Gibbs*, [1996] 3 R.C.S. 566 – assurance invalidité écourtée en cas de déficience mentale; *Kirkland (Ville de)* c. *Syndicat des employés municipaux de la Ville de Kirkland*, [1997] R.J.Q. 5 (C.S.) – déficience rénale.

29. *Commission scolaire régionale de Chambly* c. *Bergevin*, précité, note 16; *Commission des écoles catholiques de Québec* c. *Gobeil*, précité, note 20.

30. *Colombie-Britannique (Public Service Employee Relations Commission)* c. *BCGSEU*, [1999] 3 R.C.S. 3; *Commission ontarienne des droits de la personne* c. *Municipalité d'Etobicoke*, [1982] 1 R.C.S. 202; *Brossard (Ville)* c. *Québec (Commission des droits de la personne)*, précité, note 22; *Central Alberta Dairy Pool* c. *Alberta (Human Rights Commission)*, [1990] 2 R.C.S. 489; *Saskatchewan (Human Rights Commission)* c. *Saskatoon (Ville de)*, [1989] 2 R.C.S. 1297.

31. Un gouvernement ne peut se prévaloir de cette exception particulière: *Brossard (Ville)* c. *Québec (Commission des droits de la personne)*, précité, note 22; *Lusignan* c. *Confédération des syndicats nationaux*, [1992] R.J.Q. 684 (C.S.) – application en faveur d'une centrale syndicale. Voir aussi, *infra*, no 43.

Nous reviendrons un peu plus loin sur le traitement par les tribunaux de l'exception d'E.P.J.

34 – *Embauche* – L'article 18 C.d.l.p. interdit à tout bureau de placement d'exercer de la discrimination dans la réception, la classification ou le traitement d'une demande d'emploi ou dans un acte visant à soumettre une demande à un employeur éventuel. En outre, selon l'article 18.1, dans un formulaire de demande d'emploi ou à l'occasion d'une entrevue qui se rapporte à un emploi, on ne peut requérir du postulant des renseignements sur l'un ou l'autre des motifs mentionnés dans l'article 10 C.d.l.p. Cette prohibition est sujette à deux exceptions: les renseignements peuvent être demandés s'ils sont pertinents à une exigence professionnelle que légitime l'article 20 de la Charte (E.P.J.), ou s'ils sont utiles à l'application d'un programme d'accès à l'égalité existant au moment de la demande.

Après le stade de la demande d'emploi, la Charte ne fait plus obstacle à la réquisition par l'employeur de tels renseignements, dont certains peuvent lui être nécessaires dans l'administration d'aspects du rapport de travail comme la participation à des régimes d'assurance ou la détermination des retenues d'impôt sur le revenu à effectuer à la source sur le salaire de l'employé.

35 – *Antécédents judiciaires* – L'article 18.2 C.d.l.p. contient une mesure anti-discriminatoire qui s'adresse spécifiquement à la relation d'emploi[32]. Il interdit de congédier, de refuser d'embaucher ou d'autrement pénaliser dans le cadre de son emploi une personne «du seul fait qu'elle a été reconnue coupable ou s'est avouée coupable d'une infraction pénale ou criminelle, si cette infraction n'a aucun lien avec l'emploi ou si cette personne en a obtenu le pardon»[33]. Cette protection, selon son énoncé, n'entre en jeu qu'à compter du moment où l'employé produit un plaidoyer de culpabilité à l'infraction qui lui est reprochée ou en est trouvé coupable par jugement. On trouve des décisions contradictoires quant à son application au stade de l'incul-

---

32. *Therrien Re*, [2001] 2 R.C.S. 3, 2001 CSC 35 – inapplicabilité à la fonction de juge; *Bélanger* c. *Québec (Ville de)*, J.E. 2000-1585 (C.S.) – inapplicabilité à l'octroi d'un permis d'entreprise.

33. Marc-André DOWD et Julie LEFEBVRE, «La protection contre la discrimination fondée sur les antécédents judiciaires en vertu de la *Charte des droits et libertés de la personne*: il faut qu'une porte soit ouverte ou fermée», dans Service de la formation permanente du Barreau du Québec, *Développements récents en droit du travail – 2001*, vol. 153, Cowansville, Éditions Yvon Blais, 2001, p. 1 et s.

pation et même lorsque l'employé a finalement été acquitté[34]. À défaut de pouvoir invoquer l'article 18.2 C.d.l.p., l'employé visé par une mesure pénalisante que lui imposerait son employeur dans ces circonstances devrait faire appel à l'effet indirect de la présomption d'innocence ou aux règles générales relatives à l'existence d'une cause juste et suffisante de cette mesure.

Lorsqu'elle est applicable, la protection de l'article 18.2 C.d.l.p. a préséance sur les dispositions de toute loi particulière[35]. L'existence d'un lien entre une infraction dont l'employé s'est rendu coupable et son emploi s'apprécie au regard, d'une part, de la nature de l'infraction et, d'autre part, des qualités essentielles qu'exige l'emploi qu'il occupe[36]. Usuellement, c'est à la juridiction compétente à l'endroit du litige qu'il reviendra d'apprécier l'existence du lien entre la condamnation et l'emploi[37].

Finalement, la Cour d'appel a tranché une controverse qui avait cours sur la question de savoir si la protection de l'article 18.2 C.d.l.p. s'étendait aux conséquences de la culpabilité de l'employé liées à son incarcération et donc à son indisponibilité pour fournir sa prestation de travail. Dans l'arrêt *Maksteel inc.*[38], la Cour a répondu non à cette question, lorsque le motif réel de la mesure est l'indisponibilité de l'employé, parce qu'on ne peut alors conclure que la mesure dont il se plaint lui a été imposée «du seul fait» de sa culpabilité.

36 – *Harcèlement* – L'article 10.1 de la Charte interdit à quiconque, en contexte d'emploi comme en tout autre, de «harceler une

---

34. Réponse affirmative: *Proulx* c. *Fenêtres architecturales Cayouette Inc.*, [1992] R.J.Q. 1026 (C.S.). Réponse négative: *Commission des droits de la personne et des droits de la jeunesse* c. *Phil Larochelle Équipement inc.*, D.T.E. 98T-1114 (T.D.P.Q.). Voir aussi M.-A. DOWD et J. LEFEBVRE, *loc. cit.*, note 33.

35. *Laval (Ville de)* c. *Foisy*, [1986] D.L.Q. 33 (C.S.). Voir également: *Syndicat des employés municipaux de Beauce (C.S.D.)* c. *St-Georges (Ville de)*, D.T.E. 2000T-253 (C.A.).

36. *Hayes* c. *Alliance Québec*, D.T.E. 96T-248 (C.S.); *Syndicat des chauffeurs de la Société de transport de la Ville de Laval* c. *Tremblay*, D.T.E. 94T-431 (C.S.). Ce lien pourrait néanmoins, selon la Cour d'appel, être créé dans certains cas par la Loi elle-même: *Péloquin* c. *Syndicat des agents de la paix en services correctionnels du Québec*, [2000] R.J.Q. 2215 (C.A.) – embauche d'un agent de la paix.

37. *Péloquin* c. *Syndicat des agents de la paix en services correctionnels du Québec*, *ibid.*; *Syndicat des employés municipaux de Beauce (C.S.D.)* c. *St-Georges (Ville de)*, précité, note 35.

38. *Maksteel inc.* c. *Commission des droits de la personne et des droits de la jeunesse*, [2001] R.J.Q. 28 (C.A.).

personne en raison de l'un des motifs visés dans l'article 10»[39]. Cette prohibition vise notamment le harcèlement sexuel. Ce dernier implique «une conduite de nature sexuelle non sollicitée qui a un effet défavorable sur le milieu de travail ou qui a des conséquences préjudiciables en matière d'emploi pour les victimes du harcèlement»[40]. Il est à retenir que cette définition n'exige pas le constat d'un préjudice matériel pour la victime:

> Le harcèlement sexuel ne se limite pas à des demandes de faveur sexuelle faites sous la menace de conséquences défavorables en matière d'emploi si l'employé ne s'y conforme pas. Les victimes de harcèlement n'ont pas à établir qu'elles n'ont pas été embauchées, qu'on leur a refusé une promotion ou qu'elles ont été congédiées parce qu'elles ont refusé de participer à des activités sexuelles. Le cas de harcèlement où la victime a subi un préjudice économique réel parce qu'elle ne s'est pas soumise aux demandes n'est qu'une manifestation particulièrement flagrante et répugnante du harcèlement sexuel.[41]

L'interdiction du harcèlement vise davantage qu'un simple comportement discriminatoire. Selon les circonstances, le harcèlement peut résulter de paroles, de gestes ou de comportements répétés, voire d'un seul acte particulièrement grave et sérieux[42]. L'appréciation d'une allégation de harcèlement doit s'effectuer à partir du point de vue d'une personne raisonnable placée dans la même situation et qui subirait la même conduite de la part d'une autre[43].

Par ailleurs, un comportement harcelant animé par un motif indépendant de ceux identifiés au premier alinéa de l'article 10 C.d.l.p. pourrait être sujet à un examen selon d'autres dispositions de la Charte. Pourraient ainsi être invoqués, par exemple, les droits à la dignité et à l'intégrité de la personne, ou son droit à des conditions de travail justes et raisonnables.

---

39. Christian BRUNELLE, «La protection quasi constitutionnelle contre le harcèlement», dans Service de la formation permanente du Barreau du Québec, *Développements récents en droit du travail – 2000*, vol. 134, Cowansville, Éditions Yvon Blais, 2000, p. 185 et s.

40. *Janzen c. Platy Enterprises Ltd.*, précité, note 20, p. 1284 (j. Dickson). La preuve du harcèlement sexuel ne requiert pas celle d'une conduite intentionnelle de son auteur.

41. *Ibid.*, p. 1282.

42. *Habachi c. Commission des droits de la personne*, [1999] R.J.Q. 2522 (C.A.).

43. *Dhawan c. Commission des droits de la personne et des droits de la jeunesse*, J.E. 2000-1321 (C.A.).

L'arrêt *Robichaud* de la Cour suprême énonce les conditions auxquelles l'employeur peut être tenu responsable du harcèlement illégal auquel se livre un de ses employés à l'endroit d'un autre[44].

37 – *Traitement égal* – Pendant l'emploi, l'article 19 de la Charte impose à l'employeur d'accorder, sans discrimination, un traitement ou un salaire égal aux membres de son personnel qui accomplissent un travail équivalent au même endroit. Le deuxième alinéa de cette disposition précise qu'il n'y a pas de discrimination lorsqu'une différence est établie en fonction de l'expérience, de l'ancienneté, de la durée du service, de l'évaluation au mérite, de la quantité de production ou du temps supplémentaire, lorsque ces critères sont communs à tous les membres du personnel.

c) L'analyse judiciaire

38 – *Méthode initiale* – Une première méthode d'analyse et de traitement par les tribunaux des allégations de discrimination illégale a prévalu pendant une quinzaine d'années. Sa connaissance permet de mieux saisir le sens du changement survenu par la suite.

Cette première méthode d'analyse reposait largement sur une distinction entre deux formes de discrimination, à savoir la discrimination directe et la discrimination dite indirecte ou «par effet préjudiciable». La discrimination directe est celle où une règle ou une pratique, à sa face même ou sous le couvert d'un prétexte, établit une distinction pour un motif prohibé[45]. La discrimination indirecte ou par effet préjudiciable a été décrite par le juge McIntyre de la Cour suprême de la façon suivante dans l'arrêt *Simpsons-Sears Ltd.*:

---

44. *Robichaud* c. *Canada (Conseil du Trésor)*, [1987] 2 R.C.S. 84. À remarquer que si le harcèlement cause à l'employé qui en est victime une *lésion professionnelle* au sens de la *Loi sur les accidents du travail et les maladies professionnelles* (L.R.Q., c. A-3.001), les articles 438 et 442 de cette loi assurent respectivement à l'employeur et au co-employé de la victime une immunité totale contre tout recours en indemnisation, y compris un recours fondé sur l'article 49 C.d.l.p.: *Béliveau St-Jacques* c. *Fédération des employées et employés de services publics inc.*, [1996] 2 R.C.S. 345. Cette conclusion s'impose même en l'absence de réclamation logée en vertu de la *Loi sur les accidents du travail et les maladies professionnelles*: *Genest* c. *Commission des droits de la personne et des droits de la jeunesse*, D.T.E. 2001T-99 (C.A.).

45. *Commission ontarienne des droits de la personne* c. *Simpsons-Sears Ltd.*, précité, note 15, p. 551; *Central Alberta Dairy Pool* c. *Alberta (Human Rights Commission)*, précité, note 24, p. 505; *Action Travail des femmes* c. *Compagnie des chemins de fer nationaux du Canada*, précité, note 15, p. 1135-1138; *Commission des droits de la personne du Québec* c. *Collège d'enseignement général et professionnel St-Jean-sur-Richelieu*, précité, note 25.

Ce genre de discrimination se produit lorsqu'un employeur adopte, pour des raisons d'affaires véritables, une règle ou une norme qui est neutre à première vue et qui s'applique également à tous les employés, mais qui a un effet discriminatoire pour un motif prohibé sur un seul employé ou un groupe d'employés en ce qu'elle leur impose, en raison d'une caractéristique spéciale de cet employé ou de ce groupe d'employés, des obligations, des peines ou des conditions restrictives non imposées aux autres employés.[46]

En présence d'une preuve *prima facie* de discrimination, la méthode traditionnelle d'analyse commandait que cette discrimination soit aussitôt catégorisée comme étant soit directe soit par suite d'un effet préjudiciable. S'ensuivait une cascade de conséquences au niveau des moyens de défense que pouvait soulever la partie intimée et à celui des résultats auxquels pouvait conduire la solution du litige. En situation de discrimination directe, un employeur pouvait répondre que la norme contestée était une E.P.J. en démontrant, d'une part, qu'elle avait été imposée honnêtement et de bonne foi et, d'autre part, qu'elle était raisonnablement nécessaire à l'exécution sûre et efficace du travail, sans imposer d'obligation déraisonnable au demandeur[47]. Si l'E.P.J. était reçue, la norme demeurait intacte, sans obligation d'accommodement; sinon, elle était annulée[48]. La situation était totalement différente en présence d'une preuve *prima facie* de discrimination indirecte, par suite d'un effet préjudiciable. L'employeur ne pouvait alors faire appel à la défense d'E.P.J. Il devait plutôt démontrer l'existence d'un lien rationnel entre l'emploi et la norme particulière attaquée, d'une part, et qu'il avait assumé son obligation d'accommodement, ne pouvant composer davantage avec l'employé sans subir une contrainte excessive, d'autre part[49]. Ultimement, si l'employeur échouait, le demandeur avait gain de cause mais la règle subsistait.

---

46. *Commission ontarienne des droits de la personne* c. *Simpsons-Sears Ltd.*, précité, note 15, p. 551; *Central Alberta Dairy Pool* c. *Alberta (Human Rights Commission)*, précité, note 24.
47. *Commission ontarienne des droits de la personne* c. *Municipalité d'Etobicoke*, précité, note 30, p. 208-209; *Brossard (Ville)* c. *Québec (Commission des droits de la personne)*, précité, note 22, p. 310-312.
48. *Large* c. *Stratford (Ville de)*, [1995] 3 R.C.S. 733, par. 33; *Central Alberta Dairy Pool* c. *Alberta (Human Rights Commission)*, précité, note 24, p. 506; *Saskatchewan (Human Rights Commission)* c. *Saskatoon (Ville de)*, précité, note 30, p. 1308-1310.
49. *Commission ontarienne des droits de la personne* c. *Simpsons-Sears Ltd.*, précité, note 15, p. 555-559; *Central Alberta Dairy Pool* c. *Alberta (Human Rights Commission)*, précité, note 24, p. 519-520.

39 – *Nouvelle méthode unifiée* – C'est à l'occasion de deux arrêts rendus à l'automne de 1999 que la Cour suprême a redéfini son approche de la discrimination. Ces arrêts sont devenus connus et couramment désignés sous le nom des personnes plaignantes qu'ils concernaient. Il s'agit de l'arrêt *Meiorin*[50], prononcé dans un contexte d'emploi, et du jugement *Grismer*[51], qui l'a ensuite appliqué et précisé à partir d'un autre contexte.

Les faits à l'origine de l'affaire *Meiorin* sont simples. Une pompière forestière a été congédiée après avoir échoué un test de condition physique visant à évaluer sa capacité aérobique, test administré et appliqué sans distinction entre les hommes et les femmes. Dans son jugement, la Cour suprême fait d'abord état de sept motifs qui justifient l'adoption d'une nouvelle méthode d'analyse de la discrimination. Ces motifs se rapportent principalement, d'une manière ou d'une autre, à la fragilité de la distinction classique entre la discrimination directe et la discrimination par effet préjudiciable, d'une part, et à l'incohérence, voire à l'incongruité, de ses conséquences, d'autre part[52].

En substance, la Cour suprême fait disparaître la nécessité d'une distinction préliminaire entre la discrimination directe et la discrimination par suite d'un effet préjudiciable; elle rend la défense d'E.P.J. disponible dans tous les cas, en y intégrant l'obligation d'accommodement[53]. L'arrêt *Meiorin* élabore une nouvelle méthode d'analyse qui entre en jeu et interpelle l'employeur au moment où ce dernier entreprend de tenter de se disculper d'une discrimination apparente en établissant que la règle ou la norme contestée est une E.P.J. La nouvelle méthode se développe alors en trois étapes, qu'elle commande à l'employeur de franchir, pour que la défense d'E.P.J. soit reçue.

---

50. *Colombie-Britannique (Public Service Employee Relations Commission)* c. *BCGSEU*, précité, note 30.
51. *Colombie-Britannique (Superintendent of Motor Vehicles)* c. *Colombie-Britannique (Council of Human Rights)*, [1999] 3 R.C.S. 868.
52. *Colombie-Britannique (Public Service Employee Relations Commission)* c. *BCGSEU*, précité, note 30, par. 25-53.
53. *Colombie-Britannique (Superintendent of Motor Vehicles)* c. *Colombie-Britannique (Council of Human Rights)*, précité, note 51, par. 18-19. Voir aussi, de façon générale: Jean-Yves BRIÈRE et Jean-Pierre VILLAGGI, «L'obligation d'accommodement de l'employeur: un nouveau paradigme», dans Service de la formation permanente du Barreau du Québec, *Développements récents en droit du travail – 2000*, vol. 134, Cowansville, Éditions Yvon Blais, 2000, p. 219 et s.; Maurice DRAPEAU, «L'évolution de l'obligation d'accommodement à la lumière de l'arrêt *Meiorin*», (2001) 61 *R. du B.* 299.

40 – *Première étape: objet général de la norme* – À cette première étape, ce n'est pas encore la norme particulière en cause qui est analysée mais plutôt son objet général, qui doit se rattacher rationnellement à l'exécution du travail dont il est question et à ses exigences objectives. Il peut alors s'agir, par exemple, d'assurer l'exécution sûre et efficace du travail en cause tout comme, en certains contextes, d'éviter des conflits d'intérêts[54].

41 – *Deuxième étape: bonne foi* – Ce volet de l'analyse est essentiellement subjectif et porte par ailleurs sur la norme particulière adoptée par l'employeur. Ce dernier doit démontrer qu'il a agi en croyant sincèrement que la norme était nécessaire à la réalisation de son objet et sans intention discriminatoire à l'endroit de l'employé en cause[55].

Dans l'arrêt *Ville de Stratford*[56], la Cour suprême a déjà signalé que dans certains cas, comme lorsque l'exigence est le résultat d'une demande syndicale formulée dans une négociation collective, l'employeur pouvait être dispensé de prouver sa conviction sincère qu'elle était nécessaire, s'il établissait par ailleurs avoir agi de bonne foi pour une raison valide et que l'entente satisfaisait aux critères objectifs du lien rationnel avec la nature de l'emploi.

42 – *Troisième étape: accommodement* – À cette étape finale, l'accent est mis sur l'application de la norme particulière au demandeur, en tenant compte de l'obligation d'accommodement qui incombe alors à l'employeur.

L'employeur doit ainsi d'abord démontrer que la norme contestée est raisonnablement nécessaire pour réaliser l'objet qu'elle vise et qu'il lui est impossible de composer avec les personnes lésées par son application sans subir une contrainte excessive[57].

L'arrêt *Meiorin* rappelle que l'obligation d'accommodement de l'employeur suppose un certain degré de contrainte pour lui. Comme l'avait déjà signalé le juge Sopinka dans l'arrêt *Renaud*:

---

54. *Colombie-Britannique (Public Service Employee Relations Commission)* c. *BCGSEU*, précité, note 30, par. 57-59.
55. *Ibid.*, par. 60-61.
56. *Large* c. *Stratford (Ville de)*, précité, note 48.
57. *Colombie-Britannique (Public Service Employee Relations Commission)* c. *BCGSEU*, précité, note 30, par. 62-63.

Il faut plus que de simples efforts négligeables pour remplir l'obligation d'accommodement. L'utilisation de l'adjectif «excessive» suppose qu'une certaine contrainte est acceptable; seule la contrainte «excessive» répond à ce critère. Les mesures que l'auteur de la discrimination doit prendre pour s'entendre avec le plaignant sont limitées par les expressions «raisonnables» et «sans s'imposer de contrainte excessive». Il s'agit là non pas de critères indépendants mais de différentes façons d'exprimer le même concept. Ce qui constitue des mesures raisonnables est une question de faits qui variera selon les circonstances de l'affaire.[58]

Seront ainsi considérés, selon les circonstances, le coût financier de l'accommodement, le service à donner, l'interchangeabilité des employés et des équipements, les droits d'autres employés ou encore le risque pour la sécurité de certaines personnes. Dans certains cas, tout accommodement peut se révéler impossible sans compromettre l'objet lui-même de la règle[59].

Le cas échéant, la mesure d'accommodement doit être incorporée à la norme elle-même pour être prise en considération dans son appréciation:

Les employeurs qui conçoivent des normes pour le milieu de travail doivent être conscients des différences entre les personnes et des différences qui caractérisent des groupes de personnes. Ils doivent intégrer des notions d'égalité dans les normes du milieu de travail. En adoptant des lois sur les droits de la personne et en prévoyant leur application au milieu de travail, les législatures ont décidé que les normes régissant l'exécution du travail devraient tenir compte de tous les membres de la société, dans la mesure où il est raisonnablement possible de le faire. Les cours de justice et les tribunaux administratifs doivent avoir cela à l'esprit lorsqu'ils sont saisis d'une demande dans laquelle l'existence de discrimination liée à l'emploi est alléguée. La norme qui fait inutilement abstraction des différences entre les personnes va à l'encontre des interdictions contenues dans les diverses lois sur les droits de la personne et doit être remplacée. La norme elle-même doit permettre de tenir compte de la situation de chacun, lorsqu'il est raisonnablement possible de le faire. Il se peut que la norme qui permet un tel accommodement ne soit que légèrement différente de la norme existante, mais il reste qu'elle constitue une norme différente.[60]

---

58. *Central Okanagan School Board District No. 23* c. *Renaud*, précité, note 24, p. 984.

59. *Lachine (Ville de)* c. *Commission des droits de la personne et des droits de la jeunesse*, précité, note 22 – politique anti-népotisme.

60. *Colombie-Britannique (Public Service Employee Relations Commission)* c. *BCGSEU*, précité, note 30, par. 68.

Comme le rappelait peu après l'arrêt *Grismer*, l'«incorporation de l'accommodement dans la norme elle-même assure que chaque personne est évaluée selon ses propres capacités personnelles, au lieu d'être jugée en fonction de présumées caractéristiques de groupe»[61]. Usuellement, une norme qui laisse place à une évaluation individuelle et permet d'en tirer des conclusions et des conséquences raisonnables sera reçue favorablement[62]. À l'inverse, l'omission d'accommoder «peut être établie en prouvant notamment que la norme a été fixée arbitrairement ou que l'évaluation individuelle a été refusée de manière déraisonnable»[63].

43 – *Caractère ou vocation de l'employeur* – La nouvelle méthode d'analyse dictée par la Cour suprême devra être adaptée lorsque l'employeur tentera de justifier une exigence, sur la base de la deuxième partie de l'article 20 C.d.l.p., par le caractère ou la vocation spécifique de l'institution[64]. L'accent devrait alors être mis sur ces caractéristiques de l'institution plutôt que sur les capacités individuelles des personnes en cause, notamment au niveau de la possibilité d'accommodement. Par ailleurs, cette exception particulière ne saurait être considérée comme un laissez-passer général qui autoriserait l'employeur à pratiquer toute discrimination, autrement illicite, sur quelque base que ce soit. On verrait mal, par exemple, qu'une institution puisse invoquer son caractère philanthropique pour pratiquer une discrimination fondée sur le sexe ou sur l'âge, sans aucune justification. L'exigence devra donc se justifier objectivement quant à sa pertinence par rapport à la finalité de l'institution et à la nature de l'emploi à y occuper[65].

44 – *Contestation d'une loi* – La contestation d'une loi ou d'une règle qui y est assimilable en vertu du troisième alinéa de l'article 56

---

61. *Colombie-Britannique (Superintendent of Motor Vehicles)* c. *Colombie-Britannique (Council of Human Rights)*, précité, note 51, par. 19.

62. *Colombie-Britannique (Public Service Employee Relations Commission)* c. *BCGSEU*, précité, note 30, par. 64-65; *Colombie-Britannique (Superintendent of Motor Vehicles)* c. *Colombie-Britannique (Council of Human Rights)*, précité, note 51.

63. *Colombie-Britannique (Superintendent of Motor Vehicles)* c. *Colombie-Britannique (Council of Human Rights)*, précité, note 51, par. 22.

64. Voir, *supra*, n° 33.

65. *Lachine (Ville de)* c. *Commission des droits de la personne du Québec*, précité, note 26. Voir aussi les *obiters* dans *Commission des droits de la personne du Québec* c. *Collège Mérici*, précité, note 24 et dans *Lusignan* c. *Confédération des syndicats nationaux*, précité, note 31. Selon la loi de la Colombie-Britannique, voir *Kaldwell* c. *Stuart*, [1984] 2 R.C.S. 603.

C.d.l.p., pour cause de discrimination prohibée, pose au tribunal interpellé trois questions essentielles.

La première question vise à déterminer si la loi en cause entraîne une différence de traitement entre le demandeur et d'autres personnes. Dans l'affirmative, la deuxième question a pour objet de déterminer si cette différence de traitement est fondée sur un ou plusieurs motifs prohibés. Le cas échéant, le tribunal doit enfin se demander si la différence de traitement est discriminatoire, c'est-à-dire si elle impose un fardeau au demandeur ou le prive d'un avantage d'une manière qui dénote une application stéréotypée de présumées caractéristiques personnelles ou de groupe, ou qui a pour effet de perpétuer ou de promouvoir l'opinion que la personne affectée est moins capable ou est moins digne d'être reconnue ou valorisée en tant qu'être humain ou comme membre de la société, qui mérite le même intérêt, le même respect et la même considération[66].

2. L'accès à l'égalité

45 – *Généralités* – Les lois sur les droits de la personne envisagent des mesures en vue de corriger graduellement des situations d'inégalité, engendrées par une discrimination systémique antérieure, dans lesquelles des personnes qui ont en commun une ou l'autre des caractéristiques discriminantes prévues par ces lois se trouvent sous-représentées ou autrement défavorisées chez un employeur. Ces mesures de redressement sont désignées par les appellations de «programmes de promotion sociale», «d'action positive» ou «d'accès à l'égalité». Pour le personnel que ces programmes peuvent concerner dans une entreprise, comme les femmes ou les membres des minorités ethniques ou raciales visibles, ils visent l'atteinte de l'équité, selon un objectif quantifié, au niveau de l'embauchage, des promotions ou des revenus. En somme, ces programmes représentent une «tentative rationnelle d'imposer un correctif systémique à un problème systémique»[67].

46 – *La Charte* – La *Charte des droits et libertés de la personne* aborde les programmes d'accès à l'égalité principalement dans ses

---

66. *Law* c. *Canada (Ministre de l'Emploi et de l'Immigration)*, précité, note 13; *Lavoie* c. *Canada*, précité, note 14; *Québec (Procureur général)* c. *Lambert*, précité, note 27.
67. *Action Travail des femmes* c. *Compagnie des chemins de fer nationaux du Canada*, précité, note 15, p. 1145.

articles 86 à 92. Ces programmes sont réputés non discriminatoires s'ils sont établis conformément à la Charte (art. 86, al. 2 C.d.l.p.)[68]. Tout employeur peut prendre l'initiative d'un tel programme. Dans ce cas, la Commission des droits de la personne et de la jeunesse instituée par l'article 57 de la Charte doit, sur demande, apporter son assistance à l'élaboration du programme (art. 87 C.d.l.p.)[69]. En application de l'article 88 C.d.l.p., la Commission peut elle-même, lorsqu'elle constate une situation de discrimination de groupe dans l'emploi, recommander l'implantation d'un programme d'accès à l'égalité. À défaut de l'employeur de suivre cette recommandation, la Commission est autorisée à s'adresser à un tribunal pour obtenir l'élaboration et l'implantation du programme, lequel est déposé devant le tribunal qui peut y apporter les modifications qu'il juge adéquates[70]. Le tribunal compétent peut être le tribunal de droit commun ou le Tribunal des droits de la personne institué par la Charte (art. 91, 100 et 111, al. 1 C.d.l.p.)[71]. Selon l'article 91 C.d.l.p., la survenance de faits nouveaux peut justifier la modification, le report ou l'annulation d'un programme d'accès à l'égalité, soit par accord écrit entre la Commission et la personne qui a été requise ou qui a convenu de l'implanter, soit à la demande de l'une ou l'autre, en cas de désaccord, par le même tribunal que celui auquel la Commission s'est déjà adressée pour obtenir l'élaboration et l'implantation du programme en cause[72]. La Commission peut enfin, lorsqu'elle constate qu'un programme d'accès à l'égalité n'est pas implanté dans le délai imparti ou qu'il n'est pas observé, retirer son approbation s'il s'agit d'un programme qu'elle a approuvé ou, s'il s'agit d'un programme dont elle a proposé l'implantation, s'adresser à un tribunal (art. 90 C.d.l.p.).

---

68. Il en est de même à l'endroit d'un programme d'accès à l'égalité en emploi, eu égard à la discrimination fondée sur la race, la couleur, le sexe ou l'origine ethnique, si un tel programme est établi en application de la *Loi sur l'accès à l'égalité en emploi dans des organismes publics et modifiant la Charte des droits et libertés de la personne*, L.Q. 2000, c. 45 (art. 86, al. 3 C.d.l.p.), ainsi que dans le cas des ajustements salariaux et d'un programme d'équité salariale, quant à la discrimination fondée sur le sexe, s'ils sont établis conformément à la *Loi sur l'équité salariale*, L.R.Q., c. E-12.001 (art. 19, al. 3 C.d.l.p.).
69. L'entrée en vigueur, éventuellement, du premier alinéa de cet article requerra l'approbation de tout programme par la Commission, à moins qu'il soit imposé par un tribunal.
70. *Commission scolaire des Samares* c. *Commission des droits de la personne et des droits de la jeunesse*, [2000] R.J.Q. 2542 (C.A.). Le gouvernement est quant à lui tenu d'exiger de ses ministères et organismes l'implantation de programmes d'accès à l'égalité qui doivent faire l'objet d'une consultation auprès de la Commission (art. 92 C.d.l.p.).
71. *Commission scolaire des Samares* c. *Commission des droits de la personne et des droits de la jeunesse*, précité, note 70.
72. *Ibid.*

Un règlement adopté en vertu de la Charte précise le contenu des programmes d'accès à l'égalité élaborés sous son empire et dicte diverses mesures destinées à assurer leur application[73]. Ce règlement prévoit notamment l'identification des objectifs du programme et des mesures pour corriger les effets de la discrimination existante, soit par l'élimination des pratiques discriminatoires elles-mêmes, soit en accordant aux victimes de cette discrimination des avantages temporaires ou en leur apportant des mesures de soutien en vue de régler certains problèmes d'emploi tout en étant aussi accessibles à l'ensemble du personnel de l'entreprise[74].

47 – *Autres lois* – Deux autres lois visent la promotion de l'accès à l'égalité, dans des contextes ciblés. Il s'agit de la *Loi sur l'équité salariale*[75] et de la *Loi sur l'accès à l'égalité en emploi dans des organismes publics et modifiant la Charte des droits et libertés de la personne*[76]. La Charte elle-même répute non discriminatoire, à ses propres fins, l'application de ces deux lois (art. 19, al. 3 et 86, al. 3 C.d.l.p.).

La *Loi sur l'équité salariale* se préoccupe exclusivement de la discrimination systémique subie par les femmes en matière salariale. À partir du constat qu'historiquement les emplois à prédominance féminine ont été sous-évalués, le législateur commande aux employeurs qui comptent dix salariés ou plus à leur emploi de comparer, au niveau catégoriel, la rémunération des emplois occupés majoritairement par des femmes avec celle d'emplois équivalents occupés majoritairement par des hommes ou indistinctement par des hommes et des femmes. En cas d'écarts défavorables aux femmes, ces écarts doivent être corrigés de façon durable[77].

La *Loi sur l'accès à l'égalité en emploi dans des organismes publics* [...] vise quant à elle à augmenter la présence en emploi dans les organismes publics de groupes qui y sont sous-représentés au regard d'une caractéristique commune aux membres du groupe et qui se rattache à la race, la couleur, le sexe ou l'origine ethnique.

---

73. *Règlement sur les programmes d'accès à l'égalité*, R.R.Q., c. C-12, r. 0.1, art. 2 à 11.
74. *Ibid.*, art. 3 à 8.
75. Précitée, note 68.
76. *Ibid.*
77. Voir, de façon générale: Linda LAVOIE et Myriam TRUDEL, *Loi sur l'équité salariale annotée*, Cowansville, Éditions Yvon Blais, 2001.

B. Le droit à l'intégrité de la personne

48 – *Contenu* – Le premier alinéa de l'article 1 de la Charte affirme notamment le droit de tout être humain à l'intégrité de sa personne. Cette affirmation doit être considérée avec l'affirmation identique de l'article 10 C.c.Q., avec l'énoncé de l'article 46 de la Charte qui reconnaît le droit de toute personne à des conditions de travail qui respectent sa santé, sa sécurité et son intégrité, ainsi qu'avec l'article 2087 C.c.Q. qui impose à l'employeur de «prendre les mesures appropriées à la nature du travail, en vue de protéger la santé, la sécurité et la dignité du salarié».

Le droit à l'intégrité de sa personne peut notamment fonder le refus d'un employé d'exécuter un travail dangereux, de continuer à subir un harcèlement psychologique ou encore de se soumettre à un examen médial ou à des soins médicaux. Dans ce dernier cas, l'article 11 C.c.Q. vient aussi justifier le même refus[78].

Selon la Cour suprême, la notion d'intégrité sous-entend que l'atteinte à ce droit revêt une certaine gravité dépassant le simple inconvénient[79].

C. Le droit à la dignité, à l'honneur et à la réputation

49 – *Situations d'application* – Au premier chef, l'imposition d'une sanction disciplinaire ou d'un renvoi à un employé, sans enquête préalable suffisante, ou pour un motif qui se révèle mal fondé ou, encore, avec une diffusion injustifiée, se présente fréquemment comme une occasion d'atteinte à la dignité, à l'honneur ou à la réputation de cet employé, que protège l'article 4 de la Charte[80]. Le harcèle-

---

78. Exceptionnellement, la personne qui invoque sa condition médicale pour réclamer judiciairement un droit peut être tenue de se soumettre à une évaluation médicale: *Union des employés du transport local et industries diverses, local 931* c. *Delécolle*, [1990] R.D.J. 227 (C.A.); *Fraternité des policiers de Baie-Comeau Inc.* c. *Baie-Comeau (Ville de)*, D.T.E. 94T-426 (C.S.) – nullité d'une sentence arbitrale imposant un examen médical; *Jobin* c. *Ambulance Ste-Catherine J.-C. Inc.*, [1992] R.J.Q. 56 (C.S.) – demande d'injonction enjoignant à l'employeur de ne pas requérir qu'un employé subisse un examen médial, rejetée en l'absence d'un droit clair et après examen de la balance des inconvénients.

79. *Québec (Curateur public)* c. *Syndicat national des employés de l'hôpital St-Ferdinand*, [1996] 3 R.C.S. 211. Voir aussi *Viau* c. *Syndicat canadien de la fonction publique*, [1991] R.R.A. 740 (C.S.).

80. L'article 35 C.c.Q. affirme également le droit de toute personne au respect de sa réputation et l'article 2087 C.c.Q. impose à l'employeur l'obligation de prendre les mesures appropriées à la nature du travail en vue de protéger, notamment,

ment, sexuel ou autre, peut constituer une atteinte au droit à la dignité[81]. Certaines actions syndicales peuvent aussi porter atteinte au droit garanti par l'article 4 de la Charte. Il peut en être ainsi envers des tiers victimes d'une privation de services à l'occasion d'une grève[82]. Plus souvent, c'est l'imposition du processus de discipline interne de l'organisation syndicale à l'endroit d'un membre dissident ou la dénonciation de la conduite d'une personne dans le milieu de travail qui sera l'occasion d'une atteinte illicite à la réputation et emportera la responsabilité du syndicat concerné[83].

D. Le droit au respect de la vie privée

50 – *Contenu* – Le droit au respect de la vie privée est affirmé par l'article 5 de la Charte et réitéré à l'article 35 C.c.Q. Dans l'arrêt *Ville de Longueuil*, la Cour suprême explique que l'article 5 C.d.l.p. assure aux individus une sphère limitée d'autonomie personnelle à l'intérieur de laquelle ils peuvent prendre des décisions de nature fondamentalement privée ou intrinsèquement personnelle sans in-fluence externe indue[84]. Peu après, la Cour suprême reconnaissait que le concept de vie privée pouvait être difficile à circonscrire et que la vie privée ne s'arrêtait pas aux limites d'un lieu physique comme le domicile d'une personne[85]. La Cour suprême a décidé, dans l'affaire *Ville de Longueuil*, que le droit de choisir son lieu de résidence était clairement visé par la garantie de la vie privée et, dans l'espèce, que

---

la dignité du salarié. Exemples: *Wilkinson* c. *Commission scolaire Baldwin-Cartier*, [1994] R.J.Q. 2020 (C.S.); *Beauparlant* c. *St-Calixte (Corp. municipale de)*, [1992] R.J.Q. 2303 (C.S.); *Tremblay* c. *Anjou (Ville d')*, [1991] R.J.Q. 1989 (C.S.).

81. *Dhawan* c. *Commission des droits de la personne et des droits de la jeunesse*, pré-cité, note 43; *Commission des droits de la personne et des droits de la jeunesse* c. *Québec (Procureur général)*, [1998] R.J.Q. 3397 (T.D.P.); *Rondeau* c. *Syndicat des employées et employés du Centre de services sociaux du Montréal métropoli-tain*, D.T.E. 95T-688 (T.D.P.). Francine LAMY, «Comment contrer le harcè-lement et la violence psychologique au travail», dans *Options CEQ n° 19*, Montréal, CEQ, 1999, p. 115 et s.

82. *Québec (Curateur public)* c. *Syndicat national des employés de l'hôpital St-Ferdinand*, précité, note 79.

83. Exemples: *West Island Teachers' Association* c. *Nantel*, [1988] R.J.Q. 1569 (C.A.) – exclusion de membres ayant refusé de participer à une grève illégale; *Association des professeurs de Lignery (A.P.L.), syndicat affilié à la C.E.Q.* c. *Alvetta-Comeau*, [1990] R.J.Q. 130 (C.A.); *Dufour* c. *Syndicat des employées et employés du Centre d'accueil Pierre-Joseph Triest (C.S.N.)*, précité, note 25; *Courchesne-Genest* c. *Syndicat des employés du cégep Lionel-Groulx*, [1992] R.J.Q. 737 (C.S.).

84. *Godbout* c. *Longueuil (Ville de)*, précité, note 6.

85. *Aubry* c. *Éditions Vice-Versa inc.*, [1998] 1 R.C.S. 591.

l'obligation imposée par la municipalité à ses employés de résider sur son territoire était injustifiée et contraire à la Charte. La Cour ajoute toutefois que certains objectifs collectifs de grande importance pourraient justifier, selon l'article 9.1 de la Charte, une atteinte au droit garanti par l'article 5 en imposant exceptionnellement un lieu de résidence à certains employés[86]. Sur un autre plan, le choix de ses fréquentations fait normalement partie de la vie privée de l'employé[87].

Le droit à la vie privée intervient également pour limiter certaines actions syndicales. Il a ainsi conduit la Cour d'appel à interdire ou à limiter le piquetage aux abords des résidences des cadres ou dirigeants de l'employeur en conflit de travail[88].

51 – *Intimité* – Le droit à la vie privée emporte comme corollaire indissociable le droit à l'intimité relativement à ce qui en fait partie. L'employeur, au premier chef, et les autres intervenants au milieu de travail doivent donc traiter avec discrétion les informations auxquelles ils peuvent avoir accès et qui appartiennent à l'intimité de l'employé, comme son état de santé[89].

C'est dans cet ordre de préoccupation que l'article 36 C.c.Q. dresse une liste d'actes qui peuvent être considérés comme des atteintes à la vie privée d'une personne, qu'il s'agisse de pénétrer chez elle ou d'y prendre quoi que ce soit, d'intercepter ou d'utiliser volontairement une communication privée, de capter ou d'utiliser son

---

86. On peut penser ici aux employés dont les fonctions requièrent une disponibilité rapide en cas d'urgence, comme des policiers ou des pompiers ou encore, dans un autre contexte, des ambulanciers. Par ailleurs, un jugement du Tribunal du travail a distingué l'imposition d'une obligation de résidence comme condition de maintien de l'emploi, d'une part, et une politique de préférence d'embauche de ses résidents par une municipalité, d'autre part: *Gilbert* c. *Trois-Rivières Ouest (Ville de)*, D.T.E. 97T-1067 (T.T.). Sur cette question de préférence d'embauche, voir aussi et comparer maintenant: *Lavoie* c. *Canada*, précité, note 14 – légalité d'une politique de préférence d'embauche dans la fonction publique en faveur des citoyens canadiens.

87. *Gagnon* c. *Brasserie La Bulle Inc.*, D.T.E. 85T-933 (C.S.) – congédiement d'une employée en raison de sa fréquentation d'un co-employé. À comparer, toutefois, avec *Banque de Commerce Canadienne Impériale* c. *Boisvert*, [1986] 2 C.F. 431 (C.A.F.).

88. *Syndicat des communications graphiques, local 41-M* c. *Journal de Montréal, division du groupe Quebecor Inc.*, [1994] R.D.J. 456 (C.A.) – interdiction totale de piquetage; *Syndicat canadien de la fonction publique, section locale 302* c. *Verdun (Ville de)*, [2000] R.J.Q. 356 (C.A.) – autorisation d'un piquetage limité aux résidences du maire, de conseillers et cadres.

89. Voir *Gazette (The) (Division Southam inc.)* c. *Valiquette*, [1997] R.J.Q. 30 (C.A.).

image ou sa voix lorsqu'elle se trouve dans des lieux privés, de surveiller sa vie privée par quelque moyen que ce soit, d'utiliser son nom, son image, sa ressemblance ou sa voix à toute autre fin que l'information légitime du public ou d'utiliser sa correspondance, ses manuscrits ou ses autres documents personnels.

52 – *Surveillance* – Le droit à l'intimité sert, en certaines circonstances, à mesurer la portée du droit à la vie privée lui-même, à partir de la notion d'attente légitime ou raisonnable. Il s'agit alors de se demander si une personne raisonnable placée dans la même situation pouvait légitimement s'attendre à ce que ses faits, gestes ou paroles demeurent privés et privilégiés.

La Cour d'appel a utilisé cette approche à deux occasions pour conclure à l'illégalité et à l'irrecevabilité en preuve, selon l'article 2858 C.c.Q., d'enregistrements de conversations téléphoniques tenues dans un cas à partir du domicile de l'employé et dans l'autre sur les lieux mêmes de travail[90]. Par contre, elle a reconnu la légitimité d'une filature avec captation d'images hors des lieux de travail d'un employé, en considérant, dans l'espèce, que l'article 9.1 de la Charte pouvait justifier cette atteinte à la vie privée[91]. La Cour d'appel a toutefois posé les conditions auxquelles cette justification est possible: la décision de l'employeur doit s'appuyer sur des motifs rationnels et les moyens utilisés doivent être raisonnables, c'est-à-dire à la fois nécessaires et le moins attentatoires possible.

E. Le droit à des conditions de travail justes et raisonnables

53 – *Étendue et contenu d'application* – Le potentiel de l'article 46 C.d.l.p., qui affirme notamment le droit à des conditions de travail justes et raisonnables, a été peu exploré jusqu'à maintenant, tant au niveau de l'étendue de son application qu'à celui de son contenu.

---

90. *Mascouche (Ville de)* c. *Houle*, [1999] R.J.Q. 1894 (C.A.) – conversations téléphoniques à partir de la résidence, interceptées et enregistrées par un voisin; *Srivastava* c. *Hindu Mission of Canada (Quebec) Inc.*, [2001] R.J.Q. 1111 (C.A.) – conversations téléphoniques de nature privée, sur les lieux de travail.

91. *Syndicat des travailleuses et travailleurs de Bridgestone / Firestone de Joliette (C.S.N.)* c. *Trudeau*, [1999] R.J.Q. 2229 (C.A.); voir également et comparer: *Syndicat des travailleuses et travailleurs d'abattoir de volaille de St-Jean-Baptiste* c. *Corriveau*, D.T.E. 2001T-206 (C.A.). Diane VEILLEUX, «Le droit à la vie privée – sa portée face à la surveillance de l'employeur», (2000) 60 *R. du B.* 3.

Relevons d'abord que l'applicabilité de cette disposition transcende la qualification juridique du rapport de travail. À la différence des articles 16 à 20 de la Charte où les termes «employeur», «emploi» et «salarié» indiquent qu'ils visent un contrat de travail, l'article 46 s'adresse, selon son libellé, à toute personne qui travaille[92]. Le facteur déterminant est donc strictement factuel.

Quant à l'effet pratique du droit reconnu à l'article 46 C.d.l.p., il faut écarter qu'il permette aux tribunaux compétents d'ignorer les effets du consensualisme pour y substituer purement et simplement leur propre vision d'une situation. Par contre, ces mêmes instances pourraient être justifiées d'intervenir en présence d'une condition de travail qualifiable d'injuste ou de déraisonnable[93]. Ainsi, toute volonté de bénévolat étant exclue, le défaut de rémunérer une personne pour son travail contreviendrait à l'article 46 C.d.l.p.[94]. Récemment, dans l'affaire *Srivastava*[95], la Cour d'appel s'est référée à l'article 46 de la Charte pour conclure que l'interception et l'enregistrement par l'employeur, sur les lieux de travail, de conversations téléphoniques de nature privée portaient non seulement atteinte au droit à la vie privée de l'employé et de ses interlocuteurs mais violaient aussi le droit de l'employé à des conditions de travail justes et raisonnables, compte tenu qu'il était assigné à son travail pendant des journées entières et qu'il devait nécessairement utiliser le téléphone pour des fins personnelles.

III- LA MISE EN ŒUVRE ET LES RECOURS

A. La Commission des droits de la personne et des droits de la jeunesse

54 – *Composition et fonctions* – L'article 57 C.d.l.p. constitue la Commission des droits de la personne et des droits de la jeunesse («la Commission»). Elle est composée de 15 membres, dont un président et deux vice-présidents; ces membres sont nommés par l'Assemblée nationale sur proposition du premier ministre, approuvée par les deux tiers des membres de l'Assemblée (art. 58 C.d.l.p.)[96].

---

92. Voir: *Association des radiologistes du Québec* c. *Rochon*, J.E. 99-851, REJB 1999-11398 (C.A.).
93. Voir à ce sujet: *Tremblay* c. *Syndicat des employées et employés professionnels-les et de bureau, section locale 57*, précité, note 19, par. 17.
94. *Dejoie* c. *Apollon*, C.A.Q., n° 200-09-000067-873, 4 décembre 1990.
95. *Srivastava* c. *Hindu Mission of Canada (Quebec) Inc.*, précité, note 90.
96. Sept membres, dont un vice-président, sont choisis parmi des personnes susceptibles de contribuer d'une façon particulière à l'étude et à la solution des problèmes relatifs aux droits et libertés de la personne (art. 58.1, al. 1 C.d.l.p.).

Relativement à la Charte, la Commission est investie de la mission générale de veiller au respect des principes qui y sont énoncés (art. 57, al. 2 C.d.l.p.). L'article 71 C.d.l.p. la charge de différentes responsabilités et la dote de divers pouvoirs. Il y a lieu d'y relever en particulier les obligations d'élaborer et d'appliquer un programme d'information et d'éducation destiné à faire comprendre et accepter l'objet et les dispositions de la Charte et celles de relever les dispositions des lois du Québec qui seraient contraires à la Charte et d'en faire rapport au gouvernement avec les recommandations appropriées. Elle peut aussi faire enquête, selon un mode non contradictoire, de sa propre initiative ou lorsqu'une plainte lui est adressée, sur toute situation d'apparence de discrimination au sens des articles 10 à 19 de la Charte, y compris un cas susceptible de justifier l'implantation d'un programme d'accès à l'égalité en vertu de l'article 86, ainsi que sur toute situation d'apparence de violation du droit à la protection contre l'exploitation des personnes âgées ou handicapées protégées par le premier alinéa de l'article 48 (art. 71, al. 2, 1o C.d.l.p.). L'application de la *Loi sur l'équité salariale* échappe toutefois à cette possibilité[97]. S'il y a lieu, la Commission favorise un règlement entre la personne dont les droits auraient été violés et celle à qui cette violation est imputée (art. 71, al. 2, 2o C.d.l.p.). Ultimement, en cas d'échec, elle peut porter l'affaire devant un tribunal (art. 80-82, 100 et 111 C.d.l.p.).

La Commission dispose essentiellement des mêmes pouvoirs et responsabilités aux fins de l'application de la *Loi sur l'accès à l'égalité en emploi dans des organismes publics et modifiant la Charte des droits et libertés de la personne* (art. 57, al. 3 et 111.1 C.d.l.p.)[98].

B. Le régime de responsabilité et de redressement

55 – *Généralités* – Le premier alinéa de l'article 49 C.d.l.p. reconnaît à la victime d'une atteinte illicite à un droit ou à une liberté reconnu par la Charte le droit d'en obtenir la cessation ainsi que la

---

Sept autres membres, dont un vice-président, doivent être choisis parmi des personnes susceptibles d'apporter la même contribution à l'étude et à la solution des problèmes relatifs à la protection des droits de la jeunesse (art. 58.1, al. 2 C.d.l.p.). Selon l'article 58.2 C.d.l.p., les décisions prises par la Commission en vertu de la Charte doivent l'être également à la majorité de ses membres nommés en application du premier alinéa de l'article 58.1 et celles prises en vertu de la *Loi sur la protection de la jeunesse* (L.R.Q., c. P-34.1) doivent l'être également à la majorité des membres nommés en application du deuxième alinéa de l'article 58.1.

97. *Ibid. Loi sur l'équité salariale*, précitée, note 68.
98. Précitée, note 68.

réparation du préjudice, moral ou matériel, qui en résulte. Le recours auquel ce droit peut donner naissance, s'il y a lieu, en est un en responsabilité civile et l'article 49 n'a pas pour effet de créer un régime parallèle et distinct d'indemnisation qui permettrait une double compensation sur la base des mêmes faits[99].

L'article 52 C.d.l.p. permet par ailleurs de fonder le recours de la victime d'une atteinte qui origine d'une source législative ou que le troisième alinéa de l'article 56 y assimile.

1. La responsabilité

56 – *Éléments constitutifs* – Les éléments classiques d'engagement de la responsabilité civile, à savoir la commission d'une faute, la survenance d'un préjudice et l'existence d'un lien de causalité entre la faute et le dommage doivent être démontrés[100].

La faute civile à l'origine d'une atteinte à un droit protégé par la Charte réside dans la transgression de son auteur soit à une norme de conduite raisonnable imposée par le droit commun, soit à une norme établie par la Charte[101]. La victime n'a cependant pas à établir l'intention répréhensible de l'auteur de la faute[102]. Une telle preuve peut néanmoins devenir nécessaire en présence d'une action isolée et apparemment dépourvue de caractère illicite[103].

57 – *Faute et responsabilité partagées* – Il survient des situations qui impliquent plus d'un intervenant à la relation de travail dans la commission d'une atteinte à un droit ou une liberté protégé par la Charte. Il faut ici penser, dans le contexte des rapports collectifs du travail, à l'employeur et au syndicat qui peuvent contribuer, si on peut dire, à la création d'un problème de discrimination illicite, avec la perspective d'en partager les conséquences.

---

99. *Béliveau St-Jacques c. Fédération des employées et employés de services publics inc.*, précité, note 44; *Augustus c. Gosset*, [1996] 3 R.C.S. 268.
100. *Aubry c. Éditions Vice-Versa inc.*, précité, note 85.
101. *Québec (Curateur public) c. Syndicat national des employés de l'hôpital St-Ferdinand*, précité, note 79.
102. Voir: *Action travail des femmes c. Compagnie des chemins de fer nationaux du Canada*, précité, note 15; *Commission ontarienne des droits de la personne c. Simpsons-Sears Ltd.*, précité, note 15.
103. Voir: *Commission des droits de la personne du Québec c. Communauté urbaine de Montréal*, [1987] R.J.Q. 2024 (C.A.).

L'arrêt de la Cour suprême dans l'affaire *Renaud* pose clairement les règles d'analyse de la responsabilité du syndicat et de l'employeur dans un contexte de discrimination[104]. La responsabilité civile du syndicat peut être engagée du fait de sa participation à la formulation d'une règle discriminatoire ou s'il fait obstacle à des tentatives raisonnables d'accommodement de l'employeur[105]. Quant à l'employeur, il n'est autorisé ni à se retrancher derrière une disposition discriminatoire de la convention collective, ni même à invoquer le refus syndical de consentir à une mesure d'accommodement. À défaut d'offrir cet accommodement raisonnable, quitte à outrepasser les dispositions de la convention collective, l'employeur demeurera responsable, avec le syndicat qui lui fait obstacle, des dommages causés[106]. L'analyse de ces situations susceptibles de conduire à un partage de responsabilité entre l'employeur et un syndicat exigera souvent un examen minutieux tant des faits que du droit applicable, comme en témoigne l'affaire *Spreitzer*[107].

58 – *Faute d'un employé* – L'article 1463 C.c.Q. tient l'employeur responsable du préjudice causé par la faute de ses employés dans l'exécution de leurs fonctions.

L'arrêt *Robichaud* de la Cour suprême énonce les conditions auxquelles l'employeur peut ainsi être tenu responsable du harcèlement illicite auquel se livre un de ses employés à l'endroit d'un autre[108].

Le cas échéant, cette responsabilité de l'employeur ne se substitue pas à celle de l'employé fautif. Elle vient plutôt s'y juxtaposer pour la garantir économiquement en offrant à la victime un débiteur supplémentaire[109]. L'article 1463 C.c.Q. ajoute d'ailleurs que l'employeur conserve ses recours contre l'employé fautif, s'il y a lieu.

---

104. *Central Okanagan School Board District No. 23* c. *Renaud*, précité, note 24.
105. *Ibid.* Voir aussi: *Syndicat canadien des communications, de l'énergie et du papier, section locale 2995* c. *Spreitzer*, [2002] R.J.Q. 111 (C.A.); *Commission scolaire régionale de Chambly* c. *Bergevin*, précité, note 16.
106. *Ibid.*
107. *Syndicat canadien des communications, de l'énergie et du papier, section locale 2995* c. *Spreitzer*, précité, note 105.
108. *Robichaud* c. *Canada (Conseil du trésor)*, précité, note 44, p. 94-95. Quoique cet arrêt ait été rendu à partir d'un autre contexte législatif, ses principes demeurent applicables selon le droit du Québec; C. BRUNELLE, *loc. cit.*, note 39, p. 204-208. Voir aussi: *Gauthier* c. *Beaumont*, [1998] 2 R.C.S. 3, par. 108; *Québec (Procureur général)* c. *Allard*, [1999] R.J.Q. 2245 (C.A.), p. 2258.
109. Voir, *infra*, Titre I, chapitre 1, nos 112, 141-142.

59 – *Immunités* – Rappelons d'abord que la *Loi sur les accidents du travail et les maladies professionnelles*[110] par ses articles 438 et 442, confère une immunité absolue à l'employeur et aux co-employés de la victime d'une atteinte à un droit garanti par la Charte lorsque cette atteinte provoque une lésion professionnelle au sens de la loi en question. La Cour suprême avait déjà décidé, dans l'arrêt *Béliveau St-Jacques* que la Charte ne permettait pas une double indemnisation, pour les mêmes faits, lorsque la personne avait déjà été indemnisée pour sa lésion professionnelle[111]. La Cour d'appel a par la suite décidé que cette immunité ne pouvait dépendre du choix de la victime et donc qu'elle tenait même en l'absence de demande d'indemnisation selon le régime d'indemnisation des lésions professionnelles[112].

Dans un ordre plus général, l'adoption et l'application de bonne foi par l'État, ou par une autorité exerçant une discrétion qui lui est conférée par la Loi, d'une règle ultérieurement jugée contraire à la Charte bénéficient également d'une immunité. Cette immunité empêche normalement l'octroi de dommages-intérêts à la personne qui a pu souffrir de l'application de la règle jugée contraire à la Charte[113].

2. Les redressements

60 – *Cessation de l'atteinte* – La victime peut d'abord obtenir la cessation de l'atteinte à son droit protégé par la Charte, selon le premier alinéa de l'article 49 C.d.l.p. Cette forme de redressement autorise le tribunal compétent saisi de l'affaire à émettre, dans les limites de ses propres pouvoirs, toute ordonnance ou injonction nécessaire à cette fin, notamment pour contraindre l'auteur de l'atteinte à exécuter une obligation à laquelle il s'est illégalement soustrait. En cas de privation d'emploi, par exemple, il pourrait s'agir d'une ordonnance ou d'une injonction enjoignant l'employeur de réintégrer la victime, voire de l'embaucher[114]. Quelle qu'elle soit, une telle ordonnance doit

---

110. Précité, note 44.
111. *Béliveau St-Jacques* c. *Fédération des employées et employés de services publics inc.*, précité, note 44.
112. *Genest* c. *Commission des droits de la personne et des droits de la jeunesse*, précité, note 44.
113. *Montréal (Communauté urbaine de)* c. *Cadieux*, [2002] R.J.D.T. 80 (C.A.), par. 36-41, 55-59, p. 82; *Guimond* c. *Québec (Procureur général)*, [1996] 3 R.C.S. 347, par. 13; *Schacter* c. *Canada*, [1992] 2 R.C.S. 679; *Montambault* c. *Hôpital Maisonneuve Rosemont*, [2001] R.J.Q. 893 (C.A.).
114. *Commission des droits de la personne du Québec* c. *Société d'électrolyse et de chimie Alcan Ltée*, [1987] D.L.Q. 340 (C.A.).

être suffisamment précise pour que son exécution puisse être contrôlée avec certitude et son inexécution sanctionnée par l'outrage au tribunal, s'il y a lieu[115].

L'instance compétente à l'endroit du litige peut aussi faire cesser l'atteinte en prononçant elle-même la nullité de la règle ou de la mesure à son origine, ou en la déclarant simplement inopposable à la victime, selon la nature de ses propres pouvoirs[116]. Le cas échéant, l'annulation d'une règle de nature législative emporte des conséquences purement prospectives[117].

61 – *Dommages compensatoires* – Les dommages compensatoires, qu'ils soient matériels ou moraux, doivent être prouvés[118]. Ils doivent résulter directement de l'atteinte illicite. L'État en est normalement tenu indemne[119]. Le cas échéant, le tribunal compétent doit les liquider[120].

62 – *Dommages exemplaires* – Le deuxième alinéa de l'article 49 C.d.l.p. permet de condamner à des dommages punitifs l'auteur d'une atteinte illicite et intentionnelle à un droit protégé par la Charte. Ce droit additionnel de la victime est complémentaire à son droit à des dommages compensatoires et il demeure ainsi lié aux principes de la responsabilité civile[121]. L'intention fautive de l'auteur, qui le rend passible de tels dommages, doit se rapporter spécifiquement au résultat de sa conduite ou aux conséquences qu'il était en mesure d'envisager[122].

C. Les voies de recours

63 – *Choix* – La victime d'une atteinte à un droit ou une liberté que lui garantit la Charte doit souvent évaluer diverses possibilités de recours. L'exercice est d'autant plus important que les recours ne

---

115. *Montréal (Communauté urbaine de)* c. *Cadieux*, précité, note 113, par. 83.
116. *Québec (Procureure générale)* c. *Tribunal des droits de la personne*, [2002] R.J.Q. 583 (C.A.); *Québec (Procureure générale)* c. *Tribunal des droits de la personne*, précité, note 21; *Montréal (Communauté urbaine de)* c. *Cadieux*, précité, note 113, par. 10 et 19.
117. Voir, *supra*, note 113.
118. *Aubry* c. *Éditions Vice-Versa inc.*, précité, note 85.
119. Voir, *supra*, n° 59.
120. *Montréal (Communauté urbaine de)* c. *Cadieux*, précité, note 113, par. 83.
121. *Béliveau St-Jacques* c. *Fédération des employées et employés de services publics inc.*, précité, note 44.
122. *Québec (Curateur public)* c. *Syndicat national des employés de l'hôpital St-Ferdinand*, précité, note 79 . Il en est de même quant à l'employeur d'un employé fautif, le cas échéant: *Gauthier* c. *Beaumont*, précité, note 107; *Québec (Procureur général)* c. *Allard*, précité, note 108.

sont en général pas alternatifs, pour une raison ou pour une autre. Le choix du recours approprié à la situation dépend des réponses à quelques questions déterminantes. Le recours envisagé trouve-t-il sa raison d'être exclusivement dans la Charte où celle-ci n'y intervient-elle que pour le soutenir d'une manière peut-être déterminante mais néanmoins accessoire? De quel droit ou liberté s'agit-il? Quel est le redressement requis et où peut-il être obtenu?

64 – *Prescription* – Il est particulièrement important d'avoir à l'esprit dès le départ les règles qui gouvernent la prescription des recours destinés à obtenir la sanction des droits garantis par la Charte. Le recours civil directement fondé sur la Charte se prescrit en général par trois ans, en application des articles 76 C.d.l.p. et 2925 C.c.Q.[123]. Par exception, une poursuite pour atteinte à la réputation se prescrit par un an en vertu de l'article 2929 C.c.Q. Les recours qui naissent d'instruments juridiques autres que le *Code civil du Québec* et la Charte, et que cette dernière peut contribuer à soutenir, se prescrivent par les délais qui leur sont propres. C'est le cas notamment des griefs qui originent d'une convention collective.

1. Le recours spécialisé de la Charte

a) L'enquête

65 – *Objet* – L'article 71 C.d.l.p. autorise la Commission des droits de la personne et des droits de la jeunesse à faire enquête, de sa propre initiative ou lorsqu'une plainte lui est adressée, sur toute situation qui lui paraît constituer un cas de discrimination au sens des articles 10 à 19 de la Charte. La même disposition étend ce pouvoir d'enquête de la Commission aux situations susceptibles de justifier un programme d'accès à l'égalité visé à l'article 86 ainsi qu'aux cas de violation du droit des personnes âgées ou handicapées d'être protégées contre l'exploitation, droit énoncé au premier alinéa de l'article 48 de la Charte. Sont par ailleurs exclues les situations couvertes par la *Loi sur l'équité salariale*[124].

66 – *Plainte* – Toute personne qui se croit victime d'une violation d'un droit relevant de la compétence d'enquête de la Commission, donc de discrimination, peut lui adresser une demande écrite d'enquête; plusieurs personnes peuvent se regrouper à cette fin

---

123. Voir et transposer: *Dejoie* c. *Apollon*, précité, note 94; *Coutu* c. *Tribunal des droits de la personne*, [1993] R.J.Q. 2793 (C.A.); *Gauthier* c. *Beaumont*, précité, note 108.
124. Précitée, note 68.

(art. 74, al. 1 et 2 C.d.l.p.). Avec le consentement écrit de la personne intéressée, tout organisme de défense des droits et libertés de la personne ou voué au bien-être d'un groupement de personnes, comme une association syndicale ou professionnelle, peut adresser la même demande à la Commission (art. 74, al. 3 C.d.l.p.)[125].

67 – *Interruption de la prescription* – L'article 76 C.d.l.p. interrompt la prescription de tout recours civil à compter du dépôt d'une plainte ou du début d'une enquête de la Commission jusqu'à l'une ou l'autre de quatre éventualités: règlement négocié entre les parties; avis de la saisine d'un tribunal par la Commission; exercice d'un recours prévu aux articles 49 et 80 par la victime ou le plaignant; avis de la Commission de son refus d'agir ou de continuer à agir.

68 – *Refus d'agir* – L'article 77 C.d.l.p. enjoint la Commission de refuser ou de cesser d'agir en faveur de la victime lorsque cette dernière ou le plaignant lui en fait la demande ou lorsque l'un d'entre eux a exercé, pour les mêmes fins, un recours prévu aux articles 49 et 80 de la Charte[126]. Le deuxième alinéa de l'article 77 autorise la Commission à refuser ou à cesser d'agir notamment lorsqu'elle juge que la victime ou le plaignant n'a pas un intérêt suffisant ou que la plainte est frivole, vexatoire ou faite de mauvaise foi. Dans tous les cas où elle refuse ou cesse d'agir, la Commission doit en informer par écrit la victime et le plaignant en indiquant les motifs de cette décision et, s'il y a lieu, tout recours qu'elle estime opportun (art. 77, al. 3 C.d.l.p.)[127]. Lorsqu'une plainte est ainsi écartée sans avoir été jugée fondée, le processus de traitement spécialisé élaboré par la Charte prend fin. La victime et le plaignant conservent alors la faculté de s'adresser au tribunal de droit commun[128].

69 – *Phases d'intervention* – Le cas échéant, l'intervention de la Commission se développe en trois phases: l'enquête proprement dite;

---

125. Le consentement écrit de la victime ou des victimes n'est pas nécessaire s'il s'agit d'un cas d'exploitation de personnes âgées ou handicapées prévu au premier alinéa de l'article 48.

126. *Centre d'hébergement et de soins de longue durée Champlain – Manoir de Verdun* c. *Commission des droits de la personne et des droits de la jeunesse*, D.T.E. 99T-53 (C.S.) – congédiement contesté par grief.

127. Cette décision est de nature administrative et ne peut conséquemment faire l'objet d'une révision judiciaire: *Trinh* c. *Commission des droits de la personne et des droits de la jeunesse*, D.T.E. 2000T-984 (C.S.).

128. *Ménard* c. *Rivet*, [1997] R.J.Q. 2108 (C.A.); *Centre hospitalier St-Joseph-de-la-Malbaie* c. *Dufour*, D.T.E. 98T-1136 (C.A.).

la tentative d'un règlement entre les parties; ultimement, la saisine d'un tribunal[129].

70 – *Enquête* – L'enquête de la Commission est conduite selon un mode non contradictoire (art. 71, al. 2, 1° C.d.l.p.). La Cour d'appel a qualifié de restreinte l'obligation de la Commission d'agir équitablement, qui se limite à fournir aux parties les faits révélés et l'occasion de les commenter[130]. Elle devrait néanmoins faire preuve de minutie et de neutralité[131].

La compétence d'enquête de la Commission est indépendante de toute possibilité de recours pour les mêmes faits, du moins tant que tel recours n'a pas été exercé[132]. La Commission peut par ailleurs enquêter sur toute cause de discrimination, y compris celle qui se trouverait dans une loi[133].

71 – *Règlement ou arbitrage* – Le premier alinéa de l'article 78 C.d.l.p. permet à la Commission, s'il y a lieu, de favoriser la négociation d'un règlement entre les parties, ou de leur proposer d'arbitrer leur différend. Si un règlement intervient, il doit être constaté par écrit (art. 79, al. 1 C.d.l.p.). S'il se révèle impossible, la Commission propose de nouveau l'arbitrage et peut aussi proposer aux parties toute mesure de redressement qui lui paraît appropriée (art. 79, al. 2 C.d.l.p.).

72 – *Conclusions* – Au terme de son enquête et en l'absence de règlement, la Commission peut décider que la plainte est insuffisamment fondée en faits ou en droit et conséquemment qu'il n'y a pas lieu pour elle de poursuivre l'affaire. Une telle décision doit alors être motivée par écrit et notifiée à la victime et au plaignant. Avis de cette

---

129. *Coutu* c. *Tribunal des droits de la personne*, précité, note 123, p. 2798; *Québec (Procureure générale)* c. *Commission des droits de la personne et des droits de la jeunesse*, [2002] R.J.D.T. 55 (C.A.), par. 119-121.
130. *Commission des droits de la personne* c. *Québec (Procureure générale)*, J.E. 2000-294 (C.A.).
131. Voir et transposer: *Sosnowski* c. *Canada (Minister of Public Works and Government Services Canada)*, D.T.E. 2002T-125 (C.F. – 1re instance).
132. *Montréal (Communauté urbaine de)* c. *Commission des droits de la personne et des droits de la jeunesse*, D.T.E. 2000T-1108 (C.S.); *Centre hospitalier de l'Université de Montréal* c. *Commission des droits de la personne et des droits de la jeunesse*, D.T.E. 2000T-377 (C.S.).
133. *Québec (Procureure générale)* c. *Tribunal des droits de la personne*, précité, note 21; *Québec (Procureure générale)* c. *Commission des droits de la personne et des droits de la jeunesse*, précité, note 21; *Québec (Procureur général)* c. *Lambert*, précité, note 27; voir aussi et transposer: *R.* c. *974649 Ontario inc.*, [2001] 3 R.C.S. 575, 2001 CSC 81.

décision doit aussi être donné à toute personne à qui une violation de droits était imputée dans la plainte (art. 78, al. 2 C.d.l.p.). La victime conserve alors le droit de s'adresser elle-même à un tribunal compétent[134].

Si elle juge la plainte fondée et lorsque les parties refusent la négociation d'un règlement ou l'arbitrage du différend, ou encore lorsque la proposition de la Commission n'a pas été, à sa satisfaction, mise en œuvre dans le délai imparti, la Commission peut s'adresser à un tribunal, en vertu de l'article 80 C.d.l.p., pour obtenir toute mesure de redressement qu'elle juge appropriée. L'article 81 lui permet en outre, en tout état de cause, de s'adresser à un tribunal pour obtenir d'urgence une mesure de nature à faire cesser une menace à la vie, à la santé ou à la sécurité d'une personne ou destinée à écarter un risque de perte d'un élément de preuve. De même, l'article 82 C.d.l.p. l'autorise à s'adresser à un tribunal pour faire cesser des représailles contre quiconque est impliqué dans le traitement d'un cas de discrimination ou d'exploitation, si nécessaire par une ordonnance de réintégration.

Pour exercer un des recours prévus par les articles 80 à 82 de la Charte au bénéfice d'une personne, la Commission doit avoir obtenu son consentement écrit, à moins qu'il s'agisse d'un cas d'exploitation d'une personne âgée ou handicapée (art. 83 C.d.l.p.).

La Commission peut néanmoins, à l'égard d'une plainte qu'elle juge par ailleurs fondée, exercer la discrétion que lui reconnaît le premier alinéa de l'article 84 C.d.l.p. pour décider de ne pas saisir d'un tribunal de l'un ou l'autre des recours prévus aux articles 80 à 82. Elle doit alors en notifier le plaignant en lui donnant les motifs de cette décision. Ces motifs peuvent tenir, par exemple, au fait que la Commission considère la contravention et ses conséquences de trop peu d'importance, ou que le plaignant a refusé un règlement qui lui paraissait raisonnable ou, encore, que tel redressement particulier ne lui apparaît pas nécessaire.

73 – *Saisine d'un tribunal* – Lorsque la Commission décide de s'adresser à un tribunal, elle opte entre le Tribunal des droits de la personne institué par l'article 100 de la Charte et le tribunal de droit commun.

---

134. *Ménard* c. *Rivet*, précité, note 128; *Centre hospitalier St-Joseph-de-la-Malbaie* c. *Dufour*, précité, note 128.

Quelle que soit la juridiction choisie par la Commission, la victime peut y intervenir dans la mesure de son intérêt et en tout état de cause; dans ce cas, la Commission ne peut se pourvoir seule en appel sans son consentement (art. 85, al. 1 C.d.l.p.). La victime peut aussi se pourvoir seule en appel relativement à tout recours engagé par la Commission en vertu des articles 80 à 82 de la Charte, même si elle n'était pas partie en première instance (art. 85, al. 2 C.d.l.p.).

b) Le Tribunal des droits de la personne

74 – *Généralités* – L'article 100 C.d.l.p. institue le Tribunal des droits de la personne («le Tribunal»). Il est constitué d'au moins 7 membres nommés par le gouvernement, dont le président qui doit être choisi parmi les juges de la Cour du Québec et des assesseurs (art. 101, al. 1 C.d.l.p.).

Malgré ce que son nom pourrait induire à penser, le Tribunal n'est pas investi d'une compétence totale à l'endroit de l'ensemble des droits et libertés affirmés par la Charte. En termes simples, on peut dire qu'il se présente plutôt comme une juridiction spécialisée en matière de discrimination, alternative au tribunal de droit commun et réservée au choix et à l'initiative de la Commission des droits de la personne et des droits de la jeunesse, sauf en cas de substitution à cette dernière en vertu de l'article 84 C.d.l.p.

75 – *Compétence* – La compétence matérielle du Tribunal s'exerce à l'endroit des demandes portées en vertu des articles 80, 81 et 82 de la Charte et qui ont trait notamment à l'emploi, au logement ou aux biens et services ordinairement offerts au public; elle s'étend aux demandes que les articles 88, 90 et 91 de la Charte rattachent à un programme d'accès à l'égalité (art. 111, al. 1 C.d.l.p.). Elle rejoint aussi celles soumises en vertu des articles 6, 18 ou 19 de la *Loi sur l'accès à l'égalité en emploi dans des organismes publics et modifiant la Charte des droits et libertés de la personne* (art. 111.1 C.d.l.p.)[135].

Il s'agit, dans tous ces cas, de situations à l'égard desquelles la Commission des droits de la personne et des droits de la jeunesse est investie d'un pouvoir d'enquête. En somme, la compétence matérielle du Tribunal des droits de la personne correspond à la compétence d'enquête de la Commission en matière de discrimination[136].

---

135. Précitée, note 68.
136. *Québec (Procureure générale)* c. *Tribunal des droits de la personne*, précité, note 21; *Montréal (Communauté urbaine de)* c. *Cadieux*, précité, note 113, par. 24.

76 – *Saisine* – Le droit de saisir le Tribunal d'une demande est en principe réservé à la Commission (art. 111, al. 2 et 111.1, al. 2 C.d.l.p.)[137]. Par exception, la personne qui a porté plainte peut se pourvoir auprès du Tribunal en se substituant à la Commission lorsque cette dernière a jugé la plainte fondée mais a néanmoins choisi de ne pas porter l'affaire devant un tribunal en exerçant la discrétion que lui laisse l'article 84 C.d.l.p.[138]. Le cas échéant, le plaignant dispose d'un délai de 90 jours pour exercer son droit de substitution en vertu du deuxième alinéa de l'article 84 C.d.l.p. Ce délai est de rigueur[139].

77 – *Preuve et procédure* – Les articles 110 ainsi que 112 à 124 de la Charte règlent l'exercice du recours engagé devant le Tribunal des droits de la personne. Ils sont complétés par des règles de procédure et de pratique adoptées en vertu de l'article 110[140]. L'article 104 C.d.l.p. prévoit que les demandes sont entendues par une formation de trois membres, composée du juge qui la préside et de 2 assesseurs qui l'assistent.

78 – *Décision* – C'est le juge qui préside la formation entendant la demande qui en décide seul, selon l'article 104 C.d.l.p. *in fine*. Cette décision doit être écrite, motivée et déposée au greffe de la Cour du Québec où la demande a été produite (art. 125, al. 1 C.d.l.p.). Elle peut être rectifiée sans formalité, tant qu'elle n'a pas été exécutée ni portée en appel, pour corriger une erreur d'écriture ou de calcul, ou quelque autre erreur matérielle qui l'entacherait (art. 127 C.d.l.p.). Une décision rendue par le Tribunal peut être modifiée à la suite d'une révision par le Tribunal lui-même ou sur appel à la Cour d'appel. Les motifs de révision, d'office ou sur demande d'un intéressé, sont énoncés à l'article 128 C.d.l.p. L'appel à la Cour d'appel n'est possible qu'à l'endroit d'une décision finale du Tribunal et requiert la permission d'un juge de la Cour d'appel (art. 132 C.d.l.p.).

---

137. *Ménard* c. *Rivet*, précité, note 128; *Centre hospitalier St-Joseph-de-la-Malbaie*, précité, note 128; *Québec (Procureur général)* c. *Lambert*, précité, note 27.
138. *Ibid.*
139. *Marcotte* c. *Canadian Totalisator Inc.*, (1994) 20 C.H.R.R. D/117 (T.D.P.). Sur le calcul de ce délai et son inapplicabilité à la signification à la partie adverse, voir: *Roy* c. *Commission scolaire des draveurs*, J.E. 94-320 (T.D.P.); *McKenzie* c. *Collège d'enseignement général et professionnel de Chicoutimi*, [1994] R.J.Q. 2419 (T.D.P.).
140. *Règles de procédure et de pratique du Tribunal des droits de la personne*, R.R.Q., c. C-12, r. 1.2.

Le cas échéant, les articles 130 et 131 C.d.l.p. prévoient les modalités selon lesquelles les décisions du Tribunal deviennent exécutoires et la sanction du défaut de les exécuter.

2. Le tribunal de droit commun

79 – *Compétence* – Le tribunal de droit commun est compétent pour donner effet à tous les droits et libertés affirmés par la Charte, sans toutefois que cette compétence lui soit exclusive. En matière de discrimination, avons-nous vu, il la partage avec le Tribunal des droits de la personne. Des tribunaux administratifs spécialisés sont également susceptibles d'être appelés à décider de telles questions de discrimination.

Par ailleurs et sous réserve de la compétence d'un tribunal administratif pour en décider accessoirement à un litige qui peut ou qui doit lui être confié, c'est au tribunal judiciaire de droit commun que devra s'adresser la personne lésée par une atteinte, autre qu'un acte de discrimination, à une liberté ou un droit que la charte lui garantit, notamment à ceux affirmés aux articles 1 à 9 de la Charte[141].

Le partage de la compétence entre les tribunaux judiciaires de première instance que sont respectivement la Cour supérieure et la Cour du Québec obéit aux règles ordinaires pertinentes. Rappelons à cet égard que seule la Cour supérieure dispose, pour des motifs d'ordre constitutionnel, du pouvoir d'invalider à l'endroit de tous une règle de nature législative[142].

3. Les tribunaux administratifs spécialisés

80 – *Intervention* – Plusieurs litiges naissent d'abord d'une autre source de droit que la Charte tout en soulevant, de façon incidente ou accessoire, une question qui relève de la Charte. Certains de ces litiges sont confiés à des tribunaux administratifs spécialisés dans la matière qui leur donne naissance. C'est le cas, par exemple, des griefs, c'est-à-dire des mésententes relatives à l'interprétation ou à l'application d'une convention collective, que la Loi soumet à l'arbitrage obligatoire[143].

---

141. *Montréal (Communauté urbaine de)* c. *Cadieux*, précité, note 113, par. 24.
142. *Ibid.*, par. 10; *Québec (Procureure générale)* c. *Tribunal des droits de la personne*, précité, note 21.
143. COLLECTIF, *Le droit à l'égalité: les tribunaux d'arbitrage et le tribunal des droits de la personne*, Montréal, Éditions Thémis, 2001.

81 – *Compétence à l'endroit de la charte* – Se pose alors la question suivante: ces tribunaux spécialisés peuvent-ils interpréter ou appliquer la Charte dans la mesure où cette dernière est susceptible de déterminer la solution de l'affaire qui leur est confiée? La jurisprudence des tribunaux supérieurs répond maintenant unanimement par l'affirmative à cette question dès lors que le tribunal administratif est autorisé par sa loi habilitante à interpréter les lois en général dans l'exercice de sa compétence[144].

82 – *Coexistence* – Cette compétence accessoire des tribunaux administratifs pour appliquer la Charte donne lieu à une problématique délicate de coexistence avec la compétence des tribunaux de droit commun ou du Tribunal des droits de la personne. Une compétence écarte-t-elle l'autre? La compétence peut-elle donner lieu à un partage, par concurrence ou par chevauchement, entre les différentes juridictions en cause? La jurisprudence rend compte du fait qu'il n'y a pas de réponse unique et universelle à cette problématique. La solution dépend plutôt, dans chaque cas, d'un ensemble de facteurs.

Facteur immuable, ni le tribunal de droit commun ni le Tribunal des droits de la personne ne disposent d'une compétence exclusive à l'endroit de la Charte[145]. Les autres facteurs à considérer et qui sont susceptibles de varier devraient être les suivants:

– la compétence matérielle du tribunal administratif à l'endroit du litige, défini d'après son essence, c'est-à-dire factuellement[146];

---

144. *R.* c. *974649 Ontario Inc.*, précité, note 133; *Weber* c. *Ontario Hydro*, [1995] 2 R.C.S. 929; *Central Okanagan School Board District No. 23* c. *Renaud*, précité, note 24; *Douglas/Kwantlen Faculty Assn.* c. *Douglas College*, précité, note 4; *Cuddy Chicks Ltd.* c. *Ontario (Commission des relations de travail)*, [1991] 2 R.C.S. 5. Comparer avec *Tétreault-Gadoury* c. *Canada (Commission de l'emploi et de l'immigration)*, précité, note 23 – absence d'un tel pouvoir. Le cas échéant, ce tribunal administratif ne doit s'attendre à aucune retenue judiciaire à l'endroit de ses déterminations en droit relatives aux chartes; toute erreur pourra être corrigée par les tribunaux supérieurs.

145. *Québec (Procureure générale)* c. *Commission des droits de la personne et des droits de la jeunesse*, [2002] R.J.D.T. 55 (C.A.), par. 122; *Québec (Procureure générale)* c. *Tribunal des droits de la personne*, précité, note 116.

146. *Weber* c. *Ontario Hydro*, précité, note 144; *Québec (Procureure générale)* c. *Tribunal des droits de la personne et des droits de la jeunesse*, précité, note 145; *Syndicat canadien des communications, de l'énergie et du papier, section locale 2995* c. *Spreitzer*, précité, note 105; *Hydro-Québec* c. *Tremblay*, D.T.E. 2001T-77 (C.A.); *Latulippe* c. *Commission scolaire de la Jeune-Lorette*, [2001] R.J.D.T. 26 (C.A.).

– le cas échéant, l'exclusivité de cette compétence matérielle du tribunal administratif, ce facteur étant généralement déterminant[147];

– la compétence spécifique du tribunal spécialisé pour interpréter et appliquer la Charte[148];

– la compétence personnelle à l'endroit des parties à assigner pour la solution du litige[149];

– la disponibilité ou l'indisponibilité, pour des raisons pratiques ou juridiques, du redressement requis[150].

147. *Ibid.* Voir également: *Québec (Procureure générale)* c. *Tribunal des droits de la personne*, précité, note 116; *Genest* c. *Commission des droits de la personne et des droits de la jeunesse*, précité, note 44.

148. Voir, *supra*, nº 81.

149. *Syndicat canadien des communications, de l'énergie et du papier, section locale 2995* c. *Spreitzer*, précité, note 105. Une assignation mal fondée en droit ne saurait toutefois justifier la compétence du Tribunal des droits de la personne: *Québec (Procureure générale)* c. *Commission des droits de la personne et des droits de la jeunesse*, précité, note 145, par. 88-95.

150. La compétence d'un tribunal administratif pour appliquer la Charte emporte normalement qu'il soit habilité à accorder une réparation qui y est prévue: *Weber* c. *Ontario Hydro*, précité, note 144; *R.* c. *974649 Ontario*, précité, note 133; *Québec (Procureure générale)* c. *Commission des droits de la personne et des droits de la jeunesse*, précité, note 145, par. 105-106.

TITRE I

LES RAPPORTS INDIVIDUELS DE TRAVAIL

CHAPITRE 1

LE CONTRAT DE TRAVAIL

83 – *Rôle* – S'il est indéniable que les conséquences juridiques du contrat de travail sont de plus en plus tributaires de l'effet de ces grandes lois du travail[1] qui, selon les cas, suppléent au silence des parties, ou s'imposent à elles d'autorité, en termes absolus ou minimaux, ou même qui, encore, permettent à une convention collective de supplanter les ententes individuelles[2], il n'en demeure pas moins que le contrat individuel de travail constitue le substrat du rapport de travail.

Face au silence des parties et des lois du travail, c'est aux règles générales ou particulières du droit commun qu'on se référera pour déterminer les droits et les obligations de l'employeur et du salarié. Cette référence sera d'autant plus importante à l'endroit des personnes que la plupart des lois du travail soustraient à leur champ d'application, comme c'est le cas des cadres supérieurs des entreprises.

84 – *Évolution* – L'entrée en vigueur, en 1994, de la réforme du droit civil a permis au contrat de travail d'accéder à la modernité. Le *Code civil du Québec* adapte le cadre juridique du contrat de travail à la réalité contemporaine. Ainsi, les articles 2085 à 2097 C.c.Q. légitiment l'appellation «contrat de travail» que l'usage avait substituée à la vieillotte expression «contrat de louage de service personnel» utilisée par les législateurs du XIXe siècle. Dans des termes du vocabulaire juridique ou usuel d'aujourd'hui, ces articles reconnaissent au contrat de travail une relative autonomie comme institution contractuelle, en déterminant ses éléments constitutifs, en précisant les obligations qu'il impose à chacune des parties et en élaborant certaines règles qui lui sont propres.

---

1. Exemples: *Loi sur les normes du travail*, L.R.Q., c. N-1.1; *Loi sur la santé et la sécurité du travail*, L.R.Q., c. S-2.1; *Code du travail*, L.R.Q., c. C-27.
2. Sur le rapport entre le contrat individuel de travail et la convention collective, voir, *infra*, titre II, chapitre 7, *La convention collective*, nos 642, 645.

I- LA NATURE ET LA FORMATION

A. La nature

85 – *Définition* – L'article 2085 C.c.Q. définit le contrat de travail de la manière suivante:

> Le contrat de travail est celui par lequel une personne, le salarié, s'oblige, pour un temps limité et moyennant rémunération, à effectuer un travail sous la direction ou le contrôle d'une autre personne, l'employeur.

Cette définition, tout en désignant les personnes qui y sont parties, identifie les éléments constitutifs essentiels du contrat de travail et rend compte de son insertion dans l'ensemble du droit contractuel.

1. Les éléments constitutifs caractéristiques

86 – *Identification* – Trois éléments constitutifs caractérisent le contrat de travail selon la définition qu'en donne l'article 2085 C.c.Q.: le travail, la rémunération, la subordination.

a) Le travail

87 – *Prestation* – La constatation de la présence ou de l'absence du fait matériel d'une prestation de travail ne suscite normalement pas de difficulté. À cet égard, la nature du travail n'a pas d'importance. Il peut s'agir tout autant d'un travail intellectuel que d'un travail manuel. La prestation peut être régulière ou intermittente, à temps complet ou à temps partiel[3]. Une interruption momentanée du travail à la suite, par exemple, d'une incapacité causée par la maladie de l'employé, d'une mise à pied consécutive à un manque temporaire de travail ou d'une grève, n'emportera pas pour autant la disparition du contrat[4].

---

3. *Syndicat professionnel des médecins du gouvernement du Québec* c. *Procureur général du Québec*, [1985] T.T. 127. Voir et comparer: *Atelier de réadaptation au travail de Beauce Inc.* c. *Association des travailleurs de l'A.R.T.B. Inc.*, T.T. Québec, n° 200-28-000216-801, 10 avril 1981; *Italglass Corp. Ltée* c. *Union des employés de commerce, local 501 (T.U.A.C.)*, [1987] T.T. 105.
4. *Cie de sable Ltée* c. *Commission des normes du travail du Québec*, [1985] C.A. 281.

b) La rémunération

88 – *Principes généraux* – Le droit de celui qui travaille à une rémunération en contrepartie de sa prestation de travail est une condition essentielle de l'état de salarié[5]. Le salariat exclut toute idée de travail véritablement bénévole[6]. Par ailleurs, la base d'établissement de la rémunération ne constitue pas un critère de distinction entre le salarié et d'autres personnes dont les services sont rémunérés. Que la rémunération soit payable à l'heure, à la semaine, au mois ou à l'année, sur une base forfaitaire ou encore sur une base de commission, ou même de rendement, n'a pas d'importance. La jurisprudence a toujours interprété largement la notion de rémunération eu égard à la forme qu'elle pouvait prendre[7]. L'origine même de la rémunération, comme le fait qu'un salaire soit couvert par une subvention de l'État, n'est pas non plus déterminante dans l'appréciation du statut juridique de salarié[8].

89 – *Statut fiscal* – Le statut fiscal revendiqué par une personne travaillant pour une autre, ou même qui lui est déjà reconnu par les autorités compétentes, peut avoir valeur d'indice, sans plus. Qu'une personne se désigne comme un travailleur autonome plutôt que comme un salarié n'est pas déterminant. Cela ne dispense pas de

---

5. *Italglass Corp. Ltée* c. *Union des employés de commerce, local 501 (T.U.A.C.)*, précité, note 3.
6. *Syndicat des employées et employés professionnels(les) et de bureau, section locale 57 (U.I.E.P.B.) C.T.C.-F.T.Q.* c. *Caisse populaire St-Charles Garnier de Montréal*, [1987] R.J.Q. 979 (C.A.); *Commission des normes du travail du Québec* c. *Boggia*, D.T.E. 92T-732 (C.S.). Le bénévolat suppose l'acceptation libre et volontaire de travailler gratuitement: *Commission du salaire minimum* c. *Corporation de l'Hôpital d'Youville de Sherbrooke*, J.E. 80-521 (C.S.).
7. *Office municipal d'habitation de Montréal* c. *Brière*, D.T.E. 92T-1386 (C.S.) – locataires, surveillants d'un édifice d'habitation, payés par une réduction de leur loyer; *Laiterie Lamothe et Frères Ltée* c. *Breton*, [1998] R.J.D.T. 669 (T.T.) – agents distributeurs rémunérés en conservant une partie du prix de vente de leurs produits. Voir aussi *Syndicat des employés des Publications Québécor (C.S.N.)* c. *Publications Québécor inc.*, [1977] T.T. 46; *Commission scolaire de Valleyfield* c. *Syndicat des employés manuels des commissions scolaires de Valleyfield*, [1974] T.T. 63; *Zeller's Ltée* c. *Syndicat des commis comptables d'Alma Inc.*, [1972] T.T. 261; *Syndicat des vendeurs d'automobiles du district de Québec (C.S.N.)* c. *Giguère Automobiles*, [1967] R.D.T. 321.
8. *Maison L'Intégrale Inc.* c. *Tribunal du travail*, [1996] R.J.Q. 859 (C.A.); *Bedford Regional Association of Support Staff* c. *Commission scolaire régionale protestante du district de Bedford*, [1991] T.T. 117; *Syndicat canadien de la Fonction publique, section locale 313* c. *Hôpital Rivière-des-Prairies*, D.T.E. 89T-480 (T.T.); *Syndicat des travailleuses et travailleurs du C.L.S.C. Le Partage des eaux (C.S.N.)* c. *C.L.S.C. Le Partage des eaux*, D.T.E. 88T-664 (T.T.); *Syndicat des employés conseils de la C.E.Q.* c. *Centrale de l'enseignement du Québec*, [1976] T.T. 83 – paiement par un tiers, agent-payeur de l'employeur.

l'examen de la réalité au regard des facteurs pertinents à la qualification du rapport juridique de travail. Cette solution se justifie du fait que les lois fiscales et les lois du travail poursuivent des objectifs fondamentalement différents, comme la Cour d'appel l'a signalé dans l'arrêt *North American Automobile Association Ltd.*[9].

c) La subordination

90 – *Facteur distinctif* – L'élément de qualification du contrat de travail le plus significatif est celui de la subordination du salarié à la personne pour laquelle il travaille. C'est cet élément qui permet de distinguer le contrat de travail d'autres contrats à titre onéreux qui impliquent également une prestation de travail au bénéfice d'une autre personne, moyennant un prix, comme le contrat d'entreprise ou de service régi par les articles 2098 et suivants C.c.Q. Ainsi, alors que l'entrepreneur ou le prestataire de services conserve, selon l'article 2099 C.c.Q., «le libre choix des moyens d'exécution du contrat» et qu'il n'existe entre lui et son client «aucun lien de subordination quant à son exécution», il est caractéristique du contrat de travail, sous réserve de ses termes, que le salarié exécute personnellement le travail convenu sous la direction de l'employeur et dans le cadre établi par ce dernier[10].

91 – *Appréciation factuelle* – La subordination se vérifie dans les faits. À cet égard, la jurisprudence s'est toujours refusée à retenir la qualification donnée au contrat par les parties:

> Dans le contrat, le distributeur reconnaît lui-même qu'il agit à son compte à titre d'entrepreneur indépendant. Il n'y aura pas lieu de revenir sur ce point, puisque cela ne changerait rien à la réalité; d'ailleurs ce que l'on prétend être est souvent ce que l'on n'est pas.[11]

92 – *Notion* – Historiquement, le droit civil a d'abord élaboré une notion de subordination juridique dite stricte ou classique qui a

---

9.   *North American Automobile Association Ltd.* c. *Commission des normes du travail du Québec*, D.T.E. 93T-429, (1993) 55 Q.A.C. 212 (C.A.); *Commission des normes du travail* c. *9002-8515 Québec inc.*, D.T.E. 2000T-432 (C.S.); *Ayotte* c. *Grégoire, Bégin, Brunet & Associés*, D.T.E. 2002T-524 (C.Q.).

10. Voir et comparer: *Natrel inc.* c. *Tribunal du travail*, [2000] R.J.Q. 1039 (C.A.) et *Syndicat démocratique des distributeurs (C.S.D.)* c. *Parmalat Canada inc.*, D.T.E. 2001T-812 (T.T.).

11. *Pétroles Inc. (Les)* c. *Syndicat international des travailleurs des industries pétrolières, chimiques et atomiques, locaux 9-700, 9-701 [...]*, [1979] T.T. 209, 217; *Caisse populaire St-Malo* c. *Syndicat des travailleuses de la Caisse populaire St-Malo (C.S.N.)*, [1986] T.T. 113; *Caisse populaire St-Luc de Forestville* c. *Syndicat des travailleurs et travailleuses de caisses populaires de la Côte-Nord (C.S.N.)*, D.T.E. 87T-789 (T.T.).

servi de critère d'application du principe de la responsabilité civile du commettant pour le dommage causé par son préposé dans l'exécution de ses fonctions (art. 1054 C.c.B.-C.; art. 1463 C.c.Q.). Cette subordination juridique classique était caractérisée par le contrôle immédiat exercé par l'employeur sur l'exécution du travail de l'employé quant à sa nature et à ses modalités[12]. Elle s'est progressivement assouplie pour donner naissance à la notion de subordination juridique au sens large. La diversification et la spécialisation des occupations et des techniques de travail ont, en effet, rendu souvent irréaliste que l'employeur soit en mesure de dicter ou même de surveiller de façon immédiate l'exécution du travail. On en est ainsi venu à assimiler la subordination à la faculté, laissée à celui qu'on reconnaîtra alors comme l'employeur, de déterminer le travail à exécuter, d'encadrer cette exécution et de la contrôler. En renversant la perspective, le salarié sera celui qui accepte de s'intégrer dans le cadre de fonctionnement d'une entreprise pour la faire bénéficier de son travail[13]. En pratique, on recherchera la présence d'un certain nombre d'indices d'encadrement, d'ailleurs susceptibles de varier selon les contextes: présence obligatoire à un lieu de travail, assignation plus ou moins régulière du travail, imposition de règles de conduite ou de comportement, exigence de rapports d'activité, contrôle de la quantité ou de la qualité de la prestation, etc.[14]. Le travail à domicile n'exclut pas une telle intégration à l'entreprise[15].

---

12. *Quebec Asbestos Corporation* c. *Couture*, [1929] R.C.S. 489; *Lemay Construction Ltée* c. *Dame Poirier*, [1965] B.R. 565.
13. Voir, illustrant cette évolution de la notion de subordination: *Syndicat des vendeurs d'automobiles du district de Québec (C.S.N.)* c. *Giguère Automobiles*, [1967] R.D.T. 321; *Syndicat des travailleurs de l'énergie et de la chimie, section locale 145 (F.T.Q.)* c. *Data Service de courrier Ltée*, [1987] T.T. 94; *Syndicat des employés des Publications Québécor (C.S.N.)* c. *Publications Québécor Inc.*, précité, note 7; *Gaston Breton Inc.* c. *Union des routiers, brasseries, liqueurs douces et ouvriers de diverses industries, local 1999*, [1980] T.T. 471; *Syndicat des personnes responsables de milieux résidentiels d'hébergement des Laurentides (C.S.N.)* c. *Centre du Florès*, [2001] R.J.D.T. 1228 (T.T.). Absence, cette fois de contrôle suffisant sur la prestation de travail: *Syndicat des employés de KLM Inc.* c. *Publications du Nord-Ouest*, D.T.E. 83T-55 (T.T.); *Union des chauffeurs de taxi, métallurgistes unis d'Amérique, local 9217* c. *Municipale Taxi Inc.*, [1990] T.T. 138. Voir également, dans un contexte de responsabilité civile: *Martel* c. *Hôtel-Dieu St-Vallier*, [1969] R.C.S. 745, à comparer avec *Hôtel-Dieu Notre-Dame de l'Espérance* c. *Laurent*, [1978] R.C.S. 605.
14. *Natrel inc.* c. *Tribunal du travail*, précité, note 10; *Commission des normes du travail du Québec* c. *R.B.C. Dominion Valeurs mobilières Inc.*, D.T.E. 94T-707 (C.S.); *Laiterie Lamothe et Frères Ltée* c. *Breton*, précité, note 7; *Caisse populaire St-Malo* c. *Syndicat des travailleurs de la Caisse populaire St-Malo (C.S.N.)*, précité, note 11.
15. *Confection Coger Inc.* c. *Comité paritaire du vêtement pour dames*, [1986] R.J.Q. 153 (C.A.); *Commission des normes du travail* c. *International Forums Inc.*, [1985] C.P. 1.

93 – *Dépendance économique et exécution personnelle* – Au-delà de la subordination juridique définie plus ou moins libéralement, on s'est aussi interrogé sur la suffisance ou l'insuffisance d'une subordination qualifiée d'économique à l'établissement du statut de salarié. Cette notion de subordination économique a été développée surtout par la doctrine et la jurisprudence des juridictions nord-américaines de common law et a donné naissance au concept d'entrepreneur dépendant (*dependant contractor*), par opposition à celui d'entrepreneur indépendant, ce dernier étant par nature étranger au rapport employeur-salarié. Elle permettrait au droit du travail de rejoindre, au premier chef, ces petits entrepreneurs qui offrent à une clientèle un produit dont le fournisseur, auquel ils sont souvent liés en exclusivité, est en mesure, en faits ou en droit, de fixer le prix d'achat et de revente, exerçant ainsi sur eux un contrôle économique.

Des jugements de l'instance spécialisée qu'était le Tribunal du travail[16] se sont montrés réceptifs à la considération de l'état de dépendance économique pour déceler la présence d'une relation employeur-salarié. Dans la décision *Les Pétroles Inc.*[17], on a certes tenu compte du fait que l'entreprise avait voulu modifier le statut de ses salariés, de celui de chauffeurs-livreurs à celui d'entrepreneurs indépendants, tout en continuant de leur imposer un certain nombre d'obligations ou de contraintes (directives générales, port d'un uniforme, exclusivité de services, disponibilité). On a par ailleurs également retenu l'état de dépendance économique pour conclure à une subordination suffisante pour que soit reconnue la condition de salarié:

> Une personne est considérée comme entrepreneur non pas d'abord en fonction d'une définition purement juridique, ni d'un contrat mais en fonction de critères économiques. On dit: «il est un entrepreneur», c'est donc une question d'état qui découle d'une volonté d'indépendance et de profit. Être entrepreneur c'est une question économique. Dans un système d'économie libérale, l'entrepreneur sera celui qui par son originalité, sa façon de procéder, son initiative personnelle, son dynamisme, réunira différents éléments de production dans le but de faire des profits. Pour ce faire, il devra prendre des risques et entrer en concurrence avec d'autres.

> On voit bien qu'ici, ce n'est pas le cas. Les distributeurs n'ont pas assemblé différents éléments de production. Essentiellement, ils ne font que la livraison pour Irving des produits fabriqués par ces

---

16. Voir *infra*, Titre II, chapitre 1, n° 324.
17. *Pétroles Inc. (Les)* c. *Syndicat international des travailleurs des industries pétrolières, chimiques et atomiques, locaux 9-700, 9-701 [...]*, précité, note 11.

derniers. Ils n'engagent pas, si ce n'est de façon marginale, de la main-d'œuvre, ils ne possèdent pas d'établissements, ni même comme je l'ai souligné, les moyens de production. Ils n'entrent pas en concurrence avec personne. Ils dépendent essentiellement de l'existence d'un contrat avec Irving. Si ce dernier est annulé, ils disparaîtraient comme «entrepreneur» si vraiment ils en étaient.[18]

Dans *Gaston Breton Inc.*[19], tout en optant pour une approche qui se voulait collée à la notion juridique de la subordination, on accepta d'analyser la situation du salarié dans un contexte socio-économique indéniablement évolutif:

[...] à moins de cas exceptionnels, comme un contrat de travail hautement spécialisé ou un contrat d'entreprise avec des clauses spéciales de comportement, le test essentiel est le suivant: quand un individu doit personnellement fournir un rendement de façon régulière à la satisfaction d'un autre pendant la durée de son contrat, il s'agit d'un louage de services et non d'un louage d'ouvrage. Il s'agit là à mes yeux de la façon usuelle d'effectuer, à notre époque moderne, un véritable contrôle sur l'exécution du travail. Inversement celui qui peut se faire remplacer par quelqu'un de son choix pendant une portion importante de la durée de son contrat, m'apparaît avoir convenu simplement d'effectuer un ouvrage et non de fournir ses services. Il jouit d'une autonomie caractéristique de l'entrepreneur.

C'est donc l'obligation personnelle d'être au poste et de fournir soi-même un rendement satisfaisant et vérifiable de façon régulière même s'il y a des interruptions et des remplacements occasionnels, qui permet l'exercice de ce contrôle caractérisant la relation employeur employé.[20]

Cette solution conduit substantiellement au même résultat que la démarche suivie dans le jugement *Les Pétroles Inc.* Elle retient l'état de subordination économique comme un élément de présomption de faits plutôt que comme une présomption de droit de la condition de salarié et reconnaît, dans ce contexte, la pertinence tant de la notion elle-même et de celle de *dependant contractor* qui s'y rattache,

---

18. *Ibid.*, p. 220. Voir également *Syndicat des employés des Publications Québécor (C.S.N.) c. Publications Québécor Inc.*, précité, note 7.
19. *Gaston Breton Inc. c. Union des routiers, brasseries, liqueurs douces et ouvriers de diverses industries, local 1999*, précité, note 13.
20. *Ibid.*, p. 480. Voir aussi, validant ou appliquant la même grille d'analyse: *Natrel inc. c. Tribunal du travail*, précité, note 10; *Laiterie Lamothe et Frères Ltée c. Breton*, précité, note 7; *Boulangeries Weston Québec Inc. c. Syndicat international des travailleurs et travailleuses de la boulangerie, de la confiserie et du tabac, section locale 324*, D.T.E. 96T-951 (T.T.).

que de la jurisprudence s'y rapportant. L'état de dépendance économique du travailleur par rapport à la personne qui lui fournit le travail se trouve ainsi considéré, selon une approche ou l'autre, comme un indice susceptible de révéler une véritable situation de salariat[21].

94 – *Résultat* – L'article 2085 C.c.Q. n'exclut pas le recours, dans les cas-frontières, à l'examen de la situation et des rapports économiques des parties pour arriver à déterminer la nature de leur relation juridique. Il n'autorise toutefois pas à fonder une qualification du contrat de travail sur un état de subordination économique. La subordination qu'il envisage demeure essentiellement juridique. Par contre, même dans ses formes les plus lâches ou les plus atténuées, cette subordination juridique devrait faire basculer la personne qui travaille dans le groupe des salariés. L'exclusion de tout lien de subordination entre le client et l'entrepreneur ou le prestataire de services légitime désormais cette conclusion (art. 2099 C.c.Q.). On notera enfin, de façon incidente, que le statut de salarié peut coexister, chez la même personne et au regard d'une même activité économique ou professionnelle, avec d'autres, comme celui d'actionnaire ou d'administrateur de l'entreprise[22], celui d'entrepreneur indépendant[23] ou même celui d'employeur[24].

2. *Les caractères contractuels communs*

95 – *Généralités* – Le contrat individuel de travail se rattache sous divers aspects à des notions et catégories de la théorie générale des obligations en droit civil. L'article 1377 C.c.Q. l'assujettit expressément aux règles communes aux contrats, sous réserve des règles particulières qui le régissent comme contrat nommé.

---

21. *Essences Richelieu Inc.* c. *Comité paritaire de l'industrie de l'automobile de Montréal et du district*, [1986] R.J.Q. 2386 (C.S.); *Syndicat des travailleurs de l'énergie et de la chimie, section locale 145 (F.T.Q.)* c. *Data Service de courrier Ltée*, précité, note 13.
22. *Lavergne* c. *Bouchard*, D.T.E. 2001T-48 (C.S.); *Zucker* c. *Computertime Network Corp.*, [1994] R.J.Q. 1070 (C.S.); *Fri Information Services Ltd.* c. *Larouche*, [1982] C.S. 742; *Comité paritaire de l'industrie de la boîte de carton* c. *Huron Paper Box Ltd.*, [1959] R.L. 262 (C.S.).
23. *Natrel Inc.* c. *Tribunal du travail*, précité, note 10.
24. *Pétroles Inc. (Les)* c. *Syndicat international des travailleurs des industries pétrolières, chimiques et atomiques, locaux 9-700, 9-701 [...]*, précité, note 11; *Gaston Breton Inc.* c. *Union des routiers, brasseries, liqueurs douces et ouvriers de diverses industries, local 1999*, précité, note 13; *Croustilles Yum Yum Inc.* c. *Syndicat des travailleurs de l'énergie et de la chimie, section locale 166 (F.T.Q.)*, [1989] T.T. 62.

Le contrat de travail est ainsi soumis à l'exigence de la bonne foi, tant au moment de sa conclusion qu'à celui de son exécution ou de son extinction (art. 1375 C.c.Q.) tout comme à la prohibition parallèle d'abuser des droits qu'il confère (art. 7 C.c.Q.). Dans le même ordre, les obligations abusives qu'il pourrait imposer lorsqu'il constitue un contrat d'adhésion seront réductibles (art. 1379 et 1437 C.c.Q.), tout comme celles résultant d'une clause pénale (art. 1623 C.c.Q.).

Il s'agit, selon les articles 1378 et 1380 C.c.Q., d'un contrat synallagmatique, par lequel les parties s'obligent réciproquement de façon corrélative. Il est à titre onéreux parce que chaque partie retire un avantage en retour de son obligation (art. 1378 et 1381 C.c.Q.)[25]. Il est aussi commutatif en ce que l'étendue des obligations des parties et de ce qu'elles en retirent est certaine et déterminée (art. 1382 C.c.Q.).

96 – *Exécution successive* – Caractéristique particulièrement importante, le contrat de travail est d'exécution successive, au sens de l'article 1383, al. 2 C.c.Q., parce que ses prestations s'exécutent progressivement dans le temps. Il s'ensuit des conséquences pratiques significatives. Ainsi, dans le cas d'un contrat frappé d'une nullité, par exemple pour un motif d'ordre public, l'article 1422 C.c.Q. veut qu'il soit réputé n'avoir jamais existé et que chacune des parties soit tenue de restituer à l'autre les prestations qu'elle a reçues. L'article 1699 C.c.Q. tempère toutefois le principe de la restitution des prestations. Il permet au tribunal de la refuser lorsqu'elle aurait pour effet d'accorder à l'une des parties un avantage indu, ce qui pourrait être le cas de l'employeur qui réclamerait la restitution du salaire versé au salarié sans que le travail fourni par ce dernier puisse, évidemment, faire l'objet d'une restitution réciproque. Les prestations relatives à l'exécution du contrat qui a déjà eu lieu peuvent donc échapper à la restitution, voire être réclamées, par exemple par le salarié pour son travail déjà exécuté[26]. Semblablement, le défaut d'exécution de ses obligations par une partie donnera à l'autre le droit à la résiliation du contrat et donc à la cessation de ses effets pour l'avenir seulement, plutôt qu'à sa résolution qui l'annihilerait totalement et emporterait la restitution des prestations (art. 1604 et 1606 C.c.Q.). Le défaut d'exécution de peu d'importance mais à caractère répétitif peut emporter le droit du créancier à la résiliation du contrat à exécution successive (art. 1604, al. 2 C.c.Q.).

---

25. Dans *Italglass Corp. Ltée* c. *Union des employés de commerce, local 501 (T.U.A.C.)*, précité, note 3, on a conclu à l'absence de véritable contrat de travail parce que les sommes versées à la personne qui travaillait ne l'étaient pas en contrepartie de son travail.
26. *Entreprises M.D. de Chicoutimi Inc.* c. *Tremblay*, [1990] R.J.Q. 1533 (C.A.); *Office de la construction du Québec* c. *Industries J.A.L. Ltée*, [1989] R.J.Q. 1201 (C.A.).

Sur un autre plan, la suspension temporaire des prestations ne signifiera pas nécessairement, selon les circonstances, la disparition du contrat dont l'exécution est échelonnée dans le temps. À cet égard, on peut déplorer que le *Code civil du Québec* ignore totalement, au chapitre du contrat de travail, le phénomène courant de l'interruption temporaire du travail, notamment en cas de maladie du salarié, de mise à pied, ou de suspension disciplinaire imposée par l'employeur. Il laisse ainsi la solution de ces situations au jugement des tribunaux en fonction de l'application des principes généraux qui régissent le droit des obligations contractuelles. Parmi ceux-ci, la règle énoncée à l'article 1604 C.c.Q. relativement aux cas d'inexécution de peu d'importance et à la réductibilité des obligations dans ces cas pourra néanmoins s'avérer particulièrement utile.

97 – *Caractère personnel* – On a traditionnellement dit du contrat de travail qu'il s'agissait d'un contrat *intuitu personæ*, c'est-à-dire à caractère personnel, en ce sens qu'il intervenait en considération de l'identité des contractants, particulièrement de celle du salarié pour l'employeur et aussi, parfois, de celle de l'employeur pour le salarié. S'il fut un temps où cette caractéristique se vérifiait couramment, la réalité contemporaine de la grande entreprise, de l'infinie variété des types d'emploi et des pratiques d'embauche souvent impersonnelles, sinon anonymes, ne laisse qu'une minorité de situations dans lesquelles l'emploi revêt véritablement un tel caractère personnel. Pourtant, cette caractéristique, comme nous le verrons, a traditionnellement influé, en droit civil, sur la sanction des obligations du contrat de travail, en cas d'inexécution.

98 – *Contenu implicite, interprétation, preuve* – L'article 1434 C.c.Q. donne au contrat de travail un contenu implicite qui comprend tout ce qui en découle d'après sa nature et suivant les usages, l'équité ou la loi[27]. Son interprétation est par ailleurs soumise aux règles d'interprétation énoncées aux articles 1425 à 1432 du Code[28]. Sur le

---

27. *Drouin* c. *Electrolux Canada Ltée, division de Les Produits C.F.C. Ltée,* [1988] R.J.Q. 950 (C.A.); *Bernardini* c. *Alitalia Air Lines,* D.T.E. 93T-519 (C.S.); *Ouellet* c. *3092-312 Québec inc.,* [2000] R.J.Q. 1889 (C.Q.).

28. Selon l'article 1432 C.c.Q., le contrat s'interprète, dans le doute, en faveur de celui qui s'oblige et, dans tous les cas, en faveur de l'adhérent à un contrat d'adhésion: *Drouin* c. *Electrolux Canada Ltée, division de Les Produits C.F.C. Ltée, ibid.* – doute; *Ducharme* c. *Construction Fitzpatrick Ltée,* D.T.E. 88T-255 (C.A.) – doute; *Tremblay* c. *Transfotec international L.B. ltée,* D.T.E. 2002T-771 (C.S.) – doute; *Audet* c. *Corp. des loisirs, secteur N.D.L.,* [1999] R.J.D.T. 461 (C.S.) – contrat d'adhésion; *Côté* c. *Cie nationale de forage et de sondage Inc.,* D.T.E. 84T-886 (C.S.) – contrat d'adhésion.

plan de la preuve, il faut retenir, en particulier, l'admissibilité générale de la preuve testimoniale contre l'employeur relativement à un contrat de travail intervenu dans le cours des activités de son entreprise sous réserve, entres autres, de la règle de la meilleure preuve (art. 2862, al. 2, 2860 et 2863 C.c.Q.).

B. La formation

1. Les parties

99 – *Terminologie* – Les parties au contrat de travail sont, d'une part, le salarié et, d'autre part, l'employeur. Si le choix du terme «employeur» s'imposait sans difficulté, on peut s'interroger sur l'opportunité d'avoir retenu le vocable «salarié» plutôt que le terme «employé» pour désigner la personne au service de l'employeur. L'avantage qu'on a peut-être voulu tirer de l'utilisation de ce terme totalement différent sur le plan phonétique emporte malheureusement des inconvénients liés à l'utilisation par plusieurs lois du travail du terme «salarié» dans un sens circonstancié qui leur est propre[29]. Il s'ensuit qu'il faut plus que jamais particulariser, dans chaque contexte, le sens donné au vocable «salarié».

100 – *Salarié* – Sans que le Code le dise expressément, le salarié est nécessairement une personne physique. Le type de contrôle inhérent au contrat, l'obligation imposée à l'employeur de protéger la santé, la sécurité et la dignité du salarié (art. 2087 C.c.Q.), l'évocation du décès du salarié comme cause de terminaison de contrat (art. 2093 C.c.Q.), notamment, imposent cette constatation. Il s'ensuit qu'en principe l'individu qui choisit librement de se constituer en personne morale et de fournir ses services à un tiers par l'intermédiaire de cette dernière ne saurait être assimilé à un salarié de ce tiers et ainsi autorisé à profiter du meilleur de tous les mondes[30]. Cela n'exclut toutefois pas qu'on puisse reconnaître la réalité d'un contrat de travail derrière les apparences, lorsque la constitution d'une société individuelle se révèle un subterfuge pour dépouiller le travailleur de son statut de salarié[31].

---

29. Exemples: *Loi sur les normes du travail*, précitée, note 1; *Code du travail*, précité, note 1; *Loi sur les décrets de convention collective*, L.R.Q., c. D-2.
30. *Technologies industrielles S.N.C. Inc. (S.N.C. Defense Products Ltd.)* c. *Mayer*, D.T.E. 99T-509 (C.A.); *Dazé* c. *Messageries Dynamiques*, D.T.E. 90T-538 (C.A.); *103360 Canada Ltd.* c. *Sklar Peppler inc.*, [1989] R.J.Q. 697 (C.S.). Cette personne ne peut non plus être considérée être à la fois l'employeur et son propre employé: *Lalande* c. *Provigo Distribution Inc.*, D.T.E. 98T-1059 (C.A.).
31. *Leduc* c. *Habitabec Inc.*, D.T.E. 94T-1240 (C.A.).

101 – *Employeur* – Toute personne, physique ou morale, peut acquérir le statut d'employeur. Ce statut peut même être détenu conjointement par plusieurs personnes qui s'associent ou qui joignent leurs entreprises par osmose pour agir ensemble comme un seul et unique employeur[32]. Dans le cas d'un groupe de personnes physiques, il n'est pas nécessaire qu'il jouisse, comme tel, de la personnalité morale[33]. Il peut aussi s'agir d'une société ou d'une association régie par les articles 2186 à 2279 C.c.Q.

La constatation préalable de l'exécution d'un travail par un salarié demeure le facteur clé de la reconnaissance du statut d'employeur d'une autre personne[34].

102 – *Relations atypiques* – La présence de plusieurs intervenants qui disposent distinctement à l'endroit d'un salarié des différents attributs usuels de l'employeur, peut poser une difficulté d'identification du véritable employeur d'un point de vue juridique, chaque intervenant étant susceptible d'apparaître, sous un aspect ou un autre, comme cet employeur.

Certaines situations demeurent relativement simples, comme celle du prêt temporaire des services d'un salarié par un employeur à un autre. Le lien d'emploi principal ou fondamental demeure alors celui établi entre l'employeur prêteur et le salarié[35]. Ce constat n'écarte toutefois pas qu'on puisse considérer qu'un

---

32. *Transport Matte Ltée* c. *Tribunal du travail*, [1988] R.J.Q. 2346 (C.A.); *Syndicat des travailleuses et travailleurs de Librairie Garneau (C.S.N.)* c. *Sogides ltée*, D.T.E. 98T-538 (T.T.); *Aliments Béatrice inc.* c. *Syndicat des travailleuses et travailleurs des fromages Crescent (production)*, D.T.E. 96T-1394 (T.T); *Syndicat des salariés d'autobus Dupont & Bélair (C.S.N.)* c. *Autobus Bélair inc.*, [1986] T.T. 285. Exemples, par ailleurs, de situations conduisant à la reconnaissance d'employeurs distincts malgré la présence de certains liens entre eux: *Transfo-métal inc.* c. *Syndicat des travailleurs de Transfo-métal (C.S.N.)*, [2001] R.J.D.T. 1219 (T.T.); *Ville-Marie Pontiac Buick inc.* c. *Syndicat des travailleuses et travailleurs de garage de la région de Montréal*, [1993] T.T. 162; *Service sanitaire de la Mauricie Inc.* c. *Syndicat des employés du commerce et des services de Shawinigan (Section services sanitaires)*, D.T.E. 88T-641 (T.T.).
33. *Alliance de la Fonction publique du Canada* c. *Francis*, [1982] 2 R.C.S. 72.
34. Exemple, s'agissant d'une coopérative de travailleurs considérée comme employeur de ses membres: *Coopérative forestière de Ferland-Boileau* c. *Syndicat des travailleurs forestiers du Saguenay-Lac-Saint-Jean (F.T.F.Q.)*, [1999] R.J.D.T. 1133 (T.T.), confirmé par *Coopérative forestière de Ferland-Boileau* c. *Tribunal du travail*, [2000] R.J.D.T. 480 (C.S.).
35. *Auberge Le Martinet Inc.* c. *Arial*, [1972] C.A. 704; *Marini* c. *Université McGill*, D.T.E. 92T-665 (C.S.).

deuxième employeur intervient, parallèlement au premier, pour la durée et pour les fins du prêt de services[36].

D'autres relations tripartites exigent un examen approfondi et délicat des éléments essentiels du contrat de travail (prestation de travail, rémunération, subordination) et des droits et obligations qu'ils génèrent usuellement pour l'employeur, afin d'identifier ce dernier. C'est le cas des multiples formes que peuvent prendre les contrats de fourniture de main-d'œuvre qui ont pour effet de démembrer, entre deux entreprises, les attributs normaux de l'employeur à l'endroit du salarié: recrutement; formation; assignation, contrôle et bénéfice du travail; paiement de la rémunération. Le plus souvent, cette relation triangulaire est caractérisée par la constatation que l'intervenant qui bénéficie de la prestation de travail de l'employé, d'une part, et celui qui le recrute et qui lui verse sa rémunération, d'autre part, sont des personnes différentes. Il devient alors pertinent d'adopter une approche globale et d'examiner l'ensemble des composantes d'une relation employeur-salarié, à savoir la préembauche et l'embauche, la formation, l'assignation des tâches, la supervision, l'évaluation, la discipline, la rémunération et l'intégration dans l'entreprise. Au terme de cet examen, il demeurera légitime d'accorder un poids prépondérant au lien de subordination juridique et de désigner comme le véritable employeur le titulaire principal du pouvoir de contrôle du travail et des conditions de travail de l'employé[37].

2. L'accord de volontés

103 – *Consensualisme* – Le *Code civil du Québec* ne soumet la conclusion du contrat de travail à aucun formalisme; il résulte du seul échange de consentement entre des personnes capables de contracter (art. 1385 C.c.Q.)[38]. C'est à titre exceptionnel que l'article 2089 C.c.Q. requiert qu'une stipulation de non-concurrence soit par écrit et en termes exprès. L'accord de volontés doit néanmoins être complet et définitif[39].

---

36. *Syndicat du personnel de soutien du collège de Shawinigan enr. (C.S.N.) c. Collège de Shawinigan*, D.T.E. 2000T-517 (T.T.).
37. *Pointe-Claire (Ville de) c. Québec (Tribunal du travail)*, [1997] 1 R.C.S. 1015; *Syndicat des employés du C.L.S.C. Montréal-Nord c. Centre local de services communautaires de Montréal-Nord*, D.T.E. 2000T-62 (T.T.); *Bridgestone/Firestone Canada inc. c. T.C.A. Canada*, D.T.E. 2002T-433 (T.T.).
38. *Durand c. Prolab-Bio Inc.*, [2001] R.J.Q. 1037 (C.S.); *Jacques c. Enseignes Enseicom inc.*, D.T.E. 99T-337 (C.S.); *Jananji c. Leader Manufacturing Inc.*, D.T.E. 94T-423 (C.S.) – mandat apparent.
39. *Latraverse c. Centre hospitalier St-Eustache*, [2002] R.J.Q. 1056 (C.S.).

Le contrat de travail peut donc être aussi bien verbal qu'attesté par un écrit plus ou moins complet allant de celui qui aménage de façon détaillée les obligations réciproques des parties à la simple signature d'un formulaire d'embauche.

104 – *Négociation* – La conclusion du contrat de travail est parfois le résultat d'une véritable et minutieuse négociation entre l'employeur et le salarié, en particulier au niveau des cadres supérieurs ou des emplois hautement spécialisés. À l'inverse, il peut s'agir d'un contrat d'adhésion (art. 1379 C.c.Q.), généralement imposé par l'employeur, avec les conséquences que le *Code civil du Québec* y rattache: interprétation en faveur de l'adhérent (art. 1432 C.c.Q.)[40]; possibilité de nullité de la clause externe (art. 1435 C.c.Q.); possibilité de nullité d'une clause illisible ou incompréhensible pour une personne raisonnable (art. 1436 C.c.Q.); surtout, nullité ou réductibilité de toute clause abusive (art. 1437 C.c.Q.)[41].

105 – *Capacité* – Le consentement doit être donné par une personne qui, au temps où elle le manifeste, est apte à s'obliger (art. 1398 C.c.Q.). Quant à la capacité des parties, l'article 1409 C.c.Q. renvoie aux règles relatives à la capacité de contracter énoncées principalement au livre «Des personnes». Il est à remarquer, en particulier, l'article 156 C.c.Q. qui répute le mineur de 14 ans et plus majeur pour les fins de son emploi, l'article 157 C.c.Q. qui permet à un mineur, selon son âge et son discernement, de contracter seul pour satisfaire ses besoins ordinaires et usuels, ainsi que les règles relatives à l'émancipation simple (art. 167 à 174 C.c.Q.) ou à la pleine émancipation par le mariage (art. 175 et 176 C.c.Q.).

Quant à sa qualité, le consentement doit être libre et éclairé, sans être vicié par l'erreur, la crainte ou, dans le cas des mineurs et des majeurs protégés, par la lésion (art. 1399 à 1408 C.c.Q.)[42].

---

40. *Audet c. Corp. des loisirs, secteur N.D.L.*, précité, note 28; *Commission des normes du travail du Québec c. Centre Lux Ltée*, D.T.E. 94T-999 (C.Q.); *Côté c. Cie nationale de forage et de sondage Inc.*, précité, note 28.

41. Voir l'opinion du juge La Forest dans *Godbout c. Longueuil (Ville de)*, [1997] 3 R.C.S. 844 – absence de renonciation valide, faute de liberté, à un droit fondamental, en l'occurrence au droit au respect de la vie privée; *Bérubé c. Mutuelle d'Omaha*, D.T.E. 98T-875 (C.S.).

42. *Ville de Montréal-Est c. Gagnon*, [1978] C.A. 100 – erreur sur une considération principale ayant incité au contrat; *Corporation du Petit Séminaire de St-Georges de Beauce c. Cliche*, D.T.E. 85T-285 (C.S.) – mandat pastoral impliquant une absence de consentement à conclure un contrat de travail; *Ligue des caisses d'économie du Québec (1970) c. King*, D.T.E. 83T-19 (C.S.) – erreur résultant du défaut du candidat à l'emploi de révéler une information. Absence cette fois de vice de consentement par suite d'erreur ou de dol: *Aubrais c. Laval (Ville de)*, [1996] R.J.Q. 2239 (C.S.); *Anjou (Ville d') c. Patry*, [1988] R.J.Q. 502 (C.S.).

106 – *Cause et objet* – Le contrat de travail et les obligations qu'il génère doivent enfin avoir une cause qui ne soit contraire ni à la Loi ni à l'ordre public (art. 1371, 1385, 1410 et 1411 C.c.Q.); il en est de même de leur objet (art. 1371, 1373, 1385, 1412 et 1413 C.c.Q.)[43].

II- LES OBLIGATIONS

A. Les obligations du salarié

1. *Les obligations relatives au travail*

107 – *Énoncé* – C'est sans rupture avec le droit antérieur que l'article 2088 C.c.Q. énonce les obligations du salarié:

> Le salarié, outre qu'il est tenu d'exécuter son travail avec prudence et diligence, doit agir avec loyauté et ne pas faire usage de l'information à caractère confidentiel qu'il obtient dans l'exécution ou à l'occasion de son travail.
>
> Ces obligations survivent pendant un délai raisonnable à la cessation du contrat, et survivent en tout temps lorsque l'information réfère à la réputation et à la vie privée d'autrui.

a) *L'exécution personnelle*

108 – *Principe et limites* – Il s'infère de la nature même du contrat de travail, tel que déjà signalé, que le salarié exécute personnellement le travail convenu, «son travail» comme le mentionne d'ailleurs l'article 2088 C.c.Q.[44]. Cette obligation habituelle du salarié n'empêche toutefois pas les parties de prévoir qu'il puisse ou qu'il doive prendre certaines mesures pour assurer son remplacement en cas d'absence, ces mesures pouvant aller jusqu'à choisir lui-même son substitut. Elle n'exclut pas non plus, sous réserve des termes du contrat ou d'une directive contraire de l'employeur, la possibilité que

---

43. Exemples de contrats contenant une stipulation contraire à Loi ou à l'ordre public: *Caisse populaire de la cité de Shawinigan* c. *Beaulac,* [1980] C.A. 154 – durée; *Ligue des caisses d'économie du Québec (1970)* c. *King*, précité, note 42 – durée; *Commission des normes du travail du Québec* c. *Centre Lux Ltée*, précité, note 40 – clause pénale; *Brasserie Labatt Ltée* c. *Villa,* [1995] R.J.Q. 73 (C.A.) – obligation de déménagement du lieu de résidence de la famille de l'employé; *Godbout* c. *Longueuil (Ville de)*, précité, note 41 – obligation de résidence dans la municipalité.
44. Voir *supra*, n° 93.

le salarié se fasse aider, compte tenu de la tâche à accomplir, en embauchant lui-même des aides et en cumulant alors le statut d'employé, d'une part, et celui d'employeur, d'autre part[45].

b) Le devoir d'obéissance

109 – *Nature et source* – Le travail doit être exécuté selon les instructions de l'employeur ou dans le cadre déterminé par celui-ci. Cette obligation résulte directement du pouvoir de direction ou de contrôle que l'article 2085 du Code reconnaît à l'employeur. La subordination du salarié est à l'origine du pouvoir de l'employeur d'imposer des directives de conduite dans l'entreprise, par exemple en adoptant des règlements à cet effet, et de l'obligation de l'employé de s'y soumettre. Le pouvoir de direction de l'employeur ne saurait toutefois s'étendre jusqu'à lui permettre d'exiger de l'employé qu'il agisse à l'encontre de la Loi ou de l'ordre public (art. 1413 C.c.Q.)[46]. Ce pouvoir n'autorise pas non plus l'employeur à imposer au salarié des normes de conduite qui concernent sa vie privée, du moins en l'absence de justification étroitement reliée à la nature du travail de l'employé[47].

Le manquement de l'employé à son devoir d'obéissance peut donner lieu à l'exercice par l'employeur de son pouvoir disciplinaire, sous forme d'avertissement, de réprimande, de suspension, ou même, en dernier lieu, de congédiement pour cause d'insubordination.

c) La prudence et la diligence

110 – *Principe* – L'article 2088 C.c.Q. introduit une norme de prudence et de diligence que le salarié doit satisfaire dans l'exécution de son travail. L'obligation du salarié, de manière générale, en est

---

45. *Pétroles Inc. (Les)* c. *Syndicat international des travailleurs des industries pétrolières, chimiques et atomiques, locaux 9-700, 9-701 [...]*, précité, note 11; *Gaston Breton Inc.* c. *Union des routiers, brasseries, liqueurs douces et ouvriers de diverses industries, local 1999*, précité, note 13; *Croustilles Yum Yum Inc.* c. *Syndicat des travailleurs de l'énergie et de la chimie, section locale 166 (F.T.Q.)*, précité, note 24.

46. *Brosseau* c. *Villeneuve*, D.T.E. 90T-850 (C.S.) – refus d'un huissier de signer des rapports de signification inexacts; *Clément* c. *The Phoenix Insurance Co.*, (1894) 6 C.S. 502 – refus de l'employé de se livrer à une déclaration mensongère injustifiée.

47. Il y a lieu de tenir compte ici des articles 3 et 35 C.c.q. ainsi que de l'article 5 de la *Charte des droits et libertés de la personne*, L.R.Q., c. C-12, qui reconnaissent le droit de toute personne au respect de sa vie privée. Sur la portée de ce droit dans le contexte du travail, voir *supra*, Titre préliminaire, chapitre 2, n°s 51-53. Voir également *Gagnon* c. *Brasserie La Bulle Inc.*, D.T.E. 85T-933 (C.S.) – fréquentation d'un employé par une employée.

une de moyens dont l'intensité varie selon la nature du travail à fournir, jusqu'à s'approcher, dans certains cas, d'une obligation de résultat[48]. La prudence requise du salarié l'oblige à travailler d'une façon sécuritaire pour lui-même, pour ses collègues de travail et même pour les tiers, notamment en se conformant aux lois et règlements applicables, lorsqu'il y a lieu.

111 – *Notion de diligence* – La notion de diligence est suffisamment compréhensive pour référer tant à la quantité qu'à la qualité de travail que le salarié devrait normalement fournir et à laquelle l'employeur est légitimement en droit de s'attendre, compte tenu de la nature du travail ou des termes du contrat. Les concepts d'incompétence et d'insuffisance professionnelle (ou insuffisance de rendement) se rattachent au défaut du salarié de fournir à l'employeur un travail raisonnablement satisfaisant. Que ce qu'on désigne parfois comme une «obligation de civilité» du salarié, c'est-à-dire son obligation de participer au maintien d'un climat et d'un milieu de travail harmonieux, découle de son devoir général de prudence et de diligence.

112 – *Responsabilité* – La faute intentionnelle ou caractérisée du salarié dans l'exécution de son travail peut engager sa responsabilité pour les dommages subis par l'employeur[49].

De même, la faute personnelle du salarié qui cause un préjudice à un tiers le rend responsable envers ce dernier (art. 1457 C.c.Q.). Le cas échéant, cette responsabilité est en quelque sorte garantie économiquement par l'employeur, que l'article 1463 C.c.Q. oblige à réparer le préjudice causé par la faute de ses préposés dans l'exécution de leurs fonctions[50]. Toutefois, l'employeur conserve alors un droit de recours contre le salarié. Le salarié qui agit simplement comme porte-parole ou *alter ego* de l'employeur, sans excéder ses fonctions ni commettre de faute personnelle, n'engage pas sa responsabilité; l'employeur demeure seul responsable du préjudice subi, s'il y a lieu[51]. Enfin, l'article 442 de la *Loi sur les accidents du travail et les maladies professionnelles* assure une immunité absolue au salarié

---

48. Cette norme est la même que celle qui s'adresse à l'administrateur du bien d'autrui et au mandataire, selon les articles 1309 et 2138 C.c.Q. respectivement.
49. *Giroux-Garneau* c. *Wood Gundy Inc.*, D.T.E. 97T-1262 (C.S.).
50. *Gauthier* c. *Chabot*, [1998] R.R.A. 962 (C.A.). Voir aussi, *infra*, n° 141.
51. *Latulippe* c. *Commission scolaire de la Jeune-Lorette*, [2001] R.J.D.T. 26 (C.A.); *Legros* c. *Bristol-Myers Squibb Canada inc.*, D.T.E. 2002T-793 (C.S.).

assujetti à cette loi qui cause une lésion professionnelle, au sens de la Loi, à un coemployé ou à un salarié d'un autre employeur qui y est également assujetti[52].

d) La loyauté, la discrétion et la non-concurrence

113 – *Codification* – L'article 2088 C.c.Q. codifie des devoirs de loyauté et de discrétion du salarié que la jurisprudence avait déjà largement reconnus. Il en est de même de la survie de ces obligations après la cessation du contrat, qu'envisage le deuxième alinéa de cet article.

114 – *Loyauté* – Le salarié travaille au bénéfice de son employeur, qui le paie en retour. Ce fait et la bonne foi que l'article 1375 C.c.Q. lui impose dans sa conduite commandent naturellement un comportement honnête et loyal envers l'employeur et son entreprise. L'intensité de l'obligation de loyauté variera selon la nature des fonctions et responsabilités confiées aux salariés, ceux qui assument des responsabilités de direction dans l'entreprise ou qui en sont des employés-clés étant tenus à une obligation plus lourde, apparentée à celle des mandataires envers leurs mandants[53]. Dans tous les cas, le salarié doit s'interdire un comportement malhonnête envers son employeur[54] ou de nature à porter atteinte à sa réputation sans motif valable[55]. De même, il doit éviter toute situation de conflit d'intérêts, notamment en favorisant un concurrent de son employeur ou en profitant lui-même indûment de son emploi au détriment de celui-ci[56].

---

52. *Loi sur les accidents du travail et les maladies professionnelles*, L.R.Q., c. A-3.001. *Béliveau St-Jacques* c. *Fédération des employés et employées de services publics*, [1996] 2 R.C.S. 345; *Genest* c. *Commission des droits de la personne et des droits de la jeunesse*, D.T.E. 2001T-99 (C.A.). Voir aussi, *infra*, n° 142.
53. *Banque de Montréal* c. *Kuet Leong Ng*, [1989] 2 R.C.S. 429, 438; *Équipements Paramédic (1993) Inc.* c. *Jobidon*, D.T.E. 99T-252 (C.S.); *Soquelec Télécommunications ltée* c. *Microvolt Électroniques inc.*, [2002] R.J.Q. 1374 (C.S.).
54. Voir et transposer *McKinley* c. *BC Tel*, [2001] 2 R.C.S. 161, 2001 CSC 38; *Provost* c. *The Standard Foundry and Machinery Co.*, (1915) 21 R.L. 433.
55. Voir, dans le cas d'un fonctionnaire, *Fraser* c. *Commission des relations de travail dans la Fonction publique*, [1985] 2 R.C.S. 455. Voir également *Royer* c. *Roy*, (1891) 20 R.L. 323; *Association forestière québécoise Inc.* c. *Caron*, T.T. Québec, n° 200-28-000110-806, 12 juin 1980; *Anvari* c. *Royal Institution for the Advancement of Learning (McGill University)*, D.T.E. T82-204 (T.A.).
56. *Banque de Montréal* c. *Kuet Leong Ng*, précité, note 53 – activités de l'employé pour son propre compte, en utilisant les ressources et la clientèle de l'employeur. Concurrence et conflit d'intérêts: *Soquelec Télécommunications ltée* c. *Microvolt Électroniques inc.*, précité, note 53; *Beaulieu, Gagné, Chiasson inc.* c. *Gauvreau*, [1999] R.J.D.T. 1105 (C.S.); *Mahoney* c. *Alliance, Cie mutuelle d'assurance-vie*, [1991] R.J.Q. 1115 (C.S.); *Atlantipad Inc.* c. *Muratori*, D.T.E.

Sous cette réserve et en l'absence de clause d'exclusivité de service, l'employeur ne peut lui reprocher d'occuper un autre emploi[57]. Rien n'interdit non plus au salarié, en principe, de se préparer à pratiquer éventuellement la même activité que son employeur, soit pour le compte d'un autre employeur, soit pour son propre compte, et d'utiliser les connaissances et l'expérience acquises dans son emploi[58]. Il doit toutefois s'abstenir de toute conduite agressive à l'encontre des intérêts de son employeur tant qu'il est à son service[59], et même, à certains égards, après la fin de son emploi[60].

115 – *Discrétion* – La jurisprudence avait déjà associé le devoir de discrétion du salarié à son obligation de loyauté, comme une de ses facettes. L'article 2088 C.c.Q. en fait une obligation formellement distincte. En pratique, le devoir de loyauté et le devoir de discrétion demeureront associés dans la mesure où le premier ne manquera pas d'éclairer la portée concrète du second selon les espèces. Sur ce plan, l'obligation de discrétion dictée par le Code concerne l'information à caractère confidentiel et son usage. Le caractère confidentiel de l'information peut résulter, selon les cas, de sa qualification comme telle, par les parties ou par l'employeur, de son accessibilité restreinte ou privilégiée, ou encore de sa nature, comme dans le cas du secret

---

89T-2 (C.S.); *Typoform Inc.* c. *Gignac*, D.T.E. 88T-622 (C.S.). Absence de conflit d'intérêts: *Maheu, Noiseux & Associés* c. *Roneo Vickers Canada Ltd.*, [1988] R.J.Q. 1597 (C.A.); *157079 Canada Inc.* c. *Ste-Croix*, [1988] R.J.Q. 2842 (C.S.).

57. *Villeneuve* c. *Soutien-Gorge Vogue Inc.*, D.T.E. 86T-739 (C.S.).
58. *Archambault* c. *Pétro-Canada Inc.*, D.T.E. 88T-3 (C.A.); *Laboratoire Rive-Sud inc.* c. *Rodriguez*, [1999] R.J.D.T. 141 (C.S.); *Aloette Cosmétiques de Québec Inc.* c. *Corbeil*, [1998] R.J.D.T. 60 (C.S.); *Sérigraphie Concept M.D., division de Dispensaco Inc.* c. *Gauthier*, D.T.E. 98T-705 (C.S.); *Chas. Chapman Co.* c. *153291 Canada Inc.*, [1992] R.J.Q. 705 (C.S.); *Société Pole-Lite Ltée* c. *Cormier*, [1989] R.J.Q. 1584 (C.S.); *Positron Inc.* c. *Desroches*, [1988] R.J.Q. 1636 (C.S.).
59. *Armanious* c. *Datex Bar Code Systems Inc.*, [2001] R.J.Q. 2820 (C.A.) – appropriation, pendant l'emploi, de listes de clients et d'autres informations destinées à mettre aux mains une entreprise concurrente; destruction également des banques de données de l'employeur pour le paralyser; *Groupe financier Assbec Ltée* c. *Dion*, D.T.E. 95T-70 (C.A.); *Métrivis ltée* c. *Capano*, D.T.E. 2000T-1077 (C.S.), REJB 2000-20701 (C.S.) – mise en place agressive, pendant l'emploi, d'une entreprise destinée à concurrencer l'employeur; *Rapi-Bouffe Inc.* c. *Henry*, D.T.E. 94T-1227 (C.S.); *Assurances Leblanc & Croteau Ltée* c. *Assurance Danis-Corneau Inc.*, [1988] R.J.Q. 1051 (C.S.); *Agfor Inc.* c. *Laliberté*, [1986] R.J.Q. 581 (C.S.). Quant au caractère purement civil de cette question, voir: *John A. MacDonald Railquit Enterprises* c. *Vapor Canada Ltd.*, [1977] 2 R.C.S. 134; *Positron Inc.* c. *Desroches*, précité, note 58.
60. *Léonard* c. *Girard*, [1999] R.J.Q. 483 (C.S.) – illégitimité d'une proposition d'engagement de salariés de l'employeur associée à une utilisation intensive de sa clientèle.

commercial[61]. Il peut aussi bien s'agir de renseignements sur la situation financière de l'entreprise que sur ses stratégies, ses procédés de fabrication ou sa clientèle[62]. Exceptionnellement, la divulgation par le salarié d'informations confidentielles pourrait être légitimée par des motifs supérieurs qui relèvent de la sauvegarde de l'ordre public et de l'intérêt général. L'article 1472 C.c.Q. le prévoit expressément à l'égard de la divulgation d'un secret commercial. La notion d'ordre public rattachée notamment à la protection du droit à la santé et à la sécurité devrait permettre d'étendre la même immunité à la divulgation d'autres types d'informations.

116 – *Durée* – La survivance des obligations de loyauté et de discrétion après la cessation du contrat de travail varie, quant à sa durée, selon les critères prévus à l'article 2088, al. 2 C.c.Q. Elle est permanente dans le cas de toute information qui se rapporte à la réputation ou à la vie privée d'une personne, comme peut l'être l'information de nature médicale qui la concerne. Dans les autres cas, on fait appel à la notion de délai raisonnable. L'appréciation de ce délai tient compte du niveau hiérarchique ou du degré de responsabilité du salarié chez son ex-employeur, du rattachement de l'obligation au devoir de loyauté ou à celui de discrétion, de la nature du comportement du salarié et de celle de l'information en cause[63]. Elle soulève, en définitive, comme la détermination de l'étendue matérielle de l'obligation, une problématique d'équilibre entre la protection légitime des intérêts de l'employeur et le droit du salarié de gagner sa vie.

---

61. Sur la notion de confidentialité, voir: *Matrox Electronic Systems Ltd.* c. *Gaudreau*, [1993] R.J.Q. 2449 (C.S.); *Syndicat des fonctionnaires provinciaux du Québec* c. *Procureur général de la province de Québec*, [1979] T.T. 388; *Positron Inc.* c. *Desroches*, précité, note 58. En particulier, on ne peut prétendre à la confidentialité d'un renseignement connu de tous ou accessible à tous: *Laboratoire Rive-Sud Inc.* c. *Rodriguez*, précité, note 58; *Ambulair Canada Inc.* c. *Somiper Aviation Inc.*, D.T.E. 96T-719 (C.S.); *G. & R. De la Fontaine Inc.* c. *Bouthillette, G. & R. de La Fontaine Inc.*, D.T.E. 95T-928 (C.S.). Sur l'utilisation d'un secret commercial: *Laboratoires Constant Inc.* c. *Beauchamp*, D.T.E. 99T-578 (C.S.).

62. La jurisprudence protège généralement l'employeur, par le biais de l'obligation de loyauté de l'employé, contre l'utilisation de ses listes de clients, ou de fournisseurs: *Armanious* c. *Datex Bar Code Systems Inc.*, précité, note 59; *Frank White Enterprises Inc.* c. *130541 Canada Inc.*, D.T.E. 95T-683 (C.A.); *Voyages Robillard Inc.* c. *Consultour / Club Voyages Inc.*, [1995] R.J.Q. 2680 (C.S.) – dommages-intérêts; *Setym international inc.* c. *Belout*, D.T.E. 2001T-980 (C.S.) – assimilation, dans l'espèce, à une information confidentielle.

63. Dans l'arrêt *Armanious*, précité, note 59, la Cour d'appel a approuvé, à l'endroit de deux employés supérieurs fautifs, un délai de 12 mois commençant à courir au moment où les employés se conformaient à leur obligation. *Réfrigération Protec inc.* c. *Lewis*, D.T.E. 2001T-170 (C.S.); *Industries Z-Tech inc.* c. *Ladicani*, D.T.E. 2000T-1154 (C.S.).

La Cour d'appel a résumé cette problématique et ses paramètres de solution de la façon suivante dans l'arrêt *Excelsior*:

> [...] en règle générale, aucun devoir implicite découlant d'un contrat d'emploi ne saurait empêcher un individu de gagner sa vie en utilisant ses connaissances et ses aptitudes professionnelles chez un concurrent. Ces dernières se rattachent à sa personne et à son patrimoine [...].

> [...]

> Quelle que soit sa source, il demeure que le concept d'obligation de loyauté doit être manié avec discernement. Mis en œuvre sans prudence, il gênerait ou paralyserait la liberté de travail et de concurrence plus sûrement encore, par son indétermination même, que les clauses contractuelles de non-concurrence à l'égard desquelles la jurisprudence s'est montrée sévère, comme on le sait.

> La difficulté de fixer l'étendue et les effets de l'obligation de loyauté se remarque dans les applications jurisprudentielles qui ont été faites. Essentiellement, celles-ci ont visé non pas de simples exécutants, mais des administrateurs, des cadres supérieurs de compagnies ou des personnes exécutant des fonctions impliquant un niveau de responsabilité supérieur ou l'accès à des informations commerciales, techniques ou scientifiques particulièrement importantes. Cette obligation semble reposer soit sur la possession d'informations confidentielles d'importance critique, soit sur la détention d'une responsabilité réelle dans la gestion d'une entreprise. L'obligation de loyauté paraît viser des employés qui disposent d'un pouvoir d'initiative ou assument des responsabilités éloignées du rôle d'obéissance dévolu à de simples préposés. On a parlé souvent de personnes qualifiées, ou de cheville ouvrière d'une entreprise ou d'employés clés.

> [...]

> On ne retrouve guère de précédent, dans le cas de contrats d'emploi, qu'un ancien employé, qui ne détenait pas d'informations commerciales ou techniques, confidentielles, d'importance critique pour l'entreprise, et qui ne remplissait pas un rôle de gestion, soit soumis à une obligation de loyauté telle qu'elle lui interdise toute opération de concurrence à l'égard de son ancien employeur.

> [...]

> Que l'obligation de loyauté provienne d'un mandat [...] ou du contrat d'emploi, on ne saurait encore une fois lui donner une interprétation et un contenu plus inconciliables avec les fondements de l'ordre public économique que les clauses de non-concurrence elles-mêmes. Elle ne

permet pas de consolider un droit de propriété de la clientèle, qui demeure l'objet de la lutte pour le marché, lutte à laquelle l'ancien employé ou mandataire a droit de participer, pourvu qu'il le fasse correctement.[64]

– Les clauses de non-concurrence

117 – *Conditions de validité* – La faculté éventuelle du salarié de concurrencer son ex-employeur peut par ailleurs être limitée conventionnellement par une clause dite de non-concurrence. Les articles 2089 et 2095 C.c.Q. se préoccupent spécifiquement de ce genre de stipulation dont les conditions de légalité et de mise en œuvre ont d'abord été dégagées par les tribunaux en l'absence de toute disposition législative expresse. Dans l'arrêt *Canadian Factors*, la Cour suprême a affirmé la licéité en principe d'une stipulation limitative du droit de concurrence, subordonnément à la raisonnabilité de ses composantes:

> Un contrat ayant pour objet d'interdire à un employé démissionnaire d'entrer au service d'un concurrent de son ancien patron ou de solliciter des clients de celui-ci, est en principe licite. Il ne devient invalide que s'il porte atteinte à la liberté du travail en raison de son étendue excessive dans le temps et dans l'espace et quant à la nature de l'activité interdite à l'intéressé.[65]

> [...]

> En vertu tant du *Code civil du Bas-Canada* que de la common law, les stipulations restrictives de la liberté du travail peuvent être déclarées nulles en raison de leur durée déraisonnable ou de leur portée territoriale déraisonnable, eu égard en chaque cas au domaine des affaires ou des activités visées par les stipulations restrictives.

> [...]

> [...] que ce soit en vertu des dispositions du *Code civil du Bas-Canada* relatives à l'ordre public (art. 13 et 990 par exemple) ou de la common law (le principe) se fondent sur le bon sens qui commande que l'on

---

64. *Excelsior, compagnie d'assurance-vie* c. *Mutuelle du Canada (La), compagnie d'assurance-vie*, [1992] R.J.Q. 2666 (C.A.), 2682-2684. Voir aussi *Groupe financier Assbec Ltée* c. *Dion*, précité, note 59; *Canadian Aero Service Ltd.* c. *O'Malley*, [1974] R.C.S. 592; *N.F.B.C. National Financial Brokerage Center Inc.* c. *Investors Syndicate Ltd.*, [1986] R.D.J. 164 (C.A.); *Resfab Manufacturier de ressort Inc.* c. *Archambault*, [1986] R.D.J. 32 (C.A.); *Dufresne* c. *Groupe Christie Ltée*, D.T.E. 92T-499 (C.A.); *Villeneuve* c. *Automatisation J.R.T. Inc.*, D.T.E. 92T-1019 (C.A.).
65. *Cameron* c. *Canadian Factors Corporation Limited*, [1971] R.C.S. 148, 155 (j. Pigeon).

concilie les intérêts de l'employeur avec ceux d'un ex-employé relativement aux besoins qu'éprouve celui-là de se protéger sur le plan commercial et celui-ci d'être mobile sur le marché du travail, eu égard à une conception qui tend à s'opposer à toute restriction de la liberté individuelle, spécifiquement de la liberté de profiter des occasions qui s'offrent sur le plan économique ou sur le marché du travail.[66]

Les trois facteurs à considérer, à savoir l'étendue des activités prohibées, la portée territoriale de la prohibition et la durée de celle-ci, sont maintenant codifiés à l'article 2089, al. 2 C.c.Q., qui ajoute que chacun doit être limité «à ce qui est nécessaire pour protéger les intérêts légitimes de l'employeur». Une jurisprudence abondante rend régulièrement compte de ces exigences[67]. L'intérêt légitime que l'employeur cherche à protéger doit tenir compte, en contrepoids, de l'intérêt tout aussi légitime du salarié de conserver une capacité de gain, malgré l'absence de cette dernière mention à l'article 2089 C.c.Q. La bonne foi requise de l'employeur et la sauvegarde de l'«ordre public économique» dont la Cour d'appel fait état dans l'arrêt *Excelsior* appellent à considérer la situation du salarié pour mesurer la légitimité des intérêts de l'employeur protégés par la clause[68]. À cet égard, l'étendue des activités prohibées à l'ex-salarié, selon qu'il s'agit de toute participation à une entreprise concurrente ou d'une simple interdiction de sollicitation de la clientèle, pourra influer sur l'appréciation du caractère raisonnable ou déraisonnable de l'étendue et de la durée de l'interdiction.

118 – *Formalisme* – L'article 2089, al. 1 C.c.Q. soumet la stipulation de non-concurrence à un formalisme rigoureux: elle doit être par écrit et en termes exprès. À défaut d'un tel écrit, la stipulation sera frappée d'une nullité relative que l'employé pourra invoquer

66. *Ibid.*, p. 162-164 (j. Laskin). Voir aussi *Elsley* c. *J.G. Collins Insurance Agencies Ltd.*, [1978] 2 R.C.S. 916.

67. Voir, en particulier, les jugements suivants: *Cathild Inc.* c. *Rondeau*, [1995] R.L. 140 (C.A.) – étendue territoriale excessive; *Bérubé* c. *Mutuelle d'Omaha*, précité, note 41 – effet cumulatif déraisonnable de l'activité prohibée, de sa portée territoriale et de sa durée; *Équipements Paramédic (1993) Inc.* c. *Jobidon*, précité, note 53 – portée territoriale et durée excessives; *Protection V.A.G. inc.* c. *Turmel*, D.T.E. 2001T-542 (C.S.) – étendue territoriale excessive; *Graphiques Matrox inc.* c. *Nvidia Corp.*, D.T.E. 2001T-819 (C.S.) – absence de définition territoriale et ambiguïté de la durée; *Setym international inc.* c. *Belout*, précité, note 62 – absence de limite temporelle; *Accessoires d'incendie Sécurex 2000 inc.* c. *Dallaire*, D.T.E. 2002T-545 (C.S.) – portée territoriale déraisonnable.

68. *Excelsior, compagnie d'assurance-vie* c. *Mutuelle du Canada (La), compagnie d'assurance-vie*, précité, note 64. Voir aussi *Beau-T Stop Distribution Inc.* c. *Mailhot*, D.T.E. 2001T-686 (C.S.).

(art. 1385, 1416 et 1419 à 1421 C.c.Q.). L'exigence d'une rédaction en termes exprès oblige les tribunaux à juger les stipulations de non-concurrence telles qu'elles ont été rédigées par les parties et à conclure, le cas échéant, à leur nullité, sans possibilité de pallier à leurs lacunes par la recherche de l'intention des parties au-delà de ce qu'elles ont exprimé, non plus que d'en réduire l'effet à l'intérieur de limites raisonnables qu'elles se trouveraient à excéder[69].

119 – *Fardeau de preuve* – Dérogeant à la règle établie à l'article 2803 C.c.Q. et modifiant aussi l'état du droit antérieur, l'article 2089, al. 3 C.c.Q. impose désormais à l'employeur le fardeau de prouver la validité de la stipulation de non-concurrence[70]. En cas d'ambiguïté, la clause de non-concurrence s'interprète en faveur du salarié qui a contracté l'obligation et contre l'employeur qui l'a stipulée (art. 1432 C.c.Q.)[71].

120 – *Déchéance* – L'article 2095 C.c.Q. empêche l'employeur de se prévaloir d'une stipulation de non-concurrence s'il a résilié le contrat de travail sans motif sérieux ou s'il a lui-même donné au salarié un tel motif de résiliation[72]. S'agissant de la résiliation par l'employeur d'un contrat de travail à durée indéterminée, il ne lui suffit donc pas de donner au salarié le délai de congé auquel celui-ci a droit, condition usuellement suffisante pour légitimer la terminaison de l'emploi. Il doit, de plus, s'appuyer sur un «motif sérieux». À cet égard, la rédaction de l'article 2095 C.c.Q. aurait pu être plus heureuse et préciser qu'il s'agit d'un motif sérieux qui lui est donné par le salarié lui-même et non d'un motif qui se rapporte à l'employeur ou à son entreprise comme une nécessité de réduction des effectifs consécutive à des difficultés d'ordre économique. Néanmoins, à la lumière de l'article 1604 C.c.Q. et, surtout, de l'article 2094 C.c.Q., il faut

---

69. *Setym international inc.* c. *Belout*, précité, note 62. La Cour d'appel avait déjà conclu à la validité, par interprétation, d'une clause ne comportant pas de limites territoriales expresses: *Letham* c. *Hortibec Inc.*, J.E. 89-49 (C.A.). Par la suite, dans *Cathild Inc.* c. *Rondeau*, précité, note 67, la cour s'était refusée à fixer les limites territoriales à une clause n'en comportant pas, solution qui découle désormais du texte de l'article 2089 C.c.Q.

70. *Aliments en vrac M.F. Inc.* c. *St-Onge*, [1995] R.J.Q. 2663 (C.S.); *Groupe Biscuits Leclerc Inc.* c. *Rompré*, [1998] R.J.Q. 855 (C.S.); *Graphiques Matrox inc.* c. *Nvidia Corp*, précité, note 67.

71. *Boily* c. *Système de formation et de gestion Perform Inc.*, [1984] C.S. 433; *Aliments F.B.I. Ltée* c. *Valade*, [1987] R.J.Q. 2600 (C.S.); *Morden & Helwig Ltée* c. *Perreault-Mathieu & Cie*, [1987] R.J.Q. 1572 (C.S.); *Télémédia Communications Inc.* c. *Pascau*, [1990] R.J.Q. 2010 (C.S.).

72. *Léonard* c. *Girard*, [1999] R.J.Q. 483 (C.S.); *Béliveau, Guillemette, Payeur Inc.* c. *Guillemette*, D.T.E. 99T-166 (C.S.).

comprendre qu'il s'agit d'un motif qui se rapporte au salarié. L'article 2094 du Code, qui utilise la même expression «motif sérieux» ne laisse pas, lui, de doute à ce sujet[73]. Il serait pour le moins étonnant que le législateur ait utilisé les mêmes termes avec un sens différent dans la disposition législative suivante. Cette conclusion se rapproche d'ailleurs de la voie qui avait été ouverte dans cette direction par quelques jugements appuyés sur les seules notions de bonne foi et d'abus de droit[74].

2. Les obligations relatives à la rémunération

121 – *Objets* – On peut se surprendre qu'il soit question d'obligations du salarié quant à sa rémunération, cette dernière étant d'abord l'obligation corrélative de l'employeur en retour du travail du salarié. Il s'agit ici en réalité d'envisager des obligations du salarié qui lui résultent du fait de la réception de paiements au titre de rémunération par son employeur. Ces obligations peuvent concerner l'employeur lui-même ou le paiement des créanciers du salarié. Elles impliquent également le traitement fiscal de la rémunération.

a) La restitution de l'indu

122 – *Règles et application* – Le salarié qui reçoit une rémunération par erreur ou à laquelle il n'a pas droit est tenu de la restituer à l'employeur. Cette obligation lui naît directement de la Loi, plus précisément des articles 1491, 1492, 1554 et 1699 C.c.Q.[75]. L'action de

---

73. *Sirois* c. *O'Neill*, D.T.E. 99T-598 (C.A.); *Girouard* c. *Compagnie Commonwealth Plywood ltée*, [2001] R.J.Q. 1862 (C.S.).

74. *Aliments Humpty Dumpty Ltée* c. *Gagnon*, [1988] R.J.Q. 1840 (C.S.); *Morden & Helwig Ltée* c. *Perreault-Mathieu & Cie*, précité, note 71. Voir aussi *Laboratoires Constant inc.* c. *Beauchamp*, J.E. 97-2170 (C.A.) – diminution de la rémunération de l'employé, libérant ce dernier de la clause de non-concurrence; *Mutuelle du Canada (La), Cie d'assurance sur la vie* c. *Suppa*, D.T.E. 91T-326 (C.S.) – application de la théorie dite des mains propres, l'employeur ayant abusé de ses droits.

75. Jean-Louis BAUDOUIN et Pierre-Gabriel JOBIN, *Les obligations*, 5e éd., Cowansville, Les Éditions Yvon Blais, Inc. 1998, nos 216-217, p. 541-542. *Mathieu* c. *Rénald Mathieu inc.*, [2000] R.J.Q. 274 (C.S.). Voir également, en les transposant du *Code civil du Bas-Canada* sous l'empire duquel ils ont été rendus aux dispositions équivalentes du *Code civil du Québec*, les arrêts suivants de la Cour d'appel: *Syndicat des professionnels et professionnelles du réseau scolaire du Québec (C.E.Q.)* c. *Commission scolaire de La Mitis*, [1990] R.L. 603 (C.A.), 609-611; *Syndicat des professionnels de la Commission des écoles catholiques de Montréal* c. *Moalli*, D.T.E. 91T-679 (C.A.). Ces arrêts de la Cour d'appel mettent en évidence que le droit de l'employeur à la répétition de l'indu trouve son fondement dans le droit civil même en présence d'une convention col-

l'employeur en restitution de l'indu, lorsqu'elle est nécessaire, se prescrit par trois ans (art. 2925 C.c.Q.)[76]. Lorsque le paiement de l'indu résulte d'une erreur factuelle, la prescription court à compter de la découverte de cette erreur[77].

b) Le paiement des créanciers

123 – *Généralités* – Le salaire de l'employé revêt pour lui et ses dépendants un caractère alimentaire. Il lui sert également à payer ses créanciers de tous ordres. La Loi tient compte de cette double réalité à l'endroit du salaire à être versé au salarié.

124 – *Insaisissabilité* – Le paragraphe 11 de l'article 553 C.p.c. rend insaisissable une portion de la rémunération d'un salarié:

553. Sont insaisissables:

[...]

11. Les traitements, salaires, et gages bruts, pour les sept-dixièmes de ce qui excède une première portion, elle-même insaisissable:

a) de 180 $ par semaine, plus 30 $ par semaine pour chaque personne à charge, à compter de la troisième, si le débiteur pourvoit aux besoins de son conjoint, s'il a charge d'enfant ou s'il est le principal soutien d'un parent; ou

b) de 120 $ par semaine, dans les autres cas.

Est considérée comme le conjoint du débiteur, à condition que le débiteur ne soit pas lié par un mariage ou une union civile, la personne, de sexe différent ou de même sexe, avec laquelle il vit maritalement depuis trois ans ou depuis un an si un enfant est issu de leur union.

Dans le calcul des traitements, salaires et gages, il doit être tenu compte de toutes prestations, en argent, en nature ou en services, consenties en contrepartie des services rendus en vertu d'un contrat de travail, de louage de services ou de mandat, à l'exception:

---

lective, sous réserve des termes exprès de cette dernière s'il y a lieu; précité également: *Orica Canada inc.* c. *Métallurgistes unis d'Amérique, section locale 13148.* [2001] R.J.D.T. 1406 (T.A.), confirmé par *Métallurgistes unis d'Amérique, section locale 13148* c. *Cournoyer*, D.T.E. 2002T-257 (C.S.); *Fraternité des policières et policiers de St-Hubert* c. *St-Hubert (Ville de)*, D.T.E. 2002T-650 (T.A.).

76. Jean-Louis BAUDOUIN et Pierre-Gabriel JOBIN, *op. cit.*, note 75, n° 217, p. 1014; *Boisvert* c. *Assurance-vie Desjardins*, [1996] R.R.A. 194 (C.S.), 200.

77. Jean-Louis BAUDOUIN et Pierre-Gabriel JOBIN, *op. cit.*, note 75, n° 217, p. 1019; *Boisvert* c. *Assurance-vie Desjardins*, précité, note 76.

a) des contributions de l'employeur à quelque fonds de pension, d'assurance, ou de quelque service de sécurité sociale;

b) de la valeur de la nourriture et du logement fournis ou payés par l'employeur à l'occasion de déplacements effectués au cours de l'exécution des fonctions;

c) des laissez-passer donnés par une entreprise de transport à ses employés.

La saisie-arrêt du salaire entre les mains d'un employeur par les créanciers du salarié, selon les articles 625 à 651 C.p.c., doit donc tenir compte de cette limitation[78]. En outre, l'article 650 C.p.c. accorde une autre forme de protection au salarié en interdisant à son employeur de le congédier ou de le suspendre en raison de la saisie-arrêt de son salaire. Le cas échéant, l'employeur est tenu de prouver l'existence d'une autre cause juste et suffisante de suspension ou de congédiement pour renverser la présomption légale selon laquelle le salarié congédié ou suspendu pendant que son salaire est l'objet d'une saisie-arrêt l'a été pour ce motif. Alternativement à une action en dommages-intérêts, selon les règles du droit commun, fondée sur l'article 650 C.p.c., la sanction la plus efficace de cette protection se trouve dans le recours en réintégration du salarié en vertu des articles 122 et 123 de la *Loi sur les normes du travail*[79]. Par ailleurs, le salarié peut éviter la saisie-arrêt de son salaire en choisissant de recourir au dépôt volontaire de sa partie saisissable, selon les articles 652 et suivants C.p.c.

Dans le même ordre de préoccupation, l'hypothèque mobilière autorisée par l'article 2660 C.c.Q. ne peut grever la partie insaisissable du salaire (art. 2668 C.c.Q.) et les instruments de travail nécessaires à l'exercice personnel d'une activité professionnelle peuvent être soustraits à une saisie (art. 2648 C.c.Q.).

125 – *Faillite* – La faillite du salarié donne lieu à l'application de la *Loi sur la faillite et l'insolvabilité* («L.F.I.»)[80]. Le paragraphe 68(1) de cette loi a pour effet de soustraire du patrimoine du salarié destiné à ses créanciers et dévolu au syndic tout «traitement, salaire ou autre rémunération» à lui être versé avant sa libération[81]. Par une inter-

---

78. Selon un jugement de la Cour supérieure, les sommes versées directement dans un régime d'épargne-retraite sont exclues du bénéfice d'insaisissabilité: *Caisse d'économie des pompiers de Montréal* c. *Labonté*, D.T.E. 93T-987 (C.S.).
79. *Loi sur les normes du travail*, précitée, note 1. Voir *infra*, Titre I, chapitre 2, nos 243-247.
80. L.R.C. (1985), c. B-3.
81. *Wallace* c. *United Grain Growers Ltd.*, [1997] 3 R.C.S. 701.

prétation libérale et cohérente avec l'esprit de la Loi et le caractère social du salaire, la Cour suprême y a assimilé les dommages-intérêts qui peuvent être réclamés par le failli à la suite de son congédiement injustifié:

> À mon avis, pour respecter l'esprit de la Loi, les mots «traitement, salaire ou autre rémunération» figurant au par. 68(1) doivent comprendre des dommages-intérêts accordés pour congédiement injustifié. Les mêmes raisons de principe qui empêchent les traitement, salaire et autre rémunération d'être dévolus automatiquement au syndic doivent sûrement s'appliquer dans le contexte d'un congédiement injustifié, car de tels dommages-intérêts remplissent la même fonction que le salaire ou traitement gagné dans le cours d'un emploi. Conclure le contraire irait à l'encontre de l'intention du législateur de placer les besoins de la famille avant ceux des créanciers.[82]

L'arrêt *Wallace* donne également son aval à la jurisprudence qui a interprété l'expression «traitement, salaire ou autre rémunération» comme comprenant à peu près tous les avantages dont peuvent bénéficier les employés dont, notamment les prestations d'invalidité et une indemnité de départ[83].

Le paragraphe 68(1) L.F.I. permet par ailleurs au syndic de s'adresser au tribunal compétent, de sa seule initiative ou sur l'ordre des créanciers, pour obtenir une ordonnance enjoignant à l'employeur de lui payer la partie du «traitement, salaire ou autre rémunération» que le tribunal détermine après considération des responsabilités familiales et de la situation personnelle du salarié failli. Le cas échéant, le régime de partage ainsi établi s'appliquera à l'égard des sommes qui pourraient être payables au salarié congédié irrégulièrement[84].

À remarquer enfin que l'article 66.36 L.F.I. protège la capacité de gain du débiteur consommateur qui soumet une proposition de consommateur, au sens de la Loi, en interdisant à son employeur de le congédier, de le suspendre ou de le mettre à pied pour ce seul motif. On ne relève toutefois pas de mesure équivalente au bénéfice des autres débiteurs qui soumettent des propositions, non plus que des faillis.

---

82. *Wallace* c. *United Grain Growers Ltd.*, *ibid.*, p. 733, par. 69; il s'ensuit que le failli peut intenter seul, en son propre nom, une action pour congédiement injustifié: p. 733, par. 71; *Weinstein (Syndic de)*, 2002T-980 (C.S.).
83. *Wallace* c. *United Grain Growers Ltd.*, précité, note 81, p. 732, par. 57. À comparer avec: *Théberge (Syndic de)*, [2000] R.J.Q. 2713 (C.S.) – banque de congés de maladie monnayables au départ.
84. *Wallace* c. *United Grain Growers Ltd.*, précité, note 81, p. 733, par. 70.

c)   Le traitement fiscal

126 – *Pertinence et objectif* – Le fisc est un partenaire incontour-nable du salarié dans le partage du revenu que ce dernier tire de son emploi. Cet intéressement justifie en retour l'intérêt de l'employé et des personnes qui le représentent à connaître certains aspects du régime fiscal applicable au salariat.

Il ne s'agit pas ici de rendre compte, même de façon synthétique, de l'ensemble des règles qui régissent la fiscalité de l'emploi. L'ob-jectif est plutôt de rappeler d'abord les principes fondamentaux sur lesquels le régime d'imposition des revenus d'emploi est élaboré et de signaler en outre quelques règles particulières dont la connaissance peut se révéler déterminante dans le choix et l'élaboration d'un recours ou dans la conclusion d'une transaction pour éviter un litige ou pour le régler.

127 – *Lois harmonisées* – Dans l'ensemble, les régimes d'im-position fédéral et québécois des revenus d'emploi sont harmonisés. Cela signifie que sous réserve de certaines particularités mineures par lesquelles elles peuvent se distinguer l'une de l'autre, la *Loi de l'impôt sur le revenu*[85] («L.I.R.») et la *Loi sur les impôts* («L.I.»)[86] du Québec sont substantiellement au même effet. Par souci de concision et comme c'est usuellement le cas en matière fiscale, l'exposé qui suit se limitera généralement à s'en rapporter à la *Loi* (fédérale) *de l'impôt sur le revenu*[87].

128 – *Universalité et réception* – La première règle qui gouverne l'imposition des salariés peut être identifiée, en termes simples, comme étant celle de l'universalité. Sont ainsi imposables non seule-ment le traitement, le salaire et toute autre rémunération payables à l'employé par l'employeur mais également les gratifications de l'employeur qui ne seraient pas juridiquement exigibles de ce dernier (par. 5(1) L.I.R.). La valeur pécuniaire de la plupart des avantages associés à un emploi doit aussi être incluse dans le revenu du salarié tiré de son emploi, dans la mesure prévue par la Loi (art. 6 L.I.R.). Même les montants payés à l'employé à la fin de son emploi pour la perte de ce dernier ou en reconnaissance de ses services, que la Loi qualifie d'«allocation de retraite», sont imposables (par. 248(1) et sous-al. 56(1)a)(ii) L.I.R.)[88].

---

85. S.C. 1970-71-72, c. 63 et amendements.
86. L.R.Q., c. I-3.
87. Les principaux ouvrages de référence en droit fiscal fournissent les concor-dances entre les dispositions des lois fédérale et provinciale.
88. Voir, *infra*, n° 131.

Un deuxième principe majeur est celui de l'encaissement. Cela signifie qu'en général tout montant sujet à l'imposition est imposé pour l'année fiscale pendant laquelle il est reçu par l'employé (par. 5(1) et 6(1) L.I.R.).

129 – *Paiements rétroactifs* – L'application de la règle de l'encaissement emporte que les paiements rétroactifs sont imposés dans l'année fiscale où ils sont versés. Cela vaut notamment pour les augmentations rétroactives de salaire. Cette règle connaît toutefois une exception lorsque le montant rétroactif est payé en règlement d'un litige, pour annihiler ou atténuer le préjudice fiscal qui en résulterait autrement à l'employé (par. 110.2(1) et art. 120.31 L.I.R.)[89].

130 – *Interdiction d'étalement* – Pour assurer l'intégrité de son application selon son esprit, la Loi refuse de façon générale de reconnaître l'effet fiscal que prétendrait avoir une «entente d'échelonnement du traitement», que définit le paragraphe 248(1) L.I.R. Il y a lieu de retenir de cette définition que l'entente proscrite aurait pour effet de reporter à une année d'imposition ultérieure la rémunération de services rendus au cours de l'année d'imposition où elle intervient et qu'un de ses principaux objets serait d'ainsi reporter l'impôt payable en vertu de la Loi. Le cas échéant, la sanction de la prohibition est nette et simple: la valeur totale de l'entente devra être incluse dans le revenu de l'employé pour l'année d'imposition pendant laquelle elle intervient (al. 6(1)i) et par. 6(11) L.I.R.). La prohibition ne frappe toutefois pas le paiement d'une «allocation de retraite» au sens de la Loi; cette dernière demeure imposable au moment où elle est versée à l'employé, même si le paiement est échelonné.

La définition du paragraphe 248(1) L.I.R. déclare ne pas constituer des ententes d'échelonnement du traitement (prohibées par la Loi) un certain nombre de régimes ou de mécanismes qu'elle identifie et ceux qui peuvent être définis par règlement. Cette dernière disposition a permis de légitimer par règlement, à certaines conditions, les régimes de congés à traitement différé[90].

131 – *Allocation de retraite* – L'«allocation de retraite» est définie au paragraphe 248(1) L.I.R. Cette définition surprend à première vue en excluant la prestation de retraite elle-même, laquelle est néanmoins imposable à titre d'autre source de revenu du contri-

---

89. Voir *infra*, n° 132.
90. *Règlement de l'impôt sur le revenu*, art. 6801.

buable (sous-al. 56(1)a)(i) L.I.R.). La définition vise plutôt comme revenu d'emploi, une somme versée à l'employé à la fin de son emploi, soit en reconnaissance de ses services lorsqu'il prend sa retraite, soit pour la perte de cet emploi, en vertu d'une obligation légale ou contractuelle exécutée volontairement ou à titre de dommages attribués par un tribunal compétent.

Une telle allocation de retraite est imposable dans la mesure, précisément, où elle est justifiée par la perte de l'emploi[91]. L'emploi en question est un emploi actualisé, par opposition à un emploi anticipé ou promis[92]. Les dommages moraux ou exemplaires, lorsqu'il y a lieu, ne sont toutefois pas imposables, même lorsqu'ils sont octroyés à l'occasion d'une perte d'emploi[93].

Une allocation de retraite imposable doit être incluse dans le revenu du particulier pour l'année d'imposition où elle est reçue (sous-al. 56(1)a)(ii) L.I.R.). Pour les employés dont l'emploi a débuté avant 1996, une partie d'une allocation de retraite imposable peut être divertie directement dans un régime enregistré d'épargne-retraite (REÉR), en franchise d'impôt, en vertu de l'alinéa 60j.1) L.I.R. Le montant qui peut ainsi être exempté d'impôt est d'un maximum de 2 000 $ par année ou partie d'année de service antérieure à 1996. Ce montant est majoré d'un maximum de 1 500 $ par année ou partie d'année de service antérieure à 1989, lorsque l'employé n'a pas acquis, pour ces années, le droit à des cotisations de l'employeur à un régime de retraite.

132 – *Préjudice fiscal* – La Cour suprême elle-même a reconnu la pertinence, pour un tribunal appelé à déterminer la compensation d'une perte de revenu, de prendre en compte les dimensions et conséquences fiscales de la situation[94]. La jurisprudence du travail des dernières années en a pris acte en indemnisant, le cas échéant, le salarié qui subissait un préjudice fiscal en conséquence de l'inexécution de son contrat de travail par l'employeur[95]. Factuellement, un préjudice

---

91. Exemple: *Anderson* c. *R.*, 98 D.T.C. 1190 (C.C.I.) – dommages-intérêts incluant le remboursement de dépenses de relocalisation.
92. *Schwartz* c. *Canada*, [1996] 1 R.C.S. 254.
93. *Bédard* c. *Ministre du Revenu national*, 91 D.T.C. 567 (C.C.I.); *Mendes-Roux* c. *R.*, [1998] 2 C.T.C. 2274 (C.C.I.); *Saardi* c. *R.*, [1999] 4 C.T.C. 2488 (C.C.I.).
94. *Andrews* c. *Grand & Toy Alberta Ltd.*, [1978] 2 R.C.S. 229, 259.
95. Exemples: *Laporte* c. *Sofati Ltée*, D.T.E. 90T-228 (C.S.), infirmé pour un motif étranger à cette question par *Sofati Ltée* c. *Laporte*, [1992] R.J.Q. 321 (C.A.); *Biorex Groupe conseil Inc.* c. *Closset*, D.T.E. 90T-305 (C.S.); *Centre communautaire juridique de la Mauricie Bois-Francs* c. *Syndicat des avocats de l'Aide juridique de la Mauricie Bois-Francs*, D.T.E. 91T-174 (T.A.), confirmé par [1993] R.D.J. 465 (C.A.); *Trottier* c. *Centre hospitalier Jacques-Viger*, D.T.E. 99T-838 (T.A.).

fiscal peut être instantané ou à retardement. Il est immédiat lorsqu'en perdant son emploi l'employé se trouve du même coup privé d'avantages fiscaux liés à l'existence de cet emploi. Il en est ainsi de l'employé qui travaille à l'étranger et qui bénéficie, aux conditions prévues par la Loi, du statut de non-résident au Canada et des avantages fiscaux qui s'y rattachent (al. 2(1) et (3), art. 114, al. 115(1) et (2), 126(2.2), 212(5) L.I.R.)[96]. Souvent, un préjudice fiscal ne surviendra qu'au cours d'une année d'imposition ultérieure et se traduira alors par un alourdissement du fardeau fiscal de l'employé à l'égard de sommes qui lui seront versées par l'employeur, en raison du moment de ce paiement et de la majoration du taux d'imposition auquel ces sommes seront soumises. Dans tous les cas, l'indemnisation du dommage fiscal obéit aux règles de la responsabilité civile. Elle requiert donc à la fois que l'employeur ait commis une faute et que le dommage en résulte directement.

L'évaluation du préjudice fiscal instantané est relativement simple en ce qu'elle repose sur le calcul de la valeur des avantages fiscaux perdus. Celle du préjudice qui se matérialise au cours d'une année d'imposition ultérieure est un peu plus délicate. Elle suppose l'examen comparatif, d'une part, du traitement fiscal réel de l'employé et, d'autre part, de celui auquel il aurait été soumis si l'employeur avait respecté ses obligations légales et contractuelles. On peut dire, en termes simples, que le préjudice fiscal correspondra alors à l'excédent de la surcharge fiscale de l'employé, s'il y a lieu, sur les «économies fiscales» qu'il a pu réaliser pendant la période où l'employeur a été en défaut d'exécuter ses obligations.

C'est en somme cette méthode que retiennent les législations fiscales fédérale et québécoise pour annuler, ou du moins atténuer, le préjudice qui résulterait autrement d'une exécution tardive de ses obligations par l'employeur. Dérogeant à la règle de l'encaissement, la Loi permet de répartir, sur les années d'imposition auxquelles il se rapporte, un montant reçu en exécution d'un jugement d'un tribunal compétent ou d'une transaction par laquelle l'employeur et l'employé mettent fin à une procédure judiciaire (art. 110.2 et 120.31 L.I.R.)[97]. L'article 1479 C.c.Q., qui impose à la victime d'un préjudice l'obligation de le mitiger, requiert que l'employé se prévale de ce mécanisme d'étalement rétroactif.

---

96. *Laporte* c. *Sofati Ltée, ibid.*; *Biorex Groupe conseil Inc.* c. *Closset, ibid.*
97. Au niveau fédéral, le montant à répartir sur une période antérieure doit être d'au moins 3 000 $. Au Québec, il doit être d'au moins 300 $ (art. 725.1.2 et 766.2 L.I.).

133 – *Frais juridiques déductibles* – La Loi prévoit que le contribuable employé puisse déduire, dans le calcul de son revenu imposable, les frais juridiques (judiciaires ou extrajudiciaires) qu'il doit assumer pour recouvrer de son employeur ou de son ex-employeur un montant qui constitue soit un traitement, soit une allocation de retraite (incluant une indemnité de départ et des dommages-intérêts), ou pour établir un droit à ceux-ci (al. 8(1)b) et 60o.1) L.I.R.).

La jurisprudence demeure partagée quant à savoir si le droit à la déduction dépend d'un résultat favorable au contribuable dans l'établissement du droit auquel il prétend ou du seul objectif qu'il poursuit par sa démarche[98]. À cet égard, il faut relever qu'une réalité pratique favorise la seule considération de la finalité du recours de l'employé. D'une part, les délais inhérents aux procédures de nature judiciaire empêchent le plus souvent d'en connaître le résultat au moment où les dépenses afférentes sont engagées; d'autre part, ces dépenses, lorsqu'elles sont déductibles, doivent être déduites dans l'année fiscale où elles sont assumées[99]. Dans le cas particulier d'une déduction relative à la réclamation d'une allocation de retraite, une autre disposition de la Loi rend en fait le droit à la déduction tributaire du succès de la réclamation de l'employé. La déduction possible est en effet limitée au montant obtenu et inclus dans son revenu; en revanche, la déduction peut couvrir les frais payés au cours de l'année ou de l'une des sept années d'imposition précédentes (al. 60 o.1) L.I.R.).

B. Les obligations de l'employeur

134 – *Objets* – L'article 2087 C.c.Q. dicte les obligations auxquelles l'employeur est tenu:

> L'employeur, outre qu'il est tenu de permettre l'exécution de la prestation de travail convenue et de payer la rémunération fixée, doit prendre les mesures appropriées à la nature du travail, en vue de protéger la santé, la sécurité et le dignité du salarié.

Ces obligations se rattachent donc soit au travail lui-même, soit à sa rémunération.

---

98. Voir et comparer: *Werle c. R.*, [1995] 1 C.T.C. 2336 (C.C.I.) – droit à la déduction malgré le rejet de la poursuite contre l'employeur; *Turner-Lienaux c. R.*, [1996] 3 C.T.C. 2810 (C.C.I.) – nécessité d'établir le droit; *Plante* c. *Québec (Sous-ministre du Revenu)*, [1997] R.D.F.Q. 348 (C.Q.) – par. 8, nécessité de réussir.
99. *Cornish* c. *Québec (Sous-ministre du Revenu)*, [1997] R.D.F.Q. 303 (C.Q.).

1. Les obligations relatives au travail

a) La fourniture du travail

135 – *Valeur et importance du travail* – On tend parfois à sous-évaluer l'importance du travail en lui-même, c'est-à-dire abstraction faite de la rémunération qui peut y être associée. Pour beaucoup de personnes, le travail représente davantage qu'un gagne-pain. Il constitue un moyen de réalisation personnelle et une occasion de valorisation. Les en priver peut donc porter atteinte à leur dignité, voire à l'intégrité de leur santé physique ou mentale. La Cour suprême s'en est montrée consciente et l'a signalé en plusieurs occasions:

> Le travail est l'un des aspects les plus fondamentaux de la vie d'une personne, un moyen de subvenir à ses besoins financiers et, ce qui est tout aussi important, de jouer un rôle utile dans la société. L'emploi est une composante essentielle du sens de l'identité d'une personne, de sa valorisation et de son bien-être sur le plan émotionnel. C'est pourquoi, les conditions dans lesquelles une personne travaille sont très importantes pour ce qui est de façonner l'ensemble des aspects psychologiques, émotionnels et physiques de sa dignité et du respect qu'elle a d'elle-même.[100]

136 – *Contenu de l'obligation* – Selon les termes mêmes de l'article 2087 C.c.Q., l'employeur est tenu de permettre l'exécution de la prestation de travail convenue.

Cette obligation commande d'abord à l'employeur de fournir le lieu de travail et de le garder accessible, ainsi que de mettre à la disposition du salarié les outils, l'équipement ou les autres moyens nécessaires à l'exécution de sa prestation de travail, sous réserve des termes du contrat qui peuvent modifier ces conditions. Plus largement, l'employeur est responsable, en corollaire de son pouvoir de direction, du maintien d'un cadre et de conditions de travail propices à l'exécution de son travail par l'employé[101]. L'employeur qui choisit

---

100. *Renvoi relatif à la Public Service Employee Relations Act (Alb.)*, [1987] 1 R.C.S. 313, 368 (j. en chef Dickson). Voir également *McKinney c. Université de Guelph*, [1990] 3 R.C.S. 229, 300; *Wallace c. United Grain Growers Ltd.*, précité, note 81, par. 94; *Delisle c. Canada (Sous-procureur général)*, [1999] 2 R.C.S. 989, par. 66; *T.U.A.C., section locale 1518 c. Kmart Canada Ltd.*, [1999] 2 R.C.S. 1083, par. 25; *Lehouillier c. Assurathèque Bernier, Garon, Lemay & Associés inc.*, [2001] R.J.D.T. 658 (C.S.) – atteinte à la dignité par une préretraite forcée.

101. *Côté c. Saiano*, [1998] R.J.Q. 1965 (C.A.); *Lagacé c. Bande Naskapi du Québec*, D.T.E. 94T-237 (C.S.).

de ne pas laisser au salarié disponible la possibilité d'exécuter son travail, demeure néanmoins tenu de lui verser son salaire, même s'il prend cette décision de bonne foi et pour une considération légitime[102]. Lorsqu'il s'accompagne d'un arrêt de paiement du salaire, le défaut de fournir son travail au salarié devient assimilable à une résiliation unilatérale du contrat de travail par l'employeur[103].

Le travail à fournir au salarié doit en outre être celui convenu avec lui. Se pose ici la question suivante: dans quelle mesure, s'il en est, l'employeur peut-il modifier la nature du travail du salarié, ses fonctions ou ses responsabilités? Cette question est de plus en plus importante, notamment en raison du fait que pour le salarié, l'exercice de l'occupation pour laquelle il a été engagé s'avère souvent une considération essentielle de l'emploi, eu égard à la fois à la satisfaction qu'il veut légitimement en tirer et à son souci de conserver et de développer ses qualités et son habileté dans son champ d'activité professionnelle. La réponse tient compte d'abord de la nature et des circonstances de l'engagement et, ainsi, de la discrétion laissée explicitement ou implicitement à l'employeur dans l'exercice de son pouvoir de gérance à ce sujet[104]. Au-delà de cette marge de manœuvre que le contrat peut réserver à l'employeur, la substitution d'un travail de qualité nettement inférieure à celui convenu, au regard notamment du statut et des responsabilités de l'employé, ou la modification unilatérale et significative de ses conditions essentielles d'exécution équivaudra, en pratique, à un congédiement déguisé[105].

---

102. *Centre communautaire juridique de la Mauricie Bois-Francs* c. *Syndicat des avocats de l'Aide juridique de la Mauricie Bois-Francs*, [1993] R.D.J. 465 (C.A.); *Cabiakman* c. *Industrielle Alliance (L'), compagnie d'assurance sur la vie*, [2000] R.J.Q. 1508 (C.S.).

103. *Surveyer, Nenniger & Chênevert Inc.* c. *Thomas*, D.T.E. 89T-640 (C.A.).

104. Reconnaissant le droit de modifier l'assignation de travail du salarié: *Filion* c. *Cité de Montréal*, [1970] R.C.S. 211; *Charbonnier* c. *Air Canada Touram*, D.T.E. 90T-407 (C.A.); *Thomas* c. *Librairie Laliberté Inc.*, [1977] B.R. 879; *Alary* c. *Leibovitz*, [1943] R.L. n.s. 396 (C.S.).

105. *Farber* c. *Cie Trust Royal*, [1997] 1 R.C.S. 846; *Tourigny* c. *Institut de recherche et de développement en agroenvironnement inc.*, D.T.E. 2002T-873 (C.S.). Voir également *Guilde de la marine marchande du Canada* c. *Gagnon*, [1984] 1 R.C.S. 509 – rétrogradation vexatoire; *Bandag Canada Ltée* c. *Syndicat national des employés de Bandag de Shawinigan*, [1986] R.J.Q. 956 (C.A.); *Désormeaux* c. *Banque de Montréal*, D.T.E. 87T-210 (C.S.) – rétrogradation; *Reilly* c. *Hotels of Distinction (Canada) Inc., Hôtel Le Grand / Grand Hotel*, D.T.E. 87T-645 (C.S.) – rétrogradation humiliante; *Zocchi* c. *Wang Canada Ltée*, D.T.E. 87T-646 (C.S.) – tracasseries et pressions en vue de provoquer la démission; *Chouinard* c. *Groupe Commerce (Le), Cie d'assurances*, D.T.E. 90T-528 (C.S.) – rétrogradation et diminution de salaire. L'acceptation du salarié peut toutefois légitimer le geste de l'employeur: *Lancup* c. *Société canadienne internationale d'informatique ltée*, [1997] R.J.Q. 494 (C.S.).

Dans le même ordre, l'employeur ne saurait exiger une prestation plus importante, quant à sa quantité ou à sa durée, que celle prévue à l'entente des parties[106].

137 – *Suspension temporaire du travail* – Eu égard à la réalité du monde du travail, se soulève le problème de la suspension temporaire du travail et des prestations de l'employeur à l'occasion en particulier d'une mise à pied ou de l'imposition d'une suspension disciplinaire. Le *Code civil du Québec* demeure muet sur cette problématique propre au contrat de travail. Dans le cas d'une mise à pied, l'entente expresse ou même tacite des parties, compte tenu par exemple du caractère intermittent ou saisonnier du travail, peut donner un fondement contractuel à la suspension temporaire des effets du contrat de travail. Dans les autres cas, le droit civil ne reconnaît toujours pas, en principe, le droit à une partie de suspendre temporairement l'effet du contrat, comme l'a signalé la Cour d'appel[107]. En pratique, le salarié aura le choix d'accepter la mise à pied pour conserver son emploi à long terme ou de résilier le contrat de travail sur la base de l'article 2094 C.c.Q. Dans cette dernière éventualité, l'employeur pourrait peut-être, selon les circonstances, prétendre que sa propre inexécution du contrat n'était que de peu d'importance et ne donnait pas au salarié un motif sérieux de résiliation (art. 2094 et 1604 C.c.Q.). Le problème posé par la suspension disciplinaire est sensiblement le même. Dans ce cas cependant, l'employeur pourrait tenter de justifier la légitimité de cette mesure sur la base de l'article 1604 C.c.Q. Invoquant la faute initiale du salarié et son propre droit de direction comme fondement de l'exercice de son pouvoir disciplinaire, il pourrait alors conclure à son droit de sanctionner l'inexécution du salarié par une réduction proportionnelle de son obligation corrélative de lui fournir son travail et son salaire, pendant un certain temps.

b)   La sauvegarde de l'intégrité du salarié

138 – *Santé et sécurité* – La jurisprudence avait déjà reconnu comme partie du contenu implicite du contrat de travail l'obligation

---

106.   *Gagnon* c. *Thetford Transport Ltée*, D.T.E. 87T-935 (C.S.) – exigence nouvelle de l'employeur provoquant la démission de l'employé.
107.   *Surveyer, Nenniger & Chênevert Inc.* c. *Thomas*, précité, note 103. Par ailleurs, dans *Internote Canada Inc.* c. *Commission des normes du travail*, [1989] R.J.Q. 2097, la Cour d'appel reconnaissait la possibilité de subsistance du contrat de travail, dans une forme atténuée, à la suite d'une mise à pied assortie d'une promesse de rappel au travail.

de l'employeur d'assurer au salarié des conditions de travail sécuritaires et salubres[108]. L'article 2087 C.c.Q. impose explicitement à l'employeur de «prendre les mesures appropriées à la nature du travail, en vue de protéger la santé, la sécurité et la dignité du salarié».

Outre cet énoncé, il faut tenir compte des affirmations identiques des articles 10 C.c.Q. et 1 de la *Charte des droits et libertés de la personne*[109] qui consacrent le droit de tout être humain à l'intégrité de sa personne, ainsi que de l'article 46 de la Charte selon lequel toute personne qui travaille a droit, conformément à la loi, à des conditions de travail justes et raisonnables et qui respectent sa santé, sa sécurité et son intégrité. De plus, le législateur a senti le besoin en plusieurs occasions de préciser les conséquences de l'obligation de sécurité de l'employeur par des réglementations particulières dans le contexte de l'exercice de certaines activités. Dans une perspective générale, la *Loi sur la santé et la sécurité du travail* («L.S.S.T.»)[110] et ses règlements déterminent sous plusieurs aspects le contenu des droits et des obligations de l'employeur et du salarié en matière de santé et de sécurité du travail. Le large champ d'application de cette loi a pour effet de dicter, dans la plupart des cas, presque complètement le contenu des obligations qui résultent à l'employeur de l'énoncé de l'article 2087 C.c.Q. On remarquera la similitude des termes utilisés par le législateur à l'article 51 L.S.S.T. et à l'article 2087 C.c.Q. L'interprétation, en particulier, de la dimension active de l'obligation qui incombe à l'employeur de «prendre les mesures nécessaires» pour assurer la santé et la sécurité du salarié, selon l'article 51 L.S.S.T., s'avère pertinente pour mesurer la portée réelle de l'article 2087 C.c.Q. sous cet aspect. En cas d'accident ou de maladie à l'occasion de l'exécution du travail, la situation du salarié se trouve alors régie par les dispositions de la *Loi sur les accidents du travail et les maladies professionnelles* (L.A.T.M.P.)[111] qui vient garantir son indemnisation.

139 – *Dignité* – La notion de sécurité du milieu de travail conduit, si on l'entend dans un sens élargi, à celle de la dignité du salarié, que l'article 2087 C.c.Q. charge désormais expressément l'employeur d'assurer. Si l'article 4 de la *Charte des droits et libertés de la personne* affirme déjà le droit du salarié à la sauvegarde de sa dignité, ce droit se trouve ici amplifié par l'obligation imposée à

---

108. *J.J. Lefebvre Ltée* c. *Trottier*, [1970] C.A. 711.
109. Précitée, note 47.
110. Précitée, note 1.
111. Précitée, note 52.

l'employeur de prendre les mesures nécessaires à cette fin[112]. Minimalement, l'employeur doit offrir au salarié un cadre convenable d'exécution de ses fonctions. Non seulement l'employeur doit-il s'abstenir de porter lui-même atteinte à la dignité du salarié, mais encore doit-il aussi, dans les limites de l'exercice de son pouvoir de direction, protéger le salarié contre toutes formes de harcèlement, pour quelque motif que ce soit, tant de la part des collègues de travail du salarié que de ses propres représentants[113].

140 – *Vie privée* – À l'instar de l'article 5 de la *Charte des droits et libertés de la personne*[114], les articles 3 et 35 C.c.Q. consacrent le droit de toute personne au respect de sa vie privée. Ces dispositions requièrent de l'employeur une conduite conséquente à l'endroit de ses employés. Selon l'article 36 C.c.Q., peuvent ainsi notamment, selon les circonstances, être considérés comme des atteintes à la vie privée d'une personne, en milieu de travail, le fait d'intercepter ou d'utiliser volontairement une communication privée, de capter ou d'utiliser son image ou sa voix dans des lieux privés, de surveiller sa vie privée par quelque autre moyen que ce soit ou d'utiliser ses documents personnels. Le cas échéant, l'article 2858 C.c.Q. oblige tout tribunal à rejeter, même d'office, tout élément de preuve obtenu dans des conditions qui portent atteinte à ce droit de l'employé et dont l'utilisation est susceptible de déconsidérer l'administration de la justice[115]. Les articles 37 à 41 C.c.Q. précisent les obligations de l'employeur relativement à la tenue de dossiers sur ses employés pour garantir le respect de leur vie privée. Ces dispositions sont d'ailleurs complétées par celles de la *Loi sur la protection des renseignements personnels dans le secteur privé*[116] et celles de la *Loi sur l'accès aux documents des orga-*

---

112. *Charte des droits et libertés de la personne*, précitée, note 47. *Ménard* c. *2916754 Canada Inc.*, [1996] R.J.Q. 303 (C.S.) – insuffisance d'enquête sur des allégations mettant en doute l'honnêteté d'employés. Exemple d'atteinte à la dignité du salarié, en l'obligeant à une préretraite: *Lehouillier* c. *Assurathèque Bernier, Garon, Lemay & Associés inc.*, précité, note 100.

113. *Côté* c. *Saiano*, précité, note 101, p. 1970. Quant à la responsabilité de l'employeur en cas de harcèlement, par ses employés ou représentants, inspiré par un motif prohibé par les chartes, voir *supra*, Titre préliminaire, chapitre 2, nos 36 et 56-58.

114. Précitée, note 47.

115. *Mascouche (Ville de)* c. *Houle*, [1999] R.J.Q. 1894 (C.A.) – interception et enregistrement de conversations téléphoniques d'une salariée par son voisin; *Srivastava* c. *Hindu Mission of Canada (Quebec) inc.*, [2001] R.J.Q. 1111 (C.A.) – enregistrement par l'employeur, sur les lieux de travail, de conversations téléphoniques jugées de nature privée. À comparer avec *Syndicat des travailleuses et travailleurs de Bridgestone / Firestone de Joliette (C.S.N.)* c. *Trudeau*, [1999] R.J.Q. 2229 (C.A.) – filature et captation vidéo, hors des lieux du travail, considérées légitimes et admissibles en preuve, dans l'espèce.

116. L.R.Q., c. P-39.1.

nismes publics et sur la protection des renseignements personnels[117], dans le secteur public, lesquelles régissent la collecte, la détention, l'utilisation et la communication des renseignements personnels ainsi que l'accès à ces renseignements par les personnes concernées.

c) La responsabilité civile

141 – *Responsabilité pour le fait de l'employé* – Outre que l'employeur soit responsable de l'inexécution de ses obligations envers le salarié, l'article 1463 C.c.Q. le rend également responsable du préjudice causé à un tiers par l'acte fautif du salarié dans l'exécution de ses fonctions[118].

Cette responsabilité de l'employeur ne se substitue pas à celle de l'employé et ne la fait pas disparaître. Elle s'y ajoute ou s'y juxtapose pour la garantir en faveur de la victime de la faute de l'employé[119]. Il s'agit par ailleurs d'une responsabilité stricte et objective en ce sens qu'elle ne requiert pas que l'employeur ait lui-même commis une faute.

La responsabilité de l'employeur sera engagée si, d'une part, le salarié a commis une faute civile et si, d'autre part, le salarié exécutait ses fonctions, c'est-à-dire s'il agissait pour le compte ou le bénéfice de l'employeur.

L'employeur tenu de réparer le dommage causé par son salarié conserve un droit de recours récursoire contre lui.

142 – *Immunité pour lésion professionnelle* – La *Loi sur les accidents du travail et les maladies professionnelles*[120] («L.A.T.M.P.») accorde à l'employeur une immunité à l'égard de toute lésion professionnelle au sens de cette loi (accident du travail ou maladie professionnelle). Cette immunité est absolue à l'égard d'une lésion professionnelle subie par son propre employé (art. 438 L.A.T.M.P.). L'arrêt *Béliveau St-Jacques* ne laisse place à aucune ambiguïté:

---

117. L.R.Q., c. A-2.1.
118. Jean-Louis BAUDOUIN et Patrice DESLAURIERS, *La responsabilité civile*, 5e éd., Cowansville, Les Éditions Yvon Blais Inc., 1998, nos 646-759.
119. *Gauthier c. Chabot*, précité, note 50; *Marquis c. Auxilium Technologies inc.*, D.T.E. 2001T-940 (C.S.).
120. Précitée, note 52.

Les articles 438 et 442 L.A.T.M.P. doivent nécessairement constituer le point de départ de l'analyse. L'immunité civile de l'employeur et du coemployé qui en résulte est de grande portée, et elle vise le recours en dommages, [...] qui prendrait appui sur les événements constitutifs de la lésion professionnelle.

[...]

Permettre à la victime d'une lésion professionnelle de faire valoir un recours en responsabilité civile [...] contre son employeur ou contre un coemployé reviendrait nécessairement à remettre en question le compromis formalisé par la L.A.T.M.P. Cette loi repose en effet sur le principe de la responsabilité sans faute, et prévoit un mécanisme d'indemnisation forfaitaire, mais partielle.[121]

Lorsqu'une lésion professionnelle est causée à un salarié d'un autre employeur assujetti à la Loi, la responsabilité de l'employeur n'est engagée qu'aux conditions et dans les limites fixées à l'article 441 L.A.T.M.P.

Il faut signaler que la *Loi sur les accidents du travail et les maladies professionnelles* trouve application tant à l'endroit des entreprises qui relèvent de la compétence législative du gouvernement fédéral en matière de relations du travail que de celles qui sont soumises à la compétence de principe et générale du Québec. Il en est ainsi parce que son caractère véritable la qualifie comme régime d'indemnisation plutôt que comme une loi relative aux conditions de travail[122].

2. Les obligations relatives à la rémunération

a) Le paiement

143 – *Objet* – L'obligation de l'employeur de payer au salarié une rémunération découle tant de l'article 2085 C.c.Q. que des termes exprès de l'article 2087 C.c.Q.

---

121. *Béliveau St-Jacques* c. *Fédération des employées et employés de services publics Inc.*, précité, note 52, p. 410 et 411. Voir aussi *Genest* c. *Commission des droits de la personne et des droits de la jeunesse*, précité, note 52.
122. *Workmen's Compensation Board* c. *Canadian Pacific Railway Co.*, [1920] A.C. 184; *Commission du salaire minimum* c. *Bell Telephone Co. of Canada*, [1966] R.C.S. 767, 773-774; *Bell Canada* c. *Québec (Commission de la santé et de la sécurité du travail)*, [1988] 1 R.C.S. 749, 763-764.

La notion de rémunération couvre une très large réalité. Elle désigne en fait toute considération ou tout avantage ayant une valeur pécuniaire, que l'employeur est tenu de fournir au salarié en retour de sa prestation de travail[123]. Elle comprend d'abord le salaire ou traitement, au sens le plus étroit, payé en fonction de la durée ou du résultat du travail[124]. Elle inclut aussi, le cas échéant, des avantages tels l'allocation de vacances, le paiement de jours chômés, la participation de l'employeur au coût de certains régimes d'assurance ou de retraite, etc. En somme, ni sa base d'établissement ni sa forme n'affectent la nature juridique de la rémunération dans la mesure où elle constitue le prix exigible pour le travail du salarié, ce prix étant distingué du profit susceptible de résulter de l'entreprise menée par un travailleur indépendant.

L'obligation de l'employeur se limite toutefois à ce à quoi il s'est engagé par entente avec le salarié ou à quoi il est tenu par la Loi. Les gratifications dont il peut prendre seul l'initiative, comme certains bonis, n'en font pas partie[125]. Il en est de même des avances de salaire de la nature d'un prêt[126]. Dans tous ces cas, on s'en rapportera d'abord aux termes du contrat et, au besoin, aux circonstances dans lesquelles une somme a pu être versée par l'employeur.

144 – *Paiement* – Sous réserve de la législation et de la réglementation à caractère d'ordre public, l'employeur doit payer le salaire du salarié selon le montant et la périodicité convenus. Quant au mode de paiement, qu'il soit en espèces, par chèque ou par virement bancaire, il faudra également tenir compte, nous le verrons, de semblables normes législatives ou réglementaires[127]. En application

---

123. *J.B. Charron Ltée* c. *Commission du salaire minimum*, J.E. 80-39 (C.A.); *Mathieu* c. *Rénald Mathieu Inc.*, précité, note 75.
124. Voir *supra*, n° 88.
125. La différenciation du salaire exigible et des gratifications de l'employeur est discutée notamment dans les jugements suivants: *CJMS Radio Montréal Limitée* c. *Audette*, [1966] B.R. 756; *Atlas Refuse Collectors Inc.* c. *Baehr*, [1966] B.R. 195; *Bazinet* c. *Radiodiffusion Mutuelle Ltée*, D.T.E. 85T-640 (C.S.); *Comité paritaire du camionnage du district de Québec* c. *Rapid Transport Inc.*, [1967] C.S. 374.
126. Quant à la distinction entre le salaire dû et les avances de salaire consenties par l'employeur, on peut consulter les jugements suivants: *West Coast Woolen Mills Limited* c. *Engel*, [1971] C.A. 20; *Mainguy* c. *Société des Artisans*, [1970] C.A. 282; *Bean* c. *Placements Collectifs Inc. (Les)*, [1969] B.R. 1139. Les avances de salaire qui anticipent des commissions à être gagnées par un salarié ne sont remboursables à l'employeur par le salarié, en cas d'insuffisance des commissions, que si les parties l'ont expressément stipulé: *Labrosse* c. *Créadis Inc.*, D.T.E. 91T-138 (C.A.).
127. Voir *infra*, Titre I, chapitre 2, n°s 196-198.

de l'article 1566 C.c.Q., le salaire est payable chez l'employeur ou à tout autre endroit convenu de façon expresse ou implicite. La preuve de ce paiement obéit aux règles générales en la matière.

145 – *Compensation* – Mode particulier d'extinction des obligations, la compensation, aux conditions arrêtées aux articles 1672 à 1682 C.c.Q., peut être invoquée par l'employeur comme moyen d'exécution de son obligation de paiement du salaire. Cette éventualité suppose l'existence préalable d'une dette certaine, liquide et exigible, du salarié envers l'employeur[128]. Lorsque les conditions de la compensation légale se réalisent, celle-ci a lieu automatiquement. Le deuxième alinéa de l'article 1676 C.c.Q. fait toutefois obstacle à la compensation dans la mesure où la dette a pour objet un bien insaisissable. C'est le cas de la partie du salaire déclarée insaisissable par l'article 553, par. 11. C.p.c., laquelle se trouve ainsi soustraite à la compensation[129].

b) La garantie de la créance salariale

146 – *Généralités* – Le caractère alimentaire du salaire et son importance sociale sont à l'origine de mesures destinées à en garantir la perception par le salarié. Ces mesures prennent diverses formes: droit du salarié dans le produit de son travail, priorisation de sa créance salariale ou responsabilité personnelle des administrateurs d'une personne morale.

147 – *Hypothèque légale* – L'ouvrier qui a participé à la construction ou à la rénovation d'un immeuble dispose d'une hypothèque légale sur cet immeuble «à raison des travaux demandés par le propriétaire de l'immeuble, ou à raison des matériaux ou services [...] fournis ou préparés pour ces travaux» (art. 2726 et 2724, 2o C.c.Q.). Les conditions d'existence et les effets de cette hypothèque légale sont prévus aux articles 2726 à 2732 C.c.Q.

148 – *Faillite ou liquidation* – En cas de faillite de l'employeur, le plan de répartition établi à l'alinéa 136(1)d) de la *Loi sur la faillite et l'insolvabilité*[130] rend prioritaire au paiement de la plupart des autres créances du failli le paiement des:

---

128. *Tassé c. St-Sauveur-des-Monts (Municipalité du village de)*, D.T.E. 91T-777 (C.A.); *Syndicat des professionnels de la Commission des écoles catholiques de Montréal c. Moalli*, précité, note 75; *Syndicat des professionnels et professionnelles du réseau scolaire du Québec (C.E.Q.) c. Commission scolaire de La Mitis*, précité, note 75.
129. *Bacon c. The Laurentides Paper Company*, (1907) 16 B.R. 97; *Syndicat des professionnels de la Commission des écoles catholiques de Montréal c. Moalli, ibid.*
130. Précitée, note 79.

[...] gages, salaires, commissions ou rémunération de tout commis, préposé, voyageur de commerce, journalier ou ouvrier, pour services rendus au cours des six mois qui ont précédé la faillite jusqu'à concurrence de 2 000 $ dans chaque cas et s'il s'agit d'un voyageur de commerce, les sommes que ce dernier a régulièrement déboursées dans et concernant l'entreprise du failli, jusqu'à concurrence d'un montant additionnel de 1 000 $ dans chaque cas, pendant la même période.

La même disposition ajoute que les commissions payables sur expédition, livraison ou paiement de marchandises sont censées avoir été gagnées à cet égard durant la période de six mois, si les marchandises ont été expédiées, livrées ou payées pendant cette période.

La priorité s'adresse à la rémunération de services rendus et exclut conséquemment, selon la jurisprudence, une indemnité de préavis ou de départ qui devient due par le fait de l'interruption des services[131].

L'article 72 de la *Loi sur les liquidations et les restructurations*[132] confère une créance privilégiée aux employés d'une compagnie mise en liquidation à l'égard des salaires dus et impayés au moment de l'ordonnance de mise en liquidation jusqu'à l'équivalent du salaire des trois mois précédant cette dernière. La créance ainsi protégée inclut les vacances dues et les cotisations de l'employeur aux régimes de retraite ou d'assurance. Elle s'étend aussi à l'indemnité de licenciement payable selon les termes d'un contrat mais exclut les dommages pour bris de contrat[133].

149 – *Responsabilité des administrateurs* – Les administrateurs d'une personne morale peuvent être tenus personnellement responsables du paiement des salaires impayés aux salariés de cette dernière. En vertu de l'article 96 de la *Loi sur les compagnies*[134], cette responsabilité conjointe et solidaire des administrateurs existe à l'égard d'un maximum de six mois de salaire pour le travail exécuté pendant qu'ils étaient en fonction. Selon la législation fédérale, l'article 119 de la *Loi canadienne sur les sociétés par actions*[135] accorde une protection similaire aux salariés, dans des termes qui se rapprochent de ceux de la loi québécoise.

---

131. *Nolisair international Inc. (Syndic de)*, D.T.E. 99T-510 (C.A.); *Artopex inc. (Syndic de)* c. *K.P.M.G.*, D.T.E. 2001T-300 (C.A.).
132. L.R.C. (1985), c. W-11.
133. *Alias* c. *Raymond, Chabot, Fafard, Gagnon Inc.*, [1997] R.J.Q. 851 (C.A.).
134. L.R.Q., c. C-38.
135. L.R.C. (1985), c. C-44.

La responsabilité des administrateurs porte sur toutes les sommes qui peuvent être dues au salarié à la fin de son emploi en contrepartie du travail déjà exécuté. Il peut ainsi s'agir du droit acquis à une indemnité de vacances, au paiement de congés de maladie ou à celui du travail exécuté en temps supplémentaire[136]. Relativement à l'application de la loi fédérale, la Cour suprême a décidé que l'indemnité de cessation d'emploi liée au droit du salarié à un délai de congé pour mettre fin à son emploi n'était pas due par l'employeur en raison des services exécutés au profit de la société mais plutôt par suite de l'inexécution d'une obligation contractuelle et, pour ce motif, que les administrateurs n'en étaient pas responsables personnellement[137]. Le fait que l'indemnité soit payable par effet d'une loi d'ordre public n'y change rien[138]. Il en est de même des indemnités dont le paiement est ordonné en même temps que la réintégration du salarié, à la suite d'un recours le permettant, pour compenser le salaire que le salarié a été empêché de gagner pendant la période où il était privé de son emploi[139]. Toutefois, une indemnité de licenciement établie contractuellement et assimilable à une rémunération différée peut être réclamée aux administrateurs[140].

Le cas échéant, il faut, selon la loi québécoise, que la compagnie ait été poursuivie dans l'année qui suit l'échéance et que l'exécution n'ait pu permettre le paiement complet de la créance ou encore que la compagnie ait fait l'objet d'une ordonnance de mise en liquidation ou soit devenue faillie pendant cette période d'un an et que le salarié ait produit une réclamation conformément à la législation pertinente[141]. En vertu de la loi fédérale, la responsabilité des administrateurs n'est engagée que si le salarié a poursuivi la compagnie dans les six mois de l'échéance salariale et si le jugement n'a pu être satisfait, ou si le salarié a établi l'existence de sa créance dans un délai de six mois suivant une faillite, ou une procédure de liquidation ou de dissolution[142].

---

136. *Nadeau* c. *Boisvert,* J.E. 84-448 (C.A.) – vacances, congés de maladie et temps supplémentaire; *Thompson* c. *Masson,* [2000] R.J.D.T. 1548 (C.A.) – bonis, commissions et primes d'assurance non remises à l'assureur.
137. *Barrette* c. *Crabtree (Succession de),* [1993] 1 R.C.S. 1027.
138. *Thompson* c. *Masson,* précité, note 136.
139. *Hudon* c. *Frishling,* D.T.E. 96T-67 (C.A.).
140. *Alias* c. *Raymond, Chabot, Fafard, Gagnon Inc.,* précité, note 133; *Barrette* c. *Crabtree (Succesion de),* précité, note 137.
141. *Pires* c. *Zaccheo,* [1998] R.J.Q. 2973 (C.A.); *Commission des normes du travail* c. *St-Amand,* [1999] R.J.Q. 217 (C.S.).
142. *Turcot* c. *Conso Graber Inc.,* [1990] R.D.J. 166; *Barrette* c. *Crabtree (Succession de), supra,* note 138; *Thompson* c. *Masson,* précité, note 136; *Commission des normes du travail* c. *Proulx,* [1997] R.J.Q. 2178 (C.S.) – défaut de production d'une réclamation à la suite d'une faillite. Quant au lieu d'assignation des administrateurs, voir *Héritiers de feu H. Roy Crabtree* c. *Crabtree,* C.A. Québec, n° 200-09-000207-883, 7 juin 1988.

Après la condamnation de la société, les moyens de défense que cette dernière pouvait faire valoir ne peuvent plus être plaidés par les administrateurs[143].

Le recours contre les administrateurs d'une personne morale est personnel au salarié, sous réserve des termes exprès d'une loi qui autoriseraient quelqu'un d'autre à l'exercer pour son compte[144].

III- LA DURÉE

150 – *Variabilité* – En mentionnant que le contrat de travail est «pour un temps limité», l'article 2085 C.c.Q. se trouve à interdire la conclusion d'un contrat pour la vie. Selon l'article 2086 C.c.Q., le contrat de travail peut par ailleurs être conclu soit pour une durée prédéterminée, ou susceptible de l'être par la survenance d'une condition ou d'un événement, soit pour une durée indéterminée. Nous reviendrons ci-après sur la qualification de la durée du contrat.

L'examen des règles relatives à la durée du contrat de travail conduit directement à celui de ses modes d'extinction. Certains d'entre eux valent indistinctement à l'endroit du contrat à durée indéterminée comme du contrat de travail à durée déterminée; d'autres sont propres à l'un ou l'autre des deux types de contrat.

A. Les types de contrat

1. *Le contrat à durée déterminée*

151 – *Nature et forme* – Le contrat de travail à durée déterminée est celui où les parties ont préalablement fixé une échéance à leur relation contractuelle en prévoyant soit un terme extinctif, soit encore la réalisation d'une condition résolutoire. Dans le premier cas, il peut s'agir simplement de la fixation d'une date d'échéance au contrat, tout comme de la survenance d'un événement certain à une date qui demeure inconnue. Quant à la condition résolutoire, c'est celle par laquelle les parties prévoient que le contrat prendra fin s'il survient un événement incertain: perte d'un équipement de production, réduction des activités de l'entreprise ou de ses profits en deçà

---

143. *Barrette c. Crabtree (Succession de)*, précité, note 137; *Zieman c. Commission des normes du travail*, D.T.E. 96T-94 (C.A.).
144. *Kucer c. Comité conjoint de l'industrie de la fabrication du métal en feuille*, [1973] C.A. 341; *Shawinigan Lavalin Inc. c. Espinosa*, [1990] R.L. 27 (C.A.).

d'un niveau préétabli, etc. Pour que le contrat soit considéré comme étant à durée déterminée, il faut que la condition ainsi envisagée soit indépendante de la volonté des parties quant à sa réalisation; autrement, la condition sera assimilée à une faculté unilatérale de résiliation et le contrat considéré comme un contrat à durée indéterminée[145].

Il n'est par ailleurs pas exclu que le contrat puisse être à durée déterminée en ce qui a trait à une partie et à durée indéterminée pour l'autre qui pourrait alors y mettre fin en tout temps en donnant un délai de congé. Ainsi, dans une affaire *Selick*, la Cour d'appel a qualifié de *sui generis* un contrat qui prévoyait que l'employé pourrait conserver son emploi tant qu'il le désirerait[146].

Le contrat de travail à durée déterminée doit faire l'objet d'une entente expresse à cet effet, qu'elle soit écrite ou verbale[147]. Il ne peut s'inférer du seul fait que les parties ont convenu de conditions de travail pour un certain temps, non plus que de l'établissement du salaire sur la base d'une certaine période de temps, annuelle, mensuelle ou autre; il faut plutôt, dans chaque cas, rechercher la véritable intention des parties en tenant compte de toutes les stipulations contractuelles[148]. C'est la partie qui allègue l'existence d'un contrat à durée déterminée qui a le fardeau de la démontrer[149].

152 – *Effet* – Le contrat à durée déterminée lie les parties jusqu'à son échéance[150]. Celle-ci met normalement fin de plein droit aux relations entre les parties (art. 1517 et 1671 C.c.Q.)[151]. Toutefois, ces dernières peuvent avoir prévu les conditions et les modalités d'un renouvellement du contrat pour une durée elle-même préétablie ou

---

145. *Thibodeau* c. *Ste-Julienne (Corp. municipale de)*, [1994] R.J.Q. 2819 (C.A.); *Shawinigan Lavalin Inc.* c. *Espinosa*, [1990] R.L. 27 (C.A.); *St-Laurent* c. *Lapointe,* [1950] B.R. 229.
146. *149244 Canada Inc.* c. *Selick*, [1994] R.J.Q. 2822 (C.A.).
147. *Allaire-Gingras* c. *Hébergement Magog-Orford Inc.*, D.T.E. 92T-1222 (C.S.) – preuve testimoniale de l'entente.
148. *Thibodeau* c. *Ste-Julienne (Corp. municipale de)*, précité, note 145; *Shawinigan Lavalin Inc.* c. *Espinosa*, précité, note 144. Voir aussi *Domtar Inc.* c. *St-Germain*, [1991] R.J.Q. 1271 (C.A.); *Montel Inc.* c. *De Blois,* [1971] C.A. 316; *Stewart* c. *Hanover Fire Insurance Co.*, [1936] R.C.S. 177.
149. *Commission des normes du travail du Québec* c. *Campeau Corp.*, [1989] R.J.Q. 2108 (C.A.); *Commission des normes du travail du Québec* c. *Hawker Siddeley Canada Inc.*, [1989] R.J.Q. 2123 (C.A.).
150. *Savoie* c. *Roy*, [1983] C.A. 513.
151. *Chambly (Ville de)* c. *Gagnon*, [1999] 1 R.C.S. 8; *Tinker-Labrecque* c. *Corporation de l'Hôpital d'Youville de Sherbrooke*, [1986] R.J.Q. 1283 (C.A.).

non. En l'absence d'un tel aménagement contractuel, l'article 2090 C.c.Q. rend néanmoins le contrat susceptible d'une reconduction tacite. Cette reconduction légale a lieu lorsque le salarié continue de travailler pour l'employeur sans opposition de la part de ce dernier durant cinq jours après l'arrivée du terme convenu au contrat de travail[152]. Cette condition suppose que le salarié soit en mesure d'exécuter sa prestation, ce qu'exclut évidemment un état d'invalidité[153]. Le contrat reconduit tacitement par effet de la Loi l'est pour une durée indéterminée, avec les conséquences qui s'y rattachent pour y mettre fin.

Par ailleurs, selon les circonstances, une succession ininterrompue de contrats de travail à durée déterminée, que ce soit par suite d'ententes formelles des parties à cet effet ou en conséquence de renouvellements conventionnels d'un contrat initial, peut révéler la transformation, en réalité, de la relation de travail en rapport à durée indéterminée, du moins aux fins de l'application des mesures particulières de protection de l'emploi contenues dans diverses lois du travail[154].

2. Le contrat à durée indéterminée

153 – *Nature et conséquences* – Il est de l'essence même du contrat de travail à durée indéterminée que chacune des parties puisse y mettre légalement fin à volonté, à la seule condition de donner à l'autre un délai de congé ou préavis raisonnable à cet effet. L'article 2091 C.c.Q. consacre ainsi une règle que l'article 1668 al. 3 C.c.B.C. énonçait à l'endroit de certaines catégories d'employés et que la jurisprudence avait étendue à l'ensemble du salariat[155].

La faculté ainsi donnée à chacune des parties de mettre fin au contrat à durée indéterminée relève de leur discrétion et les laisse donc à l'abri, en principe, de toute poursuite en responsabilité si le délai de congé est suffisant. Cette affirmation demeure néanmoins sujette à une réserve. L'exercice abusif de ce droit, de manière mali-

---

152. Une loi particulière peut toutefois y faire obstacle: *Valois* c. *Caisse populaire Notre-Dame-de-la-Merci*, D.T.E. 2000T-4 (C.S.).
153. *Lapointe* c. *Québec Propane Inc.*, D.T.E. 84T-546 (C.S.).
154. *Moore* c. *Compagnie Montréal Trust*, [1988] R.J.Q. 2339 (C.A.); *Commission scolaire Berthier Nord-Joly* c. *Beauséjour*, [1988] R.J.Q. 639 (C.A.).
155. *Thibodeau* c. *Ste-Julienne (Corp. municipale de)*, précité, note 145; *Shawinigan Lavalin Inc.* c. *Espinosa*, précité, note 144; *Columbia Builders Supplies Co.* c. *Bartlett*, [1967] B.R. 111; *Asbestos Corporation Limited* c. *Cook*, [1933] R.C.S. 86, 91 (j. Rinfret).

cieuse, déraisonnable et excessive, ou grossièrement négligente ou imprudente, rend son auteur passible de dommages-intérêts, malgré la suffisance du préavis (art. 7 et 13 C.c.Q.)[156]. L'impossibilité, selon l'article 2092 C.c.Q., pour le salarié de renoncer à la réparation du préjudice consécutif à une résiliation «faite de manière abusive» confirme cette solution[157].

Le préavis lui-même revêt un caractère d'ordre public en faveur du salarié, qui ne peut y renoncer à l'avance, en vertu de l'article 2092 C.c.Q.

Seul un motif sérieux donné par l'autre partie au contrat de travail à l'autre justifiera cette dernière de mettre fin immédiatement à leur relation de travail, sans être tenue à l'obligation d'en donner un préavis raisonnable (art. 2094 C.c.Q.). À la différence du salarié, l'employeur peut renoncer purement et simplement à recevoir du salarié un préavis de démission. Pour valoir, cette renonciation doit toutefois être explicite[158].

154 – *Période d'essai* – Le caractère d'ordre public donné au délai de congé en faveur du salarié remet en question une pratique courante du milieu du travail. Il s'agit de l'établissement d'une période d'essai pour le salarié au début de son emploi, période pendant laquelle l'employeur se réserve le droit de mettre fin à l'emploi en tout temps, sans préavis ni indemnité. La jurisprudence à ce sujet n'est pas très concluante, notamment parce qu'elle se rapporte principalement au droit antérieur à l'entrée en vigueur du *Code civil du Québec* et donc à l'attribution d'un caractère d'ordre public au préavis prévu à son article 2091. Elle tend néanmoins à se montrer favorable à une telle période d'essai dans la mesure où elle a été clairement convenue entre les parties[159]. D'un point de vue critique, rien n'em-

---

156. Voir et transposer: *Houle* c. *Banque Canadienne Nationale*, [1990] 3 R.C.S. 122. Voir aussi *Wallace* c. *United Grain Growers Ltd.*, précité, note 81; *Sauvé* c. *Banque Laurentienne du Canada*, [1999] R.J.Q. 79 (C.A.); *Société hôtelière Canadien Pacifique* c. *Hoeckner*, [1988] R.L. 482 (C.A.); *Marquis* c. *Auxilium Technologies inc.*, précité, note 119.

157. *O'Connor* c. *Omega Engineering Inc.*, [2000] R.J.Q. 243 (C.S.); *Ruxanda* c. *Société Mondo America inc.*, [2001] R.J.D.T. 627 (C.S.); *Marquis* c. *Auxilium Technologies inc.*, précité, note 119; *Merlitti* c. *Excel Cargo inc.*, [2002] R.J.Q. 995 (C.S.).

158. Voir et transposer: *Drouin* c. *Electrolux Canada Ltée, division de Les Produits C.F.C. Ltée*, précité, note 27; *Macaulay* c. *Imperial Life Assurance Co. of Canada*, D.T.E. 84T-585 (C.S.).

159. Voir et comparer: *Lefrançois* c. *Crane Canada Inc.*, D.T.E. 88T-574 (C.S.); *Gignac* c. *Trust Général du Canada*, [1991] R.J.Q. 520 (C.S.); *Newman* c. *Stokes inc.*, D.T.E. 93T-553 (C.S.); *Guillemette* c. *Maison des jeunes du Cap-de-la-*

pêche en droit l'établissement d'une période d'essai. Toutefois, cette période doit être qualifiée au regard des deux types de contrat de travail envisagés par la Loi. Si elle est garantie, elle constitue un engagement pour une durée déterminée et doit courir jusqu'à son échéance[160]. Si elle ne l'est pas, elle devient par le fait même une période d'engagement à durée indéterminée, donc sujette à l'obligation de donner un préavis raisonnable pour y mettre fin. Dans cette dernière éventualité, l'impact concret demeurera le plus souvent marginal, en raison de la courte durée des services du salarié au moment de la terminaison de son emploi et de l'évaluation consé-quente du délai de congé auquel il a droit.

B. La continuité du contrat

155 – *Généralités* – L'article 2097 C.c.Q. a apporté au régime juridique du contrat de travail son innovation la plus spectaculaire issue de la réforme du droit civil de 1994. Dérogeant à la règle de l'effet relatif des contrats énoncée à l'article 1440 C.c.Q., il affirme la survie du contrat de travail à l'aliénation de l'entreprise ou à la modification de sa structure juridique.

> **2097.** L'aliénation de l'entreprise ou la modification de sa structure juridique par fusion ou autrement, ne met pas fin au contrat de travail.
>
> Ce contrat lie l'ayant cause de l'employeur.

Cette disposition complète ce qu'on pourrait appeler le «trip-tyque législatif» du droit de suite en relations du travail, droit de suite attaché à l'entreprise pour laquelle le travail est exécuté. Elle s'ajoute, en effet, aux articles 45 et suivants du *Code du travail*, qui garantissent le maintien des droits individuels et collectifs reliés à un régime de rapports collectifs du travail, et à l'article 97 de la *Loi sur les normes du travail*, qui assure aux salariés la continuité d'application des normes du travail par un nouvel employeur[161]. Ici, c'est le lien d'emploi individuel lui-même qui se trouve directement protégé. L'étendue et les effets de cette protection se mesurent sous

---

Madeleine, D.T.E. 95T-414 (C.S.); *Banque nationale du Canada* c. *Gignac*, D.T.E. 96T-31 (C.A.); *Jacobs* c. *Centre de finition Bombardier inc.*, [2000] R.J.D.T. 477 (C.S.); *Proulx* c. *Communications Voir inc.*, D.T.E. 2002T-821 (C.S.).

160. *Newman* c. *Stokes Inc.*, précité, note 159.
161. *Code du travail*, précité, note 1; *Loi sur les normes du travail*, précitée, note 1.

l'éclairage de l'abondante jurisprudence à laquelle ont donné lieu tant l'article 45 du *Code du travail* que l'article 97 de la *Loi sur les normes du travail*. L'article 2097 C.c.Q. se démarque toutefois de ses antécédents législatifs apparentés sous certains aspects importants.

156 – *Entreprise* – Le *Code civil du Québec* est presque aussi muet que le *Code du travail* et la *Loi sur les normes du travail* sur la notion-clé d'entreprise, à la base du droit de suite énoncé à l'article 2097 C.c.Q. Ce choix du législateur conserve toute son intégrité à la définition «concrète» ou «organique» de l'entreprise, élaborée dans l'affaire *Mode Amazone*[162] et avalisée par la Cour suprême dans l'arrêt *Bibeault*[163]. Cette définition s'inscrivait d'ailleurs dans une approche essentiellement civiliste de la transmission d'entreprise. La définition de l'«exploitation d'une entreprise», dans le contexte de la détermination des règles relatives aux obligations solidaires, à l'article 1525, al. 3 C.c.Q., n'autorise pas la révision de cette notion d'entreprise:

> **1525.** [...]
>
> [...]
>
> Constitue l'exploitation d'une entreprise l'exercice, par une ou plusieurs personnes, d'une activité économique organisée, qu'elle soit ou non à caractère commercial, consistant dans la production ou la réalisation de biens, leur administration ou leur aliénation, ou dans la prestation de services.

Cette définition permet, certes, d'entrevoir toute la variété des fins que peut poursuivre l'entreprise, mais elle confirme tout autant que celle-ci est bien cet ensemble organisé, susceptible d'aliénation, déjà décrit par la jurisprudence.

157 – *Transmission par aliénation* – À la différence du *Code du travail* et de la *Loi sur les normes du travail*, le *Code civil du Québec* ne s'adresse qu'aux situations d'aliénation (ou de changement de structure juridique) de l'entreprise. Il exclut ainsi la concession d'entreprise et, donc, le phénomène de la sous-traitance sous toutes ses formes. L'aliénation de l'entreprise implique une mutation des

---

162. *Mode Amazone* c. *Comité conjoint de Montréal de l'Union internationale des ouvriers du vêtement pour dames*, [1983] T.T. 227, 231.
163. *U.E.S., local 298* c. *Bibeault*, [1988] 2 R.C.S. 1048, 1105; *Ivanhoe Inc.* c. *TUAC, section locale 500*, [2001] 2 R.C.S. 565, 2001 CSC 47, par. 65 à 70. Voir, *infra*, Titre 2, chapitre 4, n°s 506-508.

droits reliés à sa propriété et l'existence d'un lien de droit direct, d'où découle cette mutation, entre l'ancien et le nouvel employeur[164]. Cette cession de droits peut toucher la totalité ou une partie de l'entreprise. Que l'article 2097 C.c.Q. n'évoque pas expressément l'éventualité d'une aliénation partielle paraît sans conséquence, eu égard aux principes dégagés par la Cour suprême dans l'arrêt *Bibeault*, si l'opération permet de constater la perpétuation chez le nouvel employeur d'une partie de l'entreprise de son auteur[165]. L'aliénation totale ou partielle de l'entreprise suppose par ailleurs sa survivance, comme exploitation active, chez le nouvel employeur, ce qui exclut son démembrement par l'acquéreur de ses composantes organiques[166].

L'article 2097 C.c.Q. n'exclut pas la vente en justice comme mode de transmission de l'entreprise susceptible de donner lieu à son application. En principe, le contrat de travail pourrait donc survivre à une vente forcée de l'entreprise[167]. Cette possibilité demeure toutefois subordonnée à la condition essentielle que l'entreprise se poursuive de façon continue, par son exploitation active, malgré cet aléa. Le plus souvent, en effet, l'insolvabilité de l'entreprise qui conduit à sa vente en justice provoquera concurremment son extinction comme activité économique organisée, même si ses éléments constitutifs peuvent ultérieurement permettre à leur acquéreur de donner naissance à une nouvelle entreprise de nature semblable[168].

Outre la vente, la transmission successorale de l'entreprise, notamment, tombe dans l'aire d'application de l'article 2097 C.c.Q.[169].

---

164. *U.E.S., local 298* c. *Bibeault, ibid.*, p. 1112-1115.
165. *Ibid.*; *Alfred Dallaire inc.* c. *Beaudin*, D.T.E. 99T-292 (T.T.), confirmé par *Syndicat des travailleuses et travailleurs d'Alfred Dallaire (C.S.N.)* c. *Alfred Dallaire inc.*, [2002] R.J.D.T. 20 (C.A.). Voir aussi l'article 1767 C.c.Q. qui définit la vente d'entreprise comme celle qui porte sur l'ensemble ou une partie substantielle d'une entreprise.
166. Voir, comparer et transposer: *Burns* c. *Compagnie du Trust National Ltée*, D.T.E. 90T-920 (C.A.); *Raymond, Chabot, Martin, Paré & Associés* c. *G.D.I. Inc.*, [1989] R.J.Q. 1791 (C.A.); *Syndicat des employés de Métal Sigodec (C.S.N.)* c. *St-Arnaud*, [1986] R.J.Q. 927 (C.A.).
167. Voir, en ce sens: *Beaulieu* c. *9009-1356 Québec Inc.*, [1997] T.T. 232.
168. *Bergeron* c. *Métallurgie Frontenac Ltée*, [1992] R.J.Q. 2656 (C.A.); *Garner* c. *Edwin Jeans Canada Ltée*, [1998] R.J.Q. 2373 (C.S.).
169. L'article 1441 C.c.Q. aurait conduit à la même solution à l'endroit des héritiers, mais les articles 739 et 1442 C.c.Q. l'auraient écartée pour les légataires particuliers.

158 – *Modification de la structure juridique* – La modification de la structure juridique de l'entreprise, que l'article 2097 C.c.Q. vise au même titre que l'aliénation, comprend notamment sa fusion avec une autre entreprise selon le texte même de la disposition législative[170]. Elle inclut indéniablement aussi la division de l'entreprise[171], tout comme d'autres changements qui peuvent être apportés à sa forme ou à son contrôle juridique mais qui la laissent subsister comme exploitation[172].

159 – *Effets* – Quelle est la mesure exacte des effets de l'article 2097 C.c.Q.? Cette disposition garantit-elle en somme aux salariés une sécurité d'emploi absolue à l'occasion d'une aliénation de l'entreprise? L'employeur et le salarié peuvent-ils convenir à l'avance que le contrat de travail prendra fin en cas de vente de l'entreprise? L'employeur peut-il, en donnant un délai-congé suffisant, mettre fin à un engagement à durée indéterminée, en prévision d'une vente de son entreprise?

La détermination de la portée réelle de l'article 2097 C.c.Q. devrait s'apprécier, au premier chef, en fonction de l'état du droit antérieur que le législateur a voulu modifier en l'adoptant. Suivant ce droit antérieur et la règle de l'effet relatif des contrats, que reprend désormais de façon générale l'article 1440 C.c.Q., l'aliénation de l'entreprise mettait fin au contrat de travail et l'acquéreur n'était pas lié par ce dernier[173]. C'est cette situation que l'article 2097 C.c.Q. vient modifier, par exception, à l'endroit du contrat de travail. Déclaratoire, il affirme donc que l'aliénation n'a pas pour effet, par elle-même, de mettre fin au contrat de travail et que, dans ce cas, l'ayant cause de l'employeur est lié par le contrat. Rien par contre ne permet de trouver dans l'article 2097 C.c.Q. une disposition d'ordre public qui interdirait, par exemple, aux parties de prévoir expressément que la vente de l'entreprise mettra fin au contrat de travail, ou à l'une ou l'autre d'entre elles de mettre fin à une relation à durée indé-

---

170. Voir, relativement à un licenciement consécutif à une fusion et à une restructuration d'entreprises: *Patenaude c. Purdel Inc.*, [1993] R.J.Q. 1205 (C.S.).
171. L'article 97 de la *Loi sur les normes du travail*, précitée, note 1, mentionne la division de l'entreprise comme une des formes de changement de sa structure juridique.
172. *Baril c. Investissement Imqua Inc.*, [1999] R.J.Q. 1785 (C.S.) – changement de contrôle *de facto*.
173. *Syndicat national des travailleurs de la pulpe et du papier de La Tuque Inc. c. Commission des relations ouvrières de la province de Québec*, [1958] B.R. 1, à l'origine de l'adoption de l'article 45 du *Code du travail*; *Laroche c. Després, Laporte Inc.*, D.T.E. 2001T-273 (C.S.).

terminée à cette occasion en donnant un préavis suffisant[174]. En l'absence de caractère d'ordre public de l'article 2097 C.c.Q., la liberté contractuelle des parties subsiste. Cette disposition législative garantit en somme qu'un contrat de travail à durée prédéterminée se rendra à l'échéance qui y est prévue, malgré l'aliénation de l'entreprise, et que le contrat à durée indéterminée se poursuivra chez le nouvel employeur si ni le vendeur ni l'employé ne sont intervenus pour y mettre légalement fin, dans les mêmes circonstances.

Qu'en est-il des obligations de l'employeur originaire encore inexécutées par ce dernier au moment de l'aliénation de l'entreprise? Le nouvel employeur en est-il rendu responsable du seul fait de l'application de l'article 2097 C.c.Q.? Une réponse négative paraît s'imposer. La solidarité ne se présume pas; elle n'existe que lorsqu'elle est expressément stipulée par les parties ou prévue par la Loi (art. 1525, al. 1 C.c.Q.). Aucune disposition du *Code civil du Québec* n'affirme une responsabilité conjointe et solidaire du vendeur et de l'acquéreur d'une entreprise à l'égard des obligations résultant du contrat de travail[175]. L'article 1525, al. 2 C.c.Q. n'a pas d'impact. Il présume la solidarité entre les débiteurs d'une obligation contractée pour le service ou l'exploitation d'une entreprise, ce qui pourrait être le cas d'un contrat de travail. Toutefois, le vendeur et l'acquéreur d'une entreprise ne contractent pas, quant au contrat de travail, simultanément une même obligation pour l'entreprise. Ils y sont plutôt tenus, successivement, par effet de l'article 2097 C.c.Q. à l'exécution d'obligations elles-mêmes successives[176]. La transmission d'entreprise qui se qualifie comme une vente d'entreprise au sens de

---

174. Dans le cas du salarié qui dispose, en vertu d'une loi particulière comme c'est le cas selon les articles 124 et suivants de la *Loi sur les normes du travail*, précitée, note 1, du droit d'exiger de l'employeur qu'il justifie son licenciement par l'existence d'une cause juste et suffisante, l'employeur demeurera tenu d'établir cette justification. Il serait contradictoire que le seul fait de l'aliénation de l'entreprise, sans autre considération ou explication, puisse constituer une telle cause juste et suffisante de licenciement, alors que l'article 2097 C.c.Q. affirme le principe de la survie du contrat de travail dans cette éventualité.

175. Par comparaison, l'article 96 de la *Loi sur les normes du travail*, précitée, note 1, rend l'ancien employeur et le nouveau conjointement et solidairement responsables d'une réclamation du salarié qui découle de l'application de cette loi pour sa période d'emploi antérieure à l'aliénation de l'entreprise.

176. Voir: *Quénette* c. *Nurun inc.*, [2002] R.J.Q. 1035 (C.S.) – inopposabilité à l'acquéreur de l'entreprise d'une option d'achat d'actions. L'application conjuguée, dans les circonstances le justifiant, des articles 124 et s. de la *Loi sur les normes du travail*, précitée, note 1 et de l'article 2097 C.c.Q. pourrait conduire à une ordonnance de réintégration chez le nouvel employeur d'un salarié congédié par le précédent employeur. Voir et transposer: *Adam* c. *Daniel Roy Limitée*, [1983] 1 R.C.S. 683.

l'article 1767 C.c.Q. emporte néanmoins des conséquences qui lui sont propres quant à la responsabilité de l'acquéreur. Si les formalités prescrites par le Code pour cette vente n'ont pas été suivies, l'acquéreur pourra être tenu, selon les articles 1776 et 1777 C.c.Q., de payer les créanciers du vendeur, dont ses salariés éventuellement, jusqu'à concurrence de la valeur des biens achetés.

Effet direct et manifeste de l'article 2097 C.c.Q., l'acquéreur d'une entreprise qui voudra ultérieurement mettre fin à un contrat de travail à durée indéterminée devra prendre en considération, dans la détermination du préavis à donner, la durée totale des services de l'employé dans l'entreprise[177].

C. La terminaison du contrat

160 – *Variabilité des modes d'extinction* – Le contrat de travail est susceptible de prendre fin de plusieurs manières différentes. Certaines de celles-ci sont communes au contrat à durée déterminée et au contrat à durée indéterminée. Les autres sont propres à l'un ou l'autre de ces deux types de contrat et conséquentes à leur nature.

1. *Les modes communs d'extinction*

a) *L'entente ou la transaction*

161 – *Règle et problématique* – Le contrat de travail, comme tout autre contrat, peut prendre fin par entente des parties (art. 1439 C.c.Q.). Surtout dans un contexte litigieux, les parties donneront souvent à cette entente l'effet d'une transaction qui aura entre elles l'autorité de la chose jugée, selon l'article 2633 C.c.Q.

Se soulève ici un questionnement à l'égard de l'entente par laquelle les parties conviennent de mettre fin à un contrat à durée indéterminée. L'article 2092 C.c.Q. rend-il révisable, donc incertaine, une entente de départ entre l'employeur et le salarié réglant la question du délai de congé ou de l'indemnité pour en tenir lieu? On ne devrait pas attacher automatiquement une telle conséquence à l'article 2092 C.c.Q. Ce dernier vise le contrat de travail lui-même plutôt que l'entente par laquelle les parties peuvent décider d'y

---

177. *Barbeau* c. *1312316 Ontario inc.*, [2002] R.J.Q. 1323 (C.S.).

mettre fin. Cette protection légale cherche essentiellement à protéger le salarié lorsque sa vulnérabilité pourrait l'amener à renoncer à un droit ultérieur, c'est-à-dire lorsqu'il veut obtenir un emploi ou pendant qu'il occupe cet emploi. Dans cet ordre, la jurisprudence reconnaît que la partie en faveur de laquelle une mesure d'ordre public est édictée peut y renoncer validement lorsque le bénéfice de cette mesure lui est acquis[178]. La faculté de l'employeur et du salarié de régler par une transaction un litige éventuel ou déjà né relativement à une cessation d'emploi ne devrait donc être subordonnée qu'aux seules règles générales de validité des contrats (art. 2631 et 2633 C.c.Q.)[179].

b) La force majeure

162 – *Principes et application* – L'article 1668, al. 1 C.c.B.-C. prévoyait que l'impossibilité absolue d'exécution du contrat de travail par une partie y mettait fin[180]. L'absence d'une disposition semblable, propre au contrat de travail, dans le *Code civil du Québec* ne conduit pas pour autant à un résultat très différent, sans toutefois que la rupture soit automatique. L'article 1693 C.c.Q. libère, aux conditions qu'il énonce, le débiteur empêché d'exécuter son obligation en raison d'une force majeure, dont la preuve lui incombe, à moins qu'il ne se soit expressément chargé des cas de force majeure. De son côté, l'article 1470 C.c.Q. prévoit que toute personne peut se dégager de sa responsabilité pour le préjudice causé à autrui si elle prouve que le préjudice résulte d'une force majeure, à moins qu'elle ne se soit engagée à le réparer. La force majeure y est définie comme un «événement imprévisible et irrésistible» auquel est assimilée «la cause étrangère qui présente ces mêmes caractères». Ce genre d'événement ou de cause échappe donc au contrôle de celui qui l'invoque et exclut toute faute de sa part. L'inaptitude tant du salarié que de l'employeur, selon les cas, pourra relever de l'ordre de la force majeure, par exemple en cas de maladie. Du point de vue de l'employeur, particulièrement, l'incapacité importante ou définitive du salarié pourra s'avérer un motif sérieux de résiliation unilatérale et sans préavis du contrat, selon l'article 2094 C.c.Q. Par contre, ce n'est que dans des circonstances exceptionnelles qu'une difficulté d'ordre économique,

---

178. *Garcia Transport Ltée* c. *Cie Royal Trust*, [1993] 2 R.C.S. 499.
179. Voir toutefois et comparer: *O'Connor* c. *Omega Engineering Inc.*, [2000] R.J.Q. 243 (C.S.) – annulation d'une transaction jugée abusive; *Karasseferian* c. *Bell Canada Inc.*, [2000] R.J.Q. 1452 (C.S.) – affirmation du caractère révisable de toute transaction pour en vérifier la raisonnabilité.
180. *Vachon* c. *Cotton*, [1963] C.S. 167.

pouvant aller jusqu'à la faillite, sera considérée comme le résultat d'une force majeure libérant l'employeur de ses obligations à l'endroit du salarié[181].

c) *Le décès*

163 – *Décès du salarié ou de l'employeur* – Suivant l'article 2093 C.c.Q., le décès du salarié met toujours fin au contrat de travail[182]. Celui de l'employeur peut emporter la même conséquence, selon les circonstances. Ces règles confirment le caractère personnel de l'engagement souscrit par le salarié et le fait que la personne de l'employeur puisse, dans certains cas, être une considération essentielle du contrat de travail. Ce serait le cas, par exemple, du contrat intervenu pour veiller sur la sécurité d'une personne ou pour lui prodiguer des soins. Le contrat qui n'est pas éteint par le décès de l'employeur lie sa succession. L'article 2097 C.c.Q., qui affirme la survivance du contrat de travail à l'aliénation de l'entreprise, suffit désormais à justifier cette solution.

d) *La résiliation pour motif sérieux*

164 – *Démission ou congédiement* – L'article 2094 C.c.Q. permet à une partie de résilier unilatéralement et sans préavis le contrat de travail, qu'il soit à durée déterminée ou indéterminée, «pour un motif sérieux».

Sans égard à leur légalité, la décision du salarié de mettre fin unilatéralement au contrat de travail constitue une démission et celle de l'employeur un congédiement (ou licenciement).

Du côté du salarié, la démission peut être pure et simple ou conditionnelle. La démission assortie de conditions n'en est pas vraiment une, en ce sens qu'elle ne devient parfaite et irréversible que si toutes les conditions posées sont acceptées et que le salarié en est informé. Une telle démission conditionnelle devrait être reçue par

---

181. *Holbrook* c. *Gordon*, [1968] C.S. 37. Voir également *Surveyer, Nenniger & Chênevert Inc.* c. *Thomas*, précité, note 103 – absence de preuve par l'employeur du caractère irrésistible d'une récession, même si cette dernière s'était révélée imprévisible; *Labelle* c. *Experts-conseils Shawinigan Inc.*, D.T.E. 84T-547 (C.S.). Réduction, toutefois, de l'indemnité de préavis en raison des difficultés financières de l'employeur dans *Michel* c. *Welding Institute of Canada / Institut de soudage du Canada*, [1998] R.J.Q. 1579 (C.S.).
      Sur la notion de force majeure ou de cas fortuit comme cause d'extinction du contrat de travail et d'exonération de l'employeur de ses obligations, voir aussi, *infra*, Titre I, chapitre 2, n° 230.

182. *Vassiliadis* c. *Hôpital Charles-Lemoyne*, D.T.E. 2001T-963 (C.A.).

l'employeur comme une offre du salarié de mettre fin au contrat ou une proposition de départ négocié, comme l'envisage l'article 1439 C.c.Q., qui devrait être traitée selon les règles des articles 1388 à 1397 C.c.Q. La démission simple peut se manifester factuellement par la désertion de son emploi par le salarié. Elle peut aussi être communiquée à l'employeur avant le moment auquel le salarié entend lui donner effet. Dans ce cas, elle ne lie le salarié qu'à compter du moment où l'employeur en a connaissance[183]. La validité d'une démission est sujette à celle du consentement du salarié qui la présente (art. 1398 à 1408 C.c.Q.). La démission arrachée par subterfuge, menaces, contrainte, ou celle provoquée par des tracasseries, un harcèlement ou une modification significative des conditions de travail essentielles, sera considérée comme un congédiement déguisé[184]. C'est au salarié qui plaide la nullité de sa démission de la démontrer[185].

Du côté de l'employeur, la volonté de mettre fin à l'emploi du salarié peut aussi se manifester expressément ou de façon implicite. Dans le second cas, on parlera de licenciement ou de congédiement déguisé, ou par induction. Celui-ci peut être le résultat d'un arsenal de moyens auquel l'employeur de mauvaise foi peut recourir pour provoquer le départ d'un salarié: harcèlement, brimades, vexations, humiliations, menaces, etc. Il peut aussi, même en l'absence de mauvaise foi, être conséquent à une modification substantielle imposée d'autorité par l'employeur aux conditions essentielles du contrat du salarié[186].

La décision de l'employeur de mettre fin à l'emploi du salarié n'a effet qu'à compter du moment où elle lui est communiquée et ne peut alors rétroagir[187].

---

183. *Industries Moplastex (1986) Inc.* c. *Tremblay*, D.T.E. 91T-694 (C.A.).

184. *Farber* c. *Cie Trust Royal*, précité, note 105; *S.S.Q.* c. *Robitaille*, [1989] R.R.A. 397 (C.A.); *Ross* c. *Hawker-Siddeley Canada Inc.*, [1988] R.L. 228 (C.A.); *Hôpital St-Charles de Joliette* c. *Syndicat des employés d'hôpitaux de Joliette Inc.*, [1973] R.D.T. 129 (C.A.).

185. *Soulière* c. *Aylmer (Ville d')*, D.T.E. 2000T-210 (C.S.). Ce fardeau peut toutefois être renversé une fois la validité de la démission sérieusement mise en question: *Tardif* c. *Montréal (Ville de)*, D.T.E. 90T-530 (C.A.).

186. *Farber* c. *Cie Trust Royal*, précité, note 105; *Guilde de la marine marchande du Canada* c. *Gagnon*, précité, note 105; *Tourigny* c. *Institut de recherche et de développement en agroenvironnement inc.*, précité, note 105.

187. *Gagné* c. *Hôtel-Dieu de Québec*, D.T.E. 92T-449 (C.A.). Lorsque les circonstances le justifient, l'employeur pourra relever provisoirement le salarié de ses fonctions, jusqu'à ce qu'il dispose de toute l'information nécessaire pour décider du maintien ou non de son emploi: *Cabiakman* c. *Industrielle Alliance (L'), compagnie d'assurance sur la vie*, précité, note 102 – obligation néanmoins de payer le salaire.

165 – *Défaut d'exécution grave* – Seul le congédiement justifié par un «motif sérieux» peut être fait sans préavis ni indemnité au salarié.

L'expression «motif sérieux» utilisée à l'article 2094 C.c.Q. se démarque de l'emploi par ailleurs courant dans la législation du travail des termes «cause juste et suffisante» pour désigner un motif légitime de renvoi du salarié[188]. Quelle que soit l'expression retenue, il aurait été utile que le législateur précise que la cause de résiliation doit être imputable à l'autre partie, en l'occurrence au salarié en cas de congédiement. Néanmoins, le poids de la jurisprudence tant des instances spécialisées du travail que des tribunaux de droit commun est si significatif relativement aux motifs susceptibles de justifier un licenciement sans indemnité ni préavis que le sens à donner à l'expression «motif sérieux» est celui d'une faute grave commise par le salarié ou d'une cause juste et suffisante qui se rapporte à sa conduite ou à son défaut d'exécuter le travail[189]. Cette interprétation est d'ailleurs la seule qui puisse se concilier avec le principe général, énoncé à l'article 1604, al. 2 C.c.Q., qui affirme le droit du créancier à la résiliation d'un contrat à exécution successive en cas d'inexécution du débiteur à moins que cette inexécution ne soit de «peu d'importance», auquel cas la résiliation ne peut sanctionner qu'un défaut à caractère répétitif.

La notion de congédiement disciplinaire est associée aux écarts de conduite du salarié et à ses devoirs d'obéissance, de loyauté ou de discrétion[190]. Le congédiement pour incompétence ou insuffisance professionnelle sanctionnera les défauts d'exécution qui échappent à la seule volonté du salarié, se rattachant plutôt à sa capacité d'exécuter le travail[191].

166 – *Motifs illégaux* – Est évidemment exclue de la notion de «motif sérieux» toute raison ou considération pour laquelle la Loi interdit expressément à l'employeur de congédier un salarié. On pense d'abord naturellement aux motifs discriminatoires et illicites prohibés par les chartes. Les grandes lois du travail, dans le champ d'application qui leur est propre, et certaines lois d'intérêt public pro-

---

188. Exemples: *Loi sur les normes du travail*, précitée, note 1, art. 128; *Code du travail*, précité, note 1, art. 17.
189. *Sirois* c. *O'Neill*, précité, note 73; *Girouard* c. *Compagnie Commonwealth Plywood ltée*, précité, note 73.
190. Voir *supra*, nos 109 et 114-115.
191. Voir *supra*, nos 110-111.

hibent à l'employeur le licenciement (et d'autres formes de sanction) d'un salarié pour les motifs qu'elles indiquent. Ces interdictions sont associées soit à l'application de conditions de travail d'ordre public, soit encore à l'exercice d'un droit ou à l'exécution d'un devoir civique. Les lois en question sont parmi celles énumérées à l'Annexe I du *Code du travail*[192]. Il y a lieu ici, à titre illustratif, de relever certaines d'entre elles et les motifs de licenciement qu'elles prohibent:

— *Loi sur les normes du travail*[193] exercice d'un droit prévu par cette loi ou dans le but d'éluder son application; fourniture de renseignements à la Commission des normes du travail ou témoignage dans une poursuite en vertu de la loi; saisie-arrêt du salaire; condition de débiteur alimentaire; grossesse d'une salariée; refus de travail supplémentaire en raison d'obligations familiales; mise à la retraite; maladie.

— *Loi sur la santé et la sécurité du travail*[194]: refus de l'employé d'exécuter un travail dangereux ou exercice de tout droit ou de toute fonction que prévoit cette loi.

— *Loi sur les accidents du travail et les maladies professionnelles*[195]: exercice d'un droit conféré par cette loi ou le fait que l'employé a été victime d'une lésion professionnelle au sens de celle-ci.

— *Loi sur les décrets de convention collective*[196]: fourniture d'un renseignement à un comité paritaire; plainte ou dénonciation relativement à une infraction à la loi ou à un règlement, ou à l'application d'une convention ou d'un décret, ou témoignage dans une poursuite ou une requête à ce sujet; geste posé par l'employeur dans l'intention de réengager le salarié dans un emploi inférieur et d'éluder les dispositions du décret en payant un salaire moindre.

— *Charte de la langue française*[197]: méconnaissance d'une langue autre que le français.

---

192. *Code du travail*, précité, note 1.
193. Précitée, note 1, art. 122, 122.1, 122.2. Relativement à l'interdiction de congédier le salarié pour le motif que son salaire fait l'objet d'une saisie-arrêt, voir aussi l'article 650 C.p.c. Voir aussi, *infra*, Titre I, chapitre 2, n⁰ˢ 226-227, 243-246.
194. Précitée, note 1, art. 30 et 227. Voir *infra*, Titre I, chapitre 3, n⁰ˢ 300-302.
195. Précitée, note 52, art. 32, 252 à 257, 262 à 264, 358 et 390.
196. L.R.Q., c. D-2, art. 30 et 30.1.
197. L.R.Q., c. C-11, art. 41 à 50. *Hôpital chinois de Montréal* c. *Syndicat canadien de la fonction publique, section locale 2948*, [2000] R.J.D.T. 64 (C.S.).

– *Loi sur les jurés*[198]: exercice de la fonction de juré.

– *Loi sur les tribunaux judiciaires*[199]: assignation comme témoin devant un tribunal.

– *Loi sur la protection des personnes et des biens en cas de sinistre*[200]: travail d'intervention en cas de sinistre.

– *Loi sur la sécurité incendie*[201]: droit d'agir comme pompier volontaire.

– *Loi électorale*[202]: congé d'agent officiel ou de candidat.

– *Loi sur les élections et les référendums dans les municipalités*[203]: congé d'un candidat.

Ces diverses interdictions sont appuyées par des recours civils auprès d'une instance spécialisée. L'archétype de ces recours est celui prévu au *Code du travail* pour assurer la protection de l'activité syndicale légitime[204]. Lorsque le salarié se trouve dans une situation de fait protégée par la Loi, il bénéficie, en cas de licenciement, d'une présomption d'illégalité de la terminaison de son emploi et l'employeur, pour renverser cette présomption, doit établir l'existence d'une autre cause juste et suffisante. Ce type de recours se démarque de ceux qui pourraient être exercés devant un tribunal de droit commun en ce qu'il permet au salarié tant d'être réintégré dans son emploi que d'être indemnisé pour le préjudice subi.

167 – *Motifs suffisants* – Toute considération d'un motif illégal de licenciement étant écartée, il appartiendra à l'employeur de démontrer l'existence d'un motif sérieux de sa décision de mettre fin à l'emploi du salarié, c'est-à-dire un défaut grave d'exécution de ses obligations par le salarié. Si le motif en est un d'incapacité, d'incompétence ou d'insuffisance professionnelle, les imperfections et les erreurs de l'employé doivent lui être signalées par l'employeur lorsqu'elles surviennent, de sorte que l'employé puisse améliorer son

---

198. L.R.Q., c. J-2, art. 47.
199. L.R.Q., c. T-16, art. 5.2.
200. L.R.Q., c. P-38.1, art. 49.
201. L.Q. 2000, c. 20, art. 154.
202. L.R.Q., c. E-3.3, art. 248 et s.
203. L.R.Q., c. E-2.2, art. 347 et s.
204. *Code du travail*, précité, note 1, art. 15 et s. Pour une description de cette procédure-type de recours voir, *infra*, Titre II, chapitre 2, nos 373-386.

rendement s'il est en mesure de le faire[205]. Les motifs dits disciplinaires susceptibles de justifier un licenciement sans préavis ni indemnité peuvent résulter d'un fait unique qui porte une atteinte fatale à la relation de travail, ou résulter de plusieurs actes ou omissions dont le caractère répétitif ou cumulatif leur confère le degré de gravité suffisant pour justifier le congédiement[206]. Cette solution s'inscrit dans le cadre de la règle générale énoncée à l'article 1604 C.c.Q., selon laquelle le caractère répétitif d'un défaut d'exécution, même si ce dernier est de peu d'importance, peut justifier la résiliation d'un contrat à exécution successive. En pratique, pour déterminer si le comportement fautif du salarié constitue un motif sérieux de résiliation de son contrat de travail par l'employeur, le tribunal tiendra compte à la fois de considérations liées à l'acte lui-même, comme sa préméditation, le contexte dans lequel il a été commis et ses conséquences, ainsi que de facteurs qui se rattachent au salarié, comme son dossier disciplinaire antérieur, ses années de service et son niveau de responsabilité dans l'entreprise.

En cas de contestation judiciaire de la résiliation du contrat de travail, la Cour d'appel a déjà décidé que le tribunal de droit commun n'était pas habilité, à la différence de certaines instances spécialisées, à réduire le congédiement à une sanction moindre, comme une suspension, lorsque les manquements du salarié lui paraissaient réels mais insuffisants pour justifier son licenciement[207]. Le jugement exclut, en somme, une réponse mitoyenne de la part du tribunal, son rôle s'arrêtant à décider de la suffisance ou de l'insuffisance du motif de licenciement et à en tirer les conséquences qui doivent suivre.

2. L'échéance du contrat à durée déterminée

168 – *Automatisme et réserves* – En principe, l'échéance fixée au contrat de travail à durée déterminée y met fin de plein droit et automatiquement, sans nécessité d'intervention de l'une ou l'autre des parties (art. 1517 et 1671 C.c.Q.)[208].

---

205. *Coupal* c. *Logiciels Suivitel Inc.*, D.T.E. 92T-564 (C.S.); *Barth* c. *B. & Z. Consultants Inc.*, [1989] R.J.Q. 2837 (C.S.); *Association des professionnels non enseignants du Québec (C.E.Q.)* c. *Commission scolaire régionale Louis-Hémon*, D.T.E. 85T-59 (C.A.); *Chisholm* c. *Bossé, Charbonneau Inc.*, D.T.E. 84T-513 (C.S.).

206. *McKinley* c. *BC Tel*, précité, note 54 – cadre d'analyse à adopter en cas d'allégation de comportement malhonnête de la part de l'employé; *Gagnon* c. *Golden Eagle Refining Co. of Canada Ltd.*, [1971] C.A. 743.

207. *Maheu, Noiseux & Associés* c. *Roneo Vickers Canada Ltd.*, [1988] R.J.Q. 1597 (C.A.); *Sauvé* c. *Banque Laurentienne du Canada*, [1994] R.J.Q. 1679 (C.S.).

208. *Chambly (Ville de)* c. *Gagnon*, précité, note 151; *Tinker-Labrecque* c. *Corporation de l'Hôpital d'Youville de Sherbrooke*, précité, note 151. Voir *supra*, nos 151-152.

Cette affirmation demeure sujette à une double réserve. D'une part, pour empêcher la tacite reconduction légale prévue à l'article 2090 C.c.Q. qui transformerait leur contrat en contrat à durée indéterminée, les parties doivent s'abstenir de poursuivre leur relation *de facto* pendant cinq jours après l'arrivée du terme dont elles avaient convenu. D'autre part, il est fréquent qu'un contrat à durée déterminée prévoie son renouvellement automatique à défaut qu'une partie donne à l'autre un avis à l'effet contraire un certain temps avant l'échéance stipulée. Dans ce cas, sous réserve des termes précis de l'acte contractuel, l'avis d'intention doit parvenir à son destinataire à l'intérieur du délai prescrit.

3. La terminaison du contrat à durée indéterminée

169 – *Règle et modalités d'application* – La partie à un contrat de travail à durée indéterminée qui veut y mettre fin peut le faire en tout temps à la condition d'en donner à l'autre un préavis raisonnable et de ne pas abuser de cette faculté en décidant de l'utiliser ou dans la manière de le faire[209].

La partie qui fait défaut de donner à l'autre le délai de congé auquel elle a droit est passible de dommages-intérêts en réparation du préjudice causé (art. 1607 C.c.Q.). En pratique, le droit de l'employeur de réclamer des dommages-intérêts à la suite du défaut du salarié de lui donner un préavis de démission raisonnable s'avère souvent plus théorique que réel, vu l'obligation de faire la preuve d'un préjudice[210]. L'employeur ne peut invoquer compensation et retenir une partie du salaire dû au salarié par suite du défaut de ce dernier de lui donner un préavis de départ; la créance de l'employeur, dans ce cas, n'est pas certaine, liquide, et exigible[211]. Il pourrait en être autrement si le délai de démission était prédéterminé contractuellement et assorti d'une clause pénale.

Qu'il soit de licenciement ou de démission, le préavis n'est soumis à aucune forme particulière[212]. Il devrait néanmoins être

---

209. Voir *supra*, nº 153. Le droit à un délai de congé est acquis dès que la formation du contrat de travail est rendue parfaite, par exemple par l'acceptation d'une offre d'emploi: *Canuel c. Union canadienne (L'), compagnie d'assurances*, D.T.E. 98T-900 (C.S.).
210. Exemples d'une telle preuve: *Poirier c. Charron*, [1995] R.J.Q. 1197 (C.S.); *Para-division c. Blass*, D.T.E. 2001T-418 (C.S.). Voir aussi *Centre des Orchestres du Québec Alex Drolet Ltée c. Turgeon*, D.T.E. 86T-1 (C.S.).
211. *Commission du salaire minimum c. Bergeron*, C.P. Montréal, nº 500-02-006919-786, 27 septembre 1978.
212. *Beaumont c. Weisor Ltée*, [1961] R.L. 551 (Cour de magistrat).

donné par écrit lorsque le contrat de travail est lui-même dans cette forme[213].

Pendant la durée du délai de congé, le contrat se poursuit entre les parties, avec les obligations qui s'y rattachent pour chacune d'elles. On reconnaît par ailleurs que la partie qui veut mettre fin au contrat peut interrompre la relation contractuelle de façon immédiate en versant à l'autre partie une indemnité qui tient lieu de délai de congé. Implicitement, l'article 2092 C.c.Q. confirme la légitimité de cette solution lorsque c'est l'employeur qui met fin au contrat, en consacrant le droit du salarié d'obtenir une indemnité s'il ne reçoit pas un délai de congé suffisant. Dans ce cas, l'indemnité à laquelle le salarié a droit est calculée en tenant compte du salaire et des autres avantages ayant une valeur pécuniaire qu'il aurait reçus pendant la période de délai de congé.

170 – *Durée du préavis* – Quant à sa durée, l'article 2091, al. 2 C.c.Q. prévoit simplement que le délai de congé doit être «raisonnable». Il mentionne ensuite, de façon non limitative, quelques facteurs qui doivent être pris en considération: la nature de l'emploi, les circonstances particulières dans lesquelles il s'exerce, la durée de la prestation de travail. Cet énoncé rejoint et réactualise ainsi les facteurs à considérer que la jurisprudence avait identifiés et appliqués à partir de l'arrêt *Columbia Builders Supplies Co.* et des propos suivants du juge Rinfret:

> Dans cette nouvelle perspective, je ne crois pas qu'il soit hors d'ordre pour les tribunaux ayant à décider des cas de ceux qui occupent un rang dans la hiérarchie des employés de considérer les circonstances de l'engagement, la nature et l'importance du travail, le fait que l'employé a quitté un emploi certain rémunérateur, l'intention des parties, la difficulté pour l'une ou l'autre des parties de trouver soit un remplaçant satisfaisant, soit une autre position d'égale importance, et, au regard de ces considérations, de fixer pour l'avis de congé un délai raisonnable.[214]

La Cour d'appel traitait alors du cas des salariés pour lesquels l'ancien article 1668 C.c.B.-C. ne dictait pas expressément la durée du délai de congé. Cette approche vaut désormais à l'égard de tous les emplois, puisque l'article 2091 C.c.Q. rend d'application universelle la notion de délai de congé raisonnable.

---

213. *Bulkens* c. *Municipalité d'Oka*, [1966] R.D.T. 316 (C.S.).
214. *Columbia Builders Supplies Co.* c. *Bartlett*, précité, note 155, p. 119-120.

La jurisprudence québécoise des dernières années, influencée notamment par celle des autres provinces, a très sensiblement augmenté ses exigences quant à la durée du délai de congé requis de l'employeur pour mettre fin unilatéralement à l'emploi des salariés, plus particulièrement de ceux qui sont âgés et qui comptent de longs états de service et de ceux qui occupent des fonctions de niveau professionnel ou assument des responsabilités de direction. Aux facteurs mentionnés à l'article 2091, al. 2 C.c.Q., s'ajoutent l'âge du salarié, la difficulté relative pour lui de trouver un emploi comparable et l'ensemble de toutes les circonstances pertinentes qui ont pu entourer la conclusion du contrat de travail, la poursuite de relation d'emploi et sa rupture[215]. Ainsi, un préavis de 9, 12 ou 15 mois, voire de 18 mois, peut maintenant être envisagé par l'employeur qui veut licencier un salarié sans reproche à son service depuis longtemps et qui exerce des responsabilités significatives dans l'entreprise[216]. L'abus de droit ou la mauvaise foi d'un employeur en mettant fin à l'emploi du salarié peut justifier une prolongation du préavis plutôt que de donner lieu à l'octroi de dommages-intérêts distincts[217]. En définitive, ce sont les faits propres à chaque cas qui permettront d'apprécier la durée d'un délai de congé raisonnable, les précédents ne présentant qu'une valeur indicative[218].

4. Le certificat de travail

171 – *Obligation de l'employeur* – Quelle que soit la manière utilisée pour mettre fin au contrat de travail, l'employeur doit remettre au salarié qui lui en fait la demande un certificat de travail se limitant à identifier les parties au contrat et à attester la nature et la durée de l'emploi (art. 2096 C.c.Q.). Cette obligation recoupe l'exigence semblable édictée par l'article 84 de la *Loi sur les normes du travail*[219].

---

215. *Standard Broadcasting Corp.* c. *Stewart*, [1994] R.J.Q. 1751 (C.A.); *Omicron International Translation Systems Inc.* c. *Boyer*, D.T.E. 94T-1223 (C.A.); *Hippodrome Blue Bonnets Inc.* c. *Jolicœur*, D.T.E. 95T-185 (C.A.); *Groupe Commerce (Le), compagnie d'assurances* c. *Chouinard*, D.T.E. 95T-269 (C.A.); *Sauvé* c. *Banque Laurentienne du Canada*, précité, note 156; *Banque Laurentienne du Canada* c. *Saulnier,* [1999] R.J.Q. 711 (C.A.).
216. La Cour suprême a accordé une indemnité de 24 mois dans *Wallace* c. *United Grain Growers Limited*, précité, note 81. La Cour d'appel et la Cour supérieure ont aussi reconnu le droit à un délai-congé à 18 mois, compte tenu de l'espèce: *Sauvé* c. *Banque Laurentienne du Canada*, précité, note 156; *Paquette* c. *A.D.T. Canada inc.*, D.T.E. 99T-637 (C.S.).
217. *Wallace* c. *United Grain Growers Limited*, précité, note 81; *McKinley* c. *BC Tel*, précité, note 54.
218. *Steinberg's Ltd.* c. *Lecompte*, [1985] C.A. 223 (opinion du j. Vallerand).
219. Précitée, note 1. Voir *infra*, Titre I, chapitre 2, n° 229.

IV- LES RECOURS

172 – *Généralités* – La mise en œuvre par voie judiciaire des droits de l'employeur et du salarié obéit de façon générale aux règles des articles 1590 et suivants C.c.Q.

Dans les cas qui le permettent, le créancier de l'obligation peut demander que le débiteur soit forcé de l'exécuter en nature (art. 1590 et 1601 C.c.Q.). Lorsque l'exécution en nature n'est pas possible ou lorsque le créancier choisit de ne pas s'en prévaloir, il a droit, en cas d'inexécution grave, à la résiliation du contrat[220]. L'article 2094 C.c.Q. reconnaît alors le droit du créancier de l'obligation à la résiliation du contrat de travail sans poursuite judiciaire. Un défaut d'exécution de peu d'importance permet par ailleurs au créancier d'obtenir une réduction proportionnelle de son obligation corrélative ou, si elle n'est pas possible, des dommages-intérêts (art. 1604, al. 2 et 3 C.c.Q.).

Dans tous les cas, le créancier de l'obligation inexécutée a droit à la réparation par des dommages-intérêts du préjudice qu'il subit comme conséquence immédiate et directe de l'inexécution (art. 1590 et 1607 à 1621 C.c.Q.). Ces dommages incluent ceux qui n'étaient pas prévus ou prévisibles lorsque l'obligation a été contractée, s'ils résultent d'une faute lourde ou intentionnelle (art. 1613 C.c.Q.). Les dommages-intérêts peuvent également avoir été liquidés par anticipation au moyen d'une clause pénale (art. 1622 et 1623 C.c.Q.).

173 – *Prescription* – Les recours sont soumis à la prescription générale de trois ans des droits personnels (art. 2925 C.c.Q.). Par exception, la réclamation fondée sur une atteinte à la réputation se prescrit par un an (art. 2929 C.c.Q.).

Il est par ailleurs possible que la partie réclamante dispose d'un délai supplémentaire par effet de l'article 2895 C.c.Q.:

> **2895.** Lorsque la demande d'une partie est rejetée sans qu'une décision ait été rendue sur le fond de l'affaire et que, à la date du jugement, le délai de prescription est expiré ou doit expirer dans moins de trois mois, le demandeur bénéficie d'un délai supplémentaire de trois mois à compter de la signification du jugement, pour faire valoir son droit.

---

220. Il s'agit ici du «motif sérieux» mentionné à l'article 2094 C.c.Q., qui recoupe la notion de défaut d'importance de l'article 1604 C.c.Q.

Il en est de même en matière d'arbitrage; le délai de trois mois court alors depuis le dépôt de la sentence, la fin de la mission des arbitres ou la signification du jugement d'annulation de la sentence.

L'objectif principal de cette disposition est aussi simple qu'équitable: le demandeur ne doit pas être privé de son recours du seul fait qu'il l'ait erronément soumis à un tribunal qui n'était pas compétent pour en décider au fond. Strictement, la règle s'adresse aux tribunaux de droit commun. Son application entre ces derniers ne soulève pas de difficulté particulière. Il devrait en être de même lorsqu'un litige a été porté auprès d'un tribunal spécialisé alors qu'il relevait de la compétence d'un tribunal ordinaire (ou d'un arbitre en tenant lieu en vertu d'une clause compromissoire)[221]. L'applicabilité de ce sursis à l'endroit d'une instance spécialisée lorsque la demande a été erronément portée auprès d'un tribunal de droit commun demeure toutefois incertaine[222].

A. Les recours de l'employeur

174 – *Exécution en nature* – Les circonstances dans lesquelles l'employeur pourra requérir par voie judiciaire l'exécution en nature d'une obligation du salarié demeurent relativement exceptionnelles. Il en est ainsi pour des motifs d'ordre à la fois juridique et pratique.

Sur le plan juridique, la jurisprudence classique développée à partir des dispositions de l'article 1065 C.c.B.-C. a conclu que le caractère personnel du contrat de travail ne permettait pas de demander l'exécution de l'obligation elle-même lorsqu'elle se rapportait à la prestation de travail à fournir:

> Il y a là une question de volonté et de liberté humaine contre lesquelles l'exécution directe est impuissante.[223]

Le régime juridique du contrat de travail du *Code civil du Québec* et les termes de l'article 1601 C.c.Q. laissent ces paramètres inchangés.

---

221. Voir et transposer: *Dubé* c. *Secrétariat de l'Action catholique de Joliette*, D.T.E. 2001T-1109 (C.A.) – compétence d'un arbitre en vertu d'une clause d'arbitrage obligatoire dans un contrat individuel. Voir aussi *Fillion & Frères (1976) inc.* c. *Syndicat national des employés de garage du Québec*, [2001] R.J.Q. 700 (C.S.).
222. Voir *infra*, Titre II, chapitre 8, n° 675.
223. *Dupré Quarries Ltd.* c. *Dupré*, [1934] R.C.S. 528, 531.

D'un point de vue pratique, l'exécution forcée en nature présenterait généralement peu d'intérêt pour l'employeur insatisfait du travail du salarié ou même, encore, victime d'une démission illégale de sa part.

Lorsque les parties ont liquidé à l'avance les dommages qui pourraient résulter d'une inexécution de ses obligations par le salarié, l'employeur pourra recourir à l'exécution directe de la clause pénale sous réserve de la possibilité pour le tribunal de réduire la peine stipulée si l'exécution partielle de l'obligation a profité à l'employeur ou si la clause est abusive (art. 1622 et 1623 C.c.Q.)[224].

Les obligations d'abstention qui découlent du fait que le salarié a souscrit à une clause de non-concurrence après la fin de son emploi, ou de son devoir inhérent de loyauté ou de discrétion, peuvent en principe donner ouverture à leur exécution forcée par voie d'injonction, aux conditions usuelles qui gouvernent l'octroi de cette mesure selon qu'elle est sollicitée à titre provisoire ou de façon permanente. La jurisprudence sanctionne couramment par l'injonction des contraventions aux engagements de non-concurrence ou aux devoirs que l'article 2088 C.c.Q. reconnaît désormais comme ceux de loyauté et de confidentialité du salarié[225].

175 – *Dommages-intérêts* – Les recours en dommages-intérêts obéissent aux règles générales énoncées aux articles 1607 à 1621 C.c.Q. L'employeur devra donc prouver une faute civile du salarié, le dommage qui lui en résulte et le lien de causalité entre les deux. La faute du salarié peut avoir été commise à l'endroit de l'employeur lui-même[226]. Elle peut aussi avoir causé un préjudice à un tiers et l'employeur en avoir été tenu responsable en vertu de l'article 1463 C.c.Q. tout en conservant un recours récursoire contre le salarié[227]. Dans tous les cas, l'employeur demeure tenu de mitiger ses dommages (art. 1479 C.c.Q.).

---

224. L'application d'une clause pénale est subordonnée à la commission d'une faute par le salarié: *Abadie* c. *M.F.Q. Vie*, D.T.E. 2000T-520 (C.Q.). Exemple d'une pénalité abusive: *Marius Lessard Inc.* c. *Assurances J.G. Cauchon & Associés Inc.*, D.T.E. 98T-845 (C.A.).
225. Voir *supra*, nos 113-120; *Armanious* c. *Datex Bar Code Systems Inc.*, précité, note 59; *Groupe financier Assbec Ltée* c. *Dion*, précité, note 59.
226. Exemple: *Rondeau* c. *Lamarre Valois International,* C.A. Montréal, no 500-09-000834-754, 26 septembre 1978 – octroi de dommages-intérêts à l'employeur forcé de licencier un employé en raison de son inconduite, avant le terme du contrat.
227. Voir *supra*, nos 141-142.

B. Les recours du salarié

1. Le licenciement irrégulier

176 – *Réintégration* – C'est le plus souvent à la suite d'un licenciement qu'il considère irrégulier que le salarié s'adressera au tribunal. Selon la jurisprudence traditionnelle en droit civil, le salarié licencié irrégulièrement ne peut réclamer sa réintégration dans son emploi par ordonnance judiciaire. Cette approche classique s'appuie sur le caractère personnel du contrat de travail, qui s'opposerait à l'exécution forcée en nature de l'obligation de l'employeur de fournir le travail au salarié[228]. On peut ajouter que dans la logique d'un régime qui permet la résiliation unilatérale du contrat de travail à durée indéterminée à la seule condition de donner à l'autre partie un délai de congé raisonnable (art. 2091 C.c.Q.), la réintégration trouve de façon générale aussi peu de justification que d'intérêt pratique. Sauf le cas d'un contrat à durée déterminée dont le terme demeurerait relativement éloigné, la même constatation vaut également à l'égard de ce type d'engagement.

L'incapacité générale du droit civil à maintenir le salarié dans son emploi à la suite d'un congédiement illégal est à l'origine de la multiplication des recours spéciaux en réintégration introduits par diverses lois. Ces dérogations de plus en plus nombreuses aux règles du droit civil qui font obstacle à l'exécution spécifique en faveur du salarié ont amorcé une réflexion des tribunaux sur la pertinence de la solution classique dans le contexte contemporain. Des jugements de la Cour d'appel ont signalé avec justesse qu'aucune disposition n'interdit l'exécution spécifique du contrat de travail en faveur du salarié et que les tribunaux l'ont plutôt écartée en fonction d'une perception qui prévalait à une époque donnée et à laquelle la réalité ne correspond plus dans tous les cas[229]. Donnant effet à cette réflexion, des jugements de la Cour supérieure ont permis, dans des circonstances particulières, à l'employé d'être maintenu dans son emploi[230]. Il n'est donc plus exclu

---

228. *Dupré Quarries Ltd.* c. *Dupré*, précité, note 223; *Ville de Jacques-Cartier* c. *Tanguay*, [1963] B.R. 852; *Capco Shoe Co. Ltd.* c. *Chartré*, [1965] B.R. 836; *Renda* c. *Cité de Lachine*, D.T.E. 83T-228 (C.S.).

229. *Rock Forest (Ville de)* c. *Gosselin*, [1991] R.J.Q. 1000 (C.A.); *Schacter* c. *Centre d'accueil Horizons de la jeunesse*, [1997] R.J.Q. 1828 (C.A.).

230. *Lavergne* c. *Bouchard*, précité, note 22 – injonction provisoire ordonnant la réintégration d'une dirigeante d'entreprise; *Leblanc* c. *Fertek inc.*, [2000] R.J.Q. 2921 (C.S.) – ordonnance de réintégration d'un directeur général d'entreprise, en considération de la convention entre actionnaires; *Aubrais* c. *Laval (Ville de)*, précité,

que les tribunaux doivent circonstancier leur réponse à une demande du salarié de conserver son emploi.

177 – *Réclamation du salaire* – Le salarié congédié illégalement peut alléguer la subsistance de son contrat de travail, jusqu'à son terme ou jusqu'à la fin du délai de congé auquel il avait droit, et demander l'exécution en nature des obligations pécuniaires qui s'y rattachent:

> L'obligation de payer une somme d'argent n'est pas une obligation de faire mais une obligation de donner et cette obligation de donner, lorsqu'elle n'est pas remplie volontairement, s'exécute en la manière prévue aux lois régissant l'exécution forcée des jugements[231].

Si le salarié opte pour un tel recours, il devra en principe établir qu'il était disponible pour fournir sa prestation de travail à l'employeur[232].

178 – *Dommages-intérêts* – Le plus souvent, le salarié choisira de réclamer les dommages-intérêts équivalents, pour son préjudice matériel, à la rémunération qui lui aurait été due si l'employeur n'avait pas rompu illégalement le contrat en y mettant fin sans motif sérieux, avant son échéance dans le cas d'un contrat à durée déterminée[233] ou sans délai de congé suffisant dans celui d'un contrat à durée indéterminée[234].

La réparation à laquelle le salarié a droit sous ce chef est intégrale, en ce sens qu'elle couvre l'ensemble des droits ayant une valeur pécuniaire dont le salarié a été privé, comme les primes ou

---

note 42 – ordonnance d'exécution d'une promesse d'embauche; *Zucker* c. *Computertime Network Corp.*, précité, note 22 – injonction interlocutoire; *Salazar* c. *Université du Québec à Hull*, D.T.E. 93T-1291 (C.S.) – mandamus; *Boivin* c. *Orchestre symphonique de Laval*, D.T.E. 92T-822 (C.S.) – injonction interlocutoire.

231. *Cité de Trois-Rivières* c. *Syndicat national des employés municipaux de Trois-Rivières*, [1962] B.R. 510, 512; *Panneaux Vicply Inc.* c. *Guindon*, D.T.E. 98T-34 (C.A.); *Baril* c. *Indusries Flexart Ltée*, [2001] R.J.Q. 488 (C.S.).

232. *Savoie* c. *Roy*, précité, note 150. Dans cet arrêt, les deux juges majoritaires ont néanmoins dégagé l'employé de cette obligation pour le motif que l'employeur avait lui-même annulé le contrat et fermé l'entreprise; dissident, le juge Vallerand s'en tient néanmoins, malgré les circonstances en l'espèce, à l'obligation qu'avait le demandeur d'offrir sa disponibilité à l'employeur. Voir aussi *Fortier* c. *Crémerie Union Inc.*, [1968] C.S. 573.

233. *Lespérance* c. *Waswanipi Development Corp.*, D.T.E. 99T-81 (C.A.); *Klamph* c. *International Brotherhood of Electrical Workers*, [1998] R.J.Q. 717 (C.A.); *Cournoyer* c. *Institut national de la recherche scientifique*, [1989] R.J.Q. 251 (C.A.).

234. *Surveyer, Nenniger & Chênevert Inc.* c. *Thomas*, précité, note 103. Voir aussi n° 168.

bonis prédéterminés, les avantages sociaux ou le droit d'utilisation d'un véhicule automobile (art. 1458, 1607 et 1613 C.c.Q.)[235].

L'article 1479 C.c.Q. impose au salarié licencié illégalement et qui réclame des dommages-intérêts de mitiger le préjudice qu'il subit. En pratique, cette obligation implique, d'une part, que l'employé cherche raisonnablement à se trouver un nouvel emploi dans le même domaine ou dans un champ connexe et, d'autre part, qu'il accepte toute offre d'emploi raisonnable dans les circonstances[236]. La création de sa propre entreprise par l'ex-salarié constitue également une façon de mitiger ses dommages[237]. Un fort courant de jurisprudence refuse de limiter les dommages dus par l'employeur en défaut d'avoir donné un délai-congé suffisant au seul temps qui s'est avéré nécessaire à l'employé pour se trouver un nouvel emploi[238]. D'un point de vue critique, l'indemnité légale de licenciement a un caractère prospectif et est payable, en principe, à la cessation de l'emploi. La réduire en fonction du temps pris par le salarié pour se trouver un nouvel emploi est de nature à inciter l'employeur à miser sur cette éventualité. Le fardeau de la preuve sur la mitigation des dommages repose sur l'employeur responsable d'un congédiement illégal; c'est à lui qu'il incombe de prouver que le salarié aurait pu raisonnablement minimiser la perte alléguée, à moins qu'il ne se contente de laisser cette question à l'appréciation du juge, à la lumière des circonstances révélées par la preuve apportée par le demandeur[239].

179 – *Dommages moraux* – L'article 1613 C.c.Q. limite l'octroi de dommages moraux aux cas où le préjudice subi était prévu ou prévisible au moment où l'obligation a été contractée et à ceux où le préjudice résulte d'une faute intentionnelle ou d'une faute lourde. La

---

235. *Vorvis* c. *Insurance Corporation of British Columbia*, [1989] 1 R.C.S. 1085. Voir aussi *Société immobilière Trans-Québec Inc.* c. *Colard*, D.T.E. 95T-411 (C.A.) – réclamation d'une indemnité d'assurance-vie par la succession du salarié; *Procureur général du Québec* c. *Corriveau*, [1989] R.J.Q. 1 (C.A.); *Day & Ross Inc.* c. *Toupin*, D.T.E. 2001T-274 (C.A.).

236. *Klamph* c. *International Brotherhood of Electrical Workers*, précité, note 233; *Logiciels Suivitel Inc.* c. *Coupal*, [1995] R.J.Q. 375 (C.A.); *Standard Radio Inc.* c. *Doudeau*, [1994] R.J.Q. 1782 (C.A.).

237. *Communications Quebecor Inc.* c. *Vignola*, D.T.E. 99T-549 (C.S.); *Bieber* c. *Nutech Inc.*, D.T.E. 98T-743 (C.S.).

238. Voir notamment: *Thomas Cook Overseas Ltd.* c. *McKee*, D.T.E. 83T-572 (C.A.); *Mormina* c. *St-Léonard (Ville de)*, D.T.E. 87T-757 (C.S.); *Deis* c. *S.N.C. Inc.*, D.T.E. 88T-527 (C.S.). *Contra*, toutefois: *Dallaire* c. *Chaîne coopérative du Saguenay*, D.T.E. 97T-603 (C.A.).

239. *Red Deer College* c. *Michaels*, [1976] 2 R.C.S. 324; *Audet* c. *Corp. des loisirs, secteur N.D.L.*, précité, note 28.

seule absence de motif sérieux ou de préavis suffisant de licenciement n'emporte donc pas automatiquement pour le salarié le droit à des dommages moraux, par exemple pour l'anxiété ou les autres inconvénients qu'il a subis et qui sont normaux, si on peut dire, dans les circonstances[240]. Par contre, le tribunal sanctionnera par l'octroi de tels dommages-intérêts supplémentaires le licenciement abusif, marqué de malice ou d'une conduite déraisonnable et excessive de la part de l'employeur[241]. Il y a lieu enfin de relever que l'article 317 C.c.Q. permet à la victime d'un abus de droit commis par une personne morale d'en tenir également responsables les dirigeants qui y ont participé.

180 – *Dommages punitifs* – L'article 1621 C.c.Q. réserve l'octroi de dommages-intérêts punitifs ou exemplaires aux seuls cas où la Loi le prévoit. C'est ce que fait l'article 49 de la *Charte des droits et libertés de la personne*[242], en autorisant le tribunal compétent à condamner à des dommages punitifs l'auteur d'une atteinte illicite et intentionnelle à une liberté ou à un droit reconnu par la Charte[243].

2. La rémunération

181 – *Exécution spécifique ou dommages-intérêts* – Le défaut de l'employeur de verser au salarié sa rémunération, sous quelque forme qu'elle prenne, donne ouverture à une demande judiciaire d'exécution en nature de cette obligation (art. 1590 et 1601 C.c.Q.)[244]. Le salarié se pourvoit alors par action en réclamation de salaire. L'injonction n'est en principe pas disponible lorsqu'il s'agit d'obtenir le paiement d'une somme d'argent[245]. Toutefois, l'urgence extrême d'une situation et le caractère alimentaire du salaire pourraient justifier qu'une demande d'injonction interlocutoire soit reçue favo-

---

240. *Standard Broadcasting Corp.* c. *Stewart*, précité, note 215; *Taxis Coop Québec, 525-5191* c. *Proulx*, [1994] R.J.Q. 603 (C.A.); *Société hôtelière Canadien Pacifique* c. *Hoeckner*, précité, note 156.
241. Dans *Wallace* c. *United Grain Growers Ltd.*, précité, note 81, la Cour suprême donne une série d'exemples de comportement malicieux ou abusif d'un employeur, à l'origine ou à l'occasion d'un licenciement. Voir aussi: *McKinley* c. *BC Tel*, précité, note 54; *Sauvé* c. *Banque Laurentienne du Canada*, précité, note 156; *Compagnie canadienne d'équipement de bureau* c. *Blouin*, D.T.E. 94T-563 (C.A.); *Imprimeries Stellac Inc.* c. *Plante*, [1989] R.J.Q. 256 (C.A.).
242. Précitée, note 47.
243. Exemples, dans le contexte d'un congédiement: *Tremblay* c. *Anjou (Ville d')*, [1991] R.J.Q. 1989 (C.S.); *Halkett* c. *Ascofigex Inc.*, [1986] R.J.Q. 2697 (C.S.).
244. *Cité de Trois-Rivières* c. *Syndicat national catholique des employés municipaux de Trois-Rivières*, précité, note 231.
245. *Ibid.*

rablement, pour empêcher que l'employé subisse un préjudice sérieux et irréparable[246].

Pour avoir droit au salaire qu'il réclame, le salarié doit prouver qu'il a fourni sa prestation de travail ou qu'il était disponible pour le faire[247].

Le salarié peut opter pour une demande de dommages-intérêts équivalents à la rémunération que l'employeur est en défaut de lui payer (art. 1590 et 1607 C.c.Q.)[248]. Le salarié est alors obligé de mitiger ses dommages[249].

Quel que soit le type de recours exercé, la réclamation peut être amendée en cours d'instance pour tenir compte, le cas échéant, de son accroissement. Une même cause d'action ne saurait toutefois donner lieu à des recours successifs en dommages-intérêts[250]. Dans tous les cas, l'employeur en défaut ou en retard de paiement au salarié de la rémunération qui lui est due se rend sujet à une condamnation au paiement de l'intérêt selon l'article 1617 C.c.Q. et de l'indemnité supplémentaire déterminée à l'article 1619 C.c.Q.

---

246. *Goulet* c. *Commission scolaire de Ste-Foy*, [1974] R.D.T. 479 (C.S.).
247. *Fortier* c. *Crémerie Union Inc.*, précité, note 232, p. 575-576; *Mathieu* c. *Rénald Mathieu Inc.*, précité, note 75. Voir aussi *Centre communautaire juridique de la Mauricie Bois-Francs* c. *Syndicat des avocats de l'Aide juridique de la Mauricie Bois-Francs*, précité, note 102. Comparer les opinions dans *Savoie* c. *Roy*, précité, note 150.
248. *Landry* c. *Radio du Pontiac Inc.*, D.T.E. 83T-200 (C.S.); *Martel* c. *Commissaires d'écoles de Wendover*, [1961] C.S. 491.
249. Exemple: *Gagné* c. *Matériaux Frigon Ltée*, D.T.E. 84T-869 (C.S.). Voir aussi, *supra*, no 178.
250. *Corporation de l'Hôpital Bellechasse* c. *Pilote*, J.E. 81-765 (C.A.).

CHAPITRE 2

LES NORMES DU TRAVAIL

182 – *Régime normatif du travail* – Les dernières décennies ont été marquées par une intervention croissante de l'État dans la définition du contenu obligationnel du rapport de travail. Des mesures législatives et réglementaires de plus en plus nombreuses et variées ont progressivement élaboré un régime légal de travail qui se préoccupe à la fois des conditions d'exécution du travail tout comme du maintien, en certaines circonstances, du lien d'emploi lui-même.

La *Loi sur les normes du travail* (L.N.T.)[1] représente la plus importante loi normative du travail, en regard de l'étendue de son champ d'application et du nombre de sujets dont elle traite. Adoptée en 1979, cette loi a remplacé la *Loi sur le salaire minimum*[2] dont la portée était beaucoup plus limitée[3]. L'autre pièce maîtresse du régime légal de travail du Québec est la *Loi sur la santé et la sécurité du travail*[4]. Le rattachement aux rapports individuels de travail de l'examen du volet normatif des relations du travail se justifie du fait que ce sont les salariés dont les conditions de travail sont déterminées sur une base individuelle qui en sont les principaux bénéficiaires et que les droits issus de ce régime normatif s'adressent à chaque salarié, directement et individuellement. Signalons toutefois immédiatement que ce substrat légal s'impose de façon générale tout autant à la détermination collective des conditions de travail qu'aux rapports individuels.

---

1. L.R.Q., c. N-1.1. Charles CAZA, *Loi sur les normes du travail – législation, jurisprudence et doctrine*, 4e éd., Montréal, Wilson & Lafleur Ltée, 2001.
2. L.R.Q., c. S-1.
3. Au 1er décembre 2002, les dispositions suivantes de la *Loi sur les normes du travail* n'étaient pas encore en vigueur: les articles 5(4), 29(4) et (6), 39(6) et (7) ainsi que 112 et 136 à 138.
4. L.R.Q., c. S-2.1. Voir *infra*, Titre I, chapitre 3, nos 268-271. Une étude complète de la législation normative du travail devrait par ailleurs tenir compte des régimes spéciaux issus des lois suivantes: *Loi sur les décrets de convention collective*, L.R.Q., c. D-2; *Loi sur les relations du travail, la formation professionnelle et la gestion de la main-d'œuvre dans l'industrie de la construction*, L.R.Q., c. R-20; *Loi sur la fonction publique*, L.R.Q., c. F-3.1.1.

I- LE CHAMP D'APPLICATION DES NORMES DU TRAVAIL

A. La couverture

183 – *Principe* – Bien qu'il soit très étendu, le champ d'application de la *Loi sur les normes du travail* demeure néanmoins légalement limité aux seuls employeurs et salariés, au sens des définitions données à ces termes par les paragraphes 1(7) et (10) L.N.T.

184 – *Employeur* – Le terme «employeur» désigne quiconque fait effectuer un travail par un salarié (art. 1(7) L.N.T.)[5]. Le cas échéant, il comprend l'État et les organismes qui en relèvent (art. 2, al. 2 L.N.T.)[6]. Le gouvernement ne peut toutefois être considéré comme l'employeur des personnes nommées à des fonctions de nature judiciaire en vertu de son pouvoir discrétionnaire de nomination ou en application de critères prédéterminés dans une loi; il ne dispose d'ailleurs pas à l'endroit de ces personnes du pouvoir de direction caractéristique de l'employeur[7].

185 – *Salarié* – La définition du terme «salarié» vise d'abord la situation classique qui donne lieu à un contrat de travail au sens du droit civil: travail subordonné, pour autrui, moyennant rémunération (art. 1(10) L.N.T.)[8]. Plusieurs jugements mettent en évidence le caractère déterminant du lien de subordination comme critère d'application de la Loi et l'importance secondaire de la forme de la rémunération pour la même fin[9]. Le travail véritablement bénévole

---

5. Voir, à ce sujet, la notion d'employeur au sens du droit civil, *supra*, Titre I, chapitre 1, n°s 85-94 et 101-102 et celle d'employeur au sens, cette fois, du *Code du travail*, L.R.Q., c. C-27, *infra*, Titre II, chapitre 1, n°s 306-307.
6. Cette mention était nécessaire du fait que la *Loi d'interprétation*, L.R.Q., c. I-16, art. 42, al. 1 prévoit qu'aucune «loi n'a d'effet sur les droits de l'État à moins qu'ils n'y soient expressément compris».
7. *Québec (Procureure générale)* c. *Monette*, D.T.E. 2002T-132 (C.S.) – membres du Tribunal administratif du Québec; *Bastien* c. *Gouvernement du Québec*, [1984] T.T. 7 – juges provinciaux.
8. Voir *supra*, Titre I, chapitre 1, n°s 86-94.
9. Quant à la subordination, voir: *J.B. Charron Ltée* c. *Commission du salaire minimum*, J.E. 80-39 (C.A.); *Paquette & Associés* c. *Côté-Desbiolles*, D.T.E. 97T-1240 (C.S.); *Commission des normes du travail* c. *9002-8515 Québec Inc.*, D.T.E. 2000T-432 (C.S.). Quant à la rémunération, voir: *Commission des normes du travail* c. *Paquette*, [2000] R.J.D.T. 169 (C.Q.) – pourcentage du montant facturé au client; *Commission des normes du travail du Québec* c. *R.B.C. Dominion Valeurs mobilières Inc.*, D.T.E. 94T-707 (C.S.) – participation aux profits; *Commission des normes du travail* c. *International Forums Inc.*, [1985] C.P. 1 – rémunération à la pièce d'un travail à domicile; *Visionic Inc.* c. *Michaud*, J.E. 82-50 (C.S.) – salaire déguisé, versé sous forme de dividendes à des actionnaires.

est évidemment exclu[10]; la renonciation à la rémunération doit alors être réelle et valide[11]. N'est pas, non plus, un salarié au sens de la Loi, la personne qui choisit de se constituer en personne morale et qui fournit ses services par l'intermédiaire de cette dernière[12].

La définition inclut nommément le travailleur qui pourrait être considéré comme un «entrepreneur dépendant», c'est-à-dire la personne qui travaille dans un cadre établi par son donneur d'ouvrage, qui fournit les éléments matériels nécessaires à cette fin et qui conserve comme rémunération la différence entre les coûts ainsi encourus et la somme prévue au contrat. Le degré de contrôle exercé par le donneur d'ouvrage devient ici le facteur déterminant de distinction entre cet entrepreneur dépendant et l'entrepreneur indépendant, auquel la Loi demeure inapplicable[13].

Les paragraphes 2(1) et (2) L.N.T. régissent la situation du salarié qui travaille soit partiellement soit totalement à l'extérieur du Québec pour un employeur «dont la résidence, le domicile, l'entreprise, le siège social ou le bureau se trouve au Québec». Dans le premier cas, la Loi s'applique intégralement et sans condition. Dans le second, elle ne trouve application que si la Loi du lieu où le salarié exécute son travail ne lui donne pas droit à un salaire minimum. Le salarié alors exclu conserve néanmoins le bénéfice des dispositions de la Loi qui prohibent l'établissement d'une retraite obligatoire (art. 3.1 L.N.T.).

B. Les exclusions

186 – *Sources et étendues variées* – Certains employés sont soustraits, totalement ou partiellement, à l'application de la *Loi sur les normes du travail*. Ces exclusions résultent de cette loi elle-même ou de la réglementation qui la complète et, dans quelques cas, d'autres lois. Il y a lieu de les identifier, ainsi que leur source, et d'en préciser l'étendue.

---

10. *Commission du salaire minimum* c. *Zone de ski Mauricie Inc.*, [1980] C.P. 79; *Trépanier* c. *Faucher*, [1965] C.S. 325.
11. *Commission des normes du travail* c. *St-Raymond Plymouth Chrysler Inc.*, D.T.E. 86T-935 (C.P.) – renonciation illégale à la rémunération du travail pendant une période d'entraînement.
12. *Lalande* c. *Provigo Distribution Inc.*, D.T.E. 98T-1059 (C.A.). Voir aussi *supra*, Titre I, chapitre 1, n° 100.
13. *Girardin* c. *Distribution Danièle Normand Inc.*, D.T.E. 2000T-228 (T.T.).

187 – *Article 3 L.N.T.* – L'article 3 L.N.T. prononce diverses exclusions catégorielles.

Sont d'abord totalement écartées, sous réserve d'un règlement contraire adopté en vertu de l'article 90, al. 2 L.N.T., les personnes dont la fonction exclusive est d'assurer la garde ou de prendre soin dans un logement d'un enfant, d'un malade, d'une personne handicapée ou d'une personne âgée, si l'employeur ne poursuit pas une fin lucrative (art. 3(2) L.N.T.). Cet employé peut effectuer des travaux ménagers directement liés aux besoins immédiats de la personne dont il a la garde, sans plus; autrement, il devient assimilable à un domestique au sens de la Loi (art. 1(6) L.N.T.).

L'employeur et le salarié régis par la *Loi sur les relations de travail, la formation professionnelle et la gestion de la main-d'œuvre dans l'industrie de la construction*[14] ne sont assujettis qu'aux dispositions de la Loi qui se rapportent aux congés familiaux, aux congés de grossesse et de maternité ou congé parental, de même qu'aux recours qui les garantissent (art. 3(3) L.N.T.).

L'«entrepreneur dépendant» assimilé à un salarié, est néanmoins soustrait à l'application de la Loi lorsque sa rémunération ou le tarif de ses services est fixé par un règlement du gouvernement adopté en vertu d'une autre loi (art. 3(4) L.N.T.)[15].

Est aussi totalement exclu l'étudiant qui travaille au cours de l'année scolaire dans un établissement choisi par une institution d'enseignement, en vertu d'un programme d'initiation au travail approuvé par le ministère de l'Éducation (art. 3(5) L.N.T.).

Le cadre supérieur est exclu de l'application de la Loi, sauf quant aux congés familiaux, aux congés de grossesse et de maternité et au congé parental et quant aux dispositions destinées à faire valoir les droits qui s'y rattachent (art. 3(6) L.N.T.). La Loi ne définit pas la notion de cadre supérieur. Selon son sens usuel dans le vocabulaire des relations du travail, elle s'oppose aux notions de «cadre inférieur» et de «cadre intermédiaire» et désigne l'employé qui occupe un poste de niveau hiérarchique élevé dans l'entreprise, généralement sous l'autorité directe d'un conseil d'administration, d'un président ou d'un directeur général, et qui dispose d'un pouvoir participatif et

---

14. L.R.Q., c. R-20.
15. *Paquette & Associés* c. *Côté-Desbiolles*, précité, note 9.

d'une autorité décisionnelle de niveau correspondant[16]. Les cadres inférieurs et intermédiaires sont ponctuellement soustraits, verrons-nous, à l'application de certaines normes particulières dictées par la Loi ou ses règlements[17].

L'article 3.1 L.N.T. laisse aux personnes exclues en vertu de l'article 3 le bénéfice de la protection contre la mise à la retraite obligatoire et des recours qui peuvent devenir nécessaires pour réaliser cette protection.

188 – *Articles 88 et 90 L.N.T.* – L'article 88 L.N.T. autorise le gouvernement à exclure, par règlement, toute catégorie de salariés qu'il désigne de l'application totale ou partielle des normes de salaire, lesquelles peuvent alors aussi être remplacées par d'autres. Ce pouvoir est matérialisé dans les exclusions prononcées par l'article 2 du *Règlement sur les normes du travail*[18]. Le gouvernement peut de la même façon, en vertu de l'article 90 L.N.T., adopter un règlement pour soustraire à l'application totale ou partielle de quelque partie de la Loi ou des règlements les établissements de rééducation physique, mentale ou sociale et, le cas échéant, pour fixer les normes du travail applicables aux salariés qui y travaillent[19]. Les normes de remplacement adoptées selon les articles 88 ou 90 L.N.T. peuvent varier selon la sorte d'activités et le genre de travail (art. 91 L.N.T.)[20]. L'exercice de ces différents pouvoirs réglementaires obéit à la procédure dictée aux articles 33 à 38 de la Loi (art. 92 L.N.T.).

---

16. G. DION, *Dictionnaire canadien des relations du travail*, 2e éd., Québec, P.U.L., 1986, p. 62. *Commission des normes du travail* c. *Beaulieu*, [2001] R.J.D.T. 10 (C.A.) – cadre intermédiaire; *General Electric Canada Inc.* c. *Couture*, [2002] R.J.Q. 1913 (C.S.); *Communications Quebecor inc.* c. *Vignola*, D.T.E. 99T-549 (C.S.) – conclusion négative. La détermination de la présence ou de l'absence du statut de cadre supérieur est une question intra-juridictionnelle pour le tribunal spécialisé appelé à en décider: *Allard* c. *Vignola*, D.T.E. 99T-191 (C.S.); *contra* toutefois: *General Electric Canada Inc.* c. *Couture*, précité.

17. Ces cadres sont toutes les personnes qui exercent une fonction de direction, que ce soit à l'endroit d'autres employés ou sous d'autres aspects de la gestion de l'entreprise: *Commission scolaire de Rouyn-Noranda* c. *Lalancette*, [1976] C.A. 201; *Entreprises de Pipe-Line Universel Ltée* c. *Prévost*, J.E. 88-804 (C.A.); *Commission des normes du travail* c. *Internote Canada Inc.*, [1985] C.S. 383, confirmé sans que cette question soit discutée dans *Internote Canada Inc.* c. *Commission des normes du travail*, [1989] R.J.Q. 2097 (C.A.).

18. R.R.Q., c. N-1.1, r. 3.

19. Voir le *Règlement d'exclusion des établissements visés à l'article 90 de la Loi sur les normes du travail*, R.R.Q., c. N-1.1, r. 2.

20. Le gouvernement s'est jusqu'à maintenant abstenu d'adopter de telles normes de remplacement.

189 – *Autres lois* – Certaines lois excluent de l'application de la *Loi sur les normes du travail* des personnes appelées à fournir un travail dans un contexte marginalisé. C'est le cas pour les détenus en vertu de la *Loi sur la probation et les établissements de détention*[21], pour les personnes condamnées à des travaux compensatoires conformément au *Code de procédure pénale*[22] et pour celles qui participent à une activité de travail dans le cadre d'une mesure ou d'un programme d'aide à l'emploi en application de la *Loi sur le soutien du revenu et favorisant l'emploi et la solidarité sociale*[23].

II- LE SALAIRE

190 – *Taux applicables* – Le salaire minimum payable aux salariés est fixé par règlement du gouvernement (art. 40 L.N.T.). Le *Règlement sur les normes du travail*[24] prescrit un taux horaire de salaire minimum général et un taux réduit pour les salariés qui reçoivent habituellement des pourboires dans le cadre de leur travail[25]. Le salaire minimum payable au domestique qui réside chez son employeur est établi sur une base hebdomadaire[26].

191 – *Exclusions* – L'article 39.1 de la Loi exclut du bénéfice du salaire minimum les salariés qui travaillent à l'exploitation d'une petite ferme telle qu'elle est définie dans cet article.

D'autres exclusions sont prononcées par l'article 2 du *Règlement sur les normes du travail*: (1o) les étudiants employés dans un organisme à but non lucratif et à vocation sociale comme une colonie de vacances ou un organisme de loisirs; (2o) les stagiaires qui participent à un cours de formation professionnelle reconnu par une loi; (3o) les stagiaires dans le cadre d'un programme d'intégration professionnelle prévu à l'article 61 de la *Loi assurant l'exercice des droits des personnes handicapées*[27]; (4o) les salariés entièrement rémunérés à

---

21. L.R.Q, c. P-26, art. 19.7.
22. L.R.Q., c. 25.1, art. 340.
23. L.R.Q., c. S-32.001, art. 8.
24. *Règlement sur les normes du travail,* précité, note 18.
25. *Ibid.*, art. 3 et 4: taux général, 7,20 $ l'heure, depuis le 1er octobre 2002, et 7,30 $ l'heure à compter du 1er février 2003; taux des salariés à pourboires, 6,45 $ l'heure, depuis le 1er octobre 2002, et 6,55 $ l'heure à compter du 1er février 2003.
26. *Ibid.*, art. 5: 288 $ par semaine, depuis le 1er octobre 2002, et 292 $ par semaine, à compter du 1er février 2003.
27. L.R.Q., c. E-20.1. Sur la légalité de cette exclusion au regard de la *Charte des droits et libertés de la personne* (L.R.Q., c. C-12), voir: *Québec (Procureur général) c. Lambert*, [2002] R.J.Q. 599 (C.A.).

commission qui travaillent dans une activité à caractère commercial en-dehors de l'établissement de l'employeur et dont les heures de travail sont incontrôlables; (5°) les salariés surnuméraires embauchés occasionnellement pour les récoltes; (6°) les employés aux productions fruitières ou horticoles et affectés principalement à des opérations non mécanisées. La Cour d'appel a décidé qu'une fausse déclaration du salarié faisant croire, au moment de son embauche, qu'il est exclu de l'application du salaire minimum est opposable à une réclamation ultérieure de ce salaire minimum[28].

192 – *Exigibilité* – Sous réserve des exclusions, le salaire minimum horaire est payable au salarié même si le contrat entre les parties ne prévoit le versement d'aucune rémunération sur cette base et qu'il conditionne le versement de toute rémunération à l'obtention d'un résultat par le salarié. C'est le cas, par exemple, d'un vendeur dont l'engagement prévoit qu'il sera entièrement rémunéré à commission, mais qui travaille dans l'établissement de l'employeur ou dont les heures de travail sont contrôlables[29].

193 – *Calcul* – Aucun avantage matériel ou autre, comme le bénéfice du gîte ou l'utilisation d'une automobile, ne peut entrer dans le calcul du salaire minimum (art. 41 L.N.T.)[30]. Au-delà de ce dernier, le montant maximum exigible pour la chambre et la pension que l'employeur fournit à un salarié est fixé par règlement du gouvernement (art. 51 L.N.T.)[31]. L'article 85 de la Loi oblige l'employeur à fournir gratuitement aux salariés payés au salaire minimum l'uniforme dont il rend le port obligatoire; il ne peut exiger du salarié une somme d'argent pour l'achat, l'usage ou l'entretien d'un uniforme si cette exigence a pour effet que le salarié reçoive moins que le salaire minimum.

194 – *Pourboires* – Le pourboire est par nature une gratification du client pour un service qu'il a reçu. La Loi déclare qu'il appartient exclusivement au salarié et qu'il ne fait pas partie du salaire qui lui

28. *Corporation Cité-joie Inc.* c. *Commission des normes du travail du Québec*, [1994] R.J.Q. 2425 (C.A.).

29. *Commission des normes du travail du Québec* c. *R.B.C. Dominion Valeurs mobilières Inc.*, précité, note 9; *Commission des normes du travail* c. *St-Raymond Plymouth Chrysler Inc.*, précité, note 11; *Commission du salaire minimum* c. *Habitations du Temps Inc.*, J.E. 81-486 (C.P.).

30. *Commission des normes du travail* c. *Immeubles Yamiro inc.*, D.T.E. 2002T-562 (C.Q.).

31. *Règlement sur les normes du travail*, précité, note 18, art. 6 et 7.

est par ailleurs dû par l'employeur (art. 50, al. 1 L.N.T.). Le deuxième alinéa de l'article 50 L.N.T. précise que si l'employeur perçoit le pourboire, il le remet au salarié et, surtout, affirme que le mot pourboire comprend les frais de service ajoutés à la note du client. Cette dernière mention illustre bien la puissance de la Loi, qui peut aller jusqu'à ignorer la réalité en la redéfinissant. En effet, les frais de service ajoutés à la note du client sont dépourvus de toute intention de gratification de sa part.

Au regard de ces données légales, une pratique courante, celle du partage des pourboires entre les salariés qui participent au service à divers titres, soulève quelques questions. L'employeur peut-il l'imposer d'autorité? La réponse est-elle la même en toutes circonstances?

Le pourboire remis directement par le client à un salarié doit être considéré lui appartenir, en l'absence de renonciation de sa part[32]. La situation se présente quelque peu différemment lorsqu'il s'agit de frais de service fixés par l'employeur. Le pouvoir de l'employeur d'établir ces frais de service emporte comme corollaire celui de les répartir entre les salariés, à condition que ces derniers en aient été informés et que la totalité des frais de service leur soit retournée[33].

L'article 50.1 L.N.T. permet à l'employeur de faire assumer au salarié les frais reliés à l'utilisation, par le client, d'une carte de crédit, pour la proportion de ces frais attribuable à ses pourboires.

195 – *Salariés à temps partiel* – Les salariés à temps partiel bénéficient, en vertu de l'article 41.1 de la Loi, d'un droit à une égalité de traitement salarial jusqu'à concurrence de deux fois le salaire minimum. L'employeur ne peut, pour le seul motif qu'ils travaillent moins d'heures par semaine, leur accorder un taux de salaire inférieur à celui payé aux autres salariés qui effectuent les mêmes tâches dans le même établissement[34].

---

32. *Émond* c. *147564 Canada inc.*, D.T.E. 2001T-1154 (C.T.). Voir également et comparer: *Commission des normes du travail* c. *9029-8118 Québec Inc.*, n° 200-22-014143-002, 23 mai 2001 (C.Q.).
33. *Commission des normes du travail* c. *Cie Baie-Comeau ltée*, D.T.E. 85T-608 (C.Q.). À comparer avec *Commission des normes du travail* c. *9029-8118 Québec Inc.*, précité, note 32 et avec *Commission des normes du travail* c. *Club de Golf Islemere Inc.*, [1985] C.P. 270.
34. *Maison Simons Inc.* c. *Commission des normes du travail*, D.T.E. 96T-18 (C.A.).

196 – *Moment du paiement* – Les articles 43 et 45 de la Loi déterminent le moment où le salaire devient payable. L'employeur dispose d'un mois pour effectuer le premier versement de salaire régulier de l'employé nouvellement entré en fonction (art. 43, al. 2 L.N.T.)[35]. Par la suite, l'intervalle maximum de versement du salaire régulier est de 16 jours; il peut toutefois être d'un mois dans le cas des cadres et des «entrepreneurs dépendants» assimilés aux salariés au sens de la Loi (art. 43, al. 1 L.N.T.)[36]. Un paiement irrégulier, comme celui d'une prime pour du temps supplémentaire, gagné au cours de la semaine qui précède le versement du salaire, peut être effectué lors du versement régulier subséquent ou, le cas échéant, au moment prévu par une disposition particulière d'une convention collective ou d'un décret de convention collective (art. 43, al. 1 L.N.T.). Lorsque le jour habituel de paie tombe un jour férié et chômé, l'employeur doit verser le salaire le jour ouvrable précédent (art. 45 L.N.T.).

Les démarches qu'un salarié doit effectuer pour obtenir le versement de sa paie conformément à la Loi constituent l'exercice d'un droit protégé par cette dernière[37].

197 – *Mode de paiement* – Le salaire dû au salarié lui est payable soit en espèces sous enveloppe scellée, soit par chèque; dans ce dernier cas, le paiement est réputé ne pas avoir été fait au salarié si le chèque n'est pas encaissable par lui dans les deux jours qui suivent sa réception. Quant au paiement par virement bancaire, il peut être prévu par convention écrite, individuelle ou collective, ou par un décret de convention collective (art. 42 L.N.T.)[38].

Sauf s'il est fait par virement bancaire ou s'il est expédié par la poste, le paiement du salaire au salarié doit lui être fait en mains propres sur les lieux du travail et pendant un jour ouvrable (art. 44 L.N.T.). L'article 46 de la Loi énonce toutes les mentions que doit contenir le bulletin de paie obligatoirement remis au salarié en même temps que son salaire. L'acceptation de ce bulletin de paie n'emporte aucune renonciation de la part du salarié (art. 48 L.N.T.). Il est interdit à l'employeur d'exiger toute formalité de signature autre que celle par laquelle le salarié reconnaît que la somme qui lui est remise correspond au salaire indiqué au bulletin de paie (art. 47 L.N.T.).

---

35. *Commission des normes du travail* c. *Beausignol*, [1987] R.J.Q. 688 (C.P.).
36. *Ibid.*
37. *Cormier* c. *Groupe L.M.B. Experts-conseils (1992) Inc.*, [1997] T.T. 249.
38. *Commission des normes du travail* c. *Beausignol*, précité, note 35; *Giguère* c. *Centura Québec*, [1983] T.T. 455.

198 – *Retenues sur le salaire* – L'article 49, al. 1 L.N.T. interdit à l'employeur d'effectuer quelque retenue sur le salaire du salarié, à moins d'y être contraint par une loi[39], un règlement, une ordonnance d'un tribunal[40], une convention collective, un décret ou un régime complémentaire de retraite à adhésion obligatoire, ou d'y être autorisé par écrit[41] par le salarié. Sauf si elle se rapporte à un régime d'assurance collective ou à un régime complémentaire de retraite, l'autorisation donnée par le salarié peut être révoquée en tout temps (art. 49, al. 2 L.N.T.). L'autorisation devant être écrite, la révocation devrait l'être aussi. Les sommes retenues et destinées à un tiers doivent lui être remises (art. 49, al. 2 L.N.T.). La Cour d'appel a décidé que cette interdiction légale de retenue sur le salaire n'empêchait pas l'employeur d'invoquer les règles du droit civil (art. 1672 et s. C.c.Q.) pour effectuer la compensation d'une dette certaine, liquide et exigible du salarié envers lui, en retenant une partie du salaire dû au salarié comme mode de paiement de cette dette[42].

III- LA DURÉE DU TRAVAIL

A. La semaine normale de travail

199 – *Durée et effet* – C'est en vain qu'on rechercherait dans la *Loi sur les normes du travail* ou ses règlements l'imposition d'une durée maximale du travail, au-delà de laquelle l'employé aurait le droit de refuser de travailler[43]. L'article 52 L.N.T. se limite à détermi-

---

39. Exemples: *Loi de l'impôt sur le revenu*, S.C. 1970-71-72, c. 63, art. 53; *Loi sur les impôts*, L.R.Q., c. I-3, art. 1015; *Loi sur l'assurance-emploi*, L.C. 1996, c. 23, art. 82; *Loi sur le régime de rentes du Québec*, L.R.Q., c. R-9, art. 50 et 59; *Code du travail*, L.R.Q., c. C-27, art. 47.
40. Voir les articles 641 et s. du *Code de procédure civile* (saisie-arrêt de salaire) et le paragraphe 100.12b) du *Code du travail*, *ibid.*
41. *Côté* c. *Placements M. & A. Brown Inc.*, D.T.E. 87T-956 (C.P.). L'autorisation doit être donnée personnellement par le salarié.
42. *Syndicat des professionnels et professionnelles du réseau scolaire du Québec (C.E.Q.)* c. *Commission scolaire de la Mitis*, [1989] R.L. 603 (C.A.); *Syndicat des professionnels de la Commission des écoles catholiques de Montréal* c. *Moalli*, D.T.E. 91T-679 (C.A.). Voir aussi: *Distribution Trans-Canada Kébec Disque* c. *Michaud*, [1996] T.T. 214; *Commission des normes du travail* c. *Ballin inc.*, D.T.E. 2002T-503 – REJB 2002-31977 (C.Q.). Sur la possibilité, dans ce cadre, pour l'employeur d'imposer à l'employé l'obligation de lui rembourser un déficit de caisse et, le cas échéant, de retenir ce déficit sur le salaire de l'employé, voir: *Comité paritaire de l'industrie de l'automobile de Montréal et du district* c. *Gasoline Stations Montreal Taxicab Ltée*, D.T.E. 91T-1308 (C.A.).
43. Un tel refus pourrait, exceptionnellement, s'autoriser de la *Loi sur la santé et la sécurité du travail*, L.R.Q., c. S-2.1, lorsqu'un travail devient dangereux pour le salarié du fait de sa durée excessive (art. 12 et s.). La même loi permet par ail-

ner une «semaine normale de travail» dont la seule utilité est de fixer le seuil au-delà duquel l'employé sera considéré travailler en temps supplémentaire et, de ce fait, aura droit à une rémunération majorée. Le premier alinéa de cette disposition législative a d'abord fixé à 44 heures la semaine normale de travail; le deuxième alinéa l'a toutefois réduite d'une heure par semaine au 1er octobre de chacune des années 1997 à 2000[44]. La durée de la semaine normale de travail est ainsi de 40 heures depuis le 1er octobre 2000.

200 – *Exceptions* – La règle générale des 40 heures par semaine souffre diverses exceptions. D'abord, elle ne s'applique pas aux salariés mentionnés à l'article 54 de la Loi, parmi lesquels on trouve les cadres, les salariés qui travaillent en-dehors de l'établissement et dont les heures de travail sont incontrôlables, ceux qui sont employés à l'exploitation d'une petite ferme et les travailleurs agricoles[45]. Sauf pour les cadres et pour les salariés qui travaillent en-dehors de l'établissement de l'employeur et dont les heures de travail sont incontrôlables, le gouvernement peut déterminer par règlement une semaine normale de travail applicable à toute catégorie de salariés qu'il désigne (art. 54, al. 2 et 89 L.N.T.). C'est ce qu'il a fait pour les gardiens qui ne travaillent pas pour une entreprise de gardiennage (60 heures), pour les salariés qui travaillent dans un endroit isolé ou sur le territoire de la Baie James (55 heures), pour les domestiques qui résident chez leur employeur (49 heures) et pour les salariés d'une exploitation forestière ou d'une scierie (47 heures)[46].

201 – *Étalement* – L'article 53 de la Loi permet par ailleurs de recourir au mécanisme de l'étalement de la durée normale du travail sur une base autre qu'hebdomadaire. Cet étalement peut résulter d'une décision de l'employeur, avec l'autorisation de la Commission des normes du travail[47], ou encore d'une convention collective ou

---

leurs à la Commission de la santé et de la sécurité du travail de déterminer une durée maximale d'exécution de certaines occupations, par jour ou par semaine (art. 223, 12°).

44. Les articles 2 et 3 de la *Loi modifiant la Loi sur les normes du travail concernant la durée de la semaine normale de travail* (L.Q. 1997, c. 45) aménagent des mesures transitoires d'application de cette réduction en présence d'une convention collective ou d'une sentence arbitrale qui en tient lieu ou d'un décret de convention collective.

45. Sur la notion de «travailleur agricole», voir: *Commission des normes du travail c. Pépinière Fleur de Lys Inc.*, [1989] R.J.Q. 2249 (C.Q.).

46. *Règlement sur les normes du travail*, précité, note 18, art. 8 à 13.

47. Ce pouvoir de la Commission des normes du travail lui est aussi expressément conféré par le paragraphe 39(12) L.N.T. Pour encadrer l'exercice de cette discrétion, la Commission a adopté une *Politique sur l'étalement des heures de travail*,

d'un décret de convention collective, sans que l'autorisation de la Commission soit alors nécessaire.

202 – *Temps de travail réputé* – Est réputé temps de travail pour le salarié, le temps où il est à la disposition de son employeur sur les lieux du travail alors qu'il est obligé d'attendre qu'on lui fournisse le travail. Ces conditions impliquent à la fois que le salarié soit sur les lieux du travail à la demande de son employeur et qu'il y attende que l'employeur lui fournisse le travail à exécuter (art. 57 L.N.T.)[48]. Selon l'article 59 de la Loi, un salarié est aussi réputé être au travail durant la pause-café[49].

203 – *Rémunération du temps supplémentaire* – Tout travail exécuté en sus de la semaine normale de travail doit être rémunéré à taux et demi, c'est-à-dire à 150 % du salaire horaire habituel (non du salaire minimum) que touche le salarié, exclusion faite des primes établies sur une base horaire comme les primes de travail de nuit ou de responsabilité particulière (art. 55 L.N.T.). En principe, il appartient à l'employeur de limiter par des instructions appropriées le nombre d'heures de travail que le salarié est autorisé à accomplir[50]. Une autorisation implicite de travailler en temps supplémentaire pourra s'inférer des circonstances et des fonctions et responsabilités confiées à l'employé.

L'absence d'assujettissement du salarié à une semaine normale de travail ne saurait avoir pour effet de l'empêcher de recevoir au moins le salaire minimum pour toutes les heures travaillées[51]. Dans

CA-01 (août 1992, révisée le 2 mars 2001). Cette politique exige de l'employeur qu'il accorde aux salariés un bénéfice d'une autre nature pour compenser la perte de l'avantage que représente le paiement du temps supplémentaire calculé sur une base hebdomadaire. Elle requiert aussi l'accord des salariés au régime d'étalement proposé par l'employeur.

48. *Commission des normes du travail* c. *Urgel Bourgie Ltée*, D.T.E. 96T-1409 (C.S.); *Syndicat des infirmières et infirmiers de l'Est du Québec* c. *Côté*, D.T.E. 91T-332 (C.S.); *Commission des normes du travail* c. *Cie de fiducie Canada Permanent*, D.T.E. 83T-601 (C.P.). Voir aussi et comparer les décisions contradictoires rendues relativement au temps des repas pris sur les lieux du travail à la demande de l'employeur, pour les fins du calcul du temps supplémentaire, dans les affaires suivantes: *Syndicat des salariés de plastique Micron (C.S.D.)* c. *Plastique Micron inc.*, D.T.E. 2001T-57 (T.A.); *Syndicat de l'industrie de l'imprimerie de St-Hyacinthe inc.* c. *Fortier*, D.T.E. 2001T-987 (C.S.).

49. Voir *infra*, n° 206.

50. *Cléroux-Strasbourg* c. *Gagnon*, [1986] R.J.Q. 2820 (C.A.); *Commission des normes du travail* c. *Assurexperts Guy Lapointe inc.*, D.T.E. 2002T-934 (C.Q.).

51. *Commission des normes du travail du Québec* c. *2861496 Canada Inc.*, D.T.E. 95T-345 (C.Q.).

le cas particulier des cadres, il leur demeure possible de convenir d'une rémunération hebdomadaire sans égard au nombre d'heures travaillées[52]. Si leur rémunération est fondée sur un taux horaire, ils pourraient réclamer le paiement de toutes leurs heures travaillées sur la base de ce taux[53].

Sur demande du salarié, ou dans les cas prévus par une convention collective ou un décret, le temps supplémentaire peut être payé par une compensation en temps, c'est-à-dire en accordant au salarié un congé d'une durée équivalente aux heures supplémentaires effectuées, majorée de 50 %[54]. Les congés annuels et les jours fériés, chômés et payés sont assimilés à des jours de travail aux fins du calcul de la semaine normale de travail et des heures supplémentaires (art. 56 L.N.T.).

204 – *Limite au temps supplémentaire* – Le paragraphe 122(6) L.N.T. limite dans certains cas l'obligation du salarié de travailler en temps supplémentaire. Il interdit en effet à l'employeur d'imposer une sanction au salarié pour le motif que celui-ci a refusé de travailler au-delà de ses heures habituelles de travail «parce que sa présence était nécessaire pour remplir des obligations reliées à la garde, à la santé ou à l'éducation de son enfant mineur, bien qu'il ait pris tous les moyens raisonnables à sa disposition pour assumer autrement ses obligations».

205 – *Heures brisées* – L'article 58 L.N.T. régit ce qu'il est convenu d'appeler les heures brisées. À moins de cas fortuit ou que la rémunération du surtemps lui assure un montant supérieur, le salarié a droit, à chaque présence au travail à la demande de son employeur, à une rémunération minimale de trois heures consécutives à son taux habituel de salaire. Les deuxième et troisième alinéas du même article prévoient des exceptions en des termes assez vagues renvoyant à la nature du travail qui peut requérir son exécution habituelle et normale par heures brisées (par exemple, brigadiers scolaires, chauffeurs d'autobus, surveillants dans les écoles, ouvreuses).

---

52. *Commission des normes du travail c. Beaulieu*, précité, note 16.
53. *Lalanne c. St-Jean-sur-Richelieu (Ville de)*, D.T.E. 2001T-117 – REJB 2001-22048 (C.S.).
54. *S.N.C. Lavalin inc. c. Lemelin*, D.T.E. 99T-751.

B. Les repos et les congés

1. Les repos

206 – *Pause-café et pause-repas* – La Loi n'impose aucune obligation de prévoir une pause-café (ou santé). Toutefois, lorsqu'il y en a une, le salarié est réputé être au travail pendant sa durée (art. 59 L.N.T.). Il a donc droit d'être rémunéré.

Sous réserve des dispositions contraires qui peuvent être contenues dans une convention collective ou un décret, l'employeur doit accorder au salarié une période minimale de trente minutes pour prendre son repas après chaque période de cinq heures consécutives de travail. Cette période n'est toutefois pas rémunérée, à moins que le salarié soit tenu de demeurer à son poste de travail (art. 79 L.N.T.). Dans ce dernier cas, l'obligation du salarié, qui lui donne le droit d'être payé, se limite à être présent sans qu'il soit tenu de maintenir son rythme de travail[55].

207 – *Repos hebdomadaire* – L'article 78 L.N.T. donne au salarié le droit à un repos hebdomadaire d'une durée minimale de vingt-quatre heures consécutives, sous réserve de l'application, le cas échéant, d'un régime d'étalement des heures de travail établi en vertu du paragraphe 12 de l'article 39, ou de l'article 53. Dans le cas d'un travailleur agricole, cette période de repos peut être reportée à la semaine suivante.

2. Les congés fériés, chômés et payés

208 – *Désignation* – L'article 60 de la *Loi sur les normes du travail* prévoit sept jours fériés, chômés et payés , qui s'ajoutent à celui de la fête nationale du 24 juin édicté, avec des modalités analogues, par la *Loi sur la fête nationale*[56].

Ces jours de congé sont les suivants:

1o   Le 1er janvier;

2o   Le vendredi saint ou le lundi de Pâques, au choix de l'employeur ou, le dimanche de Pâques pour les salariés travaillant dans un

---

55. *Domtar Inc.* c. *Syndicat canadien des travailleurs du papier, section locale 1492*, D.T.E. 91T-1406 (C.A.).
56. L.R.Q., c. F-1.1. *Commission des normes du travail* c. *Sept-Îles (Ville de)*, [1986] R.J.Q. 543 (C.P.).

établissement commercial, habituellement ouvert le dimanche, dans lequel le public ne peut être admis ce dimanche en vertu du paragraphe 3 de l'article 3 de la *Loi sur les heures et les jours d'admission dans les établissements commerciaux* (L.R.Q., c. H-2.1);

3o   Le lundi qui précède le 25 mai;

4o   Le 1er juillet ou, si cette date tombe un dimanche, le 2 juillet;

5o   Le premier lundi de septembre;

6o   Le deuxième lundi d'octobre;

7o   Le 25 décembre.

209 – *Conditions d'application* – Les congés énumérés à l'article 60 L.N.T. et les autres dispositions de la Loi qui s'y rapportent ne s'appliquent pas aux salariés qui sont régis par une convention collective ou un décret de convention collective prévoyant au moins sept jours fériés, chômés et payés, en plus de la Fête nationale, non plus qu'aux autres salariés du même établissement qui bénéficient d'un nombre de jours chômés et payés au moins égal à celui prévu dans cette convention collective ou ce décret (art. 59.1 L.N.T.).

Les jours fériés et chômés désignés à l'article 60 de la Loi doivent être payés au salarié qui y a droit lorsqu'ils tombent un jour ouvrable pour lui; le salarié a alors droit à une indemnité égale à la moyenne de son salaire journalier des jours travaillés au cours de la période complète de paie précédant ce jour férié, sans tenir compte des heures supplémentaires (art. 62, al. 1 L.N.T.)[57]. Est un jour ouvrable pour le salarié, un jour où il travaille régulièrement ou fréquemment, même si ce n'est pas toujours[58]. Le salarié qui doit effectivement travailler ou qui est en vacances un jour férié et chômé a droit à un congé de remplacement ou à une indemnité compensatoire, en plus de la rémunération à laquelle il a déjà droit pour son travail ou pour ses vacances (art. 63 et 64 L.N.T.).

---

57. L'indemnité payable au salarié rémunéré principalement à commission est calculée selon les modalités prévues au deuxième alinéa de cet article 62 L.N.T.
58. *Commission des normes du travail* c. *Béatrice Foods Inc.*, D.T.E. 97T-1172 (C.Q.).

L'article 65 L.N.T. soumet le droit au congé à deux conditions: (1) l'employé doit compter soixante jours de service continu dans l'entreprise[59]; (2) l'employé ne doit pas s'absenter du travail la veille ou le lendemain du jour férié, à moins que ce soit avec l'autorisation de l'employeur ou pour une raison «valable».

3.   Le congé annuel

210 – *Acquisition du droit* – Le droit du salarié à une période annuelle de vacances est fonction de la durée de son «service continu» dans l'entreprise. L'article 77 L.N.T. exclut de l'application des dispositions relatives au congé annuel les catégories suivantes de salariés: les étudiants employés dans une colonie de vacances ou dans un organisme à but non lucratif et à vocation sociale ou communautaire[60]; les surnuméraires embauchés pendant la période des récoltes; les stagiaires rattachés à un programme de formation professionnelle reconnu par une loi; les vendeurs d'immeubles, les vendeurs de valeurs mobilières et les agents d'assurances lorsqu'ils sont entièrement rémunérés à commission.

L'année de référence sert à déterminer à un moment précis la durée du congé annuel auquel le salarié a droit selon son service continu. Cette année de référence a cours du 1er mai d'une année au 30 avril de l'année suivante, à moins qu'elle soit autrement établie par une convention, individuelle ou collective, ou par un décret de convention collective (art. 66 L.N.T.).

En vertu de l'article 68 L.N.T., le salarié qui compte moins d'un an de service continu dans l'année de référence a droit à un jour de congé par mois de service continu, jusqu'à concurrence de deux semaines, et celui qui compte un an et plus de service continu a droit à deux semaines continues. Le salarié visé à l'article 68 de la Loi a également droit, sur demande de sa part, à un congé annuel supplémentaire sans salaire d'une durée égale au nombre de jours requis pour porter son congé annuel total à trois semaines (art. 68.1 L.N.T.)[61]. Celui qui justifie de cinq ans de service continu acquiert le droit à une troisième semaine de congé continu (art. 69 L.N.T.)[62].

---

59.   Le salarié doit être lié par contrat de travail à l'employeur de façon continue depuis au moins soixante jours (art. 1, 12° L.N.T.).
60.   *Commission des normes du travail* c. *Edphy Inc.*, [1984] C.S. 403; *Commission des normes du travail* c. *Outremont (Ville d')*, D.T.E. 86T-482 (C.P.).
61.   Le deuxième alinéa de cet article précise que le congé supplémentaire n'a pas à être en continuité de celui prévu à l'article 68, mais qu'il ne peut être ni fractionné, ni remplacé par une indemnité compensatoire.
62.   *Bell Rinfret & Cie Ltée* c. *Bernard*, D.T.E. 88T-297 (C.A.).

211 – *Fractionnement* – L'article 71 de la Loi régit les possibilités de fractionnement du congé. Un congé d'une semaine ou moins ne peut être fractionné. Au-delà de cette durée, le salarié peut obtenir le fractionnement de son congé annuel à sa demande, sauf si l'employeur ferme son établissement pour une période égale ou supérieure à celle du congé annuel du salarié. De son côté, l'employeur qui, le 30 mars 1995, fermait son établissement pour la période de congé annuel peut imposer au salarié un fractionnement de ses vacances en deux périodes, dont l'une est celle de cette période de fermeture; une des deux périodes doit toutefois être d'une durée minimale de deux semaines continues. Le congé annuel peut aussi être fractionné en plus de deux périodes si le salarié le demande et si l'employeur y consent. Enfin, selon l'article 71 L.N.T., une disposition particulière d'une convention collective ou d'un décret peut prévoir le fractionnement du congé annuel en plus de deux périodes ou l'interdire, sans égard aux articles 68, 69 et 71 L.N.T.

212 – *Fixation des vacances* – Le congé annuel doit être pris dans les 12 mois qui suivent la fin de l'année de référence, à moins que son report soit autorisé par convention collective ou par décret de convention collective (art. 70 L.N.T.). En outre, lorsqu'une période de maladie, d'invalidité ou d'assurance-salaire est interrompue par un congé annuel, cette période se continue, s'il y a lieu, après le congé comme si elle n'avait pas été interrompue (art. 70, al. 2 L.N.T.). Le salarié doit connaître la date de son congé au moins quatre semaines à l'avance (art. 72 L.N.T.). Ce dernier droit du salarié ne concerne que le congé annuel qui lui est dû en vertu des dispositions de la Loi, excluant tout excédent auquel l'employeur consentirait volontairement[63].

213 – *Compensation interdite* – Le congé annuel doit être pris en nature, en ce sens qu'il est interdit à l'employeur de le remplacer par une indemnité compensatrice, sous réserve d'une disposition particulière contenue dans une convention collective ou un décret (art. 73, al. 1 L.N.T.). Cette règle est sujette à une exception à l'endroit du salarié qui dispose d'une troisième semaine de congé. L'employeur pourra substituer à cette troisième semaine une indemnité compensatoire à la double condition qu'il réponde ainsi à une demande du salarié et que l'établissement ferme ses portes pour deux semaines à l'occasion du congé annuel (art. 73, al. 2 L.N.T.).

---

63. *Acier C.M.C. Inc.* c. *Dawson*, D.T.E. 96T-504 (T.T.).

214 – *Indemnité de vacances* – L'article 74 L.N.T. fixe l'indemnité ou la paie de vacances à quatre pour cent du salaire brut du salarié durant l'année de référence lorsque celui-ci a droit à un congé légal de deux semaines continues ou moins et à six pour cent lorsque son service continu lui donne droit à trois semaines continues de vacances[64]. Lorsqu'une absence pour cause de maladie ou d'accident a pour effet de diminuer l'indemnité de congé annuel du salarié, ce dernier a droit à une indemnité équivalente à deux ou trois fois la moyenne hebdomadaire du salaire gagné durant la période pendant laquelle il a travaillé au cours de l'année de référence, selon la durée du congé à laquelle il a droit; la même règle s'applique proportionnellement à celui qui a droit à un congé d'une durée inférieure à deux semaines (art. 74, al. 2 L.N.T.). L'article 74.1 L.N.T. défend à l'employeur de réduire, de quelque manière que ce soit, tant l'indemnité afférente au congé annuel que la durée de ce dernier dans le cas d'un salarié à temps partiel, pour le seul motif que ce salarié travaille habituellement moins d'heures par semaine.

L'indemnité de vacances doit être versée avant le début du congé et en un seul versement (art. 75 L.N.T.). Les crédits de congé acquis et non utilisés par le salarié au moment où son contrat de travail prend fin lui sont liquidés conformément aux dispositions de l'article 76 de la Loi.

4. Les congés familiaux et parentaux

a) Les événements familiaux

215 – *Décès, funérailles* – Le salarié peut s'absenter une journée, sans réduction de salaire, à l'occasion du décès ou des funérailles de son conjoint[65], de son enfant ou de celui de son conjoint, de son père, de sa mère, d'un frère ou d'une sœur; ce congé peut être prolongé pour trois autres journées, sans solde toutefois (art. 80 L.N.T.). S'il s'agit du décès ou des funérailles d'un gendre, d'une bru, d'un grand-parent, d'un petit-enfant, ou encore du père, de la mère, d'un frère ou d'une sœur de son conjoint, le salarié peut s'absenter pour une journée, sans salaire (art. 80.1 L.N.T.). Dans tous les cas, le salarié doit aviser l'employeur de son absence dès que possible (art. 80.2 L.N.T.).

---

64. *Kraft Limitée* c. *Commission des normes du travail*, [1989] R.J.Q. 2678 (C.A.).
65. Le terme «conjoint» désigne les personnes qui sont liées par un mariage ou une union civile et qui cohabitent, celles qui, étant de sexe différent ou de même sexe, vivent maritalement et sont les père et mère d'un même enfant ainsi que celles, de sexe différent ou de même sexe, qui vivent maritalement depuis au moins un an (art. 1(3) L.N.T.).

216 – *Mariage et union civile* – Le salarié qui se marie ou qui contracte une union civile a le droit de s'absenter ce jour-là, avec traitement (art. 81, al. 1 L.N.T.). Le congé devient sans solde le jour du mariage ou de l'union civile de l'un des enfants du salarié, de son père, de sa mère, d'un frère, d'une sœur ou d'un enfant de son conjoint (art. 81, al. 2 L.N.T.). L'employeur doit être avisé de ce motif d'absence du salarié au moins une semaine à l'avance (art. 81, al. 3 L.N.T.).

217 – *Naissance ou adoption* – À l'occasion de la naissance de son enfant ou de l'adoption d'un enfant (autre que celui du conjoint), le salarié a droit à un congé de cinq jours, dont les deux premiers sont payés s'il justifie de 60 jours de service continu (art. 81.1, al. 1 L.N.T.). Dans le cas particulier de l'adoption d'un enfant du conjoint, le congé est réduit à deux jours sans salaire (art. 81.1, al. 4 L.N.T.). Le congé peut être fractionné en journées à la demande du salarié mais il doit être pris avant l'expiration des 15 jours qui suivent l'arrivée de l'enfant à la résidence de son père ou de sa mère (art. 81.1, al. 2 L.N.T.). Dans tous les cas, l'employeur doit être avisé de l'absence du salarié le plus tôt possible (art. 81.1, al. 3 L.N.T.).

218 – *Présence auprès d'un enfant* – L'article 81.2 L.N.T. reconnaît à tout salarié le droit à cinq jours de congé par année, sans salaire, pour remplir des obligations reliées à la garde, à la santé ou à l'éducation de son enfant mineur. Le droit au congé est subordonné à l'existence de raisons imprévisibles ou hors du contrôle du salarié et qui rendent sa présence nécessaire auprès de l'enfant mineur. En outre, le salarié doit avoir pris tous les moyens raisonnables pour assumer autrement ses obligations et limiter la durée de son absence. Il doit enfin aviser l'employeur le plus tôt possible. Le congé peut être fractionné en journées et, avec le consentement de l'employeur, une journée peut elle-même être fractionnée. Rappelons qu'aux mêmes conditions, le paragraphe 6 de l'article 122 de la Loi autorise indirectement le salarié à refuser de travailler au-delà de son horaire normal de travail, sans que l'employeur puisse lui imposer quelque sanction que ce soit pour cette raison.

b) La grossesse et la maternité

219 – *Grossesse* – À la condition d'en aviser son employeur le plus tôt possible, la salariée enceinte peut s'absenter au besoin du travail, sans salaire, pour subir un examen relié à sa grossesse, si cet examen est effectué par un médecin ou une sage-femme (art. 81.3 L.N.T.).

Le dernier alinéa de l'article 122 L.N.T. oblige par ailleurs l'employeur à prendre l'initiative de déplacer la salariée enceinte si ses conditions de travail comportent des dangers physiques pour elle ou pour l'enfant à naître. La salariée peut alors contrer cette mesure en présentant un certificat médical qui atteste que ses conditions de travail ne présentent pas les dangers allégués par l'employeur. Parallèlement, la *Loi sur la santé et la sécurité du travail*[66] confère à la salariée enceinte un droit de retrait préventif, à sa demande, lorsque les conditions de son travail comportent des dangers physiques pour l'enfant à naître ou, à cause de son état de grossesse, pour elle-même; elle sera alors affectée à des tâches qui ne comportent pas de tels dangers et qu'elle est en mesure d'accomplir s'il en est[67]. Le cas échéant, l'exercice de ce droit de retrait préventif n'aura pas pour effet de diminuer la durée du congé de maternité auquel la salariée pourra avoir droit en vertu de la *Loi sur les normes du travail*[68].

L'employeur peut, à compter de la sixième semaine précédant la semaine prévue de l'accouchement, prendre l'initiative de vérifier l'aptitude au travail de la salariée en lui demandant de produire un certificat médical à cet effet (art. 81.8 L.N.T.). Si la salariée refuse ou omet de produire un tel certificat dans les huit jours suivants, l'employeur peut lui imposer, sur avis écrit et motivé à cet effet, de prendre immédiatement son congé de maternité.

220 – *Maternité* – La *Loi sur les normes du travail* prévoit un congé de maternité d'une durée maximale de 18 semaines continues sans traitement (art. 81.4 et s. L.N.T.)[69]. En vertu de l'article 81.5 L.N.T., ce congé ne peut commencer avant le début de la seizième semaine qui précède la date prévue de l'accouchement. La salariée peut le répartir à son gré avant ou après la date prévue de l'accouchement, en tenant compte de cette règle[70]. Elle doit aviser son employeur par écrit au moins trois semaines avant la prise de son congé, à moins d'en être empêchée par des circonstances exception-

---

66. Précitée, note 4.
67. *Loi sur la santé et la sécurité du travail*, précitée, note 4, art. 40 et s. Voir *infra*, Titre 1, chapitre 3, nos 281-283.
68. *Waterville T.G. Inc. c. Houde*, [1991] T.T. 194.
69. Cette durée de 18 semaines peut être altérée, par règlement, en raison d'événements imprévus comme une interruption de grossesse ou un accouchement tardif (art. 81.7 L.N.T.); *Règlement sur les normes du travail*, précité, note 18, art. 18, 20-23. Des prestations peuvent être payables en vertu de l'article 18 de la *Loi sur l'assurance-emploi*, précitée, note 39, lorsque la salariée a occupé un emploi assurable pour la durée prévue par la Loi.
70. *Règlement sur les normes du travail*, précité, note 18, art. 17.

nelles d'ordre médical (art. 81.6 L.N.T.)[71]. L'avis indique la date du début du congé et celle du retour au travail. Il doit aussi être appuyé par un certificat médical attestant la grossesse et la date prévue de l'accouchement.

Le gouvernement détermine par règlement les avantages que conserve la salariée pendant son congé de maternité, en particulier relativement à son ancienneté, à sa participation au régime d'avantages sociaux et à la durée de ses vacances ainsi qu'à l'indemnité qui y est afférente (art. 81.16 L.N.T.)[72]. Il ne s'ensuit pas que la salariée doive, à tous égards, être considérée avoir été au travail et rémunérée pendant la durée de son congé. Ses autres droits demeurent sujets aux règles établies pour l'ensemble des salariés, notamment selon une convention collective[73].

La salariée doit revenir au travail à la date indiquée dans son avis de congé. Si elle ne le fait pas, elle sera présumée avoir démissionné, sous réserve qu'elle puisse se justifier par des circonstances exceptionnelles prévues par règlement (art. 81.14 L.N.T.)[74]. À condition d'en aviser l'employeur par écrit au moins trois semaines à l'avance, la salariée peut opter pour un retour au travail anticipé par rapport à la date indiquée dans son avis de congé (art. 81.13 L.N.T.). La salariée qui revient au travail dans les deux semaines suivant son accouchement peut être tenue de présenter à l'employeur un certificat médical qui atteste son aptitude à reprendre le travail (art. 81.9 L.N.T.).

À la fin de son congé de maternité, la salariée a le droit d'être réinstallée dans son poste, avec les avantages dont elle aurait bénéficié si elle était demeurée au travail; si le poste qu'occupait la salariée a disparu au cours de son congé, elle doit être traitée comme elle l'aurait été si elle avait été au travail au moment de cette disparition (art. 81.15 L.N.T.)[75].

---

71. *Règlement sur les normes du travail*, précité, note 18, art. 25-26. Le défaut de donner l'avis requis ne prive pas la salariée du congé auquel elle a droit, l'obligation n'étant pas d'ordre public: *Château Lingerie Mfg. Co. Ltd.* c. *Bhatt*, J.E. 85-158 (C.A.); *Buanderie Ste-Agathe Inc.* c. *Bellec*, D.T.E. 83T-873 (T.T.).
72. *Règlement sur les normes du travail*, précité, note 18, art. 32 à 35.
73. *Roberge* c. *Hôtel-Dieu de Sorel*, [1997] T.T. 398 – calcul d'une indemnité de mise à pied.
74. *Règlement sur les normes du travail*, précité, note 18, art. 18, 20, 22, 23.
75. *Règlement sur les normes du travail*, précité, note 18, art. 31-35. *Société immobilière Trans-Québec Inc.* c. *Labbée*, D.T.E. 94T-799 (T.T.); *Daigneault* c. *Olivetti Canada Ltée*, [1992] T.T. 102; *Lavigne & Frères Inc.* c. *Deland*, [1988] T.T. 249; *Pavillon du Parc Inc.* c. *Lemaire*, D.T.E. 84T-206 (T.T.); *Sayer* c. *General Motors*, [1983] T.T. 238.

c) Le congé parental

221 – *Conditions et durée* – Le père et la mère d'un nouveau-né et toute personne qui adopte un enfant (autre que celui de son conjoint) qui n'a pas atteint l'âge de la fréquentation scolaire obligatoire, ont droit à un congé parental d'une durée maximale de 52 semaines continues; ce congé est sans salaire (art. 81.10 L.N.T.)[76]. Le congé parental débute au plus tôt le jour de la naissance de l'enfant ou, s'il s'agit d'une adoption, le jour où celui-ci est confié au salarié ou encore, le jour où le salarié quitte son travail afin de se rendre à l'extérieur du Québec pour que l'enfant lui soit confié; il se termine au plus tard 70 semaines après la naissance ou 70 semaines après que l'enfant ait été confié au salarié, s'il s'agit d'une adoption (art. 81.11 L.N.T.). Comme dans le cas d'un congé de maternité, l'employeur a droit à un préavis écrit de trois semaines avant le début du congé; cet avis précise la date de départ et celle du retour du salarié (art. 81.12 L.N.T.). Le salarié a droit au congé sur demande de sa part et l'employeur ne dispose d'aucun droit de regard sur l'utilisation qu'il en fait[77].

222 – *Retour au travail* – L'article 81.13 L.N.T. autorise le salarié à avancer son retour au travail en donnant un préavis écrit de trois semaines. Les conditions de retour au travail varient selon la durée du congé. Si celui-ci n'a pas excédé 12 semaines, l'employeur doit réinstaller le salarié dans son poste habituel, avec le même salaire et les mêmes avantages que ceux auxquels il aurait eu droit s'il était demeuré au travail (art. 81.15, al. 1 L.N.T.). Si le poste habituel du salarié n'existe plus à son retour, l'employeur doit lui reconnaître tous les droits et privilèges dont il aurait bénéficié au moment de la disparition de son poste, s'il avait alors été au travail (art. 81.15, al. 3 L.N.T.). Si le congé parental a excédé 12 semaines, l'employeur a discrétion pour réaffecter le salarié à un emploi comparable, dans le même établissement, à un salaire au moins égal à celui auquel le salarié aurait eu droit s'il était demeuré au travail et avec un régime de retraite et d'assurance équivalent, le cas échéant (art. 81.15, al. 2 L.N.T.)[78]. Le défaut du salarié de se présenter au

---

76. Le bénéficiaire peut toutefois avoir droit à des prestations en vertu de la *Loi sur l'assurance-emploi,* précitée, note 39.
77. *Québec (Ville de)* c. *Blais,* [1999] R.J.D.T. 163 (T.T.) – incarcération.
78. Sur la notion d'emploi comparable, voir *Verner* c. *Bureau d'audiences publiques sur l'environnement,* D.T.E. 95T-995 (T.T.). L'employeur peut s'engager à replacer le salarié dans son poste habituel, plutôt que dans un emploi comparable, même si le congé excède 12 semaines: *Lachapelle* c. *Caisse populaire Desjardins de Lavaltrie,* D.T.E. 2000T-471 (T.T.).

travail à la fin de son congé emporte la présomption de sa démission, sous réserve des exceptions qui pourraient être prévues par règlement du gouvernement (art. 81.14 et 81.7 L.N.T.).

5. *Le congé de maladie*

223 – *Droit et limites* – Dans un ordre tout à fait différent, le premier alinéa de l'article 122.2 L.N.T. apporte une certaine protection à l'employé qui doit s'absenter du travail pour cause de maladie ou d'accident. Cette protection est réservée au salarié qui compte au moins trois mois de service continu. Celui-ci ne pourra être congédié, suspendu ou déplacé par l'employeur si son absence n'excède pas, au total, 17 semaines au cours des 12 mois précédents[79]. Le salarié doit informer avec diligence l'employeur de son indisponibilité, mais il n'est pas obligé en principe de lui fournir un diagnostic médical[80].

Le deuxième alinéa de l'article 122.2 atténue quelque peu en faveur de l'employeur la règle énoncée au premier alinéa du même article. D'abord, les conséquences de la maladie ou de l'accident ou le caractère répétitif des absences peuvent constituer une cause juste et suffisante de congédiement, de suspension ou de déplacement du salarié par l'employeur. La démonstration d'une incapacité définitive du salarié de fournir une prestation normale, compte tenu de la nature de son emploi, constituera normalement une justification suffisante. D'autre part, au terme d'une absence pour maladie ou accident d'une durée excédant quatre semaines consécutives, l'employeur ne sera pas tenu de réintégrer le salarié dans son poste habituel; il pourra l'affecter à un emploi comparable dans le même établissement, à un salaire au moins égal à celui auquel il aurait eu droit s'il était demeuré au travail et avec un régime de retraite et d'assurance équivalent, le cas échéant.

Finalement, les absences consécutives à un accident du travail ou à une maladie professionnelle au sens de la *Loi sur les accidents du travail et les maladies professionnelles*[81] demeurent régies par cette seule loi (art. 122.2, al. 3 L.N.T.).

---

79. *Ménard* c. *Montréal (Société de transport de la Communauté urbaine de)*, [1999] R.J.D.T. 178 (T.T.); *Gendron* c. *Centre d'hébergement St-Rédempteur*, [1998] R.J.D.T. 1667 (T.T.); *Balthazard-Généreux* c. *Collège Montmorency*, D.T.E. 98T-388 (T.T.) – interprétation large de la notion de congédiement.
80. *Oliva-Zamora* c. *Société d'administration Casco inc.*, D.T.E 2002T-163 (T.T.); *Sain* c. *Multi-Démolition S.D.*, [1994] T.T. 248.
81. L.R.Q., c. A-3.001.

IV- L'ÉGALITÉ DE TRAITEMENT

224 – *Clauses «orphelin»* – Les articles 87.1 à 87.3 L.N.T. prohibent, de façon générale et sous réserve de certaines exceptions, d'accorder des conditions de travail moins avantageuses aux salariés uniquement en fonction de leur date d'embauche, comparativement à celles consenties à d'autres salariés qui effectuent les mêmes tâches dans le même établissement.

Cette interdiction ne porte que sur les seules matières qui font l'objet d'une norme du travail au sens de la Loi. Elle cible en première ligne une pratique développée dans les rapports collectifs du travail et désignée par l'expression «clause orphelin». Pour cette raison, nous l'examinerons plus attentivement en traitant de la convention collective[82]. La prohibition rejoint toutefois également les ententes individuelles et les décrets de convention collective. Retenons simplement ici que dans un contexte de rapports individuels, les éléments de preuve requis pour en obtenir la sanction pourraient se révéler difficiles à rassembler.

V- LE TRAVAIL DES ENFANTS

225 – *Obligations spécifiques* – Les articles 84.2 à 84.5 L.N.T. encadrent le travail des enfants. Il est ainsi interdit à un employeur de faire effectuer par un enfant un travail disproportionné à ses capacités ou susceptible de compromettre son éducation ou de nuire à sa santé ou à son développement physique ou moral (art. 84.2 L.N.T.). Dans le cas d'un enfant de moins de 14 ans, l'employeur doit obtenir le consentement écrit du titulaire de l'autorité parentale ou du tuteur avant de lui faire effectuer quelque travail que ce soit (art. 84.3 L.N.T.). Si l'enfant est assujetti à l'obligation de fréquentation scolaire, l'employeur doit s'abstenir de le faire travailler durant les heures de classe et faire en sorte que les heures de travail soient telles qu'il puisse être à l'école durant ces heures (art. 84.4 et 84.5 L.N.T.). Il est également interdit de faire effectuer un travail par un enfant entre 23 heures, un jour donné, et 6 heures le lendemain, sauf s'il s'agit d'un enfant qui n'est plus assujetti à l'obligation de fréquentation scolaire ou qui livre des journaux, ou dans tout autre cas déterminé par règlement du gouvernement (art. 84.6 et 89.1 L.N.T.). L'employeur d'un enfant doit en outre faire en sorte que celui-ci

---

82. Voir *infra*, Titre II, chapitre 7, n⁰ 617.

puisse être à la résidence familiale pendant les mêmes heures, sauf s'il s'agit d'un enfant qui n'est plus assujetti à l'obligation de fréquentation scolaire ou dans les autres cas qui peuvent être déterminés par règlement du gouvernement (art. 84.7 et 89.1 L.N.T.).

VI- LA PROTECTION DE L'EMPLOI

A. Les pratiques interdites

226 – *Mesures et motifs illégaux* – L'article 122 L.N.T. interdit à un employeur ou à son représentant de congédier, de suspendre ou de déplacer un salarié, d'exercer à son endroit des mesures discriminatoires ou des représailles ou de lui imposer toute autre sanction pour l'un ou l'autre des motifs qui y sont énumérés, savoir:

1o à cause de l'exercice par ce salarié d'un droit, autre que celui visé à l'article 84.1, qui résulte de la présente loi ou d'un règlement;

2o pour le motif que ce salarié a fourni des renseignements à la Commission ou à l'un de ses représentants sur l'application des normes du travail ou qu'il a témoigné dans une poursuite s'y rapportant;

3o pour la raison qu'une saisie-arrêt a été pratiquée à l'égard du salarié ou peut l'être;

3.1o pour le motif que le salarié est un débiteur alimentaire assujetti à la *Loi facilitant le paiement des pensions alimentaires*;

4o pour la raison qu'une salariée est enceinte;

5o dans le but d'éluder l'application de la présente loi ou d'un règlement;

6o pour le motif que le salarié a refusé de travailler au-delà de ses heures habituelles de travail parce que sa présence était nécessaire pour remplir des obligations reliées à la garde, à la santé ou à l'éducation de son enfant mineur, bien qu'il ait pris tous les moyens raisonnables à sa disposition pour assumer autrement ces obligations.

De même, l'article 122.2 L.N.T. prohibe le congédiement, la suspension ou le déplacement du salarié qui s'est absenté pour cause de maladie ou d'accident dans les circonstances envisagées par cet article et qui ont été exposées précédemment[83].

Ces diverses prohibitions sont sanctionnées par un recours spécifique en indemnisation et, au besoin, en réintégration du salarié, selon l'article 123 de la Loi[84].

227 – *Mise à la retraite* – L'article 84.1 L.N.T. affirme le droit du salarié de demeurer au travail malgré le fait qu'il ait atteint ou dépassé l'âge ou le nombre d'années de service à compter duquel il serait autrement mis à la retraite. Ce droit a préséance sur toute disposition d'une loi générale ou spéciale, d'un régime de retraite, d'une convention individuelle ou collective, ou sur toute pratique ayant cours chez l'employeur[85]. Il est assorti d'une interdiction parallèle adressée à l'employeur de congédier, de suspendre ou de mettre à la retraite un salarié sur la base de l'une ou l'autre des considérations prémentionnées (art. 122.1 L.N.T.). Il faut remarquer que ces dispositions s'appliquent aux catégories d'employés généralement soustraites à l'application de la Loi, comme les cadres supérieurs (art. 3.1 L.N.T.). Par contre, les pompiers et les membres de la Sûreté du Québec ne peuvent les invoquer[86].

L'article 123.1 L.N.T. offre, si besoin en est, un recours en réintégration et en indemnisation au salarié qui perd son emploi malgré les articles 84.1 et 122.1 L.N.T.[87].

B. Le congédiement sans cause juste et suffisante

228 – *Objet et nature du droit* – Le salarié qui compte trois ans de service continu dans la même entreprise et qui croit avoir été congédié sans une cause juste et suffisante dispose, en vertu de l'article 124 de la Loi, d'un recours spécial qui lui permet de faire con-

---

83. Voir *supra*, n° 223.
84. Voir *infra*, n°s 243-247.
85. *Royal Institution for the Advancement of Learning* c. *Benfey*, D.T.E. 87T-180 (C.A.); *Parent* c. *The Gazette (Division of Southam Inc.)*, [1987] R.J.Q. 1291 (C.S.).
86. *Règlement soustrayant certaines catégories de salariés et d'employeurs de l'application de la section VI.I et de l'article122.1 de la Loi sur les normes du travail*, R.R.Q., c. N-1.1, r. 0.1.
87. Voir *infra*, n°s 243-247.

trôler la suffisance du motif de son congédiement et, en l'absence d'une telle suffisance, d'être réintégré dans son emploi et indemnisé[88]. La Cour d'appel a considéré cette mesure de protection de l'emploi comme une véritable norme du travail[89].

C. L'avis de cessation d'emploi ou de mise à pied

229 – *Avis de licenciement* – L'employeur doit donner un avis écrit au salarié engagé pour une durée indéterminée et qui compte au moins trois mois de service continu avant de mettre fin à son contrat de travail (art. 82 et 82.1(1) et (2) L.N.T.)[90]. Ce préavis est d'une semaine si le salarié justifie de moins d'un an de service continu, de deux semaines s'il justifie d'un à cinq ans de service continu, de quatre semaines s'il justifie de cinq ans à dix ans de service continu et de huit semaines, s'il justifie de dix ans ou plus de tel service (art. 82, al. 3 L.N.T.). Il ne peut être donné au salarié pendant que celui-ci est déjà mis à pied, sauf dans le cas d'un emploi à caractère saisonnier dont la durée n'excède habituellement pas six mois chaque année (art. 82, al. 3 L.N.T.)[91]. Le préavis légal ainsi prescrit revêt un caractère minimal et n'empêche pas le salarié de réclamer un délai-congé plus important auquel il pourrait avoir droit selon les règles du droit civil (art. 82, al. 4 L.N.T.)[92]. Ce sera le cas, le plus souvent, d'un employé exerçant des fonctions de cadre inférieur ou intermédiaire, occupant un emploi à caractère professionnel ou comptant de nombreuses années de service.

---

88. Voir *infra*, nos 248 et s.
89. *Produits Pétro-Canada Inc.* c. *Moalli*, [1987] R.J.Q. 261 (C.A.).
90. Une mise à pied saisonnière n'interrompt pas le service continu: *Internote Canada Inc.* c. *Commission des normes du travail*, [1989] R.J.Q. 2097 (C.A.). En principe, une convention collective ne constitue pas un engagement pour une durée déterminée: *Commission des normes du travail* c. *Campeau Corp.*, [1989] R.J.Q. 2108 (C.A.), 2115.
91. La notion de mise à pied s'interprète ici restrictivement et exclut entre autres, l'invalidité, la grève et le lock-out: *Commission des normes du travail* c. *Bondex International (Canada) Ltée*, [1988] R.J.Q. 1403 (C.S.) – lock-out; *Commission des normes du travail* c. *Garage Lucien Côté Ltée*, D.T.E. 86T-19 (C.S.) – lock-out; *Commission des normes du travail* c. *F.X. Drolet Inc.*, D.T.E. 85T-919 (C.P.) – grève; *Lefebvre* c. *Location de camion Ryder Ltée*, D.T.E. 85T-899 (C.S.) – invalidité; *Commission des normes du travail* c. *Manufacture Sorel Inc.*, [1984] C.S. 747 – grève.
92. *Dallaire* c. *Chaîne coopérative du Saguenay*, D.T.E. 97T-603 (C.A.); *Transports Kingsway Ltée* c. *Laperrière*, D.T.E. 93T-197 (C.A.). Sur le calcul du délai-congé selon le droit civil, voir *supra*, Titre I, chapitre 1, nos 169-170. Les employés exclus de l'application de la *Loi sur les normes du travail*, dont les cadres supérieurs, ainsi que les salariés qui ne comptent pas trois mois de service continu ne pourront s'en remettre qu'à ces règles du droit civil.

230 – *Exemptions* – L'employeur est par ailleurs dispensé de l'obligation de donner un préavis au salarié dont le licenciement (ou la mise à pied) résulte d'un cas fortuit ou est justifié par une faute grave imputable au salarié (art. 82.1(3) et (4) L.N.T.). Quant au cas fortuit, il s'agit d'un événement imprévisible et irrésistible qui échappe au contrôle de l'employeur. Sauf exception, des difficultés d'ordre économique rencontrées par l'entreprise ne se qualifieront pas comme cas fortuit exonérant l'employeur[93]. Qu'en est-il de la «faute grave» qui disqualifie le salarié du droit au préavis? Il faut d'abord distinguer cette notion de celle de «cause juste et suffisante» utilisée à l'occasion du contrôle de la légitimité d'un licenciement en vertu des articles 124 et suivants de la Loi. Cette dernière notion de cause juste et suffisante comprend, certes, celle de la faute grave commise par le salarié, sans toutefois se limiter à elle[94]. Elle peut en effet s'étendre à des motifs qui tiennent à la personne du salarié sans constituer une faute grave de sa part, comme une incapacité involontaire d'accomplir le travail, ou encore à des motifs qui sont totalement indépendants de lui et qui tiennent plutôt à la situation de l'entreprise, comme des difficultés d'ordre économique justifiant une réduction du personnel. La «faute grave» dont il est ici question est assimilée au comportement fautif du salarié qui constitue un manquement suffisamment grave aux obligations qui naissent de son contrat de travail pour justifier sa résiliation – sans indemnité ni préavis – selon les principes du droit civil[95].

231 – *Indemnité compensatrice* – L'employeur qui ne donne pas au salarié le préavis auquel il a droit doit lui verser une indemnité compensatrice correspondant à son salaire habituel, sans tenir compte des heures supplémentaires, pour une période égale à celle

---

93. *Commission des normes du travail* c. *Campeau Corp.*, précité, note 90, p. 2119; *Internote Canada Inc.* c. *Commission des normes du travail*, précité, note 17; *Commission des normes du travail du Québec* c. *Aliments Lido Capri (1988) Inc.*, D.T.E. 92T-1337 (C.S.). À comparer avec *Commission des normes du travail* c. *Hawker Siddeley Canada Inc.*, [1989] R.J.Q. 2123 (C.A.).

94. La conclusion selon laquelle le salarié aurait commis une faute grave comme résultat d'un recours en vertu de l'article 124 L.N.T. ne peut être remise en question à l'occasion de la réclamation d'une indemnité de préavis en vertu de l'article 82 L.N.T.: *Liberty Mutual Insurance Co.* c. *Commission des normes du travail*, D.T.E. 90T-872 (C.A.).

95. *Liberty Mutual Insurance Co.* c. *Commission des normes du travail*, précité, note 94; *Commission des normes du travail* c. *Centre d'accueil Edmond-Laurendeau*, [1987] R.J.Q. 1449 (C.S.); *Commission des normes du travail* c. *Kraft Ltée*, D.T.E. 87T-777 (C.S.).

du préavis requis (art. 83, al. 1 L.N.T.)[96]. Cette indemnité doit être versée au moment de la cessation de l'emploi du salarié (art. 83, al. 2 L.N.T.)[97].

232 – *Mise à pied et droit de rappel* – Les règles de préavis qui viennent d'être exposées relativement à la cessation d'emploi du salarié s'appliquent soit à l'occasion de sa mise à pied prévue pour plus de six mois, soit à l'expiration d'un délai de six mois d'une mise à pied pour une période indéterminée, ou qui était prévue pour une durée inférieure à six mois mais qui excède ce délai (art. 82 et 83, al. 2 L.N.T.). Ces situations de mise à pied donnent lieu à des aménagements particuliers qui tiennent compte du droit usuel de rappel au travail reconnu aux salariés par les conventions collectives.

L'article 83.1 L.N.T. vise les cas où le salarié mis à pied bénéficie d'un tel droit de rappel au travail pendant plus de six mois, en vertu de la convention collective qui lui est applicable. Le salarié n'aura droit à l'indemnité compensatrice prévue par la Loi qu'à compter de l'expiration de son droit de rappel au travail, ou un an après sa mise à pied, selon la première éventualité. Il n'aura pas droit à l'indemnité dans deux cas: (1) s'il est rappelé au travail avant la date à laquelle l'indemnité était exigible et s'il travaille alors pour une durée au moins égale à celle du préavis auquel il aurait eu droit selon l'article 82 L.N.T.; (2) si son non-rappel au travail résulte d'un cas fortuit (art. 83.1, al. 2 L.N.T.)[98].

L'article 83.2 L.N.T. habilite le gouvernement à déterminer, par règlement, des normes différentes d'avis et d'indemnité compensatrice à l'endroit de ses fonctionnaires non permanents qui bénéficient d'un droit de rappel.

D. Le certificat de travail

233 – *Teneur* – Sans égard à la cause de la cessation de son emploi, tout salarié peut exiger de son employeur qu'il lui délivre un certificat de travail qui fait état exclusivement de la nature et de la

---

96. L'indemnité du salarié principalement rémunéré à commission est établie à partir de la moyenne hebdomadaire de son salaire durant les périodes complètes de paie comprises dans les trois mois qui précèdent sa cessation d'emploi (art. 83, al. 3 L.N.T.).

97. Les administrateurs d'une société ne peuvent en être tenus personnellement responsables: *Thompson* c. *Masson*, [2000] R.J.D.T. 1548 (C.A.).

98. *Aubin* c. *Cartons St-Laurent inc.*, D.T.E. 2002T-582 (C.S.); *Métallurgistes unis d'Amérique, section locale 7708* c. *Rondeau*, D.T. E. 2002T-840 (C.S.).

durée de son emploi, du début et de la fin de l'exercice de ses fonctions ainsi que du nom et de l'adresse de l'employeur. En aucun cas, ce certificat ne peut faire état de la qualité du travail ou de la conduite du salarié (art. 84 L.N.T.)[99].

VII- L'EFFET DES NORMES

234 – *Caractère d'ordre public et minimal* – Les normes du travail édictées par la *Loi sur les normes du travail* ou par les règlements adoptés sous son empire sont d'ordre public (art. 93, al. 1 L.N.T.). À moins que la Loi ne le permette expressément, nul ne peut y déroger[100]. L'article 93, al. 2 L.N.T. prononce la nullité absolue de toute convention, individuelle ou collective, ou de tout décret de convention collective, qui prétendrait déroger à une norme du travail[101]. La Loi ne définit pas l'expression «norme du travail». La Cour d'appel a décidé qu'elle se rapportait à tout droit et tout avantage que la Loi confère au salarié[102].

L'article 94 L.N.T. tempère le caractère d'ordre public des normes du travail. Il autorise une convention ou un décret qui a pour effet d'accorder au salarié une condition de travail plus avantageuse que celle prévue par la norme légale. Cette dernière revêt donc un caractère minimal[103]. L'évaluation d'une condition de travail conventionnelle (ou contenue dans un décret) par rapport à la norme légale qui lui correspond doit s'effectuer en isolant la stipulation conventionnelle; celle-ci ne peut compenser sa faiblesse par rapport à la norme légale par d'autres avantages qui peuvent être contenus dans la même entente[104]. La jurisprudence de la Cour d'appel favorise une interprétation libérale de la Loi de façon à permettre la réalisation de ses objectifs selon la règle d'interprétation énoncée à l'article 41 de la *Loi d'interprétation*[105].

---

99. L'article 2096 C.c.Q. est au même effet.
100. *Produits Pétro-Canada Inc.* c. *Moalli*, précité, note 89; *Martin* c. *Compagnie d'assurances du Canada sur la vie*, [1987] R.J.Q. 514 (C.A.); *Ventes Mercury des Laurentides Inc.* c. *Bergevin*, D.T.E. 88T-153 (C.A.).
101. *Martin* c. *Compagnie d'assurances du Canada sur la vie, ibid.*; *Taskos* c. *104880 Canada Inc.*, [1987] R.J.Q. 2574 (C.S.).
102. *Produits Pétro-Canada Inc.* c. *Moalli*, précité, note 89.
103. Voir et transposer: *Cité de Hull* c. *Commission du salaire minimum*, [1983] C.A. 186.
104. *Montreal Standard* c. *Middleton*, [1989] R.J.Q. 1101 (C.A.); *Commission des normes du travail du Québec* c. *Compagnie minière I.O.C. Inc.*, D.T.E. 95T-397 (C.A.).
105. Précitée, note 6; *Produits Pétro-Canada Inc.* c. *Moalli*, précité, note 89; *Martin* c. *Compagnie d'assurances du Canada sur la vie*, précité, note 100; *Syndicat des professionnels de la Commission des écoles catholiques de Montréal* c. *Moalli*,

235 – *Responsabilité solidaire* – L'article 95 L.N.T. rend l'entrepreneur qui sous-contracte solidairement responsable envers le salarié du sous-entrepreneur des obligations pécuniaires nées de l'application de la Loi ou de ses règlements[106].

En cas d'aliénation ou de concession totale ou partielle de l'entreprise, sauf par vente en justice, une réclamation en cours ne sera pas invalidée de ce fait et l'ancien employeur ainsi que le nouveau en deviendront conjointement et solidairement responsables (art. 96 L.N.T.)[107].

236 – *Continuité d'application* – De façon générale, l'aliénation ou la concession de l'entreprise, ou la modification de sa structure juridique par fusion, division ou autrement, «n'affecte pas la continuité de l'application des normes du travail» (art. 97 L.N.T.)[108]. En somme, c'est le rattachement du salarié à l'entreprise plutôt qu'à la personne de l'employeur qui détermine l'étendue de ses droits, notamment de ceux qui sont liés à la durée de son service continu[109]. Il est à remarquer que l'article 97 L.N.T. ne prévoit pas d'exception pour la vente en justice. Malgré cette absence, la vente en justice pourrait empêcher la continuité d'application des normes du travail. Il n'en demeure pas moins, en effet, selon les principes énoncés par la Cour suprême dans l'arrêt *Bibeault*[110] et réitérés dans *Ivanhoe Inc.*[111], que pour que la disposition s'applique on doit constater une continuité de l'entreprise et suivre un lien de droit entre l'ancien employeur et le nouveau[112].

---

précité, note 42. Des jugements antérieurs avaient plutôt adopté une interprétation restrictive: *Cité de Hull* c. *Commission du salaire minimum*, précité, note 103 et *Cie de sable Ltée* c. *Commission des normes du travail*, [1985] C.A. 281.

106.   La notion de sous-traitance implique ici la présence de trois intervenants: un donneur d'ouvrage, un entrepreneur et un sous-contractant.

107.   *Papazafiris* c. *Muriel Raymond Inc.*, [1983] T.T. 449; *Commission des normes du travail* c. *Villa Notre-Dame de Lourdes*, [1988] R.J.Q. 1965 (C.P.); *Neiderer* c. *Small*, [1987] R.J.Q. 2671 (C.P.). La notion de «nouvel employeur» suppose que le salarié soit transféré ou maintenu en place chez l'acquéreur de l'entreprise: *U.E.S., local 298* c. *Bibeault*, [1988] 2 R.C.S. 1048, 1108. Sur la notion de «vente en justice», voir: *Syndicat de Métal Sigodec (C.S.N.)* c. *St-Arnaud*, [1986] R.J.Q. 927 (C.A.); *Bergeron* c. *Métallurgie Frontenac Ltée*, [1992] R.J.Q. 2656 (C.A.).

108.   *Produits Pétro-Canada Inc.* c. *Moalli*, précité, note 89.

109.   *Ibid.*; *Martin* c. *Compagnie d'assurances du Canada sur la vie*, précité, note 100.

110.   *U.E.S., local 298* c. *Bibeault*, précité, note 107.

111.   *Ivanhoe Inc.* c. *TUAC, section locale 500*, [2001] 2 R.C.S. 565, 2001 CSC 47.

112.   *Bergeron* c. *Métallurgie Frontenac Ltée*, précité, note 107 – absence de lien de droit et de continuité de l'entreprise; *Banque Royale du Canada* c. *Perry*, [1992] T.T. 429 – absence de continuité d'entreprise. Exemple d'une continuité de l'entreprise et de liens de droits successifs du failli au syndic d'abord et de ce dernier à un nouvel acquéreur et exploitant par la suite: *Delisle* c. *2544-0751 Québec inc.*, D.T.E. 2001T-1156 (C.T.).

On peut enfin se demander si l'article 97 L.N.T. garantit au salarié, dans les situations qu'il envisage, le maintien de son emploi chez le nouvel employeur. Ce dernier est-il tenu de poursuivre la relation de travail commencée par son vendeur, sous réserve de la possibilité de justifier une cessation de l'emploi? Jusqu'à maintenant, la jurisprudence a refusé de reconnaître un tel effet à l'article 97 de la Loi[113]. Néanmoins une réponse affirmative s'imposera à l'égard du salarié qui, en raison de son service continu, peut se prévaloir du recours à l'encontre d'un congédiement sans cause juste et suffisante, en vertu de l'article 124 de la Loi. En effet, selon l'arrêt *Produits Pétro-Canada Inc.* de la Cour d'appel, cette mesure de sécurité relative d'emploi constitue pour le salarié une norme de travail qui bénéficie de l'application de l'article 97 de la Loi[114]. Cette affirmation est inconciliable avec la prétention que l'employeur-vendeur puisse, pour le seul motif qu'il aliène l'entreprise, mettre fin à l'emploi du salarié, d'une part, et que l'acquéreur de l'entreprise soit dispensé de toute justification pour ne pas garder le salarié dans son emploi, d'autre part. L'article 2097 C.c.Q. apporte aussi une nouvelle dimension à l'article 97 L.N.T., puisqu'il prévoit que l'aliénation de l'entreprise ou la modification de sa structure juridique par fusion ou autrement ne met pas fin au contrat de travail, lequel lie l'ayant cause de l'employeur. Cette disposition de droit nouveau n'interdit toutefois pas, du moins expressément, au vendeur de l'entreprise de licencier, dans les cas qui le permettent, ses salariés en prévision de l'aliénation.

VIII- LA SURVEILLANCE ET LA SANCTION DES NORMES

A. La surveillance: la Commission des normes du travail

237 – *Rôle* – La *Loi sur les normes du travail* confie la surveillance de la mise en œuvre et de l'application des normes du travail à un organisme institué par l'article 4 de la Loi, la Commission des normes du travail (la «C.N.T.»). Cette dernière a plus particulièrement pour fonctions:

– d'informer et de renseigner la population sur ces normes;

---

113. *Speer Canada (1988) Inc.* c. *Cloutier*, D.T.E. 90T-1203 (C.S.); *Commission des normes du travail* c. *Vêtements Victorivaille Inc.*, [1988] R.J.Q. 555 (C.P.); *Commission des normes du travail* c. *L.S. Tarshis Ltée*, [1985] C.P. 267.
114. *Produits Pétro-Canada Inc.* c. *Moalli*, précité, note 89.

– d'en surveiller l'application et de transmettre au besoin des recommandations au ministre;

– de recevoir les plaintes des salariés et de les indemniser dans la mesure prévue par la Loi et les règlements;

– de tenter d'amener les employeurs et les salariés à résoudre leurs mésententes relatives à l'application de la Loi et des règlements.

238 – *Composition et statut* – La C.N.T. est composée d'au plus 13 membres, nommés par le gouvernement, dont un président et au moins une personne provenant de chacun des neuf groupes identifiés à l'article 8 L.N.T. Ces neuf membres sont nommés après consultation d'associations ou d'organismes représentatifs de leur groupe respectif (art. 8, al. 2 L.N.T.). En outre, les membres, autres que le président, doivent provenir en nombre égal du milieu des salariés et de celui des employeurs (art. 8, al. 3 L.N.T.). Le mandat des membres de la Commission et l'exercice de leurs pouvoirs sont régis par les articles 9 à 28 de la Loi. Un règlement fixe les règles de régie interne de la Commission[115].

La Commission des normes du travail est une personne morale au sens du *Code civil du Québec* (art. 6 L.N.T.). Elle est investie des pouvoirs généraux d'une telle personne morale et des pouvoirs particuliers qui lui sont conférés par la Loi, plus particulièrement à l'article 39. La C.N.T. dispose également des pouvoirs de réglementation énoncés à l'article 29 L.N.T., parmi lesquels celui de rendre obligatoires pour les employeurs un système d'enregistrement et la tenue d'un registre où doivent être inscrits les renseignements jugés utiles à l'application de la Loi ainsi que celui de fixer le taux de la cotisation à percevoir de la plupart des employeurs, sur la base de la rémunération versée à leurs salariés (art. 29(7) L.N.T.)[116]. Cette cotisation sert au financement de la Commission. Celui-ci est complété par le montant additionnel de 20 % de toute somme due en vertu de la Loi, montant que la C.N.T. peut réclamer en sus d'une telle somme à l'occasion d'un recours civil contre un employeur défaillant (art. 114 L.N.T.)[117].

---

115. *Règlement de régie interne de la Commission des normes du travail*, R.R.Q., c. N-1.1, r. 5.1.
116. Les articles 39.0.1 à 39.0.6 L.N.T. déterminent les employeurs assujettis à cette cotisation et les modalités de paiement de cette dernière.
117. Voir *infra*, nº 241.

B. La sanction civile des normes

1. Les réclamations pécuniaires

239 – *Action du salarié* – Les recours en réclamation de sommes dues à un salarié en raison des normes de salaire et de durée du travail fixées par la Loi ou par les règlements peuvent être exercés par le salarié lui-même auprès du tribunal de droit commun compétent. Pour le salarié, les normes constituent une obligation créée directement par la Loi, obligation dont il est le créancier et l'employeur, le débiteur (art. 1372 C.c.Q.). Plusieurs salariés peuvent cumuler leurs recours en une seule demande et le total réclamé détermine alors la compétence du tribunal tant en première instance qu'en appel, que les réclamations donnent lieu à un mandat ou qu'elles soient simplement juxtaposées (art. 119 L.N.T.)[118]. La jurisprudence avait dénié compétence à la division des petites créances de la Cour du Québec pour décider d'une réclamation fondée exclusivement sur la *Loi sur les normes du travail* ou ses règlements, mais cette compétence lui est clairement reconnue à compter du 1er janvier 2003[119].

Le droit de poursuite des salariés pour réclamer l'exécution d'une obligation de payer de l'employeur est subordonné à l'abstention de la C.N.T. de l'avoir fait elle-même aux conditions prévues par la Loi, comme nous le verrons ci-après. L'action se prescrit par un an à compter de chaque échéance (art. 115, al. 1 L.N.T.)[120]. Cette prescription remplace celle de trois ans de l'article 2925 C.c.Q.[121].

240 – *Intervention de la C.N.T.* – La Commission des normes du travail est expressément autorisée, sous certaines conditions, à agir elle-même en justice pour le compte d'un salarié et à intervenir dans une instance en cours relativement à l'application de la Loi ou d'un règlement (art. 39(8) à (10) L.N.T.).

La C.N.T. peut faire enquête de sa propre initiative (art. 105 L.N.T.). Elle peut aussi être saisie d'une plainte d'un salarié relativement à l'application de la Loi ou d'un règlement (art. 102, al. 1 L.N.T.)[122]. Lorsque le salarié est assujetti à une convention collective

---

118. *Amyot* c. *Arseneau*, D.T.E. 2000T-190 (C.A.).
119. Voir le nouvel article 953 du *Code de procédure civile* qui prend effet à cette date.
120. *Internote Canada Inc.* c. *Commission des normes du travail*, précité, note 17.
121. Voir *supra*, Titre I, chapitre 1, n° 173.
122. La réserve exprimée à cet alinéa quant à l'application des articles 123 et 123.1 L.N.T., lesquels se rapportent à des plaintes qui allèguent une cessation d'emploi ou une autre sanction pour un motif interdit par la Loi, implique que dans ces cas le salarié doive plutôt s'adresser à la Commission des relations du travail instituée par le *Code du travail* en y déposant sa plainte dans le délai prescrit. Voir *infra*, n°s 243-244.

ou à un décret de convention collective, l'article 102, al. 2 L.N.T. l'oblige, sauf exception, à démontrer à la Commission qu'il a épuisé les recours découlant de cette convention ou de ce décret. Cette obligation d'épuisement des recours n'intervient que dans la mesure où le contenu de la convention collective (ou du décret) permet au salarié de fonder une réclamation au moins équivalente à celle qu'il pourrait justifier par la Loi elle-même, sur le même sujet[123]. Elle n'a par ailleurs d'effet qu'à l'endroit des recours civils envisagés à la section I du Chapitre V de la *Loi sur les normes du travail* et n'a aucune répercussion sur une plainte à l'encontre d'une pratique interdite soumise en vertu des articles 123 ou 123.1 L.N.T.)[124]. L'obligation d'épuisement des recours peut faire problème au salarié régi par une convention collective en ce que, d'une part, elle lui est personnelle et, d'autre part, elle est généralement tributaire de la participation d'une tierce partie, en l'occurrence le syndicat signataire de la convention collective.

L'exception évoquée à l'article 102, al. 2 L.N.T. se rapporte à une plainte alléguant une contravention à l'article 87.1 L.N.T. (clause «orphelin»); dans ce cas, le plaignant doit au contraire démontrer à la C.N.T. qu'il n'a pas utilisé les recours fondés sur la convention collective ou le décret ou que, les ayant utilisés, il s'en est désisté avant qu'une décision finale n'ait été rendue.

L'enquête de la Commission, qu'elle soit entreprise de sa propre initiative ou à la suite d'une plainte d'un salarié, est menée selon la procédure prévue aux articles 103 ainsi que 108 à 110 L.N.T. inclusivement, avec les pouvoirs que ces derniers lui confèrent[125].

241 – *Résultat de l'enquête* – Selon les faits révélés par l'enquête, la Commission peut décider d'y mettre fin ou de mettre l'employeur en demeure de payer. Elle mettra un terme à son enquête

---

123. Le fondement dans la convention peut être direct et explicite ou encore par implication ou par incorporation des normes: *Commission des normes du travail* c. *Chantiers Davie Ltée*, [1987] R.J.Q. 1949 (C.A.); *Commission des normes du travail du Québec* c. *Campeau Corp.*, précité, note 90; *Commission des normes du travail* c. *Domtar Inc.*, [1989] R.J.Q. 2130 (C.A.); *Yelle* c. *Commission des normes du travail*, D.T.E. 95T-558 (C.A.); *Commission des normes du travail* c. *Compagnie de papier de St-Raymond Ltée*, [1997] R.J.Q. 366 (C.A.).

124. *Balthazard-Généreux* c. *Collège Montmorency*, [1997] T.T. 118; *Lecavalier* c. *Montréal (Ville de)*, D.T.E. 97T-460 (T.T.).

125. Sur la constitutionnalité des pouvoirs de fouille et de saisie prévus aux articles 109 et 110 L.N.T., au regard de l'article 8 de la *Charte canadienne des droits et libertés* et de l'article 24.1 de la *Charte des droits et libertés de la personne*, L.R.Q., c. C-12, voir, par analogie, *Comité paritaire de l'industrie de la chemise* c. *Potash*, [1994] 2 R.C.S. 406.

si elle est d'avis que la plainte à son origine, lorsqu'il y a lieu, est frivole ou faite de mauvaise foi, ou encore si elle constate qu'elle n'est pas fondée (art. 107 L.N.T.). Elle doit alors en aviser le salarié par courrier recommandé ou certifié en lui précisant les motifs de sa décision et en l'informant de son droit de demander une révision de cette dernière (art. 106 et 107 L.N.T.). Selon l'article 107.1 L.N.T., le plaignant peut demander par écrit la révision de la décision de la Commission, dans les 30 jours de sa réception; la C.N.T. rend alors une décision finale dans les 30 jours de la réception de la demande du plaignant.

La C.N.T. dispose d'une large faculté d'appréciation pour décider si elle donnera suite ou non à la plainte d'un salarié. Elle n'a pas l'obligation d'entreprendre des recours illusoires ou qu'elle juge tout simplement mal fondés, quoique de bonne foi. La responsabilité de la Commission à l'endroit du salarié ne sera engagée que dans la mesure où ce dernier pourra démontrer que sa plainte a été traitée de façon discriminatoire, de mauvaise foi ou avec une négligence grossière[126]. Par ailleurs, en exerçant contre un employeur un recours qu'elle savait ou qu'elle devait raisonnablement savoir mal fondé, la C.N.T. violerait la Loi et se rendrait responsable des dommages ainsi causés à cet employeur[127].

Lorsque la Commission des normes du travail est d'avis qu'une somme d'argent est due à un salarié en vertu de la Loi ou d'un règlement, elle procède de la façon suivante:

– Elle met l'employeur en demeure, par courrier recommandé ou certifié, de lui payer cette somme dans les 20 jours de la mise à la poste de cette mise en demeure (art. 111 et 120 L.N.T.); l'employeur ne peut alors faire remise valablement qu'auprès de la Commission, à moins que l'action ait déjà été intentée par le salarié lui-même. Lorsque la C.N.T. met en demeure un employeur, elle avise en même temps le salarié concerné du montant réclamé pour son compte (art. 111, al. 2 L.N.T.). Tout règlement d'une réclamation entre un employeur et un salarié qui comporte une réduction du montant réclamé est nul de nullité absolue (art. 101 L.N.T.).

126. Voir le jugement de première instance dans l'affaire *Yelle* c. *Commission des normes du travail*, précité, note 123.
127. Voir, par analogie, dans le cas d'une plainte en vertu des articles 124 et s. L.N.T.: *Club de golf Murray Bay Inc.* c. *Commission des normes du travail*, [1986] R.J.Q. 950 (C.A.).

– La Commission peut exercer le recours pour le compte du salarié à l'expiration du délai de 20 jours suivant la mise à la poste de la mise en demeure adressée à l'employeur (art. 39(8) et 113 L.N.T.). La mise en demeure de l'employeur par la C.N.T. et l'écoulement du délai de 20 jours prévu à l'article 111 L.N.T. sont des conditions préalables nécessaires à la naissance du droit d'action de la Commission[128]. La C.N.T. agit alors en son propre nom en vertu d'une subrogation légale *sui generis* dans les droits du salarié[129]. Le salarié est considéré partie à cette action, avec les conséquences usuelles qui s'ensuivent[130]. L'employeur peut opposer à l'action de la C.N.T. tout moyen qu'il pourrait faire valoir contre le salarié lui-même[131]. Il ne peut cependant se porter demandeur reconventionnel contre la C.N.T. à l'égard d'une créance qu'il prétendrait détenir contre le salarié personnellement[132]. Ce dernier peut toutefois être assigné pour interrogatoire au préalable ou après défense en vertu des articles 397 et 398 C.p.c., la C.N.T. étant considérée agir en vertu d'un titre analogue au sens du paragraphe 397 (3) C.p.c.[133].

– Fait important à signaler, l'article 114, al. 1 L.N.T. autorise la Commission des normes du travail, lorsqu'elle exerce les recours prévus par les articles 112 et 113 de la Loi, à réclamer de l'employeur un montant additionnel égal à 20 % de la somme due en vertu de la Loi ou d'un règlement, montant qui lui appartient alors en entier. La réclamation de ce montant additionnel est de nature civile et soumise à la discrétion du tribunal[134]. Les sommes dues au

---

128. *Commission des normes du travail du Québec* c. *Campeau Corp.*, précité, note 90.
129. *Maltais* c. *Corp. du parc régional du Mont Grand-Fonds inc.*, D.T.E. 2002T-385 (C.A.).
130. *Ibid.*
131. *Commission des normes du travail* c. *Emco Ltd.*, D.T.E. 99T-1174 (C.Q.) – acceptation d'une défense de compensation; *Commission des normes du travail* c. *Urgel Bourgie ltée*, D.T.E. 96T-1512 (C.Q.) – rejet d'une défense de compensation; *Commission des normes du travail* c. *Ballin inc.*, précité, note 42 – rejet d'une demande de compensation.
132. *Commission des normes du travail* c. *Toutant*, D.T.E. 84T-14 (C.P.).
133. *Commission des normes du travail* c. *Groupe Explo-Nature,* D.T.E. 84T-454 (C.A.).
134. *Commission des normes du travail* c. *Béatrice Foods Inc.*, précité, note 58; *Commission des normes du travail* c. *Paquette*, précité, note 9; *Commission des normes du travail* c. *Assurexperts Guy Lapointe inc.*, précité, note 50. Il y a lieu de comparer la rédaction de l'article 114, al. 1 L.N.T., d'une part, et du paragraphe 81c) de la *Loi sur les relations du travail, la formation professionnelle et la gestion de la main-d'œuvre dans l'industrie de la construction* (précitée, note 4), d'autre part, qui porte sur un objet semblable. Cette dernière disposition a, quant à elle, été interprétée par la Cour d'appel comme créant une sanction de

salarié portent intérêt à compter de la mise en demeure de la Commission au taux prévu par l'article 114, al. 2 de la Loi[135].

– La C.N.T. n'est pas limitée à réclamer de l'employeur le seul salaire minimum dû à un salarié. La Loi l'autorise à réclamer à l'employeur le salaire réel qu'il doit au salarié et qui demeure impayé, même si ce salaire excède le salaire minimum (art. 98 et 113 L.N.T.). Pour ce qui est des autres avantages qui ont une valeur pécuniaire, la Commission ne peut poursuivre que pour ceux qui résultent de l'application de la Loi ou d'un règlement; la réclamation est néanmoins calculée sur la base du salaire horaire habituel du salarié (art. 99 L.N.T.). Selon l'article 113, al. 2 de la Loi, la C.N.T. peut également exercer à l'encontre des administrateurs d'une personne morale les recours qu'un salarié peut exercer envers eux. Cette disposition vise les recours prévus par l'article 96 de la *Loi sur les compagnies* et par la mesure équivalente dans la législation fédérale, l'article 119 de la *Loi sur les sociétés par actions*[136].

242 – *Prescription* – Comme celle prise par le salarié lui-même, l'action civile intentée par la C.N.T. se prescrit par un an à compter de chaque échéance (art. 115, al. 1 L.N.T.)[137]. Un avis d'enquête de la Commission des normes du travail, expédié à l'employeur par courrier recommandé ou certifié, suspend la prescription pour une

---

nature pénale attachée à une infraction de responsabilité stricte, à laquelle l'employeur peut opposer une défense de diligence raisonnable: *Constructions Bouladier Ltée* c. *Office de la construction du Québec*, [1985] C.A. 505. Sur l'inapplicabilité de l'article 97 L.N.T. à la réclamation de ce 20 % à un nouvel employeur, voir *Commission des normes du travail* c. *Cie de gestion Thomcor Ltée*, D.T.E. 86T-265 (C.S.). Les administrateurs d'une société ne peuvent être tenus personnellement responsables du paiement de ce montant, le cas échéant: *Commission des normes du travail* c. *Burak*, D.T.E. 2002T-813 (C.S.).

135. Sur la constitutionnalité de cette disposition, voir *Internote Canada Inc.* c. *Commission des normes du travail*, précité, note 17.

136. *Loi sur les compagnies*, L.R.Q., c. C-38; *Loi sur les sociétés par actions*, L.R.C. (1985), c. C-44. Exemples: *Amyot* c. *Arseneau*, précité, note 118; *Commission des normes du travail* c. *Gauthier*, [1998] R.J.D.T. 125 (C.S.). Les conditions imposées par ces lois sont opposables à la Commission: voir *supra*, Titre I, chapitre 1, n° 149; *Thompson* c. *Masson*, précité, note 97; *Commission des normes du travail* c. *Proulx*, [1997] R.J.Q. 2178 (C.S.); *Commission des normes du travail* c. *Burak*, précité, note 134. La C.N.T. dispose du même délai de prescription que celui qui serait applicable au salarié s'il agissait personnellement: *Commission des normes du travail* c. *Legault*, [1997] R.J.Q. 2086 (C.A.).

137. *Internote Canada Inc.* c. *Commission des normes du travail*, précité, note 17.

période de six mois à compter de sa mise à la poste (art. 116 L.N.T.)[138]. Un tel avis d'enquête ne peut être donné qu'une fois. En cas de fraude, la prescription ne court contre la Commission qu'à compter du moment où elle prend connaissance de cette fraude (art. 118 L.N.T.).

2. Les pratiques interdites

243 – *Interdictions* – Ainsi que nous l'avons vu, l'article 122 L.N.T. interdit à l'employeur d'imposer une sanction au salarié pour l'un ou l'autre des sept types de motifs qui y sont prévus, l'article 122.1 L.N.T. lui prohibe de mettre le salarié à la retraite contre son gré et l'article 122.2 L.N.T. lui interdit de le congédier, de le suspendre ou de le déplacer par suite d'une absence pour cause de maladie ou d'accident dans les circonstances envisagées par cette disposition[139].

244 – *Plainte et prescription* – L'article 123 L.N.T. prévoit un recours en indemnisation et, si nécessaire, en réintégration[140], en faveur du salarié qui croit avoir été victime d'une pratique interdite par l'article 122 ou 122.2 L.N.T. Ce recours se prescrit par 45 jours. L'article 123.1 L.N.T. rend le recours de l'article 123 L.N.T. disponible au salarié qui croit avoir été congédié, suspendu ou mis à la retraite contrairement à l'article 122.1 L.N.T. La plainte se prescrit alors par 90 jours.

Dans tous les cas, le salarié doit soumettre sa plainte par écrit à la Commission des relations du travail instituée par le *Code du travail* (la «C.R.T.»)[141]. Toutefois, le fait qu'elle ait été déposée auprès de la Commission des normes du travail, dans le délai prescrit, plutôt qu'à la C.R.T. ne peut être opposé au plaignant (art. 123, al. 2 L.N.T.)[142].

---

138. *Commission des normes du travail* c. *Bondex International (Canada) Ltée*, précité, note 91; *Yelle* c. *Commission des normes du travail*, précité, note 123. L'annulation formelle par la C.N.T. de son avis d'enquête annulerait également l'interruption de la prescription: voir et transposer *Commission du salaire minimum* c. *Mitchell Lincoln Packaging Ltd.*, J.E. 81-411 (C.S.).
139. Voir *supra*, nos 226-227.
140. Un domestique ne peut toutefois être réintégré; il pourra plutôt bénéficier d'une indemnité équivalente à un maximum de trois mois de salaire: art. 123, al. 3 L.N.T.
141. Voir *infra*, Titre II, chapitre 1, nos 349, 351.
142. La Cour d'appel a reconnu que le tribunal spécialisé peut exercer concurremment la compétence qui lui résulte de l'article 123 ou 123.1 L.N.T. et celle qui lui est semblablement attribuée par d'autres dispositions législatives pour contrôler la légalité d'un congédiement ou d'une sanction dont un salarié est victime et qu'il peut décider, sur la base d'une plainte dont il est validement saisi, de la légalité d'une mesure au regard d'une loi ou d'une autre: *Villeneuve* c. *Tribunal du travail*, [1988] R.J.Q. 275 (C.A.).

245 – *Intervention de la C.N.T.* – La Commission des normes du travail est susceptible d'intervenir à deux niveaux relativement à une plainte portée en vertu de l'article 123 ou de l'article 123.1 de la Loi. Elle peut d'abord, avec l'accord des parties, déclencher une phase de conciliation en nommant une personne qui tentera de régler la plainte à la satisfaction des parties (art. 123.3 L.N.T.). Cette personne ne doit pas avoir agi dans le dossier à un autre titre, ce qui n'exclut pas qu'il puisse s'agir d'un employé de la C.N.T. Les informations recueillies par cet intervenant bénéficient d'une protection de confidentialité selon l'article 123.3, al. 3 L.N.T. À l'étape de l'adjudication par la Commission des relations du travail, le cas échéant, la C.N.T. peut intervenir pour représenter le salarié plaignant si ce dernier ne fait pas partie d'un groupe de salariés visés par une accréditation accordée en vertu du *Code du travail* (art. 123, al. 4 L.N.T.).

246 – *Modalités du recours* – L'exercice du recours du salarié obéit essentiellement aux mêmes règles et modalités que celles qui s'appliquent à l'exercice d'un recours en vertu des articles 15 et suivants du *Code du travail* (art. 123, al. 1 L.N.T.)[143]. Le plaignant doit démontrer à la Commission des relations du travail: (1) qu'il est un salarié au sens de la Loi, au regard de la mesure dont il se plaint[144]; (2) qu'il a été le sujet d'une mesure visée par les articles 122, 122.1 ou 122.2 L.N.T.[145]; (3) qu'il se trouvait dans l'une ou l'autre des situations de fait envisagées par ces dispositions.

Lorsque ces éléments sont établis, le salarié bénéficie d'une présomption qui renverse le fardeau de la preuve sur l'employeur. Ce dernier est alors tenu de justifier la mesure imposée au salarié par l'existence d'une autre cause juste et suffisante, c'est-à-dire un motif réel et sérieux qui ne s'avère pas un prétexte, pour que la plainte soit renvoyée[146]. L'allégation par l'employeur d'une abolition de poste

---

143. Pour une étude détaillée de ces règles et modalités, voir *infra*, Titre II, chapitre 2, nos 373-386.
144. *Byrne* c. *Yergeau*, D.T.E. 2002T-870 (C.A.); *Lalande* c. *Provigo Distribution inc.*, D.T.E. 98T-1059 (C.A.).
145. Le refus d'embauche initiale n'est pas une mesure visée par l'article 122 L.N.T.: *Byrne* c. *Yergeau*, *ibid.*
146. Relativement à l'article 122 L.N.T. et aux motifs illégaux de sanction rattachés à ses différents paragraphes, voir entre autres les décisions suivantes: par. 1o: *Giguère* c. *Centura Québec*, [1983] T.T. 455 – droit du salarié d'être payé en argent; *Chartray* c. *U.A.P. Inc.*, [2000] R.J.D.T. 1653 (T.T.) – congé parental et absences pour remplir des obligations familiales à l'endroit d'un enfant; par. 4o: *Zellers Inc.* c. *Dybka*, D.T.E. 2001T-510 – REJB 2001-23703 (T.T.) – salariée en

rendue nécessaire par sa situation financière requerra qu'il justifie son choix du salarié plaignant pour réfuter la présomption[147]. La décision de la C.R.T. est sans appel (art. 134 C.t.). Elle peut toutefois faire l'objet d'une révision ou d'une révocation par la Commission des relations du travail elle-même, pour l'un ou l'autre des trois motifs mentionnés à l'article 127 du *Code du travail*[148].

247 – *Cumul de recours* – La production d'une plainte à l'encontre d'une pratique interdite n'empêche pas le salarié d'exercer d'autres recours, particulièrement à la suite d'un renvoi. Cette plainte peut ainsi coexister avec une action civile, avec un grief selon une convention collective ou avec une plainte à l'encontre d'un congédiement sans cause juste et suffisante selon les articles 124 et suivants L.N.T. Outre que le remède recherché puisse dans certains cas être différent, l'explication réside avant tout dans la spécificité des questions posées aux différents décideurs[149].

3. Le congédiement sans cause juste et suffisante

248 – *Généralités* – Les articles 124 et suivants de la *Loi sur les normes du travail* instituent un recours à l'encontre d'un congédiement fait sans cause juste et suffisante. Il s'agit d'une mesure de protection de l'emploi qui s'apparente à celle dont bénéficient généra-

---

période d'essai; par. 5°: *Mathias c. Conso Graber Canada Inc.*, D.T.E. 86T-934 (T.T.) – intention du salarié de réclamer le paiement de temps supplémentaire; quant à l'imminence de l'acquisition par le salarié du droit de recours selon l'article 124 L.N.T., après trois ans de service continu, voir *Thibault c. La Reine*, [1994] T.T. 362; *Mirabel (Ville de) c. Blais*, D.T.E. 94T-1097 (T.T.); *Bouchard c. La Reine*, D.T.E. 95T-342 (T.T.); par. 6°: *Riccardo c. Amalee Systèmes Design Innovation Inc.*, [2001] R.J.D.T. 779 (C.T.). À remarquer que l'article 123.2 L.N.T. prévoit que la présomption continue de s'appliquer pour au moins 20 semaines après le retour au travail à la fin d'un congé de maternité ou d'un congé parental. Quant à l'article 122.2 L.N.T., voir notamment: *Sain c. Multi-Démolition S.D.*, précité, note 80; *Katz c. Jas A. Ogilvy (détail) Inc.*, [2001] R.J.D.T. 141 (T.T.); *Dugas c. Pompaction inc.*, D.T.E. 2001T-241 (T.T.); *Oliva-Zamora c. Société d'administration Casco inc.*, précité, note 80. L'établissement de la présomption à l'occasion d'une plainte fondée sur les articles 122.1 et 123.1 L.N.T. requiert que le plaignant prouve qu'il est un salarié, que son emploi a été interrompu et que cette mesure se rapportait à une mise à la retraite contre son gré: *Ranger c. Bureau d'expertise des assureurs ltée*, [2001] R.J.D.T. 1911 (C.T.); voir aussi et comparer: *Boutique de cartes Coronet Carlton Ltd. c. Bourque*, [1985] T.T. 322.

147. *Grégoire c. Joly*, [2000] R.J.D.T. 625 (T.T.).
148. Sur la nature du pourvoi en révision, voir *infra*, Titre II, chapitre 1, n°s 345-347.
149. *Vézina c. Valeurs mobilières Desjardins Inc.*, J.E. 98-1417 (C.S.) – plainte et action civile; *Robitaille c. Société des alcools du Québec*, [1997] T.T. 597 – plainte et grief. Voir aussi *infra*, n° 262.

lement les salariés syndiqués régis par une convention collective. La Cour d'appel y a vu une norme substantielle de travail[150].

a) Les conditions d'ouverture

249 – *Trois conditions* – L'article 124 L.N.T. pose trois conditions à l'ouverture du recours à l'encontre d'un congédiement fait sans cause juste et suffisante. Ces conditions ont trait à la durée du service continu du salarié dans l'entreprise, au fait de son congédiement et à l'absence d'un autre recours équivalent.

i) Le service continu

250 – *Notion et durée* – Le pourvoi selon les articles 124 et suivants L.N.T. est réservé au salarié, au sens de la Loi, qui justifie de trois ans de service continu dans la même entreprise. Le «service continu» signifie «la durée ininterrompue pendant laquelle le salarié est lié à l'employeur par un contrat de travail, même si l'exécution du travail a été interrompue sans qu'il y ait résiliation du contrat (art. 1(12) L.N.T.)[151]. L'élément essentiel de cette définition se trouve, on le constate, dans la durée ininterrompue de la relation contractuelle de travail entre le salarié et l'employeur. À moins d'une «interruption qui, dans les circonstances, permette de conclure à un non-renouvellement de contrat», selon le texte même de la Loi, le service continu court même si le lien d'emploi est maintenu par l'effet de plusieurs contrats à durée déterminée successifs[152]. La seule interruption temporaire du travail, alors que subsiste la relation employeur-employé, soit en raison de la nature même de l'occupation, comme dans le cas du travail saisonnier, soit à la suite d'un incident ponctuel comme une maladie, une mise à pied ou une grève, n'influe pas sur la durée du service continu[153]. Par contre, les contrats provi-

---

150. *Produits Pétro-Canada Inc.* c. *Moalli*, précité, note 89.

151. *Martin* c. *Compagnie d'assurances du Canada sur la vie*, précité, note 100; *Internote Canada Inc.* c. *Commission des normes du travail*, précité, note 17.

152. Voir: *Commission scolaire Berthier-Nord-Joli* c. *Beauséjour*, [1988] R.J.Q. 639 (C.A.); *Collège d'affaires Ellis Inc.* c. *Lafleur*, D.T.E. 83T-535 (C.S.), confirmé en appel à partir d'un autre motif: *Collège d'affaires Ellis Inc.* c. *Lafleur*, C.A. Montréal, n° 500-09-000620-831, 11 octobre 1984.

153. *Société d'électrolyse et de chimie Alcan Ltée* c. *Commission des normes du travail du Québec*, D.T.E. 95T-448 (C.A.) – reconnaissance de la permanence du lien d'emploi d'une salariée affectée à des remplacements; *Technologies industrielles S.N.C. Inc.* c. *Vaillancourt*, D.T.E. 97T-781 (C.S.). Dans le cas de la grève, voir l'article 110 du *Code du travail* (précité, note 5) et *Syndicat de la boîte de carton de Québec Inc. (C.S.N.)* c. *Cartonniers Standard Ltée*, J.E. 82-758 (C.A.).

soires ou ponctuels qui, par leur nature, n'engagent en rien les parties au-delà de leur stricte durée d'exécution, sont incompatibles avec la notion de service continu[154].

251 – *Changement d'employeur* – En cas de vente ou d'autre forme d'aliénation ou de concession, totale ou partielle, de l'entreprise, le service acquis par l'employé auprès de l'employeur-vendeur sera opposable au nouvel employeur (art. 97 et 124 L.N.T.)[155]. Le cas échéant, l'acquéreur devra être mis en cause par la plainte portée selon l'article 124 de la Loi dès la réalisation de la transmission d'entreprise envisagée à l'article 97 L.N.T.[156].

252 – *Effet et détermination* – Le caractère d'ordre public que l'article 93 L.N.T. confère aux normes du travail fait obstacle à toute renonciation du salarié au bénéfice éventuel du recours selon les articles 124 et suivants de la Loi, lorsqu'il aura accumulé le service continu requis[157]. L'appréciation en droit de cette condition d'ouverture au recours à l'encontre d'un congédiement injuste qu'est le service continu du salarié plaignant et, en particulier, la détermination de l'applicabilité de l'article 97 de la Loi au calcul de ce service continu, constituent des questions de compétence sur lesquelles la Commission des relations du travail ne peut commettre d'erreur, sous peine de révision judiciaire[158].

ii) Le congédiement

253 – *Notion et formes* – Le salarié qui porte plainte selon l'article 124 L.N.T. doit prouver le fait de son congédiement. La notion de congédiement implique une rupture définitive, par l'employeur, d'un contrat de travail qui a cours[159]. L'appellation formelle donnée à son

---

154. *Commission scolaire des Mille-Îles* c. *Commission des normes du travail du Québec*, D.T.E. 94T-797 (C.A.); *Commission des normes du travail* c. *Commission des écoles catholiques de Québec*, D.T.E. 95T-887 (C.A.); *Murdochville (Ville de)* c. *Poirier*, D.T.E. 95T-724 (T.T.).
155. *Produits Pétro-Canada Inc.* c. *Moalli*, précité, note 89; *Ventes Mercury des Laurentides Inc.* c. *Bergevin*, précité, note 100.
156. Voir et transposer: *Adam* c. *Daniel Roy Ltée*, [1983] 1 R.C.S. 683.
157. *Martin* c. *Compagnie d'assurances du Canada sur la vie*, précité, note 100 – nullité d'une clause d'un contrat de travail prévoyant la faculté de l'employeur de mettre fin à volonté à l'emploi alors que le salarié comptait la durée de service continu requise par la Loi.
158. *Produits Pétro-Canada Inc.* c. *Moalli*, précité, note 89; *Bergeron* c. *Métallurgie Frontenac Ltée*, précité, note 107; *Boucher* c. *Centre de placement spécialisé du Portage (C.P.S.P.)*, D.T.E. 92T-552 (C.A.).
159. *Byrne* c. *Yergeau*, précité, note 144.

geste par l'employeur n'a pas d'importance. Le congédiement peut ainsi être direct, explicite. En certaines circonstances, le refus de l'employeur de renouveler un contrat de travail à son échéance tombera dans cette catégorie[160]. Le congédiement peut aussi être déguisé ou fait par induction. Il prendra alors le plus souvent l'apparence d'une démission alors que celle-ci a été arrachée sous la contrainte ou la menace, ou qu'elle a été provoquée soit par des manœuvres vexatoires, soit par l'imposition d'autorité de modifications substantielles à des conditions importantes du contrat de travail[161]. Pour qu'on puisse conclure à un congédiement, il n'est pas nécessaire qu'une modification significative des conditions de travail par l'employeur ait été marquée de mauvaise foi de sa part[162]. Il n'est pas essentiel non plus, dans ce cas, que le salarié ait renoncé à son emploi, à la condition qu'il ait manifesté son refus des changements décidés par l'employeur[163].

254 – *Licenciement* – Dans le contexte particulier de l'article 124 L.N.T., l'expression «congédiement» exclut, selon la jurisprudence, la terminaison d'emploi justifiée par des motifs d'ordre financier ou économique à l'origine d'une réduction du personnel. On distingue ainsi le «congédiement» du «licenciement» entendu dans un sens plus étroit associé à une motivation économique. Une fois constatée la réalité de cette motivation économique, sans qu'il s'agisse d'une manœuvre pour déguiser un congédiement, le tribunal administratif n'a plus compétence et il serait illégal qu'il se substitue à l'employeur pour déterminer le choix du salarié à licencier, par exemple en fonction d'une règle d'ancienneté dépourvue d'assises juridiques[164]. Néanmoins, le tribunal spécialisé demeure autorisé à

---

160. *Commission scolaire Berthier-Nord-Joli* c. *Beauséjour*, précité, note 152. Voir aussi et transposer: *École Weston Inc.* c. *Tribunal du travail*, [1993] R.J.Q. 708 (C.A.); *Moore* c. *Cie Montréal Trust*, [1988] R.J.Q. 2339 (C.A.).
161. *Industries Moplastex (1986) Inc.* c. *Tremblay*, D.T.E. 91T-694 (C.A.) – démission; *Lamy* c. *Kraft Ltée*, D.T.E. 91T-49 (C.A.) – prétendu licenciement administratif pour un motif d'ordre économique; *Bilodeau* c. *Bata Industries Ltd.*, [1986] R.J.Q. 531 (C.A.) – rétrogradation; *Joyal* c. *Hôpital du Christ-Roi*, [1997] R.J.Q. 38 (C.A.) – rétrogradation; *Vigie informatique 2000 Inc.* c. *Girard*, [1998] R.J.D.T. 99 (C.S.) – rétrogradation.
162. *Farber* c. *Cie Trust Royal*, [1997] 1 R.C.S. 846; *Vigie informatique 2000 Inc.* c. *Girard*, précité, note 161.
163. *Joyal* c. *Hôpital du Christ-Roi*, précité, note 161. Cette solution est cohérente avec l'obligation du salarié de mitiger ses dommages: *Polysos* c. *Wallmaster Cleaning Services*, [1987] R.D.J. 448 (C.A.).
164. *Donohue Inc.* c. *Simard*, [1988] R.J.Q. 2118 (C.A.); *Bassant* c. *Dominion Textile Inc.*, D.T.E. 92T-1374 (C.A.); *Blais* c. *Bélanger*, [1998] R.J.D.T. 42 (C.A.). Dominic ROUX, «Le recours en vertu de l'article 124 de la *Loi sur les normes du travail* dans un contexte de licenciement: vers un renforcement de la protection

considérer les critères utilisés par l'employeur ou généralement reconnus en milieu de travail, pour décider si l'allégation du motif d'ordre économique comme cause de la fin d'emploi est réelle ou si elle ne sert pas plutôt à camoufler un congédiement déguisé[165].

255 – *Compétence* – Il est maintenant bien établi que c'est au forum spécialisé chargé de décider de la plainte du salarié selon l'article 124 L.N.T. qu'il appartient, dans l'exercice de sa compétence, de qualifier les faits qui lui sont soumis et de décider s'ils constituent un congédiement au sens de la Loi ou une autre forme de fin d'emploi[166]. Cette appréciation ne sera normalement révisable par les tribunaux supérieurs que si elle se présente comme une détermination manifestement déraisonnable[167].

iii) L'absence de recours équivalent

256 – *Signification* – Le recours de l'article 124 L.N.T. n'est ouvert au salarié que lorsque ce dernier ne dispose pas d'une procédure de réparation, autre qu'un recours en dommages-intérêts, prévue ailleurs dans la *Loi sur les normes du travail*, dans une autre loi ou dans une convention, individuelle ou collective.

La rédaction de cette partie de l'article 124 L.N.T. est loin d'être lumineuse. Certes, on y perçoit assez facilement que cette autre procédure de réparation doive revêtir un caractère judiciaire ou quasi judiciaire, en confiant le litige à un tiers impartial dont la décision sera exécutoire, et qu'elle conduise à une solution qui peut comporter la réintégration du salarié[168]. Faut-il, par ailleurs, prendre en considération l'objet de l'autre recours et, en particulier, son caractère spécifique ou général? En d'autres termes, la voie de redressement autrement offerte au salarié doit-elle ouvrir une perspective d'appré-

---

d'emploi du salarié?», dans Service de la formation permanente du Barreau du Québec, *Développements récents en droit du travail – 2001*, vol. 153, Cowansville, Éditions Yvon Blais, 2001, p. 31 et s.

165. *Bousquet* c. *Desjardins*, D.T.E. 97T-1375 (C.A.); *St-Georges* c. *Deschamps Pontiac Buick G.M.C. Ltée*, D.T.E. 97T-1342 (C.A.); *Boyer* c. *Hewitt Equipment Ltd.*, [1988] R.J.Q. 2112 (C.A.); *Commission des normes du travail* c. *Mia Inc.*, D.T.E. 85T-590 (C.A.). Voir, cependant, *Décarie* c. *Produits pétroliers d'Auteuil Inc.*, [1986] R.J.Q. 2471 (C.A.).

166. *Lamy* c. *Kraft Ltée*, précité, note 161. Voir aussi précité, notes 160 et 165.

167. *St-Georges* c. *Deschamps Pontiac Buick G.M.C. Ltée*, précité, note 165; *Bousquet* c. *Desjardins*, précité, note 165; *Polysos* c. *Wallmaster Cleaning Services*, [1987] R.D.J. 448 (C.A.). Voir aussi et transposer: *Byrne* c. *Yergeau*, précité, note 144, par. 21-25.

168. *De Lorimier* c. *Université Laval*, D.T.E. 90T-874 (C.A.); *General Motors du Canada Limitée* c. *Tremblay*, D.T.E. 82T-323 (C.A.).

ciation des motifs de son congédiement au moins aussi large que pourrait le faire l'adjudication en vertu des articles 126 et suivants L.N.T.? La réponse est affirmative et repose sur la finalité propre de chaque type de recours, à savoir ceux, d'une part, qui se limitent à la vérification de la présence d'un motif de congédiement que la Loi déclare expressément illégal et ceux, d'autre part, qui consistent à faire décider du caractère juste ou approprié du congédiement, compte tenu de toutes les circonstances de l'espèce, par la juridiction compétente. C'est cette solution qu'a retenue la Cour d'appel, en décidant que seul un recours qui permet une appréciation des motifs de congédiement semblable à celle à laquelle donne lieu l'application des articles 124 et suivants L.N.T. écarte cette dernière[169]. L'arbitrage de grief, selon les normes usuelles des conventions collectives, répondra en général positivement à ce critère[170].

Le recours jugé équivalent, lorsqu'il y a lieu, doit être accessible au salarié pour lui être opposable à l'encontre d'une plainte selon l'article 124 L.N.T.[171]. S'agit-il alors d'une disponibilité strictement juridique ou plutôt factuelle lorsque la participation d'un tiers, comme un syndicat en présence d'une convention collective, est nécessaire à l'exercice du recours? Il semble qu'on doive s'en tenir à la disponibilité juridique du recours[172]. Cette solution est cohérente à la fois avec le régime d'administration des griefs et avec la possibilité pour le salarié mal représenté par son syndicat de se prévaloir ultimement des mécanismes prévus au *Code du travail* pour obtenir l'arbitrage[173]. De toute manière, la compétence de l'arbitre de grief sur le litige lui serait exclusive et écarterait tout autre forum[174].

Le salarié qui fait défaut d'exercer en temps et de manière utiles un recours équivalent auquel il a accès ne peut soumettre par la suite une plainte selon l'article 124 L.N.T.

---

169. *Commission scolaire Chomedey de Laval* c. *Dubé*, [1997] R.J.Q. 1203 (C.A.); *Provost* c. *Hakim*, D.T.E. 97T-1315 (C.A.); *Giguère* c. *Cie Kenworth du Canada (division de Paccar du Canada Ltée)*, [1990] R.J.Q. 2485 (C.A.).
170. *Université du Québec à Hull* c. *Lalonde*, D.T.E. 2000T-411 (C.A.). Sur d'autres recours jugés équivalents, dont l'arbitrage, voir: *Dubé* c. *Secrétariat de l'action catholique de Joliette*, D.T.E. 2001T-1109 (C.A.); *De Lorimier* c. *Université Laval*, précité, note 168; *Hôpital Royal Victoria* c. *Marchand*, D.T.E. 95T-422 (C.S.); *Centre hospitalier régional de l'Outaouais* c. *Carrier*, D.T.E. 90T-825 (C.S.).
171. *Joyal* c. *Hôpital du Christ-Roi*, précité, note 161; *Commission scolaire Chomedey de Laval* c. *Dubé*, précité, note 169; *Malo* c. *Côté-Desbiolles*, [1995] R.J.Q. 1686 (C.A.).
172. *Dumouchel* c. *Racicot*, [1997] R.J.Q. 1045 (C.S.).
173. Voir *infra*, Titre II, chapitre 4, nos 492-494.
174. Voir *infra*, Titre II, chapitre 8, nos 659-661.

b) La procédure

257 – *Plainte et délais* – Le salarié qui désire se prévaloir du recours des articles 124 et suivants L.N.T. doit déposer sa plainte par écrit auprès de la Commission des normes du travail dans les 45 jours de son congédiement (art. 124, al. 1 L.N.T.). Si la plainte est soumise dans ce délai à la Commission des relations du travail instituée par le *Code du travail*, le défaut de l'avoir soumise à la C.N.T. ne peut être opposé au plaignant (art. 124, al. 2 L.N.T.)[175]. Le délai de 45 jours est de rigueur et commence à courir à la date à laquelle l'emploi du salarié prend fin. La C.N.T. peut alors exiger de l'employeur une attestation par écrit des motifs du congédiement; le salarié en obtient une copie sur demande de sa part (art. 125, 2e al. L.N.T.). Avec l'accord des parties, la C.N.T. peut nommer une personne qui tente de régler la plainte à la satisfaction des intéressés (art. 125, al.1 L.N.T.). En l'absence de règlement dans les 30 jours de la réception de la plainte par la C.N.T., le salarié peut, dans les 30 jours suivants, lui demander par écrit le renvoi de sa plainte à la Commission des relations du travail instituée par le *Code du travail* (art. 126 L.N.T.)[176]. La plainte qui ne fait pas l'objet d'une telle demande de renvoi devient inexistante[177].

258 – *Enquête et audition* – L'article 126.1 L.N.T. autorise la C.N.T. à représenter un salarié qui ne fait pas partie d'un groupe de salariés visé par une accréditation accordée en vertu du *Code du travail*, tant devant la Commission des relations du travail que dans toute autre instance relative à cette plainte et à l'application des articles 124 à 131 L.N.T.

Devant la Commission des relations du travail, la procédure d'enquête est essentiellement la même que celle qui a cours devant un arbitre de grief saisi d'un semblable litige en vertu d'une convention collective. La C.R.T. dispose des mêmes pouvoirs que l'arbitre[178]. Le fardeau de la preuve de l'existence d'un motif juste et suffisant de congédiement incombe à l'employeur.

---

175. *Dominique* c. *Kraft Ltée*, [1991] T.T. 63.
176. L'obligation de renvoi de la C.N.T. n'est pas absolue. En présence d'une plainte clairement irrecevable, elle devrait le refuser, sous peine d'engager sa responsabilité civile à l'endroit de l'employeur concerné: *Club de golf Murray Bay Inc.* c. *Commission des normes du travail*, précité, note 127.
177. *Charrette* c. *General Electric Canada inc.*, [2000] R.J.D.T. 489 (C.S.).
178. L.N.T., art. 127, lequel renvoie notamment à l'article 100.12 du *Code du travail*, précité, note 5. Voir aussi, sur les pouvoirs d'enquête de la Commission des relations du travail *infra*, Titre II, chapitre 1, n° 338 et sur les pouvoirs de l'arbitre de grief *infra*, Titre II, chapitre 8, n°s 692, 701-703, 705-706.

c) *La décision*

259 – *Appréciation* – La Commission des relations du travail dispose d'un large pouvoir d'appréciation des motifs de congédiement qui lui sont soumis par l'employeur et seule une décision «manifestement déraisonnable» de sa part justifiera l'intervention des tribunaux supérieurs par voie d'exercice du pouvoir de contrôle judiciaire[179].

260 – *Redressement* – Si la C.R.T. juge que le salarié a été congédié sans cause juste et suffisante, elle dispose d'un pouvoir de réparation qui lui permet de le réintégrer dans son emploi, de l'indemniser pour le salaire perdu et de rendre toute autre décision qui lui paraît juste et raisonnable compte tenu de toutes les circonstances de l'affaire (art. 128 L.N.T.)[180]. Comme la Cour d'appel l'a expliqué, la réparation s'articule autour de deux objectifs: d'une part, le remboursement du salaire perdu à la date de la décision et, d'autre part, de manière prospective la réintégration ou une mesure de rechange appropriée dans les circonstances[181]. La réintégration s'impose généralement comme mode normal de réparation d'un congédiement injuste[182]. La Loi l'exclut cependant dans le cas d'un domestique (art. 128, al. 2 L.N.T.)[183]. Un salarié qui pourrait la demander peut choisir d'y renoncer[184].

La réintégration du salarié peut se heurter à la disparition du poste du salarié ou au défaut de ce dernier de détenir un permis exigé par la Loi. La C.R.T. n'a pas le pouvoir de contraindre l'employeur à créer un poste pour donner effet à son ordonnance de réintégration[185]. Face à une exigence légale de permis, elle peut ordonner à l'employeur de poser des actes nécessaires, s'il y a lieu, pour permettre la délivrance de ce permis[186]. La réintégration peut être écartée par la C.R.T. pour des raisons d'opportunité qui relèvent de son apprécia-

---

179. La situation de la C.R.T. est à cet égard semblable à celle de l'arbitre de grief agissant en vertu du *Code du travail*. Voir *infra*, titre II, chapitre 8, nos 715-720.
180. *Blanchard* c. *Control Data Canada Limitée*, [1984] 2 R.C.S. 476.
181. *Immeubles Bona Limitée (Les)* c. *Labelle*, [1995] R.D.J. 397 (C.A.).
182. *Skorski* c. *Rio Algom Ltée*, D.T.E. 85T-840 (C.A.); *Radex Ltée* c. *Morency*, D.T.E. 85T-922 (C.A.).
183. La Commission des relations du travail peut alors ordonner le paiement au salarié d'une indemnité correspondant au salaire et aux autres avantages dont il a été privé par le congédiement pour une période maximum de trois mois.
184. Exemples: *Paquet* c. *Gabriel Mercier Ltée*, D.T.E. 2000T-493 (C.A.); *Jobin* c. *Grenier*, [1999] R.J.D.T. 468 (C.S.).
185. *Dodd* c. *3M Canada Ltd.*, [1997] R.J.Q. 1581 (C.A.).
186. *Commission scolaire Kativik* c. *Côté-Desbiolles*, D.T.E. 2001T-972 (C.A.).

tion et qui se présentent le plus souvent lorsque l'exécution du travail suppose une relation de confiance interpersonnelle, comme chez certains cadres qui bénéficient du recours. La C.R.T. peut alors lui préférer une indemnité compensatrice de perte d'emploi pour le salarié lésé (art. 128, al. 13o L.N.T.)[187]. La détermination de cette indemnité peut être distincte de toute autre ou prendre en compte celle qui est accordée pour compenser la perte de salaire depuis le congédiement, s'il y a lieu, à condition que le montant total accordé demeure raisonnable[188]. Elle peut enfin, si la preuve le justifie, ordonner la réparation des dommages supplémentaires subis par le salarié, que ces dommages soient ou non pécuniaires et qu'ils soient de nature contractuelle ou extracontractuelle[189].

261 – *Forme et effets* – La décision de la Commission des relations du travail doit être écrite et motivée[190]. L'article 131 L.N.T. exige qu'une copie conforme en soit transmise aux parties et à la Commission des normes du travail. La décision rendue est sans appel et elle lie l'employeur et le salarié (art. 130 L.N.T.; *Code du travail*, art. 134). Elle peut cependant faire l'objet d'une révision ou d'une révocation conformément à l'article 127 du *Code du travail*[191]. Si nécessaire, son exécution peut être assurée par son dépôt au bureau du greffier de la Cour supérieure selon les modalités prévues à l'article 129 du *Code du travail*, avec les conséquences qui y sont prévues.

d) La cœxistence d'autres recours

262 – *Coordination* – La soumission d'une plainte selon les articles 124 et suivants L.N.T. n'écarte pas toute possibilité d'exercice d'un autre recours consécutif au même congédiement.

---

187. *Immeubles Bona Ltée (Les)* c. *Labelle*, précité, note 181; Johanne SAVARD, «Les indemnités ordonnées par les commissaires du travail en vertu de l'article 128 de la *Loi sur les normes du travail*: compensations justifiées ou indemnités punitives?», dans Service de la formation permanente du Barreau du Québec, *Développements récents en droit du travail – 2001*, vol. 153, Cowansville, Éditions Yvon Blais, p. 219 et s.

188. *Bergeron* c. *Collège de Shawinigan*, D.T.E. 99T-908 (C.A.); *Paquet* c. *Gabriel Mercier Ltée*, précité, note 184.

189. Voir de façon générale à ce sujet, le pouvoir semblable de l'arbitre de grief agissant en vertu du *Code du travail* (précité, note 5) *infra*, Titre II, chapitre 8, nos 702-706. Voir aussi: *Buffet King Chow Inc.* c. *Bibeault*, D.T.E. 97T-928, (C.S.) – frais d'avocat; *Lachapelle* c. *Laval (Société de transport de la Ville de)*, D.T.E. 90T-738 (C.S.).

190. *Code du travail*, précité, note 5, art. 132. La motivation n'implique pas que tous les moyens soulevés par les parties soient traités; il suffit qu'elle soit intelligible quant à la démarche qui conduit à la conclusion: *Pelletier* c. *Coopérative des travailleurs en loisir du Bas Saguenay*, D.T.E. 2001T-559 (C.A.).

191. Voir *infra*, Titre II, chapitre 1, nos 345-347.

La plainte à l'encontre d'un congédiement fait sans cause juste et suffisante peut ainsi être coordonnée avec un recours qui cherche à vérifier la présence d'un motif spécifique et prohibé de congédiement, que ce soit en vertu de la *Loi sur les normes du travail* ou selon une autre loi[192]. En pratique, dans un tel cas, on devrait d'abord disposer de la plainte pour congédiement illégal. Si cette dernière est accueillie, la poursuite du recours en vertu de l'article 124 L.N.T. deviendra normalement sans objet; dans le cas contraire, il y aura lieu d'en disposer à son tour[193]. Même dans l'éventualité où la plainte de congédiement sans cause juste et suffisante serait d'abord entendue et rejetée, celle de pratique interdite pourrait néanmoins subsister, leurs objets respectifs étant différents[194].

Le recours de l'article 124 L.N.T. peut aussi coexister avec une action civile portée devant le tribunal de droit commun. Entrent toutefois ici en jeu les notions de litispendance et de chose jugée; plus précisément, les deux instances ne sauraient être susceptibles de rendre des décisions contradictoires[195]. Ainsi, un tel recours civil ne saurait remettre en question les conclusions du recours en vertu de la *Loi sur les normes du travail* quant au fait que le salarié a commis une faute grave constituant une cause juste et suffisante de son congédiement[196]. Par contre, l'échec d'un recours en vertu des articles 124 et suivants L.N.T. qui serait motivé par la constatation que le salarié a été licencié pour des motifs d'ordre économique pourrait conduire à un recours civil devant le tribunal de droit commun, en réclamation

---

192. *Giguère* c. *Cie Kenworth du Canada (division de Paccar du Canada Ltée)*, précité, note 169; *Commission scolaire Chomedey de Laval* c. *Dubé*, précité, note 169; *Provost* c. *Hakim*, précité, note 169 – cumul des recours selon les articles 123 et 124 L.N.T.
193. Sur l'articulation de l'exercice de recours concomitants selon les articles 123 et 124 L.N.T. et sur les difficultés auxquelles cette articulation peut donner lieu, voir *Tennis La Bulle Enrg.* c. *Ouellet*, [1995] T.T. 393 et *Davignon* c. *Rousseau*, D.T.E. 2000T-279 (T.T.).
194. *Court* c. *Collège Stanislas inc.*, D.T.E. 2001T-956 (T.T.). La possibilité, désormais, que plusieurs affaires nées d'un même faisceau de faits et relevant de la compétence de la Commission des relations du travail y soient jointes devrait en simplifier le traitement (art. 131 C.t.).
195. Sur les conditions de litispendance (et de chose jugée), voir *Valois* c. *Caisse populaire Notre-Dame-de-la-Merci (Montréal)*, D.T.E. 95T-1260 (C.A.). Dans cette cause particulière, la Cour d'appel a conclu à une absence de litispendance pour le motif que l'employeur mettait en doute la compétence de l'instance du travail pour disposer du recours selon l'article 124 L.N.T.
196. *Liberty Mutual Insurance Co.* c. *Commission des normes du travail*, précité, note 94; *C.U.M.* c. *Internoscia*, [1985] C.A. 498; *Proulx* c. *Automobiles Rallye Ltée*, [1989] R.J.Q. 2184 (C.S.). Comparer avec *Vachon* c. *Collège d'enseignement général et professionnel de Rimouski*, D.T.E. 94T-494 (C.S.).

de dommages-intérêts pour défaut de préavis suffisant[197]. De même, un rejet de la plainte de congédiement fondé sur l'existence d'une faute grave commise par le salarié pourrait néanmoins laisser place à une intervention du tribunal civil pour corriger le préjudice causé par une faute de l'employeur dans la manière de congédier le salarié[198].

C. La sanction pénale des normes

263 – *Procédure et prescription* – Les contraventions aux obligations imposées par la *Loi sur les normes du travail* peuvent donner lieu à des poursuites pénales intentées selon le *Code de procédure pénale*, par le Procureur général ou par une personne autorisée par un juge[199]. Les infractions se prescrivent par un an à compter de la date de la connaissance par le poursuivant de la perpétration de l'infraction, mais aucune poursuite ne peut être intentée plus de cinq ans après la date de l'infraction (art. 144 L.N.T.). Le tribunal compétent est la chambre pénale et criminelle de la Cour du Québec[200].

---

197. *Brassard* c. *Centre hospitalier Saint-Vincent-de-Paul*, D.T.E. 83T-617 (C.S.).
198. *Gervais* c. *Agence de sécurité de Montréal Ltée*, [1997] R.J.Q. 2986 (C.S.).
199. *Code de procédure pénale*, L.R.Q., c. C-25.1, art. 9 et 10.
200. Voir *infra*, Titre II, chapitre 1, nos 362-363.

CHAPITRE 3

LA SANTÉ ET LA SÉCURITÉ DU TRAVAIL

264 – *Risques associés au travail* – Comme la plupart des activités humaines, mais aussi plus que certaines autres, le travail présente des occasions de risque ou de danger pour la santé et la sécurité de la personne qui l'exécute. Le risque et le danger surviennent par ailleurs dans un contexte imposé au travailleur, en raison de son état de subordination, par l'employeur qui décide du lieu d'exécution du travail comme de l'équipement utilisé et des méthodes appliquées pour cette exécution.

265 – *Obligation de sécurité* – Historiquement, le *Code civil du Bas-Canada* a permis d'identifier une obligation contractuelle de l'employeur de veiller à la sauvegarde de la santé et de la sécurité de ses employés, en prenant des mesures raisonnables à cette fin, et la même obligation de l'employé de veiller à sa propre sécurité et à celle de son milieu de travail[1]. La jurisprudence québécoise a cependant surtout mis en évidence le fondement extracontractuel de l'obligation de sécurité de l'employeur, reconnaissant à l'employé un recours en responsabilité, sur la base des articles 1053 et suivants C.c.B.-C., en cas de faute de l'employeur[2].

266 – *Indemnisation des lésions professionnelles* – Le législateur québécois constata rapidement que le régime de responsabilité civile du droit commun, fondé sur la preuve de la commission d'une faute et du lien de causalité entre cette faute et le préjudice subi par le réclamant, se révélait inapproprié au milieu du travail. Dès 1909, il adoptait un premier régime d'indemnisation sans égard à la faute, régime aujourd'hui actualisé dans la *Loi sur les accidents du travail*

---

1. *Trottier* c. *J.L. Lefebvre Ltée*, [1973] R.C.S. 609; *Litgens* c. *Jean*, [1973] R.C.S. 723.
2. Exemples: *Trottier* c. *J.L. Lefebvre Ltée*, *ibid.*; *Canadian Shade Tree Service Limited* c. *Diabo*, (1966) 61 B.R. 501; *Chauvin* c. *Hardee Farms Ltd.*, [1965] C.S. 27; *Degray* c. *Procureur général de la province de Québec*, [1964] R.L. 45 (C.S.).

et les maladies professionnelles (L.A.T.M.P.)[3]. Cette dernière prévoit l'indemnisation du travailleur victime d'une lésion professionnelle, c'est-à-dire d'une blessure ou d'une maladie qui survient par le fait ou à l'occasion d'un accident du travail ou d'une maladie professionnelle, y compris la récidive, la rechute ou l'aggravation[4]. Cette indemnisation est assurée à partir d'un fonds constitué par des contributions des employeurs et administré par la Commission de la santé et de la sécurité du travail. La Loi exclut la possibilité que le travailleur victime d'une lésion professionnelle puisse exercer un recours de droit commun contre son employeur ou contre ses collègues de travail en raison de cette lésion[5]. Elle assure à l'employé le droit à des mesures de réadaptation et d'aide médicale[6] et lui garantit celui de reprendre, après sa guérison, son emploi ou un emploi équivalent ou encore un emploi convenable, selon son état, chez l'employeur[7].

267 – *Sources actuelles du droit à la sécurité* – La *Charte des droits et libertés de la personne* du Québec affirme de façon générale le droit de tout être humain à la vie, à la sûreté et à l'intégrité de sa personne[8]. Son article 46 reconnaît en outre à toute personne qui travaille le «droit, conformément à la loi, à des conditions de travail [...] qui respectent sa santé, sa sécurité et son intégrité physique»[9]. Les articles 2087 et 2088 du *Code civil du Québec* codifient désormais de leur côté des obligations respectives de sécurité de l'employeur et du salarié[10].

Concrètement, c'est cette composante majeure du régime normatif de travail du Québec qu'est la *Loi sur la santé et la sécurité du*

---

3. L.R.Q., c. A-3.001.
4. *Ibid.*, art. 2.
5. *Ibid.*, art. 438 et 442. À cet effet et sur le rapport entre ce régime d'indemnisation sans égard à la faute et les principes de la responsabilité civile, voir *Béliveau St-Jacques c. Fédération des employées et employés de services publics inc.*, [1996] 2 R.C.S. 345 – employée victime de harcèlement au travail. Sur la constitutionnalité d'une telle mesure au regard de la *Charte canadienne des droits et libertés*, voir: *Re Workers' Compensation Act, (1983) T.-N.*, [1989] 1 R.C.S. 922. Les articles 441 et 442 L.A.T.M.P. ont pour effet de limiter à quelques situations marginales la possibilité pour l'employé lésé de poursuivre un employeur, autre que le sien, assujetti à la Loi ou ses employés.
6. *Ibid.*, art. 145 à 190.
7. *Ibid.*, art. 234 à 264.
8. L.R.Q., c. C-12, art. 1.
9. Relativement aux moyens de mise en œuvre de la Charte, voir *supra*, Titre préliminaire, chapitre 2, n°s 54-82. Voir aussi *Rhéaume c. Association professionnelle des optométristes du Québec*, [1986] D.L.Q. 57 (C.S.).
10. Voir *supra*, Titre I, chapitre 1, n°s 110-112 et 138.

travail (L.S.S.T.)[11] qui détaille l'essentiel des règles de mise en œuvre du droit du travailleur à sa santé, à sa sécurité et à son intégrité physique.

I- L'OBJET ET LE CHAMP D'APPLICATION DE LA LOI

A. L'objet

268 – *Objet et qualification constitutionnelle* – La *Loi sur la santé et la sécurité du travail* se donne pour objet, à son article 2, l'élimination à la source même des dangers pour la santé, la sécurité et l'intégrité physique des travailleurs. D'un cadre bien déterminé, celui du travail, elle se veut avant tout préventive des accidents et de la maladie. Néanmoins, appelée à la qualifier et à la classifier au plan constitutionnel, la Cour suprême, tout en lui reconnaissant cette finalité, a constaté que son contenu et les moyens qu'elle retenait pour atteindre son objectif affectaient si directement et massivement les conditions de travail, les relations de travail et la gestion des entreprises qu'ils en faisaient une véritable loi du travail[12]. La conséquence est claire. La *Loi sur la santé et la sécurité du travail* est constitutionnellement inapplicable aux entreprises soumises à la compétence législative fédérale[13].

269 – *Caractère d'ordre public* – Dans leur champ d'application, la Loi et la réglementation adoptée sous son empire revêtent un caractère minimal et d'ordre public; de là, la nullité, de plein droit, de toute disposition d'une convention, individuelle ou collective, ou d'un décret de convention collective, qui prétendrait stipuler des conditions moins avantageuses pour la santé, la sécurité ou l'intégrité physique des travailleurs (art. 4 L.S.S.T.).

---

11. L.R.Q., c. S-2.1. Les articles 204 à 215 (Comité de chantier et représentant à la prévention sur un chantier de construction) ne sont pas encore entrés en vigueur. Voir de façon générale: Jean-Pierre VILLAGGI, *La protection des travailleurs – L'obligation générale de l'employeur*, Cowansville, Éditions Yvon Blais Inc., 1996.

12. *Bell Canada* c. *Québec (Commission de la santé et de la sécurité du travail)*, [1988] 1 R.C.S. 749; *Compagnie des chemins de fer nationaux du Canada* c. *Courtois*, [1988] 1 R.C.S. 868. Voir également, au même effet, relativement au régime préventif des accidents du travail de la Colombie-Britannique: *Alltrans Express Ltd.* c. *British Columbia (Workers' Compensation Board)*, [1988] 1 R.C.S. 897.

13. *Bell Canada* c. *Québec (Commission de la santé et de la sécurité du travail)*, *ibid.* – inapplicabilité, plus particulièrement, des articles 33, 36, 37 et 40 à 45 de la Loi, relatifs au retrait préventif de la travailleuse enceinte; *Compagnie des chemins de fer nationaux du Canada* c. *Courtois*, *ibid.* – inapplicabilité, cette fois, des articles 62 et 177 à 193, relatifs aux rapports d'accident ainsi qu'aux enquêtes et avis de correction qui peuvent faire suite aux accidents.

B. Le champ d'application

270 – *Travailleur et employeur* – Le champ d'application de la Loi est délimité au départ par les définitions législatives, à son article 1, des termes «travailleur» et «employeur».

Quant au travailleur, il s'agit d'abord d'une personne qui exécute un travail pour un employeur, c'est-à-dire un travail subordonné, caractéristique du contrat de travail que connaît le droit civil[14]. Ce travail peut être effectué soit en vertu d'un «contrat de louage de services personnels», c'est-à-dire un contrat de travail selon l'appellation maintenant retenue par le *Code civil du Québec*, soit en vertu d'un contrat d'apprentissage. Le contrat n'a toutefois pas à être assorti de rémunération. Le contrat d'apprentissage en vertu duquel l'apprenti fournit son travail gratuitement est ainsi soumis à l'application de la Loi. Il semble d'ailleurs qu'il s'agisse de la seule éventualité où la Loi puisse s'appliquer à l'égard d'un travail non rémunéré, excluant ainsi le véritable travail bénévole. En effet, la définition législative pose d'abord comme condition d'applicabilité de la Loi que le travail soit exécuté en vertu de l'un ou l'autre des types de contrat qu'elle identifie. Le contrat de travail étant à titre onéreux, il ne reste donc que la possibilité du contrat d'apprentissage où peuvent coexister l'exigence initiale posée par la Loi et l'absence de rémunération.

La définition du terme «travailleur» exclut d'autre part, dans des termes semblables à ceux utilisés par le Code du travail, le personnel de gérance ainsi que les administrateurs ou officiers d'une personne morale à l'exception de ceux qui agissent à ce titre auprès de leur employeur après avoir été désignés par les travailleurs ou une association accréditée[15]. Quant à ces personnes qui se trouvent ainsi exclues de la compréhension du terme «travailleur», il faut signaler qu'elles ne se trouvent pas pour autant totalement soustraites à l'application de la Loi. Elles sont d'abord assujetties aux obligations imposées aux travailleurs tant en vertu de la Loi que de ses règlements (art. 8 L.S.S.T.). Elles bénéficient en retour, selon l'article 11 L.S.S.T., des droits généraux reconnus au travailleur (art. 9-10 L.S.S.T.) ainsi que des droits dits de «retrait préventif» et de «retrait préventif de la travailleuse enceinte ou qui allaite» (art. 32 à 48 L.S.S.T.). Elles ne disposent toutefois pas du droit de refus aménagé par les articles 12 à 31 de la Loi.

---

14. Sur la notion de subordination, voir *supra*, Titre I, chapitre 1, n°s 90-95.
15. Sur la portée d'une telle exclusion, voir *infra*, Titre II, chapitre 1, n°s 309-313.

La définition de l'«employeur» est en corrélation directe avec celle donnée au terme «travailleur» par la Loi. Jointe à la disposition expresse de l'article 6 à cet effet, elle inclut le gouvernement, ses ministères et les organismes mandataires de l'État[16].

271 – *Entrepreneur* – La personne physique qui fait affaires pour son propre compte et qui travaille pour autrui sans l'aide de travailleurs n'échappe pas totalement à l'application de la Loi. Cette personne physique travaille à son compte, que ce soit en totale indépendance ou dans un état de dépendance économique vis-à-vis son donneur d'ouvrage. Lorsqu'elle exécute des travaux sur un lieu de travail où se trouvent des travailleurs assujettis à la Loi, elle est elle-même tenue aux obligations imposées à un travailleur en vertu de la Loi et des règlements (art. 7, al. 1 L.S.S.T.). Elle doit alors, en outre, se conformer aux obligations que la Loi ou les règlements imposent à un employeur relativement aux produits, procédés, équipements, matériels, contaminants ou matières dangereuses (art. 7, al. 2 L.S.S.T.).

II- LES DROITS ET OBLIGATIONS DU TRAVAILLEUR

272 – *Généralités* – Ces droits et obligations, à l'exception du droit de refus, s'adressent tant au personnel de gérance et aux employés qui sont administrateurs ou officiers d'une personne morale, exclus de la définition du travailleur donnée à l'article 1 L.S.S.T., qu'aux travailleurs au sens de cette même définition (art. 8 et 11 L.S.S.T.).

A. Les droits

1. Les droits généraux

273 – *Généralité et diversité* – L'article 9 de la Loi affirme un droit général du travailleur à des conditions de travail qui respectent sa santé, sa sécurité et son intégrité physique. L'article 10 L.S.S.T. énonce quant à lui le droit du travailleur au bénéfice, d'une part, de services de formation, d'information et de conseil en matière de santé et de sécurité du travail et, d'autre part, de services de santé préventifs et curatifs en fonction des risques auxquels il peut être exposé. Il lui garantit en outre le droit de recevoir son salaire pendant qu'il se soumet à un examen de santé en cours d'emploi, lorsque cet examen est exigé en application de la Loi ou des règlements.

---

16. *Procureur général du Québec* c. *Nantel*, [1984] C.S. 1132 – plainte pénale contre le gouvernement.

2. Le droit de refus

274 – *Nature et étendue* – Le droit de refus représente un droit capital conféré par l'article 12 L.S.S.T. Ce dernier reconnaît au travailleur le droit de refuser d'exécuter un travail s'il a des motifs raisonnables de croire que l'exécution de ce travail l'expose à un danger pour sa santé, sa sécurité ou son intégrité physique ou peut avoir l'effet d'exposer une autre personne à un même danger[17]. La jurisprudence est partagée quant à savoir si le danger envisagé ici se rapporte exclusivement à une atteinte physique ou s'il peut mettre en cause la santé mentale[18]. Les faits et circonstances qui ont pu porter le travailleur à croire à l'existence d'un danger seront appréciés de façon libérale[19]. Si la seule croyance de bonne foi du salarié à l'existence d'un danger peut légitimer son refus d'exécuter le travail, ce danger doit néanmoins, selon la jurisprudence, procéder des conditions de travail elles-mêmes; il ne saurait résulter exclusivement de la condition physique ou de l'état de santé du travailleur[20]. Une erreur commise de bonne foi par le travailleur en appréciant une situation et en la jugeant dangereuse ne l'empêchera pas d'exercer légitimement son droit de refus et de demeurer à l'abri d'une sanction ultérieure de la part de l'employeur[21]. Une croyance purement subjective du travail-

---

17. *Mutual Steel Corporation* c. *Synotte*, [1981] T.T. 282; *Landry Automobiles Ltée* c. *Tremblay*, [1982] T.T. 478; *Homelite Terry Textron* c. *Lalonde*, D.T.E. T82-832 (T.T.); *Société d'électrolyse et de chimie Alcan Limitée* c. *Marcotte*, D.T.E. T82-831 (T.T.); *Entreprises Jean-Robert Girard Inc.* c. *Masson*, D.T.E. 84T-323 (T.T.); *Québec (Procureur général)* c. *Commission d'appel en matière de lésions professionnelles du Québec*, [1988] C.A.L.P. 241 (C.S.).
18. *Imbeau* c. *Collège Maisonneuve*, [1995] C.A.L.P. 262 (C.A.L.P.) – atteinte physique seulement; *Forget-Chagnon* c. *Marché Bel-Air inc.*, [2000] C.L.P. 388 (C.L.P.) – acceptation d'un danger pour la santé mentale dans un contexte de harcèlement.
19. *Villeneuve* c. *Gouvernement du Québec (Ministère des Transports)*, [1986] T.T. 274.
20. *Bootlegger Inc.* c. *Couture*, D.T.E. 84T-171 (C.S.); *Hôtel-Dieu de Québec* c. *Lévesque*, D.T.E. 84T-457 (T.T.); *Maisonneuve* c. *Steinberg Inc.*, [1985] T.T. 440. Il ne s'ensuit toutefois pas nécessairement que le changement dans la condition physique du travailleur qui résulte lui-même du travail ou de ses conditions d'exécution ne puisse autoriser le travailleur à exercer son droit de refus. On peut ainsi penser à l'état de fatigue causé par une longue période de travail et susceptible de rendre sa poursuite dangereuse pour le travailleur. Voir aussi: *Villeneuve* c. *Gouvernement du Québec (Ministère des Transports)*, *ibid.*
21. *Syndicat canadien de la Fonction publique, section locale 1500* c. *Hydro-Québec*, [1993] T.T. 83; *Landry Automobiles Ltée* c. *Tremblay*, D.T.E. 85T-725 (C.A.); *Homelite Terry Textron* c. *Lalonde*, D.T.E. 82T-832 (T.T.); *Entreprises Jean Robert Girard* c. *Masson*, D.T.E. 84T-323 (T.T.). Voir aussi: *Québec (Procureur général)* c. *Commission d'appel en matière de lésions professionnelles du Québec*, précité, note 17. Un jugement a déjà affirmé qu'une erreur de droit du travailleur quant aux conditions d'existence de son droit de refus ne le laisserait pas à l'abri d'une sanction: *Maisonneuve* c. *Steinberg Inc.*, précité, note 20.

leur à un danger ne suffit cependant pas. L'exercice du droit de refus fait appel à la responsabilité du travailleur. Une erreur d'appréciation considérée injustifiable de sa part pourra conduire à conclure qu'il a abusé de son droit, le rendant ainsi sujet à une sanction[22].

275 – *Exceptions* – L'article 13 L.S.S.T. prévoit deux situations d'exception dans lesquelles le droit de refus ne peut être exercé: (1) d'une part, lorsque le refus d'exécuter le travail met en péril immédiat la vie, la santé, la sécurité ou l'intégrité physique d'une autre personne; (2) d'autre part, lorsque les conditions d'exécution de ce travail sont normales dans le genre de travail exercé par le travailleur. Pour utiliser légitimement le droit de refus, le travailleur doit s'assurer de l'inexistence de ces exceptions dans sa situation[23].

276 – *Modalités d'exercice* – Le cas échéant, la décision du travailleur de refuser d'exécuter un travail doit immédiatement être communiquée à l'employeur (art. 15 L.S.S.T.)[24]. Il n'est pas nécessaire que l'exercice du droit de refus par le travailleur donne lieu à une déclaration formelle de sa part à cet effet. Il suffit que l'on puisse percevoir le refus d'exécuter un travail et que ce refus soit motivé par une crainte raisonnable d'un danger pour le travailleur lui-même ou pour une autre personne[25]. Cette décision produit un double effet. D'une part, le travailleur ne peut être contraint de reprendre le travail avant qu'une décision exécutoire n'ait été rendue à cet effet; d'autre part, l'employeur ne peut faire exécuter le travail qui fait l'objet d'un refus par un autre travailleur ou même par une personne qui travaille habituellement hors de l'établissement, sauf dans les conditions expressément prévues par la Loi[26].

La situation d'un travailleur qui a exercé un droit de refus se trouve alors traitée de la façon suivante:

---

22. *Commission des transports de la Communauté urbaine de Montréal* c. *Toupin*, [1985] T.T. 306.
23. *Syndicat canadien de la Fonction publique, section locale 1500* c. *Hydro-Québec*, précité, note 21. Voir aussi: *Bootlegger Inc.* c. *Couture*, précité, note 20; *Hôtel-Dieu de Québec* c. *Lévesque*, précité, note 20; *Maisonneuve* c. *Steinberg Inc.*, précité, note 20.
24. *Hunter-Douglas Canada Ltée* c. *Berthiaume*, D.T.E. 84T-246 (T.T.).
25. *Hydro-Québec* c. *Valiquette*, D.T.E. 85T-232 (T.T.).
26. L'interdiction vise spécifiquement l'exécution du travail; la seule manipulation d'un appareil en cause, à d'autres fins, ne tombe pas sous ses effets: *Commission de la santé et de la sécurité du travail du Québec* c. *Montréal (Ville de)*, [1990] T.T. 284.

– tant qu'il exerce son droit de refus, le travailleur est réputé être au travail et il en est de même pour les autres travailleurs qui se trouvent privés de travail par suite de l'exercice de son droit de refus (art. 14 et 28 L.S.S.T.). Il peut alors s'ensuivre pour l'employeur une obligation de payer du temps supplémentaire.

– l'employeur peut cependant exiger que le travailleur qui a exercé son droit de refus demeure disponible sur les lieux de travail et il peut l'affecter temporairement à toute autre tâche qu'il est raisonnablement en mesure d'accomplir (art. 25 L.S.S.T.)[27];

– après avoir été avisé par le travailleur conformément à l'article 15, le supérieur immédiat, l'employeur ou son représentant convoque le représentant à la prévention pour examiner la situation. En l'absence de représentant à la prévention, celui-ci est remplacé par un représentant de l'association accréditée ou par un autre travailleur (art. 16 L.S.S.T.)[28];

– si l'examen de la situation par le représentant à la prévention ou celui qui le remplace n'apporte pas de solution, l'intervention d'un inspecteur peut être requise soit par le travailleur qui persiste dans son refus d'exécuter le travail, soit par le représentant à la prévention ou la personne qu'il l'a remplacé s'il croit que l'exercice du droit de refus est justifié, soit encore par l'employeur ou son représentant s'il est d'avis que l'exécution du travail ne justifie pas l'exercice du droit de refus par le travailleur en cause (art. 18 L.S.S.T.)[29];

– l'inspecteur détermine dans les plus brefs délais s'il existe ou non un danger justifiant le travailleur à refuser d'exécuter son travail (art. 19, al. 1 L.S.S.T.). Il peut alors ordonner au travailleur de reprendre le travail ou prescrire des mesures temporaires et exiger

---

27. Les articles 12 et 14 L.S.S.T. interdisent, par implication nécessaire, que l'employeur force le travailleur qui a exercé son droit de refus à exécuter lui-même le travail déjà refusé: *Syndicat canadien de la Fonction publique, section locale 1500* c. *Hydro-Québec*, précité, note 21.
28. Le défaut de l'employeur d'engager le mécanisme des articles 15 ou 16 L.S.S.T. l'empêche de faire exécuter le travail par qui que ce soit et d'imposer une mesure disciplinaire au travailleur qui a exercé son droit de refus: *Commission de la santé et de la sécurité du travail du Québec* c. *Hôtel-Dieu de Québec*, J.E. 88T-753 (T.T.).
29. Quant à cet inspecteur, voir *infra* n° 299. L'intervention de l'inspecteur est nécessaire pour que l'employeur puisse ultérieurement prétendre à un exercice abusif du droit de refus par le travailleur et le sanctionner: *Bélanger* c. *Aluminerie de Bécancour Inc.*, D.T.E. 93T-272 (T.T.).

que des corrections soient apportées dans les délais qu'il détermine[30]. L'inspecteur peut aussi conclure que le refus de travailler est justifié dans le cas particulier du travailleur en cause mais ne le serait pas pour un autre travailleur (art. 19, al. 2 L.S.S.T.). La décision de l'inspecteur doit être motivée et confirmée par écrit; elle doit être transmise au travailleur, au représentant à la prévention ou à la personne qui l'a remplacé ainsi qu'à l'employeur ou à son représentant (art. 19, al. 3 L.S.S.T.).

– la décision de l'inspecteur est sujette, successivement, à une demande de révision et à une contestation devant la Commission des lésions professionnelles (art. 20, al. 1 L.S.S.T.);

– le recours en révision s'exerce devant la Commission de la santé et de la sécurité du travail (la «C.S.S.T.»), instituée par l'article 137 L.S.S.T., sur demande à cet effet dans les dix jours de la notification de l'ordre ou de la décision de l'inspecteur et selon les dispositions des articles 358.1 à 358.5 de la *Loi sur les accidents du travail et les maladies professionnelles*[31]. La décision de l'inspecteur a toutefois effet immédiatement et demeure exécutoire tant qu'elle n'a pas été révisée, le cas échéant, par la C.S.S.T. (art. 20, al. 2 L.S.S.T.). Cette dernière doit procéder d'urgence (art. 191.2 L.S.S.T.);

– la décision rendue par la C.S.S.T. est elle-même sujette à une contestation devant la Commission des lésions professionnelles (la «C.L.P.»), instituée par la *Loi sur les accidents du travail et les maladies professionnelles*[32] (art. 1, 20 et 193 L.S.S.T.). Ce recours doit être exercé dans les dix jours de la notification de la décision de la C.S.S.T. (art. 193 L.S.S.T.). Cette dernière est néanmoins exécutoire immédiatement, malgré une telle contestation (art. 192 L.S.S.T.).

---

30. L'avis de correction doit s'adresser à l'employeur du travailleur en danger: *Produits forestiers Donohue inc.* c. *Commission de la santé et de la sécurité du travail*, [2000] C.L.P. 948 (C.L.P.). L'inspecteur doit constater l'absence de danger pour que l'employeur puisse éventuellement imposer une sanction disciplinaire au travailleur qui aurait abusé de son droit de refus: *Villeneuve c. Gouvernement du Québec (Ministère des Transports)*, précité, note 19; voir également *Commission des transports de la Communauté urbaine de Montréal* c. *Toupin*, précité, note 22. Sur la distinction entre les critères appliqués par l'inspecteur pour déterminer l'existence d'un danger et ceux qui permettent d'évaluer la légitimité de l'exercice d'un droit de refus par le travailleur, voir *Québec (Procureur général)* c. *Commission d'appel en matière de lésions professionnelles du Québec*, précité, note 17.

31. Précitée, note 3.

32. *Ibid.*, art. 367 et s.

277 – *Substitution d'un autre travailleur* – L'article 14 L.S.S.T. interdit en principe à l'employeur de faire exécuter par un autre travailleur ou par une personne travaillant hors de l'établissement le travail déjà refusé par un travailleur en invoquant son droit de refus. La même disposition laisse néanmoins place à ce que l'employeur puisse procéder à une telle substitution dans des situations envisagées aux articles 17, 19 et 26 L.S.S.T. Il s'agit d'abord des cas où le représentant de l'employeur et le représentant à la prévention sont tous deux d'avis qu'il n'existe pas de danger justifiant le refus du travailleur ou encore que ce refus repose sur des motifs qui sont acceptables dans le cas du travailleur concerné mais ne justifient pas un autre travailleur d'exécuter le travail (art. 17 L.S.S.T.). Par ailleurs, le seul avis de l'inspecteur parvenant aux mêmes conclusions laisse également cette faculté de substitution à l'employeur (art. 19, al. 2 L.S.S.T.). Enfin, lorsqu'au moins deux autres travailleurs ne peuvent exercer leur travail par suite de l'exercice du droit de refus d'un travailleur et que l'inspecteur ne se présente pas sur les lieux dans les six heures après que son intervention a été requise, l'employeur peut faire exécuter le travail par un autre travailleur (art. 26 L.S.S.T.).

Dans les diverses éventualités que nous venons d'évoquer, à l'exception de celle où l'inspecteur ordonne au travailleur de reprendre son travail, deux conditions supplémentaires s'imposent à l'employeur qui veut faire exécuter le travail par un autre travailleur. Il doit d'abord informer le travailleur à qui il veut confier le travail déjà refusé du fait et des motifs de l'exercice du droit de refus; le travailleur sollicité et informé par l'employeur doit aussi consentir librement à exécuter le travail (art. 17, 19, al. 2 et 26, al. 2 L.S.S.T.).

278 – *Protection* – Le droit de refus du travailleur est protégé contre d'éventuelles représailles de l'employeur. L'article 30, al. 1 L.S.S.T. interdit à l'employeur d'imposer diverses mesures de sanction ou de représailles au travailleur pour le motif qu'il a exercé son droit de refus. Cette protection est mise en œuvre, au besoin, par le mécanisme de recours des articles 227 et s. L.S.S.T., sur lequel nous reviendrons. Le représentant à la prévention dans l'établissement jouit de la même protection (art. 31 L.S.S.T.). Le seul fait qu'une mesure prise par l'employeur fasse suite à l'exercice d'un droit de refus ne suffit pas à la qualifier de discriminatoire au sens envisagé par l'article 30 L.S.S.T.[33]

---

33. *Société d'électrolyse et de chimie Alcan Ltée* c. *Tremblay*, D.T.E. T82-805 (T.T.) – demande de l'employeur de compenser le temps non travaillé à la suite de l'exercice d'un droit de refus; refus par les salariés; imposition d'une sanction disciplinaire; plainte rejetée.

Les articles 30, al. 2 et 31, al. 2 L.S.S.T. reconnaissent expressément à l'employeur une faculté de sanction tant à l'endroit du travailleur que du représentant à la prévention, par suite d'une utilisation abusive des droits qui leur sont reconnus par la Loi, à la condition que cette sanction soit imposée dans les dix jours d'une décision finale de l'inspecteur, de la C.S.S.T. ou de la Commission des lésions professionnelles, selon le cas[34].

3. Le retrait préventif en raison d'un contaminant

279 – *Conditions d'exercice* – L'article 32 L.S.S.T. permet au travailleur dont la santé présente des signes d'altération en corrélation avec son exposition à un contaminant de demander d'être affecté à des tâches qui ne comportent pas telle exposition et qu'il est en mesure d'accomplir. Ce retrait a alors lieu jusqu'à ce que son état de santé lui permette de réintégrer ses fonctions antérieures et que les conditions de travail soient conformes aux normes établies par règlement à l'endroit du contaminant en cause.

Pour exercer ce droit de retrait préventif, le travailleur doit fournir à l'employeur un certificat attestant l'existence des conditions prémentionnées. Ce certificat est délivré par un médecin, qu'il s'agisse du médecin responsable des services de santé de l'établissement ou d'un autre médecin, conformément aux conditions de l'article 33 L.S.S.T.

Si l'employeur n'affecte pas immédiatement le travailleur à une autre fonction, ce dernier peut cesser de travailler jusqu'à ce que l'affectation soit faite ou jusqu'à ce que son état de santé et les conditions de son travail lui permettent de réintégrer ses fonctions (art. 35 L.S.S.T.). Sous réserve des conditions plus avantageuses qui peuvent être prévues par convention, le travailleur, s'il doit cesser de travailler, a alors le droit d'être rémunéré à son taux de salaire régulier pendant une première période de cinq jours ouvrables (art. 36, al. 1 L.S.S.T.). Il a ensuite droit à l'indemnité de remplacement du revenu à laquelle il aurait droit en vertu de la *Loi sur les accidents du travail et les maladies professionnelles*[35], comme s'il était alors incapable d'exercer son emploi en raison d'une lésion professionnelle au sens de cette loi (art. 36, al. 2 L.S.S.T.).

---

34. *Villeneuve* c. *Gouvernement du Québec (Ministère des Transports)*, précité, note 19; *Syndicat canadien de la Fonction publique, section locale 1500* c. *Hydro-Québec*, précité, note 21. Voir également *Québec (Procureur général)* c. *Commission d'appel en matière de lésions professionnelles du Québec*, précité, note 17.
35. Précitée, note 3.

Le travailleur affecté à d'autres tâches par son employeur en vertu de l'article 32 peut, s'il croit ne pas être raisonnablement en mesure d'accomplir ces tâches, demander un examen de sa situation selon les dispositions de l'article 37. La décision rendue à la suite d'un tel examen est sujette à révision par la C.S.S.T. et ensuite à une contestation devant la Commission des lésions professionnelles (art. 37.1 à 37.3 L.S.S.T.).

280 – *Droits garantis* – Les articles 38 et 39 L.S.S.T. assurent au travailleur la conservation des avantages liés à son emploi habituel.

Si le travailleur est affecté à d'autres tâches, il conserve tous les avantages liés à l'emploi qu'il occupait avant son affectation temporaire et continue de bénéficier des avantages sociaux, sous réserve du paiement des cotisations exigibles dont l'employeur continue d'assumer sa part de son côté (art. 38, al. 1 L.S.S.T.). L'employeur doit réintégrer le travailleur dans son emploi régulier lorsque cesse la cause du retrait préventif (art. 38, al. 2 L.S.S.T.).

Le travailleur qui a cessé de travailler dispose en substance des mêmes droits, sous réserve des distinctions suivantes. Sa rémunération et, le cas échéant, l'indemnité qui la remplace sont sujettes aux dispositions des deux premiers alinéas de l'article 36 L.S.S.T. La conservation des avantages reliés à l'emploi, y compris le droit à la réintégration, est limitée à une période d'un an suivant la date de cessation du travail, sauf dans le cas où les conditions de travail du travailleur ne sont pas conformes aux normes établies par règlement pour le contaminant en cause (art. 39 L.S.S.T.).

4. *Le retrait préventif de la travailleuse enceinte ou qui allaite*

281 – *Conditions d'existence du droit* – Les articles 40 à 48 de la Loi élaborent, au bénéfice de la travailleuse enceinte ou qui allaite son enfant, un régime spécial de retrait préventif, dont les modalités s'apparentent à celles du retrait préventif motivé par la présence d'un contaminant.

Le droit au retrait préventif existe, selon l'article 40 L.S.S.T., en faveur de la travailleuse enceinte lorsque les conditions de son travail comportent des «dangers physiques» soit pour elle-même, soit encore pour l'enfant à naître. L'existence d'un semblable danger pour l'enfant allaité donne ouverture au même droit à la travailleuse qui l'allaite (art. 46 L.S.S.T.).

Pour exercer son droit de retrait préventif, la travailleuse doit produire à l'employeur un certificat médical dont la teneur et la forme sont déterminées par règlement (art. 40, al. 2 et 46, al. 2 L.S.S.T.)[36]. Le certificat est délivré soit par le médecin responsable des services de santé de l'établissement dans lequel la salariée travaille, soit par un autre médecin (art. 40 et 33, al. 1 L.S.S.T.). Dans cette deuxième éventualité, le médecin qui délivre le certificat doit préalablement consulter le médecin responsable de l'établissement ou, à défaut, le directeur de santé publique de la région (ou un médecin désigné par celui-ci), comme l'exige l'article 33, al. 3 L.S.S.T.[37].

La notion de «dangers physiques» inclut tous les facteurs inhérents aux conditions de travail qui peuvent compromettre la santé de la travailleuse ou du fœtus[38]. Un facteur étranger aux conditions de travail, comme celui qui ne résulte que de la condition personnelle de la travailleuse, ne peut justifier l'exercice du droit de retrait préventif[39]. Pour donner droit au retrait préventif, le danger allégué doit, selon une jurisprudence prépondérante, dépasser la simple inquiétude, crainte ou appréhension fondée sur une pure possibilité, et plutôt se révéler réel ou probable[40].

C'est à l'occasion d'une demande d'indemnisation de la salariée, selon l'article 36 de la Loi, que la C.S.S.T. pourra examiner l'existence du danger allégué au certificat médical. À cet égard, la force probante de ce dernier a fait problème dans la jurisprudence. On a d'abord imposé à la travailleuse la responsabilité d'établir par une preuve

---

36. *Règlement sur le certificat délivré pour le retrait préventif de la travailleuse enceinte ou qui allaite*, R.R.Q., c. S-2.1, r. 2.2. Les formulaires de ce certificat sont disponibles à la C.S.S.T.

37. *Tremblay* c. *Conseil du travail Saguenay Lac St-Jean*, D.T.E. 89T-320 (C.A.L.P.). Si la consultation est requise, elle n'est cependant pas soumise à un processus formel.

38. Exemples: *Pelletier-Renaud* c. *Autobus Léger Ltée*, [1990] C.A.L.P. 1173 – conduite d'un autobus; *Côté* c. *Cégep La Pocatière*, [1989] C.A.L.P. 498 – fumée; *Commission des affaires sociales*, décision AT-54836, 16 décembre 1985, [1985] C.A.S. 621.

39. *Commission des affaires sociales*, décision AT-13913, 27 mai 1987, [1987] C.A.S. 330; *Commission des affaires sociales*, décision AT-12078, 29 mai 1985, [1985] C.A.S. 274.

40. Exemples: *C.S.S.T.-Laurentides* c. *Centre dentaire Luc Daigneault*, [1995] C.A.L.P. 704 (C.A.L.P.); *Hôpital Jean-Talon* c. *Lauzon*, D.T.E. 95T-1310 (C.A.L.P.); *Dubuc* c. *Hôpital Ste-Justine*, [1993] C.A.L.P. 1658 (C.A.L.P.); *Blais* c. *Ministère de l'Énergie et des Ressources*, [1990] C.A.L.P. 940 (C.A.L.P.).

prépondérante le bien-fondé de la conclusion du certificat médical relative à l'existence d'un danger physique pour elle ou pour l'enfant à naître[41]. Des décisions ultérieures ont renversé le fardeau de la preuve sur l'employeur ou sur la C.S.S.T., ceux-ci devant établir l'inexistence du danger allégué[42]. Puis, une décision rendue dans une affaire *Cité de la santé de Laval* a marqué un tournant dont les effets subsistent encore[43]. La C.S.S.T. ou l'employeur peut contester le retrait préventif en démontrant que les conditions de travail alléguées au certificat médical ne correspondent pas à la réalité. Les conclusions médicales elles-mêmes font par ailleurs preuve *prima facie* de l'existence du danger et seule une preuve contraire prépondérante et convaincante permettra de leur faire échec[44].

Au niveau procédural, l'article 42 L.S.S.T. renvoie aux articles 36 à 37.3 relatifs à une demande de retrait préventif en présence d'un contaminant et qui ont été examinés précédemment.

282 – *Objet du droit* – Le droit au retrait préventif consiste pour la travailleuse en celui d'être affectée à d'autres tâches, sans danger et qu'elle est capable d'accomplir (art. 40, al. 1 L.S.S.T.). La travailleuse n'a pas droit au retrait préventif si son état de santé ne lui permet d'accomplir aucun autre travail que ce soit[45]. La travailleuse ne peut refuser une réaffectation pour des motifs d'indisponibilité et cette réaffectation peut impliquer des modifications à certaines conditions de travail comme son horaire de travail[46].

---

41. Exemples: *Haché* c. *Garderie Trotte-Menu*, D.T.E. 88T-917 (C.A.L.P.); *Accident de travail – 66*, [1984] C.A.S. 592.

42. Voir: *Commission de la santé et de la sécurité du travail* c. *Commission d'appel en matière de lésions professionnelles*, [1989] C.A.L.P. 239 (C.S.); *Hôpital Royal Victoria* c. *Commission d'appel en matière de lésions professionnelles*, [1989] C.A.L.P. 1218 (C.S.).

43. *Cité de la santé de Laval* c. *Houle*, [1988] C.A.L.P. 843 (C.A.L.P.); révision judiciaire refusée: *Cité de la santé de Laval* c. *Commission d'appel en matière de lésions professionnelles*, [1989] C.A.L.P. 655 (C.S.).

44. *Guindon* c. *Clinique dentaire des Khatchadourian*, C.L.P. 128271-64-9911, 10 février 2000, par. 30-34; *Marchand* c. *Waterville T.G. inc.*, C.L.P. 127657-05-9911, 24 janvier 2000, par. 31; *Bouchard* c. *Salon bar La Casba Enrg.*, [1989] C.A.L.P. 282 (C.A.L.P.); *Asselin* c. *Garderie Trottineurs Inc.*, [1989] C.A.L.P. 484 (C.A.L.P.); *Côté* c. *Cégep La Pocatière*, [1989] C.A.L.P. 498 (C.A.L.P.); *Nicolas* c. *Direct Film*, [1989] C.A.L.P. 588 (C.A.L.P.); *Dubé* c. *Service de réadaptation du Sud-Ouest*, [1989] C.A.L.P. 346 (C.A.L.P.).

45. *Nicolas* c. *Direct Film*, *ibid.*; *Hémond-Fraser* c. *Hôtel-Dieu de Rivière-du-Loup*, [1986] C.A.L.P. 144 (C.A.L.P.); *Giroux* c. *Société hôtelière Canadien Pacifique*, [1986] C.A.L.P. 141 (C.A.L.P.).

46. *Centre hospitalier St-Joseph de Trois-Rivières* c. *Lafontaine*, [1993] C.A.L.P. 142 (C.A.L.P.), confirmé par *Lafontaine* c. *Commission d'appel en matière de lésions professionnelles du Québec*, [1994] R.J.Q. 1523 (C.A.); *Therrien* c. *Restaurant Les 3 Moussaillons inc.*, CLPE 2001LP-159 (C.L.P.).

Lorsqu'elle survient, la réaffectation de la travailleuse peut elle-même soulever des difficultés. La travailleuse peut d'abord considérer qu'elle n'est pas raisonnablement en mesure d'accomplir les tâches auxquelles elle est réaffectée. Les articles 37 à 37.3 L.S.S.T. trouveront alors application. La travailleuse peut demander au comité de santé et de sécurité ou, à défaut de comité, au représentant à la prévention et à l'employeur d'examiner et de décider de la question en consultation avec le médecin responsable des services de santé de l'établissement ou, à défaut, avec le directeur de santé publique de la région; en l'absence de comité et de représentant à la prévention, la travailleuse adressera sa demande directement à la C.S.S.T. (art. 37 L.S.S.T.). Toute personne qui se croit lésée par une décision rendue en vertu de l'article 37 peut en demander la révision par la C.S.S.T. elle-même, dont la décision pourra ultimement être contestée devant la Commission des lésions professionnelles (art. 37.1 et 37.3 L.S.S.T.).

Qu'advient-il par ailleurs lorsque la travailleuse prétend que sa nouvelle affectation comporte elle-même des dangers pour elle ou pour l'enfant à naître? L'allégation de la subsistance, dans sa nouvelle affectation, des mêmes dangers que ceux précédemment constatés au certificat médical, pourrait donner droit à la travailleuse de cesser de travailler et de demander une indemnisation en vertu de l'article 36, la C.S.S.T. conservant sa compétence initiale sur l'affaire pour apprécier la situation tant à l'égard des conditions de travail d'origine que de celles de la nouvelle affectation[47]. L'apparition, d'après la travailleuse, de nouveaux dangers liés à la réaffectation pourrait l'obliger à reprendre le processus d'exercice de son droit de retrait préventif en produisant un nouveau certificat médical conformément à la Loi[48].

Si l'employeur ne réaffecte pas la travailleuse qui a droit à un retrait préventif comme elle le demande, cette dernière peut cesser de travailler jusqu'à ce que l'affectation soit effectuée ou jusqu'à la date de son accouchement (art. 41 L.S.S.T.). L'article 36 de la Loi trouve alors application.

283 – *Effets* – Les conditions applicables pendant et à la suite de la période de réaffectation ou de cessation du travail, selon le cas, sont

---

47. Voir et comparer: *Blais* c. *Ministère de l'Énergie et des Ressources,* [1990] C.A.L.P. 940 (C.A.L.P.); *Dumont* c. *Commission d'appel en matière de lésions professionnelles,* [1989] C.A.L.P. 951 (C.S.); *Amos* c. *Hôpital de Montréal pour enfants,* [2000] C.L.P. 1155 (C.L.P.).
48. *Petitclerc* c. *Centre hospitalier St-François d'Assise,* [1989] C.A.L.P. 720 (C.A.L.P.); *Noël* c. *Centre hospitalier Saint-Laurent,* [1991] C.A.L.P. 675 (C.A.L.P.).

les mêmes que celles prévues pour le travailleur qui bénéficie d'un retrait préventif en raison de la présence d'un contaminant (art. 42, 43, 47 et 48 L.S.S.T.)[49].

L'exercice par une travailleuse de son droit au retrait préventif conformément à la *Loi sur la santé et la sécurité du travail* ne peut réduire son droit au congé de maternité prévu par la *Loi sur les normes du travail*[50]. Il y a lieu également de rappeler que la *Loi sur les normes du travail* impose de son côté à l'employeur l'obligation de prendre lui-même l'initiative de déplacer une salariée enceinte, si ses conditions de travail comportent, d'après lui, des dangers physiques pour elle ou pour le fœtus. Une telle initiative de l'employeur peut être contrée par la salariée en présentant un certificat médical qui atteste, cette fois, que les conditions de travail ne présentent pas les dangers perçus par l'employeur[51].

B. Les obligations

284 – *Diversité* – L'article 49 L.S.S.T. énonce les diverses obligations du travailleur dans la mise en œuvre des mécanismes de prévention des accidents et des maladies établis par la Loi, parmi lesquelles celle de prendre les mesures nécessaires pour protéger sa santé, sa sécurité ou son intégrité physique, celle de veiller à ne pas mettre en danger la santé, la sécurité ou l'intégrité physique des autres personnes qui se trouvent sur les lieux de travail ou à proximité de ces derniers, celle de se soumettre aux examens de santé exigés pour l'application de la Loi et de ses règlements et celle de participer à l'identification et à l'élimination des risques d'accidents du travail et de maladies professionnelles sur le lieu de travail. En outre, en cas d'exercice d'un droit de refus par un travailleur, un autre travailleur ne peut accepter de lui être substitué dans le travail refusé que dans les situations et aux conditions prévues aux articles 17, 19 ou 26 de la Loi.

III- LES DROITS ET OBLIGATIONS DE L'EMPLOYEUR

285 – *Droit général d'information* – En vertu de l'article 50 L.S.S.T., l'employeur se voit reconnaître un droit général à des services de formation, d'information et de conseil en matière de santé et de sécurité du travail, conformément à la Loi et aux règlements.

---

49. Voir *supra*, n°s 279-280.
50. L.R.Q., c. N-1.1. Voir *supra*, Titre I, chapitre 2, n° 220 *Waterville. T.G. Inc.* c. *Houde*, [1991] T.T. 194.
51. *Loi sur les normes du travail*, précitée, note 50, art. 122, al. 2.

286 – *Obligation générale de sécurité* – L'article 51 L.S.S.T. impose à l'employeur l'obligation générale de prendre les mesures nécessaires pour protéger la santé et assurer la sécurité et l'intégrité physique du travailleur. Il s'agit d'une obligation dynamique en ce sens que l'employeur doit rechercher les dangers potentiels et mettre en œuvre les moyens appropriés pour les éliminer[52]. L'article 51 détaille et spécifie cette obligation de plusieurs manières, sans pour autant restreindre sa généralité. L'employeur doit ainsi, notamment, s'assurer que les établissements sur lesquels il a autorité sont équipés et aménagés de façon à assurer la protection du travailleur[53]. Il est aussi tenu de s'assurer que l'organisation du travail et les méthodes et techniques utilisées pour l'accomplir sont sécuritaires et ne portent pas atteinte à la santé du travailleur. La portée de cette dernière obligation est considérable. Le seul constat de l'utilisation d'une technique non sécuritaire crée une présomption de manquement par l'employeur à son obligation[54]. Pour renverser la présomption, l'employeur devra prouver qu'il a eu recours à tous les moyens raisonnables, dans les circonstances, ou encore que le travailleur a commis une faute lourde, comme le fait de ne pas utiliser un dispositif de sécurité efficace à sa disposition, malgré des directives et une surveillance adéquates[55]. Une simple négligence du travailleur ne suffira pas à disculper l'employeur[56]. Par contre, les choix faits par le travailleur dans l'exercice normal de ses fonctions n'engagent pas la responsabilité de l'employeur[57]. Si des règlements sont applicables, l'employeur doit se conformer à leurs normes[58]. En l'absence de régle-

---

52. *C.S.S.T.* c. *G.T.E. Sylvania Canada Ltée*, [1984] T.T. 382.
53. Cette obligation est toutefois limitée aux lieux que l'employeur contrôle lui-même: *Couture* c. *Hydro-Québec*, D.T.E. 82T-62 (T.T.).
54. *Syndicat de la fonction publique du Québec* c. *Québec (Procureure générale)*, D.T.E. 2000T-676 (T.T.); *Dagobert Schnubel (C.S.S.T.)* c. *Mines Noranda Ltée*, D.T.E. 84T-55 (T.T.); *Couture* c. *Arno Somec Ltée*, D.T.E. T82-63 (T.T.).
55. *Commission de la santé et de la sécurité du travail* c. *9043-3491 Québec inc.*, D.T.E. 2001T-110 (T.T.); *Couture* c. *Arno Somec Ltée*, *ibid.*; *Dagobert Schnubel (C.S.S.T.)* c. *Mines Noranda Ltée*, *ibid.*; *Moisan* c. *Aliments Ault Ltée*, [1982] T.T. 266. Exemple de réception d'une défense de diligence raisonnable: *Commission de la santé et de la sécurité du travail* c. *Construction Pagaro Inc.*, D.T.E. 86T-865 (C.S.).
56. *Bourdages* c. *Constructions du St-Laurent Ltée*, [1984] T.T. 305.
57. *Syndicat de la fonction publique du Québec* c. *Québec (Procureure générale)*, D.T.E. 2000T-675 (T.T.).
58. Le *Règlement sur la santé et la sécurité du travail*, R.R.Q., c. S-2.1, r. 19.01, est de portée générale. Comme l'annonce son article 3, il traite de conditions aussi diverses que la qualité de l'air, la température, l'humidité, la ventilation, l'éclairage, le bruit, les installations sanitaires, les matières dangereuses, les machines et outils, notamment. D'autres règlements visent des secteurs d'activité spécifiques comme la construction, les mines et les travaux forestiers.

mentation particulière, il doit faire preuve d'une prudence raisonnable[59]. L'employeur doit aussi fournir gratuitement au travailleur les moyens et équipements de protection nécessaires[60] et s'assurer que le travailleur utilise ces moyens et équipements. En tout état de cause, l'employeur doit informer adéquatement le travailleur sur les risques reliés à son travail[61].

287 – *Interdictions et obligations particulières* – L'article 53 L.S.S.T. interdit à l'employeur de faire exécuter un travail par un travailleur qui n'a pas atteint l'âge déterminé par règlement pour l'exécution de ce travail, ou au-delà de la durée maximale quotidienne ou hebdomadaire fixée par règlement, ou encore par une personne qui n'a pas subi les examens de santé ou ne détient pas le certificat de santé qui peuvent être exigés par les règlements. Les articles 52 ainsi que 54 à 57 imposent diverses obligations à caractère plus administratif qui ont trait à la tenue d'un registre sur les postes de travail ainsi qu'à la construction, à l'ouverture et à l'utilisation d'un établissement.

288 – *Sanction* – Les diverses obligations et prohibitions adressées à l'employeur sont sanctionnées par les infractions créées, en cas de contravention, par les articles 236 et 237 L.S.S.T. L'article 236 réprime notamment, de façon générale, toute contravention à la Loi ou aux règlements[62]. Quant à l'article 237, il sanctionne toute action ou omission de quiconque compromettant directement et sérieusement la santé, la sécurité ou l'intégrité physique d'un travailleur[63].

Voir: *Communauté urbaine de Montréal* c. *Commission de la santé et de la sécurité du travail*, D.T.E. 87T-86 (C.A.); *Commission de la santé et de la sécurité du travail* c. *J.R. Weir Ltée*, [1986] T.T. 341.

59. *Commission de la santé et de la sécurité du travail* c. *Cie Inspection sous-marine J.P.B. Ltée*, D.T.E. 85T-9 (T.T.).

60. *Commission de la santé et de la sécurité du travail* c. *9043-3491 Québec inc.*, précité, note 55; *Papeterie Reed Ltée* c. *Commission de la santé et de la sécurité du travail*, D.T.E. 83T-123 (C.S.); *Ressources Long Lac Ltée, Mine de Bousquet* c. *Brassard*, D.T.E. 83T-534 (C.S.).

61. *Commission de la santé et de la sécurité du travail* c. *Eddy*, D.T.E. 85T-10 (T.T.).

62. Voir, à titre d'exemples de la jurisprudence pénale relative aux contraventions aux obligations imposées par l'article 51 de la Loi: *Commission de la santé et de la sécurité du travail* c. *9043-3491 Québec inc.*, précité, note 55; *Syndicat de la fonction publique du Québec* c. *Québec (Procureure générale)*, précité, note 54; *Commission de la santé et de la sécurité du travail du Québec* c. *General Motors du Canada Ltée (Division diesel)*, [1988] T.T. 438; *Sidbec-Dosco Inc.* c. *Commission de la santé et de la sécurité du travail*, [1986] R.J.Q. 2227 (C.S.).

63. *Commission de la santé et de la sécurité du travail* c. *Bilodeau*, [1986] R.J.Q. 2302 (C.A.); *Commission de la santé et de la sécurité du travail* c. *Acton Vale (Ville d')*, [2000] R.J.D.T. 596 (T.T.); *Commission de la santé et de la sécurité du travail du Québec* c. *Développement Interstate (Canada) Inc.*, [1989] T.T. 17. Le

L'infraction créée par l'article 237 L.S.S.T. est de responsabilité stricte. La poursuite doit prouver hors de tout doute raisonnable l'élément matériel de l'infraction, savoir que certains gestes ou certaines omissions pouvaient éventuellement mettre en péril la sécurité, sans pour autant que cette dernière ait été effectivement compromise. Une fois cette preuve faite, il appartient à l'inculpé de s'exonérer en présentant une défense de diligence raisonnable démontrant qu'il a pris, dans les circonstances, toutes les précautions qu'une personne raisonnable pouvait prendre[64]. Les notions de prévoyance et de comportement raisonnables n'impliquent pas que l'employeur doive tout prévoir, au point de mettre ses travailleurs à l'abri d'une erreur grossière et de gestes manifestement absurdes, sinon suicidaires, de leur part[65]. Il faut enfin relever que l'article 239 L.S.S.T. engage la responsabilité pénale de l'employeur dès lors que la preuve est faite qu'une infraction a été commise par son représentant ou son mandataire ou par un travailleur à son emploi, à moins qu'il établisse que cette infraction a été perpétrée à son insu, sans son consentement et malgré les dispositions prises pour prévenir sa commission[66].

IV- LES INTERVENANTS

289 – *Généralités* – La mise en œuvre de la *Loi sur la santé et la sécurité du travail* fait appel à une pluralité d'intervenants qui assument diverses responsabilités à différents niveaux. Il convient de les identifier et de situer succinctement leur rôle.

A. La Commission de la santé et de la sécurité du travail

290 – *Institution et responsabilités* – La Commission de la santé et de la sécurité du travail (la «C.S.S.T.») est constituée selon les articles 137 à 165 L.S.S.T. Elle agit comme maître d'œuvre de la mise

---

comportement fautif de l'employeur au regard de l'article 237 peut se manifester de multiples manières qui, toutes, constitueront une infraction au sens de cet article et pourront, le cas échéant, constituer une récidive: *Consolidated Bathurst Ltée* c. *Commission de la santé et de la sécurité du travail*, D.T.E. 87T-430 (C.S.).

64. *Constructions Zanetti Inc.* c. *Commission de la santé et de la sécurité du travail*, D.T.E. 95T-465 (C.A.); *Beaulieu* c. *Cholette*, D.T.E. 96T-604 (T.T.).

65. *Sintra Inc.* c. *Commission de la santé et de la sécurité du travail*, D.T.E. 86T-484 (C.S.); *Scierie des Outardes* c. *Commission de la santé et de la sécurité du Québec*, C.S. Baie-Comeau, n° 655-36-000001-946, 5 avril 1995.

66. *Commission de la santé et de la sécurité du travail* c. *Constructions Arno inc.*, D.T.E. 99T-243 (T.T.).

en application tant du régime de santé et de sécurité du travail instauré par la *Loi sur la santé et la sécurité du travail* que du régime d'indemnisation des lésions professionnelles élaboré par la *Loi sur les accidents du travail et les maladies professionnelles*[67].

En matière de santé et de sécurité du travail, les fonctions de la C.S.S.T. lui sont dévolues par les articles 166 à 176 L.S.S.T. Elle a généralement charge d'élaborer, de proposer et de mettre en œuvre des politiques relatives à la santé et à la sécurité des travailleurs de façon à assurer une meilleure qualité des milieux de travail (art. 166 L.S.S.T.). L'article 107 L.S.S.T. lui confie la tâche d'élaborer des programmes de santé devant s'appliquer sur les territoires ou aux établissements ou catégories d'établissements qu'elle détermine ainsi qu'un contrat type à intervenir entre elle et les régies régionales de la santé et des services sociaux pour la mise en application des programmes de santé. L'article 109 L.S.S.T. prévoit la conclusion d'un contrat de services entre la C.S.S.T. et chaque régie régionale aux termes duquel cette dernière s'engage à assurer les services nécessaires à la mise en application des programmes de santé au travail sur son territoire ou aux établissements ou catégories d'établissements qui y sont identifiés.

291 – *Pouvoirs* – La Commission jouit de larges pouvoirs réglementaires énoncés à l'article 223 L.S.S.T. ainsi qu'à diverses autres dispositions de la Loi, comme à l'article 34 relativement au retrait préventif et aux contaminants. Elle exerce également des pouvoirs juridictionnels de première instance en matière de retrait préventif (art. 37 L.S.S.T.), de retrait préventif de la travailleuse enceinte ou qui allaite (art. 42 et 48 L.S.S.T.), de même qu'à l'endroit des plaintes qui lui sont adressées selon les articles 227 et 228 de la Loi. L'article 176 affirme le caractère exclusif de cette compétence[68], dont les modalités d'exercice sont précisées notamment par les articles 172 et 173.

La C.S.S.T. dispose d'un pouvoir de révision des décisions qu'elle-même et son personnel sont appelés à rendre dans l'administration de la Loi (art. 37.1, 37.2, 42, 48, 191.1 à 192 L.S.S.T.)[69].

---

67. Précitée, note 3.
68. *Commission de la santé et de la sécurité du travail* c. *Groupe Lechasseur Ltée*, [1986] T.T. 216.
69. Voir toutefois l'exception dictée à l'article 358, al. 2 L.A.T.M.P.

B. La Commission des lésions professionnelles

292 – *Institution et compétence* – La Commission des lésions professionnelles (la «C.L.P.») est instituée par l'article 367 de la *Loi sur les accidents du travail et les maladies professionnelles*[70] (art. 1 L.S.S.T.).

La Commission des lésions professionnelles exerce une compétence exclusive, en matière de santé et de sécurité du travail, pour décider de toute contestation formée en vertu des articles 37.3 et 193 de la *Loi sur la santé et la sécurité du travail* (art. 369, 2° L.A.T.M.P.)[71]. Cette compétence s'exerce aussi à l'endroit d'un recours formé selon l'article 359.1 L.A.T.M.P. pour contester une décision rendue par la C.S.S.T. en application de la section III du chapitre VII de cette loi (art. 369, 1° L.A.T.M.P.)[72].

La Commission des lésions professionnelles siège en deux divisions, la première étant celle du financement et la deuxième celle de la prévention et de l'indemnisation des lésions professionnelles (art. 370 L.A.T.M.P.). Les recours prémentionnés qui sont formés selon les articles 37.3 ou 193 L.S.S.T., ainsi que ceux formés selon l'article 359.1 L.A.T.M.P., sont décidés par la division de la prévention et de l'indemnisation des lésions professionnelles (art. 372 L.A.T.M.P.). Les recours sont instruits et décidés par un commissaire unique (art. 373 et 429.49 L.A.T.M.P.)[73]. Toutefois, dans la division de la prévention et de l'indemnisation des lésions professionnelles, deux membres siègent auprès du commissaire pour le conseiller, l'un étant issu des associations d'employeurs et l'autre des associations syndicales (art. 374 L.A.T.M.P.).

293 – *Conciliation* – Avant de décider d'une affaire, la Commission des lésions professionnelles peut, avec le consentement des parties, charger un conciliateur de tenter de réaliser un accord (art. 429.44 L.A.T.M.P.). Le cas échéant, un accord entre les parties est

---

70. Précitée, note 3.
71. Il s'agit ici respectivement de la contestation des décisions de révision rendues par la C.S.S.T. en matière de retrait préventif en présence d'un contaminant et de retrait préventif de la femme enceinte ou qui allaite, d'une part, et relativement à un ordre ou une décision d'un inspecteur quant à l'application des règles de sécurité ou à l'élimination des dangers pour celle-ci, d'autre part.
72. Sont ici visées les décisions de la C.S.S.T. rendues selon l'article 228 L.S.S.T., lequel renvoie à l'article 359.1 L.A.T.M.P.
73. Une affaire peut toutefois être entendue par plus d'un commissaire: art. 429.49, al. 2 L.A.T.M.P.

soumis à l'approbation d'un commissaire, qui l'entérine dans la mesure où il est conforme à la Loi et, si tel est le cas, cet accord constitue la décision de la C.L.P. et met fin à l'instance (art. 429.46 L.A.T.M.P.).

294 – *Décision* – Avant de rendre une décision dans une affaire contestée, la Commission des lésions professionnelles doit permettre aux parties de se faire entendre (art. 429.13 L.A.T.M.P.). Si ces dernières y consentent, elle peut procéder sur dossier (art. 429.14 L.A.T.M.P.). Autrement, elle instruit l'affaire dans le cadre des règles énoncées aux articles 429.15 à 429.43 L.A.T.M.P. ainsi que des règles de preuve, de procédure et de pratique qu'elle peut adopter, avec l'approbation du gouvernement (art. 429.21 et 429.39 L.A.T.M.P.)[74].

Les décisions de la Commission des lésions professionnelles sont finales et sans appel (art. 429.49, al. 3 L.A.T.M.P.). Elles bénéficient de la protection d'une clause privative en cas d'intervention des tribunaux supérieurs, sauf sur une question de compétence (art. 429.59 L.A.T.M.P.). Déposées au greffe de la Cour supérieure, ces décisions deviennent exécutoires comme des jugements finaux et sans appel de la Cour supérieure (art. 429.58 L.A.T.M.P.). Sur demande qui lui en est faite selon l'article 429.57 L.A.T.M.P., la Commission des lésions professionnelles peut réviser ou révoquer toute décision qu'elle a rendue, pour l'un ou l'autre des motifs suivants: découverte d'un fait nouveau, inconnu en temps utile; impossibilité pour une partie d'avoir été entendue; vice de fond ou de procédure de nature à invalider la décision (art. 429.56 L.A.T.M.P.)[75].

C. Les comités de santé et de sécurité

295 – *Formation et rôle* – Ces comités de santé et de sécurité sont formés dans les établissements qui comptent plus de vingt travailleurs et qui appartiennent à une catégorie identifiée à cette fin par règlement de la Commission de la santé et de la sécurité du travail (art. 68 L.S.S.T.)[76]. La C.S.S.T. peut, de toute façon, exiger la

---

74. *Règles de preuve, de procédure et de pratique de la Commission des lésions professionnelles*, R.R.Q., c. A-3.001, r. 2.1.001.
75. Sur la nature et les conditions d'exercice de ce pouvoir de révision, voir et transposer: *Renaud* c. *Québec (Commission des affaires sociales)*, [1999] 3 R.C.S. 855; *Société de l'assurance-automobile du Québec* c. *Hamel*, [2001] R.J.Q. 961 (C.A.); *Épiciers unis Métro-Richelieu inc.* c. *Régie des alcools, des courses et des jeux*, [1996] R.J.Q. 608 (C.A.).
76. L'article 3 du *Règlement sur les comités de santé et de sécurité du travail*, R.R.Q., c. S-2.1, r. 6.1, limite la portée réelle de l'obligation aux catégories d'établissements décrites à l'annexe 1 de ce règlement.

formation d'un comité de santé et de sécurité sans égard au nombre de travailleurs dans l'établissement, lorsqu'elle le juge opportun (art. 69, al. 2 L.S.S.T.). Le cas échéant, la constitution d'un comité s'opère conformément aux articles 70 à 75. Ses fonctions ont trait à l'établissement d'un programme de prévention et de programmes de formation et d'information en matière de santé et de sécurité du travail, à l'approbation d'un programme de santé élaboré par le médecin responsable et au choix de ce médecin responsable (art. 78 L.S.S.T.).

D. Le représentant à la prévention

296 – *Désignation et fonctions* – Lorsqu'un comité de santé et de sécurité est en place dans un établissement, un ou plusieurs représentants à la prévention sont désignés parmi les travailleurs et deviennent membres d'office du comité (art. 87 L.S.S.T.)[77]. S'il n'y a pas de comité de santé et de sécurité, une association accréditée en vertu du *Code du travail* ou un groupe de travailleurs peut désigner un ou plusieurs représentants à la prévention (art. 88 L.S.S.T.). Dans tous les cas, les représentants à la prévention sont nommés de la même manière que le sont les représentants des travailleurs au sein d'un comité de santé et de sécurité (art. 89 L.S.S.T.)[78].

Les fonctions du représentant à la prévention lui sont attribuées par l'article 90 de la Loi. Il agit, de façon générale, comme un inspecteur local des conditions de santé et de sécurité. Sa plus importante occasion d'intervention demeure probablement celle de l'exercice d'un droit de refus par un travailleur, selon les modalités prévues aux articles 16 à 18 de la Loi.

E. Le médecin responsable des services de santé d'un établissement

297 – *Choix et responsabilités* – Ce médecin responsable est choisi par accord des représentants de l'employeur et de ceux des travailleurs au sein du comité de santé et de sécurité de l'établissement lorsqu'un tel comité existe; à défaut d'accord des représentants des parties, il est désigné par la C.S.S.T. après consultation du directeur de santé publique (art. 118, al. 1 L.S.S.T.). S'il n'y a pas de comité, c'est le directeur de santé publique qui procède à sa désignation (art. 118, al. 2 L.S.S.T.)[79].

---

77. *Règlement sur le représentant à la prévention dans un établissement*, R.R.Q., c. S-2.1, r. 18.01.
78. *Règlement sur les comités de santé et de sécurité du travail*, précité, note 76, art. 4 à 17.
79. *Ibid.*, art. 118.

Le médecin responsable des services de santé d'un établissement doit élaborer un programme de santé spécifique à cet établissement (art. 112-113 L.S.S.T.) et voir par la suite à sa mise en application (art. 122, al. 2 L.S.S.T.). L'article 124 L.S.S.T. le charge aussi d'informer le travailleur de toute situation l'exposant à un danger pour sa santé, sa sécurité ou son intégrité physique ainsi que de toute altération à sa santé.

F. Le directeur de santé publique

298 – *Responsabilités* – L'article 127 L.S.S.T. charge le directeur de santé publique de la mise en application sur le territoire desservi par la régie régionale de la santé et des services sociaux du contrat visé dans l'article 109, par lequel cette dernière s'engage à assurer les services nécessaires à la réalisation des programmes de santé au travail sur son territoire ou aux établissements ou catégories d'établissements qui y sont identifiés. Il doit ainsi notamment voir à l'application des programmes de santé spécifiques aux établissements, évaluer ces programmes et faire les recommandations appropriées à la C.S.S.T., aux médecins responsables et aux comités de santé et de sécurité concernés, coordonner l'utilisation des ressources du territoire, faire réaliser des études d'état de situation et s'assurer de la conservation du dossier médical d'un travailleur pendant une période d'au moins 20 ans après la fin de son emploi ou de 40 ans après le début de celui-ci, selon la plus longue durée.

G. Les inspecteurs

299 – *Statut et pouvoirs* – Le chapitre X de la *Loi sur la santé et la sécurité du travail* prévoit la nomination d'inspecteurs chargés de surveiller l'application de la Loi et des règlements. Ces inspecteurs sont des fonctionnaires de la Commission de la santé et de la sécurité du travail (art. 177 L.S.S.T.). Ils sont d'abord investis de pouvoirs d'enquête en vertu des articles 179 et 180 de la Loi. Ils disposent en outre d'importants pouvoirs d'intervention et de redressement. Ils peuvent ainsi enjoindre à une personne de se conformer à la Loi par l'émission d'un avis de correction et l'imposition d'un délai pour s'y conformer (art. 182 et 184 L.S.S.T.)[80]. Ils peuvent également ordon-

---

80. Sur la légalité d'un point de vue constitutionnel, la nature et l'étendue de ce pouvoir, voir: *Domtar Inc.* c. *Commission d'appel en matière de lésions professionnelles du Québec*, [1990] R.J.Q. 2190 (C.A.); *Kruger Inc.* c. *Commission de la santé et de la sécurité du travail*, D.T.E. 85T-204 (C.A.); *Connoly & Twizell (Eastern) Ltd.* c. *Commission de la santé et de la sécurité du travail*,

ner la suspension des travaux ou la fermeture en tout ou en partie d'un lieu de travail; les travaux ne peuvent alors reprendre ou le lieu de travail être réouvert que sur autorisation de l'inspecteur (art. 186 à 189 L.S.S.T.)[81]. De la même façon, ils peuvent ordonner la cessation de la fabrication, de la fourniture, de la vente, de la location, de la distribution ou de l'installation d'un produit, procédés, équipements, matériel, contaminant ou matières dangereuses jusqu'à décision contraire (art. 190 L.S.S.T.). Ces ordonnances doivent s'appuyer sur le constat préalable d'un manquement à la Loi[82].

Les ordres donnés ou les décisions rendues par un inspecteur peuvent donner lieu à une demande de révision par la C.S.S.T. conformément aux articles 358 à 358.5 de la *Loi sur les accidents du travail et les maladies professionnelles* (art. 191.1 L.S.S.T.). Ces ordres ou décisions ont toutefois effet immédiatement malgré une telle demande de révision (art. 191 L.S.S.T.)[83]. Le cas échéant, la décision de la C.S.S.T. sur la demande de révision peut être contestée devant la Commission des lésions professionnelles (art. 193 L.S.S.T.). Elle demeure néanmoins applicable pendant une telle contestation (art. 192 L.S.S.T.).

À l'occasion de l'exercice d'un droit de refus par un travailleur, l'intervention de l'inspecteur obéit sensiblement aux mêmes règles (art. 19 et 20 L.S.S.T.)[84].

D.T.E. 85T-203 (C.A.). Sur l'obligation de l'inspecteur de fixer un délai d'exécution comme condition de validité d'un avis de correction, voir: *Société des alcools du Québec c. Syndicat des employés de magasins et de bureaux de la S.A.Q.*, D.T.E. 95T-890 (C.A.). Le défaut de l'employeur de se conformer à un avis de correction dans le délai imparti constitue par la suite une infraction de nature continue de jour en jour: *Syndicat des employés de magasins et de bureaux de la S.A.Q. c. Société des alcools du Québec*, [1992] R.J.Q. 675 (C.S.).

81. La constatation de l'existence d'un danger est une condition préalable essentielle à l'émission d'un ordre de suspension ou de fermeture: *Gaétan Mathurin (C.S.S.T.) c. Les Coffrages Dominic Ltée*, [1983] T.T. 250.

82. *Commission de la santé et de la sécurité du travail c. Zinc électrolytique du Canada Ltée*, D.T.E. 86T-431 (T.T.). Le fait que l'équipement utilisé soit conforme à une réglementation applicable n'empêche pas l'inspecteur de constater qu'il représente néanmoins une source de danger au sens de la Loi et d'ordonner son élimination par un avis de correction approprié: *Domtar Inc. c. Commission d'appel en matière de lésions professionnelles du Québec*, précité, note 80. En l'absence de danger objectif toutefois, la Loi n'autoriserait pas l'émission d'une ordonnance visant à faire disparaître tout risque pour le travailleur: *Hydro-Québec c. Brassard*, [1992] C.A.L.P. 1227 (C.S.).

83. L'article 191.2 oblige la C.S.S.T. à procéder d'urgence à l'endroit de certaines révisions.

84. Voir *supra*, nos 274-277.

V- LES RECOURS

A. Les recours civils

300 – *Objets* – La plupart des droits substantiels reconnus par la *Loi sur la santé et la sécurité du travail* peuvent être réclamés selon les mécanismes qui accompagnent leur affirmation et qui ont en commun, comme nous l'avons vu, de conduire à une adjudication de la C.S.S.T. et, ultimement, de la Commission des lésions professionnelles.

Les articles 227 et 228 L.S.S.T. offrent de leur côté un recours particulier au travailleur, en vue d'assurer sa protection à l'occasion de l'exercice d'un droit ou d'une fonction qui lui résulte de la Loi elle-même ou des règlements. Ce recours est à la disposition du travailleur en cas de congédiement, de suspension, de déplacement, de mesures discriminatoires ou de représailles ou de toute autre sanction dont il croit avoir été victime à cause de l'exercice d'un droit ou d'une fonction conformément à la Loi. Le travailleur régi par convention collective peut choisir d'exercer son recours selon la procédure de griefs prévue à cette convention collective ou en portant plainte à la C.S.S.T.

301 – *Grief* – L'article 227 L.S.S.T. permet au travailleur d'opter pour la procédure de griefs de sa convention collective, lorsqu'il y a lieu. Le travailleur exerce alors un droit que la Loi lui confère personnellement. Toutefois, la convention collective elle-même peut subordonner l'exercice de ce recours à la participation de l'association accréditée, voire à l'existence de conditions de fond étrangères à la *Loi sur la santé et la sécurité du travail* et que le travailleur ne satisfait pas[85]. Le travailleur qui doute de son droit à l'arbitrage selon les termes de sa convention collective devrait, par sécurité, diriger sa plainte vers la C.S.S.T.

302 – *Plainte à la C.S.S.T.* – Lorsque le travailleur choisit d'exercer son recours auprès de la C.S.S.T., l'article 228 L.S.S.T. prévoit que la plainte est traitée comme s'il s'agissait d'une plainte soumise en vertu de l'article 32 de la *Loi sur les accidents du travail et les maladies professionnelles* et que la section III du chapitre VII de cette

---

85. Un jugement a ainsi subordonné l'exercice de cette option par le travailleur aux dispositions de la convention collective elle-même qui, en l'occurrence, lui niait l'accès à l'arbitrage pour contester son congédiement en raison de son statut de salarié à l'essai: *Syndicat des travailleurs unis de Columbia international (C.S.N.)* c. *Dulude*, [1988] R.J.Q. 1400 (C.S.); ce jugement a été rendu relativement à l'article 32 L.A.T.M.P., rédigé en des termes semblables à ceux de l'article 227 L.S.S.T.

loi s'y applique avec les adaptations nécessaires. Cette plainte doit être portée dans les 30 jours de la connaissance de l'acte, de la sanction ou de la mesure dont le travailleur se plaint (art. 253 L.A.T.M.P.).

La section III du chapitre VII de la *Loi sur les accidents du travail et les maladies professionnelles* élabore un mécanisme de recours inspiré à plusieurs égards de celui des articles 15 et s. du *Code du travail* (art. 252 à 264 L.A.T.M.P.)[86]. Ce mécanisme présente toutefois certaines particularités, notamment en ce que la plainte du travailleur pourra être traitée différemment selon qu'il bénéficiera ou non d'une présomption en sa faveur.

En vertu de l'article 255 L.A.T.M.P., il y aura présomption en faveur du travailleur si ce dernier établit à la satisfaction de la C.S.S.T. la réalité de la mesure dont il se plaint, d'une part, et qu'il a exercé un droit que lui conférait la Loi dans les six mois précédant la date de cette mesure, d'autre part[87]. Le cas échéant, l'établissement de la présomption entraîne deux conséquences. D'abord, cette présomption a pour effet de renverser le fardeau de la preuve sur l'employeur, qui devra prouver qu'il a pris la sanction ou la mesure dont se plaint le travailleur pour une autre cause juste et suffisante, selon le sens donné à cette notion en application des articles 15 et s. du *Code du travail* (art. 255, al. 2 L.A.T.M.P.)[88]. Dès lors que la présomption a été établie, la C.S.S.T. peut rendre une décision interlocutoire ordonnant à l'employeur de réintégrer le travailleur dans son emploi avec tous ses droits et privilèges et de lui verser son salaire et les autres avantages liés à l'emploi jusqu'à ce qu'elle dispose de sa plainte par décision finale (art. 256 L.A.T.M.P.).

Il est aussi possible que la plainte du travailleur soit éventuellement accueillie sans que la présomption de l'article 255 L.A.T.M.P. ait été établie en sa faveur. Il pourrait en être ainsi, par exemple, si l'exercice par le travailleur d'un droit ou d'une fonction lui résultant de la Loi remontait à plus de six mois avant la date de la mesure dont il se plaint et qu'une preuve positive convainquait néanmoins la C.S.S.T. que l'exercice de ce droit ou de cette fonction constituait le véritable motif de sanction de la part de l'employeur, ce dernier ayant agi en quelque sorte à retardement[89].

---

86. Voir *infra*, titre II, chapitre 2, n°s 373-386.
87. L'exercice d'un droit par le travailleur suppose que ce dernier ait posé un geste quelconque: *Théberge* c. *Habitat Ste-Foy (1982) Inc.*, [1991] R.J.Q. 1616 (C.A.).
88. Voir *infra*, Titre II, chapitre 2, n° 382.
89. Voir et transposer les jugements suivants rendus à partir des articles 228, 229 et 230 L.S.S.T. tels qu'ils se lisaient alors: *Landry Automobiles Ltée* c. *Tremblay*, [1982] T.T. 478 confirmé par *Landry Automobiles Ltée* c. *Tremblay*, D.T.E. 85T-725 (C.A.).

L'article 257 L.A.T.M.P. énonce les pouvoirs de redressement de la C.S.S.T. lorsqu'elle accueille la plainte du travailleur. Il lui permet d'ordonner à l'employeur de réintégrer le travailleur dans son emploi avec tous ses droits et privilèges, d'annuler une sanction ou de cesser d'exercer à son endroit des mesures discriminatoires ou de représailles et de lui verser l'équivalent du salaire et des avantages dont il a été privé. L'employeur doit se conformer à une ordonnance de la C.S.S.T. dans les huit jours de sa notification (art. 263 L.A.T.M.P.). Il en est ainsi malgré un pourvoi auprès de la Commission des lésions professionnelles (art. 262, al. 2 L.A.T.M.P.). Si nécessaire, le travailleur concerné peut déposer la décision au greffe de la Cour supérieure du district où est situé l'établissement de l'employeur, pour la rendre exécutoire comme s'il s'agissait d'un jugement final et sans appel de la Cour supérieure (art. 264 L.A.T.M.P.)[90]. Dans les quarante-cinq jours de la notification de la décision rendue par la C.S.S.T., cette décision peut faire l'objet d'une contestation devant la Commission des lésions professionnelles conformément à l'article 359.1 L.A.T.M.P. (art. 228, al. 2 L.S.S.T.)[91].

B. Les poursuites pénales

303 – *Généralités* – Les infractions à la *Loi sur la santé et la sécurité du travail* et à la réglementation adoptée sous son empire sont traitées selon les articles 234 à 246 de cette loi.

C'est la Chambre pénale et criminelle de la Cour du Québec qui exerce la compétence de première instance pour disposer des poursuites pénales et la procédure est régie par les dispositions du *Code de procédure pénale*[92]. Les infractions se prescrivent par un an[93].

Les poursuites peuvent être intentées par la C.S.S.T. ou par une association de salariés accréditée en vertu du *Code du travail* (art. 242 L.S.S.T.). Elles peuvent l'être aussi par le procureur général ou par une personne autorisée par un juge[94]. Les amendes appartiennent à la C.S.S.T., sauf lorsque le Procureur général a intenté la poursuite pénale (art. 246 L.S.S.T.).

---

90. Le dépôt peut être effectué dans les 15 jours de la notification de ladite décision, s'il s'agit d'une ordonnance provisoire rendue selon l'article 256 L.A.T.M.P. et en tout temps, s'il s'agit d'une décision finale rendue selon les articles 257, 259 ou 261 L.A.T.M.P.
91. La décision de la C.S.S.T. n'est pas sujette à une révision par cette dernière en vertu de l'article 358 L.A.T.M.P. (art. 358, al. 2 L.A.T.M.P.).
92. L.R.Q., c. P-25.1. Voir aussi *infra*, Titre II, chapitre 1, n°s 362-363.
93. *Code de procédure pénale*, *ibid*, art. 14 à 16.
94. *Ibid*., art. 9 et 10.

Il faut souligner l'existence d'un pouvoir exceptionnel octroyé à la juridiction pénale à l'occasion d'une poursuite fondée sur la *Loi sur la santé et la sécurité du travail*. Outre les pénalités qui peuvent être imposées et qui sont prévues aux articles 236 et 237 L.S.S.T., l'article 238 permet au tribunal d'ordonner au contrevenant de se conformer aux exigences de la Loi ou des règlements dans le délai fixé ou d'exécuter une mesure qu'il juge susceptible de contribuer à la prévention des accidents du travail ou des maladies profession-nelles[95].

---

95. Sur les conditions d'obtention d'une telle ordonnance en vertu de l'article 238 L.S.S.T., voir: *Commission de la santé et de la sécurité du travail c. Goulet*, [1989] T.T. 155; *Lapointe c. Sidbec-Dosco Ltée*, D.T.E. 86T-652 (C.S.); *Commission de la santé et de la sécurité du travail du Québec c. Malenfant*, D.T.E. 85T-763 (T.T.).

TITRE II

LES RAPPORTS COLLECTIFS DE TRAVAIL

CHAPITRE 1

LE *CODE DU TRAVAIL*:
CHAMP ET AUTORITÉS D'APPLICATION

304 – *Régime collectif limité* – Le *Code du travail* («C.t.»)[1]
exprime une volonté du législateur québécois de favoriser l'aménagement de rapports collectifs du travail.

Le régime collectif que le *Code du travail* élabore et privilégie
n'est toutefois pas accessible à tous ceux et celles qui travaillent
pour un employeur. Son champ d'application est réservé, comme
nous le verrons au présent chapitre, à une partie seulement, encore
qu'importante, de ceux et celles qui sont des employés. Il s'agit des
salariés au sens du *Code du travail*.

305 – *Articulation du régime* – Le *Code du travail du Québec* est
conçu d'après un modèle commun à toutes les lois équivalentes au
Canada et même en Amérique du Nord. Il s'appuie sur la reconnaissance et la protection de la liberté d'association de ceux et celles
auxquels il s'adresse (chapitre 2). Il leur propose de se choisir un
représentant collectif dans leurs relations avec l'employeur et de
faire attester par l'autorité publique le statut de ce représentant
collectif au moyen de l'accréditation (chapitre 3). L'accréditation
investit les syndicats d'un pouvoir et d'un devoir de représentation,
exclusifs et relativement stables, des salariés qu'elle vise dans
l'entreprise (chapitre 4). L'accréditation des associations syndicales
est orientée entièrement vers la négociation de conditions collectives
de travail (chapitre 5). Cette négociation peut donner lieu à des
conflits qui se manifesteront notamment par la grève ou le lock-out
(chapitre 6). Les conditions de travail négociées seront éventuellement énoncées dans une convention collective (chapitre 7). L'interprétation et l'application de cette dernière feront appel, au besoin, à
un forum spécialisé, l'arbitre de griefs (chapitre 8).

---

1. L.R.Q., c. C-27.

I- LE CHAMP D'APPLICATION

A. Le cadre général

306 – *Employeurs et salariés* – Le champ d'application du *Code du travail* est délimité par les définitions données aux termes «employeur» et «salarié» aux paragraphes 1k) et l) C.t. À leur base, ces notions correspondent à celles d'employeur et de salarié qui découlent de la définition classique du contrat de travail du droit civil[2]. Le salarié est donc nécessairement une personne physique qui, contre rémunération, fournit son travail à une autre personne, à laquelle elle est subordonnée. L'employeur est toute personne, y compris l'État, pour laquelle travaille un salarié.

307 – *Relations atypiques* – Certaines relations tripartites dans lesquelles au moins deux personnes se partagent les attributs usuels de l'employeur posent parfois une difficulté supplémentaire de détermination du lien juridique employeur-salarié, comme nous l'avons déjà vu. Cette détermination procède alors d'un examen global des éléments constitutifs du contrat de travail. Dans le contexte spécifique du *Code du travail* et de son objectif d'établissement d'un régime de négociation collective des conditions de travail, cette analyse reconnaît une importance prépondérante à la subordination juridique et au contrôle des conditions de travail[3]. La personne qui, d'une manière ou d'une autre, se désigne un mandataire pour gérer son personnel, en conservant elle-même l'ultime pouvoir de direction et de décision dans les matières qui touchent de façon essentielle ce personnel, se verra reconnaître la qualité d'employeur[4]. À l'opposé, un véritable contrat de gestion d'entreprise ou de personnel, par lequel un propriétaire laisse toute latitude décisionnelle au gestionnaire, transportera à ce dernier le statut d'employeur[5].

---

2. Voir *supra*, Titre I, chapitre 1, nos 85-94 et 99-102.
3. *Pointe-Claire (Ville de)* c. *Québec (Tribunal du travail)*, [1997] 1 R.C.S. 1015; *Université Laval* c. *St-Arnaud*, D.T.E. 98T-427 (C.S.).
4. *Propriétés Trizec Ltée* c. *Prud'homme*, [1998] R.J.D.T. 72 (C.S.); *Loisirs St-Jacques* c. *Syndicat des fonctionnaires municipaux de Montréal (S.C.F.P.)*, [2002] R.J.D.T. 625 (T.T.); *Métallurgistes unis d'Amérique, section locale 9324* c. *Métromédia C.M.R. Plus Inc.*, [1998] R.J.D.T. 167 (T.T.); *Sodem Inc.* c. *Syndicat des employés manuels de la Ville de St-Léonard*, [1993] T.T. 472.
5. *Syndicat des travailleuses et travailleurs du Manoir Richelieu* c. *Caron*, D.T.E. 97T-384 (C.A.); *Syndicat des travailleuses et travailleurs de l'Hôtel Westin Mont-Royal Montréal* c. *Kuo Hôtels Canada Inc.*, [1997] T.T. 221; *Gestion Sinomonde Inc.* c. *Syndicat des travailleuses et travailleurs du Holiday Inn Select Sinomonde (C.S.N.)*, D.T.E. 2001T-561 (T.T.).

B. Les exclusions

308 – *Généralités* – Le champ d'application du *Code du travail* trouve sa spécificité dans une série d'exclusions catégorielles parmi les personnes qui sont néanmoins des employés (art. 1l), 1o à 7o C.t.). Cet aspect privatif de la définition du «salarié» s'appuie, selon les cas, sur deux ordres de motifs. Quelques-unes des personnes exclues sont soumises à un autre régime de rapports collectifs. Le plus souvent toutefois, l'exclusion exprime une appréhension de conflit d'intérêts qui pourrait naître pour les personnes en cause de leurs fonctions et responsabilités, au service de l'employeur, d'une part, et de la négociation collective de leurs conditions de travail, d'autre part.

L'article 39 C.t. confie à une instance spécialisée, la Commission des relations du travail, l'adjudication des litiges auxquels peut donner lieu la détermination du statut d'employeur ou de salarié, au sens du Code, et notamment l'interprétation et l'application des exclusions prononcées au paragraphe l) de l'article 1 C.t. À cet égard, ce sont les fonctions et responsabilités réellement exercées par l'employé qui seront déterminantes, indépendamment des descriptions, qualifications ou titres de fonctions élaborés par l'employeur[6]. Même une entente à ce stade entre un syndicat et l'employeur sur le statut de certains employés demeurera sans effet sur la compétence de la C.R.T.[7]. C'est par ailleurs à la partie qui prétend à une exclusion – généralement l'employeur – d'établir les faits qui la justifient, par prépondérance de preuve[8].

1. Le personnel de gérance

309 – *Formes de gérance* – La plus importante des exclusions est celle du personnel de gérance (art. 1l) 1o C.t.). Il n'y a pas

---

6. Exemples: *St-Lin (Corporation municipale de la paroisse de)* c. *Burns*, D.T.E. 84T-121 (C.A.); *Commission scolaire Seigneurie* c. *Syndicat canadien de la Fonction publique, section locale 2416*, D.T.E. 83T-289 (T.T.); *Université du Québec à Montréal* c. *Syndicat des professeurs de l'Université du Québec (Montréal)*, [1971] T.T. 216.
7. *Thyssen Marathon Canada, division de Thyssen Canada ltée* c. *Association internationale des machinistes et des travailleuses et travailleurs de l'aérospatiale, district 11*, D.T.E. 2001T-415 (T.T.); *Syndicat canadien des officiers de la marine marchande (F.A.T.-C.O.I.-C.T.C.)* c. *International Union of District 50, United Mine Workers of America*, [1971] T.T. 163.
8. *Groupe T.C.G. (Québec) Inc.* c. *Tribunal du travail*, D.T.E. 86T-320 (C.S.); *Institut des sourds de Charlesbourg Inc.* c. *Association des éducateurs de l'enfance inadaptée (C.E.Q.)*, [1979] T.T. 365; *Société canadienne de la Croix-Rouge, division de Québec* c. *Syndicat canadien de la Fonction publique, section locale 1971 (F.T.Q.)*, [1977] T.T. 208; *Copak (Montréal) Ltd.* c. *Construction & Supply Drivers & Allied Workers, Teamsters, local 903*, [1975] T.T. 369.

de distinction vraiment significative qui tienne entre le gérant et le surintendant, d'une part, ou encore entre le contremaître et le représentant de l'employeur dans ses relations avec ses salariés, d'autre part. En fait, l'exclusion frappe toutes les personnes qui exercent une fonction de gérance dans l'entreprise, que les prérogatives de gérance se manifestent ou s'exercent à l'endroit du personnel, ou à l'endroit des tiers, ou encore par la faculté de déterminer les politiques de gestion et d'exploitation de l'entreprise.

310 – *Gestion du personnel* – Relativement au pouvoir de gérance exercé auprès du personnel de l'entreprise, la notion de «représentant de l'employeur dans ses relations avec ses salariés» est certes beaucoup plus significative dans le contexte contemporain que le terme «contremaître».

À cet égard, il importe d'abord de retenir qu'il n'est pas nécessaire, selon la jurisprudence, de posséder les pouvoirs discrétionnaires d'engagement et de congédiement pour être considéré comme un représentant de l'employeur; la présence dans les fonctions de l'employé de différents éléments constitutifs du pouvoir de gérance comme la faculté d'assigner le travail, d'en contrôler l'exécution, de le surveiller et de l'évaluer pourra suffire[9]. Encore là, l'importance des pouvoirs exercés, la fréquence de leur exercice, le caractère décisionnel ou consultatif des interventions ainsi que le degré d'autonomie ou de discrétion de l'employé pourront être pris en considération. Il est toutefois reconnu que la simple autorité à caractère professionnel d'un employé à l'égard de salariés ne suffit pas à le priver lui-même de ce statut de salarié. Cette autorité à caractère professionnel peut ainsi prendre la forme d'une responsabilité de répartition du travail entre des salariés, de planification, de direction et même de surveillance de la qualité de ce travail. Cette situation se rencontrera particulièrement dans les activités à caractère technique et professionnel[10].

---

9. Exemples: *Centre local de services communautaires Seigneurie de Beauharnois c. Syndicat des travailleurs du Centre local de services communautaires Seigneurie de Beauharnois (C.S.N.)*, D.T.E. 2002T-42 (T.T.); *Papeterie Reed Ltée c. Syndicat canadien des travailleurs du Papier (S.C.T.P.), local 137*, D.T.E. 84T-376 (T.T.); *Drain Clair Enrg.* c. *Union des employés du transport local et industries diverses, local 931*, D.T.E. 83T-36 (T.T.); *Wabasso Ltée* c. *Syndicat démocratique des salariés de la Wabasso de Shawinigan (C.S.D.)*, D.T.E. 82T-884 (T.T.); *Québec Téléphone* c. *Syndicat des agents de maîtrise de Québec Téléphone*, D.T.E. 82T-862 (T.T.); *Cité de Charlesbourg c. Syndicat des employés municipaux de la Cité de Charlesbourg*, [1974] T.T. 414.

10. Exemples: *P.T.R. Inc. c. Syndicat national de l'automobile, de l'aérospatiale, du transport et des autres travailleurs du Canada (T.C.A.-Canada)*, D.T.E. 2001T-269 (T.T.) – chefs d'équipe sans véritable autorité administrative; *Asso-*

Dans l'ensemble, la jurisprudence se révèle plutôt restrictive lorsqu'il s'agit de reconnaître le statut de salariés à des employés qui disposent de quelque attribut rattaché à la gérance vis-à-vis d'autres employés. Des décisions isolées ont tenté d'ouvrir de nouvelles perspectives de reconnaissance du statut de salarié en faveur des employés qualifiés de cadres inférieurs ou intermédiaires qui assument certaines responsabilités administratives dépassant la simple autorité professionnelle[11]. Ces décisions soulignaient que la hiérarchie administrative s'est grandement raffinée, diversifiée et diffusée au cours des dernières décennies, laissant généralement place pour plusieurs cadres intermédiaires entre la direction générale d'une entreprise et les salariés qui en assurent les services ou la production[12]. La Cour d'appel a désavoué cette approche. En qualifiant d'abord les employés concernés de «cadres subalternes et subordonnés» et en décidant ensuite qu'ils étaient néanmoins des salariés au sens du *Code du travail*, l'instance du travail aurait créé une nouvelle catégorie de salariés non prévue par le Code et ainsi excédé sa compétence[13]. La tentative d'élargir la classe des employés syndicables aurait peut-être connu un dénouement différent si, au lieu de qualifier ces employés de cadres subalternes et subordonnés, on avait plutôt opté pour une démonstration du fait que leurs pouvoirs ou responsabilités ne les élevaient pas au rang de représentants de l'employeur.

311 – *Gestion administrative ou politique* – Il faut garder à l'esprit que seront également exclus du groupe des salariés au sens du *Code du travail*, à titre de gérants ou de surintendants, ceux qui sans avoir de salariés sous leur contrôle disposent néanmoins d'un pouvoir significatif, soit en engageant l'employeur à l'endroit de tiers de leur seule autorité, soit en participant à l'orientation et à la marche des activités de l'entreprise. Par exemple, on a décidé que la coordonnatrice des services bénévoles d'un hôpital n'était pas une salariée au sens du *Code du travail*, en raison des fonctions de gérance qu'elle

ciation des médecins cliniciens enseignants du Québec c. *Université Laval*, [1975] T.T. 30 – directeurs de programmes et de départements universitaires assumant un rôle d'ordre professionnel; *Service familial de la Rive-Sud* c. *Syndicat des employés du Service familial de la Rive-Sud*, [1972] T.T. 71.

11. *Institut des sourds de Charlesbourg Inc.* c. *Association des éducateurs de l'enfance inadaptée (C.E.Q.)*, [1979] T.T. 365; *Syndicat des cadres des hôpitaux de la région de Montréal (C.S.N.)* c. *Hôpital du Sacré-Cœur*, T.T. Montréal, n° 500-28-001092-774, 7 décembre 1979.

12. *Institut des sourds de Charlesbourg Inc.* c. *Association des éducateurs de l'enfance inadaptée (C.E.Q.)*, *ibid.*, p. 373.

13. *Syndicat des cadres des hôpitaux de la région de Montréal (C.S.N.)* c. *Hôpital du Sacré-Cœur Montréal*, [1983] C.A. 144.

exerçait en dirigeant un service important de l'hôpital, même si son personnel n'était pas rémunéré[14]. Par contre, la simple autonomie fonctionnelle, même dans des matières importantes, ne devrait pas priver l'employé de son statut de salarié au sens du *Code du travail*, en l'absence de responsabilités administratives[15]. En somme, la frontière juridique séparant salariés et gérants au sens du *Code du travail* n'est pas, non plus, facile à tracer et la jurisprudence du travail témoigne de cette difficulté par des décisions qui divergent notamment sur l'importance des pouvoirs dont doit être investi un employé pour être qualifié de gérant[16].

312 – *Conclusion* – Les recueils de jurisprudence d'application du *Code du travail* contiennent de très nombreuses décisions relatives à l'exclusion du personnel de gérance; toutes se réclament de l'application des mêmes règles d'appréciation fondamentales. L'examen de ces décisions permet certaines constatations. Jusqu'à maintenant, les instances du travail ont suivi une politique de cas par cas dans la détermination du statut de salarié ou de non-salarié au sens du *Code du travail*. On ne peut retrouver dans la jurisprudence l'énoncé de principes ou de guides qui soient à la fois généraux dans leur application et relativement précis dans leur contenu, quant à l'existence d'un certain degré d'autorité nécessaire à l'exclusion du groupe des salariés. On souhaiterait pouvoir se rapporter à certaines normes ou à certains critères d'appréciation d'un tel degré d'autorité eu égard à la structure décisionnelle de l'entreprise, à la nature et à l'importance des pouvoirs exercés par l'employé, à la fréquence de leur exercice, à leur caractère décisionnel ou consultatif, primaire ou final, discrétionnaire ou normalisé. Si on peut relever certaines

---

14. *Hôpital St-Augustin* c. *Syndicat des employés de l'Hôpital St-Augustin*, [1977] T.T. 180.
15. *Syndicat canadien de la fonction publique, section locale 306* c. *Longueuil (Ville de)*, D.T.E. 94T-1422 (T.T.) – évaluateur et percepteur des amendes.
16. Le cas des agents de crédit à l'emploi des caisses populaires et qui sont autorisés à accorder de leur propre chef des prêts jusqu'à concurrence de certains montants illustre bien la difficulté. Des jugements ont conclu au statut de salariés de ces agents de crédit: *Caisse populaire Ste-Famille de Sherbrooke* c. *Syndicat des employés de la Caisse populaire Ste-Famille de Sherbrooke*, [1988] T.T. 487; *Syndicat des employés professionnels et de bureau, section locale 57 (U.I.E.P.B., C.T.C. – F.R.Q.)* c. *Caisse populaire de Duvernay*, D.T.E. 87T-104 (T.T.) – annulé par révision judiciaire; *Caisse populaire St-Rédempteur de Matane* c. *Syndicat des employées et employés professionnels-les et de bureau, section locale 57, S.E.P.B., U.I.E., C.T.C., F.T.Q.*, D.T.E. 88T-523 (T.T.). Ont, au contraire, affirmé qu'il s'agissait de gérants exclus: *Syndicat des travailleuses(eurs) de la Caisse populaire d'Amqui (C.S.N.)* c. *Caisse populaire d'Amqui*, D.T.E. 87T-638 (T.T.); *Syndicat des travailleurs(euses) des caisses populaires de la Mauricie (C.S.N.)* c. *Caisse populaire Le Rocher*, D.T.E. 87T-639 (T.T.).

constantes dans la jurisprudence, la pratique suivie jusqu'à maintenant laisse cours, sous le couvert de l'analyse cas par cas, à des
conclusions qui peuvent sensiblement varier selon la conception que
se fait chaque décideur de la gérance[17].

17. À titre d'exemples, parmi tant d'autres, on peut consulter les décisions suivantes qui concluent à l'existence ou à l'absence du statut de salarié.
Décisions concluant au statut de salarié: *P.T.R. Inc.* c. *Syndicat national
de l'automobile, de l'aérospatiale, du transport et des autres travailleurs du
Canada (T.C.A.-Canada)*, précité, note 10; *Commission scolaire Seigneurie* c.
Syndicat canadien de la Fonction publique, section 2416, D.T.E. 83T-289 (T.T.)
– responsable du service des taxes et de l'équipement; absence de véritable
autonomie administrative malgré l'importance du poste et les responsabilités
étendues confiées par l'employeur; *Union internationale des journaliers d'Amérique du Nord, local 62* c. *Durastal Installations Ltd.*, [1975] T.T. 51 – contremaîtres assimilés à des chefs d'équipes, en raison de leur responsabilité à
caractère surtout technique et de leur soumission, d'autre part à l'autorité de
surintendants dans l'exercice du pouvoir disciplinaire sur les lieux de travail;
Alliance compagnie mutuelle d'assurance-vie c. *Bertrand*, [1974] T.T. 351 –
simple preuve de distribution du travail et d'enseignement occasionnel de
la façon de l'exécuter, à l'endroit de quelques salariés; *Dufour Ready-Mix
Inc.* c. *Syndicat des employés de Dufour Ready-Mix Inc.* (C.S.N.), [1974] T.T.
65 – répartiteurs de travail chargés de le distribuer techniquement, sans
autre pouvoir décisionnel; *Centre d'accueil Notre-Dame du Perpétuel Secours* c.
Syndicat des employés du Centre d'accueil Notre-Dame du Perpétuel Secours,
[1973] T.T. 483 – coordonnateurs dotés d'un simple pouvoir de recommandation
et exerçant des tâches administratives mineures normalisées; *Service social de
l'Outaouais Inc.* c. *Syndicat des professeurs du service social de l'Outaouais Inc.*,
[1972] T.T. 63 – directeurs de services chargés d'un rôle d'animation plutôt que
d'administration; *Université du Québec à Montréal* c. *Syndicat des professeurs
de l'Université du Québec (Montréal)*, [1971] T.T. 216 – vice-doyen limité à un
rôle de consultation, d'animation et d'encadrement; directeur de département
et de recherche à responsabilité professionnelle. **Décisions concluant au statut de non-salarié**: *Centre local de services communautaires Seigneurie de
Beauharnois* c. *Syndicat des travailleurs du Centre local de services communautaires Seigneurie de Beauharnois (C.S.N.)*, précité, note 9 – évaluation du
personnel et du travail fourni, quantitativement et qualitativement, et participation à la gestion administrative et budgétaire; *Syndicat des travail-
leurs(euses) de la Caisse populaire St-Joseph (C.S.N.)* c. *Caisse populaire
St-Joseph*, D.T.E. 85T-660 (T.T.) – agents de crédit disposant d'un pouvoir
discrétionnaire et décisionnel de consentir des prêts relativement importants;
Papeterie Reed Ltée c. *Syndicat canadien des travailleurs du Papier (S.C.T.P.),
local 137*, précité, note 9 – contremaîtres de faction responsables des opérations
et assumant l'autorité immédiate de l'employeur à l'endroit des salariés; *Drain
Clair Enrg.* c. *Union des employés du transport local et industries diverses, local
931*, précité, note 9 – employé exerçant une fonction générale de surveillance
relativement importante et autonome; *Québec Téléphone* c. *Syndicat des agents
de maîtrise de Québec Téléphone*, précité, note 9 – contremaîtres et surveillants;
pouvoirs administratifs jugés suffisants malgré leur encadrement et leur limitation par des pratiques administratives et des directives dans une structure
hiérarchisée; *Le Soleil Limitée* c. *Syndicat des journalistes de Québec Inc.*,
[1973] T.T. 292 – chef de l'édition régionale et chefs de pupitre participant
directement à l'élaboration des politiques de l'employeur et chargés de la
surveillance de leur application.

2. Les administrateurs et les dirigeants d'une personne morale

313 – *Conditions* – Le sous-paragraphe 1 l), 2º C.t. exclut les administrateurs et les dirigeants d'une personne morale. Cette exclusion concerne toutes les personnes morales, qu'elles soient de droit privé ou de droit public comme les municipalités et les commissions scolaires[18]. La seule nomination au poste d'administrateur ou de dirigeant n'entraîne toutefois pas l'exclusion; encore faut-il que la personne concernée agisse de fait à ce titre et soit investie de pouvoirs significatifs[19]. D'autre part, l'exclusion ne vise pas l'employé qui agit comme administrateur ou dirigeant à l'égard de son employeur s'il a été désigné par les salariés ou par une association de salariés accréditée. Enfin, elle n'affecte pas le simple actionnaire d'une société quelle que soit l'importance du capital-actions qu'il détient[20].

3. Les fonctions confidentielles dans la fonction publique

314 – *Particularité* – En règle générale, le seul caractère confidentiel des fonctions exercées par un employé ne suffit pas à le priver de son statut de salarié au sens du *Code du travail*[21]. Il en va autrement dans la fonction publique. Tout fonctionnaire du gouvernement du Québec qui exerce une fonction à caractère confidentiel perd le statut de salarié au sens du *Code du travail* (art. 1l), 3º C.t.)[22].

18. Dans le cas de municipalités, comparer les conclusions contraires dans *Ville d'Alma* c. *Syndicat national des employés municipaux d'Alma*, [1978] T.T. 129 et dans *Ville de Pincourt* c. *Syndicat national des employés de Pincourt*, D.T.E. T82-359 (T.T.).
19. *Syndicat canadien de la fonction publique, section locale 2968* c. *Société d'exploitation de la centrale de traitement d'eau Chambly, Marieville*, [1998] R.J.D.T. 1187 (T.T.); *Syndicat des employées et employés professionnels et de bureau, section locale 57* c. *Chambre des notaires du Québec*, D.T.E. 96T-87 (T.T.) – absence de statut de dirigeant; *Presses de l'Est du Québec Inc.* c. *Syndicat des travailleurs des Presses de l'Est du Québec*, D.T.E. 90T-1213 (T.T.) – affirmation du statut d'administrateur. Voir aussi *St-Lin (Corporation municipale de la paroisse de)* c. *Burns*, précité, note 6.
20. Voir, par analogie, s'agissant de travailleurs membres d'une coopérative de travailleurs qui les emploie: *Coopérative forestière de Ferland-Boileau* c. *Tribunal du travail*, D.T.E. 2000T-306 (C.S.); *Syndicat canadien des travailleurs du papier, section locale 2995 (F.T.Q.-C.T.C.)* c. *Industries James MacLaren*, [1990] T.T. 469; *Association coopérative forestière de St-Louis* c. *Fraternité unie des charpentiers, menuisiers d'Amérique, section locale 2817*, [1986] T.T. 330.
21. *Syndicat des employées et employés professionnels et de bureau, section locale 57* c. *Barreau du Québec*, [1994] T.T. 482; *Laval Fortin Ltée* c. *Métallurgistes unis d'Amérique, local 7287*, D.T.E. 83T-782 (T.T.); *Syndicat des employés de bureau du plastique (C.S.N.)* c. *Les Plastics Canron Limitée*, [1973] T.T. 234.
22. Sur les notions de «fonction publique» et de «fonctionnaire», voir *Syndicat des professionnels du gouvernement du Québec* c. *Fonds F.C.A.C. pour l'aide et le soutien à la recherche*, D.T.E. T82-725 (T.T.).

Cette exclusion ne rejoint pas les employés de sociétés qui sont la propriété du gouvernement ou sous son contrôle.

315 – *Confidentialité et discrétion* – Le caractère de confidentialité de certaines fonctions se distingue de l'obligation générale de discrétion du fonctionnaire. Il ne suffit pas en somme que l'exercice des fonctions de l'employé lui donne l'occasion de prendre connaissance d'informations qui ne doivent pas être révélées. La véritable confidentialité s'attache à une forme de participation quelconque au processus d'élaboration de décisions privilégiées. Elle s'apprécie essentiellement en fonction de la perception d'une possibilité ou non de conflits d'intérêts pour le fonctionnaire entre l'exercice de ses fonctions et son appartenance syndicale[23]. Il faut aussi signaler que l'exclusion pour cause de confidentialité dans la fonction publique ne vise que les fonctionnaires dont le travail se rapporte à la fonction exécutive de l'État, sans atteindre ceux qui servent plutôt la fonction judiciaire comme les secrétaires des juges de la Cour supérieure[24].

Tout litige relatif à l'application du sous-paragraphe 1l), 3o C.t. et au statut de salarié ou de non-salarié d'un fonctionnaire est tranché par la Commission des relations du travail[25].

4. Les exclusions nommées

316 – *Fonctions visées* – Sont automatiquement exclus du groupe des salariés qui peuvent être syndiqués en vertu du *Code du travail*, sans égard au caractère confidentiel ou non de leurs fonc-

---

23. **Décisions concluant au statut de salarié, en l'absence de caractère confidentiel:** *Syndicat de professionnelles et de professionnels du gouvernement du Québec* c. *Procureur général du Québec*, D.T.E. 91T-286 (T.T.); *Syndicat de professionnels du gouvernement du Québec (S.P.G.Q.)* c. *Procureur général du Québec*, D.T.E. 86T-760 (T.T.); *Syndicat des fonctionnaires provinciaux du Québec Inc.* c. *Procureur général du Québec*, D.T.E. 84T-747 (T.T.); *Syndicat des professionnels du gouvernement du Québec* c. *Québec (Procureur général)*, D.T.E. 82T-444 (T.T.); *Syndicat des professionnels du gouvernement du Québec* c. *Québec (Procureur général)*, [1981] T.T. 287. **Exclusions pour cause de confidentialité:** *Syndicat des fonctionnaires provinciaux du Québec Inc.* c. *Procureur général du Québec*, D.T.E. 84T-326 (T.T.); *Syndicat des fonctionnaires provinciaux du Québec Inc.* c. *Procureur général du Québec*, D.T.E. 84T-327 (T.T.); *Syndicat des professionnels du gouvernement du Québec* c. *Québec (Procureur général)*, D.T.E. 82T-535 (T.T.).
24. *Hétu* c. *Syndicat des fonctionnaires provinciaux du Québec*, décision de la Commission des relations de travail 11772, 12 juin 1968.
25. *Loi sur la fonction publique*, L.R.Q., c. F-3.1.1, art. 65, al. 2 et 66, al. 4.

tions, les fonctionnaires du ministère du Conseil exécutif ou du Conseil du trésor, sauf dans les cas que le gouvernement peut déterminer par décret, ainsi que ceux qui occupent certaines fonctions à l'Institut de la statistique du Québec (art. 1l), 3.1o, 3.2o et 3.3o C.t.). Il en est de même pour les substituts permanents du procureur général nommés en vertu de la *Loi sur les substituts du procureur général*, les membres de la Sûreté du Québec, les membres du personnel du directeur général des élections et les agents de relations du travail ou les enquêteurs de la Commission des relations du travail (art. 1l), 4o à 7o C.t.). Ces diverses exclusions s'interprètent restrictivement[26].

317 – *Détermination du statut* – Le statut de salarié d'une personne peut être mis en question devant la Commission des relations du travail, à tout moment, par une requête en vertu de l'article 39 du Code. Le plus souvent, la question est soulevée à l'occasion d'une demande d'accréditation présentée par une association syndicale, lorsqu'il s'agit de déterminer quelles sont les personnes comprises dans le groupe qu'elle veut représenter, ainsi que nous le verrons. Il sera d'ailleurs généralement opportun de faire décider de cette question au stade de l'accréditation, lorsqu'elle se pose déjà. En effet, il pourra s'avérer beaucoup plus difficile, postérieurement à l'accréditation, de faire reconnaître une personne comme salariée au sens du *Code du travail* si, à la connaissance de la partie requérante, cette personne était au travail sans que par ailleurs son nom paraisse sur la liste des salariés dressée au cours de la procédure d'accréditation. Il en serait de même pour l'employeur cherchant par la suite à faire exclure une personne dont le nom était inscrit sur la liste des salariés qu'il a lui-même fournie. À moins de circonstances exceptionnelles, la partie requérante aura alors le fardeau de démontrer que depuis l'accréditation les fonctions et les responsabilités de l'employé concerné ont été modifiées[27].

---

26. *Syndicat des fonctionnaires provinciaux du Québec Inc.* c. *Procureur général du Québec*, [1991] T.T. 423; *Syndicat des professionnels du gouvernement du Québec* c. *Québec (Procureur général)*, précité, note 23; *Syndicat des fonctionnaires provinciaux du Québec Inc.* c. *Québec (Procureur général)*, [1975] T.T. 148.

27. *Syndicat des professionnelles et professionnels des affaires sociales du Québec (C.S.N.)* c. *Centre de réadaptation Montérégie Inc.*, D.T.E. 92T-482 (T.T.). Le paragraphe 28d) C.t. permet de ne pas retarder l'octroi de l'accréditation lorsque le caractère représentatif de l'association requérante n'est pas affecté par un litige entre les parties relativement à certaines personnes visées par la requête en accréditation. L'accréditation peut alors être émise pour l'unité de négociation sur laquelle l'employeur et le syndicat en sont venus à un accord, le cas échéant. L'inclusion ou l'exclusion de telle ou telle personne dans cette unité de négociation sera alors référée à la C.R.T pour décision.

C. Le changement de statut

318 – *Avis d'intention* – Si la réforme du *Code du travail* adoptée en 2001 a laissé tout à fait intacte la substance de la définition du salarié, elle s'est par ailleurs préoccupée des changements susceptibles d'affecter le statut de salarié au sens du *Code du travail* en édictant le nouvel article 20.0.1. Ce dernier oblige l'employeur projetant d'apporter au mode d'exploitation de son entreprise des changements qui auraient pour effet, selon lui, de modifier le statut d'un salarié en celui d'entrepreneur non salarié à en donner un avis préalable écrit qui décrit les changements envisagés; ont droit à cet avis d'intention, s'il y a lieu, tant l'association de salariés déjà accréditée que celle qui a soumis une demande d'accréditation (art. 20.0.1, al. 1 C.t.).

319 – *Contestation immédiate* – Toute association de salariés qui a le droit de recevoir l'avis d'intention peut, si elle ne partage pas l'opinion de l'employeur sur les conséquences des changements qu'il projette sur le statut des salariés concernés, demander à la Commission des relations du travail de se prononcer sur cette question, dans les 30 jours qui suivent la réception de l'avis; le cas échéant, l'association de salariés doit transmettre sans délai une copie de sa demande à l'employeur (art. 20.0.1, al. 2 C.t.).

320 – *Statu quo* – Le troisième alinéa de l'article 20.0.1 assure le *statu quo*, du moins temporairement. Il interdit en effet à l'employeur de mettre en application les changements qu'il projette avant la réalisation de l'une ou l'autre des conditions suivantes, selon la première éventualité à survenir:

– l'expiration du délai de 30 jours dont dispose une association pour s'adresser à la Commission des relations du travail, sans que ce droit ait été exercé;

– la conclusion d'une entente, avec toute association de salariés intéressée, quant aux conséquences des changements projetés sur le statut de salariés des personnes concernées;

– la décision de la Commission des relations du travail, quelle que soit sa teneur.

321 – *Décision* – La décision de la Commission des relations du travail doit être rendue dans les 60 jours de la réception de la demande dont elle dispose (art. 20.0.1, al. 4 C.t.)[28]. Cette décision revêtira normalement un caractère essentiellement déclaratoire, mais non moins décisif quant au projet annoncé par l'employeur. Ce dernier pourra, si le changement qu'il projetait ne conduit pas à la conclusion d'un changement du statut de salarié en celui d'entrepreneur non salarié, tirer de la décision rendue des enseignements utiles à la préparation d'un nouveau projet destiné à atteindre le même objectif et qui sera soumis aux mêmes exigences procédurales.

II- LES AUTORITÉS D'APPLICATION

322 – *Administration et adjudication* – L'application du *Code du travail* fait appel à l'intervention, d'une part, d'une autorité administrative (A-) et, d'autre part, à celle de diverses instances ou autorités juridictionnelles pour le règlement des litiges (B-).

A. L'autorité administrative

323 – *Ministre du Travail* – Les articles 10 et 11 de la *Loi sur le ministère du Travail*[29] confient au titulaire de ce ministère la responsabilité du domaine des relations du travail et de l'application des lois qui s'y rapportent. Le *Code du travail* lui-même identifie diverses fonctions de nature administrative qui relèvent du ministre du Travail et, par lui, de son ministère, fonctions destinées à surveiller et à soutenir le régime de rapports collectifs du travail mis en place par le Code.

C'est au ministre du Travail qu'il faut adresser certaines demandes comme celles de la nomination d'un conciliateur ou d'un médiateur pour faciliter la conclusion d'une convention collective, ou encore d'un arbitre de différend pour dénouer une impasse de négociation; le cas échéant, c'est le ministre qui nomme ces intervenants[30]. De même, à défaut d'accord entre les parties, le ministre sera appelé à nommer un arbitre de grief pour trancher tout litige relatif à l'interprétation ou à l'application d'une convention collective[31].

---

28. Ce délai devrait prévaloir sur celui de 90 jours, à compter du début du délibéré, mentionné à l'article 133, al. 3 C.t., dont la seule lecture pourrait laisser croire qu'il serait ici celui qui est applicable.
29. L.R.Q., c. M-32.2.
30. Voir *infra*, Titre II, chapitre 5, nos 543-546, 553-561.
31. Voir *infra*, Titre II, chapitre 8, no 664.

Il revient au ministre du Travail de dresser la liste des personnes qu'il pourra nommer à titre d'arbitre de différend ou de grief (art. 77, 99, 100, al. 2 C.t.).

Le ministre du Travail est le destinataire obligatoire de diverses informations et pré-informations. Il doit être informé du déclenchement de toute grève ou de tout lock-out (art. 58.1 C.t.). Dans les services publics, le ministre doit être préavisé de toute grève, tout comme de la renonciation à y recourir au moment annoncé (art. 111.0.23 et 111.0.23.1 C.t.). Le ministre est également tenu informé du cheminement et de l'aboutissement de tout processus de médiation ou d'arbitrage de différend qu'il a engagé[32]. Dans un autre ordre, il doit être préavisé de la décision d'un commissaire de la Commission des relations du travail de ne pas voir son mandat renouvelé ou de démissionner (art. 137.19 et 137.23 C.t.).

Dans les services publics, c'est au ministre du Travail qu'il appartient de prendre l'initiative de recommander au gouvernement la désignation de ceux qui devront maintenir des services essentiels en cas de grève (art. 111.0.17 C.t.)[33].

L'article 14 de la *Loi sur le ministère du Travail*[34] autorise le ministre à enquêter, par lui-même ou par une personne qu'il désigne, sur toute matière de sa compétence. Des dispositions du *Code du travail* particularisent ce pouvoir d'enquête. Il peut ainsi faire vérifier si les interdictions d'utiliser des briseurs de grève sont respectées (art. 109.4 C.t.). Il peut également demander au Conseil de la justice administrative de faire enquête pour déterminer si un commissaire de la Commission des relations du travail est affecté d'une incapacité permanente qui l'empêche de remplir de manière satisfaisante les devoirs de sa charge (art. 137.25 C.t.) ou si le président ou un vice-président de cette commission devrait être révoqué de sa charge administrative pour un manquement dans l'exercice de ses attributions administratives (art. 137.46 C.t.).

B. Les autorités juridictionnelles

324 – *Généralités* – L'application du *Code du travail* suscite de nombreux litiges juridiques dont la solution requiert l'intervention de diverses instances d'adjudication, de nature civile ou pénale.

---

32. Voir *infra*, Titre II, chapitre 5, n°s 545, 554-561.
33. Voir *infra*, Titre II, chapitre 6, n° 572.
34. Précitée, note 29.

Au niveau civil, la réforme de 2001 a eu pour effet d'abolir le régime à deux paliers que constituaient les commissaires du travail comme forum de première instance et le Tribunal du travail comme juridiction d'appel de leurs décisions finales. Cette réforme les a remplacés par une instance unique d'adjudication sur les litiges civils qui naissent du *Code du travail*, ainsi qu'à l'endroit de divers recours individuels prévus par d'autres lois. Il s'agit de la nouvelle Commission des relations du travail (la «C.R.T.») (art. 1i) C.t.). La réforme laisse par ailleurs intacte la compétence sur-spécialisée qui était déjà dévolue au Conseil des services essentiels. Elle se répercute par contre sur le traitement des poursuites pénales.

1. La Commission des relations du travail

a) Le statut de la C.R.T.

325 – *Institution et immunités* – La Commission des relations du travail est instituée par le nouvel article 112 C.t. Elle peut être décrite assez simplement comme un tribunal spécialisé exerçant une compétence civile d'attribution qui lui est dévolue à la fois par le *Code du travail* lui-même et par d'autres lois.

À la différence du bureau du commissaire général du travail, qu'elle remplace aussi et qui relevait du ministère du Travail, la C.R.T. est une entité juridiquement distincte du ministère et autonome. Son siège est situé dans la Ville de Québec; elle doit aussi y tenir un bureau ainsi que sur le territoire de la Ville de Montréal (art. 113 C.t.).

La Commission, ses commissaires et les membres de son personnel bénéficient d'une immunité générale contre toute poursuite en justice qui résulterait d'un acte accompli de bonne foi dans l'exercice de leurs fonctions (art. 137.52 C.t.). La C.R.T., ses commissaires et les membres de son personnel qui font enquête disposent en outre de l'immunité spéciale des commissaires nommés en vertu de la *Loi sur les commissions d'enquête*[35] (art. 120 et 137.48c) C.t.).

b) La composition de la C.R.T.

326 – *Direction et membres* – Selon l'article 115 C.t., la «Commission est composée d'un président, de deux vice-présidents, de commissaires, ainsi que des membres de son personnel chargés de

---

35. L.R.Q., c. C-37.

rendre des décisions en son nom». Dans le dernier cas, il s'agit en fait des agents de relations du travail, qui sont habilités à rendre certaines décisions à l'égard des demandes d'accréditation.

i) Le président et les deux vice-présidents

327 – *Généralités* – Ces personnes sont nommées par le gouvernement, après consultation des associations syndicales et d'employeurs les plus représentatives (art. 137.40 C.t.). Elles deviennent par le fait même commissaires de la Commission avec charge administrative, et doivent donc remplir les exigences de connaissances et d'expérience énoncées à l'article 137.12 du Code. Leur mandat est d'une durée maximale de cinq ans et il est renouvelable (art. 137.41 C.t.). Par exception et en raison du travail requis pour l'implantation de la C.R.T., le gouvernement a été autorisé à prolonger, lors de sa nomination, la durée du premier mandat du premier président. Le président et les vice-présidents doivent exercer leurs fonctions à temps plein (art. 137.43 C.t.).

328 – *Responsabilités administratives du président* – Le président est responsable de l'administration et de la direction générale de la C.R.T. (art.137.47 C.t.). L'article 137.38 C.t. le charge d'édicter des règles de régie interne pour la conduite des affaires administratives de la Commission, après consultation des vice-présidents et en vue de leur approbation par le gouvernement[36]. Il doit conseiller le gouvernement sur l'adoption d'un code de déontologie applicable aux commissaires (art. 137.33 C.t.). Il lui appartient personnellement, selon l'article 137.48, de nommer des agents de relations du travail chargés d'exercer les diverses fonctions qui y sont prévues, dont celles d'enquête, ou d'autres qu'il peut leur confier. C'est aussi le président qui répartit les affaires entre les commissaires et qui détermine celles qui seront décidées par une formation de trois commissaires plutôt que par un seul d'entre eux (art. 124, 137.47, al. 2, 4º, 137.49 C.t.). Il peut autoriser la jonction de plusieurs affaires pour leur traitement (art. 131 C.t.). Il reçoit et tranche les demandes de récusation qui peuvent viser un commissaire (art. 137.10 C.t.). Le président a également autorité pour prolonger le délai dans lequel une décision doit être rendue par la C.R.T. (art. 133, al. 4 C.t.) ou pour dessaisir un commissaire d'une affaire dans laquelle sa décision n'a pas été rendue dans le délai imparti (art. 125 C.t.).

---

36. *Règles de régie interne de la Commission des relations du travail*, (2002) 134 G.O. II, 8047.

329 – *Responsabilité qualitative* – Dans un ordre de préoccupation de politique juridique, le président se voit expressément confier la mission de favoriser la participation des commissaires à l'élaboration d'orientations générales en vue de «maintenir un niveau élevé de qualité et de cohérence des décisions» de la Commission des relations du travail (art. 137.47, al. 2 3 C.t.).

L'objectif de cohérence de ses décisions est d'autant plus crucial pour la crédibilité d'un tribunal spécialisé comme la C.R.T. que l'existence et la subsistance d'opinions contradictoires en son sein ne suffit pas à justifier l'intervention des tribunaux supérieurs pour y mettre fin par révision judiciaire[37].

La cohérence souhaitable peut être atteinte notamment en recourant à la consultation institutionnelle entre les membres du tribunal spécialisé. La Cour suprême en a reconnu la légitimité, à certaines conditions[38]. Ces conditions sont les suivantes: (1) la consultation ne peut être imposée d'autorité; (2) elle doit porter sur des questions de principe ou de droit; (3) les décideurs doivent rester maîtres des décisions qu'ils ont à rendre[39]. Dans ce cadre, la consultation institutionnelle légitime emporte néanmoins une conséquence au niveau du droit des parties d'être entendues (*audi alteram partem*). Le décideur qui a entendu une affaire et qui s'oriente vers une détermination motivée par une considération nouvelle qui n'a pas été abordée par les parties devrait en aviser ces dernières en leur offrant l'occasion de lui soumettre leurs représentations[40].

330 – *Vice-présidents* – Les vice-présidents exercent les attributions qui peuvent leur être dévolues ou déléguées par le président, sous l'autorité de ce dernier lorsqu'il s'agit de fonctions administratives; ils conseillent et assistent en outre le président dans l'exercice de ses propres fonctions (art. 137.51 C.t.). L'un d'entre eux est désigné par le ministre du Travail pour assurer la suppléance, lorsqu'il y a lieu, du président ou de l'autre vice-président (art. 137.44 C.t.).

---

37. *Domtar inc.* c. *Québec (Commission d'appel en matière de lésions profession-nelles)*, [1993] 2 R.C.S. 756.
38. *Ellis-Don Ltd.* c. *Ontario (Commission des relations du travail)*, [2001] 1 R.C.S. 221; *Tremblay* c. *Québec (Commission des affaires sociales)*, [1992] 1 R.C.S. 952; *S.I.T.B.A.* c. *Consolidated-Bathurst Packaging Ltd.*, [1990] 1 R.C.S. 282.
39. *Ellis-Don Ltd.* c. *Ontario (Commission des relations du travail)*, *ibid.*, par. 26-31.
40. *Ibid.*, par. 32-34.

ii) Les commissaires

331 – *Nomination et responsabilités* – Les commissaires sont des membres de la C.R.T. et rendent des décisions en son nom (art. 115 C.t.). Ils sont nommés par le gouvernement, après consultation des associations de travailleurs et des associations d'employeurs les plus représentatives (art. 137.11 C.t.). Pour être nommée commissaire, une personne doit posséder à la fois une connaissance jugée suffisante de la législation applicable et dix années d'expérience pertinente dans les matières qui relèvent de la compétence de la commission (art. 137.12 C.t.). Sur cette base, la personne candidate doit en outre avoir été déclarée apte conformément aux articles 137.13 à 137.16[41].

Sous réserve de certaines exceptions, le mandat d'un commissaire est de cinq ans et il est renouvelable pour la même durée (art. 137.17-137.22 C.t.). Le gouvernement peut destituer ou démettre autrement un commissaire pour l'un ou l'autre des motifs prévus aux articles 137.24 ou 137.25 du Code.

Les commissaires sont tenus à des obligations déontologiques et d'impartialité posées par le *Code du travail* lui-même ou par le Code de déontologie qu'il habilite le gouvernement à adopter (art. 137.32 à 137.37 C.t.). Leur rémunération et leurs autres conditions de travail sont déterminées conformément aux articles 137.27 à 137.31 C.t.

iii) Les agents de relations du travail

332 – *Fonctions* – En termes simples, on peut dire que les agents de relations du travail succèdent, dans le cadre et aux fins du processus d'accréditation, aux agents d'accréditation. Ils sont ainsi chargés de tenter d'amener les parties à s'entendre, sur la description de l'unité de négociation ou sur les personnes visées et de s'assurer du caractère représentatif de toute association de salariés en cause, ou de son droit à l'accréditation au regard des dispositions pertinentes du *Code du travail*. Ils peuvent en outre, à la demande du président de la C.R.T. et même de leur propre initiative dans les affaires dont ils sont saisis, effectuer une enquête sur une contravention appréhendée à l'article 12 du Code, ou encore un sondage ou une recherche sur

---

41. *Règlement sur la procédure de recrutement et de sélection des personnes aptes à être nommées commissaires à la Commission des relations du travail*, (2002) 134 *G.O.* II, 2969.

toute question relative à l'accréditation et à la protection ou à l'exercice du droit d'association (art. 137.48, al.1 C.t.). Le cas échéant, leur rapport est versé au dossier de l'affaire et transmis aux parties intéressées (art. 28-30, 35 C.t.). Le président de la Commission peut enfin confier aux agents de relations du travail toute autre fonction (art. 137.48, al. 2 C.t.).

333 – *Statut* – Le statut des agents de relations du travail se présente comme une réalité quelque peu hybride. D'une part, dans la mesure où ils rendent des décisions au nom de la C.R.T., l'article 112 du *Code du travail* les identifie à la Commission elle-même, au même titre que son président, ses vice-présidents et ses commissaires. D'autre part, au regard de leurs autres fonctions et de diverses dispositions du Code, ils sont plutôt assimilés au personnel de la Commission et, conséquemment, ils sont nommés et rémunérés suivant la *Loi sur la fonction publique*[42] (art. 137.47, 137.52, 137.54 C.t.). Rappelons enfin que les agents de relations du travail (et les enquêteurs) sont exclus de la définition des salariés syndicables en vertu du *Code du travail* (art. 1l), 7o C.t.).

iv) Les membres du personnel

334 – Fonctions et statut – Outre les agents de relations du travail dont il vient d'être question, la C.R.T. dispose d'un personnel à des fins spécifiques d'enquête ou de conciliation dans les litiges (art. 121 C.t.) et pour son administration en général. Ce personnel est nommé et rémunéré suivant la *Loi sur la fonction publique*[43] (art. 137.54 C.t.).

c) *Le rôle et la compétence de la C.R.T.*

i) Le Code du travail

335 – *Compétence civile intégrée et exclusive* – À la différence des commissaires du travail et du Tribunal du travail qu'elle remplace et qui ne disposaient à l'endroit du *Code du travail* que d'une compétence qui leur était attribuée en quelque sorte à la pièce, c'est-à-dire par recours, demande ou matière, la nouvelle Commission des relations du travail se voit confier globalement la responsabilité d'assurer l'application diligente et efficace de l'ensemble

---

42. Précitée, note 25.
43. *Ibid.*

du Code (art. 114, al. 1 C.t.). Elle est en conséquence investie d'une compétence civile générale à l'égard de toute plainte alléguant une contravention au *Code du travail*, de tout recours formé en application de ses dispositions et de toute demande qui lui est faite conformément au Code, sauf à l'égard des conflits dans les services publics et dans les secteurs public et parapublic; le cas échéant, la compétence de la C.R.T. lui est exclusive (art. 114, al. 2 C.t.).

Ce changement radical d'approche dans la définition de la compétence civile de la C.R.T. emporte des conséquences pratiques considérables, probablement les plus significatives avec celles découlant de ses pouvoirs d'ordonnance et de réparation, comme résultat de la réforme. Ce changement élargit matériellement l'aire d'intervention du forum spécialisé qu'est la C.R.T., dans des situations qui lui auraient autrement échappé sous le régime juridictionnel antérieur. Il en est ainsi, par exemple, des grèves, des ralentissements de travail ou des lock-out qui contreviennent au Code, tout comme de l'utilisation de briseurs de grève en contravention de son article 109.1. C'est aussi le cas à l'égard d'un manquement par l'association accréditée à son obligation de représentation, à une occasion autre que celle de l'imposition d'une mesure disciplinaire à un salarié ou de son renvoi (art. 116, al. 2 C.t.), tout comme d'une ingérence illégitime de l'employeur dans les affaires d'un syndicat (art. 12, al. 1 C.t.) ou du défaut d'une partie de négocier une convention collective avec diligence et bonne foi (art. 53, al. 2 C.t.).

La réforme n'a laissé aux tribunaux ordinaires, somme toute, qu'une compétence résiduelle dans l'application du *Code du travail*. Cette compétence d'exception pourrait se justifier par les pouvoirs propres à ces tribunaux, comme celui de prononcer la nullité d'une loi ou d'un autre instrument juridique. Compte tenu des larges pouvoirs d'intervention et de redressement dont la C.R.T. est elle-même investie, notamment par les articles 118 et 119 du Code, les occasions d'intervention des tribunaux deviendront vraisemblablement rarissimes. La C.R.T. devra cependant prendre en compte sa cohabitation, dans la maison des rapports collectifs du travail, avec cet autre occupant décisionnel important qu'est l'arbitre de griefs. Le législateur l'a déjà fait lorsqu'il a rédigé l'alinéa 118, 2º C.t. qui permet à la C.R.T. de refuser de statuer sur le mérite d'une plainte lorsqu'elle estime que celle-ci peut être réglée par une sentence arbitrale de grief, reconnaissant ainsi implicitement l'exclusivité et la préséance de la compétence de l'arbitre, en conformité avec la jurisprudence des tribunaux supérieurs[44].

---

44. Voir *infra*, nº 341.

À un autre niveau, l'exclusivité de la compétence de la C.R.T. (art. 114 C.t.), le caractère final et sans appel de ses décisions (art. 134 C.t.) et les clauses privatives explicites et complètes qui les protègent (art. 139-140 C.t.) lui assureront, sauf sur une question de compétence, le plus haut niveau de retenue de la part des tribunaux supérieurs en cas de demande de contrôle judiciaire. La Cour suprême ne laisse pas de doute à ce sujet:

> Le Code contient des clauses privatives générales intégrales, indiquant clairement l'intention du législateur de laisser aux instances administratives le soin de trancher de façon définitive tous les litiges reliés au Code.[45]

ii) Les autres lois

336 – *Recours individuels* – La réforme a réuni sous la compétence unique, exclusive et finale de la C.R.T. l'exercice des recours à caractère individuel formés en vertu de quelque 25 lois (art. 114, al. 2 et Annexe I C.t.)[46].

Les plus fréquemment utilisés de ces recours sont ceux prévus à la *Loi sur les normes du travail*[47], plus précisément à ses articles 123 (pratiques interdites), 123.1 (mise à la retraite) et 126 (congédiement sans cause juste et suffisante).

337 – *Compétences diverses* – En vertu de l'article 60 du *Code de procédure civile*[48], c'est à la Commission des relations du travail qu'il revient d'attester qu'un syndicat qui n'est pas constitué en personne morale est une association de salariés au sens du *Code du travail*, ce qui lui permettra d'agir en justice en demande.

La *Loi sur la fonction publique*[49] donne pour sa part compétence à la C.R.T. pour révoquer toute accréditation en vigueur dans la fonction publique et en accorder une nouvelle et pour décider de l'inclusion effective d'un fonctionnaire dans un groupe visé par une accréditation[50].

---

45. *Ivanhoe Inc.* c. *TUAC, section locale 500*, [2001] 2 R.C.S. 566, 2001 CSC 47, par. 25; voir aussi le par. 32. Voir *infra*, n° 359.
46. Quant à l'objet spécifique de certains de ces recours, voir *supra*, Titre I, chapitre 1, n° 166.
47. L.R.Q., c. N-1.1.
48. L.R.Q., c. C-25.
49. Précitée, note 25.
50. *Ibid.*, art. 65 à 67.

En vertu de la *Loi sur l'équité salariale*[51], la Commission des relations du travail a compétence pour entendre et disposer de toute demande qui lui est adressée relativement à l'application de cette loi[52]. Sont visés ici en particulier les constats par la Commission de l'équité salariale qu'une disposition de la Loi n'a pas été respectée[53] ainsi que la contestation de la détermination ou de l'application des mesures d'équité salariale qui ont été arrêtées par la Commission de l'équité salariale[54].

La C.R.T. est enfin habilitée par la *Loi sur les relations du travail, la formation professionnelle et la gestion de la main-d'œuvre dans l'industrie de la construction*[55] à prononcer les ordonnances envisagées à ses articles 74, 75 et 105 pour qu'une sentence arbitrale soit rendue, déposée ou transmise aux parties de la manière prévue par la Loi. Elle décide aussi des contestations des décisions du président de la Commission de la construction du Québec sur une question d'admissibilité ou de montant d'une prestation découlant des régimes complémentaires d'avantages sociaux dans l'industrie de la construction[56].

d) Les pouvoirs de la C.R.T.

i) Le pouvoir d'enquête

338 – *Nature et exercice* – La C.R.T. dispose d'importants pouvoirs d'enquête. À cette fin, elle-même et ses commissaires sont investis des pouvoirs et de l'immunité des commissaires nommés en vertu de la *Loi sur les commissions d'enquête*[57] sauf du pouvoir d'ordonner l'emprisonnement (art. 120 C.t.)[58]. Ils sont aussi tenus indemnes pour tout acte posé de bonne foi à cette occasion (art. 137.52 C.t.).

En pratique, les pouvoirs d'enquête de la C.R.T. sont le plus souvent exercés en son nom par les agents de relations du travail. Un agent de relations du travail peut en effet, à la demande du président

---

51. L.R.Q., c. E-12.001.
52. *Ibid.*, art. 112.
53. *Ibid.*, art. 106.
54. *Ibid.*, art. 104 et 105.
55. L.R.Q., c. R-20.
56. *Ibid.*, art. 93.
57. Précitée, note 35.
58. Une déclaration de culpabilité d'outrage au tribunal pourrait donner lieu à un appel devant la Cour d'appel selon le paragraphe 3 de l'article 26 du *Code de procédure civile*. Voir *Bédard* c. *Dufault*, [1994] T.T. 243.

de la C.R.T. ou de sa propre initiative dans une affaire qui lui a été confiée, effectuer une enquête sur une contravention appréhendée à l'article 12 du Code, ou encore un sondage ou une recherche sur toute question relative à l'accréditation ou à l'exercice du droit d'association (art. 137.48, al. 1, c) C.t.).

Lorsqu'il y a eu enquête de la C.R.T., le rapport d'enquête est versé au dossier de l'affaire et une copie doit en être transmise à toutes les parties intéressées; le président et les vice-présidents ne peuvent alors ni entendre ni décider seuls de cette affaire (art. 137.5 C.t.).

En matière d'accréditation, la C.R.T. est tenue d'exercer son pouvoir d'enquête pour décider du caractère représentatif de l'association requérante, par tout moyen qu'elle juge opportun (art. 32, al. 3 C.t.)[59].

ii) Le pouvoir de conciliation

339 – *Conditions et conséquences* – Les nouveaux articles 121 à 123 C.t. prévoient la possibilité d'une conciliation pré-décisionnelle volontaire de la part des parties à une affaire, avec la collaboration de la Commission, en vue d'éviter la nécessité d'une adjudication. Les articles 122 et 137.53 C.t. garantissent la confidentialité de ce qui a été dit, écrit ou appris en conciliation.

Le cas échéant, tout accord est constaté par écrit; il est signé par le conciliateur et par les parties et lie ces dernières (art. 123, al. 1 C.t.). À la demande de l'une ou l'autre des parties, l'accord peut être soumis à l'approbation de la C.R.T.; cette dernière l'approuvera, s'il est conforme à la Loi (art. 118, 7° et 123, al. 2 C.t.). À défaut que l'accord soit soumis à l'approbation de la Commission dans les six mois suivant la date à laquelle il a été conclu, il met alors fin à l'affaire devant la C.R.T. (art. 123, al. 3 C.t.). Il ne s'ensuit toutefois pas pour autant que l'accord devienne caduc ou inexécutoire. Il demeure en principe et par nature une transaction au sens du *Code civil du Québec* (art. 2631 et s. C.c.Q.).

iii) Le pouvoir de décision

340 – *Décideurs* – Le pouvoir décisionnel de la C.R.T. est exercé en son nom soit par ses agents de relations du travail, soit par ses commissaires agissant seuls ou en formation de trois (art. 115 et 124

---

59. Voir *infra*, Titre II, chapitre 3, n°s 439-455, 459, 464-466.

C.t.). Les décisions rendues par les agents de relations du travail sont celles par lesquelles ils octroient une accréditation, ou s'en abstiennent, en application des articles 28 à 30 du *Code du travail*. Quant aux commissaires, leur assignation aux affaires dont est saisie la Commission relève de son président (art. 137.47, 4° C.t.). Il en est de même du choix de recourir à une formation de trois commissaires; une telle formation doit compter au moins un commissaire qui est avocat ou notaire et qui la présidera (art. 124, al. 2 C.t.). La décision est alors rendue à la majorité (art. 124, al. 3 C.t.). L'article 137.49 du Code permet au président de la C.R.T. de tenir compte des connaissances et de l'expérience spécifique des commissaires en leur assignant les affaires.

341 – *Types de décisions* – Diverses dispositions du *Code du travail* définissent la nature des décisions que la C.R.T. peut prendre relativement à un recours ou un litige particulier auquel ces dispositions se rattachent. Les articles 118 et 119 C.t. sont quant à eux de portée générale en ce que leur rédaction les adresse à toute plainte, toute demande et tout recours dont la C.R.T. peut être saisie. Il y a lieu de nous arrêter d'abord aux seules décisions qui n'emportent pas en elles-mêmes une intervention de la C.R.T. Cette dernière peut ainsi:

– rejeter sommairement toute demande, plainte ou procédure qu'elle juge abusive ou dilatoire (art. 118, 1° C.t.);

– refuser de statuer sur le mérite d'une plainte lorsqu'elle estime que celle-ci peut être réglée par une sentence arbitrale disposant d'un grief, sauf s'il s'agit d'une plainte visée à l'article 16 du Code ou aux articles 123 et 123.1 de la *Loi sur les normes du travail* ou d'une plainte logée en vertu d'une autre loi (art. 118, 2° C.t.). Le Code rend compte ici de l'existence et de l'exclusivité de la compétence arbitrale. S'il ne le faisait pas, cette dernière s'imposerait néanmoins selon la jurisprudence des tribunaux supérieurs et exclurait du même coup l'intervention de la C.R.T.[60] En somme, le «peut» introductif de l'article 118 C.t. devient ici un «doit»;

– décider de toute question de droit ou de fait nécessaire à l'exercice de sa compétence (art. 118, 4° C.t.). Comme l'ensemble de l'article 118 C.t. le révèle, c'est là un pouvoir de la C.R.T. plutôt qu'une source indépendante et additionnelle de compétence pour elle. Son utilisation, comme disposition de service, présuppose que la C.R.T. agisse déjà à l'intérieur de sa compétence;

---

60. Voir *infra*, Titre II, chapitre 8, n°s 659-661.

– entériner un accord de conciliation, s'il est conforme à la Loi (art. 118, 7º C.t.)[61].

iv) Les pouvoirs d'ordonnance et de réparation

342 – *Généralités* – Les articles 118 et 119 C.t., qu'il faut lire ensemble, dotent la Commission des relations du travail de pouvoirs généraux d'intervention par ordonnance et de réparation qui y sont définis en termes très larges.

De l'article 118, il faut retenir ici que son alinéa 3º autorise la C.R.T. à «rendre toute ordonnance, y compris une ordonnance provisoire, qu'elle estime propre à sauvegarder les droits des parties», et que son alinéa 6º lui permet de «rendre toute décision qu'elle juge appropriée». L'octroi d'une ordonnance de sauvegarde provisoire devrait répondre aux mêmes conditions de principe que celles qui gouvernent l'injonction interlocutoire: clarté ou au moins apparence du droit; urgence; risque de préjudice sérieux et irréparable. La nécessité, voire la possibilité, de s'adresser aux tribunaux ordinaires aux mêmes fins s'en trouve réduite d'autant.

L'article 119 du Code cible au premier chef les situations de conflits de travail (sauf dans les services publics ou dans les secteurs public et parapublic). Son utilisation ne se limite toutefois pas à ces situations. Les alinéas 2º et 3º de l'article 119 permettent respectivement à la C.R.T. d'exiger la réparation d'un acte ou d'une omission ayant contrevenu à une disposition du Code et de choisir le mode de réparation qu'elle juge le plus approprié. La Commission peut aussi ordonner à une personne, à un groupe de personnes, à une association ou un groupe d'associations de cesser de faire, de ne pas faire ou d'accomplir un acte pour se conformer au Code (art. 119, 1º C.t.); une semblable ordonnance peut même viser une situation appréhendée s'il s'agit d'une grève, d'un ralentissement d'activités ou d'un lock-out qui contreviendrait au Code (art. 119, 4º C.t.). La C.R.T. peut enfin ordonner que soit accélérée ou modifiée la procédure de grief et d'arbitrage prévue à une convention collective (art. 119, 5º C.t.). Elle pourrait recourir à cette solution, par exemple, lorsqu'une détermination arbitrale préalable lui apparaît nécessaire pour décider d'une question qui relève de sa propre compétence ou pour la mise en œuvre d'un mécanisme ou d'une procédure que prévoit le Code.

---

61. Voir *supra*, nº 339.

En somme, les articles 118 et 119 C.t. peuvent fonder tout autant des ordonnances de la nature d'une injonction que la condamnation à des dommages-intérêts ou l'imposition d'un autre mode de réparation comme sanction d'une contravention au *Code du travail*.

343 – *Latitude de la C.R.T.* – La rédaction des articles 118 et 119 C.t. laisse une large latitude à la C.R.T. dans le choix d'une mesure d'intervention par ordonnance ou d'un mode de réparation *a posteriori*. Ce qu'écrivait la Cour suprême il y a quelques années à propos de l'ancien Conseil canadien des relations du travail et d'autres conseils semblables vaut maintenant pleinement à l'endroit de la Commission des relations du travail:

> Il ressort du texte de la loi que le législateur a clairement conféré au Conseil canadien des relations du travail de vastes attributions en matière de réparation. Le libellé du par. 99(2) n'apporte pas de limitations précises à la compétence du Conseil. En fait, le Conseil peut, afin d'assurer la réalisation des objectifs du Code, rendre toute ordonnance qu'il est «juste» de rendre obligeant une partie à prendre des mesures. À mon avis, le législateur a agi ainsi pour donner au Conseil toute latitude pour tenir compte des circonstances toujours différentes des litiges très variés dans le domaine délicat des relations du travail.[62]

> [...]

> Les conseils des relations du travail ont beaucoup de compétences et d'expérience dans un domaine dynamique, complexe et délicat. Les cours de justice ne disposent généralement pas d'autant de compétences et d'expérience dans ce champ d'activités difficile et en perpétuelle mutation.[63]

> [...]

> [...], la réparation est une question qui relève directement de la compétence spécialisée des conseils des relations du travail. Peut-être plus que toutes les autres fonctions, la recherche de la réparation convenable fait appel aux connaissances spécialisées et à la vaste expérience de ces conseils. Aucun autre organisme n'a les compétences et l'expérience requises en relations du travail pour trouver une solution juste et pratique qui permette aux parties de régler définitivement leur différend. Les ordonnances réparatrices représentent une partie importante des attributions du Conseil.[64]

---

62. *Royal Oak Mines Inc.* c. *Canada (Conseil des relations du travail)*, [1996] 1 R.C.S. 369, 402 (j. Cory).
63. *Ibid.*, p. 403.
64. *Ibid.*, p. 404.

344 – *Limites* – Toute grande qu'elle soit, la discrétion de la C.R.T. dans le choix d'une ordonnance ou d'une réparation n'est pas illimitée. La Cour suprême a posé quatre bornes qui délimitent l'espace de légalité d'une ordonnance ou d'une mesure réparatrice:

> Il existe quatre cas dans lesquels une ordonnance réparatrice sera tenue pour manifestement déraisonnable: (1) lorsque la réparation est de nature punitive; (2) lorsque la réparation accordée porte atteinte à la *Charte canadienne des droits et libertés*; (3) lorsqu'il n'y a pas de lien rationnel entre la violation, ses conséquences et la réparation; et (4) lorsque la réparation va à l'encontre des objectifs du Code.[65]

Le choix d'une mesure de réparation par la C.R.T. devrait aussi considérer que certaines dispositions du Code prévoient des redressements propres aux recours auxquels elles se rattachent. Il en est ainsi de l'article 15 C.t., en cas de représailles de l'employeur à la suite de l'exercice par un salarié d'un droit qui lui résulte du *Code du travail*, ou de l'article 47.5 qui répond à un défaut de représentation de l'association accréditée à l'occasion de l'imposition d'une sanction disciplinaire à un salarié ou de son renvoi. La destination spécifique de ces redressements limite d'autant leur applicabilité et devrait conduire la C.R.T. à refuser de les appliquer dans d'autres situations que celles auxquelles ils s'adressent. Les pouvoirs généraux de la C.R.T., comme celui de rendre toute décision qu'elle juge appropriée, ne suffisent pas à justifier qu'elle agisse autrement.

v)   Le pouvoir de révision ou de révocation

345 – *Objet et demande* – L'article 127 C.t. permet à la C.R.T. de réviser ou de révoquer une décision, un ordre ou une ordonnance qu'elle a rendu. Les décisions rendues au nom de la C.R.T. par les agents de relations du travail en matière d'accréditation peuvent faire l'objet d'une telle révision ou révocation[66].

La révision ou la révocation d'une décision ne peut survenir qu'à la suite d'une demande d'une partie ou de quiconque aurait dû l'être compte tenu de la nature de l'affaire et de ses droits substantiels dans cette dernière. La demande de révision ou de révocation est formée

---

65.   *Ibid.*, p. 409. Sur les limites résultant des droits garantis par les chartes ainsi que de l'exigence d'un lien rationnel entre la contravention et ses conséquences d'une part et la réparation d'autre part, voir également *Banque Nationale du Canada* c. *Union internationale des employés de commerce*, [1984] 1 R.C.S. 269.

66.   Voir et transposer: *Union des employés de commerce, local 500* c. *Conseil des employés de commerce du Québec*, [1973] T.T. 385.

par requête déposée à l'un des bureaux de la Commission dans un délai raisonnable à partir ou bien de la décision visée, ou bien de la connaissance du fait nouveau qui justifierait une décision différente; cette requête identifie la décision visée, expose les motifs qui la soutiennent et fournit tout autre renseignement qui peut être exigé par les règles de preuve et de procédure (art. 128, al. 1 C.t.). La notion de délai raisonnable devrait s'apprécier dans chaque cas en considérant toutes les circonstances et tous les facteurs pertinents à l'affaire[67].

346 – *Motifs* – Les motifs de révision ou de révocation sont limités et expressément identifiés à l'article 127 C.t.:

1o lorsqu'est découvert un fait nouveau qui, s'il avait été connu en temps utile, aurait pu justifier une décision différente;

2o lorsqu'une partie intéressée n'a pu, pour des raisons jugées suffisantes, présenter ses observations ou se faire entendre;

3o lorsqu'un vice de fond ou de procédure est de nature à l'invalider.

La rédaction de cet article est semblable à celle de dispositions équivalentes qu'on retrouve dans des lois récentes régissant des tribunaux administratifs[68]. Les motifs énoncés à l'article 127 C.t. sont attributifs de compétence[69]. Les premier et deuxième motifs n'appellent pas de commentaires particuliers. Le troisième motif est de la nature et de la gravité de ceux qui justifieraient une révision judiciaire de la décision rendue: absence de compétence initiale, excès de pouvoir, manquement à une règle de justice fondamentale, détermination manifestement déraisonnable, notamment[70]. Remarquons que selon la jurisprudence l'existence d'un recours en révision ou en révocation n'impose pas qu'on doive l'utiliser avant de se pourvoir en révision judiciaire, s'il y a lieu.

347 – *Traitement et décision* – Sur réception d'une requête en révision ou en révocation, la C.R.T. en transmet copie aux autres

---

67. Voir *infra*, no 350.
68. Exemples: *Loi sur la justice administrative*, L.R.Q., c. J-3, art. 154; *Loi sur les accidents du travail et les maladies professionnelles*, L.R.Q., c. A-3.001, art. 429.56.
69. Voir et transposer: *Épiciers Unis Métro-Richelieu Inc.* c. *Régie des Alcools, des courses et des jeux*, [1996] R.J.Q. 608 (C.A.), 612-613.
70. *Ibid.*, p. 613-614.

parties, qui peuvent y répondre par écrit dans les trente jours de la réception de cette copie (art. 128, al. 2 C.t.). Elle procède alors sur dossier, à moins qu'une partie demande d'être entendue ou qu'elle juge elle-même approprié d'entendre les intéressés (art. 128, al. 3 C.t.). Lorsque la demande de révision allègue un vice de fond ou de procédure de nature à invalider la décision déjà rendue, elle ne peut être décidée que par une formation de trois commissaires excluant celui qui a rendu la décision contestée (art. 127, al. 2 C.t.). En rendant sa décision, la C.R.T. peut confirmer, modifier ou infirmer la décision contestée et rendre celle qui, à son avis, aurait dû être rendue en premier lieu (art. 118, 5o C.t.).

vi) Les pouvoirs discrétionnaires

348 – *Pouvoirs administratifs ou judiciaires* – Ces pouvoirs se rattachent soit à une discrétion judiciaire soit à une discrétion de nature administrative. Par exemple, le choix d'un mode de redressement ou de réparation, dans les limites de la Loi, relève de la première catégorie. Il en est de même du pouvoir de la C.R.T. de fixer, au cas par cas, les règles selon lesquelles sera tenu un scrutin parmi un groupe de salariés pour accepter ou refuser les dernières offres faites par l'employeur dans le cadre d'une négociation collective (art. 58.2 C.t.), ou celles qui régiront l'intégration des salariés à une liste d'ancienneté fusionnée par suite d'une transmission d'entreprise (art. 46, al. 4 C.t.). Quant à sa discrétion de nature administrative, il y a lieu de signaler en particulier que la Commission dispose d'un pouvoir de réglementation, à la majorité de ses commissaires, qui lui permet d'édicter des règles de preuve et de procédure précisant les modalités d'application de celles établies par la Loi, ainsi que des règles concernant le mode de transmission et l'endroit du dépôt de tout document à la C.R.T.; ces règlements, le cas échéant, sont soumis à l'approbation du gouvernement (art. 138, al. 2 et 3 C.t.).

e)   Le processus décisionnel

i)   L'introduction de la demande

349 – *Dépôt* – Toute demande adressée à la C.R.T. est introduite par son dépôt, en temps utile, à l'un des bureaux de la Commission, à Québec ou à Montréal (art. 112 et 130, al. 1 C.t.). Dans le cas d'une requête d'une association, le Code lui-même ou un règlement du gouvernement peut exiger qu'elle fournisse certaines informations ou soit accompagnée de certains documents (art. 25, al. 2 et 138, al. 1e) C.t.).

Sauf pour les fins d'application de la règle du premier dépôt à l'occasion d'une requête en accréditation (art. 27.1 C.t.), une demande est réputée avoir été déposée à la C.R.T. le jour de sa mise à la poste par courrier recommandé ou certifié (art. 27.1 et 130, al. 2 C.t.). Une demande peut aussi être produite par tout autre mode de transmission déterminé par un règlement de la Commission soumis à l'approbation du gouvernement (art. 130, al. 2 et 138, al. 3 C.t.). Et la télécopie? La jurisprudence antérieure à la réforme du *Code du travail* reconnaissait dans sa réception un dépôt valide de la demande en cause[71]. Il est improbable que le législateur ait voulu remettre en question la validité de cette forme de dépôt en la subordonnant à une autorisation réglementaire. Cette dernière exigence paraît plutôt limitée à l'utilisation de nouveaux modes de communication apportés par le développement technologique.

350 – *Délais* – Les délais applicables à la soumission des demandes demeurent multiples et disséminés dans les dispositions du Code qui traitent de la matière particulière qui donne lieu à une demande, à une plainte ou à un recours. Il est regrettable à cet égard que la réforme de 2001 n'ait aucunement simplifié la gestion des délais de prescription, d'autant plus qu'elle a laissé des vides à ce niveau. On ne trouve en effet aucune disposition d'application générale et supplétive, sous une forme ou sous une autre, en matière de prescription. C'est ainsi en vain qu'on chercherait une règle ou un délai prédéterminé qui soit applicable à l'exercice, notamment, d'un recours consécutif à une ingérence illégitime de l'employeur dans les affaires syndicales (art. 12 C.t.), au défaut d'une partie de négocier une convention collective avec diligence et bonne foi (art. 53, al. 2 C.t.), au défaut de l'employeur de retenir sur le salaire de tout salarié la cotisation syndicale, ou son équivalent, et de remettre le montant ainsi prélevé à l'association accréditée (art. 47 C.t.), à une réclamation à la suite d'une grève, d'un ralentissement de travail, d'un lock-out ou de l'utilisation de briseurs de grève en contravention du Code (art. 105 à 109.1 C.t.), ou encore à toute demande en vertu de l'article 39 C.t.

Dans tous les cas où le *Code du travail* ne fixe pas de délai à l'exercice d'un recours, la conclusion qui s'impose est que ce recours devra être entrepris dans un délai raisonnable. Il faut rappeler ici les

---

71. *Caisse populaire Ste-Agathe-des-Monts* c. *Association des travailleurs et travailleuses de l'industrie et du commerce, local 614 (A.T.T.I.C.)*, [1990] T.T. 187 – requête en accréditation; *Syndicat des travailleuses et travailleurs de Zeller's (C.S.N.)* c. *Zeller's Inc.*, [2000] R.J.D.T. 987 (T.T.), confirmé par *Zeller's Inc.* c. *Lesage*, D.T.E 2001T-213 (C.S.) – déclaration d'appel.

propos que tenait le juge LeBel, alors à la Cour d'appel, dans l'arrêt *Ville de Saint-Hubert*:

> Le *Code du travail* ne comporte certes aucun délai précis d'exercice du recours prévu à l'article 45. Celui-ci s'insère cependant dans un système législatif où le législateur indique une volonté claire que l'ensemble des droits découlant soit du Code lui-même, soit des actes passés sous son application, comme les conventions collectives, s'exercent dans des temps précis ou des courts délais.

> [...]

> L'économie du *Code du travail* s'accommode mal des longs délais. Elle recherche plutôt la promptitude fixant dans le temps les droits des parties et qu'évoluent les relations qui s'articulent à partir de celles-ci. Il est incompatible avec la politique juridique qu'exprime l'ensemble de ces dispositions que le syndicat accrédité n'ait pas l'obligation implicite d'exercer avec diligence, même avec rapidité, le recours en vertu de l'article 45 C.tr. Il ne s'agit pas d'imposer à l'employeur l'obligation de prouver une renonciation formelle, mais plutôt d'examiner si le syndicat a agi positivement dans des délais susceptibles d'être considérés comme raisonnables.

> [...]

> Il faut que le syndicat exerce ses droits dans des délais relativement courts, qu'il n'importe pas de définir précisément ici, et qui devront être évalués dans chaque cas [...]. S'il ne le fait pas, une demande [...] doit être écartée par les juridictions spécialisées du travail. La violation de cette obligation de diligence conduit à une application déraisonnable des règles du *Code du travail*, à l'égard de laquelle l'intervention des tribunaux supérieurs est justifiée.[72]

La diligence de la partie requérante s'appréciera donc au cas par cas en tenant compte de toutes les circonstances. Les facteurs à considérer seront notamment la nature de la question soulevée par la demande, son importance et celle de ses conséquences pour les parties et leurs rapports, le moment à partir duquel les parties ont été pleinement au courant de la problématique mise en question par la demande et leur conduite par la suite, ainsi que les droits des tiers dans certains cas[73].

---

72. *Syndicat des cols bleus de Ville de Saint-Hubert* c. *Saint-Hubert (Ville de)*, [1999] R.J.D.T. 76 (C.A.), 90-91.
73. Voir, à titre d'illustration particulière, dans le contexte d'une demande selon l'article 39 C.t.: *Compagnie de la Baie d'Hudson* c. *Syndicat des travailleuses et travailleurs de Zellers (C.S.N.)*, D.T.E. 2002T-942 (T.T.).

351 – *Calcul des délais* – Le calcul de tout délai imparti par le *Code du travail*, le cas échéant, doit prendre en considération les dispositions des articles 151.1 à 151.4 du Code. Le jour qui marque le point de départ n'est pas compté, mais celui de l'échéance l'est (art. 151.3, 1. C.t.). Les jours non juridiques, énumérés à l'article 151.1, sont comptés, sauf lorsque le délai n'excède pas 10 jours (art. 151.3, 2. et 151.4 C.t.). Toutefois, lorsque le dernier jour tombe un jour non juridique, le délai est prorogé au premier jour juridique suivant (art. 151.3, 2. C.t.). Enfin, le samedi est assimilé à un jour non juridique, de même que le 2 janvier et le 26 décembre (art. 151.3, 3. C.t.)[74].

ii) Le traitement de la demande

352 – *Accréditation* – S'agissant d'une demande d'accréditation, celle-ci est d'abord confiée à un agent de relations du travail qui la traite selon un mode principalement inquisitoire, mais en étant tenu de permettre aux parties intéressées de présenter leurs observations et de produire, s'il y a lieu, des documents pour compléter leur dossier (art. 28, 117, al. 2 et 124 C.t.).

Lorsque quelque condition que ce soit exigée par le Code empêche l'agent de relations du travail d'octroyer une accréditation, la demande est instruite et décidée, s'il y a lieu, par un commissaire ou par une formation de trois commissaires[75]. Il en est de même pour toute autre demande, toute plainte et tout recours fondés sur le Code (art. 115, 124 C.t.).

353 – *Jonction d'affaires* – Relevons ici que l'article 131 C.t. autorise le président de la C.R.T. ou une personne qu'il désigne à joindre, aux conditions qu'il fixe, plusieurs affaires dans lesquelles les questions en litige sont en substance les mêmes ou dont les matières pourraient être convenablement réunies, qu'elles soient mues ou non entre les mêmes parties. Une telle ordonnance peut être révoquée par la Commission lorsqu'elle entend l'affaire, si elle est d'avis que les fins de la justice seront mieux servies.

354 – *Audition ou décision sur dossier* – Le traitement de toute affaire contestée procède selon un mode contradictoire entre les parties intéressées. Se pose alors la question de l'application de la

---

74. *Ideal Builders Hardware Corp.* c. *Brière*, J.E. 81-387 (C.S.); *Monpain* c. *The Salvation Army Men's Social Service Center*, [1980] T.T. 414; *Marceau* c. *Myriad Détergents Inc.*, [1979] T.T. 193.

75. Voir *infra*, Titre II, chapitre 3, nos 457-466.

règle *audi alteram partem* et plus particulièrement celle du droit à une audition. L'examen comparatif de diverses dispositions du nouveau *Code du travail*, notamment de ses articles 117 et 127, 2o ainsi que du 3e alinéa de l'article 128, permet d'en retenir les constatations et conclusions suivantes:

– le *Code du travail* envisage deux façons de procéder pour la C.R.T. avant qu'elle rende une décision: soit de tenir une audition des parties intéressées, soit de procéder sur dossier (art. 117, al. 1 et 128, al. 3 C.t.);

– en principe, les parties ont droit à une audition et ce n'est qu'avec leur consentement unanime et si la Commission le juge approprié que cette dernière pourra procéder sur dossier (art. 117, al. 1 C.t.);

– la règle est quelque peu modifiée dans le cas particulier d'une demande de révision ou de révocation de décision, le principe voulant alors plutôt que la Commission procède sur dossier, sauf si elle juge approprié d'entendre les parties ou si l'une de celles-ci demande d'être entendue (art. 128, al. 3 C.t.);

– procéder sur dossier suppose néanmoins que les parties intéressées aient l'occasion de soumettre leurs observations, lesquelles feront partie du dossier, le cas échéant (art. 117, 127, 2o et 128, al. 2 et 3 C.t.).

355 – *Conférence préparatoire et avis d'audition* – Avant la tenue d'une audition, l'article 135 C.t. autorise le commissaire saisi d'une affaire à convoquer les parties à une conférence préparatoire dont les objets sont identifiés à l'article 136 et les conséquences prévues à l'article 137. L'article 137.3 impose la transmission d'un préavis raisonnable d'audition aux parties et dicte son contenu. L'article 137.1 permet à la C.R.T. de procéder à l'instruction de l'affaire et de rendre une décision malgré l'absence, sans motif valable, d'une partie dûment avisée ou son refus de se faire entendre.

356 – *Preuve et procédure* – La C.R.T. peut entendre les parties par tout moyen prévu à ses règles de preuve, de procédure et de pratique (art. 137.4 et 138, al. 2 C.t.). En l'absence de règle applicable à un cas particulier, elle peut y suppléer par toute procédure compatible avec le Code lui-même et ses règles de procédure (art. 137.2 C.t.). Le cas échéant, le rapport de toute enquête effectuée par la

Commission fait partie du dossier de l'affaire (art. 137.5 C.t.). Les articles 137.6 et 137.7 régissent l'audition des témoins, le premier visant également la production de documents et renvoyant en outre aux règles de preuve et de procédure adoptées par la Commission en vertu des deuxième et troisième alinéas de l'article 138.

iii) La décision

357 – *Forme et formalités* – Toute décision de la C.R.T. doit être écrite, motivée, signée et notifiée aux personnes ou parties intéressées (art. 132 C.t.). Quant à sa motivation, une décision n'a pas à disposer de tous les arguments avancés par les parties; il suffit qu'elle soit intelligible et permette de suivre le cheminement qui conduit à sa conclusion[76]. La personne qui a rendu une décision entachée d'une erreur d'écriture ou de calcul ou de quelque autre erreur matérielle peut la corriger sans autre formalité (art. 126, al. 1 C.t.). En cas d'impossibilité pour cette personne de procéder à la correction, celle-ci peut être confiée par le président à un autre commissaire ou agent de relations de travail, selon le cas (art.126, al. 2 C.t.).

358 – *Délais* – L'article 133 C.t. prend effet le 1er septembre 2003. À compter de cette date, il impose à la C.R.T. l'obligation de rendre ses décisions à l'intérieur de certains délais qui varient selon la nature de l'affaire. Une demande d'accréditation doit être tranchée dans les 60 jours de son dépôt; dans les secteurs public et parapublic toutefois, la décision doit être rendue au plus tard à la date d'expiration d'une convention collective en cours ou de ce qui en tient lieu (art. 133, al. 1 C.t.). Une demande qui vise à faire déterminer si l'article 45 C.t. trouve application doit être décidée dans les 90 jours de son dépôt à la Commission (art. 133, al. 2 C.t.). Le troisième alinéa de l'article 133 prévoit que dans toute autre affaire, de quelque nature qu'elle soit, la décision doit être rendue dans les 90 jours de la prise en délibéré. Pourtant, le quatrième alinéa de l'article 20.0.1 affirme de son côté que la Commission doit rendre sa décision dans les 60 jours de la réception d'une demande qui lui est adressée en vertu de cet article.

---

76. *Pelletier* c. *Coopérative des travailleurs en loisir du Bas Saguenay*, D.T.E. 2001T-559 (C.A.); *Northwestern Utilities Ltd.* c. *Edmonton (Ville d')*, [1979] 1 R.C.S. 684; *Blanchard* c. *Control Data Canada Ltée*, [1984] 2 R.C.S. 476. Exemple de motivation insuffisante: *Association des employés de Molson* c. *Brasserie Molson du Québec Ltée*, D.T.E. 84T-217 (T.T.).

Malgré les termes impératifs des dispositions qui les édictent, ces délais revêtent un caractère indicatif (ou incitatif) et le défaut de les respecter ne fait perdre compétence ni à la Commission, ni au commissaire chargé de l'affaire[77]. Le président de la C.R.T. peut les prolonger, avant comme après leur expiration, en tenant compte des circonstances et de l'intérêt des personnes ou parties intéressées (art. 133, al. 4 C.t.). Il peut aussi, de sa propre initiative ou sur demande d'une partie, dessaisir le commissaire chargé de l'affaire en tenant compte, ici encore, des circonstances et de l'intérêt des parties (art. 125 C.t.).

359 – *Effet* – À moins qu'elle soit ultérieurement révisée ou révoquée selon les articles 127 et 128 C.t., toute décision de la C.R.T. est par elle-même finale, sans appel et immédiatement exécutoire (art. 134 C.t.). Le défaut de s'y conformer constitue une contravention à l'article 144 ou à l'article 146.1 du Code, selon le cas[78]. L'effet contraignant de la décision peut en quelque sorte être renforcé par son dépôt au bureau du greffier de la Cour supérieure du district du domicile d'une partie visée par la décision; tel dépôt doit toutefois être demandé par une partie intéressée et autorisé par la C.R.T. dans un délai de 6 mois de la date de sa décision (art. 129, al. 1 C.t.)[79]. Le cas échéant, le dépôt de la décision de la C.R.T. lui confère tous les effets d'un jugement final de la Cour supérieure (art. 129, al. 2 C.t.)[80]. En matière d'obligation de payer, le dépôt permet de procéder à l'exécution forcée de la décision de la même manière qu'on le ferait pour tout jugement semblable de la Cour supérieure, en vertu des règles du *Code de procédure civile*[81]. Le troisième alinéa de l'article 129 C.t. concerne les décisions contenant une ordonnance de faire ou de ne pas faire. Une ordonnance de réintégration, notamment, tombe

---

77. Voir et transposer: *Air Care Ltd.* c. *United Steelworkers of America*, [1976] 1 R.C.S. 2; *Gosselin* c. *General Motors of Canada*, D.T.E. T82-794 (C.A.).
78. Voir et transposer: *Boucher* c. *Logistik Unicorp. Inc.*, [2001] R.J.D.T. 1 (C.A.).
79. La rédaction de cette disposition ne semble pas exiger que le dépôt lui-même soit effectué à l'intérieur du délai de six mois. Voir et distinguer en conséquence: *Emballages Duopac* c. *Perrazzino*, D.T.E. 99T-270 (C.S.).
80. *Boucher* c. *Logistik Unicorp. Inc.*, précité, note 78. Sur la constitutionnalité de cette disposition législative, voir: *Procureur général de la province de Québec* c. *Progress Brand Clothes Inc.*, [1979] C.A. 326, 331; *United Nurses of Alberta* c. *Procureur général de l'Alberta*, [1992] 1 R.C.S. 901. On peut anticiper que les tribunaux seront appelés à décider si l'injonction subsiste comme mode alternatif de raffermissement du caractère exécutoire des décisions de la C.R.T., avec ou sans le concours de cette dernière et pendant ou après l'écoulement du délai de 6 mois de l'article 129 C.t. Voir à ce sujet: *Procureur général de la province de Québec* c. *Progress Brand Clothes Inc.*, précité; *Boucher* c. *Logistik Unicorp. Inc.*, précité, note 78.
81. *Labrosse* c. *Gosselin*, [1986] R.J.Q. 1972 (C.P.).

dans cette catégorie. Le défaut de s'y conformer rend passible d'une condamnation pour outrage au tribunal[82].

Sur un autre plan, le dépôt effectué en application de l'article 129 C.t. ne fait pas obstacle à l'exercice d'un recours en contrôle judiciaire, en cas d'absence ou d'excès de compétence de la C.R.T.[83]. Les décisions de la C.R.T. bénéficient cependant des effets d'une clause privative complète et rigoureuse à l'encontre d'une demande de révision judiciaire, par l'effet conjugué des articles 114, 134, 139, 139.1 et 140 C.t.[84]. C'est dans ce contexte que s'exercera le pouvoir de contrôle et de surveillance de la Cour supérieure, selon les principes généraux dégagés par la jurisprudence du contentieux administratif. Essentiellement, ce n'est donc qu'en cas d'absence de compétence, matérielle ou personnelle, de défaut d'exercer une compétence, de violation d'un principe de justice naturelle, d'excès de pouvoir, ou de détermination manifestement déraisonnable que les décisions de la Commission des relations du travail seront susceptibles d'être annulées par voie de contrôle judiciaire[85].

iv) La transition

360 – *Juridiction et règlements* – La *Loi modifiant le Code du travail, instituant la Commission des relations du travail et modifiant d'autres dispositions législatives*[86] a arrêté des règles transitoires somme toute relativement simples pour régir le passage de l'ancien régime juridictionnel qu'elle a aboli au nouveau qui le remplace.

---

82. La condamnation d'un contrevenant, pour outrage civil ou pour outrage criminel, est sujette aux conditions exposées dans l'arrêt *United Nurses of Alberta* c. *Procureur général de l'Alberta*, précité, note 80. L'outrage civil est lui-même de nature quasi pénale et est conséquemment traité selon les principes fondamentaux du droit pénal: *Pavillon du Parc inc.* c. *Ferland*, D.T.E. 2001T-1099 (C.A.).

83. *Procureur général de la province de Québec* c. *Progress Brand Clothes Inc.*, précité, note 80.

84. Voir *supra*, n° 335.

85. Voir notamment, de façon générale: *Ivanhoe Inc.* c. *TUAC, section locale 500*, précité, note 45, par. 24-30; *Pointe-Claire (Ville de)* c. *Québec (Tribunal du travail)*, [1997] 1 R.C.S. 1015; *Royal Oak Mines Inc.* c. *Canada (Conseil des relations du travail)*, précité, note 62; *U.E.S., local 298* c. *Bibeault*, [1988] 2 R.C.S. 1048; *Bibeault* c. *McCaffrey*, [1984] 1 R.C.S. 176; *Adam* c. *Daniel Roy Ltée*, [1983] 1 R.C.S. 683. Sur les conditions auxquelles un juge de la Cour d'appel peut, en vertu de l'article 140 du *Code du travail*, annuler sommairement un jugement de la Cour supérieure prononcé contrairement aux clauses privatives des articles 139 et 139.1, voir: *Syndicat des salariés de Métro-Lebel* c. *Alimentation Lebel Inc.*, [1994] R.J.Q. 2427 (C.A.); *Dodd* c. *3M Canada Ltd.*, D.T.E. 94T-763 (C.A.).

86. L.Q. 2001, c. 26.

Les affaires pendantes au bureau du commissaire général du travail ou devant un commissaire du travail sont continuées devant la C.R.T. sans reprise d'instance[87]. Les règles de preuve et de procédure de la loi nouvelle s'appliquent alors au recours ainsi continué devant la C.R.T., selon l'état des dossiers[88]. Les affaires en cours devant le Tribunal du travail, y compris en matière pénale, sont continuées devant lui selon les dispositions du *Code du travail* telles qu'elles se lisaient avant d'être modifiées ou remplacées par la réforme[89]. Seules les décisions rendues avant la date d'entrée en vigueur de la réforme demeurent sujettes à un appel au Tribunal du travail, dans la mesure où tel droit d'appel était prévu par la loi ancienne et où le délai pour l'exercer n'est pas expiré; le cas échéant, ces appels sont décidés selon les dispositions du *Code du travail* telles qu'elles étaient avant d'être modifiées par la réforme[90].

Le droit substantiel contenu dans les règlements demeure en vigueur dans la mesure où il est compatible avec la loi nouvelle[91].

2. Le Conseil des services essentiels

361 – *Compétence* – La réforme de 2001 a laissé intact le Conseil des services essentiels (le «C.S.E.») constitué par l'article 111.0.1 C.t. Il en est de même pour sa compétence et ses pouvoirs, sous réserve de changements mineurs qui les ont élargis. La compétence du C.S.E. s'exerce à l'endroit des conflits de négociation, des moyens de pression qui peuvent les marquer et des services essentiels qui peuvent alors devoir être maintenus, dans les services publics et dans les secteurs public et parapublic (art. 111.16 C.t.)[92]. Ces questions sont soustraites à la compétence de la Commission des relations du travail (art. 114, al. 2 et 119 C.t.).

3. Les instances pénales

362 – *Première instance et procédure* – Par effet conjugué de la *Loi sur les tribunaux judiciaires*[93], du *Code de procédure pénale* («C.p.p.»)[94] et de l'abolition du Tribunal du travail par la réforme de

---

87. *Ibid.*, art. 213.
88. *Ibid.*, art. 215.
89. *Ibid.*, art. 212.
90. *Ibid.*, art. 214.
91. *Ibid.*, art. 203.
92. Voir *infra*, Titre II, chapitre 6, nos 570-581, 612.
93. L.R.Q., c. T-16, art. 79, 80, 82.
94. L.R.Q., c. C-25.1, art. 3.

2001, la compétence pénale de première instance à l'endroit des contraventions au *Code du travail* appartient à la chambre pénale et criminelle de la Cour du Québec. Seuls les juges de cette cour désignés par son juge en chef exercent cette compétence[95].

Les poursuites obéissent aux dispositions du *Code de procédure pénale* et à quelques règles particulières édictées au *Code du travail*. Elles se prescrivent par un an à compter de la date de l'infraction (art. 14 à 16 C.p.p.). Elles peuvent être intentées par le Procureur général ou par une personne autorisée par un juge (art. 9 et 10 C.p.p.)[96].

Lorsque le poursuivant est le représentant d'une personne morale ou d'une personne assimilée à une personne morale, agissant à ce titre, l'article 70 C.p.p. crée en sa faveur une présomption d'autorisation de la part de la personne morale et le dispense de faire la preuve de son mandat à moins que la partie défenderesse le conteste. Un jugement a signalé que le texte de la dénonciation doit mentionner le nom de la personne morale représentée pour que la présomption joue et que le défendeur en soit prévenu[97].

La jurisprudence a adapté progressivement au contexte particulier du *Code du travail* l'obligation du poursuivant de divulguer sa preuve à la défense, obligation imposée originellement par la Cour suprême dans l'arrêt *Stinchcombe*[98].

---

95. *Loi sur les tribunaux judiciaires*, précitée, note 93, art. 106, dernier alinéa.
96. L'article 11 C.p.p. permet au Procureur général d'intervenir soit pour arrêter une poursuite, soit pour en assurer la conduite. Une association de salariés, même si elle n'est pas constituée en personne morale, est une personne susceptible d'être autorisée en vertu de l'article 10 C.p.p. à intenter une poursuite pour une infraction au *Code du travail*: *Syndicat des employées et employés professionnels et de bureau, section locale 57* c. *Presse (La)*, [1994] T.T. 497. Par exception, la seule personne qu'un juge peut autoriser, selon l'article 10 C.p.p., à intenter une poursuite pour une infraction à l'article 20.2 ou 20.3 C.t. est un membre de l'association accréditée compris dans l'unité de négociation (art. 148 C.t.).
97. *Paré* c. *Simard*, [1992] T.T. 114; voir aussi, quant au mandat de représentation d'une association accréditée: *Syndicat national de l'automobile, de l'aérospatiale, du transport et des autres travailleurs et travailleuses du Canada (T.C.A.-Canada)* c. *Tardif*, [1999] R.J.D.T. 1155 (T.T.).
98. *R.* c. *Stinchcombe*, [1991] 3 R.C.S. 326; *Syndicat des travailleurs de Villa Les Tilleuls* c. *Ratle*, [1993] T.T. 239; *Syndicat des employées et employés professionnels et de bureau, local 57* c. *Presse (La)*, précité, note 96; *Syndicat international des communications graphiques, section locale 41M* c. *Journal de Montréal, division de Groupe Québécor Inc.*, [1994] T.T. 372.

363 – *Appels* – La partie insatisfaite du jugement de la Cour du Québec peut se pourvoir de plein droit à la Cour supérieure sur une question de faits ou de droit (art. 266 et s. C.p.p.). Le Procureur général dispose du même droit, même s'il n'était pas partie à cette première instance (art. 268 C.p.p.). Le jugement de la Cour supérieure peut à son tour être porté en appel devant la Cour d'appel, sur une question de droit seulement et avec la permission d'un juge de cette cour (art. 291 C.p.p.)[99]. Enfin, la Cour suprême peut accorder la permission d'en appeler devant elle du jugement de la Cour d'appel[100].

---

99.   *Société de la Place des Arts de Montréal* c. *Turgeon*, D.T.E. 2001T-44, REJB 2000-21744 (C.A.) – questions de fait ou mixtes de fait et de droit. Peuvent interjeter cet appel, les parties en Cour supérieure et le Procureur général. Sur l'appel des décisions rendues en cours d'instance relativement à la preuve, voir l'article 292 C.p.p.

100.   *Loi sur la Cour suprême du Canada*, L.R.C. (1985), c. S-26, art. 40.

CHAPITRE 2

LA LIBERTÉ D'ASSOCIATION

364 – *Condition prérequise* – La liberté d'association est prérequise à l'établissement d'un régime de rapports collectifs du travail que le *Code du travail* cherche à favoriser. Cette liberté suppose elle-même, pour être viable, qu'elle soit garantie par des recours efficaces pour la faire valoir lorsque cela devient nécessaire.

En somme et à rebours, la réalité tient dans ces quelques constatations: pas de recours, pas de liberté syndicale viable; pas de liberté syndicale, pas de syndicats; pas de syndicats, pas de régime de rapports collectifs.

365 – *Sources législatives* – La *Charte canadienne des droits et libertés* (C.c.d.l.) et la *Charte des droits et libertés de la personne* du Québec (C.d.l.p.) élèvent toutes deux le droit d'association au rang de liberté fondamentale, dans l'aire d'application et aux fins qui leur sont propres[1].

Le *Code criminel* (C.cr.) – on l'oublie parfois parce qu'on y recourt rarement – interdit spécifiquement à l'employeur certains comportements abusifs à l'endroit de ses employés en raison de l'exercice de leur droit d'association syndicale.

C'est sur cette trame, principalement tissée par les chartes, que s'inscrit l'intervention du *Code du travail*. Ce dernier réitère le droit d'association lui-même, tant en faveur des salariés que des employeurs (art. 3 et 10 C.t.). Il détermine ou précise et il aménage ou conditionne l'exercice de l'activité syndicale légitime et, le cas échéant, le droit de l'employeur de s'associer à d'autres. Il garantit enfin cet exercice du droit d'association par divers recours de nature civile ou pénale.

---

1. *Charte canadienne des droits et libertés* (C.c.d.l.): *Loi de 1982 sur la Canada*, 1982, c. 11 (R.-U) dans L.R.C. (1985), App. II, nº 44, art. 2d); *Charte des droits et libertés de la personne*, L.R.Q., c. C-12, art. 3. Voir *supra*, Titre préliminaire, chapitre 2, nᵒˢ 25-28.

I- LES DROITS INDIVIDUELS

A. Le contenu

1. Le droit d'appartenance et de participation

366 – *Code criminel* – Le paragraphe 425a) C.cr. interdit à tout employeur et à tout représentant d'un employeur de refuser d'employer ou de congédier une personne en raison de son appartenance à un syndicat ouvrier légitime ou à une «association ou alliance légitime d'ouvriers ou d'employés formée pour l'avancement licite de leurs intérêts et organisée pour les protéger dans la réglementation des salaires et des conditions de travail». Le paragraphe 425b) prohibe le recours, aux mêmes fins, à l'intimidation, à la menace de la perte d'un emploi, à la perte réelle de l'emploi ou à la menace ou l'imposition d'une peine pécuniaire. Cette protection s'applique à l'ensemble des employés et non seulement à ceux et celles d'entre eux qui sont des «salariés», au sens du *Code du travail*[2]. Pour que les employés puissent l'invoquer, il suffit qu'ils s'allient pour la défense de leurs intérêts; il n'est pas nécessaire que cette alliance prenne la forme d'un groupement de fait structuré ou qui a acquis une personnalité juridique distincte[3]. Relativement au paragraphe 425a) C.cr., l'employeur y contrevient, selon son énoncé, lorsque le congédiement ou le refus d'emploi a eu lieu «pour la seule raison» qu'un employé appartient à un syndicat ou à une alliance légitime d'ouvriers ou d'employés. La Cour d'appel a interprété cette expression «pour la seule raison» comme signifiant le motif déterminant ou la raison principale d'agir de l'employeur[4].

367 – *Chartes* – La jurisprudence de la Cour suprême reconnaît dans la liberté d'association affirmée par les chartes une valeur essentiellement individuelle:

> Notre Cour est d'avis que, même si le droit d'association représente un phénomène social qui crée un lien entre des personnes, il revient d'abord à l'individu. Ce droit favorise l'accomplissement de soi en permettant à la personne de développer ses qualités en tant qu'être

2. *Savard* c. *Séguin*, [1964] R.D.T. 353 (C.S.).
3. *Regina ex rel. Perreault* c. *Alex Pelletier and Sons Ltd.*, (1960) 33 C.r. R. 84 (C. Mag.).
4. *Society Brand Clothes Ltd.* c. *Regem*, [1942] B.R. 535; à comparer avec: *Canadair Ltd.* c. *R.*, [1948] 5 C.R. 67 (C.A.).

sociable. Le fait de se livrer à des activités légales avec d'autres est protégé par la Constitution. L'analyse est axée sur l'individu, non sur le groupe.[5]

Un consensus s'est rapidement formé au sein de la Cour suprême à l'effet que la liberté d'association protège d'une part la formation, l'existence et l'organisation du groupe associatif lui-même et, d'autre part, la faculté de tout individu de participer à la formation de l'association ou de s'y joindre pour poursuivre une fin licite[6]. Cette protection s'étend à la participation à un exercice collectif d'une activité dont la Constitution garantit l'exercice individuel et à l'exercice collectif de tout acte qu'une personne peut poser légalement à titre individuel[7].

368 – *Code du travail* – Le *Code du travail du Québec* reconnaît, à son article 3, le droit de tout salarié «d'appartenir à une association de salariés de son choix et de participer à la formation de cette association, à ses activités et à son administration». L'universalité de ce principe ne connaît qu'une seule exception: les policiers municipaux ne peuvent être membres que d'une association formée exclusivement de policiers municipaux (art. 4 C.t.).

Les articles 12, 13 et 14 C.t. proscrivent diverses interventions de nature à compromettre l'exercice par les salariés de leur liberté d'association. L'article 12 C.t. interdit à l'employeur et à toute personne agissant pour son compte de chercher notamment à dominer ou à entraver la formation et les activités d'une association de salariés. Il est aussi interdit à quiconque d'user d'intimidation ou de menaces pour amener une autre personne à s'abstenir de devenir membre ou à cesser d'être membre d'un syndicat (art. 13 C.t.). L'article 14 C.t. est à la fois plus précis et plus large. D'une part, il cible l'employeur et toute personne agissant pour son compte. D'autre part, il leur prohibe

---

5. *R.* c. *Advance Cutting & Coring Ltd.*, 2001 CSC 70, par. 175, [2001] 3 R.C.S. 209, (j. LeBel). Voir aussi *Dunmore* c. *Ontario (Procureur général)*, 2001 CSC 94, par. 15, [2001] 3 R.C.S 1016; *Delisle* c. *Canada (Sous-procureur général)*, [1999] 2 R.C.S. 989; *Lavigne* c. *Syndicat des employés de la fonction publique de l'Ontario*, [1991] 2 R.C.S. 211; *Renvoi relatif à la Public Service Employee Relations Act (Alb.)*, [1987] 1 R.C.S. 313.
6. *Renvoi relatif à la Public Service Employee Relations Act (Alb.)*, *ibid.* (j. McIntyre); *Institut professionnel de la Fonction publique du Canada* c. *Territoires du Nord-Ouest (Commissaire)*, [1990] 2 R.C.S. 367, 401-402.
7. *Renvoi relatif à la Public Service Employee Relations Act (Alb.)*, précité, note 5, p. 408. Voir aussi: *Institut professionnel de la Fonction publique du Canada* c. *Territoires du Nord-Ouest (Commissaire)*, *ibid.*; *R.* c. *Advance Cutting & Coring Ltd.*, précité, note 5, par. 176-179; *Dunmore* c. *Ontario (Procureur général)*, précité, note 5, par. 14-16.

entre autres de chercher, par toute mesure de représailles ou menace d'y recourir, à contraindre un salarié à s'abstenir ou à cesser d'exercer un droit que lui reconnaît le Code, dont son droit d'appartenance syndicale énoncé à l'article 3.

Les menaces interdites à l'employeur peuvent prendre des formes extrêmement variées, plus ou moins subtiles selon les circonstances. La menace de fermer purement et simplement l'entreprise si les salariés décident de se syndiquer tombera sous le coup de la prohibition[8]. Rien n'empêche toutefois l'employeur de fermer de fait son entreprise à la suite de l'arrivée d'un syndicat[9]. L'annonce d'une modification des conditions de travail au désavantage des salariés s'ils décident d'adhérer à un syndicat constituera une menace illégale[10].

La prohibition du recours à la menace et à l'intimidation fait contrepoids à la liberté d'expression dont dispose l'employeur, comme toute autre personne. La conciliation des libertés d'expression et d'association, particulièrement dans le contexte délicat d'une période d'organisation syndicale, ne relève pas toujours de l'évidence. Démarquer la conduite menaçante ou intimidante interdite à l'employeur du simple exercice de sa liberté d'expression peut parfois se révéler difficile. Le jugement *Disque Améric Inc.*[11] fixe les paramètres de la marge de manœuvre dont dispose l'employeur pour faire connaître son opinion sur une question syndicale sans porter atteinte à la liberté d'association telle qu'elle est protégée par le *Code du travail*. L'employeur ne doit ainsi, en aucun cas, faire appel à son autorité pour contraindre les salariés à entendre ses propos antisyndicaux[12]. Son discours doit être exempt de promesses ou de menaces, directes ou indirectes[13]. L'exposé doit être rigoureusement exact sur les faits,

8. *Côté* c. *Compagnie F.W. Woolworth*, [1978] R.L. 439 (C.S.); *Lagacé* c. *Laporte*, [1983] T.T. 354; *Syndicat des travailleurs en communication électronique, électricité, techniciens et salariés du Canada (C.T.C.-F.T.Q.)* c. *Schwartz*, [1986] T.T. 165.
9. *City Buick Pontiac (Montréal) Inc.* c. *Roy*, [1981] T.T. 22; *Caya* c. *1641-9749 Québec Inc.*, D.T.E. 85T-242 (T.T.).
10. *Syndicat des employés de la Société d'entretien Impar Ltée (C.S.N.)* c. *Union des employés de service, local 298 (F.T.Q.)*, [1977] T.T. 221.
11. *Syndicat canadien des communications, de l'énergie et du papier, section locale 194* c. *Disque Améric Inc.*, [1996] T.T. 451.
12. *Ibid.*; voir aussi *Syndicat des travailleuses et travailleurs du Pavillon St-Joseph* c. *Pavillon St-Joseph, Infirmerie des Sœurs de Ste-Croix*, [1996] T.T. 593.
13. *Ibid.*; *Hôtel Travelodge Montréal-Centre* c. *Union des employées et employés de la restauration, métallurgistes unis d'Amérique, section locale 9400*, [1997] T.T. 261; *Fleury* c. *Épiciers unis Métro-Richelieu Inc.*, D.T.E. 96T-1140 (T.T.).

sans mensonge ni exagération[14]. Le message doit s'adresser à la raison plutôt qu'aux émotions et s'abstenir de s'attaquer à l'institution syndicale et à sa crédibilité[15]. Dans ce cadre, l'employeur pourra s'autoriser de sa liberté d'expression, par exemple, pour redresser les inexactitudes d'une propagande qui le vise ou, encore, pour exposer simplement les conditions de travail existantes dans l'entreprise[16]. Il y aura toujours lieu cependant de garder à l'esprit que la Loi veut laisser au seul salarié les décisions relatives à son appartenance à un syndicat et que les gestes et les paroles de l'employeur seront également qualifiés en fonction de leurs effets prévisibles sur une personne raisonnable, dans le contexte concret où ils surviennent[17].

Relevons enfin, du côté de l'employeur, que l'article 10 C.t. affirme, par mesure de réciprocité, son droit d'appartenir à une association d'employeurs de son choix et de participer à sa formation, à ses activités et à son administration. Les articles 12 et 13 C.t. empêchent que ce droit puisse être contré par une intervention externe indue, notamment de la part d'un syndicat.

2. Le droit d'abstention

369 – *Chartes* – La liberté d'association affirmée par les chartes comporte-t-elle une dimension négative, c'est-à-dire le droit de ne pas être forcé de s'associer et donc, en l'occurrence, le droit de refuser d'appartenir à une organisation à caractère syndical? L'arrêt *Lavigne*[18] n'avait pas permis de dégager une réponse claire et ferme à cette question, les sept juges qui avaient participé au jugement s'étant divisés à trois contre trois alors que le septième était d'avis qu'il n'était pas nécessaire de répondre à cette question pour disposer du pourvoi tout en manifestant qu'il était porté à reconnaître dans la liberté d'association un droit de non-association. Le récent jugement dans *Advance Cutting & Coring Ltd.* a dissipé l'incertitude, huit des

---

14. *Syndicat canadien des communications, de l'énergie et du papier, section locale 194* c. *Disque Améric Inc.*, précité, note 11; *Fleury* c. *Épiciers unis Métro-Richelieu Inc.*, *ibid.*
15. *Ibid.*
16. *Syndicat des employés de soutien de l'Université Bishop (C.S.N.)* c. *Université Bishop*, [1990] T.T. 39.
17. *Syndicat canadien des communications, de l'énergie et du papier, section locale 194* c. *Disque Améric Inc.*, précité, note 11.
18. *Lavigne* c. *Syndicat des employés de la fonction publique de l'Ontario*, [1991] 2 R.C.S. 211.

neuf juges reconnaissant l'existence du droit négatif de ne pas être contraint de s'associer[19].

370 – *Code du travail* – La rédaction de l'article 3 C.t. est orientée vers la dimension positive de la liberté d'association en ce qu'elle affirme le «droit d'appartenir» à une association de salariés et de participer à sa formation, à ses activités et à son administration. La liberté d'abstention du salarié fait néanmoins l'objet d'une certaine préoccupation. L'article 13 C.t. interdit en effet à quiconque d'user d'intimidation ou de menace pour l'amener à devenir membre d'une association de salariés.

La question se présentera par ailleurs différemment dans l'éventualité où une convention collective obligera le salarié, par une clause dite de sécurité syndicale, à devenir membre du syndicat signataire et à le demeurer. L'article 63 C.t. reconnaît implicitement la validité de ces clauses, sous certaines réserves[20]. La légalité ni de ces clauses d'appartenance syndicale obligatoire ni de l'article 63 C.t. dans lequel elles pourraient chercher leur légitimité n'a toutefois jamais été testée devant les tribunaux supérieurs au regard de la liberté d'abstention garantie par les chartes.

B. La sanction

1. *Les recours pénaux*

371 – *Articles 13 et 14 C.t.* – Sans oublier complètement l'existence de l'article 425 C.cr. et la possibilité d'en obtenir la sanction sur déclaration de culpabilité par procédure sommaire en vertu de ce Code, c'est usuellement au *Code du travail* qu'on fera appel pour punir une atteinte illégale au droit individuel d'association.

---

19. *R. c. Advance Cutting & Coring Ltd.*, précité, note 5. À l'origine de cette affaire, était en cause l'obligation faite aux travailleurs de la construction par la *Loi sur les relations du travail, la formation professionnelle et la gestion de la main-d'œuvre dans l'industrie de la construction* (L.R.Q., c. R-20) d'être membres de l'un ou l'autre des groupes syndicaux présents et reconnus dans ce secteur d'activités. Cette exigence est reconnue constitutionnellement valide à la majorité de cinq juges contre quatre. Un juge de la majorité est d'avis que la liberté d'association n'inclut que le droit positif de s'associer. Trois considèrent qu'il n'y a pas d'atteinte au droit de non-association parce que la preuve ne démontre pas que l'obligation d'appartenance s'accompagne d'une contrainte idéologique ou menace un autre droit protégé constitutionnellement. Enfin, un juge conclut que la Loi porte atteinte à la dimension négative de la liberté d'association mais que cette atteinte est justifiée en vertu de l'article 1 C.c.d.l., pour des motifs d'ordre historique et parce qu'elle demeure minimale dans les circonstances.

20. Voir *infra*, Titre II, chapitre 7, n°s 618, 626.

En contrevenant aux articles 13 ou 14 C.t., une personne se rend coupable d'une infraction prévue à l'article 143 du Code, infraction passible d'une amende de 100 $ à 1 000 $ pour chaque jour ou fraction de jour qu'elle dure. Chacune des interventions prohibées représente une infraction distincte, encore que certains actes puissent être constitutifs de l'une ou l'autre des infractions. Dans le cas de l'article 14 du Code, le contrevenant ne peut être que l'employeur lui-même ou une personne qui agit pour son compte ou pour le compte d'une association d'employeurs. Sont parties à l'infraction au même titre que la personne qui la commet, toute personne qui aide à la commettre ou conseille de la commettre et tout directeur, administrateur, gérant ou officier d'une personne morale qui approuve l'acte constituant l'infraction ou qui y acquiesce (art. 145 C.t.)[21]. Toute personne qui participe à une conspiration en vue de commettre une infraction est également coupable de chaque infraction commise dans la poursuite de la commune intention (art. 146 C.t.). L'intention coupable est requise pour commettre l'infraction mais elle peut se déduire de la nature des actes posés[22]. Les plaintes sont portées, en première instance, devant la chambre pénale et criminelle de la Cour du Québec, selon les règles générales prévues par le *Code du travail* et par le *Code de procédure pénale*[23].

2. Les recours civils

a) Les recours généraux

372 – *Chartes et Code du travail* – L'atteinte au droit individuel d'association garanti par les chartes donne ouverture aux recours et réparation que ces dernières permettent[24]. Le *Code du travail* rend aussi disponibles divers recours semblables que les circonstances pourraient requérir. Seule la Commission des relations du travail pourra alors en disposer, à l'exclusion de tout autre tribunal (art. 114, al. 2 C.t.). La plainte doit être déposée dans les 30 jours de la connaissance de la contravention alléguée (art. 116, al. 1 C.t.). Les réparations seront celles que permettent les articles 15, 118 et 119 C.t.[25].

---

21. *Schnaiberg* c. *Métallurgistes unis d'Amérique, section locale 8990*, [1993] R.J.Q. 55 (C.A.); *Chamendi* c. *Wylie*, [1997] T.T. 403.
22. *Syndicat des employés de la Société chimique Laurentides Inc.* c. *Lambert*, D.T.E. 85T-523 (T.T.).
23. Voir *supra*, Titre II, chapitre 1, nos 362-363.
24. Voir *supra*, Titre préliminaire, chapitre 2, nos 25-82.
25. Voir *supra*, Titre II, chapitre 1, nos 335, 340-344.

b) Le recours spécifique

373 – *Objet* – Les articles 15 et suivants C.t. instituent et aménagent un recours particulier en faveur du salarié victime d'une sanction visée à l'article 15 à cause de l'exercice de sa liberté syndicale. Ce recours est devenu l'archétype de plusieurs autres semblables destinés à contrôler et à sanctionner un motif de sanction proscrit par la Loi[26]. S'il y a lieu, le redressement prend la forme d'une ordonnance d'exécution spécifique adressée à l'employeur, comme la réintégration du salarié dans son emploi, et d'indemnisation de la perte pécuniaire subie par le salarié.

374 – *Plainte* – Le salarié qui désire exercer le recours prévu à l'article 15 C.t. doit soumettre une plainte par écrit auprès de la Commission des relations du travail (art. 16 C.t.). La réglementation précise le contenu de cette plainte écrite, c'est-à-dire:

– le nom et l'adresse du plaignant;

– le nom et l'adresse de l'employeur contre qui la plainte est portée;

– l'indication de la date de la sanction ou de la mesure visée par la plainte;

– une déclaration du plaignant alléguant qu'il croit avoir été illégalement l'objet de la mesure ou de la sanction visée par la plainte à cause de l'exercice par lui d'un droit lui résultant du *Code du travail*[27].

La jurisprudence a fait preuve de souplesse dans l'application des exigences relatives au contenu de la plainte, considérant qu'elles sont d'ordre procédural[28]. Le défaut de les respecter strictement n'entraîne pas automatiquement le rejet de la plainte dans la mesure, toutefois, où cette dernière satisfait aux conditions essentielles qui résultent de l'article 16 du Code lui-même.

---

26. Voir *supra*, Titre I, chapitre 1, n° 166 et chapitre 2, n°s 243-246.
27. *Règlement sur l'exercice du droit d'association conformément au Code du travail*, R.R.Q., c. C-27, r. 3, art. 28. Des formulaires de plainte sont disponibles à la Commission des relations du travail.
28. En vertu de l'article 151 C.t., aucun acte de procédure fait en vertu du Code ne doit être considéré comme nul ou rejeté pour vice de forme ou irrégularité de procédure. Voir, sur la portée de cette disposition: *Villeneuve c. Tribunal du travail*, [1988] R.J.Q. 275 (C.A.); *Dar c. Manufacturier de bas Iris Inc.*, D.T.E. 2000T-1055 – REJB 2000-20350 (T.T.) – recevabilité d'une plainte collective.

La plainte doit émaner du salarié personnellement. Elle peut néanmoins être signée par un mandataire, pour et au nom du salarié; l'essentiel demeure qu'elle résulte de sa volonté personnelle[29]. Dans tous les cas, l'identification même du plaignant constitue néanmoins une condition d'existence de la plainte et elle doit être suffisamment précise pour ne pas laisser de place à l'équivoque[30].

Le défaut d'allégation formelle de la croyance du salarié d'avoir été l'objet de la mesure dont il se plaint à raison de l'exercice d'un droit lui résultant du Code n'est pas fatal, à condition que certains éléments de la plainte permettent de comprendre que la Commission des relations du travail a compétence sur cette plainte en vertu de l'article 15 C.t.[31] ou, à tout le moins, en vertu d'une autre disposition législative lui permettant de décider de la légalité de la mesure dont se plaint le salarié[32].

La plainte doit être acheminée à la Commission des relations du travail (art. 16 C.t.). Sa transmission à un autre destinataire peut constituer un vice fatal[33]. Le dépôt de la plainte s'effectue soit par sa mise à la poste, par courrier recommandé ou certifié, soit par sa réception à l'un des bureaux de la C.R.T. (art. 130, al. 2 C.t.)[34]. En cas

---

29. *Simic* c. *Shirtmate Canada Ltée*, [1981] T.T. 131 – validité d'une plainte signée par le procureur de la plaignante. Voir aussi et transposer: *Union des employés de service, local 298 (F.T.Q.)* c. *Erfle Bus Line Ltd.*, [1976] T.T. 101; comparer avec *Nightingale Saro Inc.* c. *Paquet*, [1985] T.T. 252, où on a conclu à l'irrecevabilité d'une plainte collective déposée par un syndicat pour un groupe de salariés, en l'absence de mandats personnels de leur part.

30. *Duval* c. *Beacon Ribbon Mills Ltd.*, D.T.E. 83T-680 (T.T.).

31. *Ireco of Canada* c. *Thibodeau*, [1979] T.T. 167. L'instance du travail aurait même l'obligation d'enquêter à ce sujet lorsque, sans être explicite, la plainte laisse place à cette possibilité: *Dar* c. *Manufacturier de bas Iris Inc.*, précité, note 28.

32. La Cour d'appel a en effet décidé qu'une instance du travail pouvait exercer concurremment la compétence qui lui est attribuée par des lois différentes en matière de congédiement; conséquemment, elle peut constater l'illégalité d'un congédiement en vertu d'une disposition législative particulière alors même que la plainte aurait été portée selon une autre disposition: *Villeneuve* c. *Tribunal du travail*, précité, note 28.

33. Dans *Tardif* c. *Agence de surveillance de L'Estrie Inc.*, [1980] T.T. 179, on a jugé irrecevable une plainte qui avait été adressée et acheminée à un destinataire autre que l'instance du travail compétente, mais à la même adresse. Par contre, on a jugé recevable une plainte adressée au ministère du Travail mais qui fut effectivement soumise en temps utile à l'instance du travail: *Ireco of Canada* c. *Thibodeau*, précité, note 32. Voir également *Dominique* c. *Kraft Ltée,* [1991] T.T. 63, où on a conclu à la validité d'une plainte de congédiement pour activité syndicale acheminée à la Commission des normes du travail, en considérant que cette dernière aurait dû la déférer au tribunal spécialisé compétent.

34. Voir *supra*, Titre II, chapitre 1, n° 349.

de perte de l'original de la plainte, la preuve secondaire pourra en être admise au besoin[35].

375 – *Prescription* – La plainte doit être déposée dans les 30 jours de la mesure ou de la sanction que le salarié conteste (art. 16 C.t.). Il s'agit d'un court délai et la jurisprudence est constante sur son caractère de déchéance. On a toutefois déjà décidé que l'impossibilité absolue d'agir du plaignant pouvait en suspendre l'écoulement[36]. Le délai ne court pas contre le salarié tant que la sanction dont il veut se plaindre n'est pas effectivement imposée ou n'est pas purgée[37]. Par ailleurs, en considérant que la réalité de la mesure commence à se matérialiser à compter du moment où le salarié est avisé de la décision de son employeur, la plainte déposée entre cet avis et le moment de sa prise d'effet sera jugée recevable; ne sera prématurée et irrecevable que la plainte soumise en l'absence d'une véritable décision de l'employeur[38].

376 – *Présomption légale* – L'article 17 C.t. crée une présomption légale au bénéfice du salarié qui exerce une activité syndicale légitime. Cette présomption dispense le salarié de l'obligation de prouver la motivation illicite de l'employeur comme cause de la décision qu'il conteste. Dès lors que le salarié prouve qu'il a exercé un droit qui lui résulte du Code, la présomption veut que la sanction ou la mesure qui lui a été imposée par l'employeur l'ait été en raison de l'exercice de ce droit[39]. Cette présomption peut toutefois être renversée par l'employeur, s'il établit l'existence d'une autre cause, juste et suffisante, de son geste.

Pour bénéficier de la présomption, le plaignant doit prouver les éléments suivants:

– il est un salarié au sens du *Code du travail*;

– il a exercé un droit lui résultant du Code, c'est-à-dire une activité syndicale légitime;

---

35. *Ideal Builders Hardware Corp.* c. *Brière*, J.E. 81-387 (C.S.).
36. *H.(B.)* c. *P. Inc.*, [1995] T.T. 164.
37. *Stone Consolidated Inc., division Port-Alfred* c. *Émond*, D.T.E. 95T-321 (T.T.).
38. *Poliquin* c. *Collège O'Sullivan de Limoilou Inc.*, [1981] T.T. 225; *Ford Chambly Automobiles (1969) Inc.* c. *Beaupré*, D.T.E. 84T-734 (T.T.). Voir aussi: *Forms* c. *Béliveau et Couture*, [1978] T.T. 259. Quant au calcul du délai, voir *supra*, Titre II, chapitre 1, n° 351.
39. *Vallée* c. *Hôpital Jean-Talon*, [1999] R.J.Q. 1926 (C.A.).

– il s'est vu imposer par l'employeur une mesure visée à l'article 15 du Code;

– il y a concomitance, ou une autre relation plausible, entre son activité syndicale et la mesure dont il se plaint.

377 – *Salarié* – Les conditions auxquelles une personne peut être considérée comme un salarié au sens du *Code du travail* sont déjà connues. Le plaignant doit jouir de ce statut de salarié au moment où intervient la mesure qu'il veut contester[40]. Cette exigence suppose d'abord l'existence d'un contrat de travail parfait[41]. Il faut signaler qu'on ne saurait opposer à un employé, qui veut se prévaloir du mécanisme des articles 15 et suivants du Code, son exclusion du groupe des salariés, si cette exclusion a été prononcée à l'occasion d'une procédure à laquelle il n'était pas personnellement partie, par exemple une procédure d'accréditation. Il demeure alors possible à l'employé de remettre en question la détermination de son statut de salarié au sens du *Code du travail*[42].

378 – *Activité syndicale légitime* – La participation du salarié à une action syndicale illégale ne saurait servir de base à l'établissement de la présomption et peut même constituer une cause juste et suffisante de sanction par l'employeur[43]. La notion d'activité syndicale légitime est par ailleurs très large. Elle couvre non seulement l'adhésion à un syndicat et la sollicitation auprès d'autres salariés en vue de les recruter, mais aussi toutes les formes de participation du salarié à la formation, à l'administration et aux activités de ce syndicat. Compte tenu de l'article 3 du Code en particulier, de simples démarches préliminaires en vue de devenir membre d'une association de salariés ou d'en former une suffisent pour que le salarié jouisse de la protection de la Loi[44]. Le statut de dirigeant ou de représentant syndical peut, selon les circonstances, constituer par lui-même l'exercice de l'activité syndicale nécessaire à l'établissement de la présomption[45]. Il pourrait aussi s'agir de démarches

---

40. *Martineau* c. *Commission scolaire Kativik*, [1992] T.T. 201.
41. Voir et transposer: *Byrne* c. *Yergeau*, D.T.E. 2002T-870 (C.A.).
42. *Lessard* c. *Hilton Québec Ltée*, [1980] T.T. 488; *Hardy* c. *Centre des services sociaux de Québec*, [1986] T.T. 60.
43. *Lafrance* c. *Commercial Photo Service Inc.*, [1980] 1 R.C.S. 536.
44. *Ed. Darche & Fils Inc.* c. *Boyer*, D.T.E. 89T-444 (T.T.); *Arco Construction Inc.* c. *Plante*, [1980] T.T. 7; *Labrecque* c. *J. Alleyn Ltée*, [1979] T.T. 252.
45. *Locweld Inc.* c. *Hanssement*, D.T.E. 83T-607 (T.T.) – agent de grief; *Québec (Ministère du Tourisme)* c. *Lalonde*, D.T.E. 90T-1274 (T.T.) – représentants syndicaux; *Nepveu* c. *Commission de la construction du Québec*, [1989] T.T. 80 –

du salarié en vue de faire reconnaître son inclusion dans une unité d'accréditation et son assujettissement à une convention collective ou tout autre droit[46]. L'activité syndicale invoquée par le salarié doit être antérieure à la mesure dont il se plaint[47], mais elle peut toutefois avoir été exercée chez un autre employeur que celui qui a pris la mesure faisant l'objet de la plainte[48].

L'affaire *Gauvin* illustre la difficulté que peut parfois présenter la qualification d'une activité syndicale comme activité protégée ou non par l'article 3 C.t. Dans cette affaire, quatre employés avaient prêté leur concours à une campagne syndicale d'appel au boycottage des produits-maison de leur employeur, une chaîne de magasins d'alimentation. Selon le jugement de l'instance du travail, cet appel au boycottage, en l'absence de grève et de lock-out et qui n'était justifié par aucun motif d'intérêt public comme le souci d'attirer l'attention sur une situation dangereuse, ne pouvait être considéré comme une activité légitime du syndicat bénéficiant de l'immunité accordée par l'article 3 C.t. En révision judiciaire, la Cour supérieure reprocha à ce jugement de ne pas avoir fait bénéficier l'interprétation de l'article 3 du Code de l'éclairage de la liberté d'expression affirmée par l'article 3 de la *Charte des droits et libertés de la personne* et de ne pas avoir ainsi reconnu que l'appel au boycottage constituait une manifestation de cette liberté d'expression exercée non pas dans le seul but de nuire à l'employeur, mais pour faire connaître publiquement un désaccord sur une pratique de ce dernier et rétablir un rapport de forces entre les parties[49].

Si la règle générale veut que la preuve de l'exercice d'un droit lui résultant du Code soit faite par le salarié pour lui permettre de bénéficier de la présomption, il ne s'ensuit pas nécessairement que

---

representant syndical à un comité prévu par la convention collective. Comparer toutefois avec: *Vallée* c. *Hôpital Jean-Talon*, précité, note 39; *Cie Price Ltée* c. *Auclair*, D.T.E. 88T-688 (C.S.).

46. *Ste-Foy (Ville de)* c. *Beauchamp*, D.T.E. 90T-947; *Brossard (Ville)* c. *Couvrette*, [1997] T.T. 89.

47. *Corbeil* c. *Autobus de la Diligence Inc.*, [1981] T.T. 34. La présomption sera établie si le salarié prouve qu'il a exercé une activité syndicale avant que l'employeur lui ait communiqué l'imposition de la mesure, même si l'employeur affirme de son côté qu'il avait déjà pris sa décision auparavant: *Rondeau* c. *Centura Québec Ltée*, [1989] T.T. 288.

48. *Convoyeur continental et usinage Ltée* c. *Gosselin*, D.T.E. 97T-1359 (T.T.); *General Motors of Canada Limited* c. *Allaire*, [1979] T.T. 45; *Hôpital du Saint-Sacrement, Québec* c. *Lesage*, [1975] T.T. 320.

49. *Gauvin* c. *Épiciers unis Métro-Richelieu Inc.*, [1996] T.T. 207, annulé par *Gauvin* c. *Tribunal du travail*, [1996] R.J.Q. 1603 (C.S.).

la plainte doive être rejetée s'il appert que le salarié n'a pas personnellement exercé une activité syndicale mais qu'une preuve directe démontre clairement que le motif de l'employeur est l'exercice, prévu ou appréhendé, d'un droit lui résultant du Code[50]. S'il en était autrement, on assurerait l'impunité de l'employeur qui chercherait à faire obstacle à l'organisation syndicale en imposant rapidement des sanctions aux salariés avant qu'ils aient pu exercer leur droit.

379 – *Sanction* – Le salarié doit aussi démontrer la réalité d'une sanction envisagée par l'article 15 du Code, qu'il s'agisse d'un congédiement, d'une suspension, d'un déplacement, d'une mesure discriminatoire ou de représailles, ou de toute autre sanction que ce soit, comme un simple avis disciplinaire. Le refus d'embauche ne fait pas partie des mesures visées[51].

En ce qui a trait au congédiement, la jurisprudence l'assimile très concrètement à la perte définitive de l'emploi, quelle qu'en soit la forme, à l'initiative de l'employeur[52].

On a ainsi décidé qu'une mise à pied sans rappel au travail de tel salarié alors que quelqu'un d'autre se trouve par la suite engagé pour exécuter le même travail devient un congédiement au sens de l'article 15 C.t., à compter du moment où le rappel au travail était possible. Il en est de même s'il appert que sous l'apparence d'une mise à pied se cache une véritable manœuvre de congédiement pour se défaire d'un salarié en raison de ses activités syndicales; au-delà des termes utilisés, c'est la réalité révélée par la preuve qui est déterminante[53]. En principe, l'échéance d'un contrat de travail à durée déterminée n'est pas assimilable à un congédiement[54]. Ce principe ne doit cepen-

---

50. *Opérations forestières Lafontaine Inc.* c. *Miville*, [1982] T.T. 401.
51. Transposer: *Byrne* c. *Yergeau*, précité, note 41. *Opérations forestières de la Mauricie Inc.* c. *Falardeau*, D.T.E. 82T-726 (T.T.); *Ross* c. *Université du Québec à Rimouski*, D.T.E. 84T-716 (T.T.).
52. *United Last Company Ltd.* c. *Tribunal du travail*, [1973] R.D.T. 423, 435 (C.A.). Cet arrêt, demeuré marquant en droit du travail, souligne le caractère exorbitant et d'ordre public de ce mécanisme particulier de protection par rapport au droit commun. En ce sens et quant à son applicabilité en faveur d'un salarié en période probatoire, voir: *Beaulieu* c. *La Fleur d'Oranger Inc.*, [1983] T.T. 112; *Power Battery (Iberville) Ltd.* c. *Larouche*, D.T.E. 90T-51 (T.T.).
53. *Distinctive Leather Goods Ltd.* c. *Dubois*, [1976] C.A. 648. Voir aussi, par analogie, dans le contexte d'un recours selon l'article 124 de la *Loi sur les normes du travail*, L.R.Q., c. N-1.1: *Investissements Trizec Ltée* c. *Hutchison*, D.T.E. 87T-764 (C.A.).
54. *Procureur général de la province de Québec* c. *Tribunal du travail*, [1978] C.A. 103; *Blouin* c. *Institut québécois de la recherche sur la culture*, [1983] T.T. 329.

dant pas être appliqué avec un automatisme aveugle, au risque de compromettre le but véritablement recherché par le législateur. À la limite, en effet, on pourrait supposer un contrat de travail originel d'un mois ou même d'une semaine et qui aurait été reconduit sans formalité sur une très longue période. Il faut donc, dans chaque cas, en tenant compte de toutes les circonstances de l'espèce, déterminer si la relation de travail s'était de fait transformée en relation à durée indéterminée et si l'employé pouvait normalement s'attendre à ce qu'elle se poursuive, à moins de cause juste et suffisante pour l'employeur d'y mettre fin. La Cour d'appel a reconnu la légitimité de cette approche[55].

La démission s'oppose directement à la notion de congédiement. Il s'agit du départ volontaire du salarié. Pour contrer l'allégation de congédiement du salarié, sa démission doit être réelle et juridiquement valide[56]. La seule présence d'un acte apparent de démission ne suffit donc pas à faire obstacle à la recevabilité d'une plainte pour congédiement. C'est au tribunal spécialisé qu'il appartiendra, au besoin, de qualifier une terminaison d'emploi comme démission ou congédiement[57].

On a par ailleurs rejeté depuis longtemps la prétention que l'acceptation par un salarié d'une indemnité pour tenir lieu de préavis de congédiement selon les règles du droit civil emporterait renonciation de sa part à une plainte de congédiement en vertu des articles 15 et suivants C.t.[58].

L'existence d'une suspension, d'un déplacement, d'une mesure discriminatoire ou de représailles ou de toute autre sanction susceptible de donner ouverture au recours prévu aux articles 15 et suivants du Code s'apprécie, comme celle d'un congédiement, d'après les

---

55. *École Weston Inc.* c. *Tribunal du travail*, [1993] R.J.Q. 708 (C.A.); *Moore* c. *Compagnie Montréal Trust*, [1988] R.J.Q. 2339 (C.A.); *Commission scolaire Berthier Nord-Joli* c. *Beauséjour*, [1988] R.J.Q. 639 (C.A.).
56. Voir *supra*, Titre I, chapitre 1, n° 164.
57. *École Weston Inc.* c. *Tribunal du travail*, précité, note 55; *Centre hospitalier Régina Ltée* c. *Prud'homme*, [1988] R.J.Q. 253 (C.A.), confirmé par *Centre hospitalier Régina Ltée* c. *Tribunal du travail*, [1990] 1 R.C.S. 1330; *Investissements Trizec Ltée* c. *Hutchison*, précité, note 53; *Keane* c. *Imbeau*, D.T.E. 87T-896 (C.A.). La preuve *prima facie* d'une démission du salarié renverse sur lui le fardeau de démontrer la nullité ou l'inopposabilité de cette démission apparente; voir et comparer: *Perzow* c. *Dunkley*, D.T.E. T82-262 (T.T.); *Bleasdell* c. *Hilton Canada Ltd.*, D.T.E. 83T-58 (T.T.); *Brandonoe* c. *A.E.S. Date Ltée*, D.T.E. 83T-125 (T.T.). Voir aussi *supra*, Titre I, chapitre 1, n° 164.
58. *Industrial Tractors and Supply Ltd.* c. *Duval*, [1979] T.T. 360.

circonstances concrètes de l'espèce et à l'analyse de la véritable nature du geste posé par l'employeur à l'endroit du salarié. En particulier, les mesures discriminatoires ou les représailles peuvent prendre des formes aussi variées que la réduction ou la modification des heures de travail[59], l'altération des fonctions et responsabilités du salarié[60] ou toute autre riposte de l'employeur à l'activité syndicale du salarié.

380 – *Concomitance* – La jurisprudence a rappelé régulièrement la nécessité pour le plaignant d'établir une certaine relation logique, ou du moins plausible, entre l'exercice de son activité syndicale et la mesure dont il se plaint. En termes concrets, c'est le plus souvent la proximité dans le temps de l'activité syndicale du salarié et de la sanction présumément illégale qui établira ce lien logique ou plausible entre les deux. Quelques décisions ont exigé l'établissement d'une telle concomitance[61]. D'autres ont plutôt posé, de façon plus nuancée, que si l'existence d'un certain lien entre l'activité syndicale et la mesure contestée est nécessaire, la simple relation temporelle entre les deux faits ne représente pas un élément essentiel de la preuve requise du plaignant aux fins de l'établissement de la présomption[62]. Le jugement *Electrovert Limitée*[63] rapproche et concilie ces différentes affirmations; on peut en retenir les indications suivantes:

– en principe, il faut établir un lien chronologique suffisant entre l'activité syndicale et la mesure attaquée;

– le salarié n'a cependant pas le fardeau d'établir la relation causale entre les deux faits[64];

59. *Normandeau* c. *Cie T. Eaton Ltée*, D.T.E. 90T-17 (T.T.) – réduction des heures de travail; *2540-4773 Québec Inc.(Restaurant Ming Wong Enr.)* c. *Doiron*, D.T.E. 91T-1241 (T.T.) – nouvel horaire de travail.
60. *Produits vétérinaires Dispar Canada Ltée* c. *Sicard*, [1989] T.T. 297.
61. Exemple: *Foucault* c. *Hôpital régional de la Mauricie*, [1973] T.T. 438. Un jugement de la Cour supérieure a affirmé que la concomitance constituait un élément essentiel d'établissement de la présomption et a annulé une décision qui avait accueilli une plainte en l'absence, selon la cour, de concomitance, commettant ainsi une erreur manifestement déraisonnable: *Hôtel-Dieu de Montréal* c. *Langlois*, D.T.E. 92T-1296 (C.S.).
62. *Bouffard* c. *Transport Matane Inc.*, [1975] T.T. 223; voir aussi *Convoyeur continental et usinage Ltée* c. *Gosselin*, précité, note 49.
63. *Electrovert Limitée* c. *Loke*, T.T. Montréal, nº 500-28-000022-814, 30 juillet 1981. Voir aussi: *Bouffard* c. *Transport Matane Inc.*, *ibid.*; *86725 Canada Ltée* c. *Marcotte*, D.T.E. 93T-1113 (T.T.); *Gaz Métropolitain Inc.* c. *Fleurant*, D.T.E. 87T-867 (T.T.); *Air Cargo Service Sept-Îles Inc.* c. *Bouchard*, D.T.E. T82-187 (T.T.).
64. Autrement, la présomption perdrait toute utilité: *Vallée* c. *Hôpital Jean-Talon*, précité, note 39.

– le principe de l'exigence d'une certaine concomitance suffisante ne peut cependant avoir pour effet d'autoriser une stratégie de répression à retardement de la part de l'employeur, stratégie que pourrait révéler une absence totale d'explication du geste de ce dernier.

Une preuve de concomitance sera particulièrement nécessaire lorsque l'activité syndicale du salarié s'est limitée à sa simple appartenance à un syndicat[65]. Elle a été jugée superflue lorsque le plaignant est un officier ou un représentant syndical en exercice[66].

Retenons enfin que le salarié n'est pas tenu d'établir les fondements de sa croyance selon laquelle la mesure dont il se plaint lui a été imposée à cause de l'exercice d'une activité syndicale légitime[67].

381 – *Présomptions de fait* – La connaissance de l'activité syndicale de l'employé par l'employeur ne constitue pas un élément de preuve essentiel à l'établissement de la présomption de l'article 17 C.t.[68]. L'addition de cet élément de preuve, le cas échéant, à celui de la concomitance entre l'activité syndicale du salarié et la décision de l'employeur ajoutera une présomption de fait à la présomption légale[69]. Du côté de l'employeur, la preuve de son ignorance de l'activité syndicale du salarié lui permettra, à défaut d'échapper à la présomption de l'article 17 C.t., d'appuyer la crédibilité de son explication de la véritable raison de la mesure prise, la cause juste et suffisante, autre que l'activité syndicale, nécessaire au renversement de cette présomption légale.

Une preuve d'animosité antisyndicale de l'employeur créera semblablement une présomption de fait que l'activité syndicale du salarié est à l'origine de la mesure dont il se plaint et affectera d'autant la crédibilité ou l'appréciation du motif invoqué ou des explications fournies par l'employeur[70]. Rappelons d'ailleurs qu'une

---

65. *Doyon* c. *Laval Chrysler Plymouth Ltée*, [1978] T.T. 379; *Neudorfer* c. *Les Ateliers d'ingénierie Dominion Textile*, [1980] T.T. 437.

66. *Locweld Inc.* c. *Hanssement*, précité, note 45. Voir toutefois *Vallée* c. *Hôpital Jean-Talon*, précité, note 39.

67. *Commission des écoles catholiques de Montréal* c. *Gendreau*, T.T. Montréal, n° 500-28-000061-796, 9 mai 1979, p. 31.

68. *Syndicat des travailleurs en mécanique de suspension (C.S.N.)* c. *Service de ressort moderne Inc.*, [1985] T.T. 156.

69. *General Motors of Canada Limited* c. *Allaire*, précité, note 49; *Hôpital du Saint-Sacrement, Québec* c. *Lesage*, précité, note 48; *Gaspé Cooper Mines Ltd.* c. *Auclair*, [1974] T.T. 296.

70. Exemple: *Court* c. *Collège Stanislas Inc.*, D.T.E. 2001T-956 (T.T.).

preuve directe de la motivation antisyndicale de l'employeur dispensera le plaignant de la nécessité d'établir la présomption en sa faveur et sera nettement déterminante[71].

382 – *Fardeau de preuve de l'employeur* – L'employeur peut renverser la présomption créée à l'article 17 du Code en prouvant que la mesure prise à l'endroit du salarié l'a été pour une cause juste et suffisante, autre que son activité syndicale. La preuve ainsi requise de l'employeur est une preuve prépondérante appréciée selon les facteurs usuels[72].

La notion de «cause juste et suffisante» a donné lieu à une controverse dans la jurisprudence. Cette controverse portait sur l'appréciation par la juridiction du travail de la cause juste et suffisante dont la preuve est requise de l'employeur pour renverser la présomption de l'article 17 C.t. S'agissait-il de vérifier l'existence d'une autre cause réelle, plutôt qu'un motif futile ou un prétexte, ou encore d'apprécier le caractère juste et suffisant de cette cause, du point de vue d'un employeur raisonnable placé dans la même situation?

L'arrêt *Commercial Photo* de la Cour suprême a tranché la controverse: le rôle de l'instance du travail consiste à «déterminer si l'autre cause invoquée par l'employeur est une cause sérieuse par opposition à un prétexte, et si elle constitue la cause véritable du congédiement»[73]. Elle n'a pas à se prononcer sur la rigueur de la sanction imposée par l'employeur eu égard à la faute de l'employé. Une fois convaincue de l'existence d'un tel «motif réel et sérieux» justifiant la mesure prise par l'employeur, l'instance du travail doit considérer sa compétence épuisée, s'abstenir de substituer son appréciation à celle de l'employeur sur l'opportunité de la mesure et donc rejeter la plainte du salarié[74]. Réitérant la même position dans l'arrêt *Hilton Québec*, la Cour suprême refusait cette fois de casser le jugement

---

71. *Bouffard* c. *Transport Matane Inc.*, précitée, note 64.
72. *Collège Stanislas inc.* c. *Tribunal du travail*, D.T.E. 2001T-22; *Urgence médicale André Douillette Inc.* c. *Veilleux*, [1990] T.T. 198; *Steinberg Inc.(division Miracle Mart)* c. *St-Pierre*, [1985] T.T. 338. Il appartient à l'employeur de dissiper les doutes que la preuve peut raisonnablement laisser quant à la véracité de la cause qu'il invoque: *Ricard* c. *Société de radio-télévision du Québec (Radio-Québec)*, [1997] T.T. 526.
73. *Lafrance* c. *Commercial Photo Service Inc.*, précité, note 43, p. 547.
74. *Ibid.* Voir aussi: *Turpin* c. *Collège d'enseignement général et professionnel de St-Laurent*, D.T.E. 88T-381 (C.A.); *Décarie* c. *Produits pétroliers d'Auteuil Inc.*, [1986] R.J.Q. 2471 (C.A.).

attaqué parce que ce dernier en était venu de toute façon à la conclusion que la cause invoquée par l'employeur n'était ni une cause sérieuse ni la véritable cause du congédiement, mais qu'elle s'avérait plutôt un prétexte saisi par l'employeur[75].

Tenant compte de ces deux arrêts de la Cour suprême, il demeure possible et légitime pour la Commission des relations du travail de soupeser tous les aspects qui peuvent permettre, précisément, de déterminer si le motif allégué par l'employeur est la véritable cause de la mesure contestée et non un prétexte. Parmi les facteurs susceptibles de révéler une opération de camouflage, on pourrait compter la discrimination injuste, la négligence dans l'examen des faits et même la sévérité excessive. Le tout n'est pas, en effet, pour l'employeur de prouver, par exemple, qu'il y a eu faute de la part du salarié; encore faut-il qu'il soit établi que c'est cette faute qui a été la cause de la sanction. Il est donc erroné de prétendre que le débat doive s'arrêter dès que la preuve est faite que le salarié a commis quelque bévue. Même en présence d'une faute réelle et sérieuse de la part du salarié, la plainte de ce dernier sera accueillie s'il apparaît néanmoins que cette faute n'est pas la véritable cause du congédiement, dont le motif véritable a plutôt été l'exercice d'un droit résultant du *Code du travail* par le salarié[76].

S'il s'agit de justifier le choix du salarié parmi plusieurs comme sujet de la mesure ayant donné lieu à la plainte, l'employeur devra en pratique démontrer une faute ou une responsabilité particulière du salarié, en matière disciplinaire[77], ou encore l'application des règles et des procédures habituellement suivies dans l'entreprise, si la mesure revêt plutôt un caractère administratif comme en cas de réduction de personnel[78].

Le cas échéant, il n'y aura pas lieu pour la C.R.T. de départager les considérations licites et illicites qui ont pu concourir dans la motivation de l'employeur. La décision entachée d'un motif illégal est

---

75. *Hilton Québec Ltd.* c. *Fortin*, [1980] 1 R.C.S. 548.

76. *Barrette-Chapais Ltée* c. *Brière*, D.T.E. 82T-562 (C.A.); *Commission des normes du travail* c. *Mia Inc.*, D.T.E. 85T-590 (C.A.); *Fleury* c. *Epiciers unis Métro-Richelieu Inc.*, [1987] R.J.Q. 2034 (C.A.).

77. *Hôpital Royal Victoria* c. *Rudner*, D.T.E. 84T-397 (T.T.); *Hôpital Victoria* c. *Duceppe*, D.T.E. 84T-398 (T.T.).

78. La Cour d'appel a reconnu la légitimité d'une telle approche par le tribunal spécialisé, qui peut ainsi tenir compte de l'usage et du bon sens, notamment de l'ancienneté relative des salariés même en l'absence de convention collective, pour apprécier si une décision de licenciement est raisonnable, et donc les véritables motifs de l'employeur: *Commission des normes du travail* c. *Mia Inc.*, précité, note 76; *Quintin* c. *Tribunal du travail*, [1989] R.J.Q. 1471 (C.A.).

irrémédiablement viciée, sans qu'il soit question de déterminer si le motif illégal a été déterminant[79].

383 – *Cumul de recours* – La Commission des relations du travail dispose du pouvoir d'apprécier la véracité et le sérieux du motif invoqué par l'employeur, qu'il soit d'ordre disciplinaire ou administratif. Un arbitre de grief agissant en vertu d'une convention collective jouira généralement d'une marge d'intervention beaucoup plus large à l'égard des mêmes faits et des deux ordres de motifs. Par exemple, la C.R.T. pourrait considérer qu'une réduction de personnel consécutive à une diminution de clientèle constitue dans l'espèce dont elle est saisie la cause juste et suffisante renversant la présomption et rejeter en conséquence la plainte du salarié. Un arbitre de grief pourrait alors néanmoins accueillir un grief du salarié s'il venait à la conclusion que l'employeur a mal interprété ou appliqué la convention collective à son endroit en procédant à sa mise à pied ou à son licenciement.

Le salarié peut donc cumuler une plainte en vertu de l'article 16 C.t. et un grief selon sa convention collective. L'article 118, 2° C.t. en témoigne. Il ne permet pas à la C.R.T. de refuser de statuer sur une telle plainte parce qu'elle est d'avis qu'elle pourrait être réglée par un grief. Si chacun des recours est susceptible d'amener l'examen d'une même question, comme la commission d'une faute par le salarié, le recours spécifique en vertu du *Code du travail* procédera par préséance, l'arbitrage du grief devant en attendre le résultat, si nécessaire[80]. Rien ne s'opposera par ailleurs à l'exercice simultané des compétences respectives de la C.R.T. et de l'arbitre de grief si les questions qui leur sont soumises sont indépendantes l'une de l'autre[81].

384 – *Audition* – L'audition devant la Commission des relations du travail, lorsqu'il y a lieu, se déroule selon le mode contradictoire usuel. C'est le plaignant qui présente d'abord sa preuve complète sur

---

79. Voir, par analogie: *Bertrand* c. *L.D.G. Inc.*, [1980] T.T. 96. Une motivation antisyndicale n'empêchera toutefois pas l'employeur de fermer définitivement son entreprise *City Buick Pontiac (Montréal) Inc.* c. *Roy*, précité, note 9; *Caya* c. *1641-9749 Québec Inc.*, précité, note 9.
80. *Ludger Harvey Limitée* c. *Cossette*, [1969] B.R. 91; *Ludger Harvey Limitée* c. *Cossette*, [1972] C.A. 619; *General Motors of Canada Ltd.* c. *Gosselin*, précité, note 61. Voir aussi, par analogie, *Giguère* c. *Cie Kenworth du Canada (division de Paccar du Canada Ltée)*, [1990] R.J.Q. 2485 (C.A.).
81. *Syndicat national des employés de la filature de Montréal* c. *J. & P. Coats (Canada) Ltée*, [1981] C.A. 163.

le fond du litige, en cherchant non seulement à établir les éléments requis à la naissance de la présomption mais encore tous les autres faits susceptibles de soutenir ses allégations, comme la connaissance de son activité syndicale par l'employeur ou l'animosité de ce dernier à l'endroit de l'institution syndicale. L'employeur présente ensuite sa preuve et le plaignant dispose d'un droit de contre-preuve. Le commissaire entend enfin les plaidoiries selon le même ordre d'intervention[82].

C'est le plus souvent après avoir entendu toute la preuve et tous les arguments des parties que la C.R.T. décidera du sort de la plainte par une seule décision. La jurisprudence de la Cour d'appel invite, de façon générale, les tribunaux spécialisés à adopter une attitude prudente et même circonspecte avant de disposer des litiges qui leur sont confiés à partir de moyens de droit soulevés préliminairement, sans avoir entendu toute la preuve qui pourrait se révéler pertinente pour en décider[83]. Cela n'exclut toutefois pas que la C.R.T. puisse en certaines circonstances décider *in limine litis* d'une objection qui met directement en cause sa compétence[84].

385 – *Ordonnance provisoire de sauvegarde* – Lorsque les circonstances le justifient, la C.R.T. peut prononcer une ordonnance provisoire de nature à sauvegarder en l'occurrence les droits du salarié plaignant (art. 118, 3° C.t.)[85]. Avant la réforme du *Code du travail*, ce type de mesure intérimaire était disponible auprès de la Cour supérieure qui lui a donné une suite favorable lorsque cela lui paraissait nécessaire pour parer à une situation d'urgence créée par l'employeur en imposant des sanctions interdites par l'article 15 C.t.[86]. Une telle mesure provisoire peut être particulièrement opportune lorsque les agissements de l'employeur risquent de compromettre la formation et l'existence d'une association syndicale, par exemple, par l'imposition de congédiements massifs[87]. Il demeure

82. *Léger-Gilles-Jean* c. *Centre d'accueil Denis-Benjamin Viger*, D.T.E. 91T-414 (T.T.); *Bouliane* c. *Brasserie Le Boucanier Inc.*, [1989] T.T. 46.
83. Voir et transposer: *Bandag Canada Ltée* c. *Syndicat national des employés de Bandag de Shawinigan*, [1986] R.J.Q. 956 (C.A.).
84. *White Sister Uniform Inc.* c. *Tribunal du travail*, [1976] C.A. 772.
85. Voir *supra*, Titre II, chapitre 1, n° 342.
86. *Bissonnette* c. *P.P.D. Rim-Spec Inc.*, D.T.E. 91T-1115 (C.A.); *Union des employés de commerce 503* c. *Baribeau*, [1976] R.D.T. 367 (C.S.); *Union des vendeurs d'automobiles et employés auxiliaires, local 1974* c. *Montmorency Ford Sales Limitée*, [1976] R.D.T. 1 (C.S.); *Union des employés de commerce (500)* c. *Salaison Rivard Inc.*, [1975] R.D.T. 499 (C.S.).
87. *Ibid.*

toutefois douteux que la C.R.T. puisse viser par ce type d'ordonnance des mesures qu'elle appréhenderait de la part de l'employeur[88].

386 – *Réparation* – Lorsqu'elle juge la plainte du salarié bien fondée, la C.R.T. dispose du pouvoir de redressement prévu à l'article 15 C.t., dont la nature varie concrètement selon la mesure imposée au salarié par l'employeur.

S'agissant d'un congédiement, d'une suspension ou d'un déplacement, la C.R.T. peut ordonner à l'employeur de réintégrer le salarié dans son emploi (ou dans ses fonctions) avec tous ses droits et privilèges, dans les huit jours de la signification de la décision. L'ordonnance peut lier l'acquéreur de l'entreprise même si le geste illégal a été posé par son vendeur[89]. Si la mesure prise par l'employeur n'a pas eu pour effet de priver le salarié de son travail, l'exécution spécifique pourra prendre la forme d'une ordonnance d'annulation de la sanction ou, au besoin, de cessation des mesures dont se plaignait le salarié.

Dans tous les cas, les pertes pécuniaires encourues par le salarié peuvent donner lieu à une ordonnance d'indemnisation. L'indemnité due à la suite d'un congédiement, d'une suspension ou d'un déplacement couvre toute la période depuis le moment où la mesure a pris effet jusqu'à celui de l'exécution de l'ordonnance de réintégration ou jusqu'à ce que le salarié soit en défaut de reprendre son emploi après avoir été dûment rappelé par l'employeur[90]. L'indemnité correspond au salaire et aux autres avantages pécuniaires, s'il y a lieu, dont le salarié a été privé par le congédiement, la suspension ou le déplacement; elle est réduite du salaire gagné ailleurs, le cas échéant, dans un emploi de remplacement[91]. Quant à la perte d'avantages pécuniai-

---

88. Par comparaison, l'article 119 C.t. autorise expressément la C.R.T. à prévenir, par une ordonnance appropriée, une grève, un ralentissement d'activités ou encore un lock-out appréhendés.

89. *Adam* c. *Daniel Roy Ltée*, [1983] 1 R.C.S. 683; *Groulx* c. *155252 Canada Inc.*, D.T.E. 95T-1288 (T.T.).

90. Le tribunal spécialisé ne dispose d'aucune discrétion pour réduire cette période: *Lachapelle* c. *Caisse populaire Desjardins de Lavaltrie*, [2002] R.J.D.T. 235 (T.T.). Il lui appartient toutefois de l'apprécier: *Artel Inc.* c. *Lesage*, D.T.E. 91T-1057 (C.A.). En cas d'aliénation de l'entreprise, c'est le nouvel employeur qui est tenu de payer la totalité de l'indemnité due au salarié: *Groulx* c. *155252 Canada Inc.*, *ibid*.

91. La considération des autres gains se rapporte globalement à la période couverte par l'indemnité, sans égard au fait qu'à certains moments les gains du salarié aient été réduits ou inexistants: *Abattoir Jacques Forget Ltée* c. *Thibault*, [1994] T.T. 351. Ni les prestations d'assurance-emploi ni celles d'aide à l'emploi versées au salarié à titre de mesures sociales ne sont du salaire à déduire de l'indemnité: *Gaudreau* c. *Jardin Jouvence inc.* / *Floralies Jouvence enr.*, [1999] R.J.D.T. 171 (T.T.).

res autres que le salaire proprement dit, il peut s'agir, par exemple, de l'indemnité de vacances prévue par la Loi ou par convention entre les parties[92], ou encore de pourboires[93]. Par ailleurs, la jurisprudence courante applique au calcul de l'indemnité le principe de droit commun obligeant la victime à mitiger ses dommages, ce qui implique que l'indemnité pourra être réduite si l'employé, par exemple en cas de congédiement, a négligé de se chercher du travail ou en a refusé[94]. Cette solution a subsisté malgré que la Cour d'appel ait déjà souligné que le remède apporté par l'article 15 C.t. est «en quelque sorte une pénalité imposée à raison de l'acte illégal posé et qui va beaucoup plus loin, malgré les apparences premières, que simplement replacer les parties dans la situation juridique dans laquelle elles se trouvaient avant le congédiement»[95].

Les sommes dues au salarié en vertu d'une ordonnance d'indemnisation sont le plus souvent déterminées par entente des parties. À défaut de telle entente, la question est tranchée par la C.R.T. sur requête de l'employeur ou du salarié (art. 19, al. 1 C.t.). Ces sommes sont sujettes au paiement d'un intérêt au taux légal à compter du dépôt de la plainte. S'y ajoute une indemnité supplémentaire qui vise à combler l'écart entre le taux d'intérêt légal et celui fixé selon l'article 28 de la *Loi sur le ministère du Revenu*: un pourcentage égal à l'excédent du taux d'intérêt fixé suivant cette disposition législative sur le taux légal d'intérêt est ajouté au montant de l'intérêt légal, depuis le dépôt de la plainte (art. 19 C.t.)[96].

II- LES DROITS ASSOCIATIFS

387 – *Objets* – L'expression «droits associatifs» désigne ici les droits dont dispose l'association syndicale elle-même comme entité distincte de ses membres ainsi que ceux que les salariés peuvent exercer collectivement par l'intermédiaire ou sous la direction de l'association dont ils sont membres ou qui les représente.

---

92. *Antoine Guertin Ltée* c. *St-Germain*, [1988] T.T. 328; *Publications Québécor Inc.* c. *Laplante Bohec*, [1979] T.T. 268.
93. *2540-4773 Québec* c. *Milhomme*, [1992] T.T. 484.
94. *Lachapelle* c. *Caisse populaire Desjardins de Lavaltrie*, précité, note 90; *Vestshell Inc.* c. *Agudelo*, D.T.E. 83T-910 (T.T.); *Publications Québécor Inc.* c. *Laplante Bohec*, précité, note 92.
95. *United Last Company Ltd.* c. *Tribunal du travail*, précité, note 52, p. 436.
96. *Loi sur le ministère du Revenu*, L.R.Q., c. M-31. Sur l'absence de discrétion pour ordonner le paiement de l'intérêt légal et de l'indemnité additionnelle, lorsqu'il y a lieu, voir *Pneus supérieur Inc.* c. *Léonard*, [1999] R.J.D.T. 1657 (T.T.). Exemple du mode de calcul de l'intérêt: *Pavages Chenail Inc.* c. *Rougeau*, D.T.E. 94T-357 (T.T.).

A. Le contenu

1. Le droit d'existence

388 – *Fondement* – Pas d'association, pas de liberté d'association. Cette affirmation coule de source. En reconnaissant à l'unanimité que la liberté d'association des individus comporte la liberté de constituer une association, d'y appartenir et de la maintenir, la Cour suprême consacrait du même coup le droit d'existence des associations syndicales[97]. Mais il y a plus. L'association a droit à une existence viable. Cette dimension supplémentaire et nouvelle s'infère de la reconnaissance du droit des individus de se livrer, sous la protection des chartes, à des activités légitimes qui sont nécessairement collectives, sans quoi leur liberté d'association perdrait son sens[98]. Il s'ensuit, verrons-nous, certaines conséquences au niveau des moyens d'action collective, qui pourraient en certaines circonstances réclamer la protection des chartes.

2. Le droit de recrutement

389 – *Encadrement* – L'objectif le plus immédiat d'une association de salariés sera normalement de recruter des membres pour assurer son maintien et en nombre suffisant pour prendre charge d'un régime de rapports collectifs du travail selon les conditions de majorité posées à cet égard par le *Code du travail*. Le Code lui-même tient compte de cette réalité. D'une part, il facilite le recrutement syndical en affirmant et protégeant la liberté individuelle d'adhésion des salariés, comme nous l'avons vu. D'autre part, il pose certaines limites à la faculté ou à l'activité de recrutement. Seule une association qui ne compte comme membres que des policiers municipaux pourra les recruter (art. 4 C.t.). Il est par ailleurs interdit à une association de salariés de solliciter des adhésions sur les lieux du travail, pendant les heures de travail (art. 5 C.t.)[99].

390 – *Refus d'admission* – L'association syndicale peut en principe refuser l'admission à un salarié qui veut en devenir membre. C'est là une conséquence incontournable de la reconnaissance par la

---

97. *Renvoi relatif à la Public Service Employee Relations Act (Alb.)*, précité, note 5, p. 363, 391, 407; *Institut professionnel de la Fonction publique du Canada c. Territoires du Nord-Ouest (Commissaire)*, précité, note 6, p. 402.
98. *Dunmore c. Ontario (Procureur général)*, précité, note 5, par. 17.
99. Une contravention à cette interdiction rend l'association fautive passible d'une sanction pénale mais n'invalide pas les adhésions en cause et n'affecte pas le droit à l'accréditation de l'association, s'il y a lieu: *L'Espérance c. National Metal Finishing Canada Ltd.*, D.T.E. 2000T-1103 (T.T.).

Cour suprême de la dimension négative de la liberté d'association, c'est-à-dire du droit de non-association, que le syndicat peut lui aussi invoquer[100]. En d'autres termes, le droit négatif de ne pas s'associer est bi-directionnel[101].

La discrétion du syndicat sera toutefois réduite s'il accède au statut d'association de salariés accréditée en vertu du *Code du travail*. La grille d'analyse de la légitimité de son refus d'admettre un salarié comme membre devra alors prendre en compte que la Loi réserve des droits importants aux seuls membres de l'association accréditée, comme celui d'élire ses officiers ou dirigeants (art. 20.1 C.t.), celui d'autoriser une déclaration de grève (art. 20.2 C.t.), celui d'accepter ou de refuser les dernières offres de l'employeur à l'occasion d'une négociation (art. 58.2 C.t.) et celui d'autoriser la signature d'une convention collective (art. 20.3 C.t.). En outre, l'article 47.2 C.t. commande à l'association accréditée de ne pas agir de mauvaise foi ou de manière arbitraire ou discriminatoire et de ne pas faire preuve de négligence grave à l'endroit des salariés compris dans l'unité de négociation qu'elle représente, peu importe qu'ils soient ses membres ou non[102]. Cette norme de conduite rejoint également une décision relative à l'admission d'un salarié comme membre[103]. Ces restrictions supplémentaires ne devraient pas empêcher l'association accréditée de refuser, en toute légitimité, l'admission d'un salarié lorsque sa cohésion organisationnelle, voire son existence, pourrait s'en trouver compromise.

3. *Le droit d'affiliation*

391 – *Nature* – On entend par affiliation l'adhésion d'une association de salariés à une structure ou une organisation syndicale élargie, qu'il s'agisse d'une union, d'une fédération ou d'une centrale. Le but alors recherché est de participer à l'élaboration de revendications communes à divers niveaux, de coordonner l'action syndicale et de réunir ainsi que de partager certaines ressources. La Cour suprême a évoqué ce genre de regroupement comme un des moyens d'expression collective de la liberté d'association des individus[104]. On

---

100. Voir et transposer à partir du droit à la liberté d'expression dont bénéficient les personnes morales: *R.* c. *Big M Drug Mart Ltd.*, [1985] 1 R.C.S. 295; *Irwin Toy Ltd.* c. *Québec (Procureur général)*, [1989] 1 R.C.S. 927.

101. Exemple: *Beaudoin* c. *Syndicat des travailleurs spécialisés en charcuterie de Magog*, D.T.E. 2000T-685.

102. Voir *infra*, Titre II, chapitre 4, n°s 474-486, 490.

103. Exemple d'une expulsion et d'un refus de réadmission illégaux et abusifs: *Dufour* c. *Syndicat des employées et employés du centre d'accueil Pierre-Joseph Triest (C.S.N.)*, [1999] R.J.Q. 2674 (C.S.).

104. *Dunmore* c. *Ontario (Procureur général)*, précité, note 5, par. 17.

pourrait aussi dire que l'affiliation constitue l'exercice par le syndicat de son propre droit d'association.

392 – *Restrictions* – Le *Code du travail* n'ignore pas la réalité de l'affiliation, encore que ce ne soit probablement pas dans le sens usuel et contemporain du terme. De fait, les articles 73 et 111.4 C.t. évoquent l'affiliation, sans la définir, pour la soumettre à une restriction. En substance et dans leurs aires respectives d'application, ces articles interdisent à une association accréditée qui a conclu une convention collective ainsi qu'à un «groupe de salariés» régis par une telle convention ou par un instrument qui en tient lieu, de faire des «démarches en vue de «devenir membre d'une autre association ou de s'y affilier», sauf dans les périodes de remise en question de l'accréditation. Sans élaborer davantage, vu l'importance marginale de la question, il y a lieu de retenir de la jurisprudence que: (1) la rédaction actuelle des articles 73 et 111.4 est le résultat d'incongruités historiques associées aux modifications successives apportées au *Code du travail* et plus particulièrement aux conditions de reconnaissance des conventions collectives ayant valeur légale; (2) que ces articles, malgré les apparences, ne visent pas les démarches d'un syndicat pour s'affilier à un regroupement d'autres syndicats; (3) que les démarches prohibées à un «groupe de salariés» sont des démarches collectives qui ne comprennent pas les changements individuels d'adhésion, quel qu'en soit le nombre[105].

Les syndicats qui demeurent dans le doute quant à la légalité de leur affiliation à un regroupement syndical peuvent contourner assez facilement la difficulté. À défaut de contracter une union formelle et complète, ils opteront pour un concubinage à l'essai, sous la couverture pudique d'une «entente de services».

L'article 4 C.t. interdit aux policiers municipaux non seulement d'être membres d'une association de salariés qui ne serait pas formée exclusivement de policiers municipaux mais aussi de celle qui serait affiliée «à une autre organisation». Il semble bien que cette «autre organisation» en soit une qui ne regroupe exclusivement soit des policiers municipaux eux-mêmes, soit des syndicats de policiers municipaux.

---

105. *Syndicat des travailleurs de l'industrie et du commerce, numéro 425* c. *Syndicat canadien des communications, de l'énergie et du papier (SCEP), section locale 193*, [2000] R.J.D.T. 212 (T.T.); *Barrette-Chapais Ltée* c. *Bouchard*, [1981] T.T. 177; *Union des ouvriers du textile d'Amérique, local 1730* c. *Syndicat des employés et salariés de Celanese*, [1975] T.T. 257.

4. Le droit d'action collective

a) Les chartes

393 – *Reconnaissance limitée et conditionnelle* – Dès le *Renvoi relatif à l'Alberta*, la Cour suprême a exclu que la garantie constitutionnelle de la liberté d'association s'étende aux faits, objets et moyens de l'action collective[106]. Sur cette base, la Cour suprême a par la suite exclu du bénéfice de la protection des chartes les moyens collectifs et par ailleurs légitimes d'action syndicale que sont la négociation collective et le recours à la grève[107]. À plus forte raison, la liberté d'association ne suffit pas par elle-même à garantir l'accès à un régime particulier de relations du travail[108].

L'arrêt *Dunmore*[109], a quelque peu changé la donne. À l'origine de cette affaire, la législature de l'Ontario avait successivement soustrait, puis soumis et à nouveau soustrait les travailleurs agricoles au régime légal des relations du travail de cette province. Adoptant une position évolutive, la Cour suprême retient que certaines activités sont par nature collectives et qu'elles peuvent être vitales pour l'exercice de la liberté individuelle d'association. Dans l'espèce, elle vient à la conclusion que la loi sous examen, considérée dans son contexte historique, équivalait à empêcher les travailleurs concernés de se regrouper en association en les excluant du régime général de relations collectives du travail. Le juge Bastarache résume ainsi sa position de principe:

> Cela veut dire [...] que certaines activités collectives doivent être reconnues pour que la liberté de constituer et de maintenir une association ait un sens.[110]

b) Le Code du travail

394 – *Reconnaissance et encadrement* – Non seulement le *Code du travail* reconnaît-il les actions collectives, il est tout orienté vers leur exercice. D'une part, il favorise les plus importantes d'entre elles,

---

106. *Renvoi relatif à la Public Service Employee Relations Act (Alb.)*, précité, note 5. Voir aussi: *Dunmore c. Ontario (Procureur général)*, précité, note 5, par. 14; *R. c. Advance Cutting & Coring Ltd.*, précité, note 5, par. 179.
107. *Renvoi relatif à la Public Service Employee Relations Act (Alb.)*, précité, note 5; *Institut professionnel de la Fonction publique du Canada c. Territoires du Nord-Ouest*, précité, note 6. Voir aussi *Dunmore c. Ontario (Procureur général)*, précité, note 5, par. 17.
108. *Delisle c. Canada (Sous-procureur général)*, précité, note 5 – membres de la Gendarmerie royale du Canada.
109. *Dunmore c. Ontario (Procureur général)*, précité, note 5.
110. *Ibid.*, par. 17.

c'est-à-dire la négociation, la conclusion et l'application de conventions collectives de travail. D'autre part, il en encadre d'autres comme la grève et le lock-out.

5. Le droit à l'autonomie

395 – *Absence d'entrave et d'ingérence* – L'autonomie syndicale suppose à la fois l'absence d'entrave à l'action collective légitime et celle d'une ingérence indue dans cette action. Le groupement syndical qu'est l'association de salariés doit ainsi pouvoir se former, s'organiser et s'administrer sans obstacle ni ingérence de la part de l'employeur, sous le seul contrôle et par la seule volonté des salariés dont il est destiné à défendre les intérêts. C'est cette dimension proprement collective du droit d'association que le législateur avait en vue, en édictant l'article 12, al. 1 C.t. Ce dernier interdit en effet à l'employeur et à toute personne agissant pour lui de chercher, de quelque manière, à entraver, dominer ou financer la formation ou les activités d'une association de salariés, ou à y participer.

396 – *Entrave* – L'entrave illégale de l'employeur à la formation ou aux activités du syndicat peut revêtir de multiples formes. Le recours à l'intimidation, aux menaces ou aux contraintes qui sont elles-mêmes prohibées par les articles 13 et 14 du Code[111] peut constituer une entrave ou une tentative d'entrave au sens de l'article 12 C.t.[112]. Se soulève ici, tel que nous l'avons déjà évoqué, une problématique d'équilibre entre la liberté d'expression de l'employeur et la liberté d'association garantie aux salariés et à leur organisation syndicale. La seconde impose à l'employeur une attitude de réserve pour assurer son respect[113]. Au stade de l'implantation d'un syndicat, l'employeur pourrait chercher à faire obstacle à l'accréditation en utilisant des salariés complaisants comme prête-nom pour s'immiscer dans une dimension du dossier – le contrôle de la représentativité de l'association – dont l'employeur est exclu par la Loi[114], ou en permettant à des salariés de faire signer, sur les lieux et pendant les heures

---

111. Voir *supra*, n° 368.
112. *Côté* c. *Compagnie F.W. Woolworth*, [1978] R.L. 439 (C.S.).
113. *Syndicat canadien des communications, de l'énergie et du papier, section locale 194* c. *Disque Améric Inc.*, précité, note 11; *Syndicat des employées et employés professionnels et de bureau, section locale 57* c. *Caisse populaire Desjardins de Côte St-Paul*, [1993] T.T. 435; *Schnaiberg* c. *Métallurgistes unis d'Amérique, section locale 8990*, précité, note 21.
114. *Schnaiberg* c. *Métallurgistes unis d'Amérique, section locale 8990*, précité, note 21; *Syndicat des salariés de Métro Lebel* c. *Alimentation Lebel Inc.*, D.T.E. 94T-626 (T.T.).

de travail, une pétition visant à répudier le syndicat récemment accrédité[115], ou encore en intervenant auprès des salariés de toute manière agressive et susceptible de les désintéresser d'une syndicalisation[116]. L'employeur qui ignore ou qui cherche à contourner l'association accréditée comme unique représentante collective des salariés entrave également l'activité de cette dernière[117], tout comme celui qui cherche à s'immiscer dans la désignation des représentants syndicaux ou à empêcher un salarié d'exercer une fonction syndicale[118].

L'infraction d'entrave ou de tentative d'entrave requiert une intention coupable, dont la présence peut toutefois se trouver tout autant dans un acte d'imprudence grave que dans un geste délibéré, dès lors qu'un employeur raisonnable ne pouvait en ignorer les conséquences[119]. L'interdiction ne rejoint pas la simple maladresse commise par des représentants de l'employeur sans la connaissance de ce dernier[120]. Il n'est pas nécessaire que l'intervention fautive ait été fructueuse; il suffit qu'il y ait eu tentative d'entrave[121].

---

115. *Travailleurs unis de l'alimentation et du commerce (T.U.A.C., section locale 501) c. J. Pascal Inc.*, D.T.E. 90T-770 (T.T.).
116. *Syndicat canadien des communications, de l'énergie et du papier, section locale 194* c. *Disque Améric Inc.*, précité, note 11; *Gauthier* c. *Sobeys Inc.(numéro 650)*, [1995] T.T. 131; *Gauthier* c. *Sobeys Inc.(numéro 650)*, D.T.E. 95T-60 (T.T.).
117. Voir et comparer: *Fleury* c. *Épiciers unis Métro-Richelieu Inc.*, précité, note 14 – lettre de l'employeur aux salariés relativement au déroulement des négociations; *Syndicat des employées et employés professionnels et de bureau, section locale 57* c. *Caisse populaire Desjardins de Côte St-Paul*, précité, note 113 – intervention directe auprès des salariés en vue de les amener à faire pression sur leur syndicat pour qu'il accepte les offres patronales; *Syndicat des travailleuses et travailleurs du Pavillon St-Joseph* c. *Pavillon St-Joseph, Infirmerie des Sœurs de Ste-Croix*, précité, note 12 – intervention auprès d'un groupe de salariés en vue de faire modifier un vote de rejet des offres patronales; *Travailleurs unis de l'alimentation et du commerce, local 501* c. *Steinberg Inc.*, D.T.E. 89T-617 (T.T.) – envoi d'une lettre aux salariés en grève leur demandant, à l'insu de leurs dirigeants syndicaux, de faire en sorte que la composition de l'équipe de négociation syndicale soit modifiée; *Vitriers-travailleurs du verre, locale 1135* c. *J.B. Charron (1975) Ltée*, [1990] T.T. 549 – rencontre de l'employeur avec un syndicat requérant en accréditation, associée au refus de discuter avec l'association toujours accréditée.
118. *Black* c. *Forcier*, [1997] R.J.Q. 2019 (C.S.). Voir aussi *Société Radio-Canada* c. *Canada (Conseil des relations du travail)*, [1995] 1 R.C.S. 157.
119. *Syndicat des employées et employés professionnels et de bureau, section locale 57* c. *Caisse populaire Desjardins de Côte St-Paul*, précité, note 113; *Beauclair* c. *Kirouac*, D.T.E. 93T-194 (T.T.).
120. *Syndicat national de l'automobile, de l'aérospatiale, du transport et des autres travailleurs et travailleuses du Canada (T.C.A.-Canada)* c. *Tardif*, [1999] R.J.D.T. 1155 (T.T.) – affichage de la lettre d'un client annulant sa commande en raison d'une grève appréhendée; acquittement.
121. *Pelletier* c. *Hydro-Québec*, D.T.E. 2001T-461 (T.T.).

397 – *Ingérence* – La Loi interdit tout autant l'intervention apparemment favorable de l'employeur dans les affaires syndicales. Cette immixtion compromet l'indépendance du groupement syndical dans tous les cas; elle peut aussi, en certaines circonstances, constituer un moyen d'entrave à l'action d'une autre association syndicale. Tout financement d'un syndicat est ainsi interdit à l'employeur. L'octroi d'avantages matériels comme la fourniture gratuite d'équipement ou de locaux, ou la libération sans frais de salariés pendant leurs heures de travail pour recueillir des adhésions pourra aussi représenter, selon les circonstances, une manœuvre d'ingérence de l'employeur dans l'activité du syndicat. Le syndicat régulièrement accrédité peut toutefois se voir reconnaître légitimement dans la convention collective qu'il négocie certains avantages lui permettant d'assumer plus facilement son rôle de représentant collectif des salariés, par exemple l'utilisation d'un local de l'employeur à des fins syndicales ou la libération, sans perte de salaire, de certains salariés chargés de participer à l'administration de la convention collective. Plus particulièrement, au stade de la formation d'une association de salariés et de son recrutement initial, une rapidité et une facilité d'organisation seront susceptibles de révéler une participation indue de l'employeur[122]. Dans tous les cas, la commission de l'infraction suppose que l'intervention ait été commandée par l'employeur ou du moins connue de lui[123]. La participation accidentelle de quelques non-salariés à l'organisation du syndicat ne rencontre pas ces conditions[124].

Le *Code du travail* rend l'association de salariés responsable de son autonomie. Celle qui, activement ou passivement, laisse cours à l'ingérence de l'employeur dans ses affaires devient une association dominée par l'employeur[125]. Elle perd irrémédiablement le droit à

---

122. *Association des travailleurs et travailleuses de l'industrie et du commerce, local 303 (A.T.T.I.C.)* c. *Travailleurs unis de l'alimentation et du commerce, local 503 (C.T.C.-F.T.Q.) (T.U.A.C.)*, [1989] T.T. 404; *Syndicat des employées et employés de Tremcar Iberville* c. *Métallurgistes unis d'Amérique, section locale 9414*, D.T.E. 99T-220 (T.T.).

123. *Alamy* c. *Syndicat des travailleurs de Zohar plastique (C.S.N.)*, D.T.E. 99T-1055 (T.T.).

124. *Placements J.N. Laurent Dupras Inc.* c. *Union des employés de commerce, local 502 (U.I.E.C.)*, D.T.E. 82T-791 (T.T.); *Eerdmans* c. *Teamsters, employés de laiterie, boulangerie, produits alimentaires, ouvriers du meuble, employés de stations-service, section locale 973*, [1998] R.J.D.T. 692 (T.T.).

125. *Union des employés de commerce, local 500, T.U.A.C.(U.F.C.W.)* c. *Syndicat des employés d'alimentation Legardeur Inc.*, [1984] T.T. 81.

l'accréditation (art. 29 et 31 C.t.)[126]. Pour qu'une association encourre cette sanction, il ne suffit pas que l'employeur soit intervenu, même de façon marquée, en sa faveur; il faut qu'elle ait accepté cette intervention[127].

B. La sanction

1. Les recours civils

398 – *Nature et compétence* – La compétence intégrée de la Commission des relations du travail à l'endroit de l'ensemble du *Code du travail* lui donne désormais compétence pour sanctionner civilement toutes les formes de contravention aux droits associatifs affirmés ou encadrés par le Code. La C.R.T. pourra ainsi, selon les circonstances, recourir à son pouvoir d'ordonnance pour enjoindre un contrevenant de poser un acte, de s'en abstenir ou d'y mettre fin; elle pourra aussi, lorsqu'il y a lieu, déterminer le mode de réparation qui lui paraît approprié (art. 114, 118 et 119 C.t.)[128]. Toute plainte à la C.R.T. reliée à l'application de l'article 12 C.t. doit être déposée dans les 30 jours de la connaissance de la contravention alléguée (art. 116, al. 1 C.T.).

2. Les poursuites pénales

399 – *Règles générales et spécificités* – Ici encore, les diverses contraventions auxquelles l'action associative peut donner lieu seront traitées de façon générale selon les règles communes aux infractions au *Code du travail*[129].

Relativement à l'article 12 C.t., chacune des interventions prohibées à l'employeur constitue une infraction pénale qui rend son auteur passible d'une amende de 100 $ à 1 000 $ pour chaque jour ou fraction de jour que dure l'infraction (art. 143 C.t.). Pour qu'il y

---

126. *Association des travailleurs et travailleuses de l'industrie et du commerce, local 303 (A.T.T.I.C.)* c. *Travailleurs unis de l'alimentation et du commerce, local 503 (C.T.C.-F.T.Q.) (T.U.A.C.)*, précité, note 122; *Syndicat des employées et employés de Tremcar Iberville* c. *Métallurgistes unis d'Amérique, section locale 9414*, précité, note 122.

127. *Legendre* c. *Syndicat des travailleurs de McDonald's (C.S.N.)*, D.T.E. 82T-168 (T.T.); *Confédération des syndicats nationaux* c. *Union des employés de restauration du Québec, local 102*, [1983] T.T. 177.

128. Voir *supra*, Titre II, chapitre 1, nos 341-345.

129. *Ibid.*, nos 362-363.

ait infraction, l'intervention doit être le fait d'un employeur ou d'une association d'employeurs, ou d'une personne qui agit pour leur compte[130]. L'intention coupable doit être prouvée, hors de tout doute raisonnable, mais elle peut se déduire de la nature des gestes posés[131]. L'association syndicale qui participe à l'ingérence illégale de l'employeur dans ses activités se rend passible des mêmes poursuites pénales que l'employeur (art. 145 C.t.).

400 – *Dissolution d'un syndicat* – L'article 149 C.t. revêt un caractère mixte de sanction pénale et civile. Il prévoit en effet la dissolution de l'association syndicale qui se laisse dominer par l'employeur. Cette dissolution peut viser tout autant l'association qui n'est pas encore accréditée que celle qui l'est déjà.

Les changements juridictionnels apportés par la réforme de 2001 ont rendu caduques certaines déterminations de la jurisprudence antérieure. Le Tribunal du travail, emporté par la réforme, exerçait alors la compétence pénale de première instance à l'endroit du *Code du travail*. L'article 149 C.t. fait partie des dispositions pénales du Code. Le Tribunal du travail avait décidé qu'il pouvait prononcer la dissolution d'une association selon l'article 149 C.t. au terme d'une demande qui lui avait été adressée spécifiquement à cette fin, qu'il considérait de nature civile et dont le résultat obéissait à l'application de la règle civile de la prépondérance de preuve[132]. Ce sont ces déterminations qui doivent maintenant être réévaluées au regard des constatations suivantes: (1) la C.R.T. ne dispose d'aucune compétence pénale ni du pouvoir spécifique de prononcer la dissolution d'une association de salariés; (2) l'article 149 C.t. est une disposition pénale; (3) le tribunal habilité à prononcer la dissolution de l'association est celui auquel on aurait prouvé sa participation à une infraction à l'article 12 et qui pourrait en outre imposer toute autre peine. Il semble donc que la dissolution éventuelle d'un syndicat en vertu de l'article 149 C.t. doive désormais être associée à

130.	*Schnaiberg* c. *Métallurgistes unis d'Amérique, section locale 8990*, précité, note 21; *Eerdmans* c. *Teamsters, employés de laiterie, boulangerie, produits alimentaires, ouvriers du meuble, employés de stations-service, section locale 973*, précité, note 124.

131.	*Syndicat canadien des communications, de l'énergie et du papier, section locale 194* c. *Disque Améric Inc.*, précitée, note 11; *Gauthier* c. *Sobeys Inc.(numéro 650)*, précité, note 116; *Schnaiberg* c. *Métallurgistes unis d'Amérique, section locale 8990*, précité, note 21; *Lavallée* c. *Elbert*, [1993] T.T. 612 – enregistrement des délibérations d'une assemblée syndicale.

132.	Voir *Bisson* c. *Association des employés de la Résidence du bonheur*, D.T.E. 98T-194 (T.T.).

une plainte pénale lui reprochant d'avoir enfreint l'article 12 du Code. Le cas échéant, la dissolution judiciaire d'un syndicat entraînera sa disparition juridique et l'anéantissement de tous les droits dont il pouvait être titulaire, y compris ceux liés à une convention collective dont il était le signataire[133].

---

133. *Confédération des syndicats nationaux* c. *Association des artisans de Reliure Travaction Inc.*, [1991] T.T. 235.

CHAPITRE 3
LA PROCÉDURE D'ACCRÉDITATION

401 – *Généralités* – On peut définir l'accréditation comme étant l'acte par lequel la puissance publique habilite une association de salariés à représenter les salariés ou un groupe de salariés d'un employeur, en raison de sa représentativité, aux fins de l'établissement d'un régime collectif de travail. Il s'agit en quelque sorte d'un permis d'exercice des rapports collectifs du travail selon le *Code du travail*.

C'est par requête que l'accréditation est demandée. Cette requête est soumise à diverses conditions de recevabilité. L'accréditation est accordée à l'endroit d'une unité de négociation, c'est-à-dire un groupe de salariés d'un employeur, jugée appropriée aux fins de la négociation collective. Son octroi dépend essentiellement du caractère représentatif dont doit jouir l'association de salariés parmi les salariés compris dans l'unité de négociation.

Quoique l'instance à laquelle le législateur a confié l'application de la procédure d'accréditation, la Commission des relations du travail, soit tenue à plusieurs égards d'agir judiciairement, la procédure d'accréditation est un processus davantage apparenté au type administratif qu'au type judiciaire[1]. La raison en est simple. La Loi ne considère pas la demande d'accréditation syndicale comme un recours agressif contre l'employeur.

---

1. *Magasins Wise Inc.* c. *Syndicat international des travailleurs et travailleuses unis de l'alimentation et du commerce, section locale 503*, [1992] T.T. 337; *Aliments Supra Inc.* c. *Union internationale des travailleurs et travailleuses unis de l'alimentation et du commerce, section locale 501*, [1992] T.T. 658; *Lanshire Manufacturing Inc.* c. *Syndicat des salariés(es) de Lanshire (C.S.D.)*, [1989] T.T. 336; *Industries plastiques Polar Ltée (Polar Plastic Industries Ltd.)* c. *Burns*, [1986] R.J.Q. 2211 (C.S.). Voir aussi, à partir de la législation applicable à cette époque: *Commission des relations de travail* c. *Civic Parking*, [1965] B.R. 657, 662 et 670.

I- LA REQUÊTE EN ACCRÉDITATION

A. L'association requérante

402 – *Association de salariés* – La requête en accréditation doit d'abord être soumise par une «association de salariés», selon la définition qu'en donne le paragraphe 1a) C.t. Cette définition comporte trois éléments d'identification de l'association de salariés: sa composition, sa finalité et sa forme.

Quant à la composition de l'association, celle-ci doit regrouper des salariés au sens du *Code du travail*. L'association ne saurait réunir indifféremment de tels salariés et d'autres personnes qui n'en sont pas, comme du personnel de gérance ou des travailleurs autonomes. On a ainsi jugé irrecevable, parce qu'elle n'était pas soumise par une association de salariés, une requête en accréditation déposée par un groupement dont les statuts et les règlements le définissaient comme une fédération, c'est-à-dire un groupement d'associations de salariés, et ne prévoyaient pas l'adhésion et la participation de salariés à titre individuel[2]. Par ailleurs, l'appartenance ou la participation accidentelle, de bonne foi, de quelques non-salariés à une association de salariés ne saurait lui faire perdre ni son caractère ni son droit, le cas échéant, à l'accréditation[3].

Pour ce qui est de sa finalité, l'association doit s'intéresser aux intérêts économiques, sociaux et éducatifs de ses membres et viser particulièrement la négociation et l'application de conventions collectives[4]. Cette finalité commande le contrôle de l'association par les salariés qui en sont membres. L'appartenance d'un syndicat à une

---

2. *Fédération des professionnels des services administratifs et personnels des institutions d'enseignement du Québec* c. *Association des professionnels de l'orientation du Québec*, T.T. Québec, 75-135, 25 février 1976. Sur la distinction entre une association de salariés et une fédération, voir également: *Québec (Procureur général)* c. *Centrale de l'enseignement du Québec*, D.T.E. 84T-341 (T.T.).

3. *Eerdmans* c. *Teamsters, employés de laiterie, boulangerie, produits alimentaires, ouvriers du meuble, employés de stations-service, section locale 973*, [1998] R.J.D.T. 692 (T.T.). À plus forte raison en est-il ainsi lorsque la participation de non-salariés est indépendante de l'employeur et n'influe pas sur le caractère représentatif de l'association requérante: *Lukian Plastic Closures Quebec Ltd.* c. *Lesage*, D.T.E. 99T-20 (C.S.). Cette situation pourrait néanmoins donner lieu à une vérification de la qualité des adhésions des salariés à l'association: *Lafrenière* c. *Syndicat québécois de l'imprimerie et des communications, section locale 145*, D.T.E. 90T-506 (T.T.).

4. *Donofsky* c. *Ouvriers unis des textiles d'Amérique*, [1973] T.T. 158.

société à but lucratif, avec abandon à cette dernière de son contrôle, est incompatible avec la poursuite des fins envisagées par le *Code du travail* et empêche de reconnaître dans ce syndicat une association de salariés au sens du Code[5].

Le *Code du travail* est très souple en ce qui a trait à la forme juridique de l'association de salariés: il laisse aux salariés et à leur groupement le choix de la forme et de la structure que prendra ce dernier[6]. Il n'est donc pas nécessaire que le syndicat soit constitué en personne morale. En pratique, plusieurs syndicats sont constitués en syndicats professionnels en vertu de la *Loi sur les syndicats professionnels*[7], qui leur confère alors une personnalité juridique distincte. Le syndicat qui n'est pas constitué en personne morale mais formé simplement *de facto* pourra ester en justice en suivant les prescriptions de l'article 60 du *Code de procédure civile*[8]. L'association requérante en accrédita-

---

5. *Travailleurs unis de l'alimentation et du commerce, local 500 c. Association des travailleurs et travailleuses de l'industrie et du commerce, local 469 (A.T.T.I.C.)*, D.T.E. 90T-709 (T.T.) – confirmé par *Association des travailleurs et travailleuses de l'industrie et du commerce, local 469 (A.T.T.I.C.) c. Tribunal du travail*, D.T.E. 91T-133 (C.S.). Une affiliation à un organisme à but lucratif laissant le contrôle de l'association de salariés à ses membres pourrait justifier sa légitimité: *T.U.A.C., section locale 500 c. Association des travailleurs(euses) du Marché Sabrevois*, [1991] T.T. 123; *S.T.E. Syndicat des travailleurs(euses) d'entreprises, local 105 c. Union des camionneurs de construction et apprentis mécaniciens d'automobiles et aides, employés de stations-service et de parcs de stationnement et salariés divers, local 903*, [1991] T.T. 201, confirmé par *Union des camionneurs de construction et apprentis mécaniciens d'automobiles et aides, employés de stations-service et de parcs de stationnement et salariés divers, local 903 c. Tribunal du travail*, D.T.E. 91T-1285 (C.S.). Voir aussi: *Travailleurs et travailleuses unis de l'alimentation et du commerce, local 500 c. Syndicat des travailleurs de l'alimentation et du commerce (S.T.A.C.)*, [1991] T.T. 345 – nécessité de faire prononcer la nullité de la formation ou de l'existence d'une association qui entretient des rapports illégitimes avec un organisme à but lucratif.
6. *S.T.E. Syndicat des travailleurs(euses) d'entreprises, local 105 c. Union des camionneurs de construction et apprentis mécaniciens d'automobiles et aides, employés de stations-service et de parcs de stationnement et salariés divers, local 903, ibid.; Union des camionneurs de construction et apprentis mécaniciens d'automobiles et aides, employés de stations-service et de parcs de stationnement et salariés divers, local 903 c. Tribunal du travail, ibid.; Travailleuses et travailleurs unis de l'alimentation et du commerce, section locale 501 c. Syndicat des travailleuses et travailleurs indépendants du Québec*, D.T.E. 2002T-767 (T.T.).
7. L.R.Q., c. S-40.
8. *Règlement sur l'exercice du droit d'association conformément au Code du travail*, R.R.Q., c. C-27, r. 3, art. 31. Pour agir en justice en demande, cette association doit se pourvoir, en vertu de l'article 60 C.p.c., d'un certificat délivré par la Commission des relations du travail, attestant qu'elle constitue une association de salariés au sens du *Code du travail: Syndicat des travailleuses et travailleurs de l'Hôtel Méridien de Montréal c. Tribunal du travail*, D.T.E. 92T-990 (C.S.). La délivrance de cette attestation par la C.R.T. est étrangère à l'administration du

tion doit néanmoins exister réellement. Un minimum de conditions demeurent requises au constat de cette existence, comme la tenue d'une réunion de formation, la signature de cartes de membres, le paiement de cotisations syndicales, l'adoption d'une constitution ou de statuts et l'élection de dirigeants[9].

Il faut enfin signaler que le fait qu'une association de salariés soit déjà accréditée pour un groupe de salariés ne s'oppose pas à la recevabilité d'une requête en accréditation de sa part, pour le même groupe de salariés, si elle a fait l'objet de maraudage par une autre association qui a pu mettre en danger sa représentativité en déposant une requête en accréditation, comme nous le verrons[10]. Le dépôt d'une telle requête par l'association déjà en place ne saurait toutefois avoir pour effet de faire perdre à l'association rivale le droit à un vote au scrutin secret que cette dernière aurait acquis en vertu de l'article 37 C.t., par le fait du dépôt préalable de sa propre requête en accréditation. En d'autres termes, la requête de l'association déjà accréditée ne revêt qu'un caractère défensif destiné à obtenir la tenue d'un vote[11].

B. Les délais de recevabilité

403 – *Multiplicité* – La recevabilité d'une requête en accréditation est d'abord conditionnée par son dépôt à l'intérieur de l'un ou l'autre de certains délais déterminés à cette fin par le *Code du travail*.

Code du travail: S.T.E. Syndicat des travailleurs(euses) d'entreprises, local 105 c. Union des camionneurs de construction et apprentis mécaniciens d'automobiles et aides, employés de stations-service et de parcs de stationnement et salariés divers, local 903, précité, note 5.

9. Voir et comparer les décisions suivantes: *Ferme Carnaval Inc. c. Union des employés de commerce, section locale 500*, [1986] T.T. 41; *Association des employés de GE-AD Inc. c. Syndicat des salariés en alimentation en gros (C.S.N.)*, D.T.E. 85T-458 (T.T.); *Vaudry c. Syndicat des travailleurs du commerce de l'électricité*, [1981] T.T. 618.

10. *Union typographique de Québec, local 302 c. Syndicat des employés de bureau du Saguenay (C.S.N.)*, [1978] T.T. 222; *Woolworth F.W. & C. c. Union des employés de commerce, local 503, C.T.C.-F.T.Q.*, D.T.E. 82T-639 (T.T.).

11. *Syndicat canadien des travailleurs du papier, section locale 100 c. Syndicat national des travailleurs de la pulpe et du papier de Kénogami Inc.*, [1980] T.T. 406. Par ailleurs, même en l'absence de dépôt d'une nouvelle requête en accréditation par l'association en place, la jurisprudence reconnaît à cette dernière le droit à la tenue d'un vote au scrutin secret si elle démontre qu'elle a reconquis son caractère majoritaire avant l'expiration du délai de recevabilité d'une requête en accréditation: *Travailleurs et travailleuses unis de l'alimentation et du commerce, section locale 501 c. Magasins Pascal Ltée*, D.T.E. 92T-116 (T.T.); *Travailleurs canadiens de l'alimentation et d'autres industries (Canadian Food and Allied Workers), local P-546 c. Syndicat des employés de Canada Packers Ltd. (C.S.N.)*, D.T.E. 82-147 (T.T.).

Le régime général de recevabilité des requêtes en accréditation est issu des règles énoncées aux articles 22, 27.1, 40 et 72 C.t. Ce régime fait l'objet de quelques particularisations dans les secteurs public et parapublic.

1. Le régime général

a) Le premier dépôt

404 – *Champ libre* – Un groupe de salariés qui n'est pas encore représenté par une association accréditée est dit «en champ libre». Il peut, en tout temps, être l'objet d'une requête en accréditation. Cette règle, énoncée au paragraphe 22a) C.t., est toutefois sujette à une réserve. En effet, la même disposition législative assujettit la recevabilité de la requête au fait que le groupe de salariés qui en est l'objet ne soit pas déjà visé, en totalité ou en partie, par une autre requête en accréditation. Il s'agit là de la règle dite du premier dépôt ou du «guichet fermé», que viennent compléter les dispositions de l'article 27.1 C.t. Ce dernier prononce l'irrecevabilité absolue de toute requête en accréditation qui chevauche en totalité ou en partie, même infime, une première requête qui lui est antérieure et qui vise un groupe de salariés qui n'est pas encore représenté par une association accréditée[12].

Pour ainsi fermer la porte à une requête ultérieure, une première requête doit être juridiquement existante et, à cette fin, satisfaire aux conditions de sa recevabilité[13]. Par ailleurs, son rejet éventuel pour un motif de fond, ayant trait au caractère inapproprié de l'unité de négociation proposée ou au défaut de représentativité de l'association requérante, n'affecte en rien l'application de la règle[14]. De même, le fait que l'une ou l'autre des requêtes vise en totalité ou en partie seulement les salariés pour lesquels aucune accréditation n'a été octroyée demeure sans pertinence; le seul constat de superposition des requêtes à l'égard d'un groupe de salariés non organisé du même employeur suffit à rendre irrecevable toute autre requête que la première[15].

---

12. Sur la reconnaissance de la validité de cette règle au regard de la liberté d'association affirmée à l'article 2 de la *Charte canadienne des droits et libertés* et à l'article 3 de la *Charte des droits et libertés de la personne du Québec*, voir: *Association des employés de Pyradia Inc.* c. *Pyradia Inc.*, [1988] T.T. 32; *Association des employés de Maisons usinées Brouillette Inc.* c. *Syndicat des employé(es) de Maisons usinées Brouillette Inc. (C.S.N.)*, D.T.E. 88T-246 (T.T.).
13. *Syndicat des employées et employés de la Société des casinos du Québec* c. *Resto-Casino Inc.*, [1997] T.T. 379.
14. *Ibid.*; *Fraternité nationale des charpentiers-menuisiers, forestiers et travailleurs d'usine* c. *Gaston Brouillette Inc.*, D.T.E. 85T-92 (T.T.).
15. *Association des employés de Galénica* c. *Syndicat national de l'automobile, de l'aérospatiale, du transport et des autres travailleurs et travailleuses du Canada (T.C.A.)*, [2000] R.J.D.T. 1623 (T.T.). L'article 27.1 C.t. n'a pas d'effet à l'en-

Aux fins d'application de cette règle du premier dépôt, une requête en accréditation est considérée déposée au jour de sa réception à un bureau de la C.R.T. (art. 27.1, al. 2 et 130, al. 2 C.t.)[16]. Deux requêtes déposées le même jour coexisteront donc et seront traitées concurremment.

La requête rendue irrecevable par l'article 27.1 C.t. pourra faire l'objet soit d'un rejet par la C.R.T., soit d'un désistement de la part de l'association requérante qui constate son irrecevabilité. Par exception, dans l'un ou l'autre cas, l'association victime de l'irrecevabilité de sa requête en raison de l'article 27.1 C.t. ne sera pas soumise au délai d'attente de trois mois normalement imposé par l'article 40 C.t. avant de pouvoir renouveler sa demande d'accréditation. Eu égard à la perspective d'un tel renouvellement de sa requête, l'association qui subit les effets de l'article 27.1 C.t. se trouve en pratique dans la situation suivante: elle peut, dans une nouvelle requête en accréditation, contourner en quelque sorte les salariés touchés par la règle du premier dépôt. Elle peut aussi choisir d'attendre le sort réservé à la requête de l'association rivale qui a bénéficié de la règle et compter sur son éventuel rejet, ou sur un désistement, pour retrouver le champ libre[17].

La règle du premier dépôt vise un objectif aussi manifeste que simple: accélérer le processus d'accréditation à l'endroit des salariés en champ libre, en écartant toute possibilité de délai pouvant résulter de requêtes successives à l'égard d'un même groupe, en tout ou en partie, tant qu'une accréditation n'a pas été octroyée. Toutefois, manipulée habilement sinon malicieusement, cette règle peut produire des effets secondaires non désirés par le législateur. Par exemple, le dépôt hâtif d'une première requête, suivi d'une longue contestation conduisant au rejet de la requête, pourra faire obstacle un certain temps à toute accréditation d'une association[18]. La même

---

contre d'une demande d'inclusion dans une unité d'accréditation existante, par interprétation selon l'article 39 C.t.: *Centres jeunesse de Montréal* c. *Syndicat québécois des employées et employés de service, section locale 298*, D.T.E. 2001T-1091 (T.T.).

16. *Association des employés de Hebdo Litho* c. *Syndicat international des communications graphiques, section locale 555*, [1999] R.J.D.T. 1633 (T.T.) – requête reçue un dimanche, par télécopie. Voir *infra*, nos 440-444.

17. Exemples: *Ferme Carnaval Inc.* c. *Union des employés de commerce, section locale 500*, précité, note 9; *Association indépendante des agentes et agents de télévente Molson-O'Keefe* c. *Syndicat des employées et employés professionnels et de bureau, section locale 57*, D.T.E. 93T-1286 (T.T.) – désistement; *Jeno Neuman & Fils Inc.* c. *Tribunal du travail*, [1994] R.J.Q. 2321 (C.S.) – prise d'effet d'un désistement.

18. Voir l'affaire *Fraternité nationale des charpentiers-menuisiers, forestiers et travailleurs d'usine* c. *Gaston Brouillette Inc.*, précité, note 14.

tactique utilisée par un petit groupe de salariés pourrait aussi, selon les cas, retarder l'accréditation pour un groupe plus étendu, conduire à la constitution d'unités de négociation autrement inopportunes et même lui permettre d'échapper à toute accréditation. À l'inverse, la règle peut servir à inclure dans une large unité de négociation un groupe aux intérêts distincts, malgré sa volonté et sans qu'il puisse réagir par le moyen d'une demande d'accréditation pour former une unité autonome.

405 – *Entreprise existante* – La Loi n'impose aucun nombre minimal de salariés chez un nouvel employeur pour qu'une accréditation puisse être demandée. Toutefois, l'accréditation doit s'adresser à une entreprise existante et la jurisprudence distingue la phase de mise en place de la nouvelle entreprise et celle de son exploitation active. L'accréditation qui serait demandée à l'endroit des salariés affectés aux travaux préliminaires d'implantation ne visera éventuellement que ceux-ci; elle ne saurait rejoindre les salariés qui seront appelés à réaliser les objectifs de l'entreprise après sa mise en marche[19]. Quant à ces derniers, ils pourront faire l'objet d'une demande d'accréditation dès qu'ils formeront un noyau minimal suffisant pour caractériser les activités de la nouvelle entreprise ou de la partie de cette dernière que vise la requête[20].

b) L'inefficacité de l'association accréditée

406 – *Délai d'action* – Le législateur a voulu permettre la remise en question de l'accréditation d'une association qu'il considère inefficace et inactive en négociation. Une demande d'accréditation peut ainsi être dirigée contre une association nouvellement accréditée après 12 mois de la date de son accréditation, si elle n'a pas réussi à conclure une convention collective et si le différend à ce sujet n'a pas été soumis à l'arbitrage ou, à défaut, s'il ne fait pas l'objet d'une grève ou d'un lock-out permis par le Code (art. 22b.1) C.t.). Lorsque l'accréditation a été octroyée sans que la description de l'unité de négociation ait été complètement réglée, le délai de 12 mois ne court qu'à compter de la décision de la Commission des relations du travail

---

19. *Bitumar Inc.* c. *Union des camionneurs de construction et approvisionnement, mécaniciens d'auto et aides, employés de stations-service et de parcs de stationnement et salariés divers*, D.T.E. 88T-865 (T.T.).
20. *Syndicat des employées et employés de la Société des casinos du Québec* c. *Resto-Casino Inc.*, précité, note 13; *Syndicat canadien de la fonction publique, section locale 3900* c. *Syndicat des travailleuses et travailleurs du Casino de Hull*, [1996] T.T. 504.

qui détermine cette question (art. 22b.2) et 28d.1) C.t.). À l'occasion du renouvellement d'une convention collective, le délai accordé à l'association de salariés est réduit à neuf mois de la date d'expiration de la convention collective échue, aux mêmes conditions (art. 22c) C.t.).

Ces diverses dispositions postulent que l'association accréditée puisse, comme alternatives à la conclusion d'une convention collective, soumettre le différend à l'arbitrage ou, à défaut, recourir à la grève.

407 – *Grève ou lock-out* – Un jugement *Pyrofax Gas Limited*, suivi et appliqué pendant plusieurs années, a d'abord décidé que l'exercice du droit de grève ou de lock-out à un certain moment avait pour effet d'interrompre la course du délai accordé à l'association en place avant que son accréditation devienne vulnérable, ce délai recommençant à courir et à être calculé à compter du moment où la grève ou le lock-out avait cessé[21]. Cette interprétation fut remise en question et désavouée par un jugement ultérieur, selon lequel il suffit de constater l'expiration de la période (de 12 ou de 9 mois) allouée à l'association accréditée et la réalisation des autres conditions prévues par la Loi pour conclure à la recevabilité d'une requête en accréditation, sans qu'il soit question de tenir compte de la survenance d'une grève ou d'un lock-out qui aurait ensuite pris fin[22].

408 – *Arbitrage* – À quel moment, par ailleurs, un différend est-il considéré soumis à l'arbitrage, pour l'application des délais prévus aux paragraphes b.1), b.2) et c) du premier alinéa de l'article 22 C.t.? Qu'il s'agisse d'un arbitrage obligatoire à la demande d'une seule partie, comme c'est le cas pour les policiers ou les pompiers ou à l'occasion de la négociation d'une première convention collective, ou qu'il s'agisse d'un arbitrage volontaire à la demande conjointe des deux parties dans les autres cas[23], c'est à la date de la décision du ministre du Travail, par laquelle celui-ci répond positivement à la

---

21. *Pyrofax Gas Limited* c. *Syndicat international des travailleurs des industries pétrolières, chimiques et atomiques, local 9-618*, [1971] T.T. 252.

22. *Syndicat des travailleurs(euses) de Robert et Robert (C.S.N.)* c. *Syndicat des salariés du bois ouvré de Robert et Robert (C.S.D.)*, [1987] T.T. 204. La fermeture temporaire de l'entreprise ne suspend pas non plus l'écoulement du délai: *Syndicat des employés de bureau et de commerce de Chicoutimi (C.S.N.)* c. *Syndicat d'alimentation, section locale 107 (F.S.A.)*, [1988] T.T. 481.

23. Sur l'arbitrage de différend, voir *infra*, Titre II, chapitre 5, nos 553-561.

demande qui lui a été adressée, que le différend est considéré déféré à l'arbitrage (art. 75, 93.3 et 98 C.t.)[24].

c) *L'expiration d'une convention collective*

409 – *Convention collective de courte durée* – Le paragraphe d) du premier alinéa de l'article 22 C.t. prévoit une période automatique de remise en question de l'accréditation, lorsque les conditions de travail ont été déterminées collectivement pour une durée de trois ans ou moins. Cette période s'étend du 90e au 60e jour précédant la date d'expiration d'une sentence arbitrale tenant lieu de convention collective, ou la date d'expiration d'une convention collective ou du renouvellement d'une convention collective dont la durée est de trois ans ou moins. Ce délai, comme les autres délais prévus à l'article 22 C.t., est d'ordre public et a évidemment préséance sur toute convention. Il s'ensuit, par exemple, qu'une modification conventionnelle de la durée de la convention collective ne saurait faire obstacle à son application[25]. Le calcul de ce délai, comme celui des autres délais fixés par le Code, tient compte des dispositions des articles 151.1 à 151.3 C.t., qui peuvent avoir pour effet de le prolonger[26].

410 – *Convention de longue durée* – L'article 22, al. 1e) C.t. s'adresse aux situations où les parties ont conclu une convention collective dont la durée est de plus de trois ans. Dans tous ces cas, il y a ouverture à une demande d'accréditation du 180e au 150e jour

---

24. *Syndicat des travailleurs d'Entreprises Philip (C.S.N.)* c. *Union des chauffeurs de camions, hommes d'entrepôts et autres ouvriers, section locale 106 (F.T.Q.)*, D.T.E. 98T-328 (T.T.); *Syndicat québécois des employées et employés de service, section locale 29* c. *Association des employés de la Résidence du Bonheur*, D.T.E. 97T-1011 (T.T.). Ces décisions représentent un revirement jurisprudentiel quant à une demande conjointe d'arbitrage; comparer: *City Buick, Pontiac (Mtl) Limitée* c. *Union des vendeurs d'automobiles et employés auxiliaires, local 1974 R.C.I.A.*, [1979] T.T. 66; *Syndicat des salariés du Château Bonne-Entente (C.S.N.)* c. *Union des employés de restauration du Québec, local 102*, [1983] T.T. 408.

25. *Teamsters du Québec, chauffeurs et ouvriers de diverses industries, section locale 69* c. *Syndicat des travailleuses et travailleurs de Bois linière (C.S.N.)*, D.T.E. 99T-193 (C.A.); *Syndicat des employés de l'Imprimerie Veilleux Ltée* c. *Syndicat international des arts graphiques, local 509*, [1984] T.T. 4.

26. *Association des employés de Bertrand Croft Inc.* c. *Syndicat des employés(es) de Bertrand Croft (C.S.N.)*, D.T.E. 87T-864 (T.T.). Ce jugement précise que la prolongation du délai par application des articles 151.2 et 151.3 C.t. valide le dépôt lui-même de la requête en accréditation, sans du même coup changer la date à laquelle on se rapportera pour calculer les effectifs syndicaux conformément à l'article 36.1 du Code. Voir *supra*, Titre II, chapitre 1, n° 351.

précédant la date d'expiration de la convention collective. En outre, pendant la durée d'une telle convention collective, l'accréditation peut être remise en question à intervalles réguliers après un certain temps. Il en sera ainsi du 180e au 150e jour précédant le sixième anniversaire de la signature de la convention collective et chaque deuxième anniversaire subséquent (le 8e, le 10e et ainsi de suite), à moins qu'une telle période d'ouverture ne se trouve à prendre fin à 12 mois ou moins de celle qui précédera l'expiration de la convention collective, c'est-à-dire du 180e jour précédant cette date d'expiration. Ici encore, le calcul de ces délais prend en considération les dispositions des articles 151.1 à 151.3 C.t.

411 – *Convention collective transférée* – Dans le cas d'une convention collective transférée à un nouvel employeur à l'occasion d'une concession partielle d'entreprise et qui expire 12 mois après la date de la concession, par effet du paragraphe 1o de l'article 45.2 C.t., l'accréditation ne peut être demandée que du 90e au 60e jour précédant cette date d'expiration (art. 22, al. 2 C.t.).

d) Le défaut de déposer une convention collective

412 – *Mesure incitative* – L'article 72 C.t. incite à procéder au dépôt d'une convention collective comme il l'exige. Cette incitation est principalement dirigée vers l'association accréditée signataire. À défaut que le dépôt soit effectué dans les 60 jours de la signature et jusqu'à ce qu'il ait été fait, une association rivale peut demander l'accréditation (art. 72, al. 2 C.t.)[27]. On est parfois porté à oublier que la même conséquence s'attache au défaut de déposer les modifications apportées à la convention collective qu'à celui de la déposer elle-même[28].

413 – *Renouvellement d'une requête* – La recevabilité d'une requête en accréditation à l'intérieur de l'un ou l'autre des délais auxquels nous venons de nous arrêter demeure par ailleurs soumise à une restriction particulière. En vertu de l'article 40 C.t., une association qui se voit refuser sa demande d'accréditation ou qui choisit de s'en désister ne peut en reformuler une autre à l'endroit du même groupe qu'après une période d'attente de trois mois suivant le rejet ou le désistement[29]. L'application de cette sanction demeure toutefois

---

27. Exemple, *Union des agents de sécurité du Québec, local 8922* c. *Union des agents de sécurité du Québec*, [1984] T.T. 225.
28. Voir, à ce sujet, *Prévost Car Inc.* c. *Tremblay*, [1976] C.S. 32.
29. *Institut technique Aviron* c. *Syndicat des professeurs de métier et de technique de l'Institut Aviron (C.S.N.)*, D.T.E. 84T-191 (T.T.).

limitée. D'abord, l'article 40 C.t. exclut expressément cette application lorsque le rejet ou le désistement fait suite à l'irrecevabilité de la requête par effet de la règle du premier dépôt énoncée à l'article 27.1 C.t., ainsi que lorsqu'un désistement est produit à la suite d'un regroupement de municipalités ou de commissions scolaires, d'une intégration de personnel dans une communauté urbaine ou de la création d'une société de transport. En outre, la jurisprudence s'est refusée à imposer le moratoire de trois mois dans tous les cas où le rejet ou le désistement de la requête en accréditation n'est pas lié à un motif de fond, mais plutôt à une simple défaillance procédurale[30].

Il existe un moyen technique pour échapper à l'application, le cas échéant, de l'article 40 C.t. Il s'agit de créer de toutes pièces un nouveau syndicat avec un nouveau nom, un nouveau conseil d'administration, etc. Le nouveau requérant en accréditation doit toutefois se présenter comme une entité syndicale réellement distincte de celle qu'il remplace en quelque sorte, même si ses membres et certains de ses officiers se retrouvent dans les mêmes personnes[31].

414 – *Application successive* – Il faut comprendre que les diverses périodes de recevabilité des requêtes en accréditation sont d'application successive. Cela signifie, par exemple, qu'une requête déposée dans la période qui précède l'expiration d'une convention collective (art. 22d) ou 22e) C.t.) aura préséance sur une requête déposée plus tard, après l'échéance de cette convention collective (art. 22c) C.t.), ou après la conclusion d'une nouvelle convention collective et le défaut de la déposer (art. 72 C.t.)[32]. Par ailleurs, des requêtes déposées dans un même délai de recevabilité seront traitées en juxtaposition, c'est-à-dire comme si elles avaient été déposées au même moment, sans préséance de l'une sur l'autre[33].

---

30. *Syndicat indépendant Weldco* c. *Weldco Inc.*, [1986] T.T. 360. Voir aussi *infra*, nos 422, 425.
31. Comparer à ce sujet les jugements suivants qui aboutissent à des constats différents: *Ferme Carnaval Inc.* c. *Union des employés de commerce, section locale 500*, précité, note 9; *Institut technique Aviron* c. *Syndicat des professeurs de métier et de technique de l'Institut Aviron (C.S.N.)*, précité, note 29; *Gravel & Fils Ltée* c. *Syndicat d'entreprises funéraires*, [1983] T.T. 386.
32. *Conseil des employés de commerce du Québec, section matériaux de construction* c. *Union des employés de commerce, local 502*, [1983] T.T. 206; *Syndicat des employés de SOPEQ* c. *Union des agents de sécurité du Québec*, D.T.E. 83T-558 (T.T.).
33. *Ibid.* La représentativité de chaque association demeurera néanmoins appréciée, comme nous le verrons, à la date du dépôt de sa requête.

L'article 27 C.t. charge la C.R.T. de mettre une copie de toute requête en accréditation à la disposition du public par tout moyen qu'elle juge approprié.

2. Le régime applicable aux secteurs public et parapublic

415 – *Définition* – Les délais de recevabilité des requêtes en accréditation varient sous certains aspects dans les «secteurs public et parapublic», selon la définition qu'en donne l'article 111.2 du *Code du travail*. Il s'agit du gouvernement, de ses ministères et des organismes du gouvernement dont le personnel est nommé suivant la *Loi sur la fonction publique*[34], ainsi que des collèges, des commissions scolaires et des établissements du secteur de la santé et des services sociaux visés par la *Loi sur le régime de négociation des conventions collectives dans les secteurs public et parapublic*[35].

416 – *Expiration d'une convention collective* – L'article 111.3 C.t. substitue à la période mentionnée au paragraphe *d)* du premier alinéa de l'article 22 celle entre le deux cent soixante-dixième et le deux cent quarantième jour précédant la date d'expiration d'une convention collective ou de ce qui en tient lieu, comme période statutaire de maraudage. Quoique le législateur ait utilisé à l'article 111.3 l'expression «entre le deux cent soixante-dixième et le deux cent quarantième jour [...]» plutôt que l'expression «*du* quatre-vingt dixième *au* soixantième jour [...]» selon la formule déjà employée au paragraphe *d)* du premier alinéa de l'article 22, on a décidé que dans ce cas, le mot «entre» devait être interprété comme étant inclusif et que, conséquemment, les deux cent soixante-dixième et deux cent quarantième jours étaient compris dans la période où l'accréditation peut être demandée en vertu de l'article 111.3[36].

417 – *Délai de négociation* – Sur un autre plan, le délai d'ouverture envisagé au paragraphe c) du premier alinéa de l'article 22 C.t. paraît inapplicable à une partie des secteurs public et parapublic.

L'article 111.1 C.t. énonce en effet, sous réserve de certaines exceptions qui y sont prévues, que les dispositions du Code s'appliquent aux relations du travail dans les secteurs public et parapublic,

---

34. L.R.Q., c. F-3.1.1.
35. L.R.Q., c. R-8.2.
36. *Association des techniciens en diététique du Québec Inc.* c. *Centre hospitalier de Matane*, [1979] T.T. 127; *Syndicat professionnel des techniciens en radiologie médicale du Québec (S.P.T.R.M.Q.)* c. *Alliance professionnelle des paramédicaux (C.S.N.)*, [1980] T.T. 201.

sauf dans la mesure où elles sont inconciliables avec celles de la section relative à ces secteurs.

Une telle inconciliabilité peut être, selon les cas, explicite ou implicite. Explicitement ou techniquement, l'application du paragraphe c) du premier alinéa de l'article 22 C.t. n'est inconciliable avec aucune règle particulière contenue aux articles 111.1 et suivants du Code. Ce sont plutôt les postulats qui sous-tendent la règle d'ouverture de l'article 22, al. 1c) C.t. qui, à l'analyse, se révèlent implicitement incompatibles avec le régime de négociation applicable aux secteurs public et parapublic. La sanction que représente cette ouverture au maraudage de l'association accréditée présumément inefficace est indissociable du régime de négociation applicable à cette association et, surtout, de la possibilité que ce régime lui offre de recourir à l'un ou l'autre des moyens lui permettant de se mettre à l'abri de cette sanction, à savoir la conclusion d'une convention collective, le recours à la grève, ou le renvoi du différend à l'arbitrage par sa seule volonté ou même avec le seul accord de l'employeur visé par l'accréditation. Or, verrons-nous, le régime spécial de négociation des secteurs public et parapublic déroge à plusieurs égards au régime général et soumet plusieurs associations accréditées de ces secteurs à des modalités et conditions de négociation qui les dépouillent, à toutes fins utiles, de leurs pouvoirs directs et usuels sur la négociation et sur les moyens auxquels celle-ci peut faire appel. Cette réalité sera particulièrement évidente lorsque la Loi impose une négociation sectorielle unique à l'échelle nationale entre plusieurs interlocuteurs patronaux et syndicaux, ou une négociation divisée entre ce palier national et le niveau local[37].

C. Les formalités

1. La teneur

418 – *Sources* – Les formalités auxquelles est assujettie la demande d'accréditation sont dictées par les articles 25 et 26 C.t. ainsi que par le *Règlement sur l'exercice du droit d'association conformément au Code du travail*[38]. Elles ont essentiellement trait à la production de divers documents.

---

37. *Syndicat de professionnelles et professionnels du gouvernement du Québec* c. *Syndicat québécois des employées et employés de service, section locale 298 (F.T.Q.)*, D.T.E. 2000T-652 (C.T.); *Syndicat national des employés de l'Hôpital Saint-Charles Borromée* c. *Les infirmières et infirmiers unis Inc.*, [1981] T.T. 9; *Alliance professionnelle des para-médicaux, affiliée à la Confédération des syndicats nationaux (CSN)* c. *Centre Hospitalier Maisonneuve-Rosemont*, T.T. n° 500-28-000509-802, 15 juin 1981. Voir *infra*, chapitre 6, n°s 576-581.

38. Précité, note 8.

a) La requête

419 – *Contenu* – L'accréditation se demande par requête déposée à la Commission des relations du travail, à son bureau de Québec ou de Montréal (art. 25, al. 1 C.t.)[39]. Cette requête doit identifier le groupe de salariés que l'association veut représenter et être signée par ses représentants mandatés (art. 25, al. 2 C.t.)[40]. Elle doit aussi désigner l'employeur par son nom en mentionnant l'adresse de l'établissement ou des établissements visés[41]. Cette dernière identification pose parfois une difficulté, lorsque plusieurs personnes ou entités se partagent ou exercent conjointement les différentes prérogatives usuelles d'un employeur à l'endroit de ses salariés. Dans ces circonstances, une désignation erronée de l'employeur par l'association requérante pourra être corrigée à la lumière des faits révélés ultérieurement à l'occasion de l'examen de la demande d'accréditation par la C.R.T., sans que le droit à l'accréditation soit compromis du fait de l'erreur initiale[42].

b) La résolution

420 – *Existence essentielle* – En vertu du deuxième alinéa de l'article 25 C.t., la requête en accréditation doit être autorisée par une résolution de l'association. Un arrêt de la Cour suprême a souligné le fait que cette résolution doit être adoptée par l'association qui demande l'accréditation et non par les salariés de l'unité de négociation pour laquelle cette association cherche à obtenir l'accréditation[43]. Par exemple, s'agissant d'un syndicat d'envergure régionale, c'est l'assemblée générale formée de l'ensemble des membres du syndicat qui devra adopter la résolution, ou encore l'exécutif de ce dernier, selon les dispositions qui peuvent être prévues à cet

---

39. *Ibid.*, art. 9 et 3, et annexe 1. Sur le mode de transmission de la requête à la C.R.T., voir *supra*, Titre II, chapitre 1, n° 349.
40. Quant à l'exigence de signature, voir *Restaurants Châtelaine Ltée* c. *Lesage*, D.T.E. 84T-505 (C.S.).
41. *Règlement sur l'exercice du droit d'association conformément au Code du travail*, précité, note 8, art. 9.
42. *Syndicat des travailleurs de l'énergie et de la chimie, local 105 (F.T.Q.)* c. *Transport Matte Ltée*, [1988] R.J.Q. 2346 (C.A.); *Association des employés de Galénica* c. *Syndicat national de l'automobile, de l'aérospatiale, du transport et des autres travailleurs et travailleuses du Canada (T.C.A.)*, précité, note 15; *Union des employés d'hôtels, restaurants et commis de bars, section locale 31 (C.T.C.)* c. *Syndicat des travailleuses et travailleurs du Holiday Inn Select Sinomonde (C.S.N.)*, D.T.E. 2001T-562 (T.T.).
43. *Association internationale des commis du détail, local 486* c. *Commission des relations du travail du Québec*, [1971] R.C.S. 1043.

effet par les statuts ou les règlements du syndicat. Pour des raisons pratiques évidentes, c'est d'ailleurs à cette dernière solution que l'on fait généralement appel. Le cas échéant, c'est à la C.R.T. qu'il appartiendra d'apprécier si la résolution a été adoptée conformément aux statuts et aux règlements de l'association requérante[44]. La résolution décrit elle-même l'unité de négociation à l'égard de laquelle l'association est autorisée à demander l'accréditation. Elle désigne aussi habituellement les mandataires qui agiront au nom de l'association et signeront notamment la requête en accréditation. L'existence d'une résolution qui répond aux exigences de la Loi représente une condition de fond à la recevabilité de la requête en accréditation[45].

421 – *Accompagnement* – L'article 25, al. 2 C.t. requiert que la requête soit accompagnée de tout document ou information exigé par un règlement du gouvernement. L'article 9 du Règlement[46], qui continue de s'appliquer, exige que la requête en accréditation soit accompagnée d'une copie certifiée conforme de la résolution. Alors que cette obligation ne trouvait aucun fondement direct dans la Loi elle-même, on a jugé que le défaut de la satisfaire ne constituait qu'une simple irrégularité de procédure, que l'article 151 C.t. permettait de couvrir[47].

c) *Les formules d'adhésion et les autres informations*

422 – *Formules d'adhésion* – L'article 25, al. 2 C.t. exige de l'association requérante que sa demande d'accréditation soit accompagnée des formules d'adhésion mentionnées au paragraphe b) du 1er alinéa de l'article 36. C.t. ou de copies de ces formules. La Loi distingue du même coup la requête elle-même et les documents qui devront l'accompagner. Elle ne précise toutefois pas ce qu'elle entend par la notion d'accompagnement. Le sens de cette exigence a été circonstancié par la jurisprudence. On a déjà ainsi décidé qu'il n'était

---

44. *Travailleurs unis de l'alimentation et du commerce, local 501* c. *Bourgeois*, [1991] R.J.Q. 951 (C.A.).
45. *Rodrigues* c. *Bibeault*, [1986] R.J.Q. 2243 (C.S.); *De Sousa* c. *Syndicat des ouvriers unis de l'électricité, radio et machinerie d'Amérique, section locale 568*, [1986] T.T. 17; *Ouvriers unis de Shefford Textiles Ltée* c. *Syndicat démocratique des salariés de Shefford Textiles Ltée (C.S.D.)*, [1983] T.T. 378. Corrélativement, le désistement d'une requête en accréditation doit aussi être appuyé d'une résolution d'autorisation de l'association: *Jeno Neuman & Fils Inc.* c. *Tribunal du travail*, précité, note 17.
46. *Règlement sur l'exercice du droit d'association conformément au Code du travail*, précité, note 8.
47. *Tétreault* c. *Lecavalier*, C.A. Montréal, no 500-09-001052-869, 26 février 1988; *Rodrigues* c. *Bibeault*, précité, note 45.

pas nécessaire que les formules d'adhésion ou leurs copies soient jointes physiquement à la requête en accréditation et qu'il suffisait que ces documents soient transmis le même jour que la requête[48]. En l'absence des originaux ou des copies des formules d'adhésion qui doivent accompagner la requête en accréditation, la jurisprudence, plutôt que de conclure au rejet pur et simple de la requête pour ce motif, a décidé qu'elle devait simplement être déclarée inexistante, «donc n'avoir jamais été faite, avec toutes les conséquences juridiques que cela implique»[49]. Cette solution permet à l'association fautive d'éviter la sanction prévue à l'article 40 C.t., qui lui imposerait autrement d'attendre l'expiration du moratoire de trois mois avant de renouveler sa demande d'accréditation. On a ensuite étendu cette conclusion d'inexistence de la requête à l'absence d'une résolution conforme à la Loi et aux règlements[50], puis à d'autres causes d'irrecevabilité[51].

423 – *Autres documents* – Outre les formules d'adhésion, l'obligation de communication de l'association pourra éventuellement s'étendre à tout document ou information exigé par un règlement du gouvernement. C'est toutefois seulement sur demande expresse de la C.R.T. que l'association requérante sera tenue de déposer ses statuts et ses règlements (art. 26 C.t.). Elle pourra être appelée à le faire, par exemple, pour établir la réalité de son existence ou sa finalité[52].

d) La copie à l'employeur et ses obligations

424 – *Obligations d'affichage* – C'est la C.R.T. elle-même qui transmet à l'employeur une copie de la requête en accréditation, avec toute information qu'elle juge appropriée (art. 25, al. 1 C.t.). Il peut

---

48. *Syndicat des infirmières et infirmiers de l'Est du Québec (S.I.I.E.Q.)* c. *Syndicat des infirmières et infirmiers du C.L.S.C. de la Vallée (F.I.I.Q.)*, D.T.E. 91T-99 (T.T.); *Union des employés de service, local 298 (F.T.Q.)* c. *Syndicat national des employés de l'Hôpital Charles Lemoyne (F.A.S.-C.S.N.)*, D.T.E. 90T-1150 (T.T.).
49. *Syndicat des employés du Séminaire Marie-Reine du Clergé* c. *Commissaire général du travail*, [1983] T.T. 382; *Fraternité nationale des charpentiers, menuisiers, forestiers et travailleurs d'usine, section locale 99* c. *Syndicat canadien des travailleurs du papier, section locale 2995*, D.T.E. 84T-630 (T.T.).
50. *Syndicat indépendant Weldco* c. *Weldco Inc.*, précité, note 30; *De Sousa* c. *Syndicat des ouvriers unis de l'électricité, radio et machinerie d'Amérique, section locale 568*, précité, note 45; *Alma (Ville d')* c. *Syndicat canadien de la Fonction publique, section 2876*, D.T.E. 85T-949 (T.T.).
51. *Syndicat des employées et employés de la Société des casinos du Québec* c. *Resto-Casino Inc.*, précité, note 13.
52. Eu égard aux dispositions de la *Charte de la langue française*, L.R.Q., c. C-11, la constitution et les règlements de l'association n'ont pas à être rédigés dans la langue officielle: *Lagacé* c. *Union des employés de commerce, local 504 (T.U.A.C.-F.T.Q.)*, [1988] R.J.Q. 1791 (C.A.).

être opportun cependant pour l'association requérante d'aviser elle-même l'employeur du dépôt de sa requête en accréditation, notamment en vue d'établir au besoin la connaissance par l'employeur, dès ce moment, de l'activité syndicale en cours dans son entreprise.

Au plus tard le jour ouvrable suivant celui de sa réception, l'employeur est tenu d'afficher une copie de la requête dans un endroit bien en vue de son entreprise (art. 25, al. 3 C.t.). Il doit aussi, dans les cinq jours de la réception de cette copie, afficher dans un endroit bien en vue la liste complète des salariés visés par la demande d'accréditation, avec leur fonction, en transmettre aussitôt une copie à l'association requérante et en garder une autre à la disposition de l'agent de relations du travail qui sera saisi de la requête[53].

2. *Le contrôle*

425 – *Principes généraux* – L'examen et l'appréciation du respect, par l'association requérante, des formalités arrêtées aux articles 25 et 26 C.t. relèvent de la compétence de la Commission des relations du travail. À moins que son pouvoir ait été exercé de façon manifestement déraisonnable, les tribunaux supérieurs refuseront d'intervenir à l'encontre de ses décisions à ce sujet[54].

Le contentieux des formalités auxquelles est soumise la requête en accréditation soulève deux difficultés particulières. L'une a trait à l'identité des intervenants et l'autre à l'accès aux moyens de preuve.

Par effet de l'article 32 C.t., sur lequel nous reviendrons, l'employeur se voit expressément dénier tout droit d'intervention, au cours de la procédure d'accréditation, quant au caractère représentatif des associations de salariés en cause. Sont seuls autorisés à discuter de la représentativité des associations, comme condition de leur accréditation, les associations elles-mêmes et les salariés visés par une requête en accréditation. On trouve des décisions où l'on a assimilé assez simplement à l'examen du caractère représentatif la vérification de certaines formalités exigées par l'article 25 C.t., notamment l'existence de la résolution qui doit autoriser la requête

---

53. Sur l'affichage de la liste, voir *Syndicat des travailleurs(euses) de A.M.D. (C.S.N.) c. A.M.D. Ltée*, D.T.E. 82T-244 (T.T.).
54. *Travailleurs unis de l'alimentation et du commerce, local 501 c. Bourgeois*, précité, note 44.

en accréditation[55] et la question de la production des cartes d'adhésion avec la requête[56]. Il faut toutefois reconnaître que le problème a été le plus souvent envisagé sous l'angle de l'admissibilité d'une preuve que voulait soumettre l'employeur ou de l'accessibilité de cette preuve à cet employeur. Ces questions se distinguent pourtant du droit lui-même de discuter de la recevabilité d'une requête en accréditation, en fonction des formalités requises par l'article 25 C.t. La recevabilité de la requête en accréditation est une question qu'aucun texte législatif ne soustrait comme telle au droit de contestation de l'employeur[57]. Cette distinction étant acceptée, il ne s'ensuit pas pour autant que toute difficulté disparaisse. La vérification des conditions de recevabilité de la requête en accréditation est susceptible de requérir l'examen de divers éléments factuels directement rattachés au caractère représentatif d'une association, c'est-à-dire à ses relations avec les salariés. La C.R.T. sera alors justifiée d'interdire à l'employeur l'accès à la preuve des éléments du caractère représentatif des syndicats[58]. Au surplus, cette partie de l'enquête de la C.R.T. demeurera, à l'égard de tout intervenant, sujette à l'interdiction que l'article 36 C.t. fait à quiconque de révéler l'appartenance d'une personne à une association de salariés au cours de la procédure d'accréditation, sauf à la C.R.T. elle-même, à un membre de son personnel ou à un juge saisi d'un recours en révision judiciaire[59]. Toute partie à une enquête sur une allégation d'ingé-

---

55. Exemple: *Loranger et Leblanc* c. *Union des employés de commerce, local 501, R.C.I.A.*, [1978] T.T. 250. Voir aussi *Chomedey Hyundai* c. *Fraternité canadienne des cheminots, employés des transports et autres ouvriers, section locale 511*, [1988] T.T. 460 – inadmissibilité de l'employeur à l'enquête relative au processus d'adoption d'une résolution de désistement d'une requête en accréditation.

56. *Ferme Carnaval Inc.* c. *Union des employés de commerce, section locale 500*, précité, note 9; *Industries plastiques Polar Ltée (Polar Plastic Industries Ltd.)* c. *Burns*, précité, note 1.

57. Voir: *Luc Inc.* c. *Union des employés de commerce, local 501*, [1985] T.T. 360; *Institut technique Aviron* c. *Syndicat des professeurs de métiers de technique de l'Institut Aviron (C.S.N.)*, précité, note 29. Voir aussi cependant: *Ferme Carnaval Inc.* c. *Union des employés de commerce, section locale 500*, précité, note 9.

58. *Lukian Plastic Closures Quebec Ltd.* c. *Lesage*, précité, note 3; *Aliments Supra Inc.* c. *Union internationale des travailleurs et travailleuses unis de l'alimentation et du commerce, section locale 501*, précité, note 1; *Magasins Wise Inc.* c. *Syndicat international des travailleurs et travailleuses unis de l'alimentation et du commerce, section locale 503*, précité, note 1; *Luc Inc.* c. *Union des employés de commerce, local 501*, *ibid.*; *Chomedey Hyundai* c. *Fraternité canadienne des cheminots, employés des transports et autres ouvriers, section locale 511*, précité, note 55.

59. *Ibid.* Voir aussi *infra*, n° 439. Sur les mesures de protection de la confidentialité de l'adhésion syndicale des salariés, lorsque certains d'entre eux, parties intéressées au caractère représentatif d'un syndicat requérant, réclament des documents syndicaux, comparer les approches différentes adoptées dans

rence illicite de l'employeur dans les activités du syndicat demeure néanmoins en droit de connaître tous les éléments de preuve au dossier[60].

II- L'UNITÉ DE NÉGOCIATION

426 – *Règles de base* – C'est à l'association de salariés, requérante en accréditation, qu'il appartient de proposer une description du groupe de salariés – l'unité de négociation – qu'elle veut représenter chez l'employeur. Le *Code du travail* ne dicte pas de contenu obligatoire à une unité de négociation. Un seul salarié peut suffire à former une telle unité (art. 21, al. 4 C.t.).

L'article 21, al. 3 C.t. énonce les règles fondamentales à partir desquelles seront déterminées les unités de négociation. Ces règles sont les suivantes:

– D'abord, le droit à l'accréditation existe soit à l'égard de la totalité des salariés de l'employeur, soit à l'égard d'un groupe de salariés qui forme un groupe distinct aux fins du Code. L'unité peut donc être générale, ce que l'on appelait autrefois l'unité industrielle, ou être formée d'un groupe distinct de salariés identifié selon les critères que nous verrons ci-après, ce que l'on appelait à l'origine l'unité de métier.

– L'unité de négociation peut être déterminée par accord entre l'employeur et l'association de salariés au niveau de l'agent de relations du travail. Le constat de cet accord par l'agent de relations du travail a alors un effet déclaratoire de droit.

– À défaut d'accord entre l'association de salariés et l'employeur lors de l'intervention de l'agent de relations du travail, c'est à la C.R.T. elle-même qu'il appartient de déterminer l'unité appropriée, qu'elle soit générale ou distincte. À ce stade, la C.R.T. a pleine latitude quant à la détermination de l'unité; même une entente entre l'employeur et le syndicat ne saurait la lier et ne

---

Samson c. *Métallurgistes unis d'Amérique, section locale 8990*, [1995] T.T. 549 et dans *Delorme* c. *Syndicat des travailleurs professionnels et techniques du vêtement, des services et de la santé, section locale 278*, D.T.E. 95T-1126 (T.T.).

60. *Charte des droits et libertés de la personne*, L.R.Q., c. C-12, art. 23; *Guilde des employés de Super Carnaval (Lévis)* c. *Tribunal du travail*, [1986] R.J.Q. 1556 (C.A.).

pourrait avoir qu'une valeur indicative[61]. À plus forte raison, une entente entre deux syndicats sur la description de l'unité de négociation ne peut avoir aucun effet contraignant sur la décision de la C.R.T., à supposer même que l'employeur n'intervienne pas sur la question[62].

Eu égard à ces règles générales, il faut signaler que l'article 4 C.t. apporte tout de même une restriction indirecte à la détermination de certaines unités de négociation, du fait qu'il interdit aux policiers municipaux d'appartenir à un syndicat qui n'est pas formé exclusivement de policiers municipaux ou qui est affilié à une autre organisation. Autre restriction exceptionnelle, la formation des unités de négociation qui regroupent des employés du gouvernement du Québec obéit aux règles précises édictées par les articles 64 à 67 de la *Loi sur la fonction publique*[63]. Plus marginalement encore, tous les salariés de la Commission de la construction du Québec ne doivent former ensemble qu'une seule unité d'accréditation[64].

A. Les incidences de la description de l'unité de négociation

427 – *Importance* – La description de l'unité de négociation revêt une importance capitale à plusieurs égards, tant pour l'employeur que pour la partie syndicale.

D'abord, le droit même à l'accréditation est subordonné à l'existence d'un groupe habile à négocier collectivement ou, en d'autres termes, d'une unité de négociation appropriée[65]. Dans plusieurs cas, la détermination de l'unité de négociation donne lieu à de véritables stratégies rattachées, en réalité, à l'établissement éventuel du caractère représentatif de l'association syndicale à l'intérieur de l'unité

---

61. *Syndicat des employés de Uniroyal (C.S.N.)* c. *Uniroyal Limitée*, [1974] C.A. 366 (même si, en l'espèce, deux juges estimaient que, de toute façon, il n'y avait pas eu de telle entente entre les parties); *Syndicat des enseignantes et enseignants du Séminaire St-François* c. *Corp. du Séminaire St-François*, D.T.E. 98T-1201 (T.T.) – suggestion commune des parties.

62. *Infirmières et infirmiers unis Inc.* c. *Union des employés de service, section locale 298 (F.T.Q.)*, [1976] T.T. 35.

63. Précitée, note 34. Exemple d'application: *Association professionnelle des ingénieurs du gouvernement du Québec* c. *Québec (Procureur général)*, [1988] T.T. 475.

64. *Loi sur les relations du travail, la formation professionnelle et la gestion de la main-d'œuvre dans l'industrie de la construction*, L.R.Q., c. R-20, art. 85.

65. Voir *Canada Packers Inc.* c. *Union des employés de commerce, local 501*, D.T.E. 86T-641 (T.T.).

retenue. Par la description de l'unité de négociation, le syndicat pourra chercher à s'assurer une majorité et, à l'inverse, l'employeur à la lui faire perdre. En effet, il est facile de comprendre, en ayant à l'esprit que pour obtenir l'accréditation le syndicat doit être majoritaire à l'intérieur de l'unité, que la proportion des appuis au syndicat peut changer sensiblement selon l'étendue de l'unité. Pour l'employeur qui cherche à empêcher l'octroi de l'accréditation, le débat sur l'unité de négociation (et les personnes qu'elle vise), lorsqu'il croit que l'appui au syndicat se situe autour du point critique de la majorité, prend une importance déterminante, puisqu'il constitue le seul sujet sur lequel il est autorisé par le *Code du travail* à intervenir et à apporter une contestation quant au fond de la requête. L'employeur est en effet exclu, comme nous le verrons, de tout débat sur la question de la représentativité du syndicat ou des syndicats en présence (art. 32, al. 4 C.t.).

Enfin, il faut aussi garder à l'esprit qu'en cas de rejet d'une requête en accréditation ou de désistement de la part du syndicat requérant, que ce soit en raison du caractère inapproprié de l'unité recherchée ou du défaut de majorité, le syndicat concerné devra attendre l'écoulement d'un délai de trois mois avant de déposer une nouvelle requête (art. 40 C.t.).

B. La détermination du caractère approprié de l'unité de négociation

428 – *Étendue maximale* – L'article 21 C.t., avons-nous vu, envisage l'existence soit d'une unité générale formée de l'ensemble des salariés d'un employeur, soit encore d'unités particulières correspondant à des groupes de salariés jugés distincts à l'intérieur de l'entreprise.

L'étendue maximale d'une unité de négociation sous l'empire du *Code du travail* correspond à l'ensemble des salariés d'un employeur. En effet, le Code n'envisage pas l'accréditation multipatronale, donc la formation d'unités qui regrouperaient les salariés de plus d'un employeur[66]. Il n'est toutefois pas exclu que plusieurs entités juridiques associées dans l'exploitation d'une entreprise commune constituent conjointement un «employeur unique» aux fins de l'accréditation. Pour conclure que plusieurs personnes, physiques ou mora-

---

66. Voir *Inter-Cité Gaz Corp.* c. *Caron*, D.T.E. 82T-118 (C.S.).

les, sont ensemble un seul employeur aux fins de l'accréditation, il faut plus qu'une association, même étroite, entre ces personnes dans la poursuite d'un objectif commun pour leur avantage mutuel[67]. Leurs entreprises apparemment distinctes doivent être fonctionnellement intégrées au point de n'en former véritablement qu'une seule, par osmose[68].

429 – *Unité générale* – En principe, l'unité générale, celle qui regroupe la totalité des salariés d'un employeur, ne devrait pas soulever de difficulté, du moins lorsque le champ de l'accréditation est libre[69]. Ce type d'unité de négociation, même en champ libre, ne jouit toutefois pas d'un droit absolu de reconnaissance. La formation d'une unité générale pourra être refusée lorsque les circonstances révèlent qu'elle serait inappropriée au regard des critères usuels de détermination des unités de négociation qui sont examinés ci-après[70]. De son côté, l'employeur ne peut exiger la formation d'une unité générale lorsque l'association de salariés a plutôt opté pour une unité plus

---

67. *Transfo-métal inc.* c. *Syndicat des travailleurs de Transfo-métal (C.S.N.)*, [2001] R.J.D.T. 1219 (T.T.); *Ville-Marie Pontiac Buick inc.* c. *Syndicat des travailleuses et travailleurs de garage de la région de Montréal*, [1993] T.T. 162; *Service sanitaire de la Mauricie Inc.* c. *Syndicat des employés du commerce et des services de Shawinigan (Section services sanitaires)*, D.T.E. 88T-641 (T.T.).

68. *Transport Matte Ltée* c. *Tribunal du travail*, [1988] R.J.Q. 2346 (C.A.); *Syndicat des travailleuses et travailleurs de Librairie Garneau (C.S.N.)* c. *Sogides Ltée*, D.T.E. 98T-538 (T.T.); *Aliments Béatrice Inc.* c. *Syndicat des travailleuses et travailleurs des fromages Crescent (production)*, D.T.E. 96T-1394 (T.T.); *Syndicat des salariés d'autobus Dupont & Bélair (C.S.N.)* c. *Autobus Bélair inc.*, [1986] T.T. 285.
    Le *Code canadien du travail*, L.R.C. (1985), c. L-2, par comparaison, est beaucoup plus souple. Son article 35 laisse discrétion au Conseil canadien des relations industrielles pour déclarer employeur unique deux ou plusieurs employeurs fédéraux associés dans l'exploitation active d'une entreprise commune: *Air Canada et autres*, [2000] CCRI n° 78; *Air Canada et autres*, [2000] CCRI n° 79; *Syndicat des travailleurs(euses) de Murray Hill-Connaisseur (CSN)* c. *Service de limousine Murray Hill Ltée*, [1988] 74 di 127.

69. *Institut de réadaptation de Montréal* c. *Syndicat des employé(es) de l'Institut de réadaptation de Montréal (C.S.N.)*, T.T. Montréal, n° 500-28-000559-799, 13 mars 1980, p. 15; *Nash Shirt Limitée* c. *Syndicat des salariés du vêtement St-Léonard d'Aston (C.S.D.)*, T.T. Québec, n° 200-28-000088-812, 17 juin 1981; *Boischatel (Municipalité de)* c. *Fraternité des policiers de Boischatel*, D.T.E. 95T-1124 (T.T.); *98638 Canada inc.* c. *Union des routiers, brasseries, liqueurs douces et ouvriers de diverses industries, section locale 1999 (Teamsters)*, D.T.E. 2001T-164 (T.T.).

70. Exemple d'un tel refus, compte tenu de certains aspects juridiques et fonctionnels de l'organisation de l'employeur: *Barreau du Québec* c. *Syndicat des employé(e)s du Barreau du Québec (C.S.N.)*, D.T.E. 86T-625 (T.T.).

restreinte qui s'avère en elle-même appropriée[71]. Certaines unités relativement larges seront en pratique assimilées à des unités générales, sans en être au sens strict. Telles sont les unités de négociation qui visent à regrouper l'ensemble des salariés de la production d'une entreprise industrielle[72].

430 – *Unités distinctes* – La formation des groupes distincts a amené la jurisprudence à définir des critères d'appréciation du caractère approprié de ces groupes aux fins de l'établissement d'un régime collectif de travail donc, de la détermination du droit à l'accréditation. Cinq critères ont été originalement identifiés dans deux décisions de la première Commission des relations de travail[73]. Ils ont depuis lors été constamment repris et appliqués, quoique parfois différemment pondérés, pour apprécier le caractère approprié des unités de négociation proposées par les associations de salariés requérantes, quelle que soit l'étendue de ces unités proposées. Il y a lieu de rappeler ces cinq critères et de les expliciter.

- La communauté d'intérêts au plan des relations de travail entre les salariés

431 – *Critère essentiel* – L'existence d'une communauté d'intérêts entre les salariés du groupe recherché ou à déterminer est toujours apparue comme une condition essentielle à la reconnaissance du caractère approprié d'une unité de négociation. Cette communauté d'intérêts s'apprécie en tenant compte de la nature des fonctions exercées par les salariés, de l'interrelation entre ces fonctions, des qualifications requises, de la structure des relations de travail et de l'autorité appliquée aux salariés, du partage de mêmes conditions de travail, d'une cohésion interne du groupe, etc.

---

71. *Entreprises H. Pépin (1991) Inc.* c. *Union des employés du secteur industriel, section locale 791*, D.T.E. 94T-171 (T.T.); *Aluminerie de Bécancour Inc.* c. *Syndicat des employés de l'aluminium de Bécancour*, D.T.E. 91T-494 (T.T.). À comparer avec *Fraternité canadienne des cheminots, employés des transports et autres ouvriers, local 535* c. *Transport Sonar Inc.*, [1989] T.T. 139 – refus d'une unité partielle, jugée inappropriée dans les circonstances.

72. Voir: *Nash Shirt Limitée* c. *Syndicat des salariés du vêtement St-Léonard d'Aston (C.S.D.)*, précité, note 69; *Aluminerie de Bécancour Inc.* c. *Syndicat des employés de l'aluminium de Bécancour, ibid.; Akstel Inc.* c. *Syndicat des travailleurs d'Akstel (C.S.N.)*, D.T.E. 92T-212 (T.T.).

73. *Sicard Inc.* c. *Syndicat national des employés de Sicard (C.S.N.)*, [1965] R.D.T. 353; *International Union of Brewery, Flour, Cereal, Soft Drink and Distillery Workers of America (local 239)* c. *Coca-Cola Ltd.*, [1978] R.L. 391.

Il ne peut y avoir reconnaissance d'un groupe distinct accréditable sans communauté d'intérêts entre les salariés de ce groupe. Toutefois, la communauté d'intérêts ne suffit pas à elle seule à ouvrir le droit à l'accréditation d'un groupe distinct. Ce dernier doit se présenter comme approprié aux fins de la pratique de la négociation collective, en fonction des autres critères de détermination des unités de négociation[74].

Enfin, la présence ou l'absence de la communauté d'intérêts à l'intérieur d'un groupe ne se présume pas; elle ne donne pas lieu, non plus, à l'imposition d'un fardeau de preuve à la charge de l'une ou l'autre des parties au débat d'accréditation. Elle est appréciée, selon les cas, par l'instance d'accréditation à partir des éléments dont elle dispose et qui comprennent ceux que chacune des parties juge opportun de lui soumettre[75]. L'application du critère de la communauté d'intérêts pourra conduire, en certaines circonstances, à soustraire d'un groupe des employés liés ou apparemment liés à l'employeur, comme ses proches parents, sans pour autant nier leur statut de salariés au sens du *Code du travail*[76].

- L'histoire des relations de travail dans l'entreprise et les précédents dans les entreprises du même secteur

432 – *Facteur de stabilité* – Appliquée à l'intérieur de l'entreprise elle-même, la considération dite historique tient compte des unités de négociation préexistantes et du vécu des relations collecti-

---

74. Voir *Canada Packers Inc.* c. *Union des employés de commerce, local 501*, D.T.E. 86T-641 (T.T.).
75. *98638 Canada inc.* c. *Union des routiers, brasseries, liqueurs douces et ouvriers de diverses industries, section locale 1999 (Teamsters)*, précité, note 69; *Autostock Inc. (division Monsieur Muffler)* c. *Métallurgistes unis d'Amérique, section locale 8990*, D.T.E. 99T-76 (T.T.); *Syndicat canadien de la Fonction publique, local 330* c. *St-Hubert (Ville de)*, [1986] T.T. 252; *Barreau du Québec* c. *Syndicat des employé(e)s du Barreau du Québec (C.S.N.)*, précité, note 70.
76. Sur la légalité d'une telle détermination au regard de la *Charte des droits et libertés de la personne*, voir *Logistik Unicorp Inc.* c. *Tribunal du travail*, D.T.E. 98T-960 (C.S.). Voir également: *Association coopérative forestière de St-Louis* c. *Fraternité unie des charpentiers, menuisiers d'Amérique, section locale 2817*, [1988] T.T. 330 – salariés membres d'une coopérative qui les emploie; *Rôtisserie Laurier Inc.* c. *Métallurgistes unis d'Amérique, local 8470*, [1987] T.T. 363; *Boulangerie Bissonnette Ltée* c. *Métallurgistes unis d'Amérique, local 8917*, D.T.E. 87T-930 (T.T.); *130957 Canada Inc.* c. *Union des employés de service, local 298 (F.T.Q.)*, D.T.E. 87T-931 (T.T.); *Marché Sabrevois Inc.* c. *Union des employés de commerce, local 500, Travailleurs unis de l'alimentation et du commerce*, D.T.E. 86T-28 (T.T.); *Placements G.P.C. Inc.* c. *Union des employés de commerce, local 504 (T.U.A.C.-F.T.Q.)*, D.T.E. 86T-912 (T.T.); *Bois de Roberval Enr.* c. *Syndicat des employés de Bois de Roberval (C.S.N.)*, [1986] T.T. 439.

ves du travail[77]. On peut considérer que ce critère est à l'origine de la règle jurisprudentielle selon laquelle l'association qui veut modifier une situation préexistante en matière d'unités de négociation (fractionnement, fusion ou autre modification) doit justifier le bien-fondé de sa demande si elle fait l'objet d'une contestation, par application des autres critères, suivant les circonstances[78]. C'est également ce facteur qui peut permettre de considérer comme appropriée une unité dite résiduaire, c'est-à-dire groupant des salariés laissés de côté en quelque sorte dans la constitution d'autres unités de négociation[79]. Ce phénomène est le plus souvent la résultante de la formation d'unités de négociation par accord des parties sur la base de considérations ponctuelles. Dans le même ordre de préoccupations, il faudrait aussi tenir compte de l'incidence de la règle du premier dépôt dans l'appréciation du caractère approprié des unités de négociation dont la proposition par les associations requérantes a été soumise aux restrictions qui leur découlaient de cette règle.

Par ailleurs, en examinant l'ensemble des entreprises du même secteur d'activités, le facteur historique tend à la reconnaissance d'unités relativement semblables d'une entreprise à l'autre[80].

• Le désir manifesté par les salariés en cause

433 – *Nécessaire mais insuffisant* – La volonté des salariés de former une unité de négociation se mesure à partir de l'appui dont jouit l'association requérante au sein du groupe proposé. Même si cette évaluation recoupe celle du caractère représentatif, dont il sera question plus loin, elle poursuit une finalité différente et survient à un stade antérieur dans le processus de contrôle du droit à l'accréditation[81]. S'il est souvent déterminant, dans la mesure où il est nécessaire pour assurer la viabilité de l'unité de négociation, le désir

---

77. *Autostock Inc. (division Monsieur Muffler)* c. *Métallurgistes unis d'Amérique, section locale 8990*, précité, note 75.
78. Sur le fractionnement des unités existantes, voir *infra*, n° 438.
79. *Fraternité internationale des peintres et métiers connexes, local 349* c. *Administration Miro Inc.*, [1987] T.T. 390; *Distribution aux consommateurs Ltée* c. *Union des employés de commerce, local 503*, D.T.E. 87T-53 (T.T.); *Syndicat des travailleurs de la R.I.O. (C.S.N.)* c. *Régie des installations olympiques*, [1982] T.T. 437.
80. *Aluminerie de Bécancour Inc.* c. *Syndicat des employés de l'aluminium de Bécancour*, précité, note 71; *Distribution aux consommateurs Ltée* c. *Union des employés de commerce, local 503*, ibid.; *Syndicat des employés de l'École d'agriculture de Ste-Croix* c. *Corporation de l'École d'agriculture de Ste-Croix*, D.T.E. 84T-510 (T.T.).
81. *Syndicat des travailleuses et travailleurs du C.L.S.C. Mercier-Est Anjou* c. *Syndicat professionnel des diététistes du Québec*, D.T.E. 2000T-163 (T.T.).

des salariés ne suffit pas à lui seul à justifier la reconnaissance d'un groupe qui serait autrement inapproprié au regard d'autres critères[82].

* Le critère géographique ou la structure territoriale de l'entreprise

434 – *Viabilité* – Il s'agit du critère par lequel on tient compte de l'existence de plusieurs établissements de l'employeur ou de plusieurs lieux de travail distincts sur un territoire plus ou moins grand[83]. On apprécie ainsi l'opportunité ou la viabilité de l'unité de négociation proposée en fonction de son autonomie de gestion relative, de la mobilité ou de l'absence de mobilité de la main-d'œuvre entre les établissements ou les lieux en cause, de la simple distance qui peut séparer ces établissements ou ces lieux[84]. En champ libre, l'unité qui regroupe tous les salariés d'un établissement distinct de l'employeur sera en principe considérée comme appropriée si elle est demandée par l'association requérante[85].

* L'intérêt de la paix industrielle, en évitant de créer une multiplicité indue d'unités de négociation

435 – *Sens et conséquences* – On mesure ici les conséquences sur l'entreprise de la création d'un certain nombre d'unités de négociation, en tenant compte de la négociation à mener pour chaque

---

82. *Autostock Inc. (division Monsieur Muffler)* c. *Métallurgistes unis d'Amérique, section locale 8990*, précité, note 75; *Canada Packers Inc.* c. *Union des employés de commerce, local 501*, précité, note 74; *Union des employés de service, local 298 (F.T.Q.)* c. *Syndicat national des employés de l'Hôpital Charles Lemoyne (F.A.S.-C.S.N.)*, précité, note 48.

83. *Corps canadien des commissionnaires Plaza Laurier* c. *Union des agents de sécurité du Québec*, D.T.E. 84T-58 (T.T.).

84. *Autostock Inc. (division Monsieur Muffler)* c. *Métallurgistes unis d'Amérique, section locale 8990*, précité, note 75; *Hebdos Télémédia Inc.* c. *Syndicat des journalistes des Hebdos Télémédia*, D.T.E. 92T-1413 (T.T.); *Service de surveillance S.G.S. Inc.* c. *Syndicat des travailleurs de l'énergie et de la chimie, local 720 (F.T.Q.)*, [1988] T.T. 467; *Barreau du Québec* c. *Syndicat des employé(e)s du Barreau du Québec (C.S.N.)*, précité, note 70; *Distribution aux consommateurs Ltée* c. *Union des employés de commerce, local 503*, précité, note 79; *Restaurants Scott Québec* c. *Union des employés de commerce, local 502 (T.U.A.C.)*, D.T.E. 88T-496 (T.T.).

85. *Entreprises H. Pépin (1991) Inc.* c. *Union des employés du secteur industriel, section locale 791*, précité, note 71. Des facteurs particuliers peuvent même justifier le fractionnement d'une unité existante plus large et permettre l'accréditation à l'endroit d'un établissement distinct: *Syndicat des travailleuses et travailleurs de l'industrie touristique Gaspésie (C.S.N.)* c. *Syndicat de la fonction publique du Québec (S.F.P.Q.)*, D.T.E. 2002T-1037 (T.T.).

unité de négociation, des risques correspondants de conflits pouvant aboutir à une grève ou à un lock-out sur un cycle de quelques années, de l'administration de diverses conventions collectives, etc.

Ce critère de la recherche de la paix industrielle a d'abord été présenté comme le principe majeur devant prévaloir en matière de définition des unités de négociation dans la décision *Coca-Cola Ltd.*[86]. Il a par la suite été ramené à un rang d'égalité avec les autres critères par la décision *Sicard*[87] et l'ensemble de la jurisprudence postérieure, encore que, suivant les circonstances, sa considération ait pu s'avérer plus ou moins déterminante[88].

De façon générale, l'application de ce critère emporte dans la jurisprudence deux conséquences. D'une part, la création d'une unité relativement petite devra s'appuyer sur une volonté claire des salariés du groupe; d'autre part, les autres facteurs étant égaux ou relativement égaux, l'unité plus étendue sera préférée à l'unité restreinte[89]. Phénomène particulier et circonstanciel, on a autorisé certains fractionnements d'unités de négociation sur une base professionnelle dans le secteur hospitalier, d'une part parce que de tels regroupements avaient bénéficié d'une reconnaissance historique dans ce milieu et, d'autre part, parce que la centralisation des négo-

---

86. *International Union of Brewery, Flour, Cereal, Soft Drink and Distillery Workers of America (local 239)* c. *Coca-Cola Ltd.*, précité, note 73.

87. *Sicard Inc.* c. *Syndicat national des employés de Sicard (C.S.N.)*, précité, note 73.

88. *Patro Le Prévost Inc.* c. *Syndicat québécois des employées et employés de service, section locale 298 (F.T.Q.)*, [1999] R.J.D.T. 1628 (T.T.); *Syndicat des travailleurs et travailleuses en communication et en électricité du Canada (C.T.C.-F.T.Q.)* c. *Union canadienne des travailleurs en communication*, D.T.E. 90T-48 (T.T.) – refus d'un fractionnement d'unité qui menacerait la paix industrielle; *Syndicat des employés de l'Hôpital de Chicoutimi (C.S.N.)* c. *Syndicat professionnel des infirmières et infirmiers de Chicoutimi*, [1989] T.T. 322 – acceptation d'un regroupement nécessaire pour assurer la paix industrielle; *Centres jeunesse de Montréal* c. *Syndicat québécois des employées et employés de service, section locale 298*, D.T.E. 2001T-1091 (T.T.) – regroupement d'unités justifié par la recherche de la paix industrielle à la suite de la fusion de plusieurs établissements.

89. Voir, par exemple, les décisions suivantes: *Syndicat des employés de l'École d'agriculture de Ste-Croix* c. *Corporation de l'École d'agriculture de Ste-Croix*, précité, note 80; *Syndicat des travailleurs(euses) de la Station touristique du Mont-Tremblant (C.S.C.)* c. *Association indépendante des employés de la Station touristique du Mont-Tremblant Inc.*, D.T.E. 84T-16 (T.T.); *Syndicat des professionnels et des techniciens de la santé du Québec (S.P.T.S.Q.)* c. *Union des employés de service, local 298 (F.T.Q.)*, [1984] T.T. 413; *Distribution aux consommateurs Ltée* c. *Union des employés de commerce, local 503*, précité, note 79.

ciations au niveau national atténuait les craintes que l'on aurait pu autrement entretenir pour la paix industrielle comme résultat d'une balkanisation syndicale[90].

436 – *Conclusions* – La jurisprudence des relations collectives présente régulièrement des exemples variés d'application des critères de détermination des unités de négociation. La lecture de ces décisions et l'expérience permettent d'acquérir progressivement une capacité générale d'apprécier le caractère approprié des unités de négociation proposées.

Une unité qui regroupe l'ensemble des salariés de la production est généralement jugée appropriée[91]. Les employés de bureau sont aussi le plus souvent reconnus comme pouvant former un groupe distinct dans l'entreprise[92]. On acceptera fréquemment que les employés à temps complet et les employés travaillant régulièrement à temps partiel forment ensemble une unité appropriée; parfois même, l'interdépendance des fonctions et la paix industrielle imposeront cette solution[93]. Le traitement à donner aux employés occasionnels se présente quelque peu différemment. Au stade initial d'une syndicalisation, leur nombre et leurs intérêts propres, susceptibles de leur faire craindre une diminution du recours à leurs services, peuvent conduire l'association requérante à demander leur exclusion et à la justifier[94]. D'autres facteurs pourront mener à leur adjonction aux salariés réguliers, particulièrement si c'est à la demande de

---

90. *Syndicat des employés de l'Hôtel-Dieu d'Alma (C.S.N.)* c. *Syndicat des intervenants professionnels de la santé du Québec*, [1999] R.J.D.T. 1143 (T.T.); *Syndicat national des employées et employés de l'Hôpital Pierre-Janet (C.S.N.)* c. *Association professionnelle des technologistes médicaux du Québec*, D.T.E. 99T-965 (T.T.); *Syndicat des employées et employés du Centre local de services communautaires Arthur-Buies (C.S.N.)* c. *Syndicat des physiothérapeutes et des thérapeutes en réadaptation physique du Québec*, D.T.E. 99T-831 (T.T.).

91. Exemples: *Aluminerie de Bécancour Inc.* c. *Syndicat des employés de l'aluminium de Bécancour*, précité, note 71; *Literie Primo Cie* c. *Métallurgistes unis d'Amérique, section locale 8990*, [1995] T.T. 512.

92. Exemple: *Disque Americ Inc.* c. *Syndicat national de l'automobile, de l'aérospatiale, du transport*, D.T.E. 2000T-373 (T.T.).

93. *Fraternité canadienne des cheminots, employés des transports et autres ouvriers, local 535* c. *Transport Sonar Inc.*, précité, note 71. Voir aussi *Hebdos Télémédia Inc.* c. *Syndicat des journalistes des Hebdos Télémédia*, précité, note 84.

94. Exemples: *Hôpital Ste-Rita Inc.* c. *Union des employés de service d'édifices (F.T.Q.)*, [1971] T.T. 225; *Syndicat national des employés de l'Hôpital Ste-Marie de Trois-Rivières* c. *J.C. Lucien Pilon*, [1972] T.T. 315; *Hôpital Jean-Talon* c. *Syndicat professionnel des infirmières de Montréal*, [1972] T.T. 372; *Hebdos Télémédia Inc.* c. *Syndicat des journalistes des Hebdos Télémédia*, précité, note 84 – collaborateurs.

l'association requérante[95]. Les données qui précèdent demeurent susceptibles d'être modifiées soit par un accord des parties sur la description de l'unité de négociation, pour toutes sortes de considérations, soit par des décisions fondées sur les facteurs propres à l'espèce, ou même justifiées par une absence de preuve pertinente.

Pour que le droit à l'accréditation existe, il n'est pas nécessaire que l'unité de négociation proposée soit la plus appropriée, par rapport à d'autres possibilités qui pourraient être envisagées. Du moins en champ libre, il suffit que l'unité demandée par l'association requérante soit appropriée en elle-même, comme la jurisprudence le rappelle régulièrement[96]. Dans cette perspective, l'étude du caractère approprié de l'unité de négociation, si elle s'avère nécessaire, s'effectuera de façon prépondérante à partir de l'unité telle qu'elle est proposée par le syndicat requérant[97]. Néanmoins, l'axiome selon lequel l'unité n'a pas à être la plus appropriée ne saurait autoriser la reconnaissance comme unité distincte d'un groupe restreint, créé sur la base d'une communauté d'intérêts minimale entre ses membres, en faisant abstraction de la structure de l'entreprise et des caractères de ce groupe qui sont communs à ceux d'autres salariés[98].

C. Les modifications à l'unité de négociation

1. Les modifications à l'unité demandée par requête

437 – *Réduction ou élargissement* – L'article 21, al. 3 C.t. affirme que le droit à l'accréditation existe à l'égard de chaque groupe de salariés qui forme un groupe distinct aux fins du Code, suivant

---

95. *Boischatel (Municipalité de)* c. *Fraternité des policiers de Boischatel*, précité, note 69; *Fraternité canadienne des cheminots, employés des transports et autres ouvriers, local 535* c. *Transport Sonar Inc.*, précité, note 71; *Union des routiers, brasseries, liqueurs douces et ouvriers de diverses industries, local 1999* c. *Serres Rougemont Inc.*, [1976] R.D.T. 251; *Warshaw Fruit Market Inc.* c. *Union des employés de commerce, local 500*, [1976] T.T. 256.

96. *Entreprises H. Pépin (1991) Inc.* c. *Union des employés du secteur industriel, section locale 791*, précité, note 71; *Jay Norris Canada Inc.* c. *Vitriers travailleurs du verre, local 1135 de la Fraternité internationale des peintres et métiers connexes*, [1991] T.T. 47. Voir aussi *Agence de sécurité générale Inc.* c. *Union des agents de sécurité*, [1978] T.T. 1; *Nash Shirt Limitée* c. *Syndicat des salariés du vêtement St-Léonard d'Aston*, précité, note 72.

97. *Ibid.* Voir aussi: *Syndicat des salariés des Produits progressifs Ltée (C.S.D.)* c. *Produits progressifs Ltée*, [1981] T.T. 294, 299-300; *Montreal Amateur Athletic Association* c. *Union des employés d'hôtels, restaurants et commis de bars, local 31*, [1987] T.T. 274.

98. *Transport Jean-Guy Fortin Limitée* c. *Teamsters du Québec, chauffeurs et ouvriers de diverses industries, local 69*, T.T. Québec, n° 200-28-000106-804, 17 décembre 1980; *Union des employés de commerce, local 502* c. *J. Pascal Inc.*, D.T.E. 86T-818 (C.S.).

l'accord intervenu entre l'employeur et l'association de salariés (et constaté par l'agent de relations de travail), «ou suivant la décision de la Commission». L'article 32, al. 1 C.t. donne compétence à la C.R.T. pour décider «de toute question relative à l'unité de négociation et aux personnes qu'elle vise». Cette même disposition ajoute que la C.R.T. «peut à cette fin modifier l'unité proposée par l'association requérante».

La Commission des relations du travail étant autorisée à modifier elle-même l'unité de négociation proposée par l'association requérante, il n'est pas nécessaire que cette dernière procède formellement à un amendement de sa requête lorsqu'elle anticipe que la C.R.T. lui refusera l'unité demandée. La réduction de cette dernière ne soulève aucune difficulté réelle. Il en va autrement pour son élargissement, qui ne devrait pas être illimité par rapport à la substance initiale de la requête. La subsistance du cadre général déterminé à l'origine par l'association dans sa requête s'impose comme limite tant à la faculté d'amendement de l'association qu'au pouvoir de modification de la C.R.T., surtout après l'expiration d'un délai de recevabilité auquel la requête était soumise[99].

La modification de la phraséologie ou de la forme du libellé de la description de l'unité de négociation recherchée dans la requête en accréditation ne fait pas problème. Il en est de même des ajustements apportés par l'ajout de fonctions ou de salariés tout en conservant à la demande d'accréditation son caractère initial. On ne saurait cependant accepter qu'une association s'introduise dans un processus d'accréditation par le biais d'une demande clairement inappropriée ou irréaliste et en comptant sur la possibilité d'amendement ou sur l'initiative de la C.R.T. pour bonifier et valider une requête fondamentalement défectueuse. Les règles relatives aux délais de recevabilité des requêtes en accréditation paraissent imposer d'elles-mêmes une restriction aux possibilités de modifier l'unité recherchée dans la requête déposée. Par exemple, s'agissant d'une requête rendue recevable par le paragraphe d) du premier alinéa de l'article 22 C.t., comment accepter, après l'expiration de ce délai, une modification qui aurait pour effet de l'étendre au-delà de sa portée intentionnelle initiale[100]? Il faut aussi tenir compte des limites qui

99. *Gaston Breton Inc.* c. *Union des routiers, brasseries, liqueurs douces et ouvriers de diverses industries, local 1999*, [1980] T.T. 471; *Services de traductions simultanées International* c. *Association de «Les Services de traductions simultanées International», section locale 622 de l'Association nationale des employés et techniciens en radiodiffusion*, [1982] T.T. 206.
100. Dans *Supermarché Reid & Frères Inc.* c. *Galipeau*, [1981] C.A. 151, on avait jugé recevable un amendement de substance à une requête déposée en champ libre; la Cour d'appel a reconnu la légitimité de cette décision. Par ailleurs, dans

résultent de l'application de la règle du premier dépôt (art. 22, al. 1a) et 27.1 C.t.).

Que l'étendue d'une unité de négociation soit modifiée à l'initiative de la C.R.T. ou à la suite d'un amendement par l'association requérante, le calcul des effectifs de l'association qui devra suivre continuera de se rapporter à la date du dépôt de la requête originale[101]. Signalons finalement que lorsque l'association requérante se prévaut de la possibilité d'amender sa requête, l'amendement doit être appuyé d'une nouvelle résolution pour satisfaire aux exigences de l'article 25 C.t.[102].

2. *Les modifications aux unités existantes*

438 – *Fractionnement ou accroissement* – Les modifications à la substance des unités de négociation existantes sont demandées à l'occasion des périodes de remise en question de l'accréditation, selon les articles 22, 72 ou 111.3 C.t. La jurisprudence a toujours affirmé l'immuabilité, en principe, des unités de négociation hors ces périodes de remise en question de l'accréditation[103].

La demande de modification d'une unité de négociation doit être le fait d'une association de salariés; elle ne peut être formulée par

---

Syndicat des travailleurs de la mine Noranda (C.S.N.) c. Noranda Mines Limited, [1979] T.T. 10, il s'agissait cette fois d'une requête déposée à l'encontre d'une association déjà accréditée, dans le délai du paragraphe 22d) C.t.; l'instance d'accréditation fut toutefois d'avis que la véritable intention du syndicat requérant était, dès l'origine, de viser la même unité de négociation que celle pour laquelle le syndicat en place était déjà accrédité, et que l'amendement avait pour effet de rendre la requête conforme à cette intention.

101. Dans l'arrêt *Supermarché Reid & Frères Inc.* c. *Galipeau*, *ibid.*, la Cour d'appel a plutôt affirmé qu'à la suite d'un amendement substantiel apporté à une requête en accréditation, le calcul des effectifs syndicaux devait s'effectuer à la date de l'amendement. Néanmoins, ayant considéré qu'il s'agissait d'un *obiter* et après avoir réanalysé la question, le Tribunal du travail d'alors a persisté à calculer les effectifs à la date du dépôt de la requête originale; voir particulièrement: *Cinémas Odéon Limitée* c. *Union canadienne des travailleurs unis des brasseries, de la farine, des céréales, des liqueurs douces et distilleries, local 303,* [1981] T.T. 207.

102. Voir, par exemple, *Syndicat des travailleurs de la mine Noranda (C.S.N.)* c. *Noranda Mines Limited*, précité, note 100.

103. Voir, parmi tant d'autres, les décisions suivantes: *Syndicat des professeurs de l'Université du Québec à Montréal* c. *Université du Québec à Montréal*, [1975] T.T. 182; *Uniroyal Limited* c. *Synthetic Rubber Workers Union, section locale 318*, [1975] T.T. 429; *Syndicat des employés conseils de la C.E.Q.* c. *Centrale de l'enseignement du Québec*, [1976] T.T. 83.

l'employeur[104]. La modification demandée peut avoir pour objet soit le morcellement ou le fractionnement d'une unité existante pour former un ou des groupes distincts, soit son agrandissement par fusion avec une autre unité, par annexion d'une partie d'une autre unité, ou encore par l'adjonction d'un groupe de salariés qui ne sont pas encore représentés par une association accréditée.

Eu égard au fractionnement, la jurisprudence lui est en principe réticente, au nom de la paix industrielle et de la stabilité des rapports collectifs. Elle favorise le maintien de l'unité préexistante en la faisant bénéficier d'une présomption de fait comme unité appropriée. Elle impose à la partie qui demande le fractionnement le double fardeau d'établir le caractère approprié de l'unité fractionnée qu'elle recherche et, à des degrés variables, l'opportunité de procéder au fractionnement, par exemple en raison de la piètre qualité des services de l'association en place aux salariés concernés[105]. Ces principes valent non seulement lorsqu'un petit groupe recherche son autonomie en se dissociant d'une unité existante mais aussi à l'égard d'un fractionnement par lequel une majorité du groupe existant chercherait à se délester d'un groupe minoritaire[106].

Quant aux fusions ou aux annexions de groupes, elles doivent normalement satisfaire l'exigence d'un appui majoritaire parmi le groupe additionnel de salariés recherché. Une association ne saurait

---

104. *Ville de Québec* c. *Syndicat professionnel de la police municipale de Québec*, T.T. Québec, n° 200-28-000121-803, 26 mars 1981, p. 13-15. Voir aussi *Montreal Amateur Athletic Association* c. *Union des employés d'hôtels, restaurants et commis de bars, local 31*, précité, note 97.

105. *Syndicat des employés de l'Hôtel-Dieu d'Alma (C.S.N.)* c. *Syndicat des intervenants professionnels de la santé du Québec*, précité, note 90; *Syndicat des travailleuses et travailleurs de la clinique communautaire de Pointe-St-Charles (C.S.N.)* c. *Syndicat des professionnelles et professionnels de la clinique communautaire de Pointe-St-Charles*, D.T.E. 99T-832 (T.T.) – inaptitude du syndicat en place; *Syndicat national des services hospitaliers de Rivière-du-Loup* c. *Syndicat des professionnelles et professionnels et des techniciens de la santé du Québec*, [1992] T.T. 691; *Syndicat des fonctionnaires municipaux de Montréal, section locale 429 (S.C.F.P.)* c. *Syndicat des professionnels de la ville de Montréal et de la Communauté urbaine de Montréal*, [1990] T.T. 147; *Syndicat des travailleurs et travailleuses en communication et en électricité du Canada (C.P.C.-F.T.Q.)* c. *Union canadienne des travailleurs en communication*, précité, note 88.
En certaines circonstances, le fractionnement apparaîtra non seulement légitime mais aussi comme une mesure positive pour assurer la paix industrielle: *Union des employés d'hôtels, restaurants et commis de bar, local 31 (C.T.C.)* c. *Syndicat des travailleurs(euses) du Bonaventure*, [1989] T.T. 497.

106. *Union des employés de service, local 298 (F.T.Q.)* c. *Syndicat national des employés de l'Hôpital Charles Lemoyne (F.A.S.-C.S.N.)*, précité, note 48.

faire simplement appel à la supériorité numérique du groupe qu'elle représente déjà pour s'adjoindre, surtout contre sa volonté, un groupe moins nombreux dans une unité qui pourrait être appropriée et même souhaitable[107]. On a parfois décrit cette condition comme celle d'une double majorité de l'association requérante, à savoir, une majorité au sein du groupe qu'elle veut s'adjoindre et une autre dans l'ensemble de l'unité de négociation élargie qu'elle recherche. Ce n'est pourtant pas le cas et d'ailleurs une telle règle de double majorité n'a pas de fondement juridique. Il s'agit plutôt de vérifier le caractère approprié de l'unité élargie proposée en tenant compte du critère de la volonté des salariés du groupe qu'on veut y joindre[108]. Une fois établi le caractère approprié de l'unité recherchée sur la base de l'ensemble des critères pertinents, la majorité requise sera évaluée par rapport à l'ensemble de cette unité[109].

III- LE CARACTÈRE REPRÉSENTATIF

439 – *Généralités* – La vérification du caractère représentatif du syndicat est la dernière étape du processus qui permet de décider de l'octroi ou du refus de l'accréditation.

Il importe d'abord de rappeler la confidentialité qu'assure l'article 36 C.t. à l'appartenance d'une personne à une association de salariés[110]. En corollaire, l'article 35 C.t., qui définit le contenu du dossier de l'enquête, prévoit expressément que ce dossier ne comprend pas la liste des membres des associations en cause non plus que les pièces ou les documents qui identifient l'appartenance d'un salarié à une association de salariés[111].

---

107. *Syndicat des employés de magasin et de bureau de la Société des alcools du Québec* c. *Syndicat des ouvriers de la Société des alcools du Québec*, [1980] T.T. 335; *Syndicat des travailleuses et travailleurs du C.L.S.C. Mercier-Est Anjou* c. *Syndicat professionnel des diététistes du Québec*, précité, note 81.

108. *Syndicat national des employées et employés du Centre hospitalier de Buckingham (C.S.N.)* c. *Syndicat québécois des employées et employés de service, section locale 298 (F.T.Q.)*, D.T.E. 2000T-975 (T.T.).

109. *Syndicat des travailleuses et travailleurs du C.L.S.C. Mercier-Est Anjou* c. *Syndicat professionnel des diététistes du Québec*, précité, note 81; *Syndicat des employés de l'Hôpital de Chicoutimi (C.S.N.)* c. *Syndicat professionnel des infirmières et infirmiers de Chicoutimi*, précité, note 88; *Syndicat des employés du Carrefour des jeunes de Montréal* c. *Union des employés de service, local 298*, [1990] T.T. 398.

110. Voir *supra*, n° 425.

111. L'article 36 C.t. étend expressément cette obligation de confidentialité à la procédure de révocation d'accréditation (art. 41 C.t.). Sur la reconnaissance des effets de cette disposition par les tribunaux supérieurs, voir: *Aliments Papineau (1983) Inc.* c. *Beaudry*, D.T.E. 85T-692 (C.S.); *Sniderman Ventes de radio et ser-*

Il faut immédiatement noter qu'à l'égard de toute cette question de la vérification du caractère représentatif du syndicat ou des syndicats en cause, l'employeur n'est pas une partie intéressée, suivant l'article 32, al. 4 C.t. Nous reviendrons sur cette exclusion de l'employeur en examinant le traitement de la requête par enquête et audition de la C.R.T., lorsqu'il y a lieu.

Quant à la vérification du caractère représentatif du syndicat, le *Code du travail* prévoit deux moyens, mentionnés à l'article 21, al. 1 et 2: le calcul des effectifs syndicaux et le vote au scrutin secret. Dans l'un et l'autre cas, la représentativité du syndicat se trouve établie du fait qu'il dispose de l'appui d'une majorité des salariés concernés, c'est-à-dire de plus de 50 pour cent d'entre eux. L'utilisation courante de l'expression 50 % plus 1 pour définir cette majorité est donc en réalité inexacte[112].

A. Le calcul des effectifs

440 – *Méthode et conditions* – Le calcul des effectifs syndicaux est le moyen normal et premier de vérification du caractère représentatif de l'association requérante en accréditation, comme de toute association rivale lorsqu'il en est[113]. Il consiste simplement à déterminer le nombre de membres que compte l'association parmi les salariés compris dans l'unité de négociation jugée appropriée, de façon à voir si elle y dispose de la majorité.

Le calcul des effectifs est régi par les règles énoncées à l'article 36.1 C.t. La Cour d'appel a jugé que cette disposition législative ne contrevenait ni au paragraphe 2d) de la *Charte canadienne des droits et libertés* ni à l'article 3 de la *Charte des droits et libertés de la personne* du Québec, qui affirment la liberté d'association[114]. Cet article 36.1 énonce quatre conditions auxquelles une personne sera

---

vice Ltée (Sam the Record Man) c. Beaudry, D.T.E. 85T-440 (C.S.); Cie T. Eaton Ltée c. Beaudry, [1985] C.S. 185. Quant à la légalité de cette mesure au regard des chartes, voir: Association des employés de Pyradia Inc. c. Pyradia Inc., [1987] T.T. 382; Villa Ste-Geneviève (1986) Inc. c. Syndicat des salariés de la Villa Ste-Geneviève, D.T.E. 88T-59 (T.T.).

112. La majorité sera par exemple de 4 pour un groupe de 7 salariés, et non de 5 comme elle le deviendrait en calculant 50 % plus 1 et en complétant la fraction comme il se devrait.

113. *Syndicat de l'Alliance des infirmiers et infirmières de l'Hôtel-Dieu d'Arthabaska (C.S.N.) c. Syndicat des infirmiers et infirmières de l'Hôtel-Dieu d'Arthabaska,* [1989] T.T. 510.

114. *Gaylor c. Couture,* [1988] R.J.Q. 1205 (C.A.).

reconnue membre de l'association aux fins de l'établissement ou de la vérification de son caractère représentatif:

a) elle est un salarié compris dans l'unité de négociation visée par la requête;

b) elle a signé une formule d'adhésion, contenant notamment les informations prescrites par un règlement du gouvernement, qui n'a pas été révoquée avant le dépôt de la requête en accréditation (ou la demande de vérification du caractère représentatif en vertu de l'article 41 C.t.);

c) elle a payé personnellement une cotisation syndicale égale ou supérieure au montant fixé par un règlement du gouvernement dans les 12 mois précédant le dépôt de la requête en accréditation (ou la demande de vérification du caractère représentatif);

d) elle a rempli les conditions a), b) et c) qui précèdent le jour ou avant le jour du dépôt de la requête en accréditation (ou de la demande de vérification du caractère représentatif).

441 – *Salarié* – Aux fins de l'application de l'article 36.1, al. 1a) C.t., la jurisprudence requiert une prestation effective de travail au moment du dépôt d'une requête en accréditation ou, du moins, une probabilité prochaine d'une telle prestation, comme condition de reconnaissance du statut de salarié. Cette exigence concerne les salariés absents du travail le jour du dépôt de la requête en accréditation, sans que leur lien d'emploi ou leur contrat de travail soit par ailleurs juridiquement rompu avec l'employeur, ainsi que les employés occasionnels. Le but visé est d'écarter de l'appréciation du caractère représentatif des associations les salariés dont la présence au travail trop sporadique ou incertaine empêche de les considérer comme suffisamment intégrés à l'entreprise et à l'unité de négociation concernée pour qu'on leur reconnaisse la faculté de décider de l'accréditation d'un syndicat.

Les interruptions de travail consécutives aux congés, aux vacances, aux absences pour cause de maladie ou d'accident et qui permettent de prévoir un retour éventuel du salarié, ainsi que celles qui résultent d'une grève ou d'un lock-out, ne touchent pas le statut de salarié pendant leur durée. Les salariés qui se trouvent dans cette situation à la date du dépôt d'une requête en accréditation doivent donc être considérés, aux fins de l'établissement du caractère représentatif, comme ceux mis à pied temporairement pour une durée déterminée[115].

La mise à pied d'une durée indéterminée est plus problématique puisqu'elle peut, selon les circonstances, se transformer en licenciement. Il faut alors évaluer la probabilité prochaine d'un retour au travail du salarié mis à pied, compte tenu de toutes les circonstances, pour déterminer s'il doit être considéré aux fins de l'établissement du caractère représentatif[116]. Le cas des travailleurs sur liste d'appel est assimilable à celui des salariés occasionnels ou par intermittence. Par définition, ce type de travail exclut la régularité et rend d'autant plus difficile d'évaluer la probabilité d'un prochain retour au travail des salariés. La jurisprudence a donc élaboré un critère plus mécanique, la règle 7/13. Il s'agit de vérifier si le salarié a travaillé au cours d'au moins sept des treize semaines précédant le dépôt de la requête en accréditation[117]. Ce critère mécanique demeure toutefois purement supplétif et son utilisation ne devrait pas avoir pour effet d'écarter du choix de la représentation syndicale les salariés que leur situation rattache réellement à l'entreprise malgré le caractère périodique de leur prestation de travail[118].

115. *154663 Canada Inc.* c. *Union des employées et employés de la restauration, Métallurgistes unis d'Amérique, section locale 9200*, D.T.E. 93T-1011 (T.T.); *Syndicat des travailleurs et travailleuses du Centre d'accueil Anne-Le-Seigneur (C.E.Q.)* c. *Syndicat des employés et employées du service Bétournay (C.S.N.)*, [1990] T.T. 481.

116. Voir, comparer et transposer lorsqu'il y a lieu: *Syndicat des employés municipaux de St-Romuald, section locale 2334 (S.C.F.)* c. *Syndicat des employés manuels de la ville de Lévis (F.I.S.A.)*, D.T.E. 2002T-504 (T.T.); *Syndicat des travailleurs et travailleuses du Centre d'accueil Anne-Le-Seigneur (C.E.Q.)* c. *Syndicat des employés et employées du service Bétournay (C.S.N.)*, ibid. – proposition de reconnaissance du statut de salarié à l'employé dont la mise à pied indéfinie laisse prévoir son retour au travail dans l'année qui la suit; *Saint-Pacôme (Corporation municipale de)* c. *Union des employés de service, section locale 298*, D.T.E. 84T-459 (T.T.); *Association des perfusionnistes du Québec Inc.* c. *Syndicat national des employés de l'hôpital Hôtel-Dieu de Montréal (C.S.N.)*, [1983] T.T. 215; *Service maritime Coulombe Ltée* c. *Teamsters du Québec, chauffeurs et ouvriers de diverses industries, local 69*, D.T.E. 82T-360 (T.T.).

117. *Association professionnelle des technologistes médicaux du Québec* c. *Syndicat du personnel clinique du Centre hospitalier La Providence de Magog et Foyer Sacré-Coeur*, D.T.E. 99T-528 (T.T.); *Syndicat des travailleurs et travailleuses du Centre d'accueil Anne-Le-Seigneur (C.E.Q.)* c. *Syndicat des employés et employées du service Bétournay (C.S.N.)*, précité, note 115.

118. Voir: *Syndicat des employés du Centre local de services communautaires Chaleurs (C.S.N.)* c. *Association professionnelle des technologistes médicaux du Québec*, [2000] R.J.D.T. 603 (T.T.); *Sobeys Inc.* c. *Syndicat des travailleuses et travailleurs de Sobeys de Baie-Comeau*, [1995] T.T. 306; *Syndicat régional des employés de soutien (C.E.Q.)* c. *Syndicat de soutien scolaire du Saguenay (F.E.M.S.Q.)*, [1986] T.T. 324; *Université Laval* c. *Syndicat des chargés de cours de l'Université Laval*, [1986] T.T. 351.

442 – *Adhésion non révoquée* – En vertu du paragraphe b) du premier alinéa de l'article 36.1, le salarié doit avoir signé une formule d'adhésion qu'il n'a pas révoquée avant le dépôt de la requête en accréditation. Cette formule d'adhésion accompagnera éventuellement, rappelons-le, la demande d'accréditation (art. 25, al. 2 C.t.). Le texte législatif ajoute que la formule d'adhésion devra, s'il y a lieu, contenir les informations qui pourraient être prescrites par un règlement du gouvernement. En tout état de cause, la formule d'adhésion doit permettre à une personne raisonnablement alerte de réaliser la nature du geste qu'elle fait en la signant.

L'absence de révocation d'une adhésion déjà donnée réfère au phénomène couramment désigné comme celui des démissions syndicales. Ces dernières méritent quelques remarques.

D'abord, elles doivent avoir été portées à la connaissance de l'association à laquelle elles s'adressent pour lui être opposables[119]. Cette exigence de la connaissance de la démission par l'association qui en est l'objet suppose qu'elle l'ait reçue; elle exclut, comme insuffisante, sa seule mise à la poste, même par courrier recommandé ou certifié, au jour de référence du calcul des effectifs[120]. Le droit du salarié de révoquer son adhésion à une association syndicale est une composante de sa liberté fondamentale d'association, d'ordre public; il ne peut y renoncer. Est donc sans effet la démission signée par un salarié avant même qu'il ait adhéré à l'association dont on prétendrait ultérieurement le faire démissionner en faisant alors signifier la révocation d'adhésion signée d'avance[121].

Le *Code du travail* ne prévoit pas de modalités particulières de signification des démissions. Il suffit, selon la jurisprudence, qu'elles soient portées à la connaissance de l'association visée, que ce soit en

---

119. *Fraternité unie des charpentiers-menuisiers d'Amérique, local 2877* c. *Conseil conjoint québécois de l'Union internationale des ouvriers et ouvrières du vêtement pour dames*, [1987] T.T. 191; *Grondin* c. *Syndicat des employés professionnels et de bureau, section locale 57 (U.I.E.P.B.-C.T.C.-F.T.Q.)*, D.T.E. 86T-146 (T.T.); *Iacovelli* c. *Union des routiers, brasseries, liqueurs douces et ouvriers de diverses industries, local 1999*, D.T.E. 82T-1 (T.T.); *Syndicat professionnel des diététistes du Québec* c. *Murphy*, [1979] T.T. 74; *Union des ouvriers du textile d'Amérique, local 1730* c. *Celanese Canada Limitée*, [1975] T.T. 257; *United Cement, Lime and Gypsum Workers International Union* c. *Miron Limitée*, [1974] T.T. 114.

120. *Syndicat professionnel des diététistes du Québec* c. *Murphy*, *ibid.*

121. *Fraternité unie des charpentiers-menuisiers d'Amérique, local 2877* c. *Conseil conjoint québécois de l'Union internationale des ouvriers et ouvrières du vêtement pour dames*, précité, note 119.

les remettant à un de ses officiers ou représentants ou encore en les laissant à son siège ou à son bureau d'affaires, dans la mesure où le mode choisi ne se révèle pas un stratagème visant à priver le syndicat de l'information à laquelle il a droit[122].

Dans une lutte intersyndicale, les démissions prennent souvent une importance considérable et, dans certains cas, peuvent devenir lourdes de conséquences. En effet, dans une situation de maraudage, le syndicat requérant cherche non seulement à recueillir un nombre suffisant d'adhésions pour établir son caractère représentatif, mais encore, simultanément, à obtenir des démissions du syndicat rival de façon à lui faire perdre le sien et à éviter la tenue d'un vote au scrutin secret. L'association menacée réplique généralement par la même tactique et il peut s'ensuivre un chassé-croisé d'adhésions et de démissions d'une association à l'autre. Particulièrement si la situation se trouve compliquée par la survenance d'une demande de révocation d'accréditation en vertu de l'article 41 C.t., il peut arriver qu'aucune des associations en cause ne réussisse à compter, au moment opportun, sur un nombre d'appuis suffisant. Les salariés peuvent se retrouver éventuellement sans association accréditée. Même en tenant compte de la règle selon laquelle l'adhésion minimale de 35 % des salariés de l'unité de négociation à une association requérante permettra la tenue d'un scrutin secret, des situations hasardeuses ou inextricables peuvent être créées par le jeu des démissions[123].

443 – *Cotisation* – Il faut porter une attention particulière à l'exigence de l'article 36.1, al. 1c) C.t. Le salarié devra avoir payé personnellement, à titre de cotisation syndicale, la somme minimale

---

122. *Syndicat des employés de la Rôtisserie Saint-Hubert du Haut Richelieu Saint-Jean (C.S.N.)* c. *Union des employés de commerce, local 502 (T.U.A.C.)*, [1987] T.T. 70. La signification de démissions sous l'huis de la porte des bureaux du syndicat peu avant minuit n'est pas acceptable: *Syndicat des travailleurs et travailleuses de Steinberg Québec, division Bas-St-Laurent (C.S.N.)* c. *Travailleurs et travailleuses unis de l'alimentation et du commerce, section locale 503*, [1992] T.T. 92.

123. *Syndicat des employés de l'aluminium de Shawinigan (F.S.S.A.)* c. *Syndicat des employés de l'aluminium de Shawinigan Inc. et al.*, [1977] T.T. 72 – révocation de l'accréditation par suite de démissions à l'occasion d'un maraudage; interaction du dépôt d'une requête en accréditation et d'une demande de révocation; *Syndicat des enseignants de la Rive-Sud* c. *Syndicat des enseignants de Champlain et Commission scolaire de Chambly*, [1977] T.T. 84 – rejet de la demande d'accréditation du syndicat requérant et révocation de l'accréditation du syndicat en place; *United Cement, Lime and Gypsum Workers International Union, local 415* c. *Union des opérateurs de machinerie lourde du Québec et Miron Limitée*, précité, note 119 – révocation de l'accréditation de l'association en place et rejet de la requête en accréditation de l'association rivale.

fixée par règlement du gouvernement, dans les 12 mois précédant la demande d'accréditation[124]. Une irrégularité ou un stratagème quant au paiement de cette somme pourrait entraîner le rejet de la requête en accréditation dans la mesure où les salariés en défaut seront exclus dans la considération du caractère représentatif du syndicat. Il est donc prohibé, par exemple, qu'un représentant syndical fournisse, d'une façon ou d'une autre, l'argent nécessaire au paiement de cette cotisation. Rien n'interdit cependant à un salarié d'emprunter ce montant[125]. Le fait que le paiement ait été effectué par voie de retenue à la source sur le salaire en vertu d'une clause de convention collective ou de l'article 47 C.t. n'a pas d'influence sur sa qualité[126]. La somme versée par le salarié à l'association accréditée ne perd pas, non plus, son caractère de cotisation syndicale si l'association la transmet à l'organisation à laquelle elle est affiliée[127].

En cas de réadhésion d'un salarié à un syndicat après en avoir démissionné, il suffit qu'il ait versé à ce syndicat à titre de cotisation syndicale la somme minimale requise dans les 12 mois précédant le dépôt éventuel de la requête en accréditation, sans qu'il soit nécessaire de verser cette somme à l'occasion de sa réadhésion[128].

444 – *Date* – La date à laquelle est calculé l'effectif syndical au regard des conditions qui précèdent est celle du dépôt de la requête en accréditation à la C.R.T. (art. 36.1, al. 1d) C.t.). Les effectifs syndicaux sont en quelque sorte gelés à cette date; conséquemment, les adhésions ou les démissions postérieures à ce jour ne seront pas prises en considération. On tiendra toutefois compte, en principe, de ces adhésions ou de ces démissions si elles sont complétées au cours de la journée de référence, même si c'est postérieurement au moment où la requête en accréditation a été déposée[129]. Cette règle est sujette

---

124. Jusqu'à l'adoption d'un tel règlement, la somme en question demeure de 2 $.
125. *Allard* c. *Syndicat national de l'automobile, de l'aérospatiale, du transport et des autres travailleuses et travailleurs du Canada (T.C.A.-Canada)*, D.T.E. 2001T-270 (T.T.); *Hébert* c. *Syndicat des travailleurs de Remtec Inc. (C.S.N.)*, [1985] T.T. 345.
126. *Infirmières et infirmiers unis Inc. (I.I.U.)* c. *Syndicat des infirmières et infirmiers de la Cité de la santé de Laval (S.Q.I.I.)*, [1986] T.T. 200; *Cie de construction de logement Turret Inc.* c. *Union des employés de service, local 298*, D.T.E. 85T-614 (T.T.).
127. *Bouchard* c. *Syndicat des travailleurs des Viandes Montcalm (C.S.N.)*, [1991] T.T. 360.
128. *Syndicat canadien des travailleurs du papier, section locale 100* c. *Syndicat national des travailleurs de la pulpe et du papier de Kénogami Inc.*, précité, note 11.
129. *Syndicat des travailleurs et travailleuses de Steinberg Québec, division Bas-St-Laurent (C.S.N.)* c. *Travailleurs et travailleuses unis de l'alimentation et du commerce, section locale 503*, précité, note 122; *Syndicat des infirmières et infirmiers de l'Est du Québec (S.I.I.E.Q.)* c. *Syndicat des infirmières et infirmiers du C.L.S.C. de la Vallée (F.I.I.Q.)*, précité, note 48; *Syndicat des salariés de Québec Poultry St-Jean-Baptiste* c. *Cie Québec Poultry Ltée*, [1975] T.T. 359.

à une exception ou, plus exactement, à une adaptation, lorsque la requête en accréditation fait l'objet d'un amendement de substance, en supposant qu'il soit recevable. L'effectif syndical devrait alors, selon la Cour d'appel, être calculé à la date de l'amendement[130].

445 – *Absence d'autres conditions* – Il faut enfin retenir que l'article 36.1, al. 2 C.t. interdit à la C.R.T. de tenir compte de quelque autre condition que celles auxquelles nous venons de nous arrêter, qui serait exigible selon les statuts ou règlements de l'association de salariés[131].

B. Le scrutin secret

446 – *Finalité* – Le vote au scrutin secret constitue un moyen de connaître le choix syndical des salariés d'une unité de négociation là où le dénombrement des effectifs n'a pu permettre de déterminer leur volonté d'être représentés par un syndicat en particulier.

La principale différence entre le vote au scrutin secret et la méthode de calcul des effectifs réside dans le fait que tous les membres de l'unité de négociation retenue sont appelés à y participer. Qu'ils soient membres ou non d'une association en cause, tous les salariés pourront donner leur opinion et décider s'ils désirent qu'un syndicat les représente collectivement (art. 21 et 38 C.t.).

1. Les situations de recours au vote par scrutin secret

a) Par un agent de relations du travail

447 – *Deux catégories de situations* – Le paragraphe 28b) C.t. prescrit d'abord la tenue d'un vote par l'agent de relations du travail en présence des conditions suivantes:

– il n'y a qu'une association requérante;

---

130. Voir *supra*, n° 437.
131. Cette disposition, édictée en 1977, a rendu inapplicable au contexte du *Code du travail du Québec*, l'arrêt de la Cour suprême dans l'affaire *Metropolitan Life Insurance Co.* c. *International Union of Operating Engineers, local 7961*, [1970] R.C.S. 425. On y avait décidé que la Loi de l'Ontario ne permettait pas à l'autorité chargée d'octroyer l'accréditation de s'en remettre à une notion réglementaire de «membre de l'association» mais qu'il fallait plutôt dans chaque cas vérifier si le salarié était réellement membre du syndicat suivant les exigences d'adhésion posées par celui-ci. *Syndicat des enseignantes et enseignants du Séminaire St-François* c. *Corp. du Séminaire St-François*, précité, note 61.

– il y a accord entre l'employeur et l'association sur l'unité de négociation et sur les personnes qu'elle vise;

– le calcul des effectifs révèle qu'il y a entre 35 % et 50 % des salariés de cette unité qui sont membres de l'association.

Si l'association requérante obtient la majorité absolue des voix, l'agent l'accrédite.

Une deuxième catégorie de situations de recours au vote au scrutin secret par l'agent de relations du travail est envisagée au paragraphe 28e) C.t. Les éléments suivants la caractérisent:

– il y a déjà une association accréditée, ou il y a plus d'une association requérante;

– il y a accord entre l'employeur et toute association en cause sur l'unité de négociation et sur les personnes qu'elle vise;

– aucune association ne groupe la majorité absolue des salariés.

L'agent de relations du travail tient alors le vote selon les dispositions de l'article 37 du Code et, s'il y a lieu, octroie l'accréditation à l'association qui y a droit en vertu de l'article 37.1[132].

b) Par la Commission des relations du travail

448 – *Discrétion judiciaire* – L'article 32, al. 3 C.t. attribue à la C.R.T. un pouvoir général d'ordonner la tenue d'un vote au scrutin secret en lui donnant compétence pour décider du caractère représentatif de l'association requérante par tous moyens d'enquête et notamment par le recours à un tel vote. S'agissant d'un moyen d'enquête, comme la Loi l'énonce clairement, la C.R.T. jouit donc d'un très large pouvoir d'appréciation pour décider de la tenue d'un vote[133]. Elle peut y recourir chaque fois qu'elle le juge opportun et, en particulier, lorsqu'elle est d'avis qu'une contrainte a été exercée pour empêcher un certain nombre de salariés d'adhérer à un syndicat ou pour les forcer à y adhérer[134]. Il en est de même lorsque des salariés

---

132. Voir *infra*, nº 458.

133. *Syndicat des chargés de cours de l'Université de Montréal (C.S.N.)* c. *Université de Montréal*, D.T.E. 85T-896 (C.A.) – opinion du j. Monet, p. 7.

134. *Syndicat des travailleurs et travailleuses en communication et en électricité du Canada (C.T.C.-F.T.Q.)* c. *Gestetner Inc.*, D.T.E. 90T-840 (T.T.); *Union des routiers, brasseries, liqueurs douces et ouvriers de diverses industries, local 1999* c. *Syndicat des salariés des Laboratoires Aérosol (C.S.D.)*, [1986] T.T. 265; *Syndicat des employés de la Société d'entretien Impar Ltée (C.S.N.)* c. *Union des employés de service, local 298 (F.T.Q.)*, [1977] T.T. 221.

sont membres de plus d'un syndicat en nombre suffisant pour influer sur la décision à rendre; ce genre de situation peut survenir tout autant lorsque deux associations rivales déposent une requête en accréditation le même jour que lorsqu'une association accréditée récupère sa majorité après l'avoir perdue au profit d'un syndicat concurrent au cours d'une période prévue à l'article 22 C.t.

Les motifs qui précèdent ne sont pas limitatifs et tout doute sur les adhésions ou leur qualité peut motiver le recours au vote[135]. La C.R.T. doit cependant fonder toute ordonnance de vote sur des motifs juridiques pouvant la justifier et il ne saurait être question qu'une telle ordonnance soit purement arbitraire[136]. On a ainsi jugé que le simple fait qu'un vote au scrutin secret n'avait pas permis à la seule association en cause d'obtenir la majorité requise ne pouvait légitimer l'ordonnance de la tenue d'un nouveau vote[137].

Il ne s'ensuit pas pour autant que la C.R.T. ne puisse recourir au vote plus d'une fois, lorsque les circonstances le justifient selon elle (et que le Code ne l'y oblige pas déjà)[138]. Un nouveau vote peut être motivé, par exemple, par des irrégularités survenues dans le déroulement du scrutin ou par le constat d'abstentions qui laissent un doute sur la volonté des salariés[139].

449 – *Vote obligatoire* – Le législateur a prévu deux types de situations où la C.R.T. est obligée d'ordonner un vote au scrutin secret. Le premier est envisagé à l'article 37 C.t. et caractérisé par les éléments suivants:

– au moins une association requérante compte comme membres entre 35 % et 50 % des salariés compris dans l'unité de négociation;

---

135. *Alamy* c. *Syndicat des travailleurs de Zohar Plastique (C.S.N.)*, D.T.E. 99T-1055 (T.T.).

136. On peut consulter, à titre d'exemples parmi d'autres: *Syndicat de l'Alliance des infirmiers et infirmières de l'Hôtel-Dieu d'Arthabaska (C.S.N.)* c. *Syndicat des infirmiers et infirmières de l'Hôtel-Dieu d'Arthabaska*, précité, note 113; *Syndicat des travailleurs de l'Hôpital du Haut-Richelieu et Centre d'accueil St-Jean (C.S.N.)* c. *Association des employés de l'Hôpital de St-Jean et de l'Hôpital du Haut-Richelieu (C.S.D.)*, [1980] T.T. 47; *Lamothe Québec Inc.* c. *Caron*, J.E. 80-251 (C.S.); *Lallemand Inc.* c. *Rhéaume*, J.E. 81-135 (C.S.).

137. *Lamothe Québec Inc.* c. *Caron*, *ibid*.

138. *Couture* c. *C. Monette et Fils Ltée*, D.T.E. 86T-951 (C.A.); *Panofor Inc.* c. *Tremblay*, [1985] C.S. 189; *Garda du Québec* c. *Lorrain*, D.T.E. 83T-641 (C.S.).

139. Comparer les décisions suivantes: *Syndicat professionnel des infirmières et infirmiers auxiliaires des Laurentides* c. *Syndicat canadien de la Fonction publique, section locale 2105*, [1983] T.T. 95; *Syndicat professionnel des infirmières et infirmiers de Chicoutimi (S.P.I.I.C.)* c. *Syndicat des infirmières et infirmiers du Centre hospitalier de Jonquière (C.S.N.)*, [1983] T.T. 317.

– s'il y a plusieurs associations en présence, aucune d'entre elles ne regroupe la majorité absolue des salariés de cette unité de négociation.

Ont alors le droit de participer au scrutin chaque association requérante, s'il y en a plus d'une, qui regroupe au moins 35 % des salariés concernés ainsi que l'association accréditée qui, le cas échéant, représente déjà le groupe. On remarquera, à l'article 37, al. 1 C.t., que l'association accréditée jouit alors d'un certain privilège en participant au vote sans être astreinte à la condition de regrouper au moins 35 % des salariés de l'unité[140].

La C.R.T. doit aussi, en vertu de l'article 37.1 C.t., ordonner la tenue d'un nouveau vote dans une autre situation bien déterminée:

– un vote au scrutin secret a déjà été tenu;

– ce vote mettait en présence plus de deux associations de salariés;

– ces associations ont obtenu ensemble la majorité absolue des voix;

– aucune association n'a pu obtenir seule cette majorité absolue.

Dans ces cas, le nouveau tour de scrutin a lieu sans la participation de l'association qui a obtenu le moins de voix au tour précédent.

2. Les modalités du vote

450 – *Réglementation et compétence de la C.R.T.* – Les modalités d'organisation et de tenue du vote au scrutin secret sont en bonne partie arrêtées par la réglementation[141]. Pour le surplus, elles relèvent de la compétence de la C.R.T.

Sans examiner chacune de ces modalités, il faut signaler l'importante différence qui existe alors avec la méthode de calcul des effectifs, quant au moment où l'on se situera dans le temps pour mesurer l'appui au syndicat. Lorsqu'il s'agit de calculer les effectifs du syndicat, on se place toujours nécessairement à la date du dépôt de

---

140. *Syndicat des travailleurs de l'Hôpital du Haut-Richelieu et Centre d'accueil St-Jean (C.S.N.)* c. *Association des employés de l'Hôpital de St-Jean et de l'Hôpital du Haut-Richelieu (C.S.D.)*, précité, note 136.

141. *Règlement sur l'exercice du droit d'association conformément au Code du travail*, précité, note 8, art. 13 à 25.

la requête en accréditation, déterminée selon l'article 130, al. 2 C.t. (ou à la date d'une demande de révocation en vertu de l'article 41 C.t.). La date à laquelle on doit se reporter pour dresser la liste des salariés qui seront habiles à voter lors du scrutin est celle arrêtée soit par entente entre les parties, soit par décision de la Commission des relations du travail (art. 39 C.t.)[142]. La C.R.T. a toute latitude pour fixer la date à laquelle l'employeur devra dresser la liste des salariés devant servir au scrutin. Toutefois, dans ce cas comme dans celui de la décision d'ordonner la tenue du vote lui-même, la C.R.T. doit motiver sa décision juridiquement[143]. En pratique, elle tiendra compte de facteurs comme ceux de l'arrivée et du départ d'un certain nombre de salariés depuis le dépôt de la requête en accréditation. Cette question est importante puisque, par exemple, si la liste est dressée au jour du dépôt de la requête et si, depuis lors, plusieurs salariés ont quitté l'entreprise, ces derniers ne seraient pas habiles à voter mais seraient néanmoins pris en compte pour établir la majorité requise[144].

451 – *Réunion préparatoire* – Lorsqu'un vote doit être tenu, c'est un agent de relations du travail qui agit comme président du scrutin (art. 137.48 C.t.)[145]. Ce dernier convoque alors les parties intéressées à une réunion préparatoire en vue de déterminer les modalités de tenue du scrutin[146]. Le vote au scrutin secret se rattachant au caractère représentatif des associations de salariés, l'employeur est en principe exclu de cette réunion préparatoire à laquelle seuls les syndicats intéressés peuvent exiger de participer[147]. Légalement obligé de faciliter la tenue du scrutin, l'employeur doit fournir au président du scrutin la liste des salariés habiles à voter selon l'unité de négociation convenue entre les parties, ou selon la décision de la C.R.T. (art. 38 C.t.)[148]. L'assemblée préparatoire au vote donne lieu à l'établissement de la

---

142. *Ibid.*, art. 14 et 17.
143. *Métallurgistes unis d'Amérique, section locale 7765* c. *Association des employés de Ski-Roule Wickham*, [1974] T.T. 395; *Association des employés de la Résidence St-Antoine* c. *Syndicat des employés de la Résidence St-Antoine*, [1974] T.T. 38.
144. *Règlement sur l'exercice du droit d'association conformément au Code du travail*, précité, note 8, art. 18.
145. *Ibid.*, art. 13.
146. *Ibid.*, art. 14.
147. *Syndicat des chargés de cours de l'Université de Montréal (C.S.N.)* c. *Université de Montréal*, précité, note 133; *Syndicat international des communications graphiques, local 555 – Montréal (C.T.C.-F.T.Q.-C.T.M.)* c. *Margo Corp.*, [1986] R.J.Q. 2123 (C.A.); *Corporation Margo* c. *Syndicat international des communications graphiques, local 555*, D.T.E. 87T-546 (T.T.).
148. *Règlement sur l'exercice du droit d'association conformément au Code du travail*, précité, note 8, art. 15 à 17.

liste définitive des votants en fonction de la Loi et des directives, le cas échéant, de la C.R.T. sur la tenue du vote, ainsi qu'à la détermination des diverses modalités du scrutin comme la date, les heures et l'endroit où il sera tenu, ou encore les modalités de propagande des parties au vote, dans les limites imposées par la réglementation. Cette dernière disposition interdit en effet toute forme de propagande aux parties dans les 36 heures qui précèdent l'ouverture des bureaux de scrutin et jusqu'à la fermeture de ceux-ci.

L'assemblée préparatoire au vote conduit souvent à diverses ententes entre les parties sur le déroulement du scrutin, ententes attestées par le procès-verbal, qui doit faire mention de tout sujet de désaccord entre les parties (art. 17 C.t.). Malgré les ententes qui peuvent intervenir entre les parties, le scrutin demeure celui de la C.R.T. et cette dernière n'est pas, non plus que l'agent de relations du travail, liée par ces ententes dans l'exercice de son pouvoir[149]. En particulier, qu'il y ait souscrit ou non, l'employeur ne peut acquérir le statut de partie intéressée au caractère représentatif des associations par le biais de ces ententes en alléguant leur violation[150].

Entre les parties au scrutin, la contravention aux dispositions réglementaires qui régissent la tenue du vote au scrutin secret ou aux ententes qui s'y rapportent peut fonder une contestation du résultat et conduire à l'annulation et à la reprise du scrutin[151]. Néanmoins, si la victime de l'irrégularité remporte le vote, il n'y aura pas lieu de reprendre ce dernier[152]. En outre, aucune disposition n'autorise la C.R.T. à exclure une association fautive d'un nouveau vote tenu par suite de l'annulation d'un précédent[153].

452 – *Vote* – Sont seuls habiles à voter les salariés inscrits sur la liste des votants et qui sont encore salariés au jour du scrutin[154]. Ni le

---

149. *Syndicat international des communications graphiques, local 555 – Montréal (C.T.C.-F.T.Q.-C.T.M.) c. Margo Corp.*, précité, note 147; *Corporation Margo c. Syndicat international des communications graphiques, local 555*, précité, note 147.

150. *Ibid.; Syndicat des chargés de cours de l'Université de Montréal (C.S.N.) c. Université de Montréal*, précité, note 133.

151. Exemples: *Ouvriers unis des textiles d'Amérique, local 371 c. Syndicat démocratique des salariés du textile de Grand-Mère (C.S.D.)*, [1974] T.T. 42; *Union des employés de commerce, local 500 (T.U.A.C.-U.F.C.Q.) c. Association des employés du Marché Provigo de l'Annonciation*, [1982] T.T. 468.

152. *Syndicat des employées et employés municipaux de Beauport, section locale 2224 (S.C.F.P.) c. Syndicat des fonctionnaires municipaux de la Ville de Québec (C.S.N.)*, D.T.E. 2002T-521 (T.T.).

153. *Ibid.*

154. *Règlement sur l'exercice du droit d'association conformément au Code du travail*, précité, note 8, art. 18.

Code du travail, ni la réglementation actuelle ne prévoient la forme que doit prendre le bulletin de vote. Dans le cas où une seule association est en cause, la question posée aux salariés est simplement de savoir s'ils désirent oui ou non être représentés par le syndicat en cause. Par ailleurs, lorsque deux ou plusieurs associations sont en présence, on demande simplement aux salariés par laquelle ils désirent être représentés. Dans ce cas, le salarié qui ne veut pas être représenté par quelque syndicat que ce soit n'a d'autre choix que d'annuler son vote. La réunion préparatoire tenue en vertu de l'article 14 du Règlement peut cependant donner lieu à une entente sur la forme du bulletin de vote et sur le mode d'expression du vote. On pourrait donc prévoir la possibilité pour le salarié d'exprimer son désir de n'être représenté par aucun syndicat, encore que les syndicats en cause, seuls participants légalement intéressés, y trouveraient très peu d'intérêt pratique[155].

3. *Les obligations des parties*

453 – *Vote obligatoire* – Le vote de tous les salariés prend d'autant plus d'importance que la règle de base dictée par le *Code du travail* sur la majorité requise est fondée sur le nombre de salariés habiles à voter plutôt que sur le nombre de ceux qui exercent effectivement leur droit de vote. La Loi impose en conséquence aux salariés concernés l'obligation de voter, à moins d'une excuse légitime, et à l'employeur celle de faciliter la tenue du scrutin (art. 38 C.t.)[156].

L'obligation faite aux salariés de voter justifie le président du scrutin de recevoir par anticipation le vote de salariés qui, autrement, ne pourraient voter[157]. La jurisprudence ne révèle pas de cas où

---

155. Quant au mode d'expression de la volonté du salarié sur le bulletin de vote, voir les décisions suivantes: *Union des employés d'hôtels, restaurants et commis de bar, local 31* c. *Fraternité canadienne des cheminots, employés de transport et autres ouvriers*, [1981] T.T. 48; *Union des employés d'hôtels, restaurants et commis de bar, section locale 31* c. *Syndicat des travailleurs du Motel Carillon (C.S.N.)*, D.T.E. 83T-148 (T.T.); *Union des employés de commerce, local 500 (T.U.A.C.-U.F.C.W.)* c. *Association des employés du Marché Provigo de l'Annonciation*, [1982] T.T. 468; *Syndicat professionnel des infirmières et infirmiers auxiliaires des Laurentides* c. *Syndicat des travailleurs du Centre hospitalier St-Michel de Montréal (C.S.N.)*, D.T.E. 84T-168 (T.T.).

156. *Syndicat des chargés de cours de l'Université de Montréal (C.S.N.)* c. *Université de Montréal*, précité, note 133; *Syndicat international des communications graphiques, local 555 – Montréal (C.T.C.-F.T.Q.-C.T.M.)* c. *Margo Corp.*, précité, note 147.

157. *Sobeys Inc. (numéro 650)* c. *Syndicat des travailleuses et travailleurs de Sobeys de Baie-Comeau*, D.T.E. 96T-433 (T.T.).

l'on ait intenté une poursuite pénale contre un employé qui s'était abstenu d'aller voter. L'abstention constitue une forme d'irrégularité susceptible d'entraîner la reprise d'un scrutin qui n'a pas été concluant[158]. Cette conséquence n'est toutefois pas automatique et dans certaines circonstances, le défaut de majorité provoqué par des abstentions pourra conduire à l'absence de toute accréditation[159].

Pour faciliter la tenue du scrutin, l'employeur doit en particulier préparer une liste des salariés conformément à la réglementation et aux directives de la C.R.T. s'il y a lieu et permettre aux salariés de se rendre voter pendant la durée du scrutin. Il ne peut par ailleurs exiger d'être présent dans le bureau de vote, non plus que d'assister au dépouillement des bulletins, la tenue du vote se rattachant au caractère représentatif du syndicat ou des syndicats en cause[160].

4. La majorité et l'effet du vote

454 – *Majorité absolue ou simple* – En principe, pour avoir droit à l'accréditation à la suite d'un vote au scrutin secret, une association de salariés doit y obtenir la majorité absolue (plus de la moitié) des voix des salariés qui étaient habiles à voter. Cette règle fondamentale énoncée à l'article 21, al. 1 C.t. est sujette à une exception prévue au deuxième alinéa du même article qui renvoie aux dispositions de l'article 37.1, al. 2 C.t. La majorité simple des voix exprimées suffit à une association à l'occasion de tout vote au scrutin secret qui met en présence deux associations, dès lors que ces deux associations obtiennent ensemble la majorité absolue des voix des salariés habiles à voter.

455 – *Droit à l'accréditation* – Le droit à l'accréditation en faveur de l'association de salariés qui obtient la majorité requise par la Loi, selon les cas, est expressément affirmé à l'article 21, al. 1 et 2 C.t. Il faut néanmoins que le vote ait été tenu régulièrement et que l'association qui veut en invoquer le résultat y ait participé de bonne foi. L'article 31, al. 1 C.t. interdit expressément à la C.R.T. d'accorder l'accréditation lorsque l'article 12 C.t., qui prohibe notamment l'ingérence patronale dans les affaires syndicales, n'a pas été respecté[161].

---

158. *Panofor Inc.* c. *Tremblay*, précité, note 138; *Couture* c. *C. Monette et Fils Ltée*, précité, note 138.
159. *Ibid.* Voir aussi *supra*, note 136.
160. *Syndicat du textile des employés de Malibu (C.S.N.)* c. *Malibu Fabrics of Canada Limited*, [1970] T.T. 146.
161. Voir *supra*, Titre II, chapitre 2, n° 395-397.

Cette disposition fait directement obstacle à l'association qui prétendrait invoquer le résultat d'un vote au scrutin secret en sa faveur pour obtenir l'accréditation alors qu'elle est dominée ou financée par l'employeur[162].

La décision d'accréditer sur la foi du résultat du scrutin secret est celle de la Commission des relations du travail (art. 115 et 117 C.t.). S'il y a lieu, c'est cette dernière qui doit trancher toute contestation relative au vote ou à son résultat[163].

IV- LE TRAITEMENT DE LA REQUÊTE

A. L'agent de relations du travail

456 – *Objet de l'intervention* – Sitôt après avoir reçu une requête en accréditation, la C.R.T. doit dépêcher sans délai un agent de relations du travail auprès des parties (art. 28a) C.t.). L'intervention de l'agent de relations du travail vise d'abord à constater l'état du dossier quant à la détermination de l'unité de négociation et des personnes qu'elle vise et quant à la représentativité de l'association ou des associations en cause. Elle lui permet aussi d'octroyer l'accréditation dans les situations non contentieuses ou dans celles où l'issue d'un litige n'est pas susceptible de compromettre le droit à l'accréditation[164].

457 – *Accord ou désaccord sur l'unité* – L'agent des relations du travail doit vérifier auprès des parties s'il y a accord entre elles quant à la description de l'unité de négociation et aux personnes qu'elle vise et, le cas échéant, constater cet accord par écrit. Il est fréquent qu'un agent aide les parties à s'entendre finalement sur ces questions, lorsque les divergences d'opinions sont mineures et qu'il croit l'entente possible.

Le paragraphe 28c) C.t. oblige l'employeur à faire connaître par écrit son désaccord sur l'unité de négociation demandée et à proposer lui-même alors l'unité qu'il croit appropriée. L'opposition de

---

162. *Association des employés de fabrication de portes et châssis* c. *Vitriers et travailleurs du verre, local 1135 de la Fraternité internationale des peintres et métiers connexes*, [1975] T.T. 1; *Union des employés de commerce, local 500 (T.U.A.C.-U.F.C.W.)* c. *Syndicat des employés d'alimentation Legardeur Inc.*, [1984] T.T. 181.

163. *Union des employés de commerce, local 503* c. *Union des employés de restauration du Québec, local 104*, D.T.E. 83T-854 (C.A.); *Syndicat des chargés de cours de l'Université de Montréal (C.S.N.)* c. *Université de Montréal*, précité, note 133.

164. *Cecere* c. *Garant*, [2000] R.J.D.T. 129 (C.S.).

l'employeur doit être motivée, l'objet du désaccord devant être suffisamment précisé pour permettre à l'autre partie d'en connaître la nature et, au besoin, d'agir en conséquence. Il ne saurait donc être question que l'employeur se limite à une dénégation générale du caractère approprié de l'unité demandée ou motive son opposition par une vague référence aux structures de son entreprise[165].

À défaut d'opposition écrite et suffisante de la part de l'employeur dans le délai de dix jours que la Loi lui accorde, le paragraphe 28c) C.t. présume de son accord sur l'unité recherchée[166]. Cette présomption peut toutefois être repoussée par l'employeur s'il démontre son incapacité d'agir[167].

458 – *Accord sur l'unité et les personnes* – S'il y a accord, exprimé ou présumé, total ou partiel, sur l'unité de négociation et les personnes qu'elle vise, l'agent de relations du travail dispose du dossier de l'une ou l'autre des manières qui suivent, selon l'éventualité.

• S'il n'y a qu'une association requérante et qu'il constate son caractère majoritaire en calculant ses effectifs, il l'accrédite sur-le-champ par écrit en décrivant l'unité de négociation (art. 28a) C.t.)[168].

• S'il n'y a, encore une fois, qu'une seule association requérante mais que le calcul de ses effectifs révèle qu'elle regroupe entre 35 % et 50 % des salariés de l'unité de négociation, il procède à un scrutin. Il accrédite l'association si celle-ci obtient la majorité absolue des voix lors du scrutin (art. 28b) C.t.). Sinon, il fait rapport à la C.R.T. (art. 30 C.t.)[169].

• Si l'association requérante jouit du caractère représentatif à l'intérieur de l'unité de négociation sur laquelle il y a accord avec l'employeur, mais que les parties ne s'entendent pas sur un certain

---

165. *Industries Raymond Payer Ltée* c. *Commissaire du travail*, D.T.E. 83T-678 (C.A.); *Syndicat des travailleurs de C.L.S.C. Métro (C.S.N.)* c. *Centre local de service communautaire (C.L.S.C.) Métro*, [1981] T.T. 198.

166. *Commissaire général du travail* c. *Hôpital de Montréal pour enfants*, D.T.E. 85T-556 (C.A.); *Université de Montréal* c. *Syndicat général des professionnels de l'Université de Montréal*, D.T.E. 88T-445 (T.T.).

167. *Autobus scolaire Fortier inc.* c. *Syndicat des chauffeurs d'autobus scolaires, région de Québec (C.S.D.)*, D.T.E. 2002T-505 (T.T.).

168. Un accord à ce stade sur la liste des salariés visés par l'accréditation sollicitée est déterminant et ne pourra être remis en question par une prétention ultérieure qui le contredit quant à la portée de l'accréditation octroyée: *Syndicat des professionnelles et professionnels des affaires sociales du Québec (C.S.N.)* c. *Centre de réadaptation Montérégie Inc.*, D.T.E. 92T-482 (T.T.).

169. Une allégation d'ingérence de l'employeur en violation de l'article 12 C.t. peut également interrompre l'enquête de l'agent de relations du travail (art. 29 C.t.).

nombre de personnes visées par la requête, sans que le caractère majoritaire du syndicat puisse en être compromis, il accrédite l'association et fait rapport à la C.R.T. Cette dernière décidera ultérieurement de l'inclusion ou de l'exclusion des personnes sur lesquelles il y a désaccord entre l'employeur et le syndicat (art. 28d) C.t.)[170].

- S'il y a désaccord partiel seulement quant à la description de l'unité de négociation, si l'association requérante est majoritaire dans l'unité de négociation qu'elle demande et s'il estime qu'elle conservera son caractère représentatif quelle que soit la décision éventuelle de la C.R.T. sur la description de l'unité de négociation, il accrédite l'association sur-le-champ, fait rapport à la C.R.T. et en transmet une copie aux parties (art. 28d.1) C.t.).

- Le texte législatif en cause ici est apparemment simple. Il manque toutefois de précision. L'employeur qui refuse son accord à l'unité de négociation proposée par une association syndicale le fait soit en la considérant trop étendue et en proposant une unité plus restreinte, soit en la jugeant trop petite et en proposant une unité plus large, soit encore en estimant que l'unité demandée devrait être scindée en deux unités ou plus et en demandant cette division. Le paragraphe d.1) peut-il trouver application dans chacune de ces trois hypothèses? Son texte envisage simplement celle où «l'employeur refuse son accord sur une partie de l'unité de négociation». Cet énoncé impose deux constatations: (1) le désaccord s'apprécie par référence à l'unité de négociation demandée par l'association requérante; (2) le désaccord se rapporte à une partie de cette même unité de négociation. Il s'ensuit que seule l'hypothèse selon laquelle l'employeur trouve l'unité de négociation demandée trop étendue et demande qu'elle soit réduite devrait commander l'application du paragraphe d.1). Les deux autres éventualités de désaccord portent en fait sur la totalité de la proposition syndicale plutôt que sur une partie seulement de cette dernière.

- S'il y a lieu, l'agent de relations du travail accrédite l'association à l'égard de l'unité de négociation que cette dernière a demandée. Une telle accréditation ne peut toutefois permettre à l'association d'engager aussitôt un processus de négociation collective. Elle emporte par contre l'obligation immédiate de l'employeur de perce-

---

170. *Interfriction Canada Inc.* c. *Syndicat des travailleurs en communication, électronique, électricité, techniciens et salariés du Canada*, D.T.E. 86T-237 (T.T.). En vertu de l'article 53.1 C.t., l'employeur ou l'association accréditée ne peut refuser de négocier ou retarder la négociation au seul motif qu'il y a désaccord entre les parties sur les personnes visées par l'accréditation.

voir et de remettre à l'association le précompte syndical, conformément à l'article 47 C.t.

- S'il y a déjà une association accréditée, ou plus d'une association requérante, et s'il y a accord entre l'employeur et toute association en cause sur l'unité de négociation et sur les personnes qu'elle vise, il accrédite l'association qui groupe la majorité absolue des salariés ou, à défaut, il procède à un scrutin secret selon l'article 37 et accrédite conséquemment celle qui a droit à l'accréditation en application de l'article 37.1, al. 2 C.t.

459 – *Caractère représentatif* – La vérification du caractère représentatif de toute association de salariés mise en cause par une demande accréditation incombe d'abord à l'agent de relations du travail. Ce dernier recourt en premier lieu à la méthode du calcul des effectifs syndicaux. Il procède à la vérification des livres et des archives de l'association. Il compare la liste des membres du syndicat, en tenant compte des dispositions de l'article 36.1 C.t., avec la liste des salariés fournie par l'employeur suivant l'article 25 C.t. Le paragraphe 28a) C.t. l'autorise à agir de la même manière tant à l'endroit de l'association requérante que de toute autre association en cause. L'agent de relations du travail peut également questionner les salariés sur la qualité de leur adhésion et sur tout autre fait pertinent[171]. L'article 28 C.t., avons-nous vu, prévoit les éventualités dans lesquelles il pourra procéder à la tenue d'un vote au scrutin secret. Dans le cas d'une association requérante en accréditation, il vérifie en outre si la résolution mentionnée à l'article 25 C.t. a été adoptée comme exigé, et ce, conformément aux règlements du syndicat. Retenons enfin que l'article 29 C.t. interdit à l'agent de relations du travail d'accréditer une association dès qu'il a des raisons de croire que l'article 12 n'a pas été respecté ou qu'il est informé qu'une plainte a été déposée en vertu de cet article.

460 – *Décisions* – Les décisions par lesquelles un agent de relations du travail octroie une accréditation sont réputées celles de la C.R.T. elle-même (art. 115 et 117 C.t.). Lorsque l'agent de relations du travail arrive à la conclusion qu'il ne peut accorder l'accréditation, il ne la refuse pas à proprement parler; il s'abstient simplement de l'octroyer. Dans tous ces cas, il fait rapport à la C.R.T. avec copie aux parties en cause (art. 28 et 30 C.t.). Ces dernières disposent alors d'un délai de 5 jours pour présenter leurs observations (art. 30, al. 2 C.t.). S'il y a lieu, la suite de l'affaire relèvera du processus décisionnel de la C.R.T.[172]

---

171. La Loi ne prévoit aucune modalité particulière pour la vérification des adhésions: *Cecere* c. *Garant*, précité, note 164.
172. Voir *supra*, Titre II, chapitre 1, nos 349-359.

Le rôle de l'agent de relations du travail en matière d'accréditation est essentiellement technique. Ses pouvoirs sont d'abord de nature administrative et leur exercice, nous l'avons vu, est lié à l'existence de conditions prédéterminées. Normalement, il ne sera pas appelé à trancher un litige ni à rendre une décision de nature judiciaire[173]. Son obligation à l'endroit des parties se limite à leur permettre de présenter leurs observations et, s'il y a lieu, de produire des documents pour compléter leur dossier (art. 117, al. 2 C.t.). Néanmoins, l'appréciation de l'existence des conditions d'exercice de ses pouvoirs peut amener l'agent de relations du travail à rendre une décision de nature judiciaire. Il peut en être ainsi lorsqu'il s'agit d'apprécier, par exemple, la légalité ou la qualité d'une adhésion syndicale, aux fins du calcul des effectifs, ou encore la validité d'une opposition écrite de l'employeur à l'unité de négociation proposée[174]. Ces décisions peuvent donner lieu, en cas de défaut ou d'excès de compétence, à l'exercice du pouvoir de contrôle et de surveillance de la Cour supérieure[175]. Elles peuvent en outre faire l'objet d'une révision par la C.R.T., lorsqu'elles conduisent à l'octroi d'une accréditation, pour l'un ou l'autre des motifs prévus à l'article 127 C.t.[176].

B. La Commission des relations du travail

461 – *Distinction* – Lorsqu'un commissaire ou une formation de trois commissaires de la C.R.T. doit décider d'une affaire d'accréditation, l'article 32 C.t. distingue le traitement des questions relatives à l'unité de négociation et aux personnes qu'elle vise, d'une part, et l'examen du caractère représentatif des associations, d'autre part.

1. *L'unité de négociation et les personnes visées*

462 – *Parties intéressées* – L'article 32, al. 2 C.t. réserve le statut de parties intéressées quant à l'unité de négociation et aux personnes qu'elle vise à l'association ou aux associations en cause de même qu'à l'employeur. Sont ainsi exclus les employés concernés, à titre individuel[177]. Pour être considéré «en cause», une association doit ou

---

173. *Union des employés de commerce, local 503* c. *Union des employés de restauration du Québec, local 104*, précité, note 163.

174. *Miron Inc.* c. *Rhéaume*, [1981] C.S. 748; *Canadian Foundry Supplies and Equipment Ltd.* c. *Lampron*, [1981] C.S. 398.

175. *Ibid.*

176. Voir *supra*, Titre II, chapitre 1, n°s 345-347.

177. Cette solution, maintenant explicite, avait été retenue par la Cour suprême sous l'application du texte antérieur de l'article 32 C.t.: *Bibeault* c. *McCaffrey*, [1984] 1 R.C.S. 176, 190.

bien être déjà accréditée, ou bien requérante en accréditation pour le même groupe ou pour une partie de ce groupe.

463 – *Compétence* – À ce stade, la Commission des relations du travail n'est pas liée par une entente qui peut intervenir entre l'employeur et le syndicat sur la description de l'unité de négociation ni, à plus forte raison, par une pareille entente entre deux ou plusieurs syndicats, à supposer même que l'employeur n'intervienne pas (art. 32, al. 1 C.t.)[178]. Ce n'est pas à dire que l'accord de l'employeur et d'un syndicat requérant ne soit d'aucun effet devant la C.R.T. D'une part, à moins qu'une unité ne soit manifestement illégale ou inappropriée, la C.R.T. sera justifiée de ne pas s'interroger sur la pertinence d'une unité non contestée[179]. D'autre part, en présence d'un litige intersyndical, l'accord de l'employeur à une unité de négociation proposée par l'une des associations en présence constituera une considération pertinente dans l'appréciation du caractère approprié de l'unité de négociation[180]. Quant au fardeau de la preuve, il incombe généralement à la partie qui s'oppose à une unité de négociation proposée[181]. Néanmoins, il se trouvera reporté sur la partie qui cherche à modifier la situation préexistante, comme dans le cas de la demande de fractionnement d'une unité de négociation[182].

La compétence de la C.R.T. demeure également totale pour décider de l'inclusion d'une personne dans une unité de négociation, ou de son exclusion, en présence d'une entente entre les parties à ce sujet[183].

2. Le caractère représentatif

464 – *Parties intéressées* – L'article 32, al. 4 C.t. ne reconnaît comme parties intéressées à l'examen du caractère représentatif d'une association de salariés que les seuls salariés de l'unité de

---

178. *Union des routiers, brasseries, liqueurs douces et ouvriers de diverses industries, section locale 1999 (Teamsters)* c. *Hydro-Québec*, D.T.E. 92T-1271 (T.T.); *Infirmières et infirmiers unis Inc.* c. *Union des employés de service, section locale 298 (F.T.Q.)*, précité, note 62.

179. *Astico Inc.* c. *Union des employés de service, local 298*, T.T. Québec, no 78-1893, 12 février 1979.

180. *Syndicat des employés du C.L.S.C. des Trois-Saumons* c. *Syndicat professionnel des techniciens en radiologie du Québec (S.P.T.R.M.Q.)*, [1980] T.T. 216.

181. *Astico Inc.* c. *Union des employés de service, local 298*, précité, note 179.

182. Voir *supra*, no 438.

183. *Thyssen Marathon Canada, division de Thyssen Canada Ltée* c. *Association internationale des machinistes et des travailleuses et travailleurs de l'aérospatiale, district 11*, D.T.E. 2001T-415 (T.T.).

négociation ainsi que toute association de salariés intéressée. L'employeur se trouve ainsi exclu de cette partie du débat et toute tentative de sa part en vue de s'introduire dans l'examen du caractère représentatif du syndicat ou des syndicats en présence sera normalement repoussée[184]. Une manœuvre par laquelle l'employeur chercherait à profiter de la collusion de certains salariés pour s'immiscer, par leur intermédiaire, dans le débat sur la représentativité sera assimilée à une ingérence illicite dans les activités de l'association requérante[185].

465 – *Étendue de la notion* – La notion de caractère représentatif a alimenté, quant à son étendue, une jurisprudence abondante. Dans l'affaire *Laval Chrysler Plymouth Ltée,* suivie constamment depuis lors, on a décidé que la partie patronale n'avait aucun droit d'exiger de consulter la résolution autorisant la requête en accréditation, la constitution et les règlements de l'association requérante[186]. La jurisprudence ultérieure a donné à cette notion de caractère représentatif une compréhension large qui recouvre toutes les questions concernant la capacité représentative du syndicat et ses relations avec les salariés[187]. L'article 31 C.t. empêche la C.R.T. d'accréditer une association de salariés si elle vient à la conclusion que l'article 12 n'a pas été respecté et que l'association a participé à cette violation[188].

466 – *Enquête* – L'article 32, al. 1 C.t. laisse à la C.R.T. une grande latitude dans la conduite de la partie de son enquête qui porte

184. *Bibeault* c. *McCaffrey*, précité, note 177, p. 186; *Zellers Inc. (Val-d'Or n° 467)* c. *Lalonde*, D.T.E. 2001T-159 – REJB 2001-22171 (C.A.).
185. *Syndicat des salariés de Métro Lebel* c. *Alimentation Lebel Inc.*, D.T.E. 94T-626 (T.T.).
186. *Laval Chrysler Plymouth Ltée* c. *Union des employés de commerce, local 500 (R.C.I.A.)*, [1972] T.T. 29. Il pourrait toutefois en être autrement dans la mesure nécessaire pour décider de la recevabilité même d'une requête en accréditation, qu'aucune disposition du *Code du travail* n'interdit à l'employeur de contester: *Institut technique Aviron* c. *Syndicat des professeurs de métier de technique de l'Institut Aviron (C.S.N.)*, précité, note 29.
187. *Lukian Plastic Closures Quebec Ltd.* c. *Lesage*, précité, note 3; *154663 Canada Inc.* c. *Union des employées et employés de la restauration, Métallurgistes unis d'Amérique, section locale 9200*, précité, note 115; *Aliments Supra Inc.* c. *Union internationale des travailleurs et travailleuses unis de l'alimentation et du commerce, section locale 501*, précité, note 1; *Magasins Wise Inc.* c. *Syndicat international des travailleurs et travailleuses unis de l'alimentation et du commerce, section locale 503*, précité, note 1; *Chomedey Hyundai* c. *Fraternité canadienne des cheminots, employés de transports et autres ouvriers, section locale 511*, précité, note 55; *Garda du Québec Ltée* c. *Lorrain*, précité, note 138.
188. Exemple: *Syndicat des employées et employés de Tremcar Iberville* c. *Métallurgistes unis d'Amérique, section locale 9414*, D.T.E. 99T-220 (T.T.).

sur le caractère représentatif. Elle n'est en somme tenue qu'à l'observance des règles de justice naturelle (art. 117 et 128, al. 3 C.t.)[189]. Ce pouvoir de la C.R.T. comporte toutefois sa contrepartie. Il lui incombe de s'assurer qu'elle dispose des éléments d'information nécessaires pour rendre une décision[190].

V- LA DÉCISION

467 – *Délai et employeur visé* – À compter du 1er septembre 2003, la décision qui dispose d'une requête en accréditation devra être rendue dans les 60 jours du dépôt de cette requête à la C.R.T. (art. 133, al. 1 C.t.)[191].

En principe, la décision qui octroie une accréditation s'adressera à la personne qui a la qualité d'employeur à la date à laquelle la décision est rendue, que cette personne soit la même que celle visée à l'origine par la requête en accréditation ou qu'il s'agisse d'un nouvel employeur qui lui a été substitué par application de l'article 45 C.t.[192]. Exceptionnellement, en cas de concession d'entreprise survenant durant la procédure en vue de l'obtention d'une accréditation, la C.R.T. est autorisée à décider que l'employeur cédant et le concessionnaire sont successivement liés par l'accréditation (art. 46, al. 5 C.t.)[193]. Il ne s'ensuit pour autant que l'accréditation reçoive un effet rétroactif immédiat. Cette mesure vise plutôt à prévoir un éventuel retour de la concession à l'employeur cédant de telle sorte que celui-ci soit alors lié par l'accréditation[194].

---

189. *Websters* c. *Syndicat des travailleuses et travailleurs du McDo (C.S.N.)*, D.T.E. 2001T-491 (T.T.); *L'Espérance* c. *National Metal Finishing Canada Ltd.*, [2000] R.J.D.T. 991 (T.T.).

190. *Association Laurentienne des travailleurs de l'enseignement* c. *Syndicat des travailleurs de l'enseignement des Laurentides*, [1977] T.T. 89; *Union des chauffeurs de camions, hommes d'entrepôts et autres ouvriers, local 106* c. *Corporation municipale de St-Nicéphore*, D.T.E. 82T-588 (T.T.).

191. Toutefois, dans le cas d'une requête visée à l'article 111.3 C.t. (secteurs public et parapublic), la décision devra être rendue au plus tard à la date d'expiration de la convention collective applicable ou de ce qui en tient lieu.

192. Voir et adapter, compte tenu de l'amendement ultérieur apporté à l'article 46 C.t. en cas de concession d'entreprise: *Syndicat des travailleuses et travailleurs d'Alfred Dallaire (C.S.N.)* c. *Alfred Dallaire inc.*, [2002] R.J.D.T. 20 (C.A.), par. 47 et 54.

193. *Ibid.*, par. 56.

194. Voir *infra*, Titre II, chapitre 4, nos 510, 512.

CHAPITRE 4

LA VIE DE L'ACCRÉDITATION

468 – *Acte public* – Acte de la puissance publique, l'accréditation revêt un caractère d'ordre public. Sa portée et les effets que la Loi lui donne ne peuvent être modifiés par les parties qu'elle vise, que ce soit par le biais d'une convention collective ou par quelque autre forme d'entente[1]. Le syndicat titulaire d'une accréditation ne peut y renoncer, ni en s'en désistant ni par un comportement passif ou négligent[2].

L'accréditation produit ses effets à compter du moment où elle est octroyée; elle n'est ni rétroactive, ni déclaratoire[3]. Comme son octroi, la vie de l'accréditation et son extinction obéissent à un ensemble de règles dictées par le *Code du travail*.

---

1. *Foyer St-Antoine* c. *Lalancette*, [1978] C.A. 349; *Union des chauffeurs de camions, hommes d'entrepôts et autres ouvriers, section locale 106 (F.T.Q.)* c. *Association des employés de Atlas idéal métal (FISA)*, D.T.E. 2001T-843 (T.T.) – absence d'effet d'un élargissement par entente particulière; *Syndicat canadien de la fonction publique, section locale 3187* c. *École de technologie supérieure*, D.T.E. 92T-1387 (T.T.) – inefficacité d'une lettre d'entente; *Syndicat des employés du Cegep régional de la Côte-Nord* c. *Agence Pinkerton*, [1977] T.T. 36, 40; *Coronet Carpets Limited* c. *Syndicat des employés de Coronet Farnham (C.S.D.)*, [1974] T.T. 257.

2. *Laverdure* c. *Union des opérateurs de machineries lourdes, local 791 (F.T.Q.)*, REJB 2001-24615, [2001] R.J.D.T. 1127 (C.A.), par. 25; *Alliance du personnel professionnel et administratif de Ville de Laval* c. *Syndicat des employés de bureau en service technique et professionnel de Ville de Laval*, D.T.E. 97T-1357 (T.T.); *Syndicat canadien des travailleurs du papier, section locale 100* c. *Syndicat national des travailleurs de la pulpe et du papier de Kénogami Inc.*, [1980] T.T. 406; *Association Laurentienne des travailleurs de l'enseignement* c. *Syndicat des travailleurs de l'enseignement des Laurentides*, [1977] T.T. 89, 94. La dissolution volontaire de l'association accréditée laisse néanmoins aux salariés de l'unité de négociation les droits qui leur résultent d'une convention collective: *Confédération des syndicats nationaux* c. *Association des artisans de Reliure Travaction Inc.*, [1991] T.T. 235.

3. De façon tout à fait exceptionnelle, le dernier alinéa de l'article 46 C.t. permet qu'une accréditation lie successivement l'employeur originaire et son successeur lorsqu'une concession d'entreprise est survenue pendant la procédure d'accréditation: *Syndicat des travailleuses et travailleurs d'Alfred Dallaire (C.S.N.)* c. *Alfred Dallaire inc.*, [2002] R.J.D.T. 20 (C.A.), par. 56. Voir *supra*, Titre II, chapitre 3, n° 467 et *infra*, n° 513.

I- LES DROITS, POUVOIRS ET OBLIGATIONS DE L'ASSOCIATION ACCRÉDITÉE

469 – *Généralités* – L'accréditation confère au syndicat le pouvoir légal et, en contrepartie, l'obligation, légale aussi, de représenter tous les salariés compris dans l'unité de négociation, qu'ils soient ou non membres du syndicat, aux fins de la négociation, de la conclusion et de l'application d'une convention collective[4]. Quelques autres droits et obligations spécifiques se rattachent accessoirement à l'accréditation.

A. Les droits et pouvoirs

1. Le pouvoir de représentation

470 – *Nature, origine et étendue* – L'accréditation investit le syndicat d'un pouvoir de représentation qui en fait le représentant collectif et exclusif de tous les salariés compris dans l'unité de négociation, qu'ils soient ou non ses membres.

Dès 1959, dans l'arrêt *Paquet*, la Cour suprême soulignait l'origine et l'étendue particulières du pouvoir légal de représentation du syndicat accrédité. Le juge Judson rappelait ainsi l'origine statutaire de ce pouvoir:

> [...] the collective representative represents all employees, whether union members or not, not because of a contractual relation of mandate between employees and union but because of a status conferred upon the union by the legislation.[5]

Quant à son étendue, le juge Judson écrivait:

> The Union is [...] the representative of all the employees in the unit for the purpose of negotiating the labour agreement. There is no room left for private negotiation between employer and employee. Certainly to

---

4. Au sujet de la légalité constitutionnelle, en regard des chartes, du pouvoir de représentation conféré par l'accréditation, consulter: *Lavigne c. Syndicat des employés de la Fonction publique de l'Ontario*, [1991] 2 R.C.S. 211. Le concept de représentation collective créé par la Loi comme conséquence de l'accréditation se distingue de celui d'association, au sens strict, en ce qu'il n'implique pas l'appartenance des salariés au groupement associatif. Le pouvoir de représentation du syndicat existe en effet à l'endroit de l'ensemble des salariés sans égard à leur adhésion individuelle.

5. *Syndicat catholique des employés de magasins de Québec Inc. c. Cie Paquet Ltée*, [1959] R.C.S. 206, 214.

the extent of the matters covered by the collective agreement, freedom of contract between master and individual servant is abrogated.[6]

Cette compréhension du pouvoir de représentation du syndicat accrédité justifia dans l'espèce, entre autres motifs, la reconnaissance par la Cour suprême de la légalité d'une clause de «formule Rand», c'est-à-dire une clause de convention collective dont l'objet est d'imposer à tous les salariés de l'unité de négociation le paiement à l'association accréditée de leur cotisation syndicale, ou de son équivalent s'ils n'en sont pas membres[7]. La Cour suprême a rappelé et réitéré en plusieurs occasions cette caractérisation de la représentation collective[8].

Le monopole de représentation du syndicat accrédité s'exerce à toutes les phases du régime de rapport collectif du travail. Il oblige d'abord l'employeur à négocier avec lui, en toute diligence et bonne foi, en vue de la conclusion d'une convention collective déterminant les conditions de travail des salariés de l'unité de négociation. Le syndicat accrédité devient ensuite le seul interlocuteur pour les fins de l'application de cette convention collective[9].

2. Les autres droits

471 – *Précompte syndical* – En vertu de l'article 47 C.t., l'association accréditée a le droit de percevoir, par l'entremise de l'employeur qui la retient sur le salaire des salariés et la lui remet, la cotisation qu'elle fixe pour ses membres, ou une somme équivalente dans le cas des salariés qui ne sont pas ses membres. La «formule Rand», dont les syndicats devaient auparavant négocier l'inclusion dans une convention collective, se trouve ainsi imposée par la Loi. L'article 47 C.t. confère au syndicat le droit au précompte syndical du seul fait de son accréditation, sans égard à la conclusion d'une convention collective.

---

6. *Ibid.*, 212.
7. Voir aussi, plus récemment, *Lavigne* c. *Syndicat des employés de la Fonction publique de l'Ontario*, précité, note 4.
8. *Canadian Pacific Railway Co.* c. *Zambri*, [1962] R.C.S. 609, 624; *McGavin Toastmaster Limited* c. *Ainscough*, [1976] 1 R.C.S. 718; *General Motors of Canada Ltd.* c. *Brunet*, [1977] 2 R.C.S. 539, 549; *Guilde de la marine marchande du Canada* c. *Gagnon*, [1984] 1 R.C.S. 509; *Hémond* c. *Coopérative fédérée du Québec*, [1989] 2 R.C.S. 962, 975; *Noël* c. *Société d'énergie de la Baie James*, [2001] 2 R.C.S. 207, 2001 CSC 39, par. 42 et 43.
9. *Noël* c. *Société d'énergie de la Baie James*, *ibid.*

La notion de cotisation syndicale s'interprète largement de façon à couvrir la perception de toute somme à l'acquit du syndicat lui-même pour la poursuite de ses activités naturelles, qu'il s'agisse d'une cotisation régulière ou d'une cotisation spéciale, ou encore qu'elle soit destinée à un fonds distinct appartenant au syndicat[10]. L'affectation des sommes ainsi perçues par le syndicat accrédité n'est pas limitée aux fins immédiates de la représentation des salariés auprès de leur employeur. Elle peut se rapporter à des objectifs plus vastes et plus lointains que l'association considère pertinents à sa mission et qui ont un lien rationnel avec cette dernière[11].

Le défaut de l'employeur de s'acquitter des obligations qui lui incombent en vertu de l'article 47 C.t. donne ouverture à une réclamation de la part de l'association accréditée[12]. Cette réclamation est portée auprès de la Commission des relations du travail (art. 114, al. 2 C.t.) à moins que la convention collective ne reprenne en substance les termes de l'article 47 C.t.[13]. La même défaillance de l'employeur peut également donner lieu à une poursuite pénale en vertu de l'article 144 du Code[14].

472 – *Monopole du travail* – L'article 109.1 C.t. confère pour sa part à l'association accréditée, comme nous le verrons ultérieurement[15], un véritable monopole sur le travail exécuté par les salariés membres de l'unité de négociation qu'elle représente, dans la mesure où il décrète l'arrêt total du travail dans une unité de négociation visée par une grève légale déclenchée par le syndicat ou par un lock-out que lui impose l'employeur.

---

10. *Syndicat des ouvriers du fer et du titane (C.S.N.)* c. *Q.I.T. fer et titane Inc.*, [1985] T.T. 115; *Côté* c. *Hôpital Notre-Dame*, D.T.E. 88T-348 (C.S.).
11. *Lavigne* c. *Syndicat des employés de la Fonction publique de l'Ontario*, précité, note 4. Voir aussi *Côté* c. *Hôpital Notre-Dame, ibid.*
12. Exemple: *Union des vendeurs d'automobiles et employés auxiliaires, local 1974, R.C.I.A.* c. *Mont-Royal Ford Vente Ltée*, [1980] C.S. 712.
13. Dans cette éventualité, l'arbitre de grief s'imposera comme seul forum compétent: *Ste-Anne Nackawic Pulp & Paper Co.* c. *Section locale 219 du Syndicat canadien des travailleurs du papier*, [1986] 1 R.C.S. 704; art. 118, 2° C.t.
14. Exemples: *Travailleurs unis de l'alimentation et du commerce, section locale 501* c. *J. Pascal Inc.*, [1988] T.T. 349; *Syndicat des employés du Renfort Inc. (C.S.N.)* c. *Renfort Inc.*, D.T.E. 91T-1121 (T.T.). L'inclusion du salarié dans l'unité de négociation pour laquelle l'association est accréditée est un élément essentiel à l'obligation de l'employeur et à la commission de l'infraction: *Syndicat des employées et employés de soutien de l'Université Concordia* c. *Université Concordia*, D.T.E. 94T-321 (T.T.).
15. Voir *infra*, Titre II, chapitre 6, n° 590-600.

473 – *Préavis d'intention* – Le *Code du travail* raffermit le monopole de représentation de l'association accréditée en obligeant l'employeur à lui donner un avis préalable de son intention d'apporter à l'exploitation de son entreprise des changements susceptibles d'affecter les conditions de travail des salariés. Il en est ainsi quant aux changements qui auraient pour effet, selon l'employeur, de modifier le statut d'un salarié visé par une accréditation (ou par une requête en accréditation) en celui d'entrepreneur non salarié (art. 20.0.1 C.t.)[16]. C'est également le cas lorsque l'employeur entend aliéner ou concéder son entreprise, en tout ou en partie (art. 45.1 C.t.)[17].

B. Les obligations

1. *L'obligation de représentation*

a) *La source*

474 – *Origine et fondement* – En droit du travail nord-américain, c'est d'abord la jurisprudence qui a reconnu l'obligation syndicale de juste représentation et qui en a défini les contours[18]. Les tribunaux y ont vu la contrepartie du pouvoir exclusif de représentation de l'ensemble des salariés d'une unité de négociation dont dispose l'association syndicale légalement reconnue[19]. Par exemple, dans l'affaire *Fisher*[20] originant de Colombie-Britannique, le tribunal accorda des dommages et intérêts nominaux de 1 $ à l'employé dont le grief avait été abandonné avant l'étape de l'arbitrage par le syndicat, sans motif raisonnable. En l'occurrence, Fisher participait à ce moment à l'organisation d'une association rivale. Étant donné le mauvais dossier de travail de l'employé, le juge n'accorda que des dommages nominaux en considérant que ses chances d'obtenir gain de cause et l'annulation de son congédiement par un arbitre étaient relativement minimes.

La jurisprudence a ainsi progressivement identifié, selon les cas, la négligence, l'insouciance, la mauvaise foi ou la malhonnêteté du syndicat comme causes d'engagement de sa responsabilité envers

---

16. Voir *supra*, Titre II, chapitre 1, n°s 318-321.
17. Voir *infra*, n° 500.
18. *Vaca* c. *Sites*, (1967) 386 U.S. 171; *Fisher* c. *Pemberton*, (1970) 8 D.L.R. (3d) 521; *Syndicat des agents de la paix de la Fonction publique* c. *Richer*, [1983] C.A. 167; *Guilde de la marine marchande du Canada* c. *Gagnon*, précité, note 8.
19. *Guilde de la marine marchande du Canada* c. *Gagnon*, précité, note 8, p. 527. Voir aussi *Noël* c. *Société d'énergie de la Baie James*, précité, note 8, par. 46-55.
20. *Fisher* c. *Pemberton*, précité, note 18.

ses représentés[21]. C'est cet état du droit jurisprudentiel que le législateur québécois a codifié il y a quelque 25 ans en adoptant l'article 47.2 C.t., qui énonce qu'une association accréditée ne doit pas agir de mauvaise foi ou de manière arbitraire ou discriminatoire, ni faire preuve de négligence grave à l'endroit des salariés compris dans une unité de négociation qu'elle représente, peu importe qu'ils soient ses membres ou non.

475 – *Naissance et extinction* – Directement relié à l'accréditation, le devoir légal de représentation du syndicat naît au moment où une accréditation lui est octroyée ou, à l'endroit d'un salarié en particulier, lorsque ce salarié devient couvert par cette accréditation. L'obligation s'éteint soit par la perte de l'accréditation, soit par le détachement du salarié de cette accréditation. Dans ce dernier cas toutefois, elle subsiste à l'égard de la période d'emploi pendant laquelle le salarié était représenté par l'association accréditée:

> La nature continue de cette obligation à l'égard de l'ensemble d'unités susceptibles de se modifier continuellement ne permet pas de conclure que le départ d'un salarié fait disparaître toute conséquence de l'exécution de l'obligation de représentation à son endroit. Une situation juridique peut s'être constituée de telle façon que le syndicat devra continuer à agir et à représenter le salarié pour en régler les conséquences. La reconnaissance d'une telle obligation découlant à l'origine de l'exécution du devoir de représentation s'imposerait d'autant plus que le syndicat continue alors à détenir le pouvoir exclusif de négociation à l'égard de l'employeur et, le plus souvent, à contrôler l'accès à la procédure de grief ainsi que son déroulement. La persistance, sous une telle forme, d'une obligation résiduelle de représentation à l'égard des employés qui cessent de travailler dans l'entreprise, au sujet de problèmes découlant de leur période d'emploi, correspond à l'économie générale de ce système de représentation exclusive et collective.[22]

---

21. *Herder* c. *G. Lapalme Inc.*, C.S. Montréal, n° 777-401, 24 février 1972; *Brais* c. *Association des contremaîtres de la C.E.C.M.*, C.S. Montréal, n° 813-850, 29 mai 1972; *Hamilton* c. *Union des Arts graphiques de Montréal*, C.S. Montréal, n° 816-113, 6 septembre 1973, confirmé par C.A. Montréal, n° 500-09-000773-73, 7 janvier 1980; *Dionne* c. *Centrale de l'enseignement du Québec*, C.S. Sept-Îles, n° 650-05-00436-75, 4 juillet 1977.

22. *Tremblay* c. *Syndicat des employées et employés professionnels-les et de bureau, section locale 57*, D.T.E. 2002T-455, 2002 CSC 44, par. 21. L'exécution du devoir de représentation peut aussi se rapporter à des situations antérieures à l'obtention de l'accréditation syndicale lorsqu'il s'agit d'entreprendre ou de poursuivre l'exercice d'un droit de recours déjà né en faveur d'un salarié: *Gendreau* c. *Fraternité interprovinciale des ouvriers en électricité (secteur communications)*, [1983] T.T. 366.

C'est l'accréditation elle-même, en somme, qui délimite l'aire d'application de l'obligation de représentation, dans le temps et dans l'espace-personnes[23].

b) La teneur

476 – *Obligation négative et de moyen* – On peut d'abord dire de l'obligation de représentation qu'elle constitue généralement une obligation de moyens par opposition à une obligation de résultat[24]. L'article 47.2 C.t. la définit d'ailleurs dans ce sens par son énoncé négatif. Il interdit en effet à l'association accréditée d'agir de mauvaise foi ou de manière arbitraire ou discriminatoire, ou de faire preuve de négligence grave à l'endroit des salariés compris dans une unité de négociation qu'elle représente, peu importe que ces salariés soient ses membres ou non. Il y a lieu de préciser la nature de ces divers comportements interdits par l'article 47.2 C.t.

477 – *Conduites interdites* – La mauvaise foi implique un élément intentionnel par lequel l'association cherche malicieusement ou avec hostilité à nuire à un salarié qu'elle doit représenter[25]. Une telle attitude résultera le plus souvent d'un sentiment d'animosité à l'endroit du salarié qui en est victime. Elle peut aussi être inspirée par le désir injustifiable de favoriser les intérêts d'un autre intervenant[26].

La discrimination, dans le contexte de l'article 47.2 C.t., s'entend d'abord des distinctions fondées sur des considérations prohibées par les chartes, sans égard à l'intention de leur auteur. Elle ne s'arrête toutefois pas là et rejoint toute considération injustifiée au regard de la situation objective du salarié, comme le fait qu'il ne soit

---

23. Le débiteur de l'obligation de représentation ne peut être nul autre que le syndicat accrédité. Voir et comparer: *Union canadienne des travailleurs en communication, unité 4* c. *Mayville*, D.T.E. 2001T-212 (C.A.); *Conseil central des syndicats nationaux de Lanaudière (C.S.N.)* c. *Simard*, D.T.E. 2001T-1066 (C.A.).

24. *Tremblay* c. *Syndicat des employées et employés professionnels-les et de bureau, section locale 57*, précité, note 22, par. 19-20, 22. Voir aussi: *Syndicat canadien des communications, de l'énergie et du papier, section locale 2995* c. *Spreitzer*, [2002] R.J.Q. 111 (C.A.), par. 89.

25. *Noël* c. *Société d'énergie de la Baie James*, précité, note 8, par. 48 et 52; *Boutin* c. *Syndicat international des travailleurs en électricité, de radio et de machinerie F.A.T.-C.O.I.-C.T.C. (S.I.T.E.), section 522*, [1979] T.T. 91; *Asselin* c. *Travailleurs amalgamés du vêtement et du textile, local 1838*, [1985] T.T. 74.

26. *Legault* c. *Syndicat des travailleurs amalgamés du vêtement et du textile, local 644*, [1979] T.T. 375.

pas membre de l'association accréditée, voire qu'il s'agisse d'un dissident ou d'un adversaire. Comme la mauvaise foi, elle exprime alors le plus souvent une hostilité du syndicat envers le salarié[27].

L'arbitraire s'approche de la négligence grave et se confond souvent avec elle. Il traduit une attitude désinvolte et on le trouve ainsi dans le cas où les agissements de l'association accréditée ne peuvent s'expliquer par aucun facteur objectif ou raisonnable: confiance aveugle dans les informations fournies par l'employeur, absence de considération des prétentions ou des intérêts de l'employé ou défaut d'en vérifier le fondement en faits ou même en droit, etc.[28].

Reste la notion de négligence grave, faute par omission ou maladresse, dont les caractères sont beaucoup plus délicats à identifier, ainsi que le révèle l'examen de la jurisprudence. C'est ici l'aspect qualitatif de la représentation syndicale qui est mis en cause. On peut d'abord dire que l'obligation légale du syndicat accrédité n'en est pas une de la meilleure compétence dans l'exercice de sa fonction de représentation. Il serait aussi irréaliste qu'inopportun d'imposer aux représentants syndicaux que leurs décisions et leurs actes soient conformes aux plus hautes normes de compétence professionnelle en la matière. Les erreurs commises de bonne foi et qui ne peuvent être qualifiées de fautes grossières ou caractérisées ne sont normalement pas assimilables à la négligence grave[29]. La représentation syndicale doit cependant refléter des connaissances et une habileté normales,

---

27. *Noël* c. *Société d'énergie de la Baie James*, précité, note 8, par. 49 et 52; *Belisle* c. *Syndicat des travailleuses et travailleurs de l'Hôtel Méridien de Montréal (C.S.N.)*, [1992] T.T. 205; *Lessard* c. *Union des chauffeurs et ouvriers de diverses industries, local 69*, D.T.E. 84T-768 (T.T.).

28. *Noël* c. *Société d'énergie de la Baie James*, précité, note 8, par. 50 et 52; *Péloquin* c. *Syndicat des agents de la paix en services correctionnels du Québec*, [2000] R.J.Q. 2215 (C.A.); *A. (P.)* c. *Syndicat des travailleurs de l'énergie et de la chimie, section locale 143*, D.T.E. 94T-593 (T.T.); *Guillemette* c. *Syndicat des travailleurs de la métallurgie de Québec Inc.*, D.T.E. 94T-1151 (T.T.); *Ayotte* c. *Syndicat des employés du secteur des services et de l'hospitalité*, D.T.E. 94T-1424 (T.T.); *Dallaire* c. *Métallurgistes unis d'Amérique, local 6833*, [1984] T.T. 402.

29. *Noël* c. *Société d'énergie de la Baie James*, précité, note 8, par. 51 et 52; *Lahaie* c. *Syndicat canadien de la fonction publique, section locale 301 (cols bleus)*, D.T.E. 96T-1013 (T.T.) – erreur dans le calcul des délais de grief; *Gaudreault* c. *Syndicat des employés de commerce de la Baie-des-Ha! Ha!*, [1991] T.T. 364 – erreur dans le calcul d'un délai de grief; *Leclerc* c. *Syndicat catholique des ouvriers du textile de Magog Inc.*, D.T.E. 88T-1056 (C.Q.) – rédaction fautive des conclusions recherchées par un grief. *Jacques* c. *Travailleurs canadiens de l'alimentation, local P-551*, [1981] T.T. 85 – erreur dans le calcul des délais d'arbitrage; *Bécotte* c. *Syndicat canadien de la Fonction publique, local 301*, [1979] T.T. 231 – erreur dans la soumission d'un grief à l'employeur, attribuée au manque d'expérience des représentants syndicaux.

d'un point de vue objectif et indépendamment des personnes en cause[30]. En principe, la négligence se distingue de ses effets. Y a-t-il lieu, par ailleurs, de tenir compte des conséquences concrètes pour le salarié d'une négligence commise par le syndicat pour en apprécier la gravité? Après certaines hésitations des instances du travail[31], la Cour suprême a clairement posé que l'importance d'un recours et de ses conséquences pour le salarié constitue un facteur pertinent d'appréciation de l'exécution par le syndicat de son devoir légal de représentation, tout comme, par ailleurs, les intérêts légitimes du syndicat, qui peuvent diverger de ceux d'un salarié en particulier. La cour résume ainsi les principes qui gouvernent le contrôle de la conduite du syndicat dans un tel contexte:

> 1. Le pouvoir exclusif reconnu à un syndicat d'agir à titre de porte-parole des employés qui font partie d'une unité de négociation comporte en contrepartie l'obligation de la part du syndicat d'une juste représentation de tous les salariés compris dans l'unité.

> 2. Lorsque, comme en l'espèce et comme c'est généralement le cas, le droit de porter un grief à l'arbitrage est réservé au syndicat, le salarié n'a pas un droit absolu à l'arbitrage et le syndicat jouit d'un pouvoir discrétionnaire appréciable.

> 3. Ce pouvoir discrétionnaire doit être exercé de bonne foi, de façon objective et honnête, après une étude sérieuse du grief et du dossier, tout en tenant compte de l'importance du grief et des conséquences pour le salarié, d'une part, et des intérêts légitimes du syndicat d'autre part.

> 4. La décision du syndicat ne doit pas être arbitraire, capricieuse, discriminatoire ou abusive.

> 5. La représentation par le syndicat doit être juste, réelle et non pas seulement apparente, faite avec intégrité et compétence, sans négligence grave ou majeure, et sans hostilité envers le salarié.[32]

---

30. Voir *Guilde de la marine marchande du Canada* c. *Gagnon*, précité, note 8, p. 527-535. La Cour suprême s'y trouve satisfaite du fait que l'association syndicale ait fondé sa décision sur un avis juridique motivé, sans qu'il soit nécessaire de décider si cet avis était bien ou mal fondé. Dans le même sens, voir: *Charbonneau* c. *Syndicat des agents de conservation de la faune du Québec*, [1997] T.T. 538; *Belzile* c. *Teamsters du Québec, chauffeurs et ouvriers de diverses industries, local 69*, D.T.E. 85T-14 (T.T.).

31. Voir et comparer: *Courchesne* c. *Syndicat des travailleurs de la Corporation de batteries Cegelec*, [1978] T.T. 328; *Boulay* c. *Fraternité des policiers de la Communauté urbaine de Montréal Inc.*, [1978] T.T. 319.

32. *Guilde de la marine marchande du Canada* c. *Gagnon*, précité, note 8, p. 527. Voir aussi, dans le même sens, *Noël* c. *Société d'énergie de la Baie James*, précité, note 8, par. 52-55.

478 – *Discrétion syndicale* – Les principes précités, dégagés par la Cour suprême dans l'arrêt *Guilde de la marine marchande du Canada*, laissent au syndicat accrédité, en tous contextes, une importante marge d'appréciation discrétionnaire qui lui permet notamment de soupeser les intérêts respectifs d'un salarié et de l'ensemble du groupe. Revenant sur cet aspect dans l'arrêt *Centre hospitalier Régina Ltée*, madame le juge L'Heureux-Dubé écrivait pour la Cour suprême:

> [...] le syndicat doit, lors même qu'il agit à titre de défenseur des droits (bien fondés selon son évaluation) d'un salarié, tenir compte des intérêts de l'ensemble de l'unité d'accréditation dans l'exercice de sa discrétion de poursuivre ou non un grief. Le syndicat jouit d'une discrétion afin de soupeser ces intérêts divergents et apporter la solution qui lui apparaît la plus juste. Cette discrétion n'est cependant sans limites. En effet, affirmer sans autres nuances que le syndicat a le droit ou le pouvoir de «sacrifier» n'importe quel grief, qu'il considère bien fondé à ce stade, au cours de négociations avec l'employeur, afin d'obtenir en concession de meilleures conditions de travail ou autres bénéfices pour l'ensemble de l'unité d'accréditation, semble aller à l'encontre de l'obligation de représentation diligente du syndicat à l'égard du salarié concerné. D'autre part, rejeter complètement la possibilité pour le syndicat et l'employeur de régler un maximum de griefs lors des négociations en vue d'une nouvelle convention collective, ou à d'autres occasions, serait ignorer une réalité courante et nécessaire en matière de relations de travail.[33]

Madame L'Heureux-Dubé citait ensuite avec approbation un extrait d'une décision du Conseil canadien des relations de travail, qui avait rejeté une plainte de défaut de représentation d'un salarié en signalant qu'il n'y avait pas de preuve que le grief du plaignant avait été troqué contre un grief sans rapport d'autres employés ou contre une promesse avantageuse pour toute l'unité de négociation. Elle concluait ainsi:

> Cet extrait illustre bien la nécessité d'une certaine discrétion de la part du syndicat à l'occasion de négociations collectives pour traiter les griefs comme monnaie d'échange, lors même qu'ils apparaissent bien fondés.[34]

Récemment encore, dans une affaire *Noël*, la Cour suprême conservait la même approche:

---

33. *Centre hospitalier Régina Ltée* c. *Tribunal du travail*, [1990] 1 R.C.S. 1330, 1349.
34. *Ibid.*, p. 1350.

L'abandon de certains griefs, en principe bien fondés, s'impose parfois en raison des intérêts de l'unité de négociation dans son ensemble, [...]

Les intérêts concurrents des autres salariés dans l'unité de négociation constituent un facteur important dans l'évaluation de la conduite syndicale. Cet élément reflète la nature collective des relations du travail, y compris dans l'administration de la convention collective. Les intérêts de l'ensemble de l'unité pourront justifier des comportements du syndicat par ailleurs désavantageux pour certains salariés en particulier.[35]

c) L'application

479 – *Zones d'impact* – Les normes de conduite que l'article 47.2 C.t. impose à l'association accréditée se répercutent d'abord sur ses activités de représentation collective auxquelles elle est tenue par la Loi. D'autres services, facultatifs ceux-là, en ressentent aussi certains effets. Finalement, la gestion interne des affaires syndicales doit les prendre en compte.

i) Les services obligatoires

480 – *Représentation collective* – L'article 47.2 C.t. s'adresse d'abord à l'ensemble des actes accomplis par le syndicat dans l'exercice de son pouvoir légal de représentation. Le syndicat y est tenu à toutes les phases de la représentation collective, tant à l'occasion de la négociation du contenu de la convention collective[36], que lorsque le syndicat lui-même ou le salarié cherchera à en obtenir l'application, soit en recourant d'abord à la procédure arbitrale et même ensuite, s'il y a lieu, au stade d'une demande de révision judiciaire de la décision de l'arbitre[37].

481 – *Négociation* – La négociation d'une convention collective constitue une phase cruciale de la représentation collective. Ses résultats peuvent être déterminants pour l'avenir tant du syndicat

---

35. *Noël* c. *Société d'énergie de la Baie James*, précité, note 8, par. 55. Voir aussi, au même effet: *Métras* c. *Tribunal du travail*, D.T.E. 2002T-317 (C.A.), par. 56.

36. *Tremblay* c. *Syndicat des employées et employés professionnels-les et de bureau, section locale 57*, précité, note 22, par. 19-24; *Noël* c. *Société d'énergie de la Baie James*, précité, note 8; *Syndicat canadien des communications, de l'énergie et du papier, section locale 2995* c. *Spreitzer*, précité, note 24. Voir aussi et comparer: *Nolin* c. *Syndicat des employés de Molson*, [1988] T.T. 99; *Lessard* c. *Syndicat des employés municipaux de Beauport, section locale 2244 (S.C.F.P.)*, D.T.E. 86T-779 (T.T.); *Ouellet* c. *Syndicat des travailleurs et travailleuses du Deauville*, D.T.E. 83T-436 (T.T.). En droit américain, voir l'arrêt de la Cour suprême des États-Unis dans *Ford Motor Co.* c. *Huffman*, (1953) 345 U.S. 330.

37. *Noël* c. *Société d'énergie de la Baie James*, précité, note 8, par. 56-63.

lui-même que des conditions de travail des salariés qu'il représente. L'exercice se particularise par le fait qu'aucune des parties n'est jamais assurée d'avoir obtenu le maximum de ce qui était possible. Cette incertitude impose, à certains moments, des choix difficiles. Pour le syndicat accrédité, il pourra alors s'agir, par exemple, de départager les intérêts de sous-groupes compris dans l'unité de négociation et de donner préséance à certains d'entre eux, serait-ce au détriment d'autres. Comme l'a écrit le juge LeBel pour la Cour suprême:

> [...] dans le cadre d'une négociation collective, en exécutant son obligation de représentation, le syndicat accrédité fait souvent face aux conséquences de l'histoire et des problèmes vécus par le groupe qu'il représente. Certains intérêts peuvent s'être constitués, des situations juridiques s'être cristallisées, des engagements avoir été pris. Dans ce contexte bien que l'obligation de représentation s'exécute dans le présent, mais dans la perspective de l'avenir prévisible de l'entente à négocier, il arrivera parfois que le syndicat doive prendre en compte ces intérêts ou ces droits dans la définition des solutions auxquelles la convention donnera forme et effet pour le futur.[38]

En somme, c'est à l'occasion de la négociation collective que la discrétion syndicale devrait commander le plus de respect dès lors qu'elle est exercée honnêtement.

482 – *Application de la convention collective* – C'est le plus fréquemment l'application de la convention collective qui donne lieu à l'examen de l'exécution de son devoir de représentation par l'association accréditée, que ce soit au stade de l'accès au recours à l'arbitrage de grief, ou dans la conduite de ce recours après qu'il ait été engagé.

Le salarié ne dispose pas d'un droit absolu à ce que le syndicat réclame pour son compte un droit qu'il croit lui résulter de la convention collective; même une apparence de droit qui pourrait justifier l'arbitrage de son grief ne suffit pas pour qu'il soit en position d'exiger du syndicat d'entreprendre et de mener à terme cet arbitrage sous peine d'engager sa responsabilité[39]. À plus forte raison, l'association

---

38. *Tremblay* c. *Syndicat des employées et employés professionnels-les et de bureau, section locale 57*, précité, note 22, par. 21. Voir aussi: *Métras* c. *Tribunal du travail*, précité, note 35.

39. *Guilde de la marine marchande du Canada* c. *Gagnon*, précité, note 8; *Noël* c. *Société d'énergie de la Baie James*, précité, note 8, par. 54; *Métras* c. *Tribunal du travail*, précité, note 35; *Simard* c. *Syndicat national des travailleurs et travailleuses de l'automobile, de l'aérospatial et de l'outillage agricole du Canada (T.C.A. Canada)*, [1991] T.T. 229.

accréditée ne saurait être tenue de poursuivre des recours frivoles ou même seulement douteux[40]. Par contre, une fois démontré un droit apparent du salarié, le refus ou l'omission de l'association syndicale de le représenter pour faire valoir ce droit, ou son défaut de faire les actes nécessaires à cette fin, doit reposer sur une justification raisonnable de sa part, compte tenu de toutes les circonstances, pour qu'elle soit dégagée de sa responsabilité[41].

Le salarié, de son côté, doit se montrer diligent, faire connaître ses intentions au syndicat et lui apporter toute sa collaboration[42]. Il ne sera cependant pas tenu d'épuiser les recours d'appel à l'intérieur de la structure syndicale avant de porter plainte contre son association[43] et l'approbation des agissements d'un représentant syndical, même par l'assemblée générale des membres, ne suffira pas à couvrir la responsabilité du syndicat[44].

En définitive, chaque cas s'appréciera à la lumière de toutes les circonstances, que ce soit quant à la nature du droit que le salarié voulait faire reconnaître avec le concours de son syndicat, quant aux agissements du salarié lui-même ou quant au comportement de l'association syndicale et de ses représentants[45].

483 – *Mauvaise foi* – La jurisprudence ne recèle que quelques cas qu'elle a qualifiés de mauvaise foi dans le traitement des réclamations de salariés. Cette mauvaise foi a déjà pris la forme d'une

---

40. Exemple: *Belzile* c. *Teamsters du Québec, chauffeurs et ouvriers de diverses industries, local 69*, précité, note 30.
41. *Langlois* c. *Syndicat des employés de Transport St-Marc*, [2002] R.J.D.T. 239 (T.T.) – forte apparence de droit, démarches syndicales minimes et conséquences graves; *Roy* c. *Association des salariés des autobus de l'Estrie Inc.*, [1985] T.T. 110; *Pelletier* c. *Union des travailleurs de contrôle hydraulique de Sept-Îles Ltée*, D.T.E. 84T-255 (T.T.).
42. *Jouin* c. *Syndicat des chauffeurs d'autobus, opérateurs de métro et employés des services connexes de la Société de transport de la Communauté urbaine de Montréal, section locale 1983 (S.C.F.P.)*, [2002] R.J.D.T. 255 (T.T.) – omission du salarié de solliciter l'aide du syndicat; *Drolet* c. *Syndicat des employés du Supermarché Roy Inc.*, [1979] T.T. 221 – négligence et désintérêt de la requérante à soulever son grief.
43. *Milhomme* c. *Aubé*, [1984] C.A. 1.
44. *Rivest* c. *Association internationale des pompiers, section locale 1121 (F.A.T., C.I.O., C.T.C.)*, [1980] T.T. 276. Voir aussi *Dagenais* c. *Ouvriers unis de caoutchouc liège, linoléum et plastique d'Amérique, local 930 (A.F.L.-C.I.O.-C.L.C.)*, D.T.E. 91T-1129 (T.T.).
45. *Rivest* c. *Association des pompiers de Montréal Inc.*, [1999] R.J.D.T. 525 (T.T.) – toxicomanie; entente prévoyant le congédiement sans droit de grief en cas de rechute; refus justifié du syndicat de déférer un grief à l'arbitrage.

admission faite en cours d'arbitrage[46]. La préférence donnée aux intérêts d'un dirigeant syndical a mérité la même qualification[47].

484 – *Discrimination* – Outre ceux prohibés par les chartes, constituent des motifs discriminatoires prohibés par l'article 47.2 C.t. les considérations, généralement agressives, associées à la personne du salarié et qui sont étrangères au fondement de sa réclamation. C'est le cas d'une attitude revancharde à l'endroit de salariés ayant déjà travaillé comme briseurs de grève[48]. Comble de la discrimination et de la mauvaise foi, un syndicat a déjà refusé de porter un grief à l'encontre de la suspension d'un salarié qui avait appuyé une association rivale, suspension que le syndicat avait lui-même demandé à l'employeur d'imposer au salarié[49].

485 – *Arbitraire* – Le refus de voir l'évidence dans un texte de la convention collective favorable au salarié et, conséquemment, de porter sa réclamation à l'arbitrage relève de l'arbitraire[50]. Il en est de même des décisions prises en l'absence d'évaluation réelle du dossier, en faits et en droit, ou après une enquête rapide et superficielle[51].

Le recours à une opinion juridique par l'association accréditée pour justifier son refus de procéder en faveur d'un salarié ne constitue pas pour elle un rempart de protection infranchissable. Faute de fournir au conseiller juridique consulté toute l'information pertinente à une opinion circonstanciée et particularisée, le syndicat pourrait voir sa décision entachée d'arbitraire ou de négligence grave[52]. Le

---

46. *Asselin* c. *Travailleurs amalgamés du vêtement et du textile, local 1838*, précité, note 25.

47. *Legault* c. *Syndicat des travailleurs amalgamés du vêtement et du textile, local 644*, précité, note 26.

48. *Belisle* c. *Syndicat des travailleuses et travailleurs de l'Hôtel Méridien de Montréal (C.S.N.)*, [1992] T.T. 205. Voir aussi *Lessard* c. *Union des chauffeurs et ouvriers de diverses industries, local 69*, D.T.E. 84T-768 (T.T.).

49. *Lessard* c. *Union des chauffeurs et ouvriers de diverses industries, local 69, ibid.*

50. *Petit* c. *T.C.A. – Québec, section locale 1911*, D.T.E. 2001T-752 (T.T.); *Dallaire* c. *Métallurgistes unis d'Amérique*, précité, note 28.

51. *Guillemette* c. *Syndicat des travailleurs de la métallurgie de Québec Inc.*, précité, note 28; *Boily* c. *Syndicat des travailleurs en garderie du Saguenay-Lac-St-Jean (C.S.N.)*, [1991] T.T. 185; *Cormier* c. *Union des routiers, brasseries, liqueurs douces et ouvriers de diverses industries, section locale 1999*, [1989] T.T. 449; *Boivin* c. *Syndicat des travailleuses et travailleurs de la C.S.N.*, D.T.E. 88T-687 (T.T.).

52. *Péloquin* c. *Syndicat des agents de la paix en services correctionnels du Québec*, précité, note 28; *A. (P.)* c. *Syndicat des travailleurs de l'énergie et de la chimie, section locale 143*, précité, note 28.

règlement rapide d'un grief sans communication avec la personne salariée, sans réévaluation du dossier et sans consultation extérieure a déjà été jugé un comportement arbitraire[53].

486 – *Négligence grave* – Dans le traitement d'une réclamation, la négligence grave est une faute lourde, par omission ou méconnaissance inexcusable. Ses conséquences, avons-nous vu, participent à sa qualification.

La jurisprudence est constante dans sa reconnaissance de l'obligation du syndicat d'examiner sérieusement le dossier d'un grief que le salarié voudrait porter en arbitrage, que ce soit quant aux faits ou quant au fondement juridique de la réclamation[54]. L'inaction totale ou quasi-totale de l'association emporte évidemment une négligence grave de sa part[55]. Que son défaut d'agir résulte de l'absence de personnel syndical de fonctionnement ou de l'ignorance de ce fonctionnement ne déchargera pas l'association de sa responsabilité[56]. Un traitement superficiel, sommaire ou imprudent de la réclamation du salarié, sur le plan procédural ou en cours d'arbitrage, a été fréquemment assimilé à une négligence grave. C'est le cas d'un défaut, jugé inexcusable, de suivre les étapes d'une procédure de grief établie à la

53. *Montigny* c. *Syndicat national des employés de l'Hôpital Régina (C.S.N.)*, D.T.E. 85T-254 (T.T.), confirmé par *Centre hospitalier Régina Ltée* c. *Tribunal du travail*, précité, note 33.
54. *Péloquin* c. *Syndicat des agents de la paix en services correctionnels du Québec*, précité, note 28; *Guillemette* c. *Syndicat des travailleurs de la métallurgie de Québec Inc.*, précité, note 28; *Blanchette* c. *Union canadienne des travailleurs en communication*, D.T.E. 97T-574 (T.T.), confirmé par D.T.E. 97T-1012 (C.S.); *Tremblay* c. *Syndicat des employées et employés en hôtellerie de Roberval (C.S.N.)*, D.T.E. 2001T-298 (T.T.); *Peters* c. *Syndicat canadien des communications, de l'énergie et du papier, local 145*, D.T.E. 2001T-417 (T.T.) – défaut de recueillir la version des faits du salarié; *Boutin* c. *Syndicat international des travailleurs en électricité, de radio et de machinerie F.A.T.-C.O.I.-C.T.C. (S.I.T.E.), section 522*, précité, note 25 – appréciation du grief sur la seule base du dossier constitué par l'employeur.
55. *Langlois* c. *Syndicat des employés de Transport St-Marc*, [2002] R.J.D.T. 239 (T.T.); *Payant* c. *Syndicat des cols bleus de la Ville de Salaberry-de-Valleyfield (C.S.N.)*, [2001] R.J.D.T. 128 (T.T.); *Boily* c. *Syndicat des travailleurs en garderie du Saguenay-Lac St-Jean (C.S.N.)*, précité, note 28; *Gendreau* c. *Syndicat international des travailleurs de la boulangerie, confiserie et du tabac, local 335*, [1980] T.T. 192.
56. *Paquin* c. *Fraternité des policiers de St-Donat*, [1998] R.J.D.T. 1659 (T.T.) – insuffisance de personnel syndical; *Bordeleau* c. *Syndicat des professeurs du Collège du Nord-Ouest*, [1979] T.T. 133 – absence d'exécutif syndical; *Tremblay* c. *Syndicat des employés des Commissions scolaires de Charlevoix*, [1982] T.T. 410 – ignorance d'un changement dans la procédure d'acheminement des griefs par la structure syndicale.

convention collective ou, ultimement, de le porter à l'arbitrage[57]. Le syndicat manquera aussi à son devoir de représentation en se désistant, à l'insu du salarié, ou sans son consentement, d'un grief individuel qui emporte pour ce dernier des conséquences importantes, comme la perte de son emploi, pour des motifs étrangers aux faits du grief[58] ou sans consultation suffisante[59].

Toute idée de mauvaise foi, de discrimination ou d'arbitraire étant écartée, l'appréciation de la présence ou de l'absence d'une négligence grave de la part de l'association accréditée pourrait dépendre, en certaines circonstances, de l'exclusivité de son contrôle sur la mécanique de grief et d'arbitrage ou de la possibilité pour le salarié de s'en prévaloir seul. Signalons à cet égard que l'arrêt de principe de la Cour suprême dans *Guilde de la marine marchande du Canada* fut rendu à partir d'un contexte où le droit de porter un grief à l'arbitrage était réservé au syndicat et que la Cour jugea utile d'en faire mention[60].

ii) Les services facultatifs

487 – *Réalité et justification* – Il est maintenant courant que les associations syndicales grossissent le panier de services qu'elles offrent aux salariés, en excédent de ceux directement reliés à la représentation collective. Il peut ainsi s'agir de services de conseil ou de représentation dans des matières aussi diverses que la santé et la sécurité du travail, de l'assurance-emploi, des assurances collectives ou de la retraite, etc.

L'intervention syndicale trouve alors sa justification et même, dans une mesure variable, ses conditions soit dans les statuts constitutifs ou les règlements de l'association, soit dans une pratique

---

57. Exemples: *Bilodeau* c. *Syndicat des travailleurs de Transport J.G. Fortin*, D.T.E. 92T-120 (T.T.) – omission de donner suite au grief après son dépôt à la première étape de la procédure de grief; *Jourdain* c. *Infirmières et infirmiers unis (Fédération des infirmières et infirmiers du Québec)*, D.T.E. 91T-1130 (T.T.) – oubli de soumettre le grief à l'arbitrage; *Asselin* c. *Travailleurs amalgamés du vêtement et du textile, local 1838*, précité, note 25 – négligence d'un représentant syndical à faire corriger un grief qu'il considérait défectueux.
58. *Centre hospitalier Régina Ltée* c. *Tribunal du travail*, précité, note 33; *Cormier* c. *Union des routiers, brasseries, liqueurs douces et ouvriers de diverses industries*, précité, note 51.
59. *Peters* c. *Syndicat canadien des communications, de l'énergie et du papier, local 145*, précité, note 54.
60. *Guilde de la marine marchande du Canada* c. *Gagnon*, précité, note 8, p. 527.

qu'elle a établie *de facto*[61], soit encore dans une décision ponctuelle prise, par exemple, en raison de l'intérêt collectif que présente la situation particulière d'un salarié. Le cas échéant et selon l'origine de la pratique, il s'ensuit certaines conséquences au niveau de la disponibilité des services, d'une part, et de la responsabilité du syndicat qui les fournit, d'autre part.

488 – *Disponibilité* – En principe, le syndicat qui offre régulièrement des services auxquels il n'est pas légalement tenu devrait les rendre accessibles à tous les salariés de l'unité de négociation qu'il représente. Même si on désigne usuellement l'énoncé de l'article 47.2 C.t. comme étant celui du devoir légal de représentation de l'association, associé à son pouvoir représentatif dans le cadre du régime de rapports collectifs du travail, il n'en demeure pas moins que cet énoncé a une portée beaucoup plus large et rejoint toutes les actions de l'association accréditée. Le fait que tous les salariés de l'unité de négociation soient tenus de participer au financement du syndicat (art. 47 C.t.) converge vers la même conclusion.

Cela ne veut pas dire que le syndicat ne puisse aucunement réserver certains droits, avantages ou privilèges à ses seuls membres. Cela signifie plutôt simplement qu'il ne pourra le faire qu'à la double condition qu'il y ait un lien, objectif et rationnel, entre l'avantage réservé et le statut de membre, d'une part, et que les autres salariés n'en souffrent pas de préjudice, d'autre part.

489 – *Responsabilité du syndicat* – Ce qui est en cause ici c'est l'aspect qualitatif de la fonction de conseil ou de représentant que le syndicat accepte d'assumer au-delà de sa fonction représentative selon le *Code du travail*. Dans ce rôle légal, avons-nous vu, seule une négligence grave engage la responsabilité de l'association accréditée. Hors de ce champ, le syndicat peut être tenu à un niveau de compétence plus élevé.

On peut dire de façon générale que la relation juridique qui se crée entre un salarié et le syndicat qui lui fournit un service dit facultatif de conseil ou de représentation est de la nature d'un contrat de mandat au sens des articles 2130 et s. C.c.Q. La responsabilité syndicale obéira donc aux règles qui régissent ce type de contrat et

---

61. *Syndicat des employés(es) de Firestone de Joliette* c. *Dyotte*, [1996] R.R.A. 41 (C.A.).

aux principes généraux de la responsabilité civile[62]. On comprendra donc facilement qu'il soit prudent, selon les circonstances, de consigner par écrit la nature, l'étendue et les conditions du mandat ainsi conféré au syndicat. On pourra se rapporter aux statuts et règlements du syndicat à titre supplétif, lorsqu'il y a lieu[63]. Les règles du *Code civil du Québec* s'appliqueront aussi à titre supplétif.

iii) La gestion interne du syndicat

490 – *Admission et discipline* – L'article 47.2 C.t. rejoint enfin quelques aspects importants de la gestion interne des affaires syndicales. Ses normes de conduite s'imposent d'abord à l'admission des salariés qui demandent de devenir membres du syndicat[64]. Elles conditionnent également les mesures à caractère disciplinaire que le syndicat peut prendre à l'endroit de dissidents, qu'ils soient ses membres ou non[65].

d) La sanction

491 – *Généralités* – Toute contravention par l'association accréditée aux obligations que lui impose l'article 47.2 C.t. constitue une infraction qui donne ouverture à une poursuite pénale en vertu de l'article 144 C.t.

Au niveau civil, un des changements les plus significatifs de la réforme du *Code du travail* adoptée en 2001 est d'unifier auprès d'un seul forum, la Commission des relations du travail, l'exercice de tous les recours civils alléguant un manquement par un syndicat à son

---

62. *Syndicat des employées et employés de la Société Asbestos Ltée* c. *Rousseau*, D.T.E. 96T-45 (C.A.) – manquement à une obligation de renseignement assumée par le syndicat à l'endroit d'un salarié, relativement à un programme de préretraite.
63. Entre le salarié et le syndicat dont il est membre, les statuts et règlements de ce dernier font contrat: *Berry* c. *Pulley*, D.T.E. 2002T-454, 2002 CSC 40. Il pourrait en être de même à l'égard d'un salarié qui n'est pas membre du syndicat mais est néanmoins informé des règles pertinentes de ses statuts et règlements.
64. Exemple d'un refus de réadmission jugé illégal et abusif: *Dufour* c. *Syndicat des employées et employés du centre d'accueil Pierre-Joseph Triest (C.S.N.)*, [1999] R.J.Q. 2674 (C.S.). Voir *supra*, Titre II, chapitre 2, n° 390.
65. Voir: *West Island Teachers' Association* c. *Nantel*, [1988] R.J.Q. 1569 (C.A.) – exclusion illégitime de membres ayant refusé de participer à une grève illégale; *Association des professeurs de Lignery (A.P.L.), syndicat affilié à la C.E.Q.* c. *Alvetta-Comeau*, [1990] R.J.Q. 130 (C.A.) – expulsion abusive de membres ayant refusé de participer à une grève illégale; *Dufour* c. *Syndicat des employées et employés du centre d'accueil Pierre-Joseph Triest (C.S.N.), ibid.* – expulsion et ostracismes abusifs.

devoir de représentation (art. 47.3, 114, al. 2 et 116, al. 2 C.t.)[66]. Cette unification ne prend toutefois effet que le 1er janvier 2004. À compter de cette date, c'est au niveau de la réparation, le cas échéant, qu'une distinction subsistera en fonction de l'occasion ayant donné lieu au manquement syndical.

Dans tous les cas, le recours devra être exercé par le salarié dans les 6 mois de sa connaissance des faits à l'origine de sa plainte (art. 47.3 et 116, al. 2 C.t.)[67]. Le salarié plaignant devra alors prouver ses allégations[68].

i)   Les cas de renvoi ou de mesure disciplinaire

492 – *Contextes visés* – L'utilisation des articles 47.3 à 47.6 C.t. demeure réservée aux seules situations où le salarié est victime d'une violation du devoir syndical de représentation à l'occasion de son renvoi ou de l'imposition d'une mesure disciplinaire (art. 47.3 C.t.).

La jurisprudence a interprété largement le terme «renvoi». Celui-ci rejoint toutes les situations de perte d'emploi, sans égard aux motifs, que cette perte soit définitive ou temporaire, totale ou partielle. Ainsi, l'interruption de travail par mise à pied et l'omission de rappel au travail à la suite de telle mise à pied sont-elles considérées comme un renvoi[69]. Le refus, en certaines circonstances, de

---

66. Sur le caractère exclusif de cette compétence de la C.R.T., voir et transposer: *Gendron* c. *Syndicat des approvisionnements et services de l'Alliance de la fonction publique du Canada, section locale 50057*, [1990] 1 R.C.S. 1298; *Lepage* c. *Syndicat canadien des communications, de l'énergie et du papier, section locale 50*, [1998] R.J.D.T. 1520 (C.A.).

67. *Payant* c. *Syndicat des cols bleus de la Ville de Salaberry-de-Valleyfield (C.S.N.)*, précité, note 55; *Jourdain* c. *Infirmières et infirmiers unis (Fédération des infirmières et infirmiers du Québec)*, précité, note 57; *Asselin* c. *Travailleurs amalgamés du vêtement et du textile, local 1838*, précité, note 25, p. 80-82. Ce délai est de rigueur et emporte déchéance; voir et transposer: *Désormeaux* c. *Tribunal du travail*, D.T.E. 84T-585 (C.A.).

68. *Tremblay* c. *Syndicat des employées et employés professionnels-les et de bureau, section locale 57*, précité, note 22, par. 19 et 24. Voir également: *Union des employés du transport local et industries diverses, section locale 931* c. *Tribunal du travail*, D.T.E. 94T-198 (C.S.); *Drolet* c. *Syndicat des employés du Supermarché Roy Inc.*, précité, note 42.

69. *Blais* c. *Union internationale des travailleurs et travailleuses unis de l'alimentation et du commerce, section locale 1991*, [1994] T.T. 253 – mise à pied indéfinie; comparer à *Guérin* c. *Union des routiers, brasseries, liqueurs douces et ouvriers de diverses industries, section locale 1999 (Teamsters)*, D.T.E. 94T-199 (T.T.); *Grammenidou* c. *Vanier College Teachers' Association (F.A.C.)*, D.T.E. 91T-1320 – privation d'un droit de rappel. Sur la nécessité d'une réduction du temps de travail pour conclure à une mise à pied, voir *Canada Safeway Ltd.* c. *S.D.G.M.R., section locale 454*, [1998] 1 R.C.S. 1079; *Battlefords and District Co-operatives Ltd.* c. *S.D.G.M.R., section locale 544*, [1998] 1 R.C.S. 1118.

renouveler un contrat à durée déterminée peut aussi constituer un renvoi[70]. Il en est de même d'un changement radical dans la nature du lien d'emploi, comme à l'occasion de la substitution d'un statut d'emploi précaire à un statut d'emploi à caractère régulier, lorsque ce changement s'accompagne d'une privation de travail[71]. Par contre, la seule perte de l'ancienneté n'a pas été assimilée à un renvoi au sens entendu par la disposition législative[72].

La notion de mesure disciplinaire permet, quant à elle, de couvrir l'ensemble des mesures qui, formellement ou à l'examen, traduisent une intention de réprobation ou de répression du comportement ou de la conduite du salarié, ou une volonté de punir ce dernier[73].

La qualification d'une situation aux fins de l'application de l'article 47.3 C.t. relève de la compétence de la Commission des relations du travail éventuellement saisie de la plainte du salarié[74]. Le cas échéant, une telle situation de renvoi ou de sanction disciplinaire doit donner ouverture à un grief en vertu d'une convention collective

---

70. *Boulangerie Racine Ltée* c. *Geoffroy*, [1985] C.S. 14; solution contraire, compte tenu des circonstances, dans *Normand* c. *Syndicat des professionnels des affaires sociales du Québec*, T.T. Québec, no 200-28-000283-804, 13 novembre 1981. Voir aussi et transposer: *Commission scolaire Berthier-Nord-Joly* c. *Beauséjour*, [1988] R.J.Q. 639 (C.A.); *Moore* c. *Cie Montréal Trust*, [1988] R.J.Q. 2339 (C.A.); *École Weston Inc.* c. *Tribunal du travail*, [1993] R.J.Q. 708 (C.A.).
71. *Lortie* c. *Syndicat des travailleuses et travailleurs d'Épiciers unis Métro-Richelieu*, D.T.E. 96T-837 (T.T.); *Boivin-Wells* c. *Syndicat professionnel des infirmières et infirmiers de Chicoutimi*, [1987] T.T. 307; la Cour supérieure avait annulé ce jugement mais la Cour d'appel l'a rétabli: *Boivin-Wells* c. *Syndicat professionnel des infirmières et infirmiers de Chicoutimi*, [1992] R.J.Q. 331 (C.A.).
72. *Gamache* c. *Union des employés de service, section locale 800*, [1991] T.T. 54. Un jugement de la Cour supérieure a refusé d'assimiler à un renvoi, comme l'avait implicitement fait la juridiction du travail, la situation d'un salarié temporaire se plaignant de n'avoir pu accéder à un poste permanent: *École de technologie supérieure* c. *Brière*, D.T.E. 95T-155 (C.S.), annulant le jugement favorable au salarié *Rouzier* c. *Syndicat canadien de la fonction publique, section locale 3187*, [1994] T.T. 375.
73. *Syndicat canadien de la fonction publique, section locale 1299* c. *Duguay*, D.T.E. 2001T-94, REJB 2001-21830 (C.A.) – retrait temporaire d'une liste de rappel; *Petit* c. *Association des employés du Supermarché Boucher Inc.*, D.T.E. 2001T-191 (T.T.) – exercice par l'employeur de son pouvoir de gérance pour réduire la semaine de travail; absence de caractérisation comme sanction disciplinaire; *Cagliesi* c. *Travailleurs unis de l'automobile (T.U.A.), local 1580*, D.T.E. 84T-460 (T.T.) – déplacement ne constituant pas une sanction; *Boisvert* c. *Association internationale des machinistes et des travailleurs de l'aérospatiale*, [1992] T.T. 191 – absence de sanction à l'origine d'une rétrogradation.
74. *Centre hospitalier Régina Ltée* c. *Tribunal du travail*, précité, note 33; *Boivin-Wells* c. *Syndicat professionnel des infirmières et infirmiers de Chicoutimi*, précité, note 71.

régissant le salarié pour que ce dernier ait accès au régime des articles 47.3 à 47.6 C.t.[75]. Il doit aussi s'agir d'une mesure disciplinaire ou d'un renvoi qui procède d'une décision de l'employeur et non d'une décision exclusivement syndicale[76].

493 – *Condition supplémentaire d'ouverture* – Ce régime spécial de recours est orienté vers l'exercice éventuel par la C.R.T. du pouvoir de réparation spécifique que lui confère l'article 47.5 C.t. Ce dernier lui permet d'autoriser le salarié à soumettre sa réclamation à un arbitre pour qu'il en décide selon la convention collective, comme s'il s'agissait d'un grief. La Cour suprême du Canada a décidé que ce redressement et, conséquemment, le recours qui y conduit ne pouvaient exister lorsque l'arbitrage avait déjà eu lieu et que l'arbitre avait décidé du grief du salarié[77].

Cette conclusion ne s'impose toutefois que dans la mesure où l'arbitre a été appelé à décider du grief au fond. Elle n'affecte pas les situations où le processus d'arbitrage n'a pu être mené à son terme normal, soit parce que l'arbitre a dû constater l'irrecevabilité du grief en raison de l'agir ou de l'omission de l'association, soit encore lorsque cette dernière a purement et simplement retiré le grief avant que l'arbitrage soit complété[78].

Le salarié victime d'une représentation inadéquate par le syndicat lors de l'arbitrage et qui, de ce fait, subit le préjudice d'une décision arbitrale au fond qui lui est défavorable pourra en obtenir réparation sous une autre forme, notamment par l'octroi de dommages-intérêts (art. 114, al. 2 et 3, 116, al. 2, 118, 119 C.t.). Néanmoins et exceptionnellement, si le processus d'arbitrage a été fondamentalement vicié, par exemple par la fraude, la mauvaise foi ou la collusion entre le syndicat et l'employeur, le salarié qui en est victime pourrait envisager de coordonner un recours en annulation de la

---

75. *Lépine* c. *Association des employés de Marque Liberté*, D.T.E. 89T-240 (T.T.); *Nolin* c. *Syndicat des employés de Molson*, [1988] T.T. 99; *Amyot* c. *Syndicat des publications et des communications du Québec, local 302*, D.T.E. 83T-709 (T.T.). Voir aussi *Larouche* c. *Boulangerie Racine Ltée*, [1987] R.L. 330 (C.A.).
76. *Amyot* c. *Syndicat des publications et des communications du Québec, local 302*, *ibid.*; *Imbeault* c. *Syndicat des professeurs du Collège de Maisonneuve*, [1979] T.T. 340.
77. *Gendron* c. *Municipalité de la Baie-James*, [1986] 1 R.C.S. 401, 407-414. Il en est de même lorsqu'un grief a été réglé par une entente dont le salarié recherche en définitive l'annulation: *Benoît* c. *Syndicat des travailleuses et travailleurs des Épiciers unis Métro-Richelieu (C.S.N.)*, [1999] R.J.D.T. 1640 (T.T.).
78. *Centre hospitalier Régina Ltée* c. *Tribunal du travail*, précité, note 33. Voir aussi: *Gendron* c. *Municipalité de la Baie-James*, *ibid.*, 411-412; *Milhomme* c. *Aubé*, précité, note 43.

sentence arbitrale[79] et un recours auprès de la C.R.T. pour se faire remettre le contrôle de son grief.

494 – *Redressement* – Si la C.R.T. est d'avis que l'association a violé son obligation de représentation, elle peut autoriser le salarié, selon l'article 47.5 C.t., à soumettre sa réclamation à un arbitre nommé par le ministre du Travail pour décision selon la convention collective, comme s'il s'agissait d'un grief[80]. La dernière phrase de l'article 47.5, al. 1 C.t. ajoute que l'association paie les frais encourus par le salarié[81]. Par implication, le salarié serait ainsi autorisé à choisir lui-même le procureur qui le représentera à l'arbitrage, solution cohérente avec le fait que la réclamation est désormais la sienne et non plus un grief sous le contrôle de l'association accréditée[82].

La jurisprudence s'est divisée quant au caractère, automatique ou non, du droit du salarié de choisir son représentant et de l'obligation de l'association d'en assumer les frais. Selon une première interprétation, l'article 47.5, al. 1 C.t. ne laisse aucune discrétion, ni pour priver le salarié de son droit de recourir au procureur de son choix, ni pour soustraire l'association à l'obligation d'en assumer les frais[83]. Un autre courant de pensée se refuse à cet automatisme et il s'autorise de l'article 47.5, al. 2 C.t., qui habilite par ailleurs le tribunal spécialisé à rendre toute autre ordonnance qu'il juge nécessaire dans les circonstances, pour permettre au syndicat accrédité de représenter le salarié lors de l'arbitrage de sa réclamation dans les cas qui le permettent à son jugement, notamment en l'absence de mauvaise foi, de discrimination ou d'arbitraire de la part de l'association[84]. Quoi qu'il

---

79. *Noël* c. *Société d'énergie de la Baie James*, précité, note 8, par. 68.
80. *Centre hospitalier Régina Ltée* c. *Tribunal du travail*, précité, note 33; *Syndicat canadien des officiers de la marine marchande* c. *Martin*, D.T.E. 87T-599 (C.A.).
81. Cette obligation couvre, le cas échéant, les frais afférents à une contestation judiciaire de la décision de l'instance du travail: *Syndicat des soutiens de Dawson* c. *Baena*, D.T.E. 2002T-351 (C.A.). L'arrêt *Noël* c. *Société d'énergie de la Baie James*, précité, note 7, imposerait la même conclusion dans l'éventualité d'une contestation judiciaire de la sentence de l'arbitre.
82. Tant le droit du salarié de choisir lui-même son procureur que l'obligation de l'association accréditée d'en payer les frais supposent la conclusion préalable que l'association a commis une faute grave dans l'exercice de son devoir de représentation: *Carrier* c. *Fraternité des policiers et pompiers de la Ville de Tracy*, [1998] R.J.D.T. 1207 (T.T.); *Boulanger* c. *Syndicat des employées et employés de métiers d'Hydro-Québec, section locale 1500 (S.C.F.P.-F.T.Q.)*, [1998] R.J.D.T. 1646 (T.T.). L'arbitrage individuel autorisé est un arbitrage normal, compte tenu des circonstances, et il ne laisse pas au salarié tout loisir d'engager les meilleurs experts et les frais qu'ils commandent: *Mallet* c. *Syndicat national des employés de Velan Inc.*, [1996] T.T. 582.
83. *Paquin* c. *Fraternité des policiers de St-Donat*, [1998] R.J.D.T. 1659 (T.T.).
84. *Lauzon* c. *Syndicat national des travailleurs et travailleuses de l'automobile, de l'aérospatiale et de l'outillage agricole du Canada, section locale 750 (T.C.A.)*, D.T.E. 99T-78 (T.T.).

en soit, un fait demeure: le recours exercé par le salarié ne peut avoir comme unique objet le paiement de ses frais personnels de représentation par le syndicat[85].

À d'autres égards, la jurisprudence se montre hésitante relativement à l'utilisation du pouvoir ancillaire conféré par l'article 47.5, al. 2 C.t. On trouve d'abord des décisions contradictoires quant à la possibilité de faire appel à ce pouvoir accessoire pour enjoindre au syndicat d'assumer, partiellement ou totalement, l'indemnité qui pourrait être accordée par l'arbitre au salarié, le cas échéant[86]. Quant au moment où ce pouvoir s'exercerait, un jugement a d'abord indiqué que ce ne pourrait l'être dans le cadre d'une deuxième instance, après que le tribunal spécialisé ait épuisé sa compétence en rendant une première ordonnance qu'on voudrait ainsi faire compléter[87]. Un jugement ultérieur s'est ensuite limité à refuser de trancher immédiatement une demande d'un employeur, jugée hypothétique, relativement à un partage avec le syndicat accrédité des dommages que l'arbitre pourrait octroyer au salarié[88]. Finalement, une dernière décision a posé que l'on pouvait, par le biais de l'article 47.5, al. 2 C.t., requérir des ordonnances visant à répondre à des situations nouvelles, engendrées par suite d'une décision favorable au salarié[89].

Lorsque la plainte du salarié est accueillie par la C.R.T. et que cette dernière renvoie l'affaire à un arbitre, il faut remarquer la disposition exceptionnelle de l'article 47.6 C.t., selon laquelle l'employeur ne peut opposer l'inobservation par l'association de la procédure et des délais prévus à la convention collective pour le règlement des griefs. Quant à la prescription de six mois de l'article 71 C.t., dont il n'est pas fait mention à l'article 47.6 C.t., elle ne peut davantage être invoquée. La réclamation du salarié qui se trouve déférée à l'arbitrage n'est pas issue de la convention collective, mais

85. *Farivard* c. *Association des professeurs de l'Université Concordia*, D.T.E. 88T-473 (T.T.).
86. Réponses affirmatives dans *Dallaire* c. *Métallurgistes unis d'Amérique, local 6833*, [1984] T.T. 402; *Belisle* c. *Syndicat des travailleuses et travailleurs de l'Hôtel Méridien de Montréal (C.S.N.)*, précité, note 27. Réponses négatives dans *Tremblay* c. *Syndicat des employés des Commissions scolaires de Charlevoix, La Malbaie*, [1982] T.T. 410; *St-Laurent* c. *Syndicat des employés de soutien du Cégep de St-Jérôme*, [1985] T.T. 353; *Lauzon* c. *Syndicat national des travailleurs et travailleuses de l'automobile, de l'aérospatiale et de l'outillage agricole du Canada, section locale 750 (T.C.A.)*, ibid.
87. *Gaucher* c. *Syndicat national de l'amiante d'Asbestos*, [1990] T.T. 455.
88. *Royer* c. *Union internationale des travailleurs et travailleuses unis de l'alimentation et du commerce, section locale 504*, D.T.E. 92T-1308 (T.T.).
89. *Mallet* c. *Syndicat national des employés de Velan Inc.*, précité, note 82 – détermination relative aux frais d'arbitre et d'avocat.

plutôt de la Loi elle-même et de l'ordonnance de la C.R.T., qui la
défère à l'arbitrage pour décision selon la convention collective,
comme s'il s'agissait d'un grief (art. 47.5 C.t.)[90].

ii) Les autres cas

495 – *Contextes et redressements* – Qu'en est-il des situations
dans lesquelles l'association accréditée aurait manqué à son devoir
de représentation mais qui ne donnent pas ouverture à l'application
des articles 47.3 à 47.6 C.t.? Ce serait le cas d'un manquement
syndical survenu à l'occasion d'une négociation collective ou d'une
réclamation rattachée à l'application de la convention collective mais
qui ne se rapporte ni à un renvoi ni à une mesure disciplinaire.

La plainte auprès de la C.R.T. recherchera alors une réparation
différente de celle permise par l'article 47.5 C.t. La spécificité de ce
dernier remède paraît exclure qu'il puisse être utilisé dans d'autres
circonstances que celles auxquelles il est destiné. En pratique, cela se
traduira le plus souvent par l'octroi de dommages-intérêts au salarié
victime d'un défaut de représentation. Il n'est pas à exclure, non plus,
que la C.R.T. puisse faire appel à son pouvoir d'ordonnance provisoire
pour enjoindre à un syndicat de procéder au dépôt d'un grief, s'il en
est encore temps (art. 118, 3o C.t.). De façon tout à fait exceptionnelle
et selon les circonstances, on pourrait aussi envisager des recours
auprès du tribunal de droit commun, par exemple pour faire prononcer la nullité d'une disposition d'une convention collective ou pour
faire ordonner au syndicat de poser un geste d'une extrême urgence si
la C.R.T. n'est pas en mesure d'y pourvoir.

496 – *Régime intérimaire* – La Commission des relations du travail ne devient effectivement compétente à l'endroit de ces diverses
situations qu'à compter du 1er janvier 2004. Dans l'intervalle, ce sont
les tribunaux de droit commun qui demeurent seuls compétents pour
en disposer[91].

Il y a lieu d'anticiper et de gérer en conséquence le changement
juridictionnel intervenant le 1er janvier 2004, plus particulièrement
au regard de la prescription du recours du salarié. En effet, l'entrée en
vigueur, le même jour, de l'article 116 al. 2 C.t. ramène à 6 mois la
prescription de 3 ans jusque-là applicable à un recours exercé auprès
d'un tribunal ordinaire (art. 2925 C.c.Q.).

---

90. *Gendron c. Municipalité de la Baie-James*, précité, note 77, 409.
91. Voir Robert P. GAGNON, *Le droit du travail du Québec – pratiques et théories*,
    4e éd., Cowansville, Éditions Yvon Blais Inc., 1999, p. 321.

2. Les autres obligations

497 – *Démocratie et informations* – Diverses dispositions du *Code du travail* imposent à l'association accréditée des obligations accessoires qui visent principalement à garantir l'exercice démocratique de son pouvoir de représentation.

L'article 20.1 C.t. exige ainsi le recours au scrutin secret pour toute élection à une fonction à l'intérieur d'une association accréditée[92]. Celle-ci doit aussi, en vertu de l'article 47.1 C.t., divulguer chaque année à ses membres ses états financiers et en remettre gratuitement une copie à tout membre qui en fait la demande. Ainsi que nous le verrons, le recours à la grève et la signature d'une convention collective par un syndicat accrédité sont assujettis à une acceptation préalable des salariés qui en sont membres, par un vote au scrutin secret (art. 20.2 et 20.3 C.t.)[93]. Le syndicat doit aussi aviser le ministre du Travail du déclenchement d'une grève (art. 58.1 C.t.).

II- LES EFFETS SUR LES ACCRÉDITATIONS EXISTANTES ET LA CONVENTION COLLECTIVE

498 – *Annulation et subrogation* – L'article 43 C.t. affirme que l'accréditation d'un syndicat annule de plein droit celle de toute autre association pour le groupe visé par la nouvelle accréditation. Une décision d'accréditation emporte donc automatiquement cette conséquence, qu'elle n'a pas à prononcer formellement[94].

À l'égard de la convention collective, le syndicat nouvellement accrédité est subrogé de plein droit, en vertu de l'article 61 C.t., dans tous les droits et obligations résultant d'une convention collective en vigueur conclue par un autre syndicat. Cette subrogation substitue notamment l'association qui obtient l'accréditation à celle qu'elle remplace dans l'exercice de tous les recours entrepris ou à entreprendre en vertu de la convention collective conclue par l'association déplacée.

L'article 61 C.t. autorise également l'association nouvellement accréditée à mettre fin à cette convention collective ou à la déclarer non avenue. Ce dernier pouvoir est rarement utilisé, compte tenu du

---

92. *Gagnon* c. *Bériault*, D.T.E. 92T-629 (C.S.); *Hawkins* c. *Flamand*, D.T.E. 92T-821 (C.S.).
93. Voir *infra*, Titre II, chapitre 6, n° 567 et chapitre 7, n° 634.
94. *Marché Bouchor Inc.* c. *Syndicat des salariés de Lavaltrie*, [1990] T.T. 301; *Syndicat des employés de l'Office municipal d'habitation de Montréal* c. *Office municipal d'habitation de Montréal*, [1997] T.T. 375.

fait que l'accréditation d'une nouvelle association coïncide le plus souvent avec l'échéance de la convention collective. On laissera alors généralement la convention venir à échéance et le nouveau syndicat accrédité entreprendra plutôt la négociation de son renouvellement. Il pourrait en être autrement lorsqu'un syndicat profitera d'une période prévue au paragraphe 22e) C.t. pour supplanter l'association signataire d'une convention collective de longue durée. Par exception, dans les exploitations forestières, lorsque la convention collective est d'une durée de trois ans ou moins, et dans les secteurs public et para-public, l'association nouvellement accréditée demeurera liée par la convention collective conclue par l'association qu'elle déplace, jusqu'à son échéance (art. 61.1 et 111.3, al. 2 C.t.).

III- LE RATTACHEMENT À L'ENTREPRISE

499 – *Importance et origine* – Les articles 45 à 46 du *Code du travail* revêtent une importance considérable par leurs effets tant en droit des affaires qu'en droit du travail. S'agissant, par exemple, de l'acquisition ou de la vente d'une entreprise, ou encore de la conclusion d'un contrat de services ou de sous-traitance entre deux entreprises, il est de première importance d'évaluer les effets susceptibles de résulter de ces dispositions. Les enjeux pratiques liés à leur application expliquent sans doute dans une bonne mesure le nombre et l'âpreté des débats juridiques qu'elles ont alimentés.

La compréhension des objectifs recherchés par le législateur en édictant l'article 45 C.t. appelle une référence au contexte dans lequel cet article fut adopté. Celui-ci prit d'abord la forme d'un amendement apporté, en 1961, à la *Loi des relations ouvrières*[95], que le *Code du travail* devait remplacer en 1964. La cause directe de cette intervention législative fut l'arrêt rendu quelques années auparavant par la Cour d'appel dans l'affaire *Syndicat national des travailleurs de la pulpe et du papier de La Tuque Inc.*[96]. La Cour d'appel y constatait que, comme conséquence de la règle civiliste de l'effet relatif des contrats, les contrats individuels de travail, l'accréditation et la convention collective se trouvaient invalidés, à tous égards, à la suite de l'aliénation ou de la concession de l'entreprise de l'employeur auquel ils se rattachaient.

---

95.   S.R.Q. 1941, c. 162A, art. 10a).
96.   *Syndicat national des travailleurs de la pulpe et du papier de La Tuque Inc.* c. *Commission des relations ouvrières de la province de Québec*, [1958] B.R. 1.

C'est cet état du droit que voulut corriger le législateur dans une démarche en deux temps qu'on trouve à l'actuel article 45 C.t. Au premier alinéa de cet article, la Loi annihile les conséquences de la règle commune de l'effet relatif des contrats, en prévoyant que ni l'accréditation ni la convention collective ne seront invalidées du fait de l'aliénation ou de la concession de l'entreprise. Ensuite, au deuxième alinéa, le législateur énonce positivement la nouvelle règle de droit applicable, selon laquelle l'accréditation suivra l'entreprise dans ses déplacements d'un employeur vers un autre. En somme, l'article 45 C.t. rattache l'accréditation et la convention collective à l'entreprise, plutôt qu'à la personne juridique de l'employeur.

C'est dans le même ordre de préoccupation qu'a été adopté, en 2001, l'article 45.3 C.t. qui cible, quant à lui, le passage d'une entreprise de la compétence législative fédérale à celle du Québec en matière de relations du travail.

A. Le préavis d'intention

500 – *Objet et conséquences* – L'article 45.1 C.t. est à tous égards de droit nouveau. Il oblige l'employeur à donner à toute association de salariés concernée, qu'elle soit accréditée ou en instance de le devenir, un avis de son intention d'aliéner ou de concéder son entreprise, en tout ou en partie. L'avis doit indiquer la date envisagée par l'employeur. L'omission de le donner n'empêche toutefois pas ce dernier de procéder à la transmission d'entreprise. Elle n'a pour seul effet que de modifier le délai de réaction dont disposera le syndicat.

Dans une affaire *Ville de St-Hubert*, la Cour d'appel avait décidé, en l'absence de délai fixé par la Loi, qu'un syndicat devait réclamer les droits qu'il croyait lui résulter de l'article 45 C.t. dans un délai raisonnable[97]. Le délai dont dispose l'association de salariés pour réagir en demandant à la C.R.T. de déterminer l'application de l'article 45 est maintenant clairement et impérativement fixé par l'article 45.1 C.t. Ce délai est de 90 jours suivant la date de la réception de l'avis d'intention de l'employeur donné conformément au Code, s'il y a lieu. À défaut d'un tel avis, le délai est augmenté à 270 jours de la connaissance du fait que l'entreprise a été aliénée ou concédée en tout ou en partie.

---

97.   *Syndicat des cols bleus de Ville de St-Hubert* c. *St-Hubert (Ville de)*, [1999] R.J.D.T. 76 (C.A.).

B. La mesure d'ordre public

501 – *Portée* – La jurisprudence reconnaît unanimement dans l'article 45 C.t. une disposition d'ordre public à laquelle il ne saurait être question de renoncer, du moins à l'avance, que ce soit par une stipulation d'une convention collective ou par quelque autre entente[98]. L'article 45 C.t. s'applique à toutes les entreprises, qu'il s'agisse d'une entreprise privée ou d'un corps public, comme une municipalité ou une commission scolaire[99]. Cette dernière affirmation est sujette à une exception en faveur du gouvernement, auquel on ne peut opposer une accréditation lorsqu'il devient, au sens de l'article 45 C.t., le nouvel employeur d'un groupe de salariés[100]. Cette exception est cependant unidirectionnelle: l'article 45 C.t. produit tous ses effets à l'égard d'un nouvel employeur auquel le gouvernement du Québec cède une partie de ses activités visées par une accréditation octroyée conformément aux dispositions de la *Loi sur la fonction publique*[101].

502 – *Relations avec la convention collective* – Le caractère d'ordre public de l'article 45 C.t. ne fait pas obstacle à ce que la convention collective, sans y contrevenir, conditionne ou aménage l'aliénation ou la concession de l'entreprise, notamment pour garantir certains droits aux salariés dans ces éventualités. Ce type d'engagement contractuel demeure distinct du mécanisme d'application de l'article 45 du *Code du travail*[102].

---

98.   *Sept-Îles (Ville)* c. *Québec (Tribunal du travail)*, [2001] 2 R.C.S. 670, 2001 C.S.C. 48, par. 27; *Charron Excavation Inc.* c. *Syndicat des employés de la Ville de Ste-Thérèse*, D.T.E. 89T-114 (T.T.); *Transport de l'Anse Inc.* c. *Syndicat des chauffeurs d'autobus du Bas Saint-Laurent (C.S.N.)*, [1986] T.T. 207.

99.   Exemples: *Sept-Iles (Ville)* c. *Québec (Tribunal du travail)*, *ibid.*; *Ville de Dollard des Ormeaux* c. *Fraternité des policiers de Roxboro*, [1971] T.T. 56.

100.   Cette exception résulte de l'origine législative des accréditations à l'endroit des fonctionnaires du gouvernement, selon la *Loi sur la fonction publique*, L.R.Q., c. F-3.1.1, art. 64 et s. *Gouvernement du Québec, ministère des Terres et Forêts* c. *Syndicat national des mesureurs, assistants-mesureurs, gardes forestiers et forestiers du Québec*, [1980] T.T. 269.

101.   L.R.Q., c. 3.1.1. *Syndicat des professionnels du gouvernement du Québec* c. *Centre d'insémination artificielle du Québec (C.I.A.Q.) Inc.*, [1988] R.J.Q. 265 (C.A.); *Syndicat des fonctionnaires provinciaux du Québec* c. *Centre d'insémination artificielle du Québec (C.I.A.Q.) Inc.*, [1988] R.J.Q. 623 (C.A.).

102.   *Sept-Îles (Ville)* c. *Québec (Tribunal du travail)*, précité, note 98, par. 27-28; *Université McGill* c. *St-Georges*, [1999] R.J.D.T. 9 (C.A.); *Association des ingénieurs et scientifiques des télécommunications* c. *Sylvestre*, [2002] R.J.Q. 310 (C.A.); *Syndicat des travailleuses et travailleurs du Manoir Sully inc. (C.S.N.)* c. *Laflamme*, D.T.E. 2003T-11 (C.A.), par. 45-46.

C. L'application automatique

503 – *Compétence juridictionnelle et effet* – L'article 46, al. 1 C.t. donne compétence à la Commission des relations du travail pour trancher, sur requête d'une partie intéressée, toute question relative à l'application de l'article 45 C.t. Cette disposition précise qu'à cette fin, la C.R.T. peut en déterminer l'applicabilité[103].

L'article 45 C.t. opère de plein droit la transmission des droits et obligations qu'il concerne lorsqu'une éventualité qu'il vise se réalise[104]. Le cas échéant, la décision qui reconnaît et constate l'application de l'article 45 C.t. revêt un caractère déclaratoire.

Est-ce à dire qu'il ne soit pas nécessaire d'obtenir cette constatation formelle de l'application de l'article 45 C.t., sur requête soumise en vertu de l'article 46 C.t.? Une telle constatation demeure nécessaire, même lorsque l'applicabilité de l'article 45 n'est pas contestée. L'article 45.1 C.t. dicte implicitement cette affirmation. Retenons en effet qu'une personne titulaire de droits, même d'ordre public, peut y renoncer, par son comportement ou son inaction, une fois réalisées les conditions d'ouverture à ces droits. Cette constatation formelle s'impose également pour assurer la clarté et la sécurité de la situation juridique de l'association syndicale dont les droits peuvent être maintenus. L'entrée en vigueur d'une nouvelle convention collective, postérieurement à un transfert de droits et d'obligations selon l'article 45 C.t., supposera que l'accréditation de l'association ait été modifiée pour qu'y apparaisse le nom du nouvel employeur (art. 72 C.t.). Un jugement de la Cour supérieure affirme enfin l'inopposabilité au nouvel employeur des conclusions d'une procédure d'exécution de la convention collective entreprise contre l'employeur originaire, en l'absence d'une constatation de transmission des droits et obligations par le tribunal spécialisé[105].

Il y a lieu de signaler une conséquence précise de l'effet automatique de l'application de l'article 45 C.t. même si cette dernière doit

---

103. Cet énoncé joint à ceux des clauses privatives des articles 139 à 140 C.t. assujettit le contrôle judiciaire des décisions rendues à la norme rigoureuse de l'erreur manifestement déraisonnable: *Ivanhoe Inc.* c. *TUAC, section locale 500*, [2001] 2 R.C.S. 566, 2001 CSC 47, par. 24 à 30; *Maison L'Intégrale Inc.* c. *Tribunal du travail*, [1996] R.J.Q. 859 (C.A.).

104. *Syndicat des employés de la Ville de Brossard* c. *Services d'entretien Fany Inc.*, [1995] T.T. 423; *Syndicat des travailleurs du Holiday Inn Ste-Foy (C.S.N.)* c. *Prime Hospitality Inc.*, [1991] T.T. 40; *Fraternité internationale des ouvriers en électricité* c. *National Cable Vision Ltd.*, [1967] R.D.T. 314.

105. *Investissements Opticlair Inc.* c. *Syndicat des employés de Unisol (C.S.N.), division Veracon*, J.E. 82-535 (C.S.).

faire l'objet d'une constatation. Lorsqu'une convention collective se trouve transférée chez un nouvel employeur, il faut agir aussitôt envers ce nouvel employeur, quant à l'application de la convention, comme on l'aurait fait à l'égard de l'ancien employeur, particulièrement quant au respect des délais pour produire des griefs, s'il en survient. Si l'application de l'article 45 C.t. est contestée, on ne saurait attendre qu'une décision tranche le litige. Les griefs pourraient alors être prescrits, puisque la décision de la C.R.T. aura pour effet de constater que les droits et obligations ont été transférés au moment de la concession ou de l'aliénation de l'entreprise[106].

D. Les conditions d'application

504 – *Changement et continuité* – L'application de l'article 45 C.t. repose sur deux conditions essentielles: le changement d'employeur et la continuité de l'entreprise chez le nouvel employeur auquel elle a été transmise.

1. Le changement d'employeur

505 – *Nouvel employeur* – Les dispositions de l'article 45 C.t. visent fondamentalement, comme nous l'avons vu, à parer aux conséquences qui résulteraient autrement de la substitution d'un nouvel employeur à la direction de l'entreprise. Leur application suppose donc l'intervention d'un nouvel employeur[107]. Les restructurations, les déménagements et les autres changements internes qui demeurent le fait du même employeur, comme ceux qui se rapportent au nom de l'employeur, à son adresse ou à la localisation de l'entreprise ou de ses établissements, sont traités selon les dispositions de l'article 39 C.t., comme nous le verrons plus loin[108].

---

106.   Exemple: *Paquet* c. *Syndicat des travailleurs du ciment (C.S.D.)*, [1983] T.T. 183.

107.   *Syndicat des salariés de distribution de produits pharmaceutiques* c. *Médis, services pharmaceutiques et de santé Inc.*, [2000] R.J.D.T. 943 (C.A.).

108.   *Syndicat des salariés de distribution de produits pharmaceutiques* c. *Médis, services pharmaceutiques et de santé Inc., ibid.*; *Métallurgistes unis d'Amérique, section locale 8917* c. *Schneider Canada Inc.*, D.T.E. 2000T-877 (T.T.); *Association des employées et employés de Natrel Trois-Rivières* c. *Syndicat des travailleuses et travailleurs de Natrel Shawinigan*, [1996] T.T. 315; *Syndicat international des ouvriers de l'aluminium, de la brique et du verre, section locale 274* c. *Ipex Inc.*, [1996] T.T. 361. Rien ne s'oppose à ce que la juridiction du travail traite une situation concurremment ou alternativement selon les articles 45 et 46 ou 39 C.t.; exemple: *Olymel, société en commandite* c. *Union internationale des travailleuses et travailleurs unis de l'alimentation et du commerce, section locale 1991-P*, [2002] R.J.D.T. 27 (C.A.).

2. La continuité de l'entreprise

a) L'entreprise

506 – *Identification et définition* – Pour qu'il y ait lieu d'appliquer l'article 45 C.t., il faut que l'on retrouve, en tout ou en partie, chez deux employeurs successifs la même entreprise; d'où la nécessité d'identifier et de définir l'entreprise dont il s'agit.

C'est sans hésitation que la Cour suprême a identifié l'entreprise concernée: il s'agit de l'entreprise de l'employeur visé par une accréditation et lié, le cas échéant, par une convention collective[109].

Le législateur s'est abstenu de définir le terme «entreprise». Cette abstention a été à l'origine d'une controverse jurisprudentielle et d'une longue saga judiciaire jusqu'en Cour suprême, vu l'importance juridique et pratique de la définition à donner à l'entreprise dans l'application de l'article 45 C.t.:

> Dans le contexte de l'article 45, l'entreprise se présente comme l'élément le plus important du cadre tripartite postulé par le législateur: la continuité de l'entreprise est la condition essentielle de l'application de l'article 45. Il convient dès lors d'aborder l'interprétation de l'article 45 par le biais de la définition de l'entreprise.[110]

Historiquement, deux thèses se sont opposées relativement à la notion d'entreprise. Une première école de pensée proposait de définir l'entreprise, aux fins d'application de l'article 45 C.t., comme une réalité essentiellement «fonctionnelle» ou «occupationnelle», retenant les tâches, les fonctions, les occupations ou activités comme éléments caractéristiques dominants, voire uniques de l'entreprise[111]. Selon la deuxième thèse, l'entreprise était envisagée d'une façon concrète ou «organique», tenant compte des caractéristiques essentielles de chaque entreprise, au regard de la finalité de son activité et des éléments humains, matériels ou intellectuels qui la constituent[112]. La Cour suprême, dans l'arrêt *Bibeault*, désa-

---

109. *U.E.S., local 298* c. *Bibeault*, [1988] 2 R.C.S. 1048, 1117 et 1119; *Ivanhoe Inc.* c. *TUAC, section locale 500*, précité, note 103, par. 63.

110. *U.E.S., local 298* c. *Bibeault, ibid.*, p. 1103.

111. Cette approche avait prévalu chez une majorité des juges du Tribunal du travail dans le jugement *Services ménagers Roy Ltée* c. *Syndicat national des employés de la Commission scolaire régionale de l'Outaouais (C.S.N.)*, [1982] T.T. 115, jugement à l'origine de l'arrêt *U.E.S., local 298* c. *Bibeault*, précité, note 109.

112. Voir, à cet effet, les opinions minoritaires dans *Services ménagers Roy Ltée* c. *Syndicat national des employés de la Commission scolaire régionale de l'Outaouais (C.S.N.), ibid.*; *Mode Amazone* c. *Comité conjoint de Montréal de*

voua totalement la définition dite «fonctionnelle» de l'entreprise, la jugeant désincarnée, imprécise et irréconciliable avec l'article 45 C.t.; elle retint plutôt la définition «organique» qu'en avait proposée le juge Lesage dans l'affaire *Mode Amazone*[113]. Cette définition est la suivante:

> L'entreprise consiste en un ensemble organisé suffisant des moyens qui permettent substantiellement la poursuite en tout ou en partie d'activités précises. Ces moyens, selon les circonstances, peuvent parfois être limités à des éléments juridiques ou techniques ou matériels ou incorporels. La plupart du temps, surtout lorsqu'il ne s'agit pas de concession en sous-traitance, l'entreprise exige pour sa constitution une addition valable de plusieurs composantes qui permettent de conclure que nous sommes en présence des assises mêmes qui permettent de conduire ou de poursuivre les mêmes activités: c'est ce qu'on appelle le *going concern*. Dans *Barnes Security*, le juge René Beaudry, [...] n'exprimait rien d'autre en mentionnant que l'entreprise consistait en «l'ensemble de ce qui sert à la mise en œuvre des desseins de l'employeur».[114]

Il s'ensuit que la vérification de la continuité de l'entreprise requiert la détermination, dans chaque cas, des éléments essentiels de l'entreprise en cause, en pondérant chaque élément selon son importance, compte tenu de la nature de l'entreprise et du type de transmission présumée, totale ou partielle, par aliénation pure et simple ou par concession[115].

Dans cette perspective, au regard des éléments matériels qui peuvent constituer l'entreprise, un simple transfert de l'équipement ne saurait être assimilé à un transport d'entreprise[116]. Par ailleurs,

---

l'Union internationale des ouvriers du vêtement pour dames, [1983] T.T. 227, 231; *Barnes Security Service Ltd.* c. *Association internationale des machinistes des travailleurs de l'aéroastronautique, local 2235*, [1972] T.T. 1, 9.

113. *U.E.S., local 298* c. *Bibeault*, précité, note 109, p. 1105; *Ivanhoe Inc.* c. *TUAC, section locale 500*, précité, note 103, par. 61 et s.

114. *Mode Amazone* c. *Comité conjoint de Montréal de l'Union internationale des ouvriers du vêtement pour dames*, précité, note 112, p. 231.

115. *U.E.S., local 298* c. *Bibeault*, précité, note 109, p. 1107; *Ivanhoe Inc.* c. *TUAC, section locale 500*, précité, note 103, par. 66 à 70. Voir aussi *Union des employées et employés de la restauration, Métallurgistes unis d'Amérique, local 8470* c. *Ultramar Canada Inc.*, [1999] R.J.D.T. 110 (C.A.) – absence de transmission d'éléments caractéristiques suffisants pour conclure à une continuité d'entreprise.

116. Dans *Syndicat des travailleuses et travailleurs du Manoir Richelieu* c. *Caron*, D.T.E. 97T-384, la Cour d'appel souligne qu'il ne faut pas confondre la propriété d'un équipement (un établissement hôtelier) et la propriété de l'entreprise active qui exploite cet équipement. *Syndicat des employés de commerce et des*

la présence d'équipement ou d'une technologie caractéristique d'une entreprise chez un nouvel employeur présumé pourrait représenter un indice significatif d'un transfert de l'entreprise[117].

Pour ce qui est des ressources humaines de l'entreprise, la présence, chez les employeurs présumément successifs, du même personnel de direction, en tout ou en partie, peut être révélatrice de la continuité de l'entreprise. Quant aux salariés visés par l'accréditation, on devrait retrouver leurs fonctions ou leurs occupations chez le nouvel employeur[118]. Il ne s'ensuit pas qu'il faille exiger la présence individuelle des mêmes salariés, présence qui constituera par ailleurs un facteur pertinent pour soutenir une conclusion de transmission d'entreprise.

L'allégation d'une transmission totale d'entreprise par aliénation suppose la poursuite de sa finalité par le nouveau propriétaire[119]. L'abandon, au contraire, de la mission poursuivie par l'entreprise emporte le constat de son extinction et exclut du même coup toute prétention de continuité[120]. Cette exigence ne saurait être la même

---

services de Shawinigan (section Service sanitaire) (C.S.N.) c. Service sanitaire de la Mauricie, [1989] T.T. 491; Syndicat des employés de garage de Montmagny c. J.P. Simard Autos Inc., D.T.E. 83T-346 (T.T.). Voir aussi Lester (W.W.) (1978) Ltd. c. Association unie des compagnons et apprentis de l'industrie de la plomberie et de la tuyauterie, section locale 740, [1990] 3 R.C.S. 644.

117. Syndicat national des travailleurs de l'automobile, de l'aérospatiale et de l'outillage agricole du Canada (T.C.A.-Canada) c. Fabrication Bricofil Inc., [1990] T.T. 294; Alimentation de la Seigneurie Inc. c. Union des employés de commerce, local 500, D.T.E. 83T-694 (T.T.); Syndicat des employés de l'imprimerie de la région de l'Amiante (C.S.N.) c. Imprimerie Roy et Laliberté Inc., [1980] T.T. 503.

118. Syndicat des employés de l'imprimerie de la région de l'Amiante (C.S.N.) c. Imprimerie Roy & Laliberté Inc., ibid.; Union des employés d'hôtels, restaurants et commis de bars, local 31 c. Métallurgistes unis d'Amérique, local 8470, D.T.E. 89T-325 (T.T.). Comparer: Association des travailleurs du pétrole c. Ultramar Canada, [1987] T.T. 348.

119. Union des employés d'hôtels, restaurants et commis de bars, local 31 c. Métallurgistes unis d'Amérique, local 8470, ibid.; Syndicat québécois des employées et employés de service, section locale 298 c. Centre hospitalier de soins de longue durée Drapeau & Deschambault, D.T.E. 97T-1465 (T.T.).

120. Voir: Raymond, Chabot, Martin, Paré & associés c. G.D.I. Inc., [1989] R.J.Q. 1791 (C.A.); Burns c. Compagnie du Trust national Ltée, D.T.E. 90T-920 (C.A.). Selon ces arrêts, une prise de possession de l'entreprise par un créancier, en réalisation de ses garanties, dans le seul but de liquider l'actif de l'entreprise et sans en poursuivre les activités comme entreprise active, ne saurait être assimilée à une transmission d'entreprise visée par l'article 45 C.t. Poursuite, néanmoins de l'exploitation active de l'entreprise par le créancier dans: Banque Toronto-Dominion c. Union des employées et employés de service, section locale 800, D.T.E. 95T-925 (T.T.); 2744-4165 Québec Inc. c. Union des agents de sécurité du Québec, D.T.E. 92T-1270 (T.T.); Burns c. Compagnie du Trust national Ltée, précité, ci-dessus.

dans les cas de transmission partielle, que ce soit par aliénation ou par concession. La finalité propre de l'entreprise du nouvel employeur pourrait alors être différente de celle poursuivie par l'employeur originaire. L'analyse mettra plutôt l'accent sur la finalité de la partie d'entreprise transférée. En outre, dans les situations de concession partielle, on retrouvera une permanence de finalité dans la convergence de l'objectif poursuivi par l'intervention du tiers employeur avec la finalité poursuivie par l'employeur principal et originaire, que cette intervention sert en définitive à réaliser[121].

b) La transmission

507 – *Aliénation ou concession* – Le premier alinéa de l'article 45 C.t. prévoit son application en cas d'aliénation ou de concession, totale ou partielle, de l'entreprise.

Les termes «aliénation» et «concession» n'ont pas été définis par le législateur. Chacun de ces termes évoque, manifestement, l'idée d'une transmission de droits qui se rapportent, en l'occurrence, à l'entreprise. Cette transmission, par ailleurs, implique-t-elle l'existence d'un lien juridique entre les titulaires successifs de ces droits dans l'entreprise? En d'autres termes, la transmission de droits doit-elle résulter d'un accord de volontés entre l'employeur lié par l'accréditation et celui qui lui succède dans l'exploitation de l'entreprise? Après avoir divisé la jurisprudence des juridictions spécialisées[122], la question a été tranchée par une réponse positive de la Cour suprême dans l'arrêt *Bibeault*; la Cour suprême y pose clairement que les termes «aliénation» et «concession» doivent recevoir le sens que leur attribue le droit civil:

> L'existence d'une aliénation ou d'une concession de l'entreprise ne peut être établie que par recours au droit civil.

[...]

---

121. *Ivanhoe Inc.* c. *TUAC, section locale 500*, précité, note 103, par. 73-81. Voir aussi: *Centrale de chauffage Enr.* c. *Syndicat des employés des institutions religieuses de Chicoutimi Inc.*, [1970] T.T. 236; *Services sanitaires Orléans Inc.* c. *Syndicat des employés des commissions scolaires Orléans*, [1974] T.T. 14.
122. Voir *Services ménagers Roy Ltée* c. *Syndicat national des employés de la Commission scolaire régionale de l'Outaouais (C.S.N.)*, précité, note 111. La thèse de l'absence de nécessité d'un lien de droit avait d'abord été avancée dans *Schwartz Service Station* c. *Teamsters Local Union 900*, [1975] T.T. 125.

[...] il est impossible d'ignorer le droit civil quand il s'agit d'interpréter une disposition qui a pour objectif de déroger à l'une des règles de ce droit, celle de la relativité des contrats, d'autant plus que pour y parvenir le législateur emprunte précisément la terminologie du droit privé.[123]

La conséquence coule de source. L'aliénation et la concession ont en commun d'impliquer, d'une part, la volonté du titulaire originaire des droits dans l'entreprise de s'en départir et, d'autre part, celle du nouvel employeur de les acquérir. Le lien juridique entre les employeurs successifs se crée donc par un acte consensuel de leur part[124].

Un droit purement précaire de l'employeur originaire dans l'entreprise et ses composantes ne peut donner lieu à une transmission à un tiers qui serait visée par l'article 45 C.t.[125]. Par ailleurs, l'exigence d'un lien de droit entre les employeurs successifs n'écarte pas pour autant «la possibilité qu'un intermédiaire intervienne dans la relation juridique»[126] et si la volonté de se départir du droit de propriété ou d'exploitation de l'entreprise est essentielle, il est par contre «de peu d'importance que cette volonté soit immédiate ou conditionnelle: il suffit que le titulaire des droits dans l'entreprise

---

123. *U.E.S., local 298* c. *Bibeault*, précité, note 109, p. 1112-1113.

124. *Ibid.*, p. 1110-1120; *Ivanhoe Inc.* c. *TUAC, section locale 500*, précité, note 103, par. 44. Il n'est pas pour autant exclu qu'une loi particulière tienne lieu de cet accord de volontés entre les employeurs successifs en prononçant elle-même la continuité d'entreprise: *Ivanhoe Inc.* c. *TUAC, section locale 500*, précité, note 103, par. 91. Voir aussi et comparer: *Syndicat des employés de la Communauté régionale de l'Outaouais* c. *Collines-de-l'Outaouais (Municipalité régionale de comté des)*, [1999] R.J.D.T. 97 (C.A.); *Maison L'Intégrale Inc.* c. *Syndicat canadien de la fonction publique, section locale 313*, D.T.E. 94T-959 (T.T.), conf. par *Maison L'Intégrale Inc.* c. *Tribunal du travail*, précité, note 103.

125. *Union des employées et employés de la restauration, Métallurgistes unis d'Amérique, section locale 8470* c. *Ultramar Canada Inc.*, précité, note 115.

126. *U.E.S., local 298* c. *Bibeault*, précité, note 109, p. 1114. Exemples d'absence de lien de droit: *Dimension Composite Inc.* c. *Syndicat des salariés d'acrylique de Beauce (C.S.D.)*, D.T.E. 99T-419, REJB 99-11697 (T.T.); *Syndicat des employés de commerce et des services de Shawinigan (section Service sanitaire) (C.S.N.)* c. *Service sanitaire de la Mauricie Inc.*, précité, note 116; *Boucher* c. *Centre de placement spécialisé du Portage (C.P.S.P.)*, D.T.E. 92T-552 (C.A.). Exemples de constatation d'un accord de volontés: *Union des employées et employés de la restauration, métallurgistes unis d'Amérique, section locale 8470* c. *Tribunal du travail*, [1997] R.J.Q. 1511 (C.A.) – réalisation d'une garantie fiduciaire; *129410 Canada Inc.* c. *Union des employées et employés de la restauration, métallurgistes unis d'Amérique, section locale 8470*, D.T.E. 96T-953 (T.T.) – prise en paiement; *Banque Toronto-Dominion* c. *Union des employées et employés de service, section locale 800*, précité, note 120 – réalisation des garanties consenties par acte de fiducie et acte hypothécaire avec clause de prise en paiement.

consente à l'acquisition de la propriété de l'entreprise ou à son exploitation par autrui»[127].

i) L'aliénation

508 – *Notion et mode* – La notion de droit civil d'aliénation se rapporte à la cession de droits reliés à la propriété[128]. Cette cession peut être totale ou partielle[129]. Par nature, elle revêt en principe un caractère définitif.

Depuis le 15 juillet 2001, l'article 45 C.t. n'écarte plus la vente en justice comme mode de transmission de l'entreprise susceptible de provoquer son application[130]. La disparition de cette exception laisse place désormais à une vérification dans chaque cas de la continuation de l'entreprise comme entité organique active, dans le cadre d'analyse défini par la Cour suprême, malgré et par-delà l'aléa de sa déconfiture économique et de sa vente en justice[131]. L'exception de la vente en justice a disparu mais l'exigence de continuité de l'entreprise subsiste. À cet égard, le constat d'une activité purement conservatoire de l'actif, orientée vers le démembrement ou la liquidation de l'entreprise suffira à écarter la prétention de sa continuité[132].

Dans un autre ordre de considérations, l'application de l'article 45 C.t. ne devrait pas susciter de difficulté particulière lorsque la vente en justice survient dans le cadre des règles générales de droit qui relèvent de la compétence législative du Québec. Il ne faudrait

---

127. *U.E.S., local 298* c. *Bibeault*, précité, note 109, p. 1115; *Ivanhoe Inc.* c. *TUAC, section locale 500*, précité, note 103, par. 94-96.
128. *U.E.S., local 298* c. *Bibeault*, précité, note 109, p. 1113-1114.
129. Exemple: *Transport de l'Anse Inc.* c. *Syndicat des chauffeurs du Bas St-Laurent*, [1986] T.T. 207 – vente d'un circuit d'autobus.
130. La jurisprudence avait décidé que toute vente forcée constituait une vente en justice au sens de l'article 45 C.t., que cette vente soit effectuée sous l'autorité d'un jugement ou sous celle de la Loi, par un officier de justice ou par un officier public, comme le syndic à la faillite: *Syndicat des employés de Métal Sigodec (C.S.N.)* c. *St-Arnaud*, [1986] R.J.Q. 927 (C.A.); *Bergeron* c. *Métallurgie Frontenac Ltée*, [1992] R.J.Q. 2656 (C.A.).
131. Exemple d'une telle survie dans le contexte de l'application d'une autre loi du travail: *Delisle* c. *2544-0751 Québec inc.*, D.T.E. 2001T-1156 (C.T.).
132. Voir et comparer, par analogie: *Raymond, Chabot, Martin, Paré & associés* c. *G.D.I. Inc.*, précité, note 120; *Burns* c. *Compagnie du Trust national Ltée*, précité, note 120; *Syndicat des employés de Métal Sigodec (C.S.N.)* c. *St-Arnaud*, *ibid.* Sur l'effet d'une ordonnance de liquidation d'une société selon la *Loi sur les liquidations*, L.R.C. (1985), c. W-11, voir *Syndicat des employés de coopératives d'assurance-vie* c. *Raymond, Chabot, Fafard, Gagnon Inc.*, [1997] R.J.Q. 776 (C.A.).

toutefois pas se surprendre d'une mise en question de l'applicabilité constitutionnelle du nouvel énoncé de l'article 45 lorsque la vente en justice de l'entreprise fait suite à sa faillite, eu égard au fait que la faillite est une matière sujette à la compétence législative fédérale, compétence exprimée dans la *Loi sur la faillite et l'insolvabilité* (L.F.I.)[133].

Dans cette éventualité, l'applicabilité constitutionnelle de l'article 45 en contexte de faillite devrait se voir reconnue, essentiellement pour deux raisons. D'abord, on ne saurait sérieusement douter que le «caractère véritable» de l'article 45 C.t. en fait une mesure relative au droit du travail et plus particulièrement aux relations collectives de travail, validement adoptée par le Québec[134]. Ensuite, cette mesure ne présente aucune incompatibilité avec la *Loi sur la faillite et l'insolvabilité* et plus particulièrement avec ses dispositions qui identifient des «créanciers garantis» (art. 2 L.F.I.) et celles qui établissent un ordre de répartition de l'actif entre différentes catégories de créanciers (art. 136 L.F.I.)[135].

ii) La concession

509 – *Notion et conditions d'application* – La version anglaise du *Code du travail* rend le concept de concession par l'expression *operation by another*, beaucoup plus évocatrice. Dans l'arrêt *Bibeault*, le juge Beetz en relevait la souplesse en signalant simplement que sa définition civiliste y voit un mot dont le sens juridique peut varier selon les situations et qui se rapporte à l'octroi par une personne à une autre, de la jouissance d'un droit ou d'un avantage particulier[136]. Il n'hésitait par ailleurs pas à décrire génériquement les droits mis en cause par une concession d'entreprise comme des droits qui se rapportent à son exploitation par autrui[137].

La concession d'entreprise se distingue de son aliénation en ce qu'elle n'implique pas le droit de propriété de l'entreprise et qu'elle revêt ainsi un caractère réversible ou temporaire[138].

---

133. L.R.C. (1985), c. B-3.
134. Voir *supra*, Titre I, chapitre 1, nos 3 et 15.
135. Art. 72(1) L.F.I. *Husky Oil Operations Ltd.* c. *Ministre du Revenu national*, [1995] 3 R.C.S. 453, par. 32-39 et 87; *Restaurant Ocean Drive inc. (Syndic de)*, [1998] R.J.Q. 30 (C.A.), p. 38-41; *Caron, Bélanger, Ernst & Young Inc.* c. *Syndicat canadien des travailleurs du papier, section locale 204*, [1993] T.T. 317.
136. *U.E.S., local 298* c. *Bibeault*, précité, note 109, p. 1114-1115.
137. *Ibid.*, p. 1115.
138. *Ivanhoe Inc.* c. *TUAC, section locale 500*, précité, note 103, par. 91; *Syndicat des travailleuses et travailleurs d'Alfred Dallaire (C.S.N.)* c. *Alfred Dallaire inc.*, précité, note 3.

L'application par les juridictions du travail des principes énoncés par la Cour suprême dans l'arrêt *Bibeault* a conduit à un certain flottement dans le traitement du phénomène de la sous-traitance, entendu comme la participation d'un tiers et de ses salariés à l'exécution d'une activité de l'entreprise par ailleurs couverte par une accréditation. La jurisprudence traditionnelle antérieure à l'arrêt *Bibeault* avait reconnu uniformément l'application de l'article 45 C.t. à une situation où l'employeur visé par une accréditation transférait à un tiers l'exécution de travaux couverts par cette accréditation et exécutés par ses salariés. Le terme «concession» recevait ainsi un sens large lui permettant de couvrir, dans ces conditions, toute forme d'impartition[139]. Après l'arrêt *Bibeault*, deux courants de pensée se développèrent à l'endroit du phénomène dit de la sous-traitance.

Une première interprétation, restrictive et demeurée très minoritaire, trouva dans les notions d'entreprise et d'aliénation d'entreprise exposées par la Cour suprême dans l'arrêt *Bibeault* le fondement d'une distinction entre, d'une part, la concession partielle d'entreprise visée par l'article 45 C.t. et, d'autre part, la «simple sous-traitance», qui aurait échappé à cette disposition législative[140]. La véritable concession partielle d'entreprise atteindrait cette dernière dans son intégrité organique, emportant son démembrement. L'objet de la transaction aurait pu être celui d'une aliénation et on retrouverait chez le nouvel employeur présumé des éléments de l'entreprise originaire suffisamment importants pour constituer par eux-mêmes une entreprise autonome viable, une miniaturisation en quelque sorte de l'entreprise d'origine. La «simple sous-traitance», elle, ne constituerait qu'une atteinte superficielle à l'entreprise, généralement caractérisée par l'absence de transfert d'éléments significatifs de cette dernière et par la cession, temporaire, d'un droit d'exploiter ou de gérer une partie de ses activités.

La grande majorité des décisions des instances spécialisées s'en tinrent essentiellement à la politique d'application de l'article 45 C.t.

---

139. *Centrale de chauffage Enr.* c. *Syndicat des employés des institutions religieuses de Chicoutimi Inc.*, précité, note 121, p. 239; *Barnes Security Service Ltd.* c. *Association internationale des machinistes et des travailleurs de l'aéroastronautique, local 2235*, précité, note 112, p. 12; *Syndicat national des employés de l'aluminium d'Arvida Inc.* c. *J.R. Théberge Ltée*, [1965] R.D.T. 449 (C.R.T.).

140. *Syndicat des travailleurs de l'énergie et de la chimie, section locale 140 (F.T.Q.)* c. *Atelier industriel St-Jean Inc.*, [1990] T.T. 117; *Syndicat national des travailleurs de l'automobile, de l'aérospatiale et de l'outillage agricole du Canada (T.C.A.-Canada)* c. *Fabrication Bricofil Inc.*, précité, note 117; *Soudure Re-De Inc.* c. *Syndicat national des travailleurs et travailleuses de l'automobile, de l'aérospatiale et de l'outillage agricole du Canada (T.C.A.-Canada)*, D.T.E. 90T-768 (T.T.).

telle qu'elle avait été développée à l'endroit de la sous-traitance avant l'arrêt *Bibeault*. Selon cette approche plus large et libérale, le démembrement partiel de l'entreprise qui résulte de son abandon et de la cession à un tiers de moyens ou d'activités normalement nécessaires à la poursuite de sa fin constitue une concession partielle. Les éléments caractéristiques de la partie d'entreprise concédée peuvent se limiter au simple droit conféré au tiers d'exploiter et de gérer une partie de l'affaire de son donneur d'ouvrage et à la similitude des fonctions de travail nécessaires à cette fin[141].

Certaines décisions qui avaient retenu cette approche furent par la suite annulées par la Cour supérieure qui leur reprocha d'avoir ainsi réintroduit la notion «fonctionnelle» de l'entreprise, écartée par la Cour suprême dans l'affaire *Bibeault*[142]. Plusieurs dossiers soulevant la question de la sous-traitance se retrouvèrent simultanément en Cour d'appel. Celle-ci, par l'effet combiné de quatre jugements rendus à la fin de l'année 1998 et au début de 1999, avalisa la politique d'interprétation dominante dans les instances du travail à l'endroit de la sous-traitance, plus particulièrement quant à l'octroi de contrats d'entretien ménager d'immeubles et d'impartition de travaux municipaux[143].

Le litige fut finalement porté en Cour suprême par les affaires *Ivanhoe Inc.*[144], d'une part, et *Ville de Sept-Îles*[145], d'autre part. Les arrêts de la Cour suprême dans ces deux affaires confirment ceux de la Cour d'appel. En ressortent notamment les enseignements suivants:

---

141. *Entreprises Chando-Net Enr.* c. *Union des employés-es de service, local 800 (F.T.Q.)*, [1992] T.T. 620; *Gatineau (Ville de)* c. *Syndicat des cols bleus de Gatineau*, [1992] T.T. 599 – octroi de territoires à des entrepreneurs pour y fournir des services municipaux; *Services alimentaires C.V.C. Ltée* c. *Syndicat des employés du Cégep Lionel-Groulx*, D.T.E. 93T-154 (T.T.) – concession de services alimentaires; *Buanderie Blanchelle Inc.* c. *Syndicat canadien de la fonction publique, section locale 2105*, D.T.E. 97T-354 (T.T.) – collecte et distribution de linge dans un hôpital.

142. Exemples: *For-Net Inc.* c. *Tribunal du travail*, [1992] R.J.Q. 445 (C.S.); *C.E.G.E.P. du Vieux-Montréal* c. *Ménard*, [1992] R.J.Q. 1603 (C.S.); *Commission scolaire Ancienne-Lorette* c. *Auclair*, D.T.E. 92T-1269 (C.S.).

143. *Ivanhoe Inc.* c. *Union internationale des travailleurs et travailleuses unis de l'alimentation et du commerce, section locale 500*, [1999] R.J.Q. 32 (C.A.); *Syndicat des employées et employés professionnels et de bureau, section locale 57 (S.I.E.P.B.-C.T.C.-F.T.Q.)* c. *Commission scolaire Laurenval*, [1999] R.J.D.T. 1 (C.A.); *Université McGill* c. *St-Georges*, précité, note 102; *Syndicat canadien de la fonction publique, section locale 2589* c. *Sept-Îles (Ville de)*, C.A. Québec, n° 200-09-000814-969, 16 mars 1999.

144. *Ivanhoe Inc.* c. *TUAC, section locale 500*, précité, note 103.

145. *Sept-Îles (Ville)* c. *Québec (Tribunal du travail)*, précité, note 98.

– En présence d'une allégation de transmission partielle d'entreprise, la vérification de la continuité d'entreprise s'effectue à partir des éléments caractéristiques de la partie d'entreprise concernée, en les pondérant selon sa nature et l'importance relative de ses composantes[146].

– Il n'est pas nécessaire que la partie d'entreprise concédée soit essentielle ou vitale pour la réalisation de la finalité principale de l'entreprise cédante[147]. Il suffit que les activités concédées soient normales et habituelles pour le donneur d'ouvrage[148].

– La partie d'entreprise concédée n'a pas à se présenter comme une sorte de miniaturisation de celle d'où elle origine, non plus qu'à constituer une entité économiquement viable par elle-même[149].

– Le concessionnaire doit cependant disposer d'une autonomie juridique suffisante, particulièrement dans ses relations avec les salariés, pour être considéré comme leur nouvel employeur. Cette exigence ne suppose pas son contrôle complet sur les activités qui lui sont confiées, non plus qu'elle exclut parallèlement l'exercice d'un droit de contrôle du donneur d'ouvrage sur leur réalisation[150].

– Un droit d'exploitation, entendu comme celui d'effectuer des tâches précises à un endroit précis et dans un but spécifique, peut être l'objet d'une concession au sens de l'article 45 C.t.[151].

---

146. *Sept-Îles (Ville)* c. *Québec (Tribunal du travail)*, *ibid.*, par. 20; *Ivanhoe Inc.* c. *TUAC, section locale 500*, précité, note 103, par. 65-70.

147. *Ivanhoe Inc.* c. *TUAC, section locale 500*, *ibid.*, par. 73-76.

148. *Ibid.*, par. 52, 71 et 126. Voir aussi à ce sujet l'opinion du juge LeBel, alors à la Cour d'appel: *Ivanhoe Inc.* c. *Union internationale des travailleurs et travailleuses unis de l'alimentation et du commerce, section locale 500*, précité, note 143; *Société des loteries et courses du Québec (Loto-Québec)* c. *Syndicat des professionnelles et professionnels du gouvernement du Québec*, D.T.E. 2000T-162 (T.T.); *Hôpital Rivière-des-Prairies* c. *Syndicat canadien de la fonction publique, section locale 313 (F.T.E.)*, [1998] R.J.D.T. 696 (T.T.); *Stationnement «Ta Place»* c. *Association du personnel de soutien du Collège Marie-Victorin*, [1997] T.T. 273.

149. *Ivanhoe Inc.* c. *TUAC, section locale 500*, précité, note 103, par. 78-81; *Sept-Îles (Ville)* c. *Québec (Tribunal du travail)*, précité, note 98, par. 20.

150. *Ivanhoe Inc.* c. *TUAC, section locale 500, ibid.*; *Sept-Îles (Ville)* c. *Québec (Tribunal du travail)*, *ibid.*, par. 21-23. En l'absence d'autonomie suffisante du tiers intervenant, l'employeur originaire sera réputé conserver cette qualité: *Loisirs St-Jacques* c. *Syndicat des fonctionnaires municipaux de Montréal (S.C.F.P.)*, [2002] R.J.D.T. 625 (T.T.); *Propriétés Trizec Ltée* c. *Prud'Homme*, [1998] R.J.D.T. 72 (C.S.); voir aussi *Société de la Place des Arts de Montréal* c. *Alliance internationale des employés de scène et de théâtre, du cinéma, des métiers connexes et des artistes des États-Unis et du Canada, local de scène numéro 56*, D.T.E. 2001T-1025 (C.A.) – en appel à la Cour suprême.

151. *Ivanhoe Inc.* c. *TUAC, section locale 500*, précité, note 103 , par. 51, 71 et 78.

– En application des énoncés qui précèdent, il n'est ni contraire à l'arrêt *Bibeault* ni manifestement déraisonnable de conclure à l'application de l'article 45 C.t. lorsqu'un concessionnaire reçoit un droit d'exploitation sur une partie de l'entreprise de son concédant visé par une accréditation et qu'il fait exécuter des fonctions similaires à celles qu'effectuaient jusque-là le concédant et ses salariés[152].

510 – *Rétrocession* – L'aliénation et, le plus souvent, la concession de l'entreprise peuvent éventuellement donner lieu à sa rétrocession. L'application de l'article 45 C.t. n'annule pas l'accréditation chez l'employeur cédant. Elle la laisse en état latent tout en transportant ses effets chez le cessionnaire. Ainsi, en présence d'une accréditation qui lie l'employeur cédant et qui se trouve transmise par l'article 45 C.t. chez un nouvel employeur, la fin de la concession ramènera les activités concédées sous le couvert de l'accréditation qui les visait originalement. L'employeur initial peut alors les reprendre à sa charge ou les confier à un autre exploitant, ce qui déclenchera une nouvelle application de l'article 45 C.t. entre lui et ce dernier[153].

Il s'ensuit qu'en cas de concessions successives, ni l'employeur originaire cédant, ni un nouveau concessionnaire ne sera lié par une convention collective conclue par un concessionnaire précédent: l'article 45 C.t. n'assure alors que le maintien et le transfert à un nouveau concessionnaire de l'accréditation émise originellement à l'endroit du donneur d'ouvrage redevenu un employeur potentiel à la fin de la première concession[154]. Autre conséquence, une accréditation émise directement à l'endroit du sous-contractant cesse purement et simplement d'avoir effet lorsque le donneur d'ouvrage reprend lui-même les activités à sa charge à la fin du contrat.

Sans invalider ni désavouer de quelque manière cette théorie classique de la rétrocession, la Cour suprême suggère clairement qu'un autre raisonnement, fondé sur le caractère essentiellement

---

152. *Ibid.*, par. 62-81; *Sept-Îles (Ville)* c. *Québec (Tribunal du travail)*, précité, note 98, par. 18.

153. *Ivanhoe Inc.* c. *TUAC, section locale 500*, précité, note 103, par. 83-101; *Propriétés Trizec Ltée* c. *Prud'Homme,* précité, note 150; *Syndicat des travailleurs du Holiday Inn Ste-Foy (C.S.N.)* c. *Prime Hospitality Inc.*, [1991] T.T. 40.

154. Voir: *Laliberté et associés Inc.* c. *Syndicat des employées et employés de l'Université Laval, section locale 2500 (F.T.Q.-C.T.C.)*, D.T.E. 98T-597 (T.T.); *Syndicat des employés de la Ville de Brossard* c. *Services d'entretien Fany Inc.*, précité, note 104; *Conciergerie C.D.J. (Québec) Inc.* c. *Fraternité canadienne des cheminots, employés des transports et autres ouvriers, section locale 277*, D.T.E. 92T-1043 (T.T.).

temporaire de la concession d'entreprise, pourrait justifier l'assimilation de la fin d'un sous-contrat à une concession du concessionnaire vers son donneur d'ouvrage, consentie à l'avance et conforme aux principes déjà dégagés par la Cour suprême[155]. Dans cette éventualité, le donneur d'ouvrage pourrait se retrouver tout aussi bien avec une convention collective conclue par son concessionnaire qu'avec une accréditation octroyée directement à son endroit.

Outre les cas d'aliénation ou de concession de l'entreprise, l'article 45, al. 2 C.t. assure le maintien de l'accréditation dans certaines situations de transformation d'entreprise, qu'il s'agisse de sa division en entités différentes, de sa fusion avec une autre entité ou de quelque autre changement qui touche son identité juridique[156].

E. Les effets

1. Les droits collectifs

a) Le régime général

511 – *Substitution d'employeur* – En mots simples, le nouvel employeur se trouve substitué à l'employeur-cédant, dans l'état où ce dernier se trouvait au moment de l'aliénation ou de la concession. Il en est ainsi quant aux procédures en vue de l'obtention d'une accréditation[157]. C'est également le cas du processus de négociation en vue de la conclusion d'une convention collective ou de son renouvellement[158]. Par exemple, un état de grève légale ou de lock-out en cours chez l'employeur cédant au moment de la concession pourrait se trouver transporté, sans autre formalité, chez le concessionnaire à

---

155. *Ivanhoe Inc.* c. *TUAC, section locale 500*, précité, note 103, par. 94-96. La Cour suprême avait déjà donné son aval à cette approche dans le contexte de la législation ontarienne: *Ajax (Ville)* c. *TCA, section locale 222*, [2000] 1 R.C.S. 538, 2000 CSC 23.

156. Exemple de fusion: *Syndicat des employés du Carrefour des jeunes de Montréal* c. *Union des employés de service, local 298*, [1990] T.T. 398. Exemple de changement de structure juridique: *Camions White Québec* c. *Syndicat national des travailleurs et travailleuses de l'automobile, de l'aérospatiale et de l'outillage agricole du Canada (T.C.A.-Canada)*, D.T.E. 90T-902 (T.T.).

157. *Syndicat des travailleuses et travailleurs d'Alfred Dallaire (C.S.N.)* c. *Alfred Dallaire inc.*, précité, note 3, par. 46 et 54. Voir aussi: *Association des ingénieurs et scientifiques des télécommunications* c. *Sylvestre*, précité, note 102, par. 42.

158. *Syndicat national catholique des employés des institutions religieuses de St-Hyacinthe Inc.* c. *Laliberté et Associés Inc.*, D.T.E. 96T-1316 (T.T.); *Gestion P.F.L. Inc.* c. *Syndicat national du lait Inc.*, [1983] T.T. 218.

l'égard des travaux transférés[159]. Quant à la convention collective, s'il y a lieu, elle suivra généralement mais non nécessairement l'accréditation. La Cour suprême expose à ce sujet:

> Lorsque, comme en l'espèce, des protections contractuelles ont été négociées en faveur des salariés, qui ne subissent aucun désavantage à la suite de la concession en sous-traitance, le commissaire peut examiner l'ensemble des difficultés entraînées par l'application de l'article 45 et, s'il le juge approprié, il a le pouvoir de refuser le transfert de la convention collective.
>
> Bien que le sort de la convention suivra généralement celui de l'accréditation, les articles 45 et 46 permettent de distinguer entre le transfert de l'accréditation et l'opportunité, qui s'apprécie par la suite, de transférer dans son intégralité la convention collective. Les dispositions contractuelles visant à protéger les salariés en cas de concession d'entreprise, ainsi que la situation concrète qui prévaut dans l'entreprise et dans l'industrie en général, constituent des facteurs pertinents que le commissaire pourra examiner au moment de décider du transfert de la convention collective.[160]

Les procédures d'exécution de la convention collective, par voie de grief en particulier, se poursuivront auprès du nouvel employeur, son droit d'intervention tenant compte de l'état du dossier[161].

En aucun cas, une déclaration d'application de l'article 45 C.t. ne saurait avoir pour effet d'élargir la portée matérielle de l'accréditation transférée, par exemple en visant des salariés que l'accréditation n'aurait pas visés chez l'employeur originaire[162].

Quant à l'employeur cédant, il est important de retenir que l'accréditation et la convention collective le liant originalement gardent toute leur potentialité à son endroit et continuent de le toucher.

---

159. *Société de la Place des Arts de Montréal* c. *Alliance internationale des employés de scène et de théâtre, du cinéma, des métiers connexes et des artistes des États-Unis et du Canada, local de scène numéro 56*, précité, note 150, par. 115.

160. *Sept-Îles (Ville)* c. *Québec (Tribunal du travail)*, précité, note 98, par. 30-31. Voir aussi *Ivanhoe Inc.* c. *TUAC, section locale 500*, précité, note 103, par. 102-110.

161. *Banque Nationale du Canada* c. *Syndicat des travailleurs du bois usiné de St-Raymond (C.S.N.)*, [1985] T.T. 1. L'article 46 C.t. pourrait néanmoins permettre d'autoriser l'employeur originaire à poursuivre lui-même un grief patronal dont il est l'auteur et qui ne présenterait pas le même intérêt pour son successeur: *Rassemblement des employés techniciens ambulanciers du Québec métropolitain (F.S.S.S.-C.S.N.)* c. *Ambulance St-Raymond inc.*, [2002] R.J.D.T. 246 (T.T.).

162. *Syndicat des cols bleus de Ville de St-Hubert* c. *St-Hubert (Ville de)*, précité, note 97 (j. LeBel).

On comprend ainsi, tel que déjà mentionné précédemment, comment le retour d'une concession à l'employeur cédant visé par une accréditation ramènera sous l'empire de cette dernière les opérations concédées et ensuite rapatriées[163].

L'application de l'article 45 C.t. n'entraîne pas, au sens strict, un fractionnement de l'accréditation originale donnant naissance à deux accréditations distinctes. Elle commande toutefois, tant qu'elle subsiste, un traitement autonome des relations entre chacun des employeurs en cause et l'association accréditée, notamment quant au maintien du caractère représentatif de cette dernière auprès des salariés de chacun des deux employeurs[164].

b)   Le régime propre à la concession partielle

512 – *Particularités* – Le nouvel article 45.2 C.t. instaure un sous-régime qu'il réserve aux cas de concession partielle d'une entreprise, c'est-à-dire notamment et concrètement aux cas de sous-traitance ou d'impartition. Ce régime déroge sous deux aspects majeurs aux règles générales énoncées à l'article 45 et qui pourraient autrement trouver application, savoir quant à la possibilité de renoncer à l'application de l'article 45, d'une part, et quant à la durée d'une convention collective transférée au nouvel employeur, d'autre part.

Le paragraphe 2o du premier alinéa de l'article 45.2 C.t. tempère largement le caractère d'ordre public de l'article 45. Il permet en effet aux parties intéressées de négocier et de conclure une entente sur les conditions auxquelles une concession partielle sera traitée et qui peuvent même comprendre une clause selon laquelle elles renoncent à demander l'application de l'article 45. Le cas échéant, une telle clause lie la C.R.T., sans droit de regard de sa part sur le contenu de l'entente et sa qualité[165]. L'entente doit porter sur une concession particulière qui y est identifiable. La prudence voudrait que le cessionnaire, nouvel employeur potentiel ou éventuel, souscrive à l'entente si cette dernière prévoit des obligations qu'il devra assumer.

---

163.   Voir *supra*, no 510. *Association internationale des travailleurs du métal en feuilles, local 116* c. *Les Moulées Vigor Ltée*, [1978] T.T. 384, p. 388-389.

164.   *Ivanhoe Inc.* c. *TUAC, section locale 500*, précité, note 103, par. 125-127; *Syndicat des employés de la Ville de Brossard* c. *Services d'entretien Fany Inc.*, précité, note 104; *Association internationale des travailleurs du métal en feuilles, local 116* c. *Les Moulées Vigor Ltée*, *ibid.*, p. 390.

165.   Il n'est toutefois pas à exclure que la C.R.T. soit conduite à examiner le contenu d'une telle entente à partir d'une allégation de manquement par le syndicat à son obligation légale de représentation (art. 47.2 C.t.).

Le cas échéant, une clause de renonciation à l'application de l'article 45 n'affectera pas la portée, chez l'employeur cédant, de l'accréditation du syndicat qui y consent. La Loi prévoit ainsi l'éventualité d'une rétrocession en garantissant le maintien des conséquences que la jurisprudence actuelle lui reconnaît.

En vertu du paragraphe 1o du premier alinéa de l'article 45.2, une convention collective transférée, le cas échéant, ne liera normalement le nouvel employeur que pour une période maximale de 12 mois. En effet, elle expirera en principe, selon la première échéance, soit à la date prévue pour son expiration, soit 12 mois après la date de la concession partielle. Dans ce dernier cas, la période de remise en question de l'allégeance syndicale est ajustée en conséquence (art. 22, al. 2 C.t.). Toutefois, la C.R.T. peut décider que le nouvel employeur demeurera lié par la convention collective jusqu'à la date prévue pour son expiration, au-delà de la période de 12 mois prémentionnée, à deux conditions: (1) que la demande lui en ait été faite par une partie intéressée, dans le délai applicable selon l'article 45.1; (2) qu'elle juge que la concession a été faite dans le but principal de fragmenter une unité de négociation ou de porter atteinte au pouvoir de représentation d'un syndicat. Les règles qui précèdent, quant à la durée de la convention collective, ne s'appliquent pas dans le cas d'une concession entre employeurs des secteurs public et parapublic (art. 45.2, al. 2 C.t.).

Il est prévisible que cette nouvelle permissivité consentie au traitement de la concession partielle d'entreprise devienne l'enjeu de débats sur la qualification d'une transmission d'entreprise à ce titre plutôt qu'à celui de concession totale ou d'aliénation.

Sur un autre plan, la concession d'entreprise, qu'elle soit cette fois totale ou partielle, donne lieu à une autre particularité lorsqu'elle survient durant la procédure en vue de l'obtention d'une accréditation. La C.R.T. a alors discrétion pour décider que l'employeur cédant et le concessionnaire sont successivement liés par l'accréditation (art. 46, al. 5 C.t.)[166].

2. Les droits individuels

513 – *Principe et application* – Sur un autre plan, on en est naturellement venu à se demander si l'application de l'article 45 C.t.

---

166. Cette nouvelle possibilité répond en quelque sorte au constat de la Cour d'appel dans l'affaire *Syndicat des travailleuses et travailleurs de Alfred Dallaire* c. *Alfred Dallaire inc.*, précité, note 3. Voir aussi *supra*, Titre II, chapitre 3, no 467.

avait pour effet de rendre certains droits individuels opposables au nouvel employeur. On songe alors principalement au droit de chaque salarié à son emploi[167]. Pendant plusieurs années, la jurisprudence des instances du travail a insisté sur les droits collectifs, rattachés à l'accréditation ou à la convention collective, dont l'article 45 C.t. assurait la subsistance.

Dans l'arrêt *Daniel Roy Limitée*, la Cour suprême a fait nettement ressortir les dimensions individuelles des droits que l'article 45 C.t. garantit par implication[168]. À l'origine de cette affaire, la juridiction du travail avait accueilli une plainte de congédiement pour activités syndicales d'une salariée, congédiement survenu en cours de négociation d'une première convention collective. Du fait que l'employeur qui avait procédé au congédiement avait par la suite vendu son entreprise, le tribunal avait ordonné que la salariée soit réintégrée dans son emploi chez le nouvel employeur. La Cour d'appel fut d'avis que l'article 45 C.t. n'avait pour objet que d'assurer la subsistance de l'accréditation (et de la convention collective) auprès du nouvel employeur[169]. La Cour suprême rejeta carrément cette conception jugée «trop étroite» des objets de l'article 45 C.t.:

> [...] Le congédiement illégal d'un représentant syndical, membre du Comité de négociation, durant le cours des négociations en vue de la conclusion d'une première convention collective est de toute évidence un acte présumé avoir pour objet de faire obstacle à la bonne marche des négociations et à la prompte conclusion d'une convention.

> La plainte pour congédiement illégal et l'ordonnance de réintégration, qui en sont la contrepartie, ont pour objet de rétablir l'équilibre et de favoriser la poursuite des négociations et la conclusion d'une convention collective.

> Cette plainte occasionnée par le geste de l'employeur et l'ordonnance sont, selon moi, des procédures en vue d'une convention collective ou tout au moins qui s'y rapportent. Les articles 14 à 16 (15 à 17, maintenant) du *Code du travail* ne visent pas autre chose. Ils visent à permettre l'exercice harmonieux des droits conférés aux salariés par le *Code du travail* dont la formation en association, l'obtention de l'accréditation et la conclusion d'une convention collective. Déterminer que le congédiement est illégal et n'a pour cause que la participation de

---

167. L'article 2097 C.c.Q. affirme la subsistance du contrat de travail malgré l'aliénation de l'entreprise ou la modification de sa structure juridique. Voir *supra*, Titre I, chapitre 1, nos 155-159.
168. *Adam* c. *Daniel Roy Limitée*, [1983] 1 R.C.S. 683.
169. *Daniel Roy Limitée* c. *Adam*, [1981] C.A. 409.

l'employé aux activités menant à la formation du syndicat, à l'obtention de l'accréditation et à la conclusion d'une première convention collective, consiste précisément à déterminer que ce congédiement se rapporte à l'accréditation et à la convention.

[...]

L'intimé a soumis par ailleurs que «la protection donnée par l'article 36 (45, maintenant) est donnée à l'association de salariés uniquement [...].

Il est exact que c'est à l'association qu'il appartient de déposer une requête en accréditation, de détenir un certificat et de poser les autres actes mentionnés. Il n'en reste pas moins que l'accréditation et la convention confèrent aussi des droits aux salariés eux-mêmes et rien dans le texte de l'article 36 (45, maintenant) ne me paraît justifier l'affirmation que «la protection [...] est donnée à l'association de salariés uniquement».[170]

C'est dire que rattachés à l'accréditation ou à la convention collective par le processus d'organisation syndicale ou de négociation, ou encore fondés directement sur les dispositions d'une convention collective déjà conclue, les droits individuels des salariés pourront survivre auprès du nouvel employeur par l'effet de l'article 45 C.t.[171] Sous réserve des termes de la convention collective applicable, l'article 45 C.t. ne confère pas par lui-même aux salariés affectés le droit de choisir leur employeur, entre le cédant et le cessionnaire[172].

3. Le règlement des difficultés

514 – *Négociation* – Des difficultés fonctionnelles complexes suivent parfois une transmission de droits et d'obligations en vertu de l'article 45 C.t. On peut ainsi penser à la possibilité d'affrontement entre les syndicats en présence et à l'administration de conventions collectives différentes pour des salariés qui exécutent sensiblement le

---

170.   *Adam* c. *Daniel Roy Limitée*, précité, note 168, p. 693-694; *Ivanhoe Inc.* c. *TUAC, section locale 500*, précité, note 103, par. 102.

171.   *Distribution Réal Chagnon Inc.* c. *Prud'Homme*, D.T.E. 90T-838 (C.A.); *Boily* c. *Centre commercial Place du Royaume Inc. (Centroshop Properties Inc.)*, [1991] T.T. 280; *Union internationale des travailleurs unis de l'alimentation et du commerce (TUAC), local 301 W (F.T.Q.)* c. *Brasserie Molson-O'Keefe (Les Brasseries Molson)*, D.T.E. 91T-914 (T.T.); *Industries du Frein Total Ltée* c. *Syndicat international des travailleurs unis de l'automobile, de l'aérospatiale et de l'outillage agricole d'Amérique, (T.U.A.-F.T.Q.-C.T.C.), section locale 1900*, [1985] T.T. 220, 224; *Gestion Teffannel Inc.* c. *Gagnon*, D.T.E. 84T-500 (C.S.).

172.   *Association des ingénieurs et scientifiques des télécommunications* c. *Sylvestre*, précité, note 102.

même travail, que ce soit quant aux montants des retenues syndicales à effectuer, quant à l'administration des régimes de prévoyance collective ou quant à l'application des règles relatives à la sécurité d'emploi ou aux mouvements de personnel.

L'article 46, al. 2 C.t. privilégie la solution négociée des conséquences susceptibles de résulter de l'application de l'article 45. Dans cette perspective, il habilite la C.R.T. à rendre toute décision nécessaire à la mise en œuvre d'une entente entre les parties intéressées, que ce soit sur la description des unités de négociation, sur la désignation d'une association pour représenter le groupe de salariés visés par une unité de négociation décrite dans l'entente ou sur toute autre question d'intérêt commun. En principe, la C.R.T. devrait s'abstenir d'intervenir lorsqu'une difficulté a déjà été réglée par négociation entre les nouveaux interlocuteurs au régime collectif de travail[173]. Les syndicats, singulièrement, doivent alors tenir compte de leur devoir de juste représentation, selon l'article 47.2 C.t., à l'endroit de l'ensemble des salariés qu'ils représentent. En cas de défaillance syndicale réelle, présumée ou raisonnablement appréhendée, à ce niveau, les salariés pourront justifier d'un intérêt suffisant pour se porter partie auprès de la C.R.T.[174]

515 – *Adjudication* – Abondance de biens ne nuit pas. Cet adage convient à la nouvelle rédaction de l'article 46 du *Code du travail* issue de la réforme de 2001.

Dans l'arrêt *Ivanhoe Inc.*[175], la Cour suprême a reconnu que l'article 46 C.t. tel qu'il se lisait avant la réforme laissait à l'instance du travail une large discrétion dans le choix des solutions aux problématiques résultant de l'application de l'article 45, avalisant du même coup des solutions aussi diverses que la redéfinition des unités de négociation, la fusion de listes d'ancienneté et même le refus de faire suivre une convention collective. Ce jugement est survenu alors que la loi réformant le *Code du travail* venait tout juste d'être adoptée et sanctionnée.

La nouvelle facture de l'article 46 C.t. renforce le pouvoir d'intervention de la C.R.T. pour régler les difficultés découlant de l'application de l'article 45. Son deuxième alinéa l'autorise à agir «de

173.   *Arbour* c. *Syndicat des employés de Montréal d'Ultramar (Division de l'est)*, [1990] T.T. 56; *Cloutier* c. *Sécur Inc.*, D.T.E. 90T-1247 (T.T.).
174.   *Épiciers unis Métro-Richelieu Inc.* c. *Lesage*, D.T.E. 95T-629 (C.S.). Voir aussi *Fortin* c. *Provigo Distribution Inc. (Groupe distribution)*, D.T.E. 97T-20 (T.T.).
175.   *Ivanhoe Inc.* c. *TUAC, section locale 500*, précité, note 103.

la façon qu'elle estime la plus appropriée». Sans restreindre pour autant la portée de ce pouvoir général, le troisième alinéa détaille diverses solutions auxquelles la C.R.T. peut recourir lorsque plusieurs associations de salariés sont mises en présence, qu'il s'agisse d'accorder ou de modifier une accréditation, de décrire ou de modifier une unité de négociation, de fusionner des unités de négociation et de déterminer la convention collective qui demeurera en vigueur, en la modifiant ou en l'adaptant si nécessaire, et, s'il y a lieu en conséquence de ce qui précède, d'accréditer une association de salariés parmi celles mises en présence.

En cas de fusion d'unités de négociation, l'article 46, al. 3 garantit la fusion, également, des listes d'ancienneté qui s'y rattachaient et l'intégration des salariés à la liste fusionnée, selon les règles à être déterminées par la C.R.T.

Pour intervenir, la C.R.T. doit être saisie par requête d'une partie intéressée (art. 46, al. 2 C.t.). Outre les employeurs et les syndicats en cause, les salariés concernés peuvent se voir reconnaître ce statut lorsque les circonstances de l'espèce le justifient. L'intervention de la C.R.T. présuppose aussi l'existence d'une difficulté réelle, non d'un simple inconvénient, dont la preuve incombe à la partie qui l'allègue[176] et dont la cause directe est l'application de l'article 45[177]. À cet égard, on a décidé que la situation économique du nouvel employeur ne constituait pas une difficulté de l'ordre de celles envisagées par l'article 46 C.t. et qui pourrait justifier une modification de la convention collective transférée[178].

F. Le changement de compétence législative

516 – *Éventualités visées* – L'article 45.3 C.t. a pour objet d'assurer le maintien des droits syndicaux à l'occasion du passage d'une entreprise de la compétence fédérale à celle du Québec en matière de relations du travail. Il s'agit en quelque sorte d'une mesure de réciprocité puisque le paragraphe 44(3) du *Code canadien du travail*[179] prévoit substantiellement les mêmes solutions à l'occasion d'un mouvement inverse.

---

176. *Syndicat des employés de la Commission scolaire Les Deux-Rives* c. *Commission scolaire de la Jonquière*, D.T.E. 90T-1040 (T.T.). Voir aussi *Syndicat canadien de la fonction publique, section locale 3520* c. *Centre de réadaptation en déficience intellectuelle K.R.T.B.*, [1995] T.T. 428.

177. *Commission scolaire de St-Eustache* c. *Syndicat de l'enseignement de la région des Mille-Îles*, D.T.E. 92T-1412 (T.T.).

178. *Société en commandite Gaz métropolitain* c. *Syndicat des employés(ées) professionnels(les) et de bureau, section locale 463*, [2001] R.J.D.T. 1213 (T.T.).

179. L.R.C. (1985), c. L-2.

Hormis l'éventualité de changements constitutionnels, plutôt rares et incertains, modifiant le partage des compétences respectives des deux ordres de gouvernement, ou celle de jugements emportant le même effet, l'article 45.3 C.t. trouvera application en pratique à la suite d'une restructuration d'entreprise. Il pourrait s'agir, par exemple, de réorganiser une entreprise de transport opérant tant à l'intérieur qu'à l'extérieur du Québec et dont les relations de travail avec l'ensemble de ses salariés sont régies par la législation fédérale par effet de la règle dite de l'indivisibilité, de telle manière qu'on puisse reconnaître dorénavant deux entreprises distinctes, en l'occurrence l'une de transport à l'intérieur du Québec et l'autre de transport interprovincial ou international[180].

L'article 45.3 C.t. envisage deux hypothèses: celle où l'employeur demeure le même et celle où le changement d'assujettissement législatif s'accompagne d'un changement d'employeur, par exemple à la suite d'une aliénation ou d'une concession partielle de l'entreprise d'origine. Dans le premier cas, tout ce qui se rapporte à une accréditation, à une convention collective ou à son exécution, et qui tire son origine du *Code canadien du travail* se poursuit simplement conformément au *Code du travail*, avec les adaptations nécessaires; dans la deuxième éventualité, la situation est traitée comme elle aurait dû l'être au regard de l'article 45 C.t. (art. 45.3, al. 1 C.t.).

517 – *Association reconnue volontairement* – L'article 45.3, al. 2 et 3 C.t. rend compte d'une réalité qu'autorise le régime fédéral de rapports collectifs du travail, celle de la présence d'un syndicat non accrédité mais reconnu volontairement par l'employeur et éventuellement partie à une convention collective ayant valeur légale. Le cas échéant, une telle convention collective ne liera un nouvel employeur que jusqu'à l'expiration d'un délai de 90 jours suivant la date de l'aliénation ou de la concession de l'entreprise en sa faveur, à moins que pendant ce délai l'association reconnue volontairement dépose une requête en accréditation à l'endroit de l'unité de négociation en cause ou d'une unité essentiellement similaire. S'il y a dépôt d'une telle requête en accréditation, dans le délai prescrit, la convention collective continuera à lier le nouvel employeur jusqu'à la date d'une décision refusant d'accorder l'accréditation, s'il y a lieu (art. 45.3, al. 2 C.t.). En outre, l'unité de négociation en cause constitue alors un

---

180. Sur la règle d'indivisibilité de l'entreprise et sur la possibilité de reconnaître des entreprises distinctes sous le contrôle d'un même employeur, voir *supra*, Titre I, chapitre 1, n°s 19-20.

«champ réservé». Aucune accréditation ne peut être demandée par une autre association à son endroit avant l'expiration de la période de 90 jours dont dispose l'association reconnue volontairement pour produire elle-même une requête en accréditation ou, s'il y a dépôt d'une telle requête, avant la date d'une décision refusant d'accorder l'accréditation à l'association jusque-là reconnue volontairement (art. 45.3, al. 3 C.t.).

Le texte de l'article 45.3 C.t. ne répond pas à la question suivante: qu'advient-il de la convention collective qu'avait conclue l'association reconnue volontairement sous le régime fédéral, si cette dernière sollicite l'accréditation et l'obtient? Devenant ainsi une association nouvellement accréditée, l'application intégrale du *Code du travail* devrait imposer la mise en œuvre du processus de négociation prévu à ses articles 52 et suivants.

S'il y a lieu, l'applicabilité de l'article 45.3 C.t. et le règlement des difficultés susceptibles de découler de son application relèvent de la compétence de la C.R.T. (art. 46, al. 2 et 3 C.t.).

IV- L'ACTUALISATION

518 – *Généralités* – L'article 39 C.t. confère à la Commission des relations du travail de très larges pouvoirs en matière d'accréditation. On peut même dire que cette disposition est la source législative générale et la plus fondamentale de la compétence dévolue à la C.R.T. relativement à l'accréditation. En effet, elle habilite cette dernière, en particulier, à décider si une personne est un salarié ou un membre d'une association, ou encore si elle est comprise dans une unité de négociation; surtout, elle lui permet de trancher «toutes autres questions relatives à l'accréditation». En cours d'enquête, la C.R.T. peut décider de ces questions de sa seule initiative. Elle peut également le faire en tout temps sur requête d'une partie intéressée. Ce n'est en fait que très progressivement qu'on a reconnu et utilisé le potentiel juridictionnel de l'article 39 C.t.

519 – *Interprétation ou application* – Après l'octroi d'une accréditation, le recours le plus fréquent à l'article 39 C.t. a pour objet l'interprétation ou l'application de cette accréditation en vue d'en faire déterminer la portée concrète. Même si l'on cherche à ce que les libellés des décisions d'accréditation soient suffisamment clairs quant à la description de l'unité de négociation, il arrive qu'il soit nécessaire de faire décider si les personnes qui exercent certaines fonctions sont comprises dans l'unité de négociation, eu égard à la nature de leurs fonctions, ou encore si un employé se trouve ou non visé par une accréditation en raison de son statut de salarié ou de non-salarié.

Le syndicat ou l'employeur peut alors en tout temps s'adresser, par requête en vertu de l'article 39 C.t., à la C.R.T. pour que cette dernière tranche la difficulté d'interprétation ou d'application de l'accréditation soulevée entre les parties[181]. La compétence de la C.R.T. lui permet de se prononcer sur toute situation passée, présente ou même future, exposée dans la demande qui lui est adressée, dans la mesure où il est pertinent qu'elle le fasse pour régler une difficulté réelle et pratique entre les parties[182].

Il faut bien comprendre que le rôle de la C.R.T. doit alors se limiter à interpréter l'accréditation et à tirer les conséquences qui en résultent. Il ne peut généralement être question d'utiliser l'article 39 C.t. pour élargir le champ de l'accréditation, compte tenu, notamment, des délais imposés à cet égard par l'article 22 C.t. Plusieurs décisions rappellent ainsi qu'une requête en vertu de l'article 39 C.t. ne peut en principe rechercher la modification de la substance d'une accréditation[183].

520 – *Portée intentionnelle* – C'est la recherche de la portée intentionnelle de l'accréditation qui constitue la règle cardinale de son interprétation. Cette règle veut que, quelle que soit la portée du texte littéral de l'accréditation, il faille rechercher, à la lumière des

---

181. *Syndicat des professionnelles et professionnels des Commissions scolaires de Richelieu-Yamaska* c. *Commission scolaire du Val-des-Cerfs*, [2001] R.J.D.T. 148 (T.T.).

182. *Goodyear Canada Inc.* c. *Métallurgistes unis d'Amérique, section locale 919*, D.T.E. 2000T-307 (T.T.); *Union des employés de services, local 298 (F.T.Q.)* c. *Services d'édifices Pritchard Ltée*, D.T.E. 85T-257 (T.T.). Sur l'effet déclaratoire de la décision, voir: *Syndicat du personnel de soutien du Collège d'enseignement général et professionnel de Victoriaville* c. *Morency*, [1998] R.J.D.T. 1 (C.A.); *Syndicat des salariés de distribution de produits pharmaceutiques (F.I.S.A.)* c. *Médis, services pharmaceutiques et de santé Inc.*, précité, note 107.

183. Voir notamment: *Métro-Richelieu 2000 Inc.* c. *Syndicat des travailleuses et travailleurs d'Épiciers unis Métro-Richelieu*, D.T.E. 2000T-1129 (T.T.); *Syndicat canadien de la Fonction publique, section locale 2115* c. *Centre d'accueil Miriam-Miriam Home*, [1989] T.T. 271; *Syndicat des employés-conseil de la C.E.Q.* c. *Centrale de l'enseignement du Québec*, [1976] T.T. 83. Une telle modification de substance peut toutefois exceptionnellement être rendue nécessaire et être accordée, par exemple à l'occasion de l'adjonction d'un groupe syndiqué à des salariés non syndiqués: *Union des chauffeurs de camions, hommes d'entrepôts et autres ouvriers, section locale 106 (F.T.Q.)* c. *Association des employés de Atlas idéal métal (FISA)*, précité, note 1.

circonstances dans lesquelles l'accréditation a été octroyée, quelles étaient véritablement les catégories d'emplois ou de fonctions que l'on entendait viser. À titre illustratif, dans l'affaire *Hôtel-Dieu de Roberval*[184], l'accréditation du syndicat se lisait comme suit:

> [...] tous les employés masculins et féminins salariés au sens du *Code du travail*, à l'exception des gardes-malades, graduées, des constables et des employés étudiants temporaires.

Le syndicat, par requête en vertu de l'article 39 C.t., demanda de déclarer que certaines religieuses, autres que des religieuses-infirmières, étaient comprises dans l'unité de négociation. Après avoir affirmé que par-delà le sens courant des mots, il faut rechercher la portée intentionnelle de l'accréditation, le juge Quimper, tenant compte de la preuve que les religieuses en cause n'apparaissaient pas sur la liste des salariés au moment de l'octroi de l'accréditation et de l'attitude des parties depuis l'accréditation, qui démontrait qu'elles n'avaient jamais considéré les religieuses comme étant comprises dans l'unité, en vint à la conclusion que ces dernières n'étaient pas visées par l'accréditation. Il notait ce qui suit:

> Dans ces conditions, la requête de l'intimé visant à faire déclarer que ces religieuses sont aujourd'hui comprises dans l'unité, équivaut à demander que l'accréditation en vigueur soit modifiée de façon à couvrir un groupe de personnes qui ne l'est pas et qui en avait été exclu.
>
> Or, un groupe exclu ne peut être intégré à une unité de négociation par voie de requête en vertu de l'article 30 (maintenant 39).[185]

En somme, deux facteurs sont éminemment révélateurs de la portée intentionnelle de l'accréditation: (1) les circonstances dans lesquelles l'accréditation a été octroyée[186]; (2) la conduite des parties

---

184. *Hôtel-Dieu de Roberval* c. *Syndicat national des employés de l'Hôtel-Dieu de Roberval*, [1970] T.T. 1.

185. *Ibid.*, p. 5-6. Sur la recherche de la portée intentionnelle de l'accréditation, en général, voir: *Union des employés du transport local et industries diverses, section locale 931* c. *Aviscar inc.*, D.T.E. 2001T-1159 (T.T.) – libellé général; *Beloit Canada Ltée* c. *Syndicat national de l'industrie métallurgique de Sorel Inc. (C.S.N.)*, D.T.E. 92T-481 (T.T.); *Val Bélair (Ville de)* c. *Syndicat des employés municipaux de la ville de Val Bélair (FISA)*, [1991] T.T. 332 – accréditation de portée générale.

186. Sur l'effet d'une entente sur la liste des salariés visés par une demande d'accréditation pour les fins ultérieures de l'interprétation de cette accréditation, voir: *Union des employés du transport local et industries diverses, section locale 931* c. *Aviscar inc.*, *ibid.*; *Syndicat des professionnelles et professionnels des affaires sociales du Québec (C.S.N.)* c. *Centre de réadaptation Montérégie Inc.*, D.T.E. 92T-482 (T.T.).

après l'octroi de l'accréditation, surtout si elle a été constante sur une longue période[187].

521 – *Accroissement naturel* – La règle de la recherche de la portée intentionnelle n'exclut pas une interprétation dynamique et évolutive de l'accréditation. La portée de cette dernière est d'abord susceptible d'un accroissement naturel. Ainsi, dans une affaire *Institut Mont d'Youville*, on décida qu'une accréditation de portée générale, c'est-à-dire visant tous les salariés de l'entreprise, pouvait permettre de couvrir une fonction qui n'existait pas lors de son octroi, lorsqu'il appert par ailleurs qu'il s'agit d'une fonction reliée à l'objectif poursuivi par l'entreprise, du moins tel que cet objectif existait au moment de l'accréditation[188]. Selon la même approche, l'accréditation concernera de nouvelles catégories de fonctions issues d'un changement technologique et remplaçant, dans le processus de production, celles identifiées dans le libellé de l'accréditation:

> [...] à moins d'indications déterminantes, dans la preuve, le tribunal est d'avis que les changements technologiques doivent, autant que possible, se faire sans bouleverser les accréditations existantes.[189]

522 – *Parties intéressées* – Seuls le syndicat accrédité et l'employeur sont considérés comme parties intéressées pour demander l'interprétation de l'accréditation en vertu de l'article 39 C.t. Le salarié ne dispose pas individuellement de cette faculté pour faire

---

187. *Union des employés du transport local et industries diverses, section locale 931* c. *Aviscar inc.*, précité, note 185; *Syndicat canadien de la Fonction publique, section locale 1113* c. *Syndicat des travailleurs et travailleuses en loisirs de Ville de Laval (C.S.N.)*, D.T.E. 87T-884 (T.T.); *Coopérative étudiante Laval* c. *Syndicat des travailleurs et travailleuses de la Coopérative étudiante Laval*, D.T.E. 88T-522 (T.T.); *Beloit Canada Ltée* c. *Syndicat national de l'industrie métallurgique de Sorel Inc. (C.S.N.)*, précité, note 185.

188. *Institut Mont d'Youville* c. *Syndicat des employés du Mont d'Youville*, [1973] T.T. 47; voir aussi, entre autres: *Hôpital Notre-Dame* c. *Syndicat des travailleurs-travailleuses de l'Hôpital Notre-Dame (C.S.N.)*, D.T.E. 91T-797 (T.T.); *C.S.R. de l'Outaouais* c. *Syndicat national des employés de la C.S.R. de l'Outaouais (C.S.N.)*, D.T.E. 82T-512 (T.T.); *Commission scolaire Baldwin-Cartier* c. *Syndicat des employés professionnels et de bureau, section locale 57 (U.I.E.T.B.-C.T.C.-F.T.Q.)*, D.T.E. 82T-676 (T.T.).

189. *Union typographique de Québec, local 302* c. *Syndicat des employés du personnel de soutien de la rédaction du Soleil (C.S.N.)*, [1975] T.T. 84, conf. par *Confédération des syndicats nationaux* c. *Tribunal du travail*, [1975] C.A. 377; *Syndicat des fonctionnaires municipaux de la Ville de Montréal, section locale 429* c. *Syndicat des professionnels de la Ville de Montréal et de la Communauté urbaine de Montréal*, [1997] T.T. 602; *Syndicat national des travailleurs de Acier Leroux Inc. (C.S.N.)* c. *Acier Leroux Inc.*, D.T.E. 2000T-683 (T.T.). Les exclusions sont également sujettes à une interprétation évolutive: *Villa de l'Essor* c. *Syndicat national des employés de la Villa de l'Essor*, [1991] T.T. 303.

décider s'il est inclus dans l'unité de négociation ou s'il en est exclu, que ce soit en raison de son statut ou au regard de la description de l'unité[190]. Il ne s'ensuit pas pour autant que l'employé ne puisse en aucune circonstance mettre lui-même en question son statut de salarié ou de non-salarié au sens du *Code du travail*. Il faudra cependant que cette question soit soulevée de façon accessoire ou incidente à l'occasion d'une procédure à l'égard de laquelle l'employé jouit déjà du statut de partie intéressée. Il pourrait ainsi s'agir, par exemple, d'une plainte en vertu des articles 15 et suivants ou encore des articles 47.3 et suivants du Code. On a ainsi déjà décidé qu'on ne saurait opposer à l'employé la décision rendue sur son statut de salarié ou de non-salarié à l'issue d'une instance à laquelle il n'était pas partie, s'il s'avère ultérieurement que cet employé a un intérêt immédiat et personnel à faire décider de ce statut pour faire valoir un droit individuel, comme à l'occasion d'une plainte de congédiement pour activités syndicales[191].

523 – *Actualisation* – On a d'abord utilisé l'article 39 C.t. pour apporter à l'accréditation des corrections ou des modifications rendues nécessaires, par exemple, en cas de changement du nom de l'employeur ou du syndicat, ou de l'adresse de l'établissement visé. On a ensuite accepté de donner effet à un changement de structure syndicale qui avait amené la fusion de deux associations pour en former une troisième en acceptant que les accréditations des deux associations fusionnées soient portées au nom de la nouvelle association issue de la fusion. Cette décision se situait elle-même par rapport à l'ensemble de la jurisprudence antérieure de la façon suivante:

> [...] la jurisprudence actuelle du tribunal est à l'effet que l'article 30 (art. 39) ne puisse être utilisé pour modifier ou amender le contenu même de l'accréditation, le commissaire ne pouvant qu'en apprécier le sens et la portée par la recherche, s'il y a lieu, de sa portée intentionnelle. Toutefois, en mettant de côté des situations affectant le fond même de l'accréditation (puisque ce n'est pas le cas ici), il m'apparaît juste d'affirmer que par cette disposition, le législateur a voulu l'intervention du commissaire pour régler tout autre genre de problèmes découlant de l'accréditation et sur lequel le législateur ne se serait pas spécifiquement penché.[192]

190. *Christian Picotin & associés* c. *Gareau*, [1990] R.J.Q. 2373 (C.A.). Voir aussi *Bibeault* c. *McCaffrey*, [1984] 1 R.C.S. 176, p. 189-190.
191. *Lessard* c. *Hilton Québec Ltée*, [1980] T.T. 488. Voir également, dans l'hypothèse où se soulèverait une question de compétence: *Hardy* c. *Centre des services sociaux de Québec*, [1986] T.T. 60.
192. *East End Teachers Association* c. *Commission scolaire régionale Le Royer*, [1980] T.T. 249, 257.

Dans la foulée, mais dans une perspective beaucoup plus large encore, la jurisprudence accepta d'interpréter les pouvoirs dévolus par l'article 39 C.t. comme permettant une véritable actualisation de l'accréditation en fonction des circonstances et des exigences de la paix industrielle, qu'il s'agisse de mettre à jour la terminologie descriptive de l'étendue de l'unité de négociation ou même de redéfinir, par fusion ou autrement, les unités de négociation sans modifier la substance de leur portée d'ensemble[193]. Un jugement identifie les conditions précises auxquelles une fusion d'unités d'accréditation peut être accordée dans le cadre de l'article 39 C.t.: (1) le respect de la portée intentionnelle des accréditations existantes; (2) le caractère approprié de la nouvelle unité fusionnée recherchée, à partir d'un vécu syndical convergent ou, à défaut d'un tel vécu, à partir d'une volonté commune des parties syndicale et patronale; (3) le consentement des salariés intéressés; (4) le respect des droits des tiers[194].

La jurisprudence reconnaît maintenant que l'article 39 C.t. permet à la juridiction du travail de répondre à tous les besoins d'actualisation de l'accréditation, dont les situations de réorganisation, de restructuration ou de reconfiguration interne de l'entreprise, comme une fusion de services ou d'établissements, ou leur déménagement, de la même manière que les articles 45 et 46 C.t. lui permettraient de le faire si ces changements résultaient d'une transmission de l'entreprise à un nouvel employeur[195].

---

193. *Villa Notre-Dame de Grâce c. Syndicat des employés de la Villa Notre-Dame de Grâce (C.S.N.)*, [1983] T.T. 390. Voir aussi *Syndicat des travailleurs et des travailleuses de Hilton Québec (C.S.N.) c. Hilton Canada Inc.*, D.T.E. 88T-828 (T.T.); *Syndicat des salariés d'Autobus Dupont et Bélair (C.S.N.) c. Autobus Bélair Inc.*, [1986] T.T. 28.

194. *Résidence Sorel-Tracy c. Syndicat des travailleuses et travailleurs de la Résidence Sorel-Tracy*, [1997] T.T. 418. La possibilité de fusionner des unités de négociation n'est pas limitée aux cas où les accréditations sont détenues par un même syndicat: *Syndicat du personnel de soutien du Collège Édouard-Montpetit c. Collège Édouard-Montpetit*, [1995] T.T. 147.

195. *Syndicat des salariés de distribution de produits pharmaceutiques (F.I.S.A.) c. Médis, services pharmaceutiques et de santé Inc.*, précité, note 107; *Union des chauffeurs de camions, hommes d'entrepôts et autres ouvriers, section locale 106 (F.T.Q.) c. Association des employés de Atlas idéal métal (FISA)*, précité, note 1; *Métro Richelieu 2000 inc. c. Tribunal du travail*, D.T.E. 2002T-896 (C.A.). Voir aussi et comparer: *Olymel, société en commandite c. Union internationale des travailleuses et travailleurs unis de l'alimentation et du commerce, section locale 1991*, précité, note 108 – validation d'une conclusion de démantèlement plutôt que de déménagement; *Métallurgistes unis d'Amérique, section locale 8917 c. Schneider Canada Inc.*, précité, note 108; *Association des employées et employés de Natrel Trois-Rivières c. Syndicat des travailleuses et travailleurs de Natrel Shawinigan*, précité, note 108, conf. par *Natrel Inc. c. Tribunal du travail*, [1998] R.J.D.T. 104 (C.S.); *Syndicat international des ouvriers de l'aluminium, de la brique et du verre, section locale 274 c. Ipex Inc.*, précité, note 108.

V- LA RÉVOCATION

524 – *Initiative* – La révocation de l'accréditation, c'est son extinction prononcée formellement par la Commission des relations du travail selon les dispositions de l'article 41 C.t. Cette révocation ne peut cependant survenir qu'à l'une ou l'autre des périodes de remise en question fixées à l'article 22 C.t. (ou à l'article 111.3 C.t., dans les secteurs public et parapublic).

L'article 41 C.t. fait exception à la règle posée par l'article 32, al. 4 C.t., selon laquelle l'employeur n'est pas considéré comme une partie intéressée quant au caractère représentatif d'un syndicat. Il autorise en effet l'employeur à demander lui-même la révocation de l'accréditation, pour l'un ou l'autre des motifs prévus à l'article 41 C.t.[196]. En outre, le *Code du travail* n'exige aucun intérêt particulier de la personne qui demande la révocation de l'accréditation[197] de sorte que n'importe qui peut formuler cette demande, y compris, évidemment, un salarié[198]. L'article 41 C.t. a même été interprété comme obligeant la juridiction du travail à révoquer l'accréditation de son propre chef, dès lors qu'elle constate la présence d'une situation prévue à cet article[199].

525 – *Motifs et procédure* – L'accréditation peut être révoquée pour l'un ou l'autre des deux motifs énoncés à l'article 41 C.t.: (1) l'association a cessé d'exister; (2) elle ne groupe plus la majorité des salariés de l'unité de négociation pour laquelle elle a été accréditée.

Au regard de la preuve nécessaire au soutien d'une demande de révocation d'accréditation, il s'agira donc, selon les cas, de démontrer ou bien que l'association qui avait été accréditée a purement et simplement cessé d'exister, ou bien qu'elle ne groupe plus la majorité des salariés de l'unité de négociation. Dans le premier cas, la disparition du syndicat peut résulter de sa dissolution formelle ou s'inférer

---

196. *Entreprises Rolland Bergeron Inc.* c. *Geoffroy*, [1987] R.J.Q. 2331 (C.A.); *Travailleurs unis de l'électricité, de la radio et de la machinerie du Canada, section locale 556* c. *Meubles S. Roblin Inc.*, D.T.E. 92T-358 (T.T.).
197. *Entreprises Rolland Bergeron Inc.* c. *Geoffroy*, *ibid.*
198. *Syndicat national des employés du Comité paritaire de l'alimentation au détail – région de Montréal* c. *Desrosiers*, [1973] T.T. 204.
199. *Métallurgistes unis d'Amérique* c. *Syndicat démocratique des salariés Industries Valcartier (C.S.D.)*, D.T.E. 82T-565 (T.T.). Cette éventualité pourrait survenir à l'occasion d'un échange de démissions entre syndicats rivaux: voir *supra*, Titre II, chapitre 3, n° 442.

de la cessation de ses activités normales[200]. Dans la deuxième hypothèse, on procédera au calcul des effectifs conformément aux dispositions de l'article 36.1 C.t., au jour du dépôt de la demande de révocation (art. 36.1d) et 130, al. 2 C.t.)[201]. On retiendra alors, le cas échéant, les réadhésions à l'association complétées le jour du dépôt de la demande, même après le moment où ce dépôt a été effectué[202]. Ni l'article 36.1 ni l'article 41 C.t. n'exigent qu'une demande de révocation soit signifiée par le requérant à l'association de salariés qu'elle vise. Les démissions des salariés doivent, elles, être notifiées au syndicat concerné en temps utile, c'est-à-dire au plus tard au jour du dépôt de la requête en révocation[203].

Les démissions déposées simplement à la C.R.T. avec la demande de révocation, sans être autrement portées à la connaissance de l'association, ne seront pas prises en considération[204]. La signification à l'association d'une copie certifiée conforme de la requête en révocation et des démissions est par ailleurs suffisante[205].

Sur réception d'une demande de révocation d'accréditation, la C.R.T. charge un agent de relations du travail de vérifier le caractère représentatif de l'association. Cet agent transmet une copie de son rapport au requérant, à l'association concernée et à l'employeur qui peuvent le contester en exposant par écrit leurs motifs à la C.R.T. dans les 10 jours de sa réception (art. 41, al. 3 C.t.). Quoique le texte de l'article 41 C.t. ne le mentionne pas expressément, la vérification du caractère représentatif d'une association accréditée visée par une demande de révocation peut conduire à la tenue d'un vote au scrutin secret parmi les salariés lorsque les circonstances le justifient, par exemple, pour vérifier la qualité des démissions des salariés[206].

---

200. *Corp. Quno, division Baie-Comeau* c. *Syndicat national des employés en forêt de la Compagnie de papier Québec et Ontario Ltée*, [1994] T.T. 231; *Syndicat des travailleuses et travailleurs de l'alimentation en gros de Québec Inc.* c. *Épiciers unis Métro-Richelieu Inc. (Division Servit Enr.)*, D.T.E. 93T-1220 (T.T.).

201. Sur le mode de transmission de la demande à la C.R.T., voir *supra*, Titre II, chapitre 1, n° 349.

202. Voir: *Union des routiers, brasseries, liqueurs douces et ouvriers de diverses industries, local 1999* c. *Iacovelli*, D.T.E. 83T-177 (C.A.).

203. *Union des routiers, brasseries, liqueurs douces et ouvriers de diverses industries, local 1999* c. *Iacovelli, ibid.*; *Grondin* c. *Syndicat des employés professionnels et de bureau, section locale 57 (U.I.E.P.B.-C.T.C.-F.T.Q.)*, D.T.E. 86T-146 (T.T.). Relativement à la signification des démissions, voir *supra*, Titre II, chapitre 3, n° 442.

204. *Union des employés de service, local 298 (F.T.Q.)* c. *Membres de l'U.E.S., local 298*, [1975] T.T. 47.

205. *Syndicat des ouvriers unis de l'électricité, radio et de la machinerie d'Amérique, section locale 532* c. *Meo*, [1979] T.T. 43.

206. *Syndicat des travailleurs et travailleuses en communication et en électricité du Canada (C.T.C.-F.T.Q.)* c. *Gestetner Inc.*, D.T.E. 90T-840 (T.T.).

526 – *Absence de salariés* – Le traitement d'une demande de révocation d'accréditation en l'absence de salariés dans l'entreprise à la suite d'une cessation d'activités, définitive ou temporaire, a posé problème. On a d'abord décidé, dans une affaire *Courrier Trans-Québec Inc.*[207], que la fermeture de l'entreprise de l'employeur pouvait donner lieu à révocation de l'accréditation. La jurisprudence s'est ensuite ravisée et a jugé qu'en l'absence de salariés, on ne pouvait révoquer l'accréditation parce qu'on ne pouvait conclure à la perte de son caractère majoritaire par l'association accréditée[208]. Dans l'affaire *Entreprises Rolland Bergeron Inc.*[209], le tribunal spécialisé est allé jusqu'à déclarer purement et simplement irrecevable la requête de l'employeur dans ces circonstances, faute d'intérêt. Ce jugement a été annulé par la Cour d'appel, qui a estimé que le tribunal avait erronément fait défaut d'exercer sa compétence, sans plus[210]. Dans l'exercice de sa compétence, l'instance du travail pouvait donc continuer à rejeter au fond une requête en révocation d'accréditation soumise en l'absence de salariés, pour tout motif rationnel au regard des faits de l'espèce et du droit applicable. Dans l'arrêt *Ivanhoe Inc.*, la Cour suprême a validé la position selon laquelle, pendant la durée d'une concession temporaire d'entreprise, c'est le concessionnaire qui doit présenter une requête en vertu de l'article 41 C.t. et chez qui la vérification du caractère représentatif du syndicat concerné doit s'effectuer[211].

527 – *Effets* – La révocation de l'accréditation annihile les droits du syndicat qui lui résultaient de son statut d'association accréditée, par exemple son droit au précompte syndical en vertu de l'article 47

---

207. *Syndicat des employés de Courrier Trans-Québec (C.S.N.) c. Courrier Trans-Québec Inc.*, [1977] T.T. 94.

208. *Union canadienne des travailleurs unis des brasseries, farine, céréales, liqueurs douces et distilleries, local 301* c. *Coopérative fédérée du Québec*, [1982] T.T. 423; *Syndicat des employés de Zeller's (C.S.N.)* c. *Zeller's Ltée*, [1982] T.T. 111; *Cartonnerie Standard Ltée, Standard Paper Box Ltd.* c. *Syndicat de la Boîte de carton de Québec Inc. (C.S.N.)*, [1979] T.T. 78; *Francon Division de Canfarge Limitée* c. *Syndicat national des employés de Francon (C.S.N.)*, [1979] T.T. 357.

209. *Entreprises Rolland Bergeron Inc.* c. *Syndicat du transport d'écoliers des Laurentides (C.S.N.)*, D.T.E. 87T-927 (T.T.).

210. *Entreprises Rolland Bergeron Inc.* c. *Geoffroy*, précité, note 196; *Ivanhoe Inc.* c. *TUAC, section locale 500*, précité, note 103, par. 120.

211. *Ivanhoe Inc.* c. *TUAC, section locale 500*, précité, note 103, par. 124-127. Voir aussi *Corp. Quno, division Baie-Comeau* c. *Syndicat national des employés en forêt de la Compagnie de papier Québec et Ontario Ltée*, précité, note 200; *Syndicat des travailleuses et travailleurs de l'alimentation en gros de Québec Inc.* c. *Épiciers unis Métro-Richelieu Inc. (Division Servit Enr.)*, précité, note 200.

C.t. La généralité de cet énoncé n'est tempérée que dans la mesure nécessaire pour assurer la continuité d'exécution des droits des salariés. Ainsi, le pouvoir et le devoir de représentation du syndicat pourraient subsister à l'égard des griefs nés antérieurement à la révocation de l'accréditation[212].

---

212. *Jubinville* c. *Syndicat canadien des officiers de marine marchande (F.T.Q.)*, [1988] T.T. 501. Voir aussi et transposer, quant à la réclamation de droits résiduels: *Tremblay* c. *Syndicat des employées et employés professionnels-les et de bureau, section locale 57*, précité, note 22, par. 21.

CHAPITRE 5

LA NÉGOCIATION COLLECTIVE ET L'ARBITRAGE DES DIFFÉRENDS

528 – *Droit à la négociation collective* – Historiquement, c'est par leur seule cohésion interne que les groupements à caractère syndical se sont imposés aux employeurs comme interlocuteurs pour la négociation collective des conditions de travail des salariés qu'ils représentaient. Cette situation prévaut encore aujourd'hui à l'égard des employés, comme les cadres, pour lesquels la Loi n'aménage pas de régime collectif de rapports du travail assorti d'une obligation de négocier collectivement à l'adresse de l'agent négociateur des salariés et, surtout, de l'employeur. En principe et à moins que le sens même de la liberté d'association affirmé par les chartes n'en dépende, le droit à la négociation collective dans le cadre d'un régime légal de rapports collectifs du travail ne jouit d'aucune protection de nature constitutionnelle[1].

529 – *Code du travail* – Le *Code du travail du Québec* affirme le droit à la négociation collective en faveur de l'association de salariés accréditée (art. 52 et 53 C.t.). Sous son empire, c'est généralement entre un syndicat et un employeur, pour une unité de négociation, que s'engagera la négociation collective. Ce n'est qu'exception-nellement que le Code mettra en présence plusieurs employeurs négociant par l'intermédiaire d'une association d'employeurs et une même association accréditée qui représente des salariés chez ces divers employeurs (art. 10, 11, 68 C.t.)[2]. La Loi ne fait cepen-dant pas obstacle à la négociation regroupée volontairement par les intéressés. Cette négociation peut alors mettre en présence soit

---

1. *Renvoi relatif à la Public Service Employee Relations Act (Alb.)*, [1987] 1 R.C.S. 313; *Institut professionnel de la Fonction publique du Canada c. Territoires du Nord-Ouest (Commissaire)*, [1990] 2 R.C.S. 366; *Major c. Québec (Procureur général)*, [1997] R.J.Q. 386 (C.A.); *Delisle c. Canada (Sous-procureur général)*, [1999] 2 R.C.S. 989; *Dunmore c. Ontario (Procureur général)*, D.T.E. 2002T-51, 2001 CSC 94. Voir *supra*, Titre 2, chapitre 2, n°s 367, p. 388 et 393.
2. Dans le cas des secteurs public et parapublic, pour lesquels la Loi prévoit une négociation élargie, voir: *infra*, n° 552.

plusieurs employeurs et un ou plusieurs syndicats, soit encore un seul employeur et plusieurs syndicats ou un même syndicat représentant plusieurs unités de négociation. Dans tous ces cas, la négociation conduira néanmoins, ultimement, à la conclusion d'une convention collective juridiquement distincte à l'égard de chaque groupe accrédité (art. 1d), 67, 68 C.t.)[3].

I- LA NÉGOCIATION COLLECTIVE

A. L'avis de négociation

530 – *Première négociation* – En vertu de l'article 53 du *Code du travail*, la phase des négociations commence au moment où un avis de négociation est donné suivant l'article 52 C.t. ou est réputé être donné selon l'article 52.2 C.t.

S'il s'agit de la négociation d'une première convention collective entre une association nouvellement accréditée et l'employeur, l'avis de négociation peut être envoyé en tout temps après l'accréditation du syndicat, par l'une ou l'autre des parties (art. 52, al. 1 C.t.)[4]. Cet avis doit être donné par écrit. Il doit être d'au moins huit jours et indiquer la date, l'heure et le lieu où la partie, ou ses représentants, seront prêts à rencontrer l'autre partie ou ses représentants[5]. La partie qui donne un avis de négociation doit le transmettre à son destinataire par télécopieur, messagerie ou courrier recommandé ou certifié, ou le lui faire signifier par un huissier (art. 52.1 C.t.). Ce geste est extrêmement important, puisque la date de réception de l'avis marque le point de départ du délai d'acquisition du droit de grève ou de lock-out, selon l'article 58 C.t.[6]. Si l'association nouvellement accréditée ne donne pas à l'employeur d'avis de négociation suivant l'article 52 C.t., l'avis est réputé avoir été reçu 90 jours après la date d'obtention de l'accréditation (art. 52.2, al. 2 C.t.)[7].

---

3. Voir *infra*, Titre II, chapitre 7, nos 644-646.
4. *Beaulieu* c. *Produits hydrauliques de Varennes Inc.*, [1987] T.T. 245. Par exception, lorsqu'une accréditation est octroyée par un agent de relations du travail selon le paragraphe 28d.1) C.t., alors que subsiste un désaccord partiel sur la description de l'unité de négociation, le syndicat ne pourra donner un avis de négociation à l'employeur avant la décision finale de la C.R.T. sur la description de l'unité de négociation: voir *supra*, Titre II, chapitre 3, n° 458.
5. Relativement au calcul de la durée de cet avis préalable et, plus particulièrement, à l'inapplicabilité de l'article 151.4 C.t., voir et transposer: *Ville de St-Hubert* c. *Syndicat canadien de la fonction publique, section locale 330*, [1983] T.T. 432.
6. Voir *infra*, Titre II, chapitre 6, n° 566.
7. Dans le cas d'une accréditation octroyée en vertu du paragraphe 28d.1) C.t., l'avis devrait être réputé avoir été reçu 90 jours après la décision de la C.R.T. tranchant le désaccord partiel sur l'unité de négociation.

531 – *Renouvellement d'une convention collective* – Lorsqu'il s'agit plutôt de renouveler une convention collective qui vient à échéance entre l'association accréditée signataire et l'employeur, l'avis de négociation peut être donné par l'une ou l'autre des parties dans les 90 jours qui précèdent l'expiration de cette convention, à moins qu'un autre délai y soit prévu (art. 52, al. 2 C.t.)[8]. La même règle prévaut à l'occasion de l'échéance d'une sentence arbitrale de différend qui tient lieu de convention collective entre les parties (art. 52, al. 3 C.t.). L'avis est alors donné selon les mêmes modalités que celles déjà décrites à l'égard de la négociation d'une première convention collective (art. 52.1 C.t.). La transmission d'un avis de négociation plus de 90 jours avant l'expiration de la convention collective, si cette dernière le permet, ne peut cependant avoir pour effet de permettre d'acquérir le droit de grève ou de lock-out, par le seul écoulement du délai de l'article 58 C.t., avant l'échéance de la convention. L'article 107 C.t., qui interdit la grève et le lock-out pendant la durée d'une convention collective, aura alors pour effet de retarder l'acquisition du droit de grève et de lock-out jusqu'après l'expiration de la convention. La Cour d'appel a jugé qu'il fallait rattacher la même conséquence à un avis de négociation prématuré au regard de l'article 52 C.t. mais auquel les parties ont donné suite en entamant la négociation[9].

Si aucun avis de négociation du renouvellement de la convention n'est donné par une partie à l'autre selon la Loi, cet avis est alors réputé avoir été donné le jour de l'expiration de la convention collective ou de la sentence arbitrale qui en tient lieu (art. 52.2, al. 1 C.t.)[10]. En cas de doute sur la date d'expiration de la convention collective, lorsque cette date ne s'y trouve pas clairement indiquée, tout intéressé peut s'adresser à la Commission des relations du travail en vue de la faire déterminer (art. 52.2, al. 3 C.t.).

La substitution, à la fin d'une convention collective, d'une nouvelle association accréditée à celle qui était signataire de la convention qui se termine mérite une attention particulière. La nouvelle

---

8. Dans les secteurs public et parapublic, cette phase des négociations commence 180 jours avant l'expiration de la convention collective (art. 111.7 C.t.).
9. *Syndicat des travailleuses et travailleurs du Hilton Québec (C.S.N.)* c. *Union des municipalités régionales de comté et des municipalités locales du Québec Inc.*, [1992] R.J.Q. 1190 (C.A.). Un tel avis ne peut toutefois légalement contraindre l'autre partie à entreprendre la négociation.
10. *Syndicat des travailleuses et travailleurs du Hilton Québec (C.S.N.)* c. *Union des municipalités régionales de comté et des municipalités locales du Québec Inc.*, *ibid.*; *Syndicat national catholique des employés des institutions religieuses de St-Hyacinthe Inc.* c. *Laliberté et associés Inc.*, D.T.E. 96T-1316 (T.T.).

association accréditée sera normalement appelée à négocier le renouvellement de la convention collective conclue par l'association qu'elle déplace. L'article 61 C.t. prévoit même qu'elle est subrogée de plein droit dans tous les droits et obligations qui résultent de la convention conclue par l'autre association, si cette convention est encore en vigueur au moment de son accréditation. Relativement au déclenchement du processus de négociation, on peut donc se demander si la situation doit alors être traitée comme une renégociation d'une convention collective ou comme une première négociation. C'est cette dernière solution que le *Code du travail* impose.

Le texte de l'article 52.2, al. 2 C.t. oblige à conclure que toute association de salariés nouvellement accréditée doit entamer le processus de négociation comme une négociation d'une première convention collective, à partir du point zéro, puisqu'il prévoit qu'à défaut par telle association d'avoir donné un avis de négociation, ce dernier sera réputé avoir été reçu 90 jours après la date d'obtention de l'accréditation[11]. On peut aussi relever que l'article 61 C.t. se limite à subroger l'association nouvellement accréditée dans les droits et obligations qui résultent d'une convention collective conclue par l'autre association, sans mention des droits et des obligations rattachés à un processus de négociation déjà engagé. Il s'ensuit que l'association nouvellement accréditée à la place d'une autre ne peut se prétendre substituée à celle-ci dans le processus de négociation du renouvellement de la convention collective, que ce processus ait été ou non entamé par l'association déplacée[12].

532 – *Avis unique* – Un seul avis de négociation, qui répond aux conditions de validité prévues au *Code du travail*, suffit à engager le processus de négociation et à obliger l'autre partie à négocier. Les diverses rencontres de négociation demandées par l'une ou l'autre

---

11. Par concordance avec l'article 52 C.t., qui permet également à l'employeur de donner l'avis de négociation, l'article 52.2 C.t. devrait prévoir que l'avis est réputé avoir été reçu, au moment indiqué, lorsque ni l'association de salariés ni l'employeur ne l'ont eux-mêmes donné. Cette omission est toutefois sans conséquence, puisque subsiste la règle primaire de validité d'un avis de négociation donné par l'employeur, selon l'article 52 C.t.: *Beaulieu c. Produits hydrauliques de Varennes Inc.*, précité, note 5, p. 247.

12. *Beaulieu c. Produits hydrauliques de Varennes Inc.*, précité, note 5; *Canadelle Inc. c. Conseil conjoint québécois de l'Union internationale des ouvriers et ouvrières du vêtement pour dames,* [1988] T.T. 178; *Association des salariés de la Corporation pharmaceutique professionnelle c. Corporation pharmaceutique professionnelle,* [1983] T.T. 434 – poursuite pénale; *contra,* un jugement de la Cour supérieure sur une requête en injonction interlocutoire dans le même contexte: *Association des employés de la Corporation pharmaceutique professionnelle c. Corporation pharmaceutique professionnelle,* [1984] C.S. 126.

des parties après le début de la négociation ne sont pas sujettes à l'envoi de nouveaux avis de négociation qui devraient répondre aux conditions de l'avis initial[13].

B. L'obligation de négocier

1. Le contenu

533 – *Nature de l'obligation* – Selon l'article 53 C.t., après qu'un avis de négociation a été reçu ou est réputé avoir été reçu, les négociations doivent commencer et se poursuivre avec diligence et bonne foi.

L'obligation de négocier a été largement discutée par les auteurs et la jurisprudence. On peut en retenir qu'il s'agit d'une obligation de moyens, essentiellement intellectuelle en ce sens qu'elle fait appel à l'état d'esprit des parties qui doivent rechercher ensemble la conclusion d'une convention collective:

> Tous les codes des relations du travail fédéral et provinciaux contiennent une disposition semblable à l'article 50 du *Code canadien du travail* qui oblige les parties à se rencontrer et à négocier de bonne foi. Pour que la négociation collective soit un processus équitable et efficace, il est essentiel que l'employeur et le syndicat négocient dans le cadre des règles établies par le code du travail applicable. Dans le contexte du devoir de négocier de bonne foi, chaque partie doit s'engager à chercher honnêtement à trouver un compromis. Les deux parties doivent se présenter à la table des négociations avec de bonnes intentions.[14]

L'obligation de négocier ne contraint ni l'une ni l'autre des parties à céder quelque point que ce soit; cette obligation n'implique pas, en effet, celle de s'entendre[15]. Une partie sera cependant en faute si elle cherche à éviter la conclusion d'une convention collective. Cette intention se traduira soit par un refus pur et simple de négocier sous un prétexte quelconque, soit par une absence de diligence à le faire perceptible dans des manœuvres à caractère dilatoire, soit encore par une attitude de mauvaise foi dans la négociation elle-même[16].

---

13. *North Island Laurentian Teachers' Union* c. *Commission scolaire Laurenval*, [1981] T.T. 237, 243.
14. *Royal Oak Mines Inc.* c. *Canada (Conseil des relations du travail)*, [1996] 1 R.C.S. 369, par. 41 (j. Cory).
15. *Services d'assurances Les Coopérants Inc.* c. *Syndicat des employés de coopératives d'assurance-vie (C.S.N.)*, D.T.E. 85T-487 (C.S.); *Tremblay* c. *Syndicat des employées et employés professionnels-les et de bureau, section locale 57*, D.T.E. 2002T-455, 2002 CSC 44, par. 23.
16. Voir par analogie et de façon générale, *Royal Oak Mines Inc.* c. *Canada (Conseil des relations du travail)*, précité, note 14; *Syndicat canadien de la Fonction publique* c. *Conseil des relations du travail (Nouvelle-Écosse)*, [1983] 2 R.C.S. 311.

534 – *Refus* – Le refus clair et net de négocier est relativement rare. C'est plutôt dans le défaut de se présenter aux négociations, dans la formulation de conditions préalables injustifiées, ou dans diverses manœuvres pour retarder les rencontres qu'on pourra reconnaître le refus de négocier ou le manque de diligence à le faire. La qualification de la conduite de la partie en cause répond ici à une norme subjective qui doit tenir compte de toutes les circonstances de l'espèce[17].

535 – *Bonne foi* – L'absence de bonne foi dans la négociation sera révélée par l'ensemble des gestes et des attitudes d'une partie, en les évaluant objectivement[18]. Pourront d'abord être mis en cause divers comportements incompatibles avec les principes fondamentaux ou avec des règles expresses du régime de rapports collectifs du travail, comme une tentative de négocier directement avec les salariés ou avec un autre interlocuteur que le syndicat accrédité[19], un recours prématuré au lock-out ou une modification unilatérale des conditions de travail des salariés en violation des dispositions de l'article 59 C.t.[20]. Tenter d'imposer des mesures punitives à l'endroit de salariés qui ont participé à une action syndicale légitime pourra aussi révéler un comportement de mauvaise foi[21]. L'obligation de

---

17. Voir les motifs du juge Cory dans *Royal Oak Mines Inc.* c. *Canada (Conseil des relations du travail)*, précité, note 14, par. 37 et 42, constatant l'illégitimité de la conduite de l'employeur qui avait refusé de négocier avec le syndicat accrédité tant qu'il n'aurait pas été disposé d'une demande d'accréditation d'une association rivale. *North Island Laurentian Teachers' Union* c. *Commission scolaire Laurenval*, précité, note 13; *Projectionnistes de vues animées de Montréal de l'Alliance internationale des employés de théâtre et des opérateurs de machines à vues animées, local 262* c. *France Film*, [1984] T.T. 374 – défaut de donner suite à un avis de négociation et demande de délai pour entamer la négociation interprétés comme constituant un manque de diligence.
18. *Royal Oak Mines Inc.* c. *Canada (Conseil des relations du travail)*, précité, note 14, par. 42.
19. Quant à la négociation directe avec les salariés, voir: *Arsenault* c. *Boudreau*, D.T.E. 87T-152 (C.S.); *Nunez* c. *Lloyd's Electronics Limitée*, [1978] T.T. 193, 206, infirmé pour un autre motif par *Lloyd's Electronics Limitée* c. *Nunez*, C.S. Montréal, n° 500-36-000154-784, 25 janvier 1979. Comparer: *Travailleurs unis de l'alimentation et du commerce, local 501* c. *Steinberg Inc.*, D.T.E. 89T-617 (T.T.). Sur la négociation avec une autre association que le syndicat accrédité, voir *Vitriers-travailleurs du verre, local 1135* c. *J.B. Charron (1975) Ltée*, [1990] T.T. 549.
20. *Projectionnistes de vues animées de Montréal de l'Alliance internationale des employés de théâtre et des opérateurs de machines à vues animées, local 262* c. *France Film*, précité, note 17 – implantation d'un changement technologique, après une demande d'ajournement de la négociation par l'employeur, pour mettre le syndicat devant le fait accompli.
21. *Royal Oak Mines Inc.* c. *Canada (Conseil des relations du travail)*, précité, note 14, par. 38-39 – tentative de l'employeur d'imposer une période probatoire aux employés ayant participé à une grève légale.

négocier de bonne foi rejoint aussi le contenu lui-même de la négociation et des positions des parties. Une partie peut ainsi, malgré son discours, trahir sa véritable intention de ne pas conclure de convention collective en refusant de formuler des contre-propositions[22] ou en adoptant une position inflexible et objectivement déraisonnable à l'égard d'une condition de travail communément acceptée dans l'ensemble des entreprises ou dans le secteur d'activités concerné:

> S'il est de notoriété publique que l'absence d'une telle clause serait inacceptable pour tout syndicat, alors il n'est pas possible d'affirmer qu'une partie comme l'appelante en l'espèce a négocié de bonne foi.[23]

Des comportements constitutifs d'un défaut de négocier avec diligence et bonne foi pourront aussi être considérés comme une entrave pure et simple à l'activité du syndicat accrédité, contrairement aux dispositions de l'article 12 C.t.[24]

2. La durée

536 – *Mutation et extinction* – La finalité de l'obligation de négocier étant la conclusion d'une convention collective, il s'ensuit que cette obligation ne s'éteindra que lorsque cet objectif aura été atteint par les parties, ou encore lorsqu'on aura eu recours au substitut à la négociation que représente la soumission du différend à l'arbitrage. L'acquisition du droit de grève et de lock-out ne mettra donc pas fin à l'obligation des parties de négocier de bonne foi, particulièrement si elles ont renoncé à s'en prévaloir dans l'immédiat. La grève, le lock-out et l'intervention d'un conciliateur étant des moyens de parvenir à une entente, la subsistance de ce dernier objectif justifie l'obligation de continuer à négocier de bonne foi, sous réserve d'apprécier l'exécution de cette obligation en tenant

---

22. *Syndicat canadien de la Fonction publique* c. *Conseil des relations du travail (Nouvelle-Écosse)*, précité, note 16.

23. *Royal Oak Mines Inc.* c. *Canada (Conseil des relations du travail)*, précité, note 14, par. 43; *Re Tandy Electronics Ltd. and United Steelworkers of America*, (1980) 115 D.L.R. (3d) 197 (Ont. Div. Ct.) – refus par l'employeur d'une clause de retenue volontaire des cotisations syndicales.

24. Exemples: *Syndicat des travailleuses et travailleurs du Pavillon St-Joseph* c. *Pavillon St-Joseph, Infirmerie des Sœurs de Ste-Croix*, [1996] T.T. 593 – intervention de l'employeur auprès de salariés pour faire renverser un vote rejetant ses offres; *Fleury* c. *Épiciers unis Métro-Richelieu Inc.*, D.T.E. 96T-1140 (T.T.) – lettre de l'employeur envoyée au domicile des salariés. Voir aussi: *Travailleurs unis de l'alimentation et du commerce, local 501* c. *Steinberg Inc.*, [1989] R.J.Q. 603 (C.S.); *Vitriers-travailleurs du verre, local 1135* c. *J.B. Charron (1975) Ltée*, précité, note 19; *Pelletier* c. *Hydro-Québec*, D.T.E. 2001T-461 (T.T.).

compte du contexte et des circonstances ponctuelles[25]. Même la cessation des activités de l'entreprise (donc, l'absence de salariés) ne mettra pas fin, théoriquement du moins, au devoir de négocier[26].

Éteinte par la conclusion d'une convention collective ou par la soumission du différend à l'arbitrage, l'obligation de négocier peut renaître avec toutes ses implications si une clause de la convention collective ou de la sentence arbitrale en permet la réouverture pendant sa durée (art. 107 C.t.)[27].

3. Les sanctions

a) La sanction pénale

537 – *Marécage procédural* – Jusqu'à maintenant, l'obligation de négocier a trouvé sa sanction usuelle, sinon exclusive, dans une poursuite pénale en vertu du *Code du travail*. À cet égard, la jurisprudence s'est révélée hésitante, en particulier au niveau procédural. L'origine du mal se trouve dans les textes législatifs eux-mêmes, sous un double chef. D'une part, l'énoncé même de l'obligation de négocier, à l'article 53, al. 2 C.t., paraît maladroit. En affirmant que les négociations doivent «commencer» et «se poursuivre» et en introduisant par la suite les notions de «diligence» et de «bonne foi», le texte porte à croire que chacun de ces termes sert à identifier des infractions distinctes. D'autre part, ce sont deux dispositions différentes du *Code du travail*, les articles 141 et 144, qui créent les infractions qui se rattachent à la violation de l'obligation de négocier. L'article 144 C.t. vise l'infraction commise par le syndicat alors que l'article 141 C.t., qui impose des peines plus lourdes, s'adresse à l'employeur. Pour ajouter un peu de confusion, ce dernier article crée une infraction supplémentaire pour l'employeur, s'il fait défaut de reconnaître comme représentants des salariés à son emploi les représentants

---

25. *Travailleurs unis de l'alimentation et du commerce, local 501* c. *Steinberg Inc.*, précité, note 19; *Burke* c. *Gasoline Station Limited*, [1973] T.T. 13; *North Island Laurentian Teachers' Union* c. *Commission scolaire Laurenval*, précité, note 13. *Contra*, concluant à l'extinction de l'obligation de négocier lors de l'acquisition du droit de grève et de lock-out, voir le jugement de la Cour supérieure dans *Lloyd's Electronics Limitée* c. *Nunez*, précité, note 19.
26. Voir, par analogie: *Pièces d'automobile Cougar du Canada Ltée* c. *Dufresne*, D.T.E. 84T-545 (C.S.).
27. *Services d'assurances Les Coopérants Inc.* c. *Syndicat des employés de coopératives d'assurance-vie (C.S.N.)*, précité, note 15. Il pourrait en être de même d'une déclaration de nullité de certaines clauses d'une convention collective: voir *infra*, Titre II, chapitre 7, n° 621.

d'une association accréditée; il n'en faut pas plus pour que se soulève la difficulté d'identifier l'infraction commise par un employeur qui refuse d'entamer la négociation avec une association accréditée parce que cette dernière est représentée par une personne dont il n'agrée pas la présence en négociation[28].

Sur le plan procédural, la difficulté première, sinon le défi, est donc d'opter pour la plainte qui sera jugée appropriée à la situation.

Dans l'affaire *Coopérative Dorchester*[29], on a décidé qu'en présence d'un refus de l'employeur de rencontrer le syndicat pour entamer les négociations, que ce soit ouvertement, par le défaut de se présenter, ou par le recours à des subterfuges, il fallait porter une plainte de défaut de reconnaître plutôt qu'une plainte de refus de négocier de bonne foi. Selon le jugement, le refus de négocier de bonne foi exigeait nécessairement une rencontre des parties à une table de négociation[30]. La Cour supérieure a renversé la situation, dans l'affaire *Martineau*[31]. Elle a cassé la plainte qui reprochait à l'employeur d'avoir fait défaut de reconnaître le syndicat accrédité en refusant d'entamer avec lui la négociation. Selon le jugement, la plainte appropriée aurait été celle de défaut de négocier de bonne foi, non celle de refus de reconnaître le syndicat.

Par la suite, deux jugements ont adopté des voies différentes. Dans *Forum de Montréal*[32], il a été décidé que l'infraction générale de

---

28. Un jugement de première instance a vu dans cette attitude de l'employeur un défaut de reconnaître les représentants d'un syndicat accrédité comme représentants des salariés à son emploi, au sens de l'article 141 C.t.: *Charbonneau c. Shell Canada Ltée*, [1980] T.T. 327. Cette décision a été infirmée en appel par la Cour supérieure, dont le jugement a été maintenu par un arrêt majoritaire de la Cour d'appel, pour le motif que la conduite de l'employeur n'impliquait pas nécessairement un refus de reconnaître cette personne déléguée par l'association accréditée comme représentant les salariés à son emploi, mais plutôt un refus de négocier même s'il pouvait reconnaître le statut du représentant syndical: *Charbonneau c. Shell Canada Ltée*, [1982] C.A. 413 (dans le dossier n° 500-10-000336-808, confirmant, sur cette question, *Shell Canada Ltée c. Charbonneau*, C.S. Montréal, n° 500-36-000110-802, 8 juillet 1981).

29. *Syndicat des employés de l'alimentation et du commerce de St-Anselme c. Coopérative Dorchester*, [1969] R.D.T. 292 (C.S.P.).

30. Cette opinion a été suivie dans un certain nombre de jugements dont: *Burke c. Gasoline Station Limited*, précité, note 25; *Lépine c. Tremblay*, [1973] T.T. 404; *Lépine c. Tremblay*, [1973] T.T. 408.

31. *Commission scolaire régionale des Vieilles-Forges c. Martineau*, C.S. Trois-Rivières, division criminelle d'appel, n° 400-27-2026-75, 3 février 1976, infirmant *Martineau c. Commission scolaire régionale des Vieilles-Forges*, [1975] T.T. 337.

32. *Desrochers c. Forum de Montréal*, T.T. Montréal, n° 500-28-000446-799, 12 novembre 1980.

défaut de négocier de bonne foi se décomposait en plusieurs infractions distinctes se rattachant elles-mêmes soit à l'article 141 C.t., soit à l'article 144 C.t. Les infractions seraient celles de défaut de reconnaître, de défaut de commencer la négociation, de défaut de la poursuivre avec diligence et de défaut de négocier de bonne foi. L'article 141 C.t. créerait les infractions de défaut de reconnaître et de défaut de négocier de bonne foi de la part de l'employeur. Les autres infractions, qu'elles soient commises par l'employeur ou par le syndicat, seraient issues de l'article 144 C.t.

Un jugement ultérieur a quelque peu simplifié la situation. Dans l'affaire *Commission scolaire Laurenval*[33], on arrive en effet à la conclusion que la Loi ne crée qu'une seule obligation globale, celle de négocier, dont la diligence et la bonne foi sont des éléments constitutifs. L'unique infraction serait donc celle de défaut de négocier. Le refus d'entamer la négociation ou de la poursuivre, le manque de diligence et l'absence de bonne foi ne seraient que des façons différentes de contrevenir à cette obligation unique. Cette interprétation harmonise l'intention véritable du législateur et les textes par lesquels il a cherché à l'exprimer.

538 – *Preuve* – L'article 141 C.t. crée une infraction continue de jour en jour, tant que dure l'infraction de défaut de négocier. Toutefois, si une partie a manqué à son obligation de plusieurs manières au cours d'une même journée, il n'y a lieu qu'à une seule infraction[34].

Le poursuivant est-il tenu de prouver l'intention coupable de l'intimé, outre sa conduite fautive? Une réponse affirmative ne paraît pas contestable lorsque la plainte se rapporte à une absence de bonne foi ou même de diligence dans le déroulement de la négociation. Cette preuve de la mauvaise foi ou de l'intention dilatoire reposera en définitive sur l'appréciation des attitudes et des comportements extérieurs de la partie intimée[35]. Quant au défaut pur et simple de donner suite à un avis de négociation donné conformément à la Loi, il y aurait lieu d'appliquer, en les adaptant, les principes retenus par la Cour suprême relativement à une plainte de participation à une

---

33. *North Island Teachers' Union* c. *Commission scolaire Laurenval*, précité, note 13.
34. *Syndicat international des ouvriers de l'aluminium, de la brique et du verre, section locale 218* c. *Briqueterie St-Laurent, une division de Briques Jannock Ltée*, [1992] T.T. 647.
35. Exemples: *Burke* c. *Gazoline Station Limited*, précité, note 25; *Lépine* c. *Tremblay*, précité, note 30; *Projectionnistes de vues animées de Montréal de l'Alliance internationale des employés de théâtre et des opérateurs de machines à vues animées, local 262* c. *France Film*, précité, note 20. Voir également: *R.* c. *Davidson Rubber Co. Inc.*, 69 C.L.L.C., par. 14190, (1970) 7 D.L.R. (3d) 385 (Ont. Prov. Ct.).

grève illégale contre un salarié en défaut de se présenter au travail, dans l'arrêt *Strasser*[36]. Cet arrêt a alors posé qu'une fois la preuve faite de l'élément matériel de l'infraction, il appartenait à la partie intimée de dégager sa responsabilité en démontrant qu'elle avait pris toutes les précautions raisonnables pour éviter la survenance du fait fautif ou qu'elle croyait, pour des motifs raisonnables, à un état de fait inexistant qui aurait rendu son omission innocente[37].

b) La sanction civile

539 – *Compétence* – Une nouvelle voie de recours, de nature civile cette fois, se présente désormais à la partie qui se croit victime d'un défaut de négocier comme le Code l'exige. Cette possibilité résulte de la réforme du *Code du travail* adoptée en 2001. Le recours s'exercera auprès de la nouvelle Commission des relations du travail, sur la base de la compétence générale qui lui est dévolue pour l'application du Code (art. 114, al. 2 C.t.).

540 – *Redressement* – Dans l'exercice de cette compétence particulière, la C.R.T. pourra faire appel à ses pouvoirs généraux d'ordonnance et de réparation, selon les articles 118 et 119 C.t., pour répondre à la situation de la façon qu'elle jugera la plus appropriée[38].

En principe, tout étendus qu'ils soient, les pouvoirs d'ordonnance et de réparation de la C.R.T. ne devraient pas lui permettre de prescrire une convention collective complète sur les questions demeurant en litige comme le ferait un arbitre de différend[39]. Néanmoins, une fois démontrée la violation par une partie de son obligation de négocier, cette partie ne saurait exiger la même liberté de négociation que celle dont elle disposait jusque-là[40].

En s'inspirant des solutions déjà retenues par d'autres organismes régulateurs des rapports collectifs du travail au Canada qui disposent de pouvoirs semblables aux siens, la C.R.T. pourrait, par exemple, ordonner à la partie fautive de matérialiser, en la formali-

---

36. *Strasser* c. *Roberge*, [1979] 2 R.C.S. 753.
37. *Ibid.*; *R.* c. *Sault Ste-Marie*, [1978] 2 R.C.S. 1299.
38. Sur le cadre d'exercice de ces pouvoirs, voir *supra*, Titre II, chapitre 1, nos 340-344.
39. *Syndicat canadien de la Fonction publique* c. *Conseil des relations du travail (Nouvelle-Écosse)*, précité, note 16, p. 324-325; *Re Tandy Electronics Ltd. and United Steelworkers of America*, précité, note 23.
40. *Royal Oak Mines Inc.* c. *Canada (Conseil des relations du travail)*, précité, note 14, par. 88; *Brewster Transport Co.*, (1986) 66 di 1.

sant, une entente considérée comme déjà intervenue[41]. Elle pourrait de même lui enjoindre de retirer des demandes jugées déraisonnables en raison de leur substance ou par leur nombre et leur tardiveté[42]. Il lui sera également possible d'envisager une nouvelle présentation d'une proposition déjà soumise, puis retirée, y compris en lui apportant certaines modifications précises[43]. La C.R.T. pourrait enfin, face à une impasse dont la responsabilité serait imputable aux deux parties et pour éviter de se substituer à ces dernières, fixer des délais d'échange de nouvelles propositions et prévoir la soumission du différend à l'arbitrage obligatoire dans l'éventualité où l'impasse subsisterait à l'échéance des délais ainsi fixés[44].

C. Le déroulement de la négociation

541 – *Pratiques* – Il n'existe pas de règles régissant le déroulement de la négociation entre les parties[45]. Certaines pratiques sont toutefois largement répandues.

C'est le plus souvent la partie syndicale qui soumet son projet de convention collective, à partir duquel s'entamera la négociation. Parfois, on soumettra un projet complet incluant les dispositions salariales, alors que dans d'autres cas on les soumettra progressivement, sujet par sujet. Il demeure plutôt rare que la négociation s'engage sur la base d'un projet patronal, la pratique la plus fréquente voulant plutôt que l'employeur réponde aux demandes syndicales par des contre-propositions sur des clauses particulières, ou même sur des sujets ou des chapitres complets. L'expérience récente révèle l'émergence d'une attitude plus agressive de la part des employeurs à l'occasion du renouvellement des conventions collectives. Il n'est plus rare que l'entreprise se présente elle aussi à la table de négociation avec des revendications. Les demandes ne sont plus l'apanage de la partie syndicale.

---

41. Voir: *F.G.T. 2000 Inc.*, [2000] CCRI n° 87.
42. Voir: *Royal Oak Mines Inc.* c. *Canada (Conseil des relations du travail)*, précité, note 14; *Re Tandy Electronics Ltd. and United Steelworkers of America*, précité, note 23; *Association des employeurs maritimes*, [1999] CCRI n° 26.
43. Voir et comparer: *Royal Oak Mines Inc.* c. *Canada (Conseil des relations du travail)*, précité, note 14; *Brewster Transport Co.*, précité, note 40; *Iberia, Lignes aériennes d'Espagne*, (1990) 80 di 165; *Eastern Provincial Airways Ltd.*, (1983) 54 di 172.
44. *Royal Oak Mines Inc.* c. *Canada (Conseil des relations du travail)*, précité, note 14.
45. Il en va toutefois autrement dans les secteurs public et parapublic, selon les dispositions du chapitre VI du *Code du travail* et de la *Loi sur le régime de négociation des conventions collectives dans les secteurs public et parapublic* (L.R.Q., c. R-8.2). Voir *infra*, n° 552.

On négocie habituellement en premier les clauses dites normatives, sans incidence pécuniaire, réservant pour la phase finale de la négociation le traitement des questions salariales. On cherchera, en effet, à entamer la négociation sur des questions moins susceptibles de s'avérer litigieuses, comme la reconnaissance des droits syndicaux, le calcul de l'ancienneté ou la procédure de règlement des griefs.

Selon une pratique très répandue, les parties constatent leurs accords, en cours de négociation, en paraphant les clauses sur lesquelles elles se sont entendues, c'est-à-dire en apposant leurs initiales en marge des textes visés. Parapher une clause emporte un engagement moral et pratique envers l'autre partie. Légalement, toutefois, rien n'empêche de revenir sur un texte paraphé, au prix, peut-être, d'une concession sur une question en suspens[46]. Seule la signature de l'entente complète devant constituer la convention collective mettra un terme au processus de négociation et donnera force légale aux dispositions paraphées.

542 – *Comportements* – La négociation fait tout autant appel à la connaissance objective du droit et du milieu de travail concerné qu'à des habiletés ou aptitudes du négociateur notamment au plan de la psychologie.

D'un point de vue juridique, la négociation requiert une capacité du négociateur de mesurer les conséquences pratiques des textes auxquels il souscrit. La négociation suppose également des concessions. Quelle que soit la partie qu'on représente, il est donc nécessaire d'établir les objectifs prioritaires de la négociation. Cette détermination des priorités, pour l'employeur et le syndicat, exige des négociateurs une bonne connaissance de l'entreprise et du milieu de travail. À titre d'exemple, on comprendra facilement que l'obligation pour l'employeur de donner un préavis de mise à pied d'une semaine au salarié n'aura pas les mêmes conséquences dans une entreprise où le besoin en main-d'œuvre est relativement stable, comme une société d'assurances, et dans une entreprise dont les activités sont directement reliées à un facteur variable et imprévisible, comme les conditions météorologiques[47].

---

46. Toutefois, le refus de consigner des ententes déjà conclues ou de les formaliser par la signature d'une convention collective pourrait révéler, selon les circonstances, une absence de bonne foi. Voir: *Lavoie c. Planchers Beauceville Inc.*, [1973] T.T. 376.
47. On peut obtenir des informations précises sur le contenu habituel des conventions collectives dans un secteur d'activité donné en faisant appel à l'une ou l'autre des deux banques de conventions collectives, celle du Centre de relations industrielles de l'Université McGill ou celle du Service d'analyse de conventions collectives du département des relations industrielles de l'Université Laval.

Au niveau de l'approche, il faut garder à l'esprit en tout temps que l'exercice de négociation diffère de celui de la représentation devant un tribunal sous un aspect fondamental, voire vital pour sa réussite. Devant un tribunal, l'objectif du plaideur est de convaincre un tiers impartial et indépendant de la justesse de sa position. En négociation, l'objectif à atteindre est d'amener son vis-à-vis à un point de rencontre en le convainquant de la viabilité, tous facteurs pertinents étant pesés, d'une solution. La sauvegarde d'un climat de confiance, généralement nécessaire à la conclusion d'une entente, proscrit en particulier deux types de conduite: le bris de la parole donnée; l'humiliation de l'interlocuteur.

D. La conciliation

543 – *Étape facultative ou obligatoire* – La conciliation n'est pas une condition à l'acquisition du droit de grève et de lock-out. Elle demeure cependant une étape nécessaire préalablement à l'imposition de l'arbitrage de différend, en vertu des articles 93.1 et suivants C.t., comme solution à la négociation d'une première convention collective.

À tout stade des négociations, l'une ou l'autre des parties peut demander au ministre du Travail de désigner un conciliateur pour les aider à parvenir à une entente (art. 54, al. 1 C.t.). La conciliation est demandée par l'envoi d'une demande écrite au ministre; avis de cette demande doit être donné le même jour à l'autre partie (art. 54, al. 2 C.t.). Des formulaires à cette fin sont disponibles au ministère du Travail. On doit y fournir un certain nombre de renseignements comme la description de l'unité de négociation, le nombre de salariés concernés par la négociation, les dates des rencontres antérieures entre les parties, etc. Sur réception de la demande, le ministre doit désigner un conciliateur (art. 54, al. 3 C.t.). Le ministre peut en outre désigner d'office un conciliateur à toute phase des négociations; il doit alors en informer les parties (art. 55 C.t.).

544 – *Obligations des parties* – En vertu de l'article 56 C.t., les parties sont obligées d'assister à toutes les réunions auxquelles le conciliateur les convoque. Selon la jurisprudence, la teneur de l'obligation créée par l'article 56 C.t. se limite à une présence physique à la rencontre[48]. L'absence d'une partie dûment convoquée à une séance de conciliation la rendra passible d'une condamnation

---

48. *Burke* c. *Gasoline Station Limited*, [1972] T.T. 382.

pénale[49]. En outre, l'obligation de négocier avec diligence et bonne foi subsiste elle-même, comme nous l'avons vu, malgré l'intervention du conciliateur[50].

Quoique le recours à la conciliation ne soit plus obligatoire, il faut reconnaître que dans la plupart des cas l'intervention du conciliateur permet un rapprochement des parties. L'expérience de la négociation enseigne que dans plusieurs cas où il semble que les parties n'aient plus rien à se dire, la négociation par l'intermédiaire d'un conciliateur, le tact et les qualités personnelles de ce dernier, son expérience antérieure en négociation, deviennent des facteurs importants pour débloquer la situation et parvenir à une entente. Le négociateur doit toutefois s'en tenir à son mandat et garder le contrôle de ses positions. Il ne faut pas hésiter en effet, lorsqu'un conciliateur «pousse» à un règlement, à garder la situation bien en mains et à le lui faire savoir.

545 – *Médiateur* – Le ministre du Travail peut, en vertu de ses pouvoirs généraux, désigner un médiateur dans des dossiers délicats de négociation qui justifient ce mode d'intervention[51]. Le médiateur évaluera alors l'état du différend entre les parties et leur proposera généralement des moyens de règlement. Il ne dispose toutefois d'aucun pouvoir de contrainte, son intervention ne pouvant conduire, sur un strict plan juridique, qu'à la production d'un rapport au ministre. La *Loi sur le ministère du Travail* assure la confidentialité des relations entretenues par les parties avec un conciliateur ou un médiateur, ces derniers ne pouvant être contraints de divulguer ce qui leur a été révélé ou ce dont ils ont eu connaissance dans l'exercice de leurs fonctions ni de produire un document fait ou obtenu dans cet exercice devant un tribunal ou un arbitre ou devant un organisme ou une personne exerçant des fonctions judiciaires ou quasi judiciaires[52].

E. La suspension de la négociation

546 – *Occasions et effets* – L'article 42 C.t. autorise la Commission des relations du travail à suspendre les négociations et les délais

---

49. *Burke c. Gasoline Station Limited*, [1972] T.T. 384.
50. *Burke c. Gasoline Station Limited*, précité, note 25, p. 28.
51. *Loi sur le ministère du Travail*, L.R.Q., c. M-32.2, art. 13, 1o.
52. *Ibid.*, art. 15. Sur l'affirmation de la conformité d'une telle disposition avec celles des chartes, voir: *Société de transport de la Rive-Sud de Montréal c. Frumkin*, [1991] R.J.Q. 757 (C.S.).

qui s'y rapportent lorsque survient une requête en accréditation, une requête en révision ou en révocation d'accréditation, en vertu des articles 127 et 128 ou de l'article 41 C.t., ou encore une requête qui porte sur une question relative à une transmission d'entreprise selon l'article 45 C.t. De la même manière, le renouvellement d'une convention collective peut lui-même être empêché jusqu'au règlement de la remise en question de l'accréditation.

Selon l'article 42, al. 2 C.t., dans tous les cas où une ordonnance suspend les négociations ou empêche le renouvellement d'une convention collective, les conditions de travail se trouvent gelées, comme elles le seraient par l'application de l'article 59 C.t., et l'article 60 C.t. s'applique en corrélation, jusqu'à la décision de la C.R.T. relativement à la cause ayant justifié la suspension des négociations.

F. Le maintien des conditions de travail

547 – *Circonstances et objet* – Le dépôt d'une requête en accréditation emporte automatiquement, dans tous les cas, un gel complet des conditions de travail, en vertu de l'article 59, al. 1 C.t. L'employeur doit continuer d'appliquer les conditions de travail qui existent à ce moment, que ces dernières résultent d'ententes individuelles, de politiques de l'entreprise ou d'une convention collective alors en vigueur. L'article 59, al. 2 C.t. décrète un gel semblable des conditions de travail à compter de l'expiration de toute convention collective, même en l'absence de dépôt d'une requête en accréditation par une association rivale de l'association signataire de la convention collective en vigueur. En contrepartie du maintien de leurs conditions de travail, les salariés doivent eux-mêmes continuer à fournir leurs services aux mêmes conditions (art. 60 C.t.).

Le cas échéant, les conditions de travail sont ainsi maintenues tant que le droit au lock-out ou à la grève n'est pas légalement exercé par son titulaire[53]. Lorsque l'association de salariés ne dispose pas, selon la Loi, du droit de grève et l'employeur du droit au lock-out, le maintien des conditions de travail vaut jusqu'à la conclusion d'une

---

53. Voir les décisions suivantes, rendues par ailleurs selon le texte législatif qui prévalait jusqu'à un amendement apporté en 1994 et qui prévoyait que l'obligation de maintien des conditions de travail expirait avec l'acquisition du droit au lock-out par l'employeur: *Ville de Longueuil* c. *Savoie*, D.T.E. 83T-1011 (C.S.); *Projectionnistes de vues animées de Montréal de l'Alliance internationale des employés de théâtre et des opérateurs de machines à vues animées, local 262* c. *France Film*, précité, note 17; *Projectionnistes de vues animées de Montréal de l'Alliance internationale des employés de théâtre et des opérateurs de machines à vues animées, local 262* c. *France Film*, [1984] T.T. 397.

convention collective ou jusqu'à ce qu'une sentence arbitrale en tienne lieu[54]. Au-delà du terme fixé par l'article 59 C.t. à l'obligation de maintien des conditions de travail, une convention collective peut elle-même prévoir, par une clause dite «de pont», que les conditions de travail qu'elle contient continueront de s'appliquer jusqu'à la signature de la nouvelle convention (art. 59, al. 3 C.t.)[55]. L'insertion dans la convention collective d'une telle clause de pont n'a pas pour effet de priver les parties de leurs autres droits reliés à la négociation, notamment ceux de grève et de lock-out le cas échéant[56]. En l'absence d'engagement conventionnel de sa part, rien n'empêchera l'employeur de modifier les conditions de travail de ses salariés après l'expiration de la période légale de maintien des conditions de travail, sous réserve de son obligation de négocier de bonne foi[57].

Lorsqu'il y a une requête en accréditation, les conditions de travail ne peuvent être modifiées qu'avec le consentement écrit de chaque association requérante et celui de l'association déjà accréditée. En l'absence de requête en accréditation, à l'expiration d'une convention collective, les conditions de travail maintenues par application des deux derniers alinéas de l'article 59 C.t. pourront être changées avec le consentement écrit de l'association accréditée. Le caractère d'ordre public de l'article 59 C.t. empêche que ce consentement soit donné d'avance, par exemple par le biais d'une clause de la convention collective qui ne prendrait effet qu'après son expiration[58].

Quant à son objet, la prohibition vise tout changement dans les conditions de travail, même celui qui paraîtrait favorable aux salariés, comme une augmentation de salaire, à moins qu'un tel changement ne s'inscrive à l'intérieur d'une politique préexistante de

---

54. Voir et transposer: *Fraternité internationale des ouvriers en électricité, section locale 2365* c. *Télébec Ltée*, [1993] T.T. 289.
55. *Syndicat canadien des communications, de l'énergie et du papier, section locale 2995* c. *Spreitzer*, [2002] R.J.Q. 111 (C.A.), par. 56. Consulter aussi l'arrêt de la Cour suprême dans *Ontario Nurses' Association* c. *Haldimand-Norfolk Regional Health Unit*, [1983] 2 R.C.S. 6; la cour y analyse les dispositions de la loi ontarienne équivalentes à celles de l'article 59 C.t.
56. *Bradburn* c. *Wentworth Arms Hotel Ltd.*, [1979] 1 R.C.S. 846; *Consolidated-Bathurst Inc.* c. *Syndicat national des travailleurs des pâtes et papiers de Port-Alfred*, [1987] R.J.Q. 520 (C.A.); *Fraternité des policiers de la municipalité de la Baie-James* c. *Tremblay*, D.T.E. 87T-258 (C.A.).
57. Voir à ce sujet, par analogie, dans le contexte de la loi de Colombie-Britannique: *CAIMAW* c. *Paccar of Canada Ltd.*, [1989] 2 R.C.S. 983. Sur les conséquences de l'expiration de la période prévue à l'article 59 C.t. après l'échéance d'une convention collective, voir *infra*, Titre II, chapitre 7, n° 639.
58. *Association des pompiers de Montréal inc.* c. *Montréal (Ville de)*, [2001] R.J.D.T. 1115 (T.A.).

l'employeur[59]. Dans ce cas, l'obligation de maintenir les conditions de travail emportera celle de continuer à suivre la politique préétablie, laquelle constitue en elle-même la condition de travail à être maintenue. Cela ne signifie toutefois pas que l'employeur ne puisse modifier, dans l'exercice de son pouvoir normal de gérance, les modes de contrôle d'application des conditions de travail préexistantes[60].

Une allégation de contravention à l'article 59 C.t. devrait en somme être soumise à un examen strictement objectif. Première conséquence, l'intention de l'employeur ne présente aucune pertinence[61]. Deuxième conséquence, la détermination relative au changement allégué s'effectue par référence à une condition de travail particulière identifiée et factuellement préexistante[62].

548 – *Mesures disciplinaires et renvoi* – On s'est demandé si l'article 59 C.t. couvrait l'imposition d'une sanction disciplinaire et la rupture du lien d'emploi. La réponse est délicate et exige des distinctions.

Si les conditions de travail maintenues par l'article 59 C.t. sont contenues dans une convention collective, cette dernière régissait normalement ces situations. L'application de la convention se trouvant légalement prolongée, la sanction disciplinaire ou la terminaison d'emploi pourra être traitée selon les termes de la convention[63].

Lorsque les conditions de travail applicables n'ont pas été établies par convention collective, la première question posée en fonction des termes de l'article 59 C.t. devient la suivante: l'imposition d'une sanction disciplinaire et la terminaison de l'emploi par l'employeur constituent-elles, en elles-mêmes, une modification des conditions de

---

59. *Projectionnistes de vues animées de Montréal de l'Alliance internationale des employés de théâtre et des opérateurs de machines à vues animées, local 262* c. *France Film*, précité, note 17; *Dallaire* c. *Industrielle Compagnie d'assurance sur la vie*, [1978] T.T. 376; *Abbott Laboratories* c. *Laliberté*, [1975] T.T. 136; *Diorio* c. *Laboratoire de photo Bellevue Inc.*, [1972] T.T. 369; *R.* c. *Harricana Métal*, [1970] T.T. 97.
60. *Campeau* c. *Longueuil (Ville de)*, [1983] T.T. 212 – changement du régime de contrôle des présences au travail.
61. *Centre de la petite enfance Casse-noisette Inc.* c. *Syndicat des travailleuses et travailleurs en garderie de Montréal (C.S.N.)*, [2000] R.J.D.T. 1859 (T.A.).
62. *Ibid.*
63. Voir: *Centre des services sociaux du Montréal-Métropolitain* c. *Syndicat des employés du C.S.S.M.M.*, [1983] C.A. 147; *Projectionnistes de vues animées de Montréal de l'Alliance internationale des employés de théâtre et des opérateurs de machines à vues animées, local 262* c. *France Film*, précité, note 12.

travail au sens de l'article 59 C.t.? Une réponse négative paraît justifiée, pour plusieurs motifs. D'abord, en édictant l'article 59 C.t., le législateur se préoccupait prioritairement des conditions auxquelles et dans lesquelles les salariés fournissent leur travail à l'employeur, plutôt qu'au maintien de l'emploi lui-même ou à la sanction du respect par les salariés de leurs obligations envers l'employeur. Ensuite, d'autres dispositions du *Code du travail* déterminent clairement les paramètres des droits respectifs de l'employeur et des salariés en matière de sanctions et de rupture d'emploi, notamment dans le contexte particulier d'une implantation syndicale, et offrent un recours spécifique au salarié qui se croit lésé sur ce plan (art. 15 à 20 C.t.). De plus, si on considérait automatiquement une sanction disciplinaire ou un congédiement comme un changement dans les conditions de travail au sens de l'article 59 C.t., il faudrait logiquement conclure à l'illégalité de la mesure du seul fait qu'elle a été prise par l'employeur, indépendamment de ses motifs. Enfin, si on tient compte du fait que les dispositions de l'article 59 C.t. peuvent être sanctionnées, comme nous le verrons, par un recours à l'arbitrage, on doit arriver à la conclusion qu'en rendant toute sanction disciplinaire ou rupture d'emploi sujette à un tel recours, comme sous l'empire d'une convention collective, l'article 59 C.t. conférerait aux salariés plus de droits en la matière qu'ils n'en avaient auparavant. Il modifierait ainsi lui-même leurs conditions de travail[64].

Les considérations qui précèdent n'excluent pas que l'imposition d'une mesure disciplinaire à un salarié ou son renvoi soient marqués d'une modification des conditions de travail prohibée par l'article 59 C.t., que ce soit au niveau de la procédure suivie ou quant au motif allégué pour justifier la mesure imposée. L'application de l'article 59 C.t. dépend alors du constat d'une telle modification. Cette dernière doit s'apprécier objectivement et concrètement, ce qui suppose un point de référence. Cette référence peut d'abord provenir du cadre même de l'entreprise concernée, à partir des règles que l'employeur s'était lui-même données ou en se rapportant à des précédents susceptibles de comparaison. Il demeure aussi possible de prendre en compte les pratiques usuelles de d'autres employeurs. La question devient alors la suivante: un employeur raisonnable et respectueux de la Loi, placé dans la même situation, aurait-il pu agir de la même façon? Par exemple, une disproportion manifeste entre la

---

64. Voir, en ce sens: *Centre des services sociaux du Montréal-Métropolitain* c. *Syndicat des employés du C.S.S.M.M.*, *ibid.* À noter, toutefois, que cet arrêt a été rendu sur la base de la législation antérieure à l'introduction de l'arbitrage comme mode de sanction civile de l'article 59 C.t. (art. 100.10 C.t.).

faute commise par un salarié et la sanction qui lui a été imposée justifiera de conclure qu'il a été victime d'une modification illégale de ses conditions de travail. En substance, l'ensemble de cette approche a reçu l'aval des tribunaux supérieurs et trouve application couramment en arbitrage[65].

549 – *Sanction pénale et recours civil* – Une contravention à l'article 59 C.t. est sujette à une sanction pénale (art. 144 à 146 C.t.). Il y a alors lieu de s'assurer que la plainte allègue tous les éléments essentiels de l'infraction: (1) le dépôt d'une requête en accréditation ou l'expiration d'une convention collective à une date donnée; (2) le fait que ni le droit au lock-out ni le droit à la grève n'a été exercé et qu'aucune sentence arbitrale n'est intervenue; (3) le fait d'une modification à une condition de travail identifiée; (4) l'absence de consentement écrit du syndicat ou des syndicats en cause, suivant le cas[66].

Le *Code du travail* crée un recours de nature civile particulier au soutien des droits protégés par son article 59 (et par l'article 93.5 C.t. qui s'y réfère, au moment de l'arbitrage statutaire d'une première convention collective). Ce recours, c'est celui de l'arbitrage comme s'il s'agissait d'un grief (art. 100.10 C.t.)[67]. Par interprétation, la jurisprudence en a étendu l'application aux situations où, pendant une grève ou un lock-out, les services doivent néanmoins légalement être rendus ou maintenus par des salariés[68]. Ce recours doit être exercé par l'association intéressée, c'est-à-dire celle qui peut se plaindre du fait que les conditions de travail de certains salariés ont été modifiées sans son consentement, qu'elle soit accréditée ou non. Vu le pouvoir de l'arbitre de prononcer lui-même une ordonnance provisoire (art. 100.12g) C.t.), une demande d'injonction pour valoir jusqu'à ce que l'arbitre dispose de la mésentente ou que n'intervienne dans l'intervalle une sentence arbitrale de différend ne devrait s'envisager qu'en cas d'extrême urgence[69].

---

65. *Automobiles Canbec Inc.* c. *Hamelin*, D.T.E. 99T-56 (C.A.); *Syndicat des employés de la Commission scolaire du Haut-St-Maurice* c. *Rondeau*, [1993] R.J.Q. 65 (C.A.); *Sedac Laboratoires Inc.* c. *Turcotte*, D.T.E. 98T-1159 (C.S.).
66. Voir: *Campeau* c. *Ville de Longueuil*, [1983] T.T. 236.
67. *Travelways Ltd.* c. *Legendre*, D.T.E. 86T-709 (C.S.).
68. *Syndicat canadien de la fonction publique, section locale 301* c. *Montréal (Ville de)*, D.T.E. 2000T-659 (C.A.) – relativement à l'article 111.0.23 C.t.
69. *Union internationale des travailleurs et travailleuses unis de l'alimentation et du commerce, section locale 503* c. *Coopérative régionale des consommateurs de Tilly*, [1994] R.J.Q. 2014 (C.S.); *Syndicat des travailleurs et travailleuses de la résidence L.M. Lajoie (C.S.N.)* c. *Lajoie*, D.T.E. 92T-113 (C.S.). La C.R.T. dispose également d'un pouvoir d'ordonnance provisoire (art. 118, 3° C.t.) mais il y a lieu de considérer que son utilisation est tributaire de la compétence de l'organisme à l'endroit de l'objet principal du litige.

G. Le vote sur les dernières offres de l'employeur

550 – *Conditions* – Il s'agit ici du seul changement apporté au processus de négociation des conventions collectives par la réforme de 2001, mais il est de taille. Le nouvel article 58.2 C.t. prévoit, pour dire les choses simplement, que les dernières offres de l'employeur puissent être soumises à un vote au scrutin secret des salariés. Sa lecture permet d'identifier les principales caractéristiques de cette mesure:

– le scrutin est tenu sur ordonnance de la C.R.T., à la demande de l'employeur;

– pour faire droit à cette demande, la C.R.T. doit être d'avis que la mesure est de nature à favoriser la négociation ou la conclusion d'une convention collective;

– l'ordonnance s'adresse à l'association accréditée, qu'elle enjoint de tenir le scrutin secret à la date ou dans le délai qu'elle détermine;

– le scrutin a pour objet d'accepter ou de refuser les dernières offres de l'employeur, sur toutes les questions qui font toujours l'objet d'un différend entre les parties[70];

– le scrutin est tenu sous la surveillance de la C.R.T. et selon les règles qu'elle détermine;

– la C.R.T. ne peut ordonner la tenue d'un tel scrutin qu'une seule fois à l'égard de la négociation d'une convention collective;

– seuls peuvent voter les membres de l'association accréditée compris dans l'unité de négociation en cause.

La C.R.T. devra se montrer particulièrement prudente et perspicace dans la détermination des règles qui régiront ce scrutin. Il y aura lieu pour elle de prendre en compte, notamment, que l'ambiguïté n'est pas de nature à favoriser la négociation ou la conclu-

---

70. Lorsqu'une négociation a été marquée d'une grève ou d'un lock-out, il y aura lieu de déterminer selon l'état du dossier si les conditions de retour au travail ont été discutées et font l'objet d'un différend entre les parties. Cette question s'est souvent révélée cruciale dans le règlement d'une négociation et la conclusion d'une convention collective; voir: *Royal Oak Mines Inc.* c. *Canada (Conseil des relations du travail)*, précité, note 14; *Eastern Provincial Airways Ltd.*, précité, note 43.

sion d'une convention collective, que les offres soumises au scrutin sont celles de l'employeur et que le scrutin lui-même, par contre, demeure celui de l'association accréditée et de ses membres.

551 – *Conséquences* – L'article 58.2 C.t. est muet quant aux effets juridiques d'un vote d'acceptation des offres de l'employeur, le cas échéant. Qu'advient-il, par exemple, d'une grève alors en cours ou de la signature ultérieure d'une convention collective formelle? Les réponses à ces questions feront appel, selon les circonstances, à la fois aux sens de la cohérence et de la nuance.

Dans le cas d'une grève, la réponse pourrait être différente selon que les dernières offres de l'employeur ayant donné lieu au vote des salariés faisaient état des conditions de retour au travail ou qu'elles gardaient le silence à ce sujet.

Quant à la signature de la convention collective, deux constatations s'imposent. D'abord, l'exigence de l'article 20.3 C.t. qu'elle soit autorisée par un vote majoritaire au scrutin secret des membres du syndicat compris dans l'unité de négociation et qui exercent leur droit de vote subsiste. De plus, le scrutin ordonné par la C.R.T. sur les dernières offres de l'employeur ne porte que sur les seules questions qui font toujours alors l'objet d'un différend entre les parties et non sur l'ensemble du contenu de l'éventuelle convention collective. Ajoutons que la convention collective demeure une entente écrite et que l'état du dossier quant à la rédaction des textes tant sur les questions qui avaient été réglées entre les parties que sur celles ayant fait l'objet des dernières offres de l'employeur pourrait s'avérer significatif. En somme, le vote d'autorisation de signature de la convention collective ne devrait se présenter pour l'association accréditée ni comme une exigence purement formelle et redondante, ni comme une occasion de remettre en question l'acceptation des dernières offres patronales ou de refuser de donner effet à ce résultat. Une telle attitude pourrait d'ailleurs mettre en question la bonne foi du syndicat

À un autre niveau, il est prévisible que les éléments de présentation des offres de l'employeur qui auront conduit à l'acceptation de ces offres et à la conclusion d'une convention collective puissent ultérieurement devenir des éléments constitutifs d'une preuve extrinsèque à l'occasion d'un arbitrage de grief[71].

---

71. Voir et transposer: *Fraternité unie des charpentiers et menuisiers d'Amérique, section locale 579* c. *Bradco Construction Ltd.*, [1993] 2 R.C.S. 316.

H. Les secteurs public et parapublic

552 – *Régime particulier* – La section III du chapitre V.1 du *Code du travail* élabore un régime particulier de négociation applicable aux secteurs public et parapublic (art. 111.1 à 111.20 C.t.)[72]. Ce régime est complété, dans ses modalités de fonctionnement, par les dispositions de la *Loi sur le régime de négociation des conventions collectives dans les secteurs public et parapublic*[73]. La caractéristique principale de ce régime spécial de négociation réside dans le fait, particulièrement dans les secteurs de l'éducation et des affaires sociales, que l'essentiel du pouvoir légal et réel de négociation de chaque employeur et de chaque association accréditée, sur les matières les plus lourdes ou significatives, se trouve transporté à des interlocuteurs qui les représentent au niveau national et que la Loi institue comme parties négociant en leur nom[74].

II- L'ARBITRAGE DES DIFFÉRENDS

553 – *Mode de règlement* – L'arbitrage des différends est un mode de solution «pacifique», par comparaison au recours aux moyens de pression économique que sont la grève et le lock-out, pour résoudre un conflit de négociation. Le *Code du travail* laisse généralement aux parties le choix d'y recourir, mais l'impose néanmoins dans certains cas.

A. L'arbitrage volontaire

554 – *Demande* – L'arbitrage des différends est le plus souvent volontaire en ce sens qu'il requiert le consentement des deux parties (art. 74 C.t.). Lorsque les parties choisissent ainsi de recourir à l'arbitrage, celui-ci prend un caractère obligatoire du fait qu'il ne sera plus question pour l'une ou l'autre d'entre elles de faire marche arrière et de récupérer son droit de grève ou de lock-out (art. 58 et 106 C.t.) et que la sentence arbitrale à intervenir les liera comme s'il s'agissait d'une convention collective (art. 92 et 93 C.t.). On avait d'abord considéré que la seule demande conjointe des parties, reçue par le ministre du Travail, créait leur droit à l'arbitrage, mettait fin à leur droit de grève ou de lock-out et interrompait l'application des

---

72. Dans le cas des commissions scolaires, voir aussi: art. 11 C.t.
73. L.R.Q., c. R-8.2.
74. *Ibid.*; sur la négociation des conventions collectives dans les secteurs de l'éducation et des affaires sociales, voir art. 25 à 74; dans le secteur des organismes gouvernementaux, voir art. 75 à 80; dans le cas de la fonction publique, voir art. 81. Voir aussi *infra*, Titre II, chapitre 6, nos 576-581.

paragraphes b.1), b.2) ou c) du premier alinéa de l'article 22 C.t., le différend se trouvant dès lors soumis à l'arbitrage[75]. Deux jugements ultérieurs sont toutefois venus affirmer que c'est seulement la décision du ministre qui a pour effet de soumettre le différend à l'arbitrage, avec les conséquences qui s'ensuivent[76].

555 – *Nomination et décision de l'arbitre* – Le différend est confié à un arbitre choisi par les parties et nommé par le ministre ou, à défaut d'entente entre les parties, désigné d'autorité par le ministre (art. 77 C.t.). Sauf entente contraire entre les parties, l'arbitre est assisté de deux assesseurs désignés par celles-ci (art. 78 C.t.). Les pouvoirs et les obligations de l'arbitre sont énoncés aux articles 76 et 78 à 91.1 C.t. Relativement au contenu de la sentence arbitrale, l'arbitre dispose en substance de la même latitude que les parties elles-mêmes dans l'élaboration d'une convention collective: ni plus, ni moins[77]. L'article 79 C.t. prévoit que l'arbitre peut tenir compte «entre autres, des conditions de travail qui prévalent dans des entreprises semblables ou dans des circonstances similaires ainsi que des conditions de travail applicables aux autres salariés de l'entreprise»[78]. La sentence de l'arbitre a l'effet d'une convention collective signée par les parties (art. 93, al. 1 C.t.). Les motifs de l'arbitre et les textes qu'ils cherchent à justifier forment un tout qu'il faut apprécier comme tel[79]. La sentence arbitrale lie les parties pour au moins un an et au plus trois ans (art. 92, al. 1 et 93 C.t.)[80]. Elle peut

---

75. Exemples: *City Buick-Pontiac (Mtl) Limitée* c. *Union des vendeurs d'automobiles et employés auxiliaires, local 1974*, R.C.I.A., [1979] T.T. 66; *Syndicat des salariés du Château Bonne-Entente (C.S.N.)* c. *Union des employés de restauration du Québec, local 102*, [1983] T.T. 408.

76. *Syndicat québécois des employées et employés de service, section locale 298* c. *Association des employés de la Résidence du Bonheur*, D.T.E. 97T-1011 (T.T.); *Syndicat des travailleurs d'Entreprises Philip (C.S.N.)* c. *Union des chauffeurs de camions, hommes d'entrepôts et autres ouvriers, section locale 106 (F.T.Q.)*, D.T.E. 98T-328 (T.T.).

77. *Corporation de la Ville de Cowansville* c. *Fraternité des policiers de Cowansville*, D.T.E. 83T-908 (C.A.); *Ville de Laval* c. *Fraternité des policiers de Laval Inc.*, C.A. Montréal, n° 500-09-001590-819, 17 septembre 1984; *Syndicat des employés de l'aluminium de la Mauricie* c. *Société d'électrolyse et de chimie Alcan Ltée*, C.A. Montréal, n° 500-09-000773-796, 14 novembre 1979. La sentence de l'arbitre ne saurait avoir pour effet de porter atteinte à une décision d'accréditation déjà légalement rendue: *Syndicat démocratique des distributeurs (C.S.D.)* c. *Roy*, [2000] R.J.D.T. 1581 (C.S.).

78. Voir et transposer: *Fraternité des policiers-pompiers de Montmagny inc.* c. *Montmagny (Ville de)*, D.T.E. 2000T-578 (C.S.).

79. *Fraternité des policiers de la municipalité de la Baie-James* c. *Baie-James (Municipalité de la)*, D.T.E. 99T-580 (C.A.).

80. L'arbitre peut en tout temps corriger une erreur d'écriture ou de calcul, ou toute erreur matérielle dans sa sentence (art. 91.1 C.t.): *F.T.Q. – Construction* c. *Dufresne*, [1999] R.J.D.T. 1608 (C.S.).

avoir des effets rétroactifs[81]. Même si elle expire à une date antérieure à celle où elle est rendue, la sentence peut néanmoins couvrir toutes les matières qui n'ont pas fait l'objet d'un accord entre les parties (art. 92, al. 2 C.t.)[82]. La sentence de l'arbitre ayant l'effet d'une convention collective, il s'ensuit que les parties demeurent libres d'en modifier le contenu par entente ultérieure à cet effet.

En pratique, l'arbitrage facultatif des différends demeure peu fréquent. Dans les secteurs public et parapublic, le gouvernement le refuse d'ailleurs en invoquant en particulier comme raison qu'il n'appartient pas à des tiers de décider de l'affectation des fonds publics.

B. L'arbitrage obligatoire

1. Les policiers et les pompiers

556 – *Médiation et arbitrage* – Les articles 94 et suivants C.t. ont pour effet d'imposer l'arbitrage comme mode obligatoire de règlement des différends entre les policiers et les pompiers à l'emploi des municipalités ou des régies intermunicipales et leurs employeurs. Les articles 105 et 107 C.t. interdisent aux parties le recours à la grève ou au lock-out. Le régime de prévention et de solution des différends qui supplée à l'absence de ces derniers moyens conduit ultimement à un arbitrage dont les modalités sont prévues aux articles 97 à 99.9 C.t.

À la demande conjointe des parties, le ministre du Travail doit nommer un médiateur pour aider à régler un différend entre une municipalité ou une régie intermunicipale, d'une part, et un syndicat accrédité pour représenter ses policiers ou ses pompiers, d'autre part (art. 94, al. 1 C.t.)[83]. Ce médiateur dispose de soixante jours pour amener les parties à s'entendre et son intervention ne peut être prolongée qu'une seule fois par le ministre, à sa demande, pour une période d'au plus trente jours (art. 94, al. 2 C.t.).

---

81. *Syndicat des employés de l'aliminium de la Mauricie c. Société d'électrolyse et de chimie Alcan Ltée*, précité, note 77.
82. Cette disposition résulte d'un amendement adopté en 2001 en réponse à une sentence arbitrale par laquelle un arbitre avait décidé qu'il ne pouvait faire débuter l'effet de sa sentence à sa date, plus de trois ans après l'échéance de la convention collective précédente, et qu'il n'avait pas compétence pour dicter des dispositions qui ne pouvaient recevoir d'effet rétroactif; la Cour supérieure avait reconnu la légalité de cette sentence: *Windsor (Ville de) c. Gagnon*, D.T.E. 2001T-419 (C.S.).
83. L'article 99.9, al. 1 C.t. exclut l'intervention d'un conciliateur selon les articles 54 et 55 du Code.

À défaut d'entente au terme de la période de médiation, l'article 96 C.t. commande au médiateur de remettre aux parties un rapport dans lequel il identifie les sujets qui ont fait l'objet d'un accord et ceux qui demeurent l'objet d'un différend; le médiateur remet en même temps une copie de ce rapport au ministre avec ses commentaires.

Le ministre du Travail doit déférer le différend à l'arbitrage, selon l'article 97 C.t., après la réception du rapport de médiation ou, en l'absence de médiation, sur demande écrite à cet effet. Cette demande peut émaner d'une seule partie. La même disposition législative ouvre la possibilité de deux modes d'arbitrage, selon le choix des parties. Sur demande conjointe de ces dernières, le différend sera confié à un médiateur-arbitre; autrement, c'est un arbitre qui sera nommé. Lorsque les parties ont choisi de recourir à un médiateur-arbitre, ce dernier doit, avant de procéder à l'arbitrage, d'abord tenter de régler le différend et c'est lorsqu'il juge qu'il est improbable que les parties puissent en arriver à la conclusion d'une convention collective dans un délai raisonnable, qu'il doit décider de déterminer le contenu de la convention collective et, alors, en informer les parties et le ministre (art. 99.1.1 C.t.).

557 – *Nomination de l'arbitre* – Dans les dix jours qui suivent la réception d'un avis du ministre indiquant qu'il défère le différend à l'arbitrage conformément au mode qu'elles ont choisi, les parties doivent se consulter sur le choix d'un arbitre à partir d'une liste dressée par le ministre spécifiquement à cette fin (art. 98, al. 1 C.t.). Si les parties s'entendent, le ministre nomme comme arbitre ou médiateur-arbitre la personne de leur choix; à défaut d'une telle entente, le ministre désigne l'arbitre à partir de la liste (art. 98, al. 2 C.t.). La liste d'arbitres est préparée à partir des propositions conjointes des associations représentatives des municipalités, des régies intermunicipales, des policiers et des pompiers ou, en l'absence d'un nombre suffisant de propositions conjointes agréées par le ministre, à partir de la liste visée à l'article 77 du *Code du travail* (art. 99 C.t.). Pour assurer l'indépendance des arbitres, l'article 99.1 oblige toute personne qui veut être inscrite sur cette liste d'arbitres à s'engager par écrit à ne pas agir comme arbitre dans un grief relativement à l'interprétation ou à l'application d'une sentence arbitrale qu'elle a rendue en sa qualité d'arbitre de différend inscrit sur cette liste spéciale. Rien n'empêche par ailleurs cette personne d'agir comme arbitre de grief relativement à une autre sentence arbitrale de différend ou à une convention collective entre une municipalité ou une régie intermunicipale et un syndicat de policiers ou de pompiers ou toute autre catégorie de salariés.

Sauf entente à l'effet contraire entre les parties, l'arbitre procède à l'arbitrage avec un assesseur nommé par chacune d'elles (art. 99.2 C.t.).

558 – *Décision* – L'arbitre doit, selon l'article 99.3 C.t., rendre sa sentence selon l'équité et la bonne conscience. L'article 99.4 limite sa compétence aux seules matières qui n'ont pas fait l'objet d'un accord entre les parties tout en l'habilitant, de façon exclusive, à déterminer ces matières en se fondant, s'il y a lieu, sur le rapport du médiateur ou sur son propre constat lors de sa médiation.

Dans la mesure où ces données apparaissent dans la preuve recueillie à l'enquête, l'arbitre est tenu, en rendant sa sentence, de tenir compte des conditions de travail applicables aux autres salariés de la municipalité concernée ou des municipalités parties à l'entente constituant la régie intermunicipale concernée, des conditions de travail qui prévalent dans des municipalités ou des régies intermunicipales semblables ou dans des circonstances similaires, ainsi que de la situation et des perspectives salariales et économiques du Québec (art. 99.5 et 99.6 C.t.)[84]. L'arbitre peut aussi prendre en compte tout autre élément de preuve, tout en se limitant à cette dernière (art. 99.5, al. 2 et 99.6 C.t.). Les articles 81 à 87 ainsi que 91 C.t. s'appliquent au déroulement de l'instance (art. 99.9, al. 2 C.t.).

La sentence doit être écrite, motivée et signée par l'arbitre (art. 88 et 99.9 C.t.). Pour ce faire, ce dernier dispose d'un délai de soixante jours à compter de sa nomination, à moins que ce délai ne soit prolongé à sa demande par le ministre, une fois ou plusieurs fois, pour un maximum de trente jours chaque fois (art. 90 et 99.9 C.t.). L'arbitre doit consigner à sa sentence les stipulations relatives aux matières qui ont fait l'objet d'un accord constaté par le rapport du médiateur ou lors de sa propre médiation. Il doit faire de même à l'égard des stipulations sur lesquelles les parties s'entendent en cours d'arbitrage. Il ne peut modifier ces stipulations sauf dans la mesure nécessaire pour les adapter en vue de les rendre compatibles avec une disposition de la sentence sur une matière demeurée litigieuse et qu'il doit trancher (art. 99.7 C.t.). La sentence de l'arbitre lie les parties pour une durée d'au moins un an et d'au plus trois ans, mais les parties peuvent en tout temps convenir d'en modifier le contenu, en tout ou en partie (art. 99.8, al. 1 C.t.). Cette dernière faculté laissée

---

84. *Fraternité des policiers-pompiers de Montmagny inc.* c. *Montmagny (Ville de)*, précité, note 78.

aux parties s'harmonise d'ailleurs avec l'effet de la sentence, qui est celui d'une convention collective signée par elles (art. 93 et 99.9, al. 2 C.t.). La sentence arbitrale qui expire à une date antérieure à celle où elle est rendue peut néanmoins couvrir toutes les matières qui n'ont pas fait l'objet d'un accord entre les parties (art. 99.8, al. 2 C.t.)[85].

559 – *Autres mésententes* – Par exception en faveur des policiers et des pompiers municipaux, une mésentente qui survient entre leur association accréditée et la municipalité ou la régie intermunicipale qui les emploie, sans qu'il s'agisse d'un différend ou d'un grief au sens du *Code du travail*, peut être sujette à un arbitrage obligatoire, sur décision du ministre, après l'intervention d'un médiateur (art. 99.10 et 99.11 C.t.)[86]. Une telle mésentente se rapporte le plus souvent à une condition de travail non prévue dans une convention collective ou dans une sentence arbitrale de différend qui en tient lieu[87].

2. La première convention collective

560 – *Conditions d'application* – Le recours à l'arbitrage peut devenir obligatoire, en vertu des articles 93.1 et 93.9 C.t., à l'égard d'un groupe de salariés qui disposent du droit de grève. Selon l'article 93.1 C.t., cette possibilité n'existe que dans le cas de la négociation d'une première convention collective pour le groupe de salariés visé par l'accréditation[88]. On peut se demander comment s'applique la disposition en présence de certaines modifications apportées à une accréditation (adjonction d'un groupe de salariés à un groupe existant, fusion d'accréditations, etc.). Selon la lettre de l'article 93.7 C.t., elle devrait s'appliquer chaque fois qu'il s'agit de la première convention collective pour le groupe tel qu'il est décrit, quant à son étendue, dans la décision d'accréditation qui sert d'assise à la négociation. Par ailleurs, l'esprit de la disposition justifierait que l'on prenne en considération la nature et l'ampleur des modifications apportées à une unité de négociation préexistante pour déterminer si on se trouve véritablement en présence d'un nouveau groupe qui cherche à négocier une première convention collective.

---

85. Voir *supra*, note 82.
86. *Association des pompiers de Montréal Inc.* c. *Montréal (Ville de)*, [1986] R.J.Q. 1576 (C.A.).
87. *Ibid.*
88. Les secteurs public et parapublic sont toutefois soustraits à cette possibilité (art. 111.1 C.t.).

Relativement à la demande d'arbitrage, on peut retenir des articles 93.1 et 93.3 C.t. les données suivantes:

– l'une ou l'autre des parties peut prendre l'initiative de demander au ministre la référence du différend à l'arbitrage;

– pour qu'une telle demande puisse être formulée, il faut qu'un conciliateur soit intervenu dans le dossier et que son intervention ait été infructueuse; la demande doit être faite par écrit avec copie à l'autre partie[89];

– le ministre a discrétion pour disposer de la demande[90];

– le ministre ne peut cependant prendre l'initiative de la nomination d'un arbitre.

Aux fins d'application des paragraphes b.1) ou b.2) de l'article 22, al. 1 C.t., c'est la décision du ministre acquiesçant à la demande d'arbitrage qui a pour effet de soumettre le différend à l'arbitrage[91].

561 – *Nomination et mandat de l'arbitre* – Le cas échéant, le ministre nomme comme arbitre la personne choisie par les parties ou, à défaut d'entente entre elles, celle qu'il choisit lui-même d'office (art. 77 et 93.9 C.t.).

La première tâche de l'arbitre est de décider s'il devra ou non déterminer le contenu de cette première convention collective. Cette décision sera affirmative si l'arbitre est d'avis qu'il est improbable que les parties puissent en arriver à la conclusion d'une convention collective dans un délai raisonnable (art. 99.4 C.t.). Il s'agit là d'une appréciation de la situation par l'arbitre à la lumière du déroulement

---

89. *Séguin* c. *Industries Simard & Frères Inc.*, [1992] R.J.Q. 652 (C.A.).

90. La décision est purement administrative et ministérielle et ne peut, pour ce motif, donner ouverture à un recours en révision judiciaire en vertu de l'article 846 C.p.c. Cela n'exclut toutefois pas que la décision d'un arbitre nommé irrégulièrement par le ministre puisse elle-même faire ultérieurement l'objet d'un tel recours: *Séguin* c. *Industries Simard & Frères Inc.*, *ibid.*

91. *Union des vendeurs d'automobiles et employés auxiliaires, local 1964* c. *Mont-Royal Ford Ventes Ltée*, [1979] T.T. 37; *Cité Buick-Pontiac (Mtl) Limitée* c. *Union des vendeurs d'automobiles et employés auxiliaires, local 1974, R.C.I.A.*, précité, note 75; *Trudel* c. *Construction and Supply Drivers and Allied Workers Teamsters, local 903*, D.T.E. 84T-1 (T.T.). Voir aussi *supra*, note 76.

des négociations entre les parties jusqu'à son intervention et en tenant compte des questions qui demeurent en litige ainsi que de la position des parties sur ces questions[92].

Que sa décision soit positive ou négative quant à la détermination du contenu de la première convention collective, l'arbitre doit en informer les parties et le ministre du Travail (art. 99.4 C.t.). L'avis donné aux parties par l'arbitre de sa décision de déterminer le contenu de la première convention collective produit, suivant l'article 93.5 C.t., deux effets immédiats: la fin d'une grève ou d'un lock-out en cours; le maintien ou le rétablissement de conditions de travail identiques à celles qui s'étaient trouvées maintenues par l'article 59 C.t.

La procédure d'arbitrage ainsi que les pouvoirs et les devoirs de l'arbitre sont ceux prévus aux articles 75 à 93 C.t., auxquels renvoie l'article 93.9 C.t. L'arbitre est toutefois lié par tout accord intervenant entre les parties pendant le processus arbitral sur une question qui fait l'objet de leur différend (art. 93.7 C.t.).

Comme dans le cas d'un arbitrage volontaire, la sentence arbitrale a les mêmes effets qu'une convention collective signée par les parties, pour une durée minimale d'un an et maximale de trois ans, les parties pouvant en modifier le contenu à leur gré (art. 92, 93 et 93.9 C.t.)[93].

C. Le contrôle judiciaire

562 – *Généralités* – L'arbitre de différend bénéficie des clauses privatives des articles 139, 139.1 et 140 du *Code du travail* relativement aux actes qu'il accomplit et aux décisions qu'il rend dans l'exercice de sa compétence.

Les devoirs que le *Code du travail* confie à l'arbitre de différend ne sont manifestement pas de nature purement privée. Il s'ensuit que l'omission, la négligence ou le refus de l'arbitre de différend

---

92. Avant de procéder à sa détermination, l'arbitre n'est pas obligé d'entendre toute la preuve et tous les arguments que peuvent vouloir lui soumettre les parties; il suffit qu'il agisse équitablement à leur endroit: *Syndicat des employées et employés professionnels-les et de bureau, section locale 57* c. *Lefebvre*, D.T.E. 88T-910 (C.S.).
93. *Fraternité des policiers de la municipalité de la Baie James* c. *Tremblay,* D.T.E. 87T-258 (C.A.); *Association des employés des organismes nationaux de loisir du Québec (C.E.Q.)* c. *Gagnon*, D.T.E. 86T-761 (C.S.). Voir aussi *supra*, n° 555.

d'accomplir un devoir que la Loi lui impose ou un acte auquel elle l'oblige donnera ouverture à un recours en *mandamus* selon l'article 844 du *Code de procédure civile*[94].

L'arbitre de différend est également sujet à l'exercice du pouvoir de contrôle judiciaire, notamment par voie de révision judiciaire en vertu de l'article 846 du *Code de procédure civile*, selon les principes généraux établis par la jurisprudence relativement aux conditions d'exercice du pouvoir de révision des tribunaux supérieurs[95].

---

94. *Fraternité des policiers de Laval Inc.* c. *Dufresne*, C.S. Montréal, n° 500-05-023294-786, 10 mai 1979.
95. *Séguin* c. *Industries Simard & Frères Inc.*, précité, note 89; *Trefflé Goulet & Fils ltée* c. *Gagnon*, [2002] R.J.D.T. 605 (C.S.) – manquement à une règle de justice naturelle. Sur les conditions de reconnaissance du caractère statutaire d'une juridiction, au sens et aux fins d'application de l'article 846 C.p.c., voir: *Roberval Express Limitée* c. *Union des chauffeurs de camions et hommes d'entrepôts et autres ouvriers, local 106*, [1982] 2 R.C.S. 888.

CHAPITRE 6

LES CONFLITS DE NÉGOCIATION: GRÈVE, LOCK-OUT, PIQUETAGE

563 – *Généralités* – La négociation collective conduit parfois les parties à recourir à des moyens plus lourds que la discussion pour soutenir leurs positions. Ces moyens sont couramment la grève et le piquetage pour la partie syndicale et le lock-out pour l'employeur. Ils ont en commun d'exercer une pression économique sur l'autre partie en lui engendrant des coûts qui peuvent aussi, dans certains cas, se répercuter sur des tiers ou sur l'ensemble du public.

Un arrêt récent de la Cour suprême situe socialement ces moyens de pression économique et les coûts qui leur sont associés:

> [...] notre société en est venue à reconnaître que ces coûts sont justifiés eu égard à l'objectif supérieur de la résolution des conflits de travail et du maintien de la paix économique et sociale. Désormais, elle accepte aussi que l'exercice de pressions économiques, dans les limites autorisées par la loi, et l'infliction d'un préjudice économique lors d'un conflit de travail représente le prix d'un système qui encourage les parties à résoudre leurs différends d'une manière acceptable pour chacune d'elles.[1]

I- LA GRÈVE

A. Le droit de grève

564 – *Absence de garantie constitutionnelle* – Dès 1987, dans le cadre d'une trilogie, la Cour suprême décidait que la grève ne peut se réclamer d'aucune protection constitutionnelle sous le couvert de la liberté d'association affirmée par le paragraphe 2d) de la

---

1. *S.D.G.M.R., section locale 558* c. *Pepsi-Cola Canada Beverages (West) Ltd.*, D.T.E. 2002T-121, 2002 CSC 8, par. 25.

Charte canadienne des droits et libertés[2]. Selon la Cour, la garantie de la liberté d'association ne rejoint pas les moyens auxquels le groupement associatif peut recourir pour atteindre ses objectifs, même si ces derniers sont légitimes.

La Cour suprême n'a jamais, depuis, dérogé à cette position[3]. Toutefois, cet acquis jurisprudentiel n'est peut-être plus aussi absolu et immuable. L'arrêt récent de la Cour suprême dans l'affaire *Dunmore*[4] reconnaît qu'exceptionnellement un moyen d'action syndicale, en l'occurrence l'accès à un régime légal et général de rapports collectifs du travail, peut bénéficier de la protection constitutionnelle de la liberté d'association lorsque cette dernière serait autrement vidée de son sens. Si lourd que soit un tel fardeau de démonstration, on ne saurait exclure que cette éventualité se présente relativement au droit de grève. Ce pourrait être le cas, par exemple, à l'occasion d'un retrait hâtif et intempestif du droit de grève, par une loi d'exception, d'une manière historiquement répétitive et sans aménagement d'un mode alternatif et satisfaisant de règlement du conflit.

565 – *Reconnaissance par la Loi* – La législation du Québec reconnaît le droit de grève à tous les salariés au sens du *Code du travail*, sous réserve de quelques exceptions. Ce droit est toutefois réservé aux seuls salariés représentés par une association accréditée et à cette dernière (art. 106 C.t.).

Quant aux exceptions, la grève est d'abord interdite aux policiers et pompiers municipaux (art. 105 C.t.). La *Loi sur la fonction publique*[5] interdit de son côté toute grève aux agents de la paix parmi lesquels, notamment, les surveillants en établissement de détention, les agents de conservation de la faune, les agents de pêcheries et les inspecteurs des transports, ainsi qu'aux fonctionnaires de la direction générale responsable de la sécurité civile au ministère de la Sécurité publique[6]. La grève est également prohibée aux membres de

---

2. *Renvoi relatif à la Public Service Employee Relations Act (Alb.)*, [1987] 1 R.C.S. 313; *Alliance de la Fonction publique du Canada* c. *Canada*, [1987] 1 R.C.S. 424; *Syndicat des détaillants, grossistes et magasins à rayons, sections locales 544, 635 et 955* c. *Saskatchewan*, [1987] 1 R.C.S. 460.
3. *Institut professionnel de la Fonction publique du Canada* c. *Territoires du Nord-Ouest (Commissaire)*, [1990] 2 R.C.S. 367. Voir aussi: *Dunmore* c. *Ontario (Procureur général)*, D.T.E. 2002T-51, 2001 CSC 94, par. 14-16; *R.* c. *Advance Cutting & Coring Ltd.*, 2001 CSC 70, par. 176-179, [2001] 3 R.C.S. 209; *Delisle* c. *Canada (Sous-procureur général)*, [1999] 2 R.C.S. 989.
4. *Dunmore* c. *Ontario (Procureur général)*, *ibid.*
5. L.R.Q., c. F-3.1.1.
6. *Ibid.*, art. 64, 4° et 69, al. 1.

la Sûreté du Québec en vertu de la *Loi sur le régime syndical applicable à la Sûreté du Québec*[7].

Qu'en est-il de ces employés qui ne sont pas des salariés au sens du *Code du travail*, tels les cadres? Aucune disposition législative ne leur reconnaît le droit à la grève ni ne leur interdit d'y recourir. En pratique, la grève les placera en situation de vulnérabilité en ce sens que l'employeur pourrait, en certaines circonstances, invoquer leur défaut d'exécution pour résilier leur contrat de travail selon les principes généraux du droit civil. L'absence de protection constitutionnelle du droit de grève, par le biais des chartes, prend ici toute sa mesure.

Dans tous les cas où elle est permise, la grève est cependant réglementée quant au moment où elle peut être déclenchée et elle est sujette à la formalité préalable d'un vote d'autorisation. Dans certains secteurs d'activités, l'exercice du droit de grève est soumis à des conditions supplémentaires de préavis ou de maintien des services essentiels.

B. Les conditions d'exercice

1. Le régime général

a) Le temps

566 – *Délai* – En vertu de l'article 106 C.t., la grève ne peut être déclenchée tant qu'un syndicat n'a pas été accrédité et que ne s'est pas écoulé le délai prévu à l'article 58 C.t. Elle est en outre interdite pendant la durée d'une convention collective, en vertu de l'article 107 C.t., à moins que la convention renferme une clause de réouverture et que, dans ce cas également, le délai de l'article 58 C.t. ait été respecté[8].

Quant au délai de l'article 58 C.t., il court à compter de la date de réception par son destinataire d'un avis de négociation donné selon les articles 52 et 52.1 C.t. ou, à défaut, à compter de la date à laquelle tel avis est réputé avoir été reçu suivant l'article 52.2 C.t.[9]. Le délai

---

7. L.R.Q., c. R-14, art. 6.
8. *Services d'assurances Les Coopérants Inc.* c. *Syndicat des employés des coopératives d'assurance-vie (C.S.N.)*, D.T.E. 85T-487 (C.S.).
9. En principe, l'avis qui n'est pas donné conformément aux dispositions du *Code du travail* ne peut permettre l'acquisition du droit de grève, qui dépendra alors de la date à laquelle l'avis sera réputé avoir été donné, selon les dispositions du code. Toutefois, dans le cas d'un avis transmis prématurément et auquel les parties donnent néanmoins suite, voir l'arrêt *Syndicat des travailleurs et travailleuses du Hilton Québec (C.S.N.)* c. *Union des municipalités régionales de comté et des municipalités locales du Québec Inc.*, [1992] R.J.Q. 1190 (C.A.).

court automatiquement et le droit de grève ou de lock-out se trouve acquis 90 jours plus tard. Il faut cependant tenir compte d'une conséquence probablement imprévue de l'application de l'article 151.3(2) C.t. On y prévoit, en effet, que dans le calcul de tout délai fixé par le Code ou imparti en vertu d'une de ses dispositions (ce qui est le cas de l'article 58 C.t.), lorsque le dernier jour est non juridique, le délai est prorogé au premier jour juridique suivant. Lorsque le 90e jour tombe sur l'un ou l'autre des jours non juridiques mentionnés à l'article 151.1 C.t., ou sur un jour assimilé à un jour non juridique[10], le droit de grève et de lock-out n'est donc acquis que le jour juridique suivant.

b) Le vote

567 – *Exigence* – L'article 20.2 C.t. oblige le syndicat accrédité à tenir un vote d'autorisation avant de déclencher une grève. Les conditions essentielles à la légalité de ce vote sont les suivantes:

– l'objet du vote doit porter spécifiquement et sans ambiguïté sur l'autorisation de déclencher la grève[11];

– le vote doit être tenu distinctement dans chaque unité de négociation pour laquelle le syndicat est accrédité et veut déclarer la grève[12];

– le vote est pris parmi les seuls membres que compte l'association à l'intérieur de l'unité de négociation concernée par le déclenchement de la grève; une majorité des membres du syndicat peuvent ainsi être à l'origine d'une grève légale même s'ils ne représentent qu'un groupe minoritaire par rapport à l'ensemble des salariés compris dans l'unité d'accréditation[13];

– les membres qui ont le droit de vote doivent être informés par l'association de la tenue du scrutin au moins 48 heures à l'avance. À cette fin, l'association prend les moyens nécessaires, compte tenu des circonstances (art. 20.2, al. 2 C.t.);

---

10. Le samedi, le 2 janvier et le 26 décembre, selon l'article 151.3(3) C.t.
11. *Noël* c. *Alliance de la Fonction publique du Canada*, [1989] R.J.Q. 1233 (C.S.) – nullité d'un vote donnant automatiquement au rejet du projet de convention collective le sens d'une autorisation de déclencher la grève.
12. *Procureur général du Québec* c. *Syndicat des employés de garage de Rivière-du-Loup*, [1995] T.T. 159.
13. *Union des employées et employés de service, section locale 800* c. *Farbec Inc.*, [1997] R.J.Q. 2073 (C.A.).

– le vote doit être tenu au scrutin secret (art. 20.2, al. 1 C.t.);

– la majorité requise est calculée sur la base du nombre de membres qui exercent effectivement leur droit de vote (art. 20.2, al. 1 C.t.).

Dans le cadre du respect des conditions essentielles imposées par l'article 20.2 C.t., soit qu'il s'agisse d'un seul et unique vote au scrutin secret de ses membres compris dans l'unité de négociation, le syndicat jouit d'une grande latitude dans la fixation des modalités de ce scrutin[14]. L'article 20.5 C.t. permet par ailleurs à l'association accréditée de prévoir dans ses statuts ou règlements des exigences supérieures à celles dictées par l'article 20.2.

568 – *Sanction* – Selon les termes exprès de l'article 20.4 C.t., l'inobservation de l'une ou l'autre des obligations imposées par l'article 20.2 C.t. quant à ce vote de grève ne donne ouverture qu'à une poursuite pénale en vertu du chapitre IX du Code. L'infraction est en fait créée par l'article 144 C.t. De plus, par effet conjugué de l'article 148 C.t. et des articles 9 et 10 du *Code de procédure pénale*, les poursuites ne peuvent être intentées que par le Procureur général ou par un membre de l'association accréditée compris dans l'unité de négociation et autorisé par un juge. La légalité même de la grève qui serait déclenchée sans que l'article 20.2 C.t. ait été intégralement respecté ne se trouverait donc pas touchée. D'ailleurs, il faut remarquer que l'article 106 C.t. prévoit simplement que la grève est interdite tant qu'une association en cause n'a pas été accréditée et n'en a pas acquis le droit suivant l'article 58 C.t., sans aucune référence à l'article 20.2 C.t. et au respect de ses conditions[15]. Le législateur semble avoir voulu éviter que le vote de grève vienne grossir l'arsenal des moyens susceptibles de retarder le déclenchement de la grève[16].

c) *L'avis au ministre*

569 – *Moment et teneur* – L'article 58.1 C.t. oblige toute association de salariés qui déclare une grève à en informer, par écrit, le

---

14. Voir et transposer: *Raymond* c. *Syndicat des employés de l'Université Laval (S.C.F.P.), section locale 2500*, D.T.E. 84T-360 (C.S.).

15. *Union des employées et employés de service, section locale 800* c. *Farbec Inc.*, précité, note 13; *Alliance internationale des employés de scène et de théâtre, section locale 56* c. *Société de la Place des Arts de Montréal*, [2000] R.J.D.T. 613 (T.T.).

16. *Contra* toutefois, refusant de reconnaître cet effet à l'article 20.4 C.t. qui se limiterait plutôt à offrir un recours spécifique: *Noël* c. *Alliance de la Fonction publique du Canada*, précité, note 11; *Marinier* c. *Fraternité interprovinciale des ouvriers en électricité*, [1988] R.J.Q. 495 (C.S.); *Beaulieu* c. *Association des pompiers de Montréal*, [1981] C.S. 419 – dans le contexte de l'application de l'article 20.3 C.t.

ministre du Travail dans les 48 heures qui suivent cette déclaration. L'avis doit indiquer le nombre de salariés compris dans l'unité de négociation concernée.

2. Le régime applicable aux services publics

570 – *Identification* – L'article 111.0.16 C.t. énumère les services qui constituent, pour l'application du Code, des services publics:

1.   une municipalité et une régie intermunicipale;

1.1 un établissement et une régie régionale visés par la *Loi sur les services de santé et les services sociaux* (chapitre S-4.2) qui ne sont pas visés au paragraphe 2 de l'article 111.2;

2.   un établissement et un conseil régional au sens des paragraphes a et f de l'article 1 de la *Loi sur les services de santé et les services sociaux pour les autochtones cris* (chapitre S-5) qui ne sont pas visés au paragraphe 2 de l'article 111.2[17];

3.   une entreprise de téléphone;

4.   une entreprise de transport terrestre à itinéraire asservi tels un chemin de fer et un métro, et une entreprise de transport par autobus ou par bateau;

5.   une entreprise de production, de transport, de distribution ou de vente de gaz, d'eau ou d'électricité ainsi qu'une entreprise d'emmagasinage de gaz;

5.1 une entreprise qui exploite ou entretient un système d'aqueduc, d'égout, d'assainissement ou de traitement des eaux;

5.2 un organisme de protection de la forêt contre les incendies reconnu en vertu de l'article 125 de la *Loi sur les forêts* (chapitre F-4.1);

6.   une entreprise d'incinération de déchets ou d'enlèvement, de transport, d'entreposage, de traitement, de transformation ou d'élimination d'ordures ménagères, de déchets biomédicaux, d'animaux morts impropres à la consommation humaine ou de résidus d'animaux destinés à l'équarrissage;

---

17. *Coutu-Paquin* c. *Conseil des services essentiels*, D.T.E. 86T-676 (C.S.).

7. une entreprise de transport par ambulance, la Corporation d'urgences-santé de la région de Montréal Métropolitain, le responsable d'une centrale de coordination des appels des personnes et des établissements qui demandent des services d'ambulance, qui n'est pas visée au paragraphe 2 de l'article 111.2 et une entreprise de cueillette, de transport ou de distribution du sang ou de ses dérivés ou d'organes humains destinés à la transplantation; ou

8. un organisme mandataire du gouvernement à l'exception de la Société des alcools du Québec et d'un organisme dont le personnel est nommé selon la *Loi sur la fonction publique* (chapitre F-3.1.1).

Il ressort de cette énumération que, dans la plupart des cas, c'est à la nature de l'activité de l'entreprise que tient la qualification de service public, plutôt qu'à l'identité ou au statut de l'employeur, qu'il s'agisse d'un employeur privé ou public.

571 – *Grève et lock-out* – En principe, les relations collectives de travail dans les services publics obéissent aux règles générales prévues au *Code du travail* (art. 111.0.15 C.t.). Par exception, la section I du chapitre V.1 du Code soumet ces services publics à des conditions particulières d'exercice du droit de grève et de lock-out.

L'exercice du droit de grève par une association accréditée dans un service public est sujet à deux conditions additionnelles à celles qui résultent du régime général: le maintien des services essentiels et l'avis préalable de grève.

a) Le maintien des services essentiels

572 – *Décret gouvernemental* – L'obligation, pour le syndicat et les salariés, de maintenir les services essentiels en cas de grève dans un service public dépend d'une décision préalable du gouvernement. Ce dernier peut en effet, sur recommandation du ministre du Travail et s'il est d'avis qu'une grève dans un service public pourra avoir pour effet de mettre en danger la santé ou la sécurité publique, ordonner par décret à un employeur et à une association accréditée de maintenir des services essentiels en cas de grève (art. 111.0.17, al. 1 C.t.). Un tel décret peut être pris en tout temps. Il entre en vigueur le jour où il est adopté ou à toute date ultérieure qui y est indiquée et a effet jusqu'au dépôt d'une convention collective ou de tout autre instrument qui pourrait en tenir lieu, comme une sentence arbitrale de différend. Le décret est publié dans la *Gazette officielle du Québec* et le Conseil des services essentiels doit en aviser les parties (art. 111.0.17, al. 2 C.t.).

573 – *Entente ou liste syndicale* – L'adoption d'un décret a pour effet d'obliger les parties à négocier les services essentiels à maintenir en cas de grève; si le droit de grève est déjà exercé à ce moment, il est suspendu à compter de la date indiquée dans le décret (art. 111.0.18 et 111.0.17, al. 3 C.t.). Les parties doivent transmettre leur entente sur les services essentiels au Conseil des services essentiels (C.S.E.) constitué à la section I du chapitre V.1 du Code (art. 111.0.18, al. 1 C.t.). À la demande des parties ou de son propre chef, le C.S.E. peut désigner une personne pour les aider à conclure l'entente sur les services essentiels. Les parties peuvent convenir d'une absence totale de services pendant la grève[18]. À défaut d'entente, l'association accréditée détermine elle-même les services essentiels à maintenir en cas de grève et doit transmettre à l'employeur et au Conseil une liste de ces services (art. 111.0.18, al. 3 C.t.). L'article 111.0.22, al. 2 C.t. rend nulle toute liste syndicale qui prévoirait un nombre de salariés supérieur au nombre normalement requis dans le service en cause; il n'interdit toutefois pas la production d'une liste prévoyant des effectifs variables dont le maximum correspond à la totalité des salariés normalement au travail[19]. La liste produite par le syndicat ne peut être modifiée que sur demande du C.S.E. Néanmoins, en cas d'entente entre les parties postérieurement au dépôt de la liste syndicale, cette entente prévaudra (art. 111.0.18, al. 4 C.t.).

Que les services essentiels soient prévus par une entente entre les parties ou par une liste syndicale, le Conseil des services essentiels doit en apprécier la suffisance et les parties sont tenues d'assister à toute séance à laquelle il les convoque (art. 111.0.19, al. 1 et 2 C.t.). S'il les juge insuffisants, il peut adresser aux parties les recommandations qu'il juge appropriées pour qu'elles modifient l'entente ou la liste, selon le cas[20]; il peut aussi alors ordonner à l'association accréditée de surseoir à l'exercice de son droit de grève jusqu'à ce qu'elle lui ait fait savoir quelles suites elle entendait donner à ces recommandations (art. 111.0.19, al. 3 C.t.). Le Conseil doit faire raport au ministre du Travail s'il juge que les services essentiels prévus à une entente ou à une liste syndicale sont insuffisants; il doit agir de la même façon si, par la suite, au cours de la grève, les services ne sont pas maintenus (art. 111.0.20 C.t.). Le C.S.E. doit, en vertu de

---

18. *Laval (Société de transport de la Ville de)* c. *Syndicat des chauffeurs de la Société de transport de la Ville de Laval (C.S.N)*, D.T.E. 2002T-68 (C.S.E.).

19. *Hydro-Québec* c. *Conseil des services essentiels*, D.T.E. 91T-1128 (C.A.); *Syndicat des techniciens d'Hydro-Québec, section locale 957 (S.C.F.P. – F.T.Q.)* c. *Hydro-Québec*, D.T.E. 92T-90 (T.T.).

20. Exemple: *Hydro-Québec* c. *Syndicat des techniciennes et techniciens d'Hydro-Québec, section locale 957 (S.C.F.P.)*, D.T.E. 99T-674 (C.S.E.).

l'article 111.0.21 C.t., porter à la connaissance du public le contenu de tout rapport ainsi transmis au ministre.

574 – *Suspension du droit de grève* – Aucun délai n'est fixé pour la production d'une entente ou d'une liste syndicale sur le maintien des services essentiels. Le législateur a plutôt simplement prévu que la grève ne pourrait alors être déclarée légalement que dans la mesure où une entente ou une liste aurait été transmise conformément à la Loi depuis au moins sept jours (art. 111.0.23, al. 3 C.t.)[21]. Ce délai de sept jours permet en fait au gouvernement d'apprécier la situation et de recourir, s'il le juge nécessaire, à une suspension du droit de grève, que l'article 111.0.24 C.t. l'autorise à décréter. Une telle suspension dure jusqu'à ce qu'il soit démontré à la satisfaction du gouvernement que les services essentiels seront maintenus de façon suffisante en cas d'exercice du droit de grève. Force est donc de constater que le gouvernement se réserve un large pouvoir d'appréciation qui lui permet de suspendre l'exercice du droit de grève dans un service public tant qu'il le juge opportun. En cas de violation d'une suspension de l'exercice du droit de grève décrétée en vertu de l'article 111.0.24 C.t., indépendamment des pénalités qui pourront être imposées du fait de l'illégalité de la grève, le Procureur général se réserve l'exclusivité du recours en injonction qui pourrait devenir nécessaire (art. 111.0.25 C.t.).

En l'absence de suspension du droit de grève par le gouvernement, la grève pourra avoir lieu en maintenant les services essentiels prévus par l'entente entre les parties ou par la liste syndicale. Tant l'employeur que les salariés et l'association accréditée devront alors respecter les dispositions de l'entente ou de la liste, nul ne pouvant y déroger, selon l'article 111.0.22, al. 1 C.t.[22]. À moins d'entente entre les parties, l'employeur ne doit pas modifier les conditions de travail des salariés qui rendent les services essentiels (art. 111.0.23, al. 5 C.t.)[23].

---

21. Le délai de sept jours continue de se calculer à compter de la date de dépôt de la liste syndicale, le cas échéant, même si une entente intervient ultérieurement entre les parties (art. 111.0.23, al. 4 C.t.).

22. La sanction pénale de cette obligation est prévue à l'article 146.2 C.t. Toute dérogation aux services essentiels prédéterminés pourra également donner lieu à l'exercice de divers recours de nature civile et, en particulier, à la mise en œuvre des pouvoirs de redressement du C.S.E. en vertu des articles 111.16 à 111.20 C.t.: voir *infra*, nos 612-613.

23. Quant à la possibilité de recourir à l'arbitrage pour faire décider d'une mésentente relative au maintien des conditions de travail dans ce contexte, par effet des articles 59 ou 100.10 C.t., voir les jugements suivants: *Syndicat canadien de la fonction publique, section locale 301 c. Montréal (Ville de)*, [2000] R.J.Q. 1721 (C.A.); *Syndicat canadien de la Fonction publique, section locale 27 c. Gauvin*, D.T.E. 88T-231 (C.S.).

b) L'avis préalable

575 – *Durée, teneur et conséquences* – La légalité de toute grève dans un service public est sujette à un avis préalable d'au moins sept jours juridiques francs donné par écrit par l'association accréditée au ministre et à l'employeur; cet avis indique le moment où l'association entend recourir à la grève (art. 111.0.23, al. 1 C.t.)[24]. S'il s'agit d'un service public qui fait l'objet d'un décret de maintien des services essentiels, l'avis doit aussi être donné au Conseil des services essentiels. Si l'association n'utilise pas son droit de grève au jour indiqué dans son avis préalable, un nouvel avis ne peut être donné qu'après le jour qui avait été annoncé dans l'avis précédent (art. 111.0.23, al. 2 C.t.)[25].

Lorsqu'un syndicat a donné un avis préalable de grève, il est également tenu, selon l'article 111.0.23.1 C.t., à une semblable procédure de préavis s'il décide de ne pas recourir à la grève au moment annoncé ou d'interrompre la grève après l'avoir déclenchée. Cet avis doit être écrit et donné, pendant les heures ouvrables du service public en cause, au ministre et à l'employeur, ainsi qu'au C.S.E. dans le cas d'un service qui fait l'objet d'un décret de maintien des services essentiels. L'employeur n'est pas tenu de permettre l'exécution de la prestation de travail par les salariés avant l'expiration d'une période de quatre heures suivant la réception d'un avis d'annulation ou de cessation de la grève conforme à la Loi. Les parties peuvent toutefois convenir d'une période plus courte. Dans un service public tenu à une obligation de maintien des services essentiels, ces derniers doivent se poursuivre jusqu'au retour au travail.

3. Le régime applicable aux secteurs public et parapublic

576 – *Règles communes* – Le régime d'exercice du droit de grève dans les secteurs public et parapublic, là où ce droit subsiste, est devenu fort complexe. En principe, il demeure soumis aux règles générales prévues au *Code du travail*, dans la mesure où ces dernières ne sont pas inconciliables avec les règles particulières élaborées

---

24. Les jours non juridiques sont ceux nommés à l'article 151.1 C.t. Les articles 151.3 et 151.4 C.t. ne s'appliquent pas au calcul du délai tant parce que celui-ci est en jours juridiques que parce qu'un délai franc exclut à la fois le jour qui marque le point de départ et celui de l'échéance.
25. Sur la légitimité de la poursuite d'une grève accompagnée de services essentiels à effectifs variables, sans nécessité de donner un nouvel avis même si à certains moments tous les salariés sont présents au travail, voir *Hydro-Québec* c. *Conseil des services essentiels*, précité, note 18.

par la section III du chapitre V.1 du *Code du travail* à l'adresse des secteurs public et parapublic (art. 111.1 C.t.)[26]. En fait, l'acquisition du droit de grève dans les secteurs public et parapublic ne se rattache au régime général que par deux règles de base que nous connaissons déjà, à savoir l'interdiction de grève pendant la durée d'une convention collective, d'une part, et la nécessité d'une autorisation préalable de la grève par un vote au scrutin secret des salariés membres de l'association accréditée compris dans l'unité de négociation, d'autre part (art. 106 à 108 et 20.2 C.t.). À ces normes usuelles viennent s'ajouter diverses conditions supplémentaires et exceptions. Ces dernières résultent principalement de diverses dispositions de la section III du chapitre V.1 du *Code du travail*, élaborées en corrélation avec celles de la *Loi sur le régime de négociation des conventions collectives dans les secteurs public et parapublic*[27] (L.R.N.), qui aménagent le mode de négociation dans ces secteurs, ainsi que de la *Loi sur la fonction publique*[28]. Au surplus, si certaines conditions particulières d'exercice du droit de grève sont communes à l'ensemble des secteurs public et parapublic, d'autres ne sont destinées qu'à une partie de ces secteurs. Le régime n'est donc pas uniforme.

577 – *Secteurs constitutifs* – Selon l'article 111.2 du *Code du travail*, les secteurs public et parapublic sont constitués par:

- le gouvernement, ses ministères et les organismes du gouvernement dont le personnel est nommé suivant la *Loi sur la fonction publique*;

- les collèges et les commissions scolaires, tels que définis à l'article 1 de la *Loi sur le régime de négociation des conventions collectives dans les secteurs public et parapublic*;

- les établissements de santé et de services sociaux visés à l'article 1 de la *Loi sur le régime de négociation des conventions collectives dans les secteurs public et parapublic*.

Nous examinerons ci-après succinctement les conditions spécifiques d'exercice du droit de grève dans ces différents secteurs. Nous commencerons par celui des commissions scolaires et des collèges, car

---

26. L'inconciliabilité évoquée à l'article 111.1 C.t. est objective en ce sens qu'elle doit résulter des dispositions pertinentes elles-mêmes plutôt que des choix qu'elles peuvent laisser aux parties, s'il y a lieu.
27. L.R.Q., c. R-8.2.
28. Précitée, note 5, art. 69, al. 2 et 3 (services essentiels).

les conditions qui y sont applicables le sont également au secteur des affaires sociales et au secteur gouvernemental. Nous nous arrêterons ensuite aux caractéristiques spécifiques que présente l'exercice du droit de grève dans ces deux derniers secteurs.

a) Les commissions scolaires et les collèges

578 – *Particularités* – Dans ce secteur, la négociation collective est susceptible de se dérouler au niveau national, ou encore au niveau local ou régional à l'égard des matières identifiées ou définies par la Loi elle-même ou dans le cadre de la négociation nationale (art. 111.6 C.t.)[29]. L'exercice du droit de grève est réservé aux seules fins de la négociation à l'échelle nationale, toute grève étant expressément interdite dans le cadre d'une négociation à l'échelle locale ou régionale autorisée par la loi (art. 111.14 C.t.).

À l'occasion de la négociation au niveau national, l'exercice du droit de grève est soumis aux contraintes suivantes:

– Les parties doivent ou bien s'être entendues sur l'ensemble des stipulations à être négociées à l'échelle nationale, à l'exception des salaires et des échelles de salaires, ou bien avoir soumis leur différend sur les matières autres que salariales à un médiateur, ou encore s'être entendues à tout le moins pour faire conjointement un rapport sur l'objet de leur différend sur ces mêmes matières et l'avoir rendu public (art. 111.11, al. 2 C.t.)[30].

– Selon les cas, le droit à la grève ne sera acquis qu'à l'expiration d'un délai de vingt jours suivant celui où les parties ont conclu une entente nationale sur les matières autres que salariales, ou depuis la date à laquelle le ministre a reçu soit le rapport de médiation, soit le rapport conjoint des parties sur leur différend, suivant l'article 50 de la *Loi sur le régime de négociation des conventions collectives dans les secteurs public et parapublic* (art. 111.11, al. 1 et 2 C.t.).

– Le cas échéant, seule la négociation des salaires et des échelles salariales de la première année de la convention collective peut donner lieu à l'exercice du droit de grève. La négociation de ces matières pour les deux années qui suivent la première année

---

29. L.R.N., art. 25, 44, 45, 57, 58, 70, Annexe A.
30. L.R.N., art. 46 à 50.

d'application dans la convention collective à intervenir est sujette à un mécanisme de règlement qui exclut le recours à la grève, théoriquement du moins (art. 111.14 C.t.)[31].

– Lorsqu'il est accessible, l'exercice du droit de grève est enfin soumis à un avis préalable d'au moins sept jours juridiques francs, donné par écrit au ministre et à l'autre partie en leur indiquant le moment où la grève sera déclenchée (art. 111.11, al. 1 C.t.). L'article 111.11, al. 3 C.t. interdit la pratique des avis successifs ou des avis qui indiqueraient plusieurs dates comme moment de déclenchement de la grève. Un nouvel avis ne peut être donné qu'après le moment indiqué dans l'avis précédent comme étant celui où le syndicat entendait déclarer la grève.

On remarquera enfin que le secteur des commissions scolaires et des collèges n'est pas sujet au maintien de services essentiels pendant la grève.

b) *Les établissements de santé et de services sociaux*

579 – *Services essentiels* – C'est par l'obligation supplémentaire imposée aux syndicats et au personnel d'y maintenir des services essentiels que l'exercice du droit de grève dans le secteur de la santé et des services sociaux diffère de celui des commissions scolaires et des collèges. Dans certains cas, cette obligation ne laisse à la grève qu'un caractère symbolique.

La détermination et le maintien des services essentiels dans les établissements de santé et de services sociaux obéissent à un ensemble de règles que nous tenterons ici de synthétiser:

– Pour que le droit de grève puisse être éventuellement acquis, le syndicat accrédité dans un établissement doit négocier avec l'employeur une entente sur le maintien des services essentiels prévoyant le nombre de salariés à maintenir par unité de soins et par catégories de services parmi les salariés habituellement affectés à ces unités et catégories de services (art. 111.10.1 C.t.).

– Le cas échéant, l'entente des parties doit respecter certaines conditions prédéterminées par la Loi. Elle doit d'abord prévoir

---

31. L.R.N., art. 52 à 56.

un pourcentage minimum de salariés à maintenir par quart de travail, allant de 55 % à 90 % selon le type d'établissement (art. 111.10 et 111.10.1 C.t.)[32]. L'entente doit aussi permettre d'assurer le fonctionnement normal des unités de soins intensifs et des unités d'urgence et contenir des dispositions qui assurent le libre accès des personnes aux services de l'établissement (art. 111.10.1, al. 1 C.t.).

– L'entente des parties est sujette à l'approbation du Conseil des services essentiels (art. 111.10.1 et 111.12 C.t.). Ce dernier l'évalue en fonction de la suffisance des services qui y seront prévus et des critères établis par la Loi à cet effet. Il peut recommander des modifications aux parties ou même l'approuver après l'avoir lui-même modifiée (art. 111.10.4 et 111.10.5 C.t.)[33]. Une entente de maintien des services essentiels approuvée par le Conseil lie les parties et nul ne peut y déroger (art. 111.10.8 C.t.).

– À défaut d'entente entre l'employeur et l'association accréditée, cette dernière doit transmettre au Conseil des services essentiels, pour approbation, une liste de maintien des services essentiels. Cette liste syndicale est sujette aux mêmes normes, quant à son contenu, que celles applicables à une entente. En outre, elle ne peut, sous peine de nullité, prévoir un nombre de salariés supérieur au nombre habituellement requis dans le service en cause (art. 111.10.3 C.t.)[34].

– La liste syndicale est sujette à l'approbation du Conseil, expresse ou réputée, avec ou sans modification (art. 111.10.4, 111.10.5 et 111.10.7 C.t.).

---

32. Lorsqu'un établissement au sens de la *Loi sur les services de santé et les services sociaux* (L.R.Q., c. S-4.2) dispense des services à partir de centres distincts, il demeure légitime de déterminer les services en fonction de l'exploitation d'un centre donné: *Centre hospitalier universitaire de Québec* c. *Conseil des services essentiels*, D.T.E. 2000T-800 (C.S.). Dans le cas des organismes déclarés assimilés en vertu de l'article 1, al. 4 L.R.N., voir l'article 111.10, al. 2 C.t.

33. L'entente sera réputée approuvée telle que déposée si le Conseil n'a pas statué sur la suffisance des services qu'elle prévoit dans les quatre-vingt-dix jours de sa réception; même alors, le Conseil pourra la modifier par la suite pour la rendre conforme à la Loi: art. 111.10.7 C.t.

34. Cette liste pourrait néanmoins, à l'occasion d'une grève à effectifs variables, prévoir la présence à certains moments de la totalité des salariés habituellement au travail: voir *supra*, note 18.

– Une liste approuvée par le C.S.E. lie les parties et nul ne peut y déroger. Elle peut cependant être modifiée par le Conseil lui-même pour la rendre conforme aux dispositions de la Loi, ou par entente postérieure entre les parties, sous réserve que cette entente soit approuvée par le Conseil (art. 111.10.6, 111.10.7 et 111.10.8 C.t.).

– Le droit de grève ne peut être exercé qu'à l'expiration d'un délai de quatre-vingt-dix jours suivant la date à laquelle une entente ou une liste approuvée ou réputée approuvée par le C.S.E. a été transmise à l'employeur (art. 111.12 C.t.).

– Le cas échéant, l'avis préalable de grève devra être donné non seulement à l'employeur et au ministre mais également au C.S.E. (art. 111.11, al. 1 C.t.).

– La grève elle-même demeure sujette à la surveillance du Conseil des services essentiels et à la possibilité d'intervention de ce dernier, s'il estime que les services essentiels prévus à une liste ou à une entente ne sont pas rendus ou encore que le conflit porte préjudice ou est vraisemblablement susceptible de porter préjudice à un service auquel le public a droit (art. 111.16, al. 1 et 111.17 C.t.)[35].

c) *Le gouvernement et les organismes gouvernementaux*

580 – *Fonctionnaires* – Les salariés du gouvernement, de ses ministères et des organismes dont le personnel est nommé en vertu de la *Loi sur la fonction publique*[36] appartiennent aux secteurs dits public et parapublic et sont donc régis par les dispositions de la section III du chapitre V.1 du *Code du travail*. La négociation des conventions collectives qui les concernent ne se déroule qu'à un seul niveau, assimilable au niveau national, tout en étant soumise aux dispositions des articles 46 à 56 de la *Loi sur le régime de négociation des conventions collectives dans les secteurs public et parapublic*[37]. Il s'ensuit que l'exercice du droit de grève des salariés obéit fondamentalement aux mêmes conditions que celles qui sont applicables aux commissions scolaires et aux collèges, que nous avons déjà étudiées, en faisant les adaptations nécessaires. Ces conditions font toutefois

---

35. Cette détermination est au cœur de la compétence spécialisée du C.S.E.: *Syndicat canadien de la fonction publique, section locale 301* c. *Montréal (Ville)*, [1997] 1 R.C.S. 793; *Verdun (Ville de)* c. *Conseil des services essentiels*, D.T.E. 2000T-188 (C.S.).
36. Précitée, note 5.
37. Précitée, note 27, art. 81.

l'objet de deux importantes réserves. D'abord, toute grève est interdite aux agents de la paix faisant partie de l'un ou l'autre des groupes
mentionnés au paragraphe 4 de l'article 64 de la *Loi sur la fonction
publique*[38] ainsi qu'à tout groupe de salariés de la direction générale
responsable de la sécurité civile au sein du ministère de la Sécurité
publique[39]. Quant aux autres groupes, la grève ne leur est permise
qu'à la condition qu'une entente soit intervenue entre les parties ou, à
défaut, qu'une décision ait été rendue par le Conseil des services
essentiels, pour déterminer les services essentiels et la façon dont ils
seront maintenus (art. 111.15.1 à 111.15.3 C.t.)[40].

581 – *Salariés d'autres organismes* – Les organismes gouvernementaux dont le personnel n'est pas nommé en vertu de la *Loi sur
la fonction publique* ne sont soumis à aucun régime spécial d'exercice
du droit de grève, même si leurs négociations collectives s'inscrivent
dans les cadres de certains aménagements imposés par la *Loi sur le
régime de négociation des conventions collectives dans les secteurs
public et parapublic*[41]. C'est donc le régime général gouvernant
l'exercice du droit de grève en vertu du *Code du travail* qui y
trouve application, en tenant compte toutefois du fait que certains de
ces organismes gouvernementaux constituent des services publics
au sens de l'article 111.0.16 C.t. et sont donc soumis aux règles
particulières qui les affectent[42].

II- LA RÉALITÉ ET LES FORMES DE LA GRÈVE

582 – *Éléments constitutifs* – Le *Code du travail* définit la grève
fort simplement comme une «cessation concertée de travail par un
groupe de salariés» (art. 1g) C.t.). Selon sa définition légale, la grève
comporte donc deux éléments constitutifs: un élément matériel, la
cessation du travail; un élément intellectuel, la concertation des
salariés.

A. La cessation du travail

583 – *Réalité et formes* – La grève correspond d'abord à une réalité factuelle, celle de l'arrêt de travail d'un groupe de salariés[43]. La
qualification de la cessation de travail, que ce soit comme «journée

---

38. Précitée, note 5.
39. *Loi sur la fonction publique*, précitée, note 5, art. 69, al. 1.
40. *Ibid.*, art. 69, al. 2.
41. L.R.N., art. 75 à 80 et Annexe C.
42. Exemples: Hydro-Québec et la Société des traversiers du Québec.
43. Exceptionnellement, une grève pourrait être le fait du seul salarié que com-
     prendrait une unité de négociation.

d'étude» ou «gel d'activités» ou autres, demeure sans importance. Seule compte la réalité constatée[44]. L'autorisation de l'arrêt de travail par l'employeur exclut toutefois l'idée de grève, celle-ci supposant la privation d'une prestation que l'employeur serait autrement en droit d'exiger et exigerait de ses salariés[45]. La durée de l'arrêt de travail est variable. Elle peut être longue ou courte[46]; elle peut être prédéterminée ou indéterminée. L'arrêt de travail peut aussi être continu ou intermittent. Parfois, la réalité de la grève ne touchera que partiellement le travail ou les tâches qu'exécutent habituellement les salariés, comme dans le cas de refus de leur part de travailler en surtemps[47], ou d'assumer des fonctions supérieures[48]. La grève dite «tournante» est celle qui touche successivement les salariés de diverses unités de négociation impliquées dans un même processus de négociation, ou encore des groupes différents de salariés compris à l'intérieur d'une même unité de négociation. La «grève perlée» correspond en réalité à un ralentissement du travail, que le *Code du travail* traite distinctement et prohibe en toutes circonstances (art. 108 C.t.)[49]. La «grève du zèle», par laquelle les salariés appliquent à la lettre et dans tous leurs détails les règlements de travail de l'employeur, produit le même résultat sous le couvert de la légitimité que leur confère la conformité de leur comportement avec les directives données par l'employeur.

584 – *Objectif* – La définition légale de la grève ignore sa finalité, à la différence de celle du lock-out[50]. Le *Code du travail* ne

---

44. *Turcot c. Auclair*, [1971] T.T. 103 – substitution unilatérale par les salariés d'une prestation de travail à celle qui aurait normalement dû être fournie.
45. *Lalonde c. Métallurgistes unis d'Amérique, local 7493*, [1975] T.T. 393.
46. Exemple: *Alimentation René-Lévesque Inc. c. Syndicat des employés de commerce de La Pocatière et Kamouraska*, D.T.E. 87T-274 (C.S.) – prise d'une pause-café décidée par les salariés.
47. Exemples: *Syndicat canadien de la fonction publique, section locale 301 c. Montréal (Ville)*, précité, note 36; *Gohier c. Syndicat canadien de la fonction publique, section locale 301*, D.T.E. 93T-703 (T.T.); *Molson Outaouais Ltée c. Union des routiers, brasseries, liqueurs douces et ouvriers de diverses industries, local 1999*, D.T.E. 89T-874 (C.S.); *Fédération des infirmières et infirmiers du Québec (F.I.I.Q.) c. Institut de cardiologie de Montréal*, D.T.E. 89T-797 (C.S.E.). Voir aussi, selon la législation fédérale: *Syndicat des employés de production du Québec et de l'Acadie c. Conseil canadien des relations du travail*, [1984] 2 R.C.S. 412.
48. *Montréal (Ville de) c. Association des pompiers de Montréal inc.*, D.T.E. 2000T-1102 (C.A.).
49. Exemples: *Gohier c. Syndicat canadien de la fonction publique, section locale 301*, précité, note 47; *Cégep de Bois-de-Boulogne c. Syndicat général des employés du Collège Bois-de-Boulogne*, D.T.E. 83T-82 (C.S.) – «gel des notes» par un groupe de professeurs.
50. Voir *infra*, n° 586. Dans un arrêt récent de la Cour d'appel, deux des trois juges ont exprimé l'opinion que l'illégalité, le cas échéant, de l'objectif poursuivi par un arrêt de travail suffirait à rendre la grève elle-même illégale: *Syndicat des*

distingue à aucun égard la grève de revendication de conditions de travail par les salariés en grève, la grève de sympathie pour les salariés d'un autre employeur, ou même la grève politique[51]. Ainsi, dans un arrêt rendu sous l'empire de la loi fédérale, mais néanmoins pertinent, la Cour suprême en est venue à la conclusion que le refus, par un groupe d'employés, de franchir le piquet de grève installé par un autre groupe de salariés constituait un acte de grève de leur part, illégal dans les circonstances[52]. Dans l'affaire *Strasser*, la Cour suprême cernait l'élément matériel constitutif de la grève de la façon suivante:

> Le Tribunal du travail a eu raison de tenir que, mis à part l'élément intentionnel de l'infraction, l'élément matériel essentiel est prouvé dès qu'est établie l'abstention de l'inculpé de fournir la prestation de travail en même temps que d'autres travailleurs s'abstiennent de concert de fournir la leur.[53]

On peut par ailleurs se demander si, exceptionnellement, la raison à l'origine d'un arrêt de travail ne devrait pas être prise en considération pour distinguer la grève d'autres situations d'arrêt du travail qui n'en sont manifestement pas selon le langage ordinaire et selon la compréhension usuelle du phénomène. C'est ce qu'on a fait dans une affaire *Progress Brand Clothes Inc.*:

> [...] bien que la notion de finalité ne soit pas exprimée dans la définition du mot «grève» à l'article 1g) du Code, cela ne nous empêche pas de vérifier la présence ou l'absence des attributs qui accompagnent généralement l'acte de grève posé par un groupe de salariés.[54]

Le jugement ajoute que l'acception générale veut que la grève constitue un moyen de pression qui se matérialise par des signes extérieurs. En présence d'un arrêt de travail qui constituait un geste collectif, mais par ailleurs dépourvu de toute intention de pression contre quiconque, il conclut qu'il ne s'agissait pas, en l'espèce, d'une grève.

---

employées et employés des magasins Zellers d'Alma et de Chicoutimi (C.S.N.) c. *Turcotte*, D.T.E. 2002T-882 (C.A.), par. 6. Indépendamment de tout effet sur la légalité de la grève, s'il en est, l'omniprésence des notions de bonne foi et d'abus de droit dans le *Code civil du Québec* permettrait de rejoindre en responsabilité civile le syndicat qui voudrait profiter de la légalité technique de sa grève pour atteindre un objectif illégitime.

51. *Aubé* c. *Demers*, [1977] T.T. 170.
52. *Association internationale des débardeurs, section locale 273, 1764, 1039* c. *Association des employeurs maritimes*, [1979] 1 R.C.S. 120.
53. *Strasser* c. *Roberge*, [1979] 2 R.C.S. 953, 970 (j. Beetz).
54. *Progress Brand Clothes Inc.* c. *Ledoux*, [1978] T.T. 104, 108.

B. La concertation

585 – *Décision collective* – Pour qu'il y ait grève, un arrêt de travail doit être le résultat de la concertation d'un groupe de salariés. La volonté collective de suspendre l'exécution du travail est l'élément intellectuel constitutif de la réalité de la grève et, du même coup, l'élément intentionnel de l'infraction de grève illégale:

> Si l'élément matériel de l'infraction est l'abstention de fournir sa prestation de travail en même temps que d'autres salariés font la grève, l'élément intentionnel est la volonté de s'abstenir de travailler avec les autres salariés. Cet élément consiste dans l'intention individuelle de l'inculpé de se joindre à la cessation collective et concertée de travail.[55]

L'exigence d'un concert de grève permet de distinguer, en faits et en droit, les situations de grève de certaines autres qui se présentent plutôt comme le résultat de décisions strictement individuelles de la part des salariés[56]. Dans chaque cas, c'est l'ensemble des circonstances qui révélera l'existence ou l'absence d'une intention collective[57]. Un vote de grève ou l'adoption d'une résolution de grève par le syndicat sont généralement des indices significatifs, encore que les faits ultérieurs puissent révéler une réalité différente[58]. De même, la grève peut survenir sans une manifestation d'intention aussi expresse[59]. La présence ou l'absence des manifestations qui accompagnent usuellement un état de grève, comme un piquet de grève, peut aussi être significative[60]. Le constat d'une absence de concertation

---

55. *Strasser* c. *Roberge*, précité, note 53, p. 971. Le juge Beetz renvoie également, quant à cet élément intentionnel, à l'arrêt *Association internationale des débardeurs, section locale 273, 1764, 1039* c. *Association des employeurs maritimes*, précité, note 52, p. 138-140. Voir aussi *Progress Brand Clothes Inc.* c. *Ledoux, ibid.*

56. Exemples de situations permettant de constater la concertation et de conclure à la grève: *Syndicat canadien de la fonction publique, section locale 301* c. *Montréal (Ville)*, précité, note 36 – refus de travail en surtemps; *Association internationale des débardeurs, section locale 273, 1764, 1039* c. *Association des employés maritimes*, précité, note 52 – refus de franchir un piquet de grève; *Québec (Société de transport de la Communauté urbaine de)* c. *Syndicat des employés du transport public du Québec métropolitain Inc.*, D.T.E. 94T-1149 (C.S.E.) – exercice concerté et simultané d'un droit d'absence pour aller voter; *Hôpital Ste-Justine* c. *Charbonneau*, [1976] C.S. 477 – démission collective.

57. *Québec (Société de transport de la Communauté urbaine de)* c. *Syndicat des employés du transport public du Québec métropolitain Inc.*, *ibid.*; *Blais* c. *Nadeau*, [1971] T.T. 176.

58. *Syndicat des travailleurs industriels du Québec* c. *Syndicat des employés des produits Lionel Inc. (C.S.N.)*, [1978] T.T. 408.

59. Exemple: *Robillard* c. *Lebrun*, [1976] T.T. 53.

60. *Progress Brand Clothes Inc.* c. *Ledoux*, précité, note 54.

entre les salariés obligera à conclure à une interruption de travail qui ne constitue pas une grève et que le *Code du travail* n'empêche pas légalement, comme il le précise lui-même (art. 110, al. 2 C.t.).

III- LE LOCK-OUT

586 – *Caractéristiques* – Le lock-out représente en quelque sorte la contrepartie patronale à la grève. Le paragraphe 1h) C.t. le définit comme «le refus par un employeur de fournir du travail à un groupe de salariés à son emploi en vue de les contraindre à accepter certaines conditions de travail ou de contraindre pareillement des salariés d'un autre employeur».

Comme la grève, le lock-out implique une cessation de travail par les salariés mais, cette fois, par décision de l'employeur. Il peut aussi être total, ou partiel en ce sens qu'il peut ne viser qu'une partie des salariés compris dans une unité de négociation[61]. Contrairement à celle de la grève, la définition donnée par le législateur au lock-out contient en elle-même un élément de finalité en ce que l'arrêt de travail décrété par l'employeur doit, pour constituer un lock-out, viser à contraindre des salariés à accepter certaines conditions de travail, qu'il s'agisse de celles qui ont déjà cours ou de nouvelles[62]. L'appréciation de l'objectif poursuivi par le geste de l'employeur dépend de l'ensemble des circonstances[63]. En particulier, on pourra distinguer une fermeture de l'entreprise pour une durée indéterminée liée à l'acceptation éventuelle de certaines conditions de travail par les salariés comme condition, expresse ou implicite, de reprise des activités, d'une part, et une fermeture irrévocable et légitime malgré sa motivation antisyndicale, d'autre part[64].

---

61. *Bédard* c. *Cie Paquet Ltée*, [1978] T.T. 5.
62. *Asselin* c. *Trachy*, [1982] C.A. 101; *Projectionnistes de vues animées de Montréal de l'Alliance internationale des employés de théâtre et des opérateurs de machines à vues animées, local 262* c. *Cinéma international Canada Ltée*, D.T.E. 85T-191 (T.T.). Dans *Syndicat des travailleuses et travailleurs d'Épiciers unis Métro-Richelieu* c. *Épiciers unis Métro-Richelieu Inc.*, [1997] R.J.Q. 969 (C.S.), le lock-out visait à maintenir la fermeture d'un service jugée contraire à la convention collective par un arbitre et à échapper à l'application de la sentence arbitrale. Comparer: *Syndicat des employés de salaisons de Princeville Inc.* c. *Coopérative fédérée de Québec*, [1976] R.D.T. 89 (C.S.) – cessation d'activité sans rapport avec la détermination des conditions de travail. Cette réalité peut survenir avant même que le processus de négociation soit entamé, en riposte, par exemple, à une demande d'accréditation: *Béchard* c. *Lauzé*, [1975] T.T. 102; *Cauchon* c. *J.D. Chevrolet Oldsmobile Ltée*, [1968] R.D.T. 183 (C.R.T.).
63. *Asselin* c. *Trachy*, *ibid.*
64. Conclusion de lock-out: *T.A.S. Communications* c. *Thériault*, [1985] T.T. 271. Absence de lock-out: *Syndicat des employés de salaisons de Princeville Inc.* c. *Coopérative fédérée de Québec*, précité, note 62 – fermeture à la suite d'un ralen-

587 – *Acquisition du droit* – L'article 109 C.t. a pour effet que l'employeur acquiert le droit au lock-out en même temps que le syndicat acquiert celui de faire la grève. L'employeur peut donc normalement prendre l'initiative de la pression économique en déclenchant le lock-out après l'expiration du délai de l'article 58 C.t., dès qu'il le juge opportun. L'employeur qui déclare un lock-out doit en informer par écrit le ministre du Travail dans les 48 heures qui suivent (art. 58.1 C.t.).

588 – *Services publics* – Dans les services publics, le lock-out est totalement interdit à l'employeur lorsqu'un décret de maintien des services essentiels en cas de grève a été rendu par le gouvernement conformément à l'article 111.0.17 du Code (art. 111.0.26 C.t.)[65]. Dans les autres cas, le droit au lock-out est acquis par le seul écoulement du délai prévu à l'article 58 C.t. Son exercice n'est sujet à aucun avis préalable de l'employeur. Il n'est pas lié non plus à la transmission par le syndicat de l'avis préalable de grève que lui impose l'article 111.0.23 C.t.[66].

589 – *Secteurs public et parapublic* – Parmi les employeurs des secteurs public et parapublic régis par les dispositions de la section III du chapitre V.1 du Code, ceux des établissements de santé et de services sociaux se voient interdire totalement le lock-out (art. 111.13, al. 1 C.t.).

Pour le gouvernement, ses ministères et ses organismes dont le personnel est nommé suivant la *Loi sur la fonction publique*[67], pour les commissions scolaires et pour les collèges, l'acquisition du droit au lock-out est en quelque sorte alignée sur celle du droit à la grève. Ainsi, à défaut pour les groupes d'agents de la paix mentionnés au paragraphe 4 de l'article 64 de la *Loi sur la fonction publique* d'être autorisés à faire la grève, le gouvernement ne pourra leur imposer un lock-out (art. 109 et 111.1 C.t.)[68]. De même, le gouvernement ne

---

tissement de travail des salariés. Voir aussi, sur le droit de l'employeur de fermer définitivement son entreprise: *City Buick Pontiac (Montréal) Inc.* c. *Roy*, [1981] T.T. 22 – fermeture définitive; *Caya* c. *1641-9749 Québec Inc.*, D.T.E. 85T-242 (T.T.) – fermeture définitive.

65. Quant aux conséquences de cette interdiction sur l'obligation de l'employeur de maintenir les conditions de travail, selon l'article 59 C.t., voir *Fraternité internationale des ouvriers en électricité, section locale 2365* c. *Télébec Ltée*, [1993] T.T. 289.

66. Voir et transposer: *Cité de Hull* c. *Syndicat des employés municipaux de la Cité de Hull Inc.*, [1979] 1 R.C.S. 476. Cet arrêt fut rendu en relation avec l'article 111 C.t., maintenant abrogé. Ses motifs demeurent néanmoins pertinents au regard des dispositions de l'article 111.0.23 C.t.

67. Précitée, note 5.

68. *Loi sur la fonction publique*, précitée, note 5, art. 69, al. 1.

pourra mettre en lock-out ses fonctionnaires avant qu'une entente ou une décision du Conseil des services essentiels ait déterminé les services essentiels et la façon dont ils devront être rendus (art. 109, 111.1 et 111.15.1 à 111.15.3 C.t.)[69].

Les commissions scolaires et les collèges pourront recourir au lock-out dans les seuls cas où les associations de salariés accréditées sont elles-mêmes en position de déclencher légalement la grève sur avis préalable d'au moins sept jours juridiques francs, dans le cadre du régime particulier de négociation et d'exercice du droit de grève que nous avons déjà examiné. Il n'est pas nécessaire aux commissions scolaires et aux collèges d'avoir reçu des syndicats des avis d'intention de grève pour pouvoir imposer un lock-out[70]. Ces employeurs doivent cependant eux-mêmes donner un avis préalable écrit d'au moins sept jours juridiques francs au ministre du Travail et à l'autre partie, leur indiquant le moment où ils entendent recourir au lock-out (art. 111.11, al. 1 et 3 C.t.)[71].

Enfin, l'exercice du droit de lock-out des organismes gouvernementaux dont le personnel n'est pas nommé suivant la *Loi sur la fonction publique* obéit aux règles générales du *Code du travail*, ou à celles qui sont applicables aux services publics lorsqu'il s'agit de services publics, que nous avons déjà vues.

IV- LES EFFETS DE LA GRÈVE ET DU LOCK-OUT

A. L'arrêt du travail dans l'unité de négociation

590 – *Monopole du travail* – En édictant l'article 109.1 C.t., le législateur a opté pour une approche véritablement collective et syndicale des situations de grève ou de lock-out. Cette disposition législative pose le principe d'un arrêt complet du travail dans l'unité de négociation légalement en grève ou lock-outée. Elle interdit à l'employeur de remplacer les grévistes ou les salariés lock-outés par des «briseurs de grève» ou «scabs». Elle vise ainsi à maintenir le rapport de forces entre les parties tel qu'il était au début de la phase des négociations[72].

---

69. *Ibid.*, art. 69, al. 2.
70. *Cité de Hull* c. *Syndicat des employés municipaux de la Cité de Hull Inc.*, précité, note 66.
71. Sur le calcul de ce préavis et son renouvellement, voir *supra*, n° 575.
72. *Société de la Place des Arts de Montréal* c. *Alliance internationale des employés de scène et de théâtre, du cinéma, des métiers connexes et des artistes des États-Unis et du Canada, local de scène n° 56*, D.T.E. 2001T-1025 (C.A.), par. 101; *Guérard* c. *Groupe I.P.A. pièces d'auto Ltée*, [1984] C.A. 327.

S'il s'agit d'une grève, les diverses interdictions formulées à l'article 109.1 C.t. n'ont effet qu'à la condition que cette grève ait cours légalement, en conformité avec les dispositions pertinentes du *Code du travail*[73]. Elles valent par ailleurs dans tous les cas de lock-out. Ces prohibitions visent l'utilisation des salariés compris dans l'unité de négociation en grève ou en lock-out, celle d'autres employés de l'entreprise et celle des services d'un entrepreneur ou des employés d'un autre employeur.

1. *L'utilisation des services des salariés en grève ou en lock-out*

591 – *Interdiction et exceptions* – Quant aux salariés compris dans l'unité de négociation en grève ou en lock-out, il est interdit d'utiliser leurs services dans l'établissement où a lieu la grève ou le lock-out[74], sous réserve de l'une ou l'autre des conditions suivantes:

– qu'une entente soit intervenue à cet effet entre les parties et dans la mesure où elle y pourvoit (art. 109.1c) i C.t.)[75];

– qu'une liste de services essentiels ait été produite suivant l'article 111.0.18 C.t. (services publics) ou produite et approuvée par le Conseil des services essentiels suivant la section III du chapitre V.1 du Code (établissements des affaires sociales) et dans la mesure où elle y pourvoit (art. 109.1c)ii C.t.)[76];

– qu'un décret ait été pris par le gouvernement en vertu de l'article 111.0.24 C.t., dans un service public (art. 109.1c)iii C.t.).

---

73. Le jugement majoritaire de la Cour d'appel dans *Union des employées et employés de service, section locale 800* c. *Farbec Inc.*, précité, note 13, signale que la seule inobservation de l'article 20.2 C.t., relatif au vote de grève, ne suffit pas à empêcher l'application de l'article 109.1 C.t., l'article 20.4 C.t. prévoyant qu'une telle irrégularité ne donne ouverture qu'à l'application des dispositions pénales.

74. Exemples: *Beaulieu* c. *Produits hydrauliques de Varennes Inc.*, [1987] T.T. 140; *Herbute* c. *Caisse d'économie des policiers de la Communauté urbaine de Montréal*, D.T.E. 88T-1066 (T.T.); *Syndicat des travailleuses et travailleurs de l'Hôtel Méridien de Montréal (C.S.N.)* c. *Société des hôtels Méridien (Canada) Ltée*, D.T.E. 90T-979 (C.S.).

75. Dans un établissement de santé ou de services sociaux, cette entente doit avoir été approuvée par le Conseil des services essentiels. Sauf ce cas, la Loi n'exige pas que l'entente soit constatée par écrit. Elle pourrait aussi être implicite, se déduisant des circonstances et, par exemple, du maintien de certaines activités par le syndicat et de leur acceptation par l'employeur.

76. *Hydro-Québec* c. *Conseil des services essentiels*, précité, note 18.

2. L'utilisation des services d'autres employés de l'employeur

592 – *Principe et limites* – Dans tous les cas, il doit d'abord s'agir, vu le paragraphe 109.1a) C.t., d'une personne qui a été engagée avant le jour du début de la phase des négociations (art. 53 C.t.)[77]. La Cour d'appel a décidé que la notion de «personne» présente dans cette disposition ne comprenait que les seules personnes physiques et ne pouvait conséquemment avoir pour effet d'interdire à l'employeur de contracter avec une personne morale, après le début de la phase des négociations, en vue de faire exécuter par les salariés de cette dernière le travail de ses propres employés en grève ou en lock-out[78]. La prohibition, lorsqu'elle porte, est absolue. Elle empêche même de procéder au remplacement, pour des motifs imprévisibles, d'employés qui étaient déjà en place au début de la phase des négociations[79]. Par contre, la personne réellement embauchée en temps opportun peut être légalement autorisée à travailler même si sa prestation de travail ne commence qu'à une date ultérieure[80]. La notion d'embauche utilisée par le législateur sous-entend que les services d'une personne soient retenus contre rémunération. Le véritable bénévolat ne tombe donc pas sous le coup de la prohibition[81].

S'il s'agit de salariés au sens du *Code du travail*, leurs services ne pourront être substitués à ceux des salariés en grève ou en lock-out qu'à l'extérieur de l'établissement touché par cette grève ou ce lock-out, peu importe que ces salariés soient habituellement employés

---

77. *Syndicat national catholique des employés des institutions religieuses de St-Hyacinthe Inc.* c. *Laliberté et Associés Inc.*, D.T.E. 96T-1316 (T.T.).
78. *Travailleurs unis du pétrole (local 2)* c. *Shell Canada Ltée*, D.T.E. 83T-3 (C.A.). Cette interprétation du mot «personne» est à l'origine de l'adoption des dispositions que l'on trouve maintenant au paragraphe b) du même article et qui visent spécifiquement l'utilisation des services d'une personne morale, d'un entrepreneur indépendant ou des employés d'un tiers.
79. *Guérard* c. *Groupe I.P.A. Pièces d'auto Ltée*, précité, note 72.
80. *Syndicat national des travailleurs et travailleuses de l'automobile, de l'aérospatiale et de l'outillage agricole du Canada (T.C.A.-Canada)* c. *Montupet Ltée*, D.T.E. 91T-830 (T.T.). Serait par ailleurs manifestement illégitime une rétention de services suspendue à l'éventualité du fait même d'une grève ou d'un lock-out: voir *infra*, note 89.
81. *Syndicat des employés professionnels et de bureau, section locale 57, (U.I.E.P.B.) C.T.C.-F.T.Q.* c. *Caisse populaire St-Charles Garnier*, [1987] R.J.Q. 979 (C.A.); *Syndicat de l'alimentation au détail de Montréal (C.S.N.)* c. *Marché Bernard Lemay Inc.*, D.T.E. 87T-979 (C.S.); *Union des employées et employés de service, section locale 800* c. *Club de golf St-Laurent (1992) inc.*, D.T.E. 2002T-852 (C.S.) – rejet d'une défense de bénévolat.

dans cet établissement (art. 109.1g) C.t.)[82] ou dans un autre établissement de l'employeur (art. 109.1e) C.t.). Quant aux employés cadres, visés par l'article 109.1f) C.t., l'employeur ne peut utiliser les services que de ceux qui font déjà partie de l'établissement où la grève ou le lock-out a été déclaré, ou d'un autre établissement dans lequel se trouvent des salariés compris dans l'unité de négociation en grève ou en lock-out.

3. L'utilisation des services d'un entrepreneur ou des employés d'un autre employeur

593 – *Sous-traitance hors de l'établissement* – Le paragraphe 109.1b) C.t., laisse à l'employeur la faculté d'utiliser les services d'un entrepreneur ou des employés d'un autre employeur pour faire remplir les fonctions des salariés en grève ou en lock-out, à la condition toutefois que le travail ne soit pas exécuté dans l'établissement même où la grève ou le lock-out a été déclaré[83]. Force est de constater à cet égard le déséquilibre créé par le code entre les situations respectives de l'employeur qui peut faire exécuter le travail ailleurs et celui qui ne le peut pas à raison même de la nature du travail. Dans les cas où il est permis, par effet du paragraphe 109.1b) C.t., un contrat de sous-traitance n'est pas soumis à l'exigence d'avoir été conclu avant le début de la phase des négociations[84]. Par ailleurs, il est important de garder à l'esprit que la possibilité laissée par le paragraphe 109.1b) C.t. de recourir à la sous-traitance peut s'avérer, en pratique, une faveur douteuse pour le sous-traitant, s'il s'agit d'un employeur qui fait exécuter le travail par ses salariés. L'application de l'article 45 C.t. pourrait, en effet, transporter chez le nouvel employeur le dossier de la négociation et l'état de grève ou de lock-out qui l'affecte, le cas échéant[85].

---

82. Exemple: *Syndicat des employés(es) professionnels(les) et de bureau, section locale 57, S.E.P.B., U.I.E.P.B., C.T.C.-F.T.Q.* c. *Caisse d'économie des policiers de la Communauté urbaine de Montréal*, D.T.E. 88T-614 (C.S.).

83. *Alliance internationale des employés de scène et de théâtre, section locale 56* c. *Société de la Place des Arts de Montréal*, précité, note 15, conf. par *Société de la Place des Arts de Montréal* c. *Alliance internationale des employés de scène et de théâtre, section locale 56*, D.T.E. 2001T-45 (C.S.) et *Société de la Place des Arts de Montréal* c. *Turgeon*, D.T.E. 2001T-44 (C.A.) – infraction pénale; *Société de la Place des Arts de Montréal* c. *Alliance internationale des employés de scène et de théâtre, du cinéma, des métiers connexes et des artistes des États-Unis et du Canada, local de scène n° 56*, précité, note 72 – injonction permanente.

84. Voir *supra*, n° 592 et plus particulièrement *Travailleurs unis du pétrole (local 2)* c. *Shell Canada Ltée*, précité, note 78.

85. Voir, à ce sujet: *Syndicat national catholique des employés des institutions religieuses de St-Hyacinthe Inc.* c. *Laliberté et Associés Inc.*, précité, note 77; *Gestion P.F.L. Inc.* c. *Syndicat national du lait Inc.*, D.T.E. 83T-198 (T.T.). Voir aussi, *supra*, Titre II, chapitre 4, n° 511.

594 – *Synthèse* – La marge de manœuvre laissée à l'entreprise par l'article 109.1 du Code pour remplacer les salariés en grève ou en lock-out peut se résumer de la façon suivante: dans l'établissement touché par la grève ou le lock-out, l'employeur pourra utiliser les seuls services des cadres de cet établissement ou d'un autre établissement auquel appartiennent des salariés de l'unité de négociation en grève ou en lock-out, à la condition que ces cadres aient été embauchés avant le début de la phase des négociations; hors de cet établissement, il pourra recourir aux services soit d'un salarié de l'entreprise embauché avant le début de la phase de négociation et qui n'est pas compris dans l'unité de négociation en grève ou en lock-out, soit d'un cadre de l'entreprise embauché avant le début de la phase de négociation, soit enfin d'un entrepreneur ou des employés d'un autre employeur.

595 – *Utilisation des services d'une personne: précisions* – La notion d'utilisation des services d'une personne est fondamentalement factuelle et indépendante de la qualification juridique du lien entre cette personne et l'employeur[86]. L'utilisation des services d'une personne par l'employeur implique toutefois la sollicitation ou au moins l'acceptation par ce dernier des services fournis, par opposition au simple fait d'en bénéficier à son insu ou passivement[87]. La sanction de la prohibition d'utiliser les services d'une personne pour remplir les fonctions d'un salarié en grève ou «lock-outé» ne suppose pas que cette personne remplisse toutes les fonctions du salarié absent[88]. On a aussi jugé que le seul fait de retenir la disponibilité d'une personne, contre rémunération, en vue de remplir au besoin les fonctions d'un salarié en grève, constituait une contravention au paragraphe 109.1a) C.t.[89].

---

86. *Société de la Place des Arts de Montréal* c. *Alliance internationale des employés de scène et de théâtre, du cinéma, des métiers connexes et des artistes des États-Unis et du Canada, local de scène n⁰ 56*, précité, note 41, par. 102-119; voir aussi, *supra*, note 51.

87. *Société de la Place des Arts de Montréal* c. *Alliance internationale des employés de scène et de théâtre, du cinéma, des métiers connexes et des artistes des États-Unis et du Canada, local de scène n⁰ 56*, précité, note 72, par. 102-109; *Union internationale des travailleurs et travailleuses unis de l'alimentation et du commerce, section locale 486* c. *Tassé*, D.T.E. 97T-113 (T.T.); *Syndicat des techniciens d'Hydro-Québec, section locale 957 (S.C.F.P.-F.T.Q.)* c. *Hydro-Québec*, précité, note 18.

88. *Charbonneau (Travailleurs unis du pétrole du Canada, local 1)* c. *Soucy*, [1980] T.T. 184.

89. *Charbonneau (Travailleurs unis du pétrole, local 1)* c. *Shell Canada Limitée*, [1980] T.T. 327. Voir aussi *Syndicat national des travailleurs et travailleuses de l'automobile, de l'aérospatiale et de l'outillage agricole du Canada (T.C.A.-Canada)* c. *Montupet Ltée*, précité, note 80.

596 – *Établissement* – Le législateur a introduit dans les paragraphes *b*) à *g*) de l'article 109.1 C.t. la notion d'»établissement», sans la définir. Le sens à donner à ce terme présente pourtant un intérêt manifeste au regard de la possibilité laissée à l'employeur (ou de l'interdiction qui lui est faite) d'utiliser les services d'employés cadres ou d'autres salariés que ceux de l'unité de négociation en grève ou en lock-out, selon leur établissement d'appartenance et celui de l'exécution du travail, ainsi que nous l'avons vu.

La notion d'établissement se distingue d'abord de celle d'entreprise telle que déjà définie par la jurisprudence. L'établissement correspond à un fractionnement physique de l'entreprise, encore que la seule localisation des opérations d'une entreprise dans des endroits différents, comme des édifices distincts, ne suffise pas à conclure à l'existence d'autant d'établissements. Le critère de la localisation doit être complété par la constatation d'une certaine unité d'activités et de gestion pour reconnaître un établissement. En somme, l'établissement peut se définir comme un endroit, physiquement distinct d'autres, où l'employeur poursuit les activités de son entreprise ou une partie de ces activités sous une certaine unité de gestion. Un examen attentif de l'organisation et du fonctionnement de l'entreprise s'imposera donc normalement dans chaque cas pour conclure à l'existence d'un seul établissement ou de plusieurs établissements distincts[90].

597 – *Tempéraments* – Deux règles particulières tempèrent l'application des mesures antibriseurs de grève. D'abord, l'article 109.2 C.t. exempte l'employeur de l'application de l'article 109.1 C.t. dans la mesure où cela est nécessaire pour assurer le respect d'une entente intervenue avec le syndicat accrédité quant à l'utilisation des services de certaines personnes pendant la grève ou le lock-out, ou le respect, dans les services publics, d'une liste syndicale sur le maintien des services essentiels ou d'un décret de suspension du droit de grève. L'article 109.3 C.t. se présente de son côté comme une mesure conservatoire de la propriété de l'employeur. Il autorise ce

---

90. Voir, empruntant cette approche mais arrivant à des conclusions différentes: *Syndicat des travailleurs en communication du Canada, section locale 81 c. Télébec Ltée*, [1986] T.T. 29, 32; *Syndicat des travailleurs en communication du Canada, section locale 81 (F.T.Q.) c. Télébec Ltée*, D.T.E. 85T-951 (C.S.). Voir aussi: *Syndicat des travailleurs et travailleuses de la Société des alcools du Québec c. Société des alcools du Québec*, [1991] R.J.Q. 112 (C.S.); *Syndicat des techniciens d'Hydro-Québec, section locale 957 (S.C.F.P.-F.T.Q.) c. Hydro-Québec*, précité, note 18.

dernier à prendre les moyens nécessaires pour éviter la destruction ou la détérioration grave de ses biens meubles ou immeubles. Son deuxième alinéa interdit toutefois clairement l'utilisation de moyens pour permettre la continuation de la production de biens ou de services autrement interdite[91].

598 – *Enquête* – L'application des dispositions des articles 109.1 à 109.3 C.t. est sujette à vérification par un enquêteur que le ministre du Travail peut désigner à sa discrétion, sur demande à cet effet de tout intéressé (art. 109.4 C.t.)[92]. Le président de la Commission des relations du travail pourrait aussi charger un agent de relations du travail d'une semblable enquête, hors des services publics et des secteurs public et parapublic (art. 114, al. 1 et 137.48, al. 1 c) et al. 2 C.t.).

599 – *Infraction* – La personne qui accepte illégalement de remplir les fonctions d'un salarié en grève, contrairement aux dispositions de la Loi, devient partie à l'infraction commise par l'employeur qui utilise ses services, selon l'article 145 C.t.[93]. L'infraction à l'article 109.1 C.t. est de responsabilité stricte; une fois son élément matériel prouvé hors de tout doute raisonnable, l'intimé doit lui-même prouver, pour se disculper, qu'il a agi avec une diligence raisonnable pour éviter la perpétration de l'infraction[94]. De fortes amendes ont été imposées aux contrevenants trouvés sans excuse[95].

600 – *Résiliation de contrat entre employeurs* – Dans un autre ordre d'idées, eu égard aux effets possibles d'une grève ou d'un lock-out, il faut signaler que les tribunaux ont reconnu le caractère

---

91. *Syndicat national des travailleurs et travailleuses de l'automobile, de l'aérospatiale et de l'outillage agricole du Canada (T.C.A.-Canada)* c. *Montupet Ltée*, précité, note 80.
92. *Menasco Canada Ltée* c. *Laberge*, D.T.E. 85T-486 (C.S.); *Syndicat des travailleurs en communication du Canada, section locale 81 (F.T.Q.)* c. *Télébec Ltée*, précité, note 90.
93. *Charbonneau (Travailleurs unis du pétrole du Canada, local 1)* c. *Soucy*, précité, note 89.
94. *Union internationale des travailleurs et travailleuses unis de l'alimentation et du commerce, section locale 486* c. *Tassé*, précité, note 87; *Syndicat des techniciens d'Hydro-Québec, section locale 957 (S.C.F.P.-F.T.Q.)* c. *Hydro-Québec*, précité, note 18; *Thibault* c. *Menasco Canada Ltée*, D.T.E. 86T-321 (T.T.).
95. *Charbonneau (Travailleurs unis du pétrole, local 1)* c. *Shell Canada Limitée*, précité, note 89 – amendes totalisant 40 000 $; *Charbonneau (Travailleurs unis du pétrole, local 1)* c. *Soucy*, précité, note 88 – amende de 5 000 $.

licite de dispositions contractuelles qui prévoient la résiliation d'un contrat de service entre deux entreprises en cas de suspension du service pour cause de grève ou de lock-out[96].

B. Le maintien du lien d'emploi

601 – *Énoncé déclaratoire* – L'effet naturel et immédiat de la grève ou du lock-out est d'interrompre l'obligation de l'employeur de fournir le travail aux salariés concernés et de leur verser leur salaire[97]. L'article 110, al. 1 C.t. prévoit toutefois que personne ne cesse d'être un salarié pour l'unique raison qu'il a cessé de travailler par suite de grève ou de lock-out.

Dans une affaire *Vandal*, on avait d'abord interprété l'article 110, al. 1 C.t. comme interdisant purement et simplement à l'employeur d'invoquer comme motif de congédiement d'un salarié le fait qu'il ait participé à une grève, même illégale[98].

Par la suite, dans *Commercial Photo Service Inc.*, la juridiction du travail arriva, au contraire, à la conclusion que l'article 110 C.t. ne constituait pas une disposition prohibitive à l'endroit de l'employeur, mais simplement une disposition de nature interprétative se limitant à déclarer que la grève et le lock-out, sans égard à leur légalité, n'ont pas pour effet de mettre fin automatiquement au lien d'emploi[99]. La disposition n'interdisait donc pas à l'employeur de congédier un salarié pour sa participation à une grève illégale. Cette interprétation est celle qu'a retenue la Cour d'appel[100]. C'est en décidant d'apprécier la sévérité de la sanction imposée pour décider s'il y avait une cause juste et suffisante de congédiement au sens de l'article 17 du Code, plutôt que de se limiter à vérifier si la grève illégale constituait le motif véritable de la sanction et non un prétexte, que la juridiction du travail avait excédé sa compétence dans l'espèce, de l'avis des tribunaux supérieurs[101]. On aurait pu craindre qu'il en résulte un certain automatisme dans la justification d'un congédiement du seul fait de la participation du salarié à un arrêt illégal de

---

96. *Autobus Terrebonne Inc.* c. *Commission scolaire des Manoirs*, [1986] R.J.Q. 1053 (C.S.); *Autobus Caron & Laurin Ltée* c. *Commission scolaire du Long-Sault*, C.S. Terrebonne, n° 700-05-001425-838, 28 novembre 1983.

97. *Syndicat canadien des communications, de l'énergie et du papier, section locale 145* c. *Gazette (The), une division de Southam Inc.*, [2000] R.J.Q. 24 (C.A.).

98. *Vandal* c. *Ambulance Paul-Georges Godin Ltée*, [1976] T.T. 41.

99. *Commercial Photo Service Inc.* c. *Lafrance*, [1978] T.T. 8.

100. *Commercial Photo Service Inc.* c. *Lafrance*, [1978] C.A. 416.

101. *Ibid. Lafrance* c. *Commercial Photo Service Inc.* [1980] 1 R.C.S. 536.

travail. Cependant, la Cour d'appel a refusé par la suite d'annuler des jugements qui avaient conclu que l'employeur avait utilisé comme pur prétexte une action de grève illégale pour congédier des salariés, son véritable motif étant leur activité syndicale par ailleurs légitime[102]. Vue en fonction des dispositions du *Code du travail*, la participation à une grève illégale constitue donc une faute susceptible de justifier légalement le congédiement du salarié, mais dans la seule mesure où elle s'avère en être la cause réelle et déterminante et non y servir de prétexte.

Pour répondre à la question ainsi posée, on tiendra compte de toutes les circonstances pertinentes à chaque espèce, comme la gravité relative du geste illégal, la justification ou non par l'employeur de l'imposition d'une sanction à certains seulement des salariés fautifs[103], la provocation délibérée par l'employeur de l'action illégale des salariés[104], la responsabilité particulière que peuvent encourir les responsables syndicaux, ou même certains salariés, du fait de leur statut ou de leur implication individuelle dans le déclenchement de l'illégalité ou sa poursuite[105].

602 – *Recours spécifique* – L'article 110.1 C.t. affirme le droit de tout salarié qui a fait grève ou qui a été lock-outé de recouvrer son emploi, à la fin de la grève ou du lock-out, de préférence à toute autre personne, à moins que l'employeur n'ait une cause juste et suffisante de ne pas le rappeler. Le droit conféré au salarié par cet article est donc un droit de préférence[106]. Ce droit est distinct des autres que le *Code du travail* reconnaît déjà au salarié, notamment celui de l'exercice d'une activité syndicale légitime à l'abri de toute sanction de l'employeur. Ainsi, en cas de congédiement pur et simple à la fin de la grève ou du lock-out, le salarié devra plutôt produire une plainte de congédiement pour activité syndicale, en vertu des articles 15 et suivants du Code[107].

---

102. *Barrette-Chapais Ltée* c. *Brière*, D.T.E. 82T-562 (C.A.); *Fleury* c. *Épiciers unis Métro-Richelieu Inc.*, [1987] R.J.Q. 2034 (C.A.).
103. *Beaulieu* c. *La Fleur d'Oranger Inc.*, [1983] T.T. 112; *Bélanger* c. *Hôpital Notre-Dame de Ste-Croix*, D.T.E. 84T-733 (T.T.); *Roger Rainville & Fils Inc.* c. *Bisaillon*, [1984] T.T. 219.
104. *Compagnie Price Ltée* c. *Gagné*, T.T. Québec, n° 200-28-000017-81, 30 septembre 1981.
105. *Hôpital Royal Victoria* c. *Rudner*, D.T.E. 84T-397 (T.T.); *Hôpital Royal Victoria* c. *Duceppe*, D.T.E. 84T-398 (T.T.).
106. *Cie de volailles Maxi Ltée* c. *Bolduc*, [1987] R.J.Q. 2626 (C.S.).
107. Voir *Desjardins* c. *Classic Bookshops*, [1980] T.T. 44. On y analyse les principales caractéristiques du recours prévu à l'article 110.1 C.t., le distinguant en particulier de celui des articles 15 et suivants du Code.

Le recours prévu à l'article 110.1 C.t. constitue un arbitrage *sui generis*, statutaire, qui traitera la mésentente sur le non-rappel au travail du salarié comme s'il s'agissait d'un grief[108]. Ce recours doit être exercé dans les six mois de la date à laquelle le salarié aurait dû être rappelé au travail. Il ne peut être entrepris que par une association accréditée, ce qui exclut du même coup que des situations de grève ou de lock-out à l'occasion d'un litige de reconnaissance syndicale, avant l'octroi de l'accréditation, y donnent ouverture. Seule subsisterait alors la protection des articles 15 et suivants et 110 C.t. Le cas échéant, l'association accréditée est tenue de respecter l'obligation légale de représentation que lui impose l'article 47.2 C.t. en traitant le recours du salarié selon l'article 110.1 C.t.; en cas de défaut de sa part, le salarié aura le droit de réclamer le redressement spécifique prévu aux articles 47.3 et suivants C.t. (art. 110.1, al. 3 C.t.)[109].

C. La fin de la grève

603 – *Décision syndicale* – Le *Code du travail* ne prévoit aucune formalité particulière pour mettre un terme à une grève. Lorsque la grève conduit, comme c'est généralement le cas, à la conclusion d'une convention collective, la signature de cette dernière devra néanmoins avoir été préalablement autorisée par un vote majoritaire au scrutin secret des membres de l'association accréditée compris dans l'unité de négociation et exerçant leur droit de vote (art. 20.3 C.t.). L'envoi du différend à l'arbitrage mettra également fin à une grève en cours, normalement sans difficulté particulière[110].

À côté de ces situations courantes, qu'advient-il lorsque la volonté des salariés et celle du syndicat qui les représente divergent quant à la poursuite de la grève? Si ce sont les salariés qui, tous ensemble, mettent fin à la grève, cette dernière cesse tout simplement d'exister[111]. La décision d'une partie seulement des salariés de

---

108. Sur l'indépendance de ce recours par rapport au recours à l'arbitrage selon la convention collective, voir *Cie de volailles Maxi Ltée* c. *Bolduc*, précité, note 106. Une violation claire des articles 110 et 110.1 C.t. ainsi que les pouvoirs résiduels et inhérents de la Cour supérieure pourront permettre à cette dernière de prononcer une injonction interlocutoire de réintégration dans l'emploi jusqu'à l'adjudication de l'arbitre: *Syndicat des travailleuses et travailleurs de l'Auberge de la Rive (C.S.N.)* c. *Auberge de la Rive (1971) inc.*, D.T.E. 2002T-723 (C.S.).

109. Voir *supra*, Titre II, chapitre 4, nos 492-494.

110. Voir *supra*, Titre II, chapitre 5, nos 554 et 560.

111. *Syndicat des employés de Uniroyal (C.S.N.)* c. *Union des ouvriers du caoutchouc synthétique, local 78 de l'Union internationale des employés de distilleries, rectification, vins et industries connexes d'Amérique*, [1980] T.T. 150.

l'unité de négociation de cesser de faire grève est plus problématique. L'ensemble du *Code du travail* présente, en effet, la grève comme un moyen d'action essentiellement syndical. L'exigence du vote de grève et de l'avis au ministre ainsi que, surtout, l'imposition de la cessation totale de travail associée au régime antibriseurs de grève rendent compte du caractère institutionnel de la grève. Cette dernière ne devrait donc pas prendre fin sans une décision du syndicat accrédité à cet effet[112].

V- LE PIQUETAGE

604 – *Phénomène* – Le piquetage ou piquet de grève se présente comme la manifestation extérieure usuelle d'un conflit de travail. S'il accompagne le plus souvent un état de grève ou de lock-out, il peut néanmoins constituer par lui-même un moyen de pression indépendant destiné à appuyer une revendication et à accélérer la négociation. La Cour suprême décrit ainsi le piquetage dans son récent arrêt *Pepsi-Cola*:

> En droit du travail, le piquetage s'entend généralement de l'effort concerté de gens qui portent des affiches dans un endroit public situé dans des lieux d'affaires ou près de ceux-ci. Le piquetage comporte un élément de présence physique qui, à son tour, inclut une composante expressive. Il vise généralement deux objectifs: premièrement, communiquer des renseignements au sujet d'un conflit de travail afin d'amener d'autres travailleurs, les clients de l'employeur frappé par le conflit ou le public en général à appuyer la cause des piqueteurs; deuxièmement, exercer des pressions sociales et économiques sur l'employeur et, souvent par voie de conséquence, sur ses fournisseurs et ses clients.[113]

---

112.   Voir, en ce sens, *Syndicat démocratique des salariés de la Scierie Leduc (C.S.D.) c. Daishowa Inc., division Scierie Leduc*, [1990] T.T. 71. En appel, la Cour supérieure a conclu différemment, affirmant que le retour au travail d'une majorité des salariés avait mis fin à la grève et que, de toute façon, l'incertitude de la solution juridique applicable à une telle situation devait profiter à l'accusé et justifiait son acquittement: *Daishowa Inc., division Scierie Leduc c. Syndicat démocratique des salariés de la Scierie Leduc (C.S.D.)*, [1990] R.J.Q. 1117 (C.S.). La Cour d'appel, à la majorité, a confirmé ce jugement, en se dissociant toutefois du premier motif de la Cour supérieure pour ne retenir que le deuxième: *Syndicat démocratique des salariés de la Scierie Leduc (C.S.D.) c. Daishowa Inc., division de Scierie Leduc*, [1991] R.J.Q. 2477 (C.A.). Ultérieurement, aux fins de l'application des articles 22 et 41 C.t., l'instance du travail a réaffirmé sa position selon laquelle la grève n'avait pas pris fin: *Syndicat démocratique des salariés de la Scierie Leduc c. Daishowa Inc., division Scierie Leduc*, [1994] T.T. 57. Voir aussi l'arrêt rendu depuis lors dans *Union des employées et employés de service, section locale 800 c. Farbec Inc.*, précité, note 13, relativement au déclenchement légal d'une grève par une décision majoritaire des membres du syndicat.

113.   *S.D.G.M.R., section locale 558* c. *Pepsi-Cola Canada Beverages (West) Ltd.*, précité, note 1, par. 27.

605 – *Garantie constitutionnelle* – Le *Code du travail* ne définit aucunement le piquetage, ni ne l'encadre. La Cour suprême lui reconnaît par ailleurs une justification constitutionnelle au titre de la liberté d'expression affirmée par l'alinéa 2b) de la *Charte canadienne des droits et libertés* (et par l'article 3 de la *Charte des droits et libertés de la personne*)[114]. L'arrêt *Pepsi-Cola* souligne l'importance de la liberté d'expression syndicale:

> [...] le discours syndical fait intervenir les valeurs fondamentales de la liberté d'expression et est essentiel non seulement à l'identité et à l'estime de soi des travailleurs ainsi qu'à la puissance de leur effort collectif, mais également au fonctionnement d'une société démocratique. Il ne faut pas approuver à la légère les restrictions apportées à toute forme d'expression et, en particulier, à une forme d'expression d'une telle importance.[115]

C'est sur cette base que la Cour suprême a décidé à la même occasion d'écarter désormais toute distinction entre le piquetage primaire, sur les lieux du conflit, et le piquetage dit secondaire, c'est-à-dire dirigé contre des tiers juridiquement étrangers au différend mais qui poursuivent des relations d'affaires avec l'employeur en grève ou en lock-out ou lui sont individuellement associés à titre de dirigeants, piquetage que la jurisprudence dominante réputait en lui-même illégal[116]. La Cour suprême retient que ce postulat d'illégalité ignorait indûment la liberté d'expression et elle pose plutôt que les règles usuelles relatives aux fautes civiles ou criminelles suffisent à encadrer le piquetage, peu importe où il a lieu:

---

114. L.R.Q., c. C-12.
115. *S.D.G.M.R., section locale 558* c. *Pepsi-Cola Canada Beverages (West) Ltd.*, précité, note 1, par. 69. Voir aussi: *T.U.A.C., section locale 1518* c. *K-Mart Canada Ltd.*, [1999] 2 R.C.S. 1083 – nullité d'une disposition législative ayant pour effet d'interdire une distribution pacifique de tracts; *SDGMR, section locale 580* c. *Dolphin Delivery Ltd.*, [1986] 2 R.C.S. 573; *Syndicat canadien de la fonction publique, section locale 302* c. *Verdun (Ville de)*, [2000] R.J.Q. 356 (C.A.); *Gauvin* c. *Tribunal du travail*, D.T.E. 96T-749 (C.S.).
116. Exemples: *Office municipal d'habitation de Montréal* c. *Syndicat canadien de la fonction publique, section locale 301*, D.T.E. 99T-195 (C.S.); *Journal de Montréal, division de Groupe Québécor Inc.* c. *Syndicat international des communications graphiques, section locale 41M*, D.T.E. 94T-304 (C.S.); *Industries de maintenance Empire Inc.* c. *Syndicat des travailleuses et travailleurs de l'entretien de la Place Ville-Marie*, D.T.E. 93T-193 (C.S.); *Parchemin Inc.* c. *Syndicat des employées et employés du restaurant Les Trois Arches*, D.T.E. 92T-1182 (C.S.); *Supermarché A. Gagnon Inc.* c. *Syndicat national des employés de l'alimentation en gros de Québec (C.S.N.)*, D.T.E. 89T-971 (C.S.).

[...] il est utile que nous examinions la portée de la règle voulant que tout piquetage soit légal en l'absence de conduite délictuelle ou criminelle. La portée d'une telle règle est vaste. Le piquetage qui contrevient au droit criminel ou qui est assorti d'un délit particulier, comme l'intrusion, la nuisance, l'intimidation, la diffamation ou les déclarations inexactes, est interdit peu importe où il a lieu. Les délits particuliers connus en common law concernent la plupart des situations susceptibles de se produire lors d'un conflit de travail. En particulier, la portée des délits de nuisance et de diffamation devrait permettre d'enrayer le piquetage le plus coercitif. Les délits connus permettent également de protéger les droits de propriété. Ils permettent d'éviter l'intimidation et de protéger la liberté d'accès aux lieux privés et, par conséquent, le droit de chacun à l'utilisation de son bien. Enfin, le délit d'incitation à la rupture de contrat confère aussi une protection de base aux droits découlant des contrats ou des relations d'affaires.[117]

606 – *Responsabilité criminelle* – L'article 423 du *Code criminel* est susceptible de trouver application à l'occasion d'une activité de piquetage. Son paragraphe 2 définit et légitime le piquetage «pacifique», strictement orienté vers un but d'information:

> Ne surveille ni ne cerne, au sens du présent article, celui qui se trouve dans un lieu, notamment une maison d'habitation, ou près de ce lieu, ou qui s'en approche, à la seule fin d'obtenir ou de communiquer des renseignements.

Les piquetages vécus démontrent que le passage de l'information à la discussion plus ou moins animée et, de là, à la menace ou à la coercition s'avère souvent aussi facile que rapide[118].

607 – *Responsabilité civile* – Sur le plan civil, le piquetage ne peut constituer une entrave restreignant l'accès à l'entreprise ou la possibilité d'en sortir. Le piquet de grève ne peut, non plus, être installé sur la propriété de l'employeur ou même sur celle d'un tiers sans leur consentement. Cette dernière situation peut conduire à des résultats plutôt curieux, par exemple s'il s'agit de piqueter contre un établissement situé dans un centre commercial. Ainsi, dans l'arrêt *Harrison*[119], la Cour suprême a maintenu à la majorité la condamnation à une amende, selon la loi manitobaine, d'une personne qui

---

117. *S.D.G.M.R., section locale 558* c. *Pepsi-Cola Canada Beverages (West) Ltd.*, précité, note 1, par. 103.
118. Voir et comparer à cet égard: *Canuk Lines Limited* c. *Seafarers' International Union of Canada*, [1966] C.S. 543; *Noranda Mines Limited* c. *United Steelworkers of America*, [1954] C.S. 24.
119. *Harrison* c. *Carswell*, [1976] 2 R.C.S. 200.

avait pratiqué un piquetage pacifique dans un centre commercial où son employeur exerçait son activité. Les juges majoritaires reconnurent la latitude du propriétaire des lieux de s'opposer, sans intention malicieuse, à la présence du piqueteur. La jurisprudence civile impose donc généralement le respect le plus absolu du droit de propriété et de la liberté de commerce qui s'y trouve associée[120].

Le droit à la vie privée affirmé tant par le *Code civil du Québec* (art. 3 et 35) que par la *Charte des droits et libertés de la personne* (art. 5) conditionne le droit de piquetage aux lieux de résidence des dirigeants et des cadres de l'employeur[121].

La liberté de travail a été fermement protégée par les tribunaux en l'absence d'interdiction légale d'utilisation de briseurs de grève comme celle qu'on trouve maintenant à l'article 109.1 C.t. Abstraction faite de cette dernière dimension et des plus récents développements quant au piquetage secondaire, on trouvera une étude très exhaustive du droit de piquetage, particulièrement quant aux formes qu'il peut prendre, dans l'arrêt de la Cour d'appel *Canadian Gypsum Co. Ltd.*[122].

VI- LES SANCTIONS

A. La sanction pénale

608 – *Code criminel* – Le *Code criminel* sanctionne les actes illégaux de piquetage (art. 423 C.cr.) et, plus exceptionnellement, certains actes de grève (art. 422, 466 et 467 C.cr.) ou de lock-out (art. 425 C.cr.).

609 – *Code du travail* – Plus couramment, une grève ou un lock-out qui contrevient aux dispositions du *Code du travail* conduira à des poursuites pénales intentées en vertu de celui-ci (art. 142 C.t.). En particulier, dans le cas d'une grève, est coupable d'une infraction,

---

120. Exemple: *Direct Film Inc.* c. *C.S.N.*, D.T.E. 82T-206 (C.S.); la cour prononce une injonction interlocutoire en vue d'empêcher la poursuite d'une campagne de boycottage, ponctuée d'actes illégaux, des produits et services de l'employeur, à l'occasion d'une tentative d'organisation syndicale mouvementée.

121. Voir et comparer: *Syndicat canadien de la fonction publique, section locale 302* c. *Verdun (Ville de)*, précité, note 115; *Syndicat des communications graphiques, local 41M* c. *Journal de Montréal, division de Groupe Quebecor Inc.*, [1994] R.D.J. 456 (C.A.); *Office municipal d'habitation de Montréal* c. *Syndicat canadien de la fonction publique, section locale 301*, précité, note 116.

122. *Canadian Gypsum Co. Ltd.* c. *C.S.N.*, [1973] C.A. 1075.

quiconque la déclare, la provoque ou y participe illégalement[123]. La participation à la grève ne se limite pas au seul fait pour un salarié de prendre part à la cessation de travail; cette notion de participation rejoint toute forme d'implication, même par omission, qui permet la réalisation de la cessation collective de travail, notamment de la part du syndicat, de ses officiers ou de ses représentants[124]. La jurisprudence est contradictoire quant à savoir si les différents termes utilisés à l'article 142 C.t. désignent chacun une infraction distincte[125].

En ce qui concerne la preuve, il y a lieu de rappeler, quant à la participation individuelle d'un salarié à une grève illégale, la règle dégagée par la Cour suprême dans l'affaire *Strasser*[126]. Selon les juges majoritaires, qui y appliquent l'arrêt *Sault Ste-Marie*[127] relativement à la notion d'infraction de responsabilité stricte, sur une plainte de participation d'un ou de plusieurs salariés à une grève illégale, le poursuivant doit mettre en preuve l'existence d'une concertation préalable pour prouver l'existence de la grève elle-même, mais il n'est pas tenu de faire la preuve de l'intention individuelle de tel ou tel inculpé de se joindre à la cessation collective de travail ou, en d'autres termes, de sa participation personnelle à la concertation[128].

En somme, une fois que le poursuivant a prouvé une cessation concertée de travail dans le groupe de salariés et l'absence simultanée de son travail de la part d'un salarié inculpé, il n'a pas à réfuter toute explication par laquelle le salarié pourrait éventuellement chercher à se disculper. C'est plutôt à ce dernier que cette tâche incombe alors. Un jugement de la Cour d'appel précise l'intensité de ce fardeau en tenant compte de la présomption d'innocence énoncée au paragraphe 11d) de la *Charte canadienne des droits et libertés*[129].

---

123. Sur la distinction entre le fait de déclarer une grève et celui de la provoquer, voir *Nadeau* c. *Rousseau*, [1990] T.T. 409.
124. *Therrien* c. *Gagnon*, [1990] R.J.Q. 545 (C.S.); *Société de transport de la Rive-Sud de Montréal* c. *Clericy*, [1989] T.T. 135; *Québec (Procureur général)* c. *Centrale de l'enseignement du Québec*, D.T.E. 84T-341 (T.T.); *Québec (Procureur général du Québec* c. *Lavoie*, D.T.E. 84T-342 (T.T.); *Direct Film Inc.* c. *Syndicat des employés de magasins de Direct Film (C.S.N.)*, [1982] T.T. 234; *Beauchamp* c. *Beaudoin*, [1976] T.T. 145.
125. Réponse affirmative: *Centre Cardinal Inc.* c. *Union des employés de service, local 298*, [1987] T.T. 367. Réponse négative: *Manoir St-Patrice Inc.* c. *Union des employés de service, local 298*, [1987] T.T. 184.
126. *Strasser* c. *Roberge*, précité, note 53.
127. *R.* c. *Sault Ste-Marie*, [1978] 2 R.C.S. 1299.
128. *Strasser* c. *Roberge*, précité, note 53, p. 977-982.
129. *Bergeron* c. *Procureur général du Québec*, [1995] R.J.Q. 2054 (C.A.).

Ainsi, selon la Cour d'appel, le fardeau de l'accusé serait un fardeau de présentation d'une preuve suffisante pour soulever un doute raisonnable quant à sa culpabilité, plutôt que de persuasion de son absence de participation à la concertation de grève[130].

B. La sanction civile

1. Le régime général

610 – *Règles de responsabilité* – Au plan civil, ce sont les règles générales de la responsabilité civile qui fonderont l'examen des demandes d'ordonnance ou de réparation relatives aux actes de grève, de lock-out ou de piquetage[131].

611 – *Compétence* – Il faut porter une attention particulière à l'identification de la juridiction compétente. Cette détermination est fondamentalement tributaire de la source d'illégitimité de l'acte fautif allégué. Si cette source se trouve exclusivement dans le *Code du travail*, c'est à la Commission des relations du travail qu'il faudra s'adresser, dans un délai raisonnable (art. 114, 118 et 119 C.t.)[132]. Cette dernière pourra recourir alors aux pouvoirs que lui confèrent les articles 118 et 119 C.t. pour prononcer toute ordonnance préventive ou curative appropriée ou pour octroyer des dommages-intérêts en réparation d'un préjudice subi. Si l'illégalité alléguée origine plutôt, concurremment ou exclusivement, du contenu explicite ou implicite d'une convention collective, l'arbitre de grief sera le seul forum compétent[133]. Restent les cas où c'est le droit civil qui prohibe l'acte fautif, la grève ou le lock-out n'en étant que l'occasion. Les piquetages illégaux entrent dans cette catégorie, de même que d'autres incidents qui peuvent marquer le conflit[134]. Le tribunal de droit commun sera alors compétent.

---

130. *Ibid.*
131. Exemples: *Association des pompiers de Montréal Inc.* c. *Ville de Montréal*, [1983] C.A. 183; *Papineau et Dufour Ltée* c. *Union des bûcherons et employés de scieries, local 2399*, D.T.E. 84T-99 (C.S.).
132. Voir *supra*, Titre II, chapitre 1, nos 335-359.
133. *Ste-Anne Nackawic Pulp & Paper Co.* c. *Section locale 219 du Syndicat canadien des travailleurs du papier*, [1986] 1 R.C.S. 704; *Syndicat des employés manuels de la Ville de Québec, section locale 1638* c. *Québec (Ville de)*, [1994] R.J.Q. 1552 (C.A.); *Montréal (Ville de)* c. *Syndicat canadien de la fonction publique, section locale 301*, D.T.E. 2000T-1074 (C.S.).
134. Exemple: *Montréal (Ville de)* c. *Association des pompiers de Montréal Inc.*, D.T.E. 2000T-1050 (C.S.) – méfaits et actes de vandalisme commis à l'occasion d'une grève.

Des tiers peuvent aussi être victimes d'une action collective illégale et se trouver en position d'en réclamer réparation[135]. Le forum compétent serait alors le tribunal de droit commun. D'une part, l'économie générale du *Code du travail* le destine à régir les rapports entre des parties qui y sont soumises; d'autre part, malgré l'apparente généralité de la compétence dévolue à la Commission des relations du travail par l'article 114 C.t., aucune des trois hypothèses mentionnées à son deuxième alinéa ne paraît rejoindre l'éventualité d'une demande d'un tiers étranger au régime.

2. *Les services publics et les secteurs public et parapublic*

612 – *Compétence* – Dans les services publics et dans les secteurs public et parapublic, l'illégalité de la grève et des autres moyens d'action concertée qui l'accompagnent ou qui y sont assimilables peut donner lieu à l'exercice des pouvoirs d'intervention et de redressement, aussi importants que variés, qui sont dévolus cette fois au Conseil des services essentiels (art. 114, al. 2, 119 et 111.16 à 111.20 C.t.)[136]. La compétence du C.S.E. rejoint l'ensemble des services publics ainsi que des secteurs public et parapublic, sans égard au fait que les parties disposent ou non du droit de grève ou de lock-out non plus qu'à l'obligation ou à l'absence d'obligation de maintenir des services essentiels[137]. À la différence de la compétence de la C.R.T. lorsqu'il y a lieu, celle du C.S.E. ne lui est pas exclusive; aucune disposition du Code ne porte en effet une telle affirmation. Le C.S.E. peut agir de sa propre initiative[138].

---

135. Exemples: *Syndicat des postiers du Canada* c. *Santana Inc.*, [1978] C.A. 114; *Syndicat des employés de métier d'Hydro-Québec, section locale 1500* c. *Eastern Coated Papers Ltd.*, [1986] R.J.Q. 1895 (C.A.).
136. Sur la constitutionnalité des pouvoirs du C.S.E. au regard de la *Loi constitutionnelle de 1867* et des chartes, voir *Syndicat canadien de la Fonction publique* c. *Conseil des services essentiels*, [1989] R.J.Q. 2648 (C.A.).
137. *Montréal (Communauté urbaine de)* c. *Fraternité des policiers et policières de la Communauté urbaine de Montréal Inc.*, [1995] R.J.Q. 2549 (C.A.) – application à l'endroit des policiers municipaux; *Association provinciale des enseignantes et enseignants du Québec (A.P.E.Q.)* c. *Conseil des services essentiels*, D.T.E. 2002T-589 (C.A.) – enseignants non tenus de fournir des services essentiels.
138. La Cour d'appel a jugé que ce pouvoir du Conseil, dans son contexte, n'est pas susceptible de faire naître une crainte raisonnable de partialité du Conseil et qu'il ne compromet donc pas la garantie d'impartialité donnée à l'article 23 de la *Charte des droits et libertés de la personne*: *Syndicat des chauffeurs de la Société de transport de la Ville de Laval* c. *Conseil des services essentiels*, D.T.E. 95T-1286 (C.A.); *Syndicat des employés de Clair Foyer* c. *Conseil des services essentiels*, D.T.E. 97-943 (C.A.).

La Loi investit d'abord le C.S.E. du pouvoir d'enquêter sur tout lock-out, toute grève ou tout ralentissement d'activités qui contrevient présumément à la Loi ou au cours duquel les services essentiels prévus ne sont pas rendus (art. 111.16, al. 1 C.t.); il peut en être de même à l'égard de toute action concertée autre qu'une grève ou un ralentissement d'activités (art. 111.18 C.t.). Le Conseil peut agir lui-même à titre de médiateur entre les parties ou nommer une personne à cette fin (art. 111.16, al. 2 C.t.). Le C.S.E. vérifie si le conflit porte préjudice ou est vraisemblablement susceptible de porter préjudice à un service auquel le public a droit et, lorsqu'il y a lieu, si les services essentiels sont rendus[139]. Cette détermination est au cœur de la compétence du Conseil[140]. Dans sa démarche, le C.S.E. doit respecter la règle *audi alteram partem* à l'endroit des personnes impliquées dans le conflit[141].

613 – *Redressement* – Lorsqu'il conclut à un préjudice ou à une vraisemblance de préjudice à un service auquel le public a droit ou que des services essentiels ne sont pas rendus, le C.S.E. peut exercer divers pouvoirs d'ordonnance ou de réparation en vue d'assurer le respect de la Loi, de la convention collective, d'une entente ou d'une liste sur les services essentiels (art. 111.17 et 111.18 C.t.). Il n'y est toutefois pas tenu et peut choisir, selon les circonstances, de s'abstenir de toute intervention ou de privilégier la médiation (art. 111.16, al. 2 C.t.)[142]. Le Conseil peut aussi, plutôt que de rendre une décision, prendre acte de l'engagement d'une personne d'assurer au public le service auquel il a droit, de respecter la Loi, la convention collective, une entente ou une liste sur les services essentiels (art. 111.19 C.t.).

---

139. Sur les notions de préjudice et de vraisemblance de préjudice, voir notamment: *Laval (Société de transport de la Ville de)* c. *Syndicat des chauffeurs de la Société de transport de la Ville de Laval (C.S.N.)*, précité, note 18; *Montréal (Ville de)* c. *Association des pompiers de Montréal inc.*, D.T.E. 97T-944 (C.S.E.); *Corp. d'Urgences-santé de la région de Montréal métropolitain* c. *Rassemblement des employés techniciens ambulanciers du Québec*, D.T.E. 95T-297 (C.S.E.); *Laval (Société de transport de la Ville de)* c. *Syndicat des chauffeurs de la Société de transport de la Ville de Laval*, D.T.E. 93T-939 (C.S.E.).
140. *Syndicat canadien de la fonction publique, section locale 301* c. *Montréal (Ville)*, précité, note 36.
141. *Syndicat national des employés de l'Institut Doréa (C.S.N.)* c. *Conseil des services essentiels*, [1987] R.J.Q. 925 (C.S.).
142. Exemples: *Laval (Société de transport de la Ville de)* c. *Syndicat des chauffeurs de la Société de transport de la Ville de Laval*, précité, note 139; *Hydro-Québec* c. *Syndicat canadien de la Fonction publique, section locale 1500*, D.T.E. 88T-642 (C.S.E.).

L'intervention du C.S.E. peut prendre la forme d'un ordre de la nature d'une injonction et dont le contenu apparaît nécessaire dans les circonstances pour assurer au public les services auxquels ce dernier a droit. La Cour suprême a ainsi reconnu au C.S.E. le pouvoir de suspendre temporairement l'application d'une disposition d'une convention collective qui permettait aux salariés de refuser de travailler en temps supplémentaire et qui était utilisée de façon concertée pour exercer un moyen de pression jugé illicite[143]. Les ordonnances doivent néanmoins s'inscrire à l'intérieur des limites qu'impose le respect des libertés d'association et d'expression[144]. Le paragraphe 6 de l'article 111.17, al. 2 C.t. permet au Conseil d'ordonner à *une partie* de faire connaître publiquement son intention de se conformer à une ordonnance. Un tel ordre adressé exclusivement à un dirigeant de la partie concernée demeurera donc lettre morte[145]. Cette exigence n'empêche toutefois pas le C.S.E. de désigner lui-même la personne qui devra agir comme porte-parole de la partie à laquelle il adresse son ordonnance[146].

Le pouvoir d'intervention du C.S.E., avons-nous déjà signalé, ne lui est pas exclusif. Néanmoins, la Cour supérieure pourrait refuser d'intervenir par injonction si la partie qui s'adresse à elle n'a pas épuisé le recours dont elle disposait auprès du Conseil[147].

Lorsqu'il y a lieu, le C.S.E. peut se prévaloir des paragraphes 2 et 3 de l'article 111.17, al. 2 C.t. pour imposer une réparation, notamment monétaire, à la partie fautive. Une réparation monétaire imposée par le C.S.E. demeure juridiquement différente des dommages-intérêts envisagés par le *Code civil du Québec* et n'exclut pas l'octroi de ces derniers par le tribunal de droit commun[148]. Le Conseil

---

143. *Syndicat canadien de la fonction publique, section locale 301* c. *Montréal (Ville)*, *supra*, note 36.

144. *Montréal (Communauté urbaine de)* c. *Fraternité des policiers et policières de la Communauté urbaine de Montréal Inc.*, précité, note 137 – annulation dans l'espèce d'une interdiction de recourir à tout moyen de pression et à toute action concertée, sans égard à leur légalité.

145. *Conseil des services essentiels* c. *Syndicat canadien de la fonction publique, section locale 313*, [2001] R.J.Q. 1500 (C.A.); *Montréal (Communauté urbaine de)* c. *Fraternité des policiers et policières de la Communauté urbaine de Montréal Inc.*, précité, note 137.

146. *Conseil des services essentiels* c. *Syndicat canadien de la fonction publique, section locale 313, ibid.*

147. *Syndicat du transport de Montréal* c. *Conseil des services essentiels*, D.T.E. 90T-341 (C.S.); *Ambulances Trudeau Inc.* c. *Rassemblement des employés techniciens ambulanciers du Québec (C.S.N.) (R.E.T.A.Q.)*, [1987] R.J.Q. 1408 (C.S.).

148. *Syndicat des employés de Clair Foyer Inc.* c. *Conseil des services essentiels*, précité, note 138; *Viau* c. *Syndicat canadien de la fonction publique*, D.T.E. 91T-1228 (C.S.).

a fréquemment ordonné la constitution d'un fonds au profit d'un organisme de bénéficiaires qui avaient été lésés, selon lui, par la partie syndicale à l'occasion d'un conflit (art. 111.17, al. 2, 3o C.t.)[149]. Parfois, des travaux communautaires apparaissent appropriés[150].

L'exercice du pouvoir de redressement du C.S.E. n'est pas soumis à la prescription du droit civil; il doit survenir dans un délai raisonnable[151].

Les ordonnances rendues par le Conseil ou les engagements pris devant lui selon l'article 111.19 C.t. peuvent être déposés par le C.S.E. au bureau du greffier de la Cour supérieure du district de Montréal ou de Québec, conformément à l'article 111.20, al. 1 C.t. Ce dépôt leur confère la même force et le même effet que s'il s'agissait d'un jugement émanant de la Cour supérieure (art. 111.20, al. 2 C.t.). Il les rend donc notamment susceptibles de sanction par outrage au tribunal[152].

---

149. Exemples: *Syndicat des chauffeurs de la Société de transport de la Ville de Laval (C.S.N.)* c. *Conseil des services essentiels*, précité, note 138; *Alliance des infirmières de Montréal* c. *Conseil des services essentiels*, D.T.E. 94T-118 (C.S.); *Centre d'accueil Pierre-Joseph-Triest* c. *Syndicat des employés du Centre d'accueil Pierre-Joseph-Triest*, D.T.E. 92T-926 (C.S.E.); *Syndicat des employés du Mont d'Youville (C.S.N.)* c. *Conseil des services essentiels*, [1989] R.J.Q. 340 (C.S.); *Syndicat canadien de la Fonction publique* c. *Conseil des services essentiels*, D.T.E. 88T-1069 (C.S.).

150. *Montréal (Ville de)* c. *Syndicat canadien de la fonction publique, section locale 301*, D.T.E. 99T-372 (C.S.E.); *Montréal (Ville de)* c. *Syndicat canadien de la fonction publique, section locale 301 (cols bleus)*, D.T.E. 99T-556.

151. *Syndicat des employés de Clair Foyer* c. *Conseil des services essentiels*, précité, note 138; *Hôtel-Dieu de St-Jérôme* c. *Syndicat national des employés de l'Hôtel-Dieu de St-Jérôme*, D.T.E. 92T-1016 (C.S.E.).

152. Exemples: *Commission scolaire de Montréal* c. *Alliance des professeures et professeurs de Montréal*, D.T.E. 2002T-184 (C.S.); *Corp. d'Urgences-santé de la région de Montréal métropolitain* c. *Rassemblement des employés techniciens ambulanciers du Québec (RETAQ) (F.A.S.-C.S.N.)*, D.T.E. 2001T-64 (C.S.) – condamnation; *Corp. d'Urgences-santé de la région de Montréal métropolitain* c. *Rassemblement des employés techniciens ambulanciers du Québec (RETAQ) (F.A.S.-C.S.N.)*, [2001] R.J.D.T. 637 (C.S.) – pénalité.

CHAPITRE 7

LA CONVENTION COLLECTIVE

614 – *Importance et définition* – La convention collective n'est rien de moins que le cœur même du régime de rapports collectifs du travail élaboré au *Code du travail*. Sa conclusion est l'objectif essentiel que le Code priorise.

Le *Code du travail* définit la convention collective comme «une entente écrite relative aux conditions de travail» conclue entre une ou plusieurs associations accréditées et un ou plusieurs employeurs ou associations d'employeurs (art. 1d) C.t.)[1].

I- LE CONTENU DE LA CONVENTION COLLECTIVE

A. Le contenu explicite

615 – *Objet: conditions de travail* – Il ressort de la définition légale de la convention collective que c'est la notion de «conditions de travail» qui caractérise la substance de son contenu potentiel. Ainsi, une entente entre un employeur et une association accréditée qui porterait sur des objets étrangers aux conditions de travail ne saurait prétendre à la qualification de convention collective[2].

La notion de conditions de travail, que le législateur s'est abstenu de définir, est extrêmement souple et adaptable, évoluant avec la pratique même de la négociation collective. Elle a permis d'embrasser tout autant l'obtention, le maintien ou la terminaison de l'emploi que les conditions physiques d'exécution du travail, les prestations réciproques des salariés et de l'employeur et même, dans un sens plus large encore, toutes les conditions que les parties ratta-

---

1. *Société d'électrolyse et de chimie Alcan Ltée* c. *Fédération des syndicats du secteur de l'aluminium Inc.*, D.T.E. 95T-1360 (C.A.).
2. *Guimond* c. *Université de Montréal*, [1985] C.S. 360 – refus de qualifier d'entente relative aux conditions de travail une entente qui visait des revenus des salariés jugés sans relation directe avec leurs relations avec l'employeur, du fait qu'ils provenaient d'un tiers.

chent d'une façon ou d'une autre au fait que des salariés travaillent pour un employeur et qu'ils sont représentés par un agent négociateur collectif[3]. Sous réserve des exigences et des limites qu'imposent les règles générales ou spécifiques de l'ordre public, une matière ou un sujet devient une condition de travail du fait même qu'elle s'insère dans le contenu d'une convention collective; on pourrait dire en somme que le contenant détermine la qualification du contenu.

616 – *Limites* – La faculté des parties de convenir de conditions de travail dans la convention collective demeure néanmoins assujettie à certaines restrictions d'ordre général ou particulier, associées à l'ordre public.

L'article 62 C.t. interdit et rend nulle toute disposition contraire à l'ordre public ou prohibée par la Loi[4]. Relativement à la portée concrète de cette réserve générale, on peut d'abord évoquer les libertés et droits fondamentaux affirmés par les chartes[5] et les stipulations d'ordre public du *Code civil du Québec*[6]. Il faut également tenir

---

3. Voir: *Syndicat des employées et employés des magasins Zellers d'Alma et de Chicoutimi (C.S.N.)* c. *Turcotte*, D.T.E. 2002T-882 (C.A.), par. 51-52; *Syndicat des travailleurs et des travailleuses des Épiciers unis Métro-Richelieu (C.S.N.)* c. *Lefebvre*, D.T.E. 96T-817 (C.A.), 23-29; *Commission scolaire Crie* c. *Association de l'enseignement du Nouveau-Québec*, D.T.E. 90T-1095 (C.A.) – libération syndicale et obligation de remboursement du syndicat à l'employeur; *Dalton* c. *Union internationale des employés professionnels et de bureau (local 409)*, D.T.E. 83T-484 (C.A.); *Syndicat catholique des employés de magasins de Québec* c. *Cie Paquet Ltée*, [1959] R.C.S. 206.

4. *Guimond* c. *Université de Montréal*, précité, note 2.

5. Il s'agit ici au premier chef des articles 10 à 19 de la *Charte des droits et libertés de la personne*, L.R.Q., c. C-12. Exemples: *Union des employés de commerce, local 503* c. *W.E. Bégin Inc.*, D.T.E. 84T-57 (C.A.) – discrimination fondée sur le sexe; *Commission des droits de la personne du Québec* c. *Brasserie Labatt Ltée*, D.T.E. 94T-524 (T.D.P.) – règle d'ancienneté fondée sur l'âge; voir aussi *Syndicat national des employés de garage de Québec Inc. (C.S.D.)* c. *Roy*, J.E. 87-661 (C.S.). Quant à la *Charte canadienne des droits et libertés*, elle ne s'impose qu'aux seules conventions collectives auxquelles un gouvernement ou un mandataire de la Couronne intervient de façon suffisamment significative pour qu'elles puissent constituer une mesure gouvernementale assimilable à une loi au sens de la charte: *Douglas / Kwantlen Faculty Assn.* c. *Douglas College*, [1990] 3 R.C.S. 570; *Lavigne* c. *Syndicat des employés de la Fonction publique de l'Ontario*, [1991] 2 R.C.S. 211; voir *supra*, Titre préliminaire, chapitre 2, nos 24-26. Sur la responsabilité syndicale associée à l'élaboration d'une règle discriminatoire ou à l'obstruction à un accommodement raisonnable, lorsqu'il y a lieu, voir: *Central Okanagan School Board District No. 23* c. *Renaud*, [1992] 2 R.C.S. 970; *Syndicat canadien des communications, de l'énergie et du papier, section locale 2995* c. *Spreitzer*, [2002] R.J.Q. 111 (C.A.).

6. Spécifiquement en matière de contrat de travail, sont d'ordre public les articles 2089 et 2092 C.c.Q. relativement aux clauses de non-concurrence, d'une part, et au droit du salarié d'être indemnisé en cas de délai-congé insuffisant ou de licenciement abusif, d'autre part.

compte du contenu normatif du contrat de travail imposé par certaines lois, comme la *Loi sur la santé et la sécurité du travail* (L.S.S.T.) et la *Loi sur les normes du travail* (L.N.T.), ainsi que des prohibitions qu'on peut y retrouver[7].

617 – *Clauses «orphelin»* – L'expression clause «orphelin» désigne une stipulation qui a pour effet de faire supporter par les seuls salariés embauchés après une date donnée – habituellement celle de l'entrée en vigueur d'une nouvelle convention collective – les désavantages qui découlent de l'amoindrissement, quantitatif ou qualitatif, d'une condition de travail. C'est pour faire obstacle à cette pratique que le législateur a adopté les articles 87.1 à 87.3 de la *Loi sur les normes du travail*[8].

Les paramètres de l'interdiction sont énoncés à l'article 87.1 L.N.T. Il y a lieu d'en retenir ce qui suit:

• La prohibition est édictée au bénéfice des salariés visés par une norme du travail (art. 87.1, al. 1 L.N.T.).

• Son étendue ne rejoint pas toutes les conditions de travail. Elle se limite à certaines matières qui font l'objet d'une norme du travail: le salaire; la durée du travail; les jours fériés, chômés et payés; les congés annuels payés; les repos; les congés pour événements familiaux; l'avis de cessation d'emploi ou de mise à pied et le certificat de travail; l'uniforme de travail ainsi que les primes et indemnités (art. 87.1, al. 1 et 2 L.N.T.). Cette restriction matérielle ne laisse néanmoins que peu d'espace pour des clauses «orphelin» au regard, en particulier, du fait que le salaire est l'objet d'une norme du travail et que sa définition y inclut les avantages ayant une valeur pécuniaire qui sont dus pour le travail ou les services d'un salarié (art. 1, 9o L.N.T.). L'interdiction peut ainsi rejoindre, par exemple, certains aspects des régimes de retraite ou d'assurances collectives comme la contribution de l'employeur à leur financement s'il y a lieu.

• L'interdiction est centrée sur la considération de la date d'embauche comme unique facteur de distinction (art. 87.1, al. 1 L.N.T.).

---

7. *Loi sur la santé et la sécurité du travail*, L.R.Q., c. S-2.1; *Loi sur les normes du travail*, L.R.Q., c. N-1.1. Voir, par analogie, *McLeod* c. *Egan*, [1975] 1 R.C.S. 517; voir aussi *Montreal Standard* c. *Middleton*, [1989] R.J.Q. 1101 (C.A.).
8. *Loi sur les normes du travail*, *ibid*.

• La démonstration et l'appréciation de l'existence d'une clause «orphelin» prohibée exige un exercice comparatif des conditions de travail accordées à des salariés qui effectuent les mêmes tâches dans le même établissement (art. 87.1, al. 1 L.N.T.)[9].

L'article 87.2 L.N.T. vient déclarer qu'une condition de travail fondée sur l'ancienneté ou la durée du service ne contrevient pas à l'interdiction formulée à l'article 87.1 de la Loi. Il ne s'agit pas à proprement parler d'une exception ou d'une dérogation. En effet, l'interdiction formulée par l'article 87.1 L.N.T. porte sur la date d'embauche elle-même comme unique fondement d'une distinction. La considération de l'ancienneté ou de la durée du service, que l'article 87.2 L.N.T. déclare légitime, tient compte du temps écoulé depuis la date d'embauche plutôt que de cette dernière en elle-même et uniquement.

L'article 87.3 L.N.T. prévoit quant à lui certaines atténuations à l'interdiction énoncée par l'article 87.1. Il permet ainsi d'abord un accommodement particulier pour une personne handicapée et quant aux conditions de travail temporairement appliquées à un salarié à la suite d'un reclassement ou d'une rétrogradation, d'une fusion d'entreprises ou de la réorganisation interne d'une entreprise (art. 87.3, al. 1 L.N.T.). Il autorise également les mesures qui peuvent être prises pour éviter à un salarié en place qu'il soit désavantagé par suite de son intégration à un nouveau taux de salaire, à une échelle salariale modifiée ou à une nouvelle échelle, pourvu que l'application de ces mesures soit temporaire, que la nouvelle échelle salariale ou le nouveau taux de salaire soit établi pour être applicable à l'ensemble des salariés qui effectuent les mêmes tâches dans le même établissement et que l'écart entre le salaire appliqué aux salariés déjà en place et le taux ou l'échelle établi pour être applicable à l'ensemble des salariés se résorbe progressivement, à l'intérieur d'un délai raisonnable (art. 87.3, al. 2 L.N.T.).

L'interdiction des clauses «orphelin» suscite un questionnement quant à un genre de clause qu'on trouve couramment dans les conventions collectives. Il s'agit des clauses dites de «droits acquis» ou clauses «grand-père». Ces clauses peuvent-elles contrevenir à l'interdiction édictée par l'article 87.1 L.N.T.? En quelque sorte, les «grands-pères» engendrent-ils des «orphelins»? Aux mêmes conditions et sous les mêmes réserves que celles que nous venons de voir, la

---

9. Quant au terme établissement, que la Loi ne définit pas, on pourra se référer à l'interprétation qui en a été donnée dans d'autres lois du travail. Voir notamment *supra*, Titre II, chapitre 6, n° 596.

réponse est affirmative, pour les motifs suivants. D'abord, il est de la nature même d'une clause de droits acquis de conserver aux salariés déjà en emploi au moment de la mise en application d'une nouvelle règle un avantage qui demeurera inaccessible aux salariés embauchés après cette date. La clause de droits acquis produit ainsi le même effet à partir du même critère de distinction que ceux proscrits par l'article 87.1 L.N.T. En outre, c'est précisément ce genre de clause que le législateur a jugé nécessaire de légitimer par une dérogation expresse dans le contexte envisagé à l'article 87.3, al. 2 L.N.T., aux conditions qui y sont prévues.

Pour ce qui est des recours, le salarié qui se croit victime d'une disparité de traitement proscrite par l'article 87.1 L.N.T. doit effectuer d'un choix. Il peut opter pour le mécanisme de grief et d'arbitrage selon la convention collective, s'il y a lieu[10]. Il peut préférer porter plainte auprès de la Commission des normes du travail; dans ce cas, il doit démontrer à la C.N.T. qu'il n'a pas utilisé le recours au grief ou, s'il l'a utilisé, qu'il s'en est désisté avant qu'une décision finale n'ait été rendue (art. 102, al. 2 L.N.T.).

618 – *Clauses d'appartenance syndicale* – L'article 63 C.t. se présente comme une mesure de protection de l'emploi du salarié vis-à-vis l'application des clauses d'appartenance obligatoire au syndicat. Il interdit toute stipulation qui prétendrait obliger l'employeur à refuser d'embaucher ou à licencier un salarié que le syndicat refuse d'admettre dans ses rangs ou qu'il en exclut, à moins que le salarié ait été embauché à l'encontre d'une disposition de la convention collective, ou qu'il ait participé à une activité dirigée contre l'association accréditée à l'instigation ou avec l'aide directe ou indirecte de l'employeur. La liberté de choix du salarié en matière de représentation syndicale demeure ainsi entière, puisqu'il dispose de la protection de l'article 63 C.t. si sa conduite à l'encontre des intérêts de l'association accréditée n'est pas animée par l'employeur[11].

La situation se présente bien différemment, toutefois, lorsque c'est le salarié lui-même qui refuse d'adhérer au syndicat; il ne peut alors prétendre jouir de la protection de l'article 63 du Code[12]. C'est ici qu'intervient la dimension négative de la liberté d'association, maintenant reconnue par la Cour suprême[13]. Le droit du salarié de ne

---

10. Voir *infra*, n° 623 et Titre II, chapitre 8, n° 692.
11. *Lessard* c. *Union des chauffeurs et ouvriers de diverses industries, local 69*, D.T.E. 84T-768 (T.T.).
12. *Miranda* c. *Louis Ethan Limited*, [1976] T.T. 118.
13. *R.* c. *Advance Cutting & Coring Ltd.*, 2001 CSC 70, [2001] 3 R.C.S. 209. Voir *supra*, Titre II, chapitre 2, n°s 367, 369.

pas être contraint d'adhérer à un syndicat pourrait remettre en question la légalité des clauses d'appartenance obligatoire tout autant que la suffisance de l'article 63 C.t. dans sa forme actuelle.

619 – *Procédure de grief et d'arbitrage* – En matière d'arbitrage des griefs, les dispositions de toute convention collective incompatibles avec celles des articles 100 à 102 C.t. doivent céder le pas à ces dernières, à moins d'une disposition expresse et contraire de la Loi (art. 100, al. 3 C.t.).

620 – *Devoir syndical de représentation* – L'obligation de représentation du syndicat accrédité est partie de l'ordre public, auquel le contenu éventuel de la convention collective se trouve subordonné (art. 47.2 C.t.)[14]. Si l'agent négociateur dispose d'une large discrétion dans la négociation du contenu d'une convention collective et plus particulièrement dans la pondération des intérêts parfois divergents des salariés qu'il représente, il ne saurait par contre être autorisé à contrevenir de façon flagrante à son devoir de représentation équitable à l'endroit de certains d'entre eux[15]. On reconnaîtra toutefois la légitimité de l'établissement de certaines distinctions dans les droits respectifs de différentes catégories d'employés, à partir de considérations contextuelles pertinentes ou sur la base de facteurs objectifs comme la durée des états de service dans l'entreprise[16].

621 – *Effet d'une nullité* – Le cas échéant, la nullité d'une disposition de la convention collective n'invalidera que cette dernière, sans affecter l'ensemble de la convention (art. 64 C.t.). Selon l'objet de

---

14. Voir *supra*, titre II, chapitre 4, nos 474-486.
15. *Centre hospitalier Régina Ltée* c. *Tribunal du travail*, [1990] 1 R.C.S. 1330; *Tremblay* c. *Syndicat des employées et employés professionnels-les et de bureau, section locale 57*, D.T.E. 2002T-455, 2002 CSC 44, par. 20-23.
   Sur la compétence de l'arbitre pour écarter l'application d'une clause de la convention collective par laquelle le syndicat accrédité contreviendrait à son obligation légale de représentation des salariés ou de certains d'entre eux, voir: *Confédération des syndicats nationaux* c. *Verret*, [1992] R.J.Q. 975 (C.A.) et *Syndicat des travailleuses et travailleurs de la C.S.N.* c. *Verret*, [1992] R.J.Q. 979 (C.A.).
16. Quant au droit à la rétroactivité, voir: *Tremblay* c. *Syndicat des employées et employés professionnels et de bureau, section locale 57, ibid.*, par. 24. Relativement à l'accessibilité à l'arbitrage en cas de licenciement, voir et comparer: *Leeming* c. *La Reine du chef de la Province du Nouveau-Brunswick*, [1981] 1 R.C.S. 129; *Confédération des syndicats nationaux* c. *D'Anjou*, D.T.E. 87T-331 (C.A.); *Nolin* c. *Syndicat des employés de Molson*, [1988] T.T. 99; *Syndicat des enseignants de l'Outaouais* c. *Tremblay*, D.T.E. 83T-284 (C.A.); *Brasserie Labatt Ltée* c. *Bergeron*, [1989] R.J.Q. 2537 (C.S.).

la clause et la cause de sa nullité, le pouvoir et l'obligation de négocier des parties pourraient renaître quant à la matière visée par cette clause avec toutes les conséquences s'y rattachant, à moins que le différend susceptible de s'ensuivre soit soumis à un mode de règlement spécifique prévu à la convention collective comme le permet l'article 102 C.t.[17].

622 – *Clauses externes* – L'expression clauses externes désigne ici l'intégration à la convention collective, d'une manière ou d'une autre, de stipulations qui originent d'une source qui lui est extérieure et qui deviennent ainsi partie de son contenu. Le plus souvent, il s'agira de dispositions législatives ou réglementaires.

Le *Code du travail* n'impose pas lui-même et directement quelque contenu spécifique que ce soit à la convention collective. Par exception, le législateur lui a dicté, à partir d'autres lois, un certain contenu présumé ou supplétif. Ainsi, les articles 41 à 49 de la *Charte de la langue française*, qui traitent de la langue au travail, sont réputés faire partie intégrante de toute convention collective[18]. De même, l'article 227 de la *Loi sur la santé et la sécurité du travail*[19] incorpore indirectement les dispositions de cette loi à la convention collective en autorisant le salarié qui croit avoir été l'objet d'un congédiement, d'une suspension, d'un déplacement, de mesures discriminatoires ou de représailles, ou de toute autre sanction à cause de l'exercice d'un droit ou d'une fonction qui lui résulte de cette loi, à recourir à la procédure de grief prévue à la convention collective.

Par ailleurs, il est fréquent que les parties à la convention collective y intègrent le contenu de certaines dispositions législatives ou réglementaires soit en les reproduisant textuellement, soit en réitérant leur substance, soit encore en s'y référant ou en s'y rapportant. Cette démarche demeure légitime même si elle vise à soumettre d'éventuelles réclamations à la compétence de l'arbitre de griefs:

> [...] rien n'interdit d'intégrer les conditions de la Loi aux conventions collectives afin de bénéficier de la procédure de règlement de griefs [...][20]

---

17. Voir *Ste-Thérèse (Ville de)* c. *Lussier*, D.T.E. 84T-523 (C.S.).
18. *Charte de la langue française*, L.R.Q., c. C-11, art. 50.
19. Précitée, note 7.
20. *Bell Canada* c. *Québec (Commission de la santé et de la sécurité du travail)*, [1988] 1 R.C.S. 749, p. 799.

De fait, l'arbitre de griefs deviendra alors le seul forum compétent pour disposer d'un litige afférent aux dispositions intégrées à la convention collective[21].

B. Le contenu implicite

623 – *Sources* – Dans l'esprit de l'énoncé de l'article 1432 C.c.Q. selon lequel le contrat oblige les parties non seulement pour ce qui y est exprimé mais également pour «ce qui en découle d'après sa nature et suivant les usages, l'équité ou la loi», la convention collective est sujette à un contenu implicite. Ce dernier se rapporte d'abord aux droits et obligations qui sont les corollaires de ceux que la convention attribue explicitement à l'une ou l'autre des parties. La seule existence de la convention collective lui donne aussi des effets implicites, comme l'interdiction de faire grève pendant sa durée[22] ou l'obligation de recourir à la procédure d'arbitrage pour réclamer ses droits[23].

Le contenu implicite de la convention collective rejoint également les droits et obligations qui découlent naturellement du contrat de travail sous-jacent. Pour l'employé, sont ici en cause prioritairement ses obligations de loyauté envers l'employeur[24] et d'exécution prudente de son travail[25]. Du côté de l'employeur, c'est son pouvoir de direction et les conséquences qui en découlent qui seront au premier chef réputés faire partie du contenu implicite de la convention collective[26].

Des dispositions légales peuvent-elles par ailleurs être réputées partie implicite du contenu de la convention collective? Une réponse affirmative serait justifiable à trois conditions: (1) que la disposition légale soit d'ordre public; (2) qu'elle régisse une situation factuelle dont la convention collective traite, expressément ou implicitement; (3) que l'effet donné à l'intégration de la norme légale n'excède pas

---

21. *St. Anne Nackawic Pulp and Paper Co.* c. *Section locale 219 du Syndicat canadien des travailleurs du papier*, [1986] 1 R.C.S. 704; *Commission des normes du travail* c. *Chantiers Davie Ltée*, [1987] R.J.Q. 1949 (C.A.); *Commission des normes du travail* c. *Domtar Inc.*, [1989] R.J.Q. 2130 (C.A.); *Commission des normes du travail* c. *Compagnie de papier de St-Raymond ltée*, [1997] R.J.Q. 366 (C.A.).
22. *Syndicat des employés manuels de la Ville de Québec, section locale 1638* c. *Québec (Ville de)*, [1994] R.J.Q. 1552 (C.A.); *Montréal (Ville de)* c. *Syndicat canadien de la fonction publique, section locale 301*, D.T.E. 2000T-1074 (C.S.).
23. *Nouveau-Brunswick* c. *O'Leary*, [1995] 2 R.C.S. 967.
24. *Nadeau* c. *Carrefour des jeunes de Montréal*, [1998] R.J.D.T. 1513 (C.A.).
25. *Nouveau-Brunswick* c. *O'Leary*, précité, note 23.
26. Exemples: *Côté* c. *Saiano*, [1998] R.J.Q. 1965 (C.A.); *Nadeau* c. *Carrefour des jeunes de Montréal*, [1998] R.J.D.T. 1513 (C.A.).

son énoncé. En d'autres termes, c'est à titre palliatif que la Loi s'insérerait alors dans le contenu de la convention collective[27].

C. Les pratiques et contenus usuels

624 – *Diversité* – Le contenu des conventions collectives varie considérablement. Certaines, par exemple dans le secteur public, sont très élaborées; d'autres paraissent relativement plus simples. Les différences dans les sujets traités, dans les solutions retenues et dans la rédaction sont telles d'une convention collective à une autre qu'on ne saurait prétendre pouvoir décrire le contenu type d'une convention collective. Malgré cette difficulté de systématisation, on peut relever certaines pratiques courantes ou fréquentes observées par les parties dans l'élaboration de la convention collective.

625 – *Définitions* – Les parties sentiront souvent le besoin, au début de la convention, de définir certains termes et expressions qui s'y trouvent utilisés, surtout lorsque ceux-ci revêtent une signification particulière dans le contexte de l'entreprise. Par exemple, on définira usuellement les différentes catégories de salariés établies par la convention collective elle-même: salariés réguliers, à l'essai, permanents, à temps complet, à temps partiel, occasionnels ou sur appel, etc.

626 – *Droits syndicaux* – La convention collective contiendra souvent des clauses qui rappellent ou précisent son champ d'application, dans les limites de l'accréditation syndicale. On traitera aussi, en préliminaire, des questions relatives aux prérogatives des parties signataires que sont le syndicat et l'employeur. Ainsi, sur le plan des prérogatives syndicales, la convention pourra reconnaître, par exemple, des droits d'utilisation de certains locaux de l'employeur (art. 6 C.t.), d'affichage à l'intention des salariés, d'obtention de l'employeur de diverses informations pertinentes à l'application de la convention collective. Dans le même ordre d'intérêts, on pourra prévoir, à des degrés divers, un régime de libération des salariés pour vaquer temporairement aux activités du syndicat ou pour y occuper des fonctions électives. La convention collective aménagera aussi habituellement l'application de la «formule Rand», déjà légalement imposée par l'article 47.1 C.t., relativement à la perception à la source

---

27. Consulter: *Guèvremont c. Chauffage St-Malo (1985) ltée*, D.T.E. 98T-1139 (C.Q.), conf. par *Guèvremont c. Chauffage St-Malo (1985) ltée*, D.T.E. 98T-1134 (C.A.).

par l'employeur des cotisations syndicales et à leur remise à l'association accréditée. D'autres clauses de sécurité syndicale visent, dans certains cas, l'adhésion obligatoire du salarié au syndicat, ou le maintien de cette adhésion, comme condition d'obtention ou de conservation de son emploi. La légalité de ces clauses est pour le moins douteuse en regard de la liberté de non-association garantie par les chartes[28].

627 – *Droits de direction* – Les conventions collectives reconnaissent généralement de façon explicite les droits de la direction (droits de gérance), en laissant à cette dernière l'exercice des pouvoirs résiduels qui lui permettent de décider unilatéralement de toutes les questions dont la détermination n'est pas explicitée dans la convention collective[29]. L'effet des clauses relatives aux droits de la direction ou du pouvoir résiduel implicite de l'employeur est souvent tempéré par une stipulation de la convention collective qui garantit aux salariés leurs «droits acquis», du moins sur des sujets dont la convention collective ne traite pas explicitement[30].

628 – *Ancienneté* – L'ancienneté constitue l'épine dorsale de l'aménagement du régime de travail établi par la convention collective. Le concept d'ancienneté se rapporte, selon les cas, à la durée des états de service de l'employé dans l'entreprise, dans l'unité de négociation ou même dans une catégorie d'occupation ou un service.

---

28. Voir *supra*, n° 618. Un jugement a clairement manifesté qu'une clause d'atelier fermé contrevenait à l'article 3 de la *Charte des droits et libertés de la personne*: *Lefort* c. *Syndicat canadien de la fonction publique, section locale 3247*, [1993] T.T. 346.

29. De façon générale, la jurisprudence a reconnu que même en l'absence d'une telle clause de droits de gérance, les pouvoirs résiduaires de direction appartenaient à l'employeur, sous réserve des dérogations expresses de la convention collective: *Air Care Ltd.* c. *United Steelworkers of America*, [1976] 1 R.C.S. 2; *Volvo Canada* c. *Syndicat international des travailleurs unis de l'automobile*, [1980] 1 R.C.S. 178, 208; *Métallurgistes unis d'Amérique, syndicat local 6833 (F.T.Q.)* c. *Société d'énergie de la Baie James*, D.T.E. 85T-266 (C.A.). Sur l'effet d'une clause de droit de gérance sur les compétences juridictionnelles respectives de l'arbitre de griefs et du tribunal de droit commun, voir et comparer: *Agropur, Coopérative agro-alimentaire* c. *Lamothe*, [1989] R.J.Q. 1764 (C.A.); *Côté* c. *Saiano*, précité, note 26; *Beaudoin-Grenier* c. *Steinberg Inc.*, D.T.E. 89T-1206 (C.S.); *Taillon* c. *Blainville (Ville de)*, [1988] R.J.Q. 2564 (C.S.).

30. Sur l'effet et la portée de ces clauses de droits acquis, de façon générale, voir *Centre d'accueil Miriam* c. *Syndicat canadien de la Fonction publique (section locale 2115)*, [1985] 1 R.C.S. 137; *Syndicat canadien de la Fonction publique, section locale 2718* c. *Gravel*, [1991] R.J.Q. 703 (C.A.). Sur la possibilité qu'elles puissent être assimilées à des clauses «orphelin» maintenant interdites, voir *supra*, n° 617.

On parlera d'ancienneté «générale» ou d'entreprise, d'ancienneté d'unité, d'ancienneté départementale, selon le contenu donné par la convention collective à ces différentes notions et en tenant compte des dispositions qui peuvent régir l'accumulation, la conservation ou même la perte de l'ancienneté[31]. L'ancienneté relative des salariés, pondérée ou non par d'autres facteurs comme celui de la capacité de satisfaire aux exigences normales d'une occupation, interviendra dans la détermination des mouvements de personnel, qu'il s'agisse de mutation, de promotion ou de rétrogradation, dans l'application des règles de sécurité d'emploi, en cas de mise à pied et de rappel ultérieur au travail. Il déterminera également l'ordre d'exercice par les salariés de divers autres droits, comme le choix des périodes de vacances annuelles.

629 – *Discipline* – L'exercice du pouvoir disciplinaire de l'employeur constitue un des objets usuels des dispositions de la convention collective. Ce pouvoir est généralement assujetti à l'existence d'une cause juste et raisonnable, ultimement sujette, en cas de litige, à l'appréciation de l'arbitre de grief[32]. Le recours par l'employeur aux mesures disciplinaires est aussi encadré par diverses conditions et modalités: obligation d'entendre le salarié avant de lui imposer une mesure disciplinaire; délai d'imposition de la mesure par l'employeur à compter de sa connaissance de l'infraction; information au salarié sur les motifs de la sanction; accès du salarié à son dossier et aux pièces qui y sont versées; prescription des infractions au dossier de l'employé, en l'absence de récidive, pour des fins disciplinaires ultérieures (clause d'amnistie), etc.

630 – *Rémunération* – Les règles de détermination du salaire comprennent à la fois celles qui sont applicables à la durée du travail et à sa rémunération: journées et semaines régulières de travail; paiement et répartition des heures supplémentaires; taux de salaire et augmentations salariales. Les dispositions à caractère monétaire s'étendent couramment aux congés payés et à certains avantages

---

31. Ces règles d'ancienneté, comme toutes autres, sont susceptibles d'être modifiées d'une convention collective à l'autre, sans qu'il soit nécessaire au syndicat accrédité, sous réserve de son devoir de représentation, d'obtenir le consentement individuel des salariés qui s'en trouveraient affectés défavorablement. Voir, à ce sujet: *Hémond* c. *Coopérative fédérée du Québec*, [1989] 2 R.C.S. 962. Cet arrêt a rendu caducs, puisque contraires, les jugements antérieurs suivants de la Cour d'appel du Québec: *Syndicat national de l'amiante d'Asbestos* c. *Nadeau*, [1985] C.A. 62; *Syndicat des employés des Aciers Atlas (C.S.N.)* c. *Beaulieu*, [1989] R.J.Q. 790 (C.A.).
32. Voir *infra*, Titre II, chapitre 8, nos 705-706.

sociaux: congés fériés, congés spéciaux, durée des vacances annuelles, régimes collectifs de retraite et d'assurances sur la vie, en cas d'invalidité ou couvrant des frais médicaux à l'occasion d'une maladie ou d'un accident.

631 – *Règlement des griefs* – La plupart des conventions contiennent une procédure plus ou moins élaborée en vue de tenter de régler les griefs avant le stade de l'arbitrage et, le cas échéant, aménagent l'exercice de ce recours, sous réserve des dispositions du *Code du travail*[33].

632 – *Dispositions finales* – Les dispositions finales de la convention collective ont couramment trait à sa durée et à celle de ses effets[34].

II- LES FORMALITÉS

633 – *Écrit* – La convention collective doit être consignée dans un écrit (art. 1d) C.t.). Cet écrit doit être en langue française[35]. Une entente verbale de principe ne saurait satisfaire aux exigences de la Loi. L'entente doit être totale et il n'y a pas de convention collective tant que le champ de négociation n'est pas entièrement couvert par des ententes attestées par écrit sur tous les points[36]. La distinction entre une entente de principe écrite et une convention collective proprement dite tient à l'intention des parties, selon qu'elles ont voulu convenir définitivement d'un régime de conditions de travail ou plutôt subordonner son établissement à une rédaction ultérieure plus complète[37].

Selon une pratique courante, la convention collective elle-même est complétée par des annexes et des lettres d'entente qui semblent s'en distinguer d'un point de vue formel mais qui, sur le plan juri-

---

33. Voir *infra*, Titre II, chapitre 8, n°s 663-672, 676-677, 702.
34. Voir *infra*, n°s 637-639.
35. *Charte de la langue française*, précitée, note 18, art. 43.
36. Quant à la pratique de négociation selon laquelle on paraphe ou on initiale les clauses au fur et à mesure où elles sont acceptées par les négociateurs des deux parties, voir *supra*, Titre II, chapitre 5, n° 541.
37. Le dépôt d'une entente, selon l'article 72 C.t., peut être indicatif de cette intention. Voir et comparer, concluant dans les deux cas à l'existence d'une convention collective: *Yelle c. Commission des normes du travail*, D.T.E. 95T-558 (C.A.); *Conseil conjoint québécois de l'Union internationale des ouvriers du vêtement pour dames c. Ateliers Laudia Inc.*, D.T.E. 87T-376 (T.T.).

dique, y sont assimilées ou en font partie intégrante[38]. La légalité de ces annexes ou lettres d'entente répond aux mêmes conditions de fond et de forme que la convention collective elle-même.

634 – *Vote* – L'article 20.3 C.t. oblige l'association accréditée à se faire autoriser à signer une convention collective, par un vote majoritaire, au scrutin secret, de ses membres qui sont compris dans l'unité de négociation et qui exercent leur droit de vote[39]. Pour que cette exigence garde son sens, le même vote est nécessaire à l'égard de la modification d'une convention collective déjà conclue[40]. Le vote doit permettre aux salariés de se prononcer librement et clairement sur l'acceptation ou le refus du projet de convention collective[41]. Dans le respect des conditions essentielles énoncées à l'article 20.3 C.t., le syndicat a discrétion pour arrêter les modalités de déroulement du scrutin[42].

L'obligation d'autorisation est assortie d'une sanction pénale qui peut être imposée à l'association en défaut (art. 20.4, 144, 145 et 148 C.t.)[43]. En édictant l'article 20.4 C.t. selon lequel l'inobservation de l'article 20.3 C.t., notamment, ne donne ouverture qu'à l'application d'une sanction pénale, le législateur a privilégié la sécurité juridique de la convention collective signée par l'association accré-

---

38. *Journal de Montréal, division de Groupe Québécor Inc.* c. *Hamelin*, D.T.E. 96T-1174 (C.A.); *Services d'assurances Les Coopérants Inc.* c. *Syndicat des employés de coopératives d'assurance-vie (C.S.N.)*, D.T.E. 85T-487 (C.S.).

39. *Poulin* c. *Vitriers et travailleurs du verre, section locale 1135 de la Fraternité internationale des peintres et métiers connexes*, D.T.E. 93T-493 (C.S.) – invalidité d'un vote tenu à une assemblée à laquelle avaient été convoqués tous les salariés de l'unité, sans égard à leur appartenance ou non au syndicat. Le vote n'est par ailleurs pas nécessaire lorsqu'une convention collective déjà conclue par une association d'employeurs lie automatiquement une association nouvellement accréditée et un employeur qui a adhéré à l'association d'employeurs, en vertu de l'article 68 C.t.: *Syndicat national des employés de garage de Québec Inc.* c. *Paquet Suzuki Inc.*, D.T.E. 93T-492 (C.S.).

40. *Beaulieu* c. *Association des pompiers de Montréal*, [1981] T.T. 169 – plainte pénale. Le vote n'est toutefois pas requis à l'égard de la conclusion d'une entente visant à régler une situation particularisée sans pour autant modifier la convention collective; voir et transposer: *Association de l'enseignement du Nouveau-Québec* c. *Commission scolaire Crie*, [1995] R.D.J. 28 (C.A.); *Aliments Delisle Ltée* c. *Descoteaux*, [1999] R.J.D.T. 445 (C.A.).

41. *Noël* c. *Alliance de la Fonction publique du Canada*, [1989] R.J.Q. 1233 (C.S.) – invalidité d'un vote liant le refus du projet de convention collective à un mandat automatique de grève.

42. *Raymond* c. *Syndicat des employés de l'Université Laval, S.C.F.P., section locale 2500*, [1984] C.S. 428.

43. *Code de procédure pénale*, L.R.Q., c. 25.1, art. 9 et 10; *Beaulieu* c. *Association des pompiers de Montréal Inc.*, précité, note 40; *Martin* c. *Savard*, D.T.E. 93T-1283 (C.S.).

ditée. Il a ainsi voulu que la légalité de la convention collective ne soit pas compromise par un défaut d'autorisation ou par quelque irrégularité dans l'obtention de cette autorisation[44]. On trouve néanmoins des jugements qui ont refusé de voir dans l'article 20.4 C.t. une dénégation absolue de la possibilité d'exercer tout autre recours fondé sur une allégation de violation de l'article 20.3 C.t. par l'association accréditée[45].

635 – *Dépôt* – L'article 72, al. 1 C.t. soumet à une autre formalité l'entrée en vigueur d'une convention collective. Il s'agit du dépôt, dans les 60 jours de sa signature, à l'un des bureaux de la Commission des relations du travail, de deux exemplaires ou copies conformes à l'original de la convention et de ses annexes[46]; les modifications éventuelles à la convention collective sont également sujettes à la même procédure de dépôt[47]. La partie qui effectue le dépôt doit indiquer le nombre de salariés régis par la convention collective et se conformer aux autres dispositions réglementaires qui peuvent être édictées en vertu de l'article 138 C.t. (art. 72, al. 4 C.t.). Ces dispositions réglementaires requièrent les conditions additionnelles suivantes pour l'acceptation du dépôt[48]:

– que le nom de l'association et celui de l'employeur soient les mêmes que ceux qui paraissent dans l'accréditation[49];

---

44. Voir, par analogie, s'agissant du vote d'autorisation de grève requis par l'article 20.2 C.t.: *Union des employées et employés de services, section locale 800* c. *Farbec Inc.*, [1997] R.J.Q. 2073 (C.A).

45. Exemples: *Noël* c. *Alliance de la Fonction publique du Canada*, précité, note 41 – injonction; *Beaulieu* c. *Association des pompiers de Montréal*, [1981] C.S. 419 – action en dommages-intérêts, ensuite rejetée dans *Beaulieu* c. *Association des pompiers de Montréal*, D.T.E. 85T-681 (C.S.); *Labelle* c. *Syndicat des travailleuses et travailleurs de Terre des Hommes (C.S.N.)*, D.T.E. 2000T-775 (C.S.) – ordonnance d'injonction interlocutoire enjoignant de surseoir à la mise en application d'une convention collective en raison d'irrégularités dans le vote d'approbation.

46. Voir *Union des agents de sécurité du Québec, local 8922* c. *Union des agents de sécurité du Québec*, [1984] T.T. 225.

47. *Prévost Car Inc.* c. *Tremblay*, [1976] C.S. 32. Les ententes particulières auxquelles le syndicat peut souscrire et qui n'ont pas pour effet de modifier la convention collective à l'endroit de l'ensemble des salariés qu'elle régit ne sont plus soumises à cette exigence: *Association de l'enseignement du Nouveau-Québec* c. *Commission scolaire Crie*, précité, note 40; *Aliments Delisle Ltée* c. *Descoteaux*, précité, note 40.

48. *Règlement sur l'exercice du droit d'association conformément au Code du travail*, R.R.Q. 1981, c. C-27, r. 3, art. 42.

49. *Prévost Car Inc.* c. *Tremblay*, précité, note 47.

– que les exemplaires ou les copies conformes à l'original de la convention collective soient signés par l'association et par l'employeur et que les annexes soient déposées en deux copies;

– que la convention collective soit datée;

– que la convention collective soit rédigée dans la langue officielle.

Le dépôt d'une convention collective conclue avec une association d'employeurs est soumis à une procédure sommaire[50]. La Commission des relations du travail délivre un certificat attestant le dépôt d'une convention collective ou, le cas échéant, avise la partie qui a déposé la convention de la raison du refus de ce dépôt[51].

La convention collective ne prend effet qu'à compter du moment où elle a été validement déposée (art. 72, al. 1 C.t.). Toutefois, le dépôt a un effet rétroactif à la date prévue dans la convention collective pour son entrée en vigueur ou, à défaut de telle mention, à la date de la signature de la convention (art. 72, al. 2 C.t.). À cet égard, il y a lieu de bien saisir la distinction entre le moment d'entrée en vigueur de la convention et la période qui sera couverte par ses effets, notamment par le jeu de la rétroactivité. Ainsi, en l'absence, avant le dépôt, d'une convention collective qui produise des effets juridiques, le droit de grève et de lock-out subsisterait jusqu'à ce que le dépôt ait été effectué[52].

Qu'en est-il, au regard du dépôt, du droit de grief? Le grief antérieur au dépôt de la convention collective est-il invalide parce que prématuré? Quand la prescription commence-t-elle à courir? Dans un arrêt rendu en 1979, la Cour d'appel affirmait que le délai pour entamer la procédure de grief commençait à courir à la date du dépôt

---

50. *Règlement sur l'exercice du droit d'association conformément au Code du travail*, précité, note 48, art. 44; *Syndicat national des employés de garage de Québec Inc. c. Paquet Suzuki Inc.*, précité, note 39.

51. *Règlement sur l'exercice du droit d'association conformément au Code du travail*, précité, note 48, art. 43.

52. *Syndicat national des employés de filature de Montréal c. J.&P. Coats (Canada) Ltée*, [1979] C.S. 83; *Société d'électrolyse et de chimie Alcan Ltée c. Syndicat des travailleurs de l'aluminerie Alcan Shawinigan (C.S.D.)*, [1980] T.T. 520. À distinguer du jugement ultérieur dans *Syndicat national catholique des employés des institutions religieuses de Saint-Hyacinthe Inc. c. Syndicat des employés de la corporation épiscopale C.R. de Saint-Hyacinthe*, [1990] T.T. 277; on y affirme que la convention collective existe dès sa signature, mettant ainsi fin à l'application du paragraphe 22c) C.t., même si elle n'est pas aussitôt déposée.

pour une réclamation se rapportant à la période antérieure au dépôt et couverte par l'effet rétroactif de la convention collective[53]. La Cour d'appel jugea alors que le grief soumis avant le dépôt de la convention collective était prématuré, parce que dépourvu de fondement juridique. Cet arrêt distinguait d'une part l'effet du dépôt, c'est-à-dire la mise en vigueur de la convention collective, et, d'autre part, l'effet rétroactif prévu dans la convention, à partir du texte de l'article 72 C.t. tel qu'il se lisait avant d'être modifié pour donner au dépôt lui-même un effet rétroactif. Cette dernière modification justifie maintenant une conclusion différente de celle à laquelle en était venue la Cour d'appel et, donc, la validité du grief antérieur au dépôt[54]. Il s'ensuit toutefois aussi un danger qu'un grief puisse se prescrire avant le dépôt de la convention.

L'effet rétroactif du dépôt, on le constate, est susceptible de soulever des questions délicates. Pour éviter les risques inutiles et les situations juridiques qui deviennent parfois inextricables, on a intérêt à déposer la convention dès que possible.

Le défaut d'effectuer le dépôt emporte une forme particulière de sanction à l'endroit de l'association accréditée signataire. Il donne en effet ouverture à la recevabilité d'une requête en accréditation d'une association rivale, si cette requête est produite après le délai de 60 jours imparti pour procéder au dépôt de la convention collective et avant que ce dépôt ait été effectué (art. 72, al. 3 C.t.)[55].

III- LA DURÉE

636 – *Normes légales* – L'article 65, al. 1 C.t. impose à la convention collective une durée déterminée minimale d'un an. Lorsqu'un employeur devient régi par une convention collective du fait de son adhésion à une association d'employeurs, tel qu'envisagé à l'article 68 C.t., cette durée minimale s'apprécie à partir de la durée

---

53. *Lakeshore Teacher's Association* c. *Frumkin*, C.A. Montréal, n° 500-09-000160-787, 27 mars 1979.
54. *Union des routiers, brasseries, liqueurs douces et ouvriers de diverses industries, local 1999* c. *Lussier*, D.T.E. 86T-380 (C.S.). Voir aussi: *Industries Désormeau Inc.* c. *Alary*, D.T.E. 94T-1399 (C.S.).
55. À titre d'exemples des conséquences qui peuvent résulter d'un dépôt tardif ou d'un dépôt non conforme aux exigences de la Loi ou des règlements, quant à l'ouverture du champ de l'accréditation, voir: *Prévost Car Inc.* c. *Tremblay*, précité, note 47; *Union des agents de sécurité du Québec, local 8922* c. *Union des agents de sécurité du Québec*, précité, note 46.

prévue à la convention collective déjà conclue par l'association patronale[56]. La même règle prévaut à l'endroit des conventions collectives négociées sur une base provinciale dans les secteurs public et parapublic, lorsque de nouvelles associations de salariés viennent s'y rattacher du fait de leur accréditation[57]. La convention collective à laquelle les parties ont donné une durée inférieure à un an serait frappée de nullité dans son entier, du moins selon l'*obiter* d'un jugement[58].

La durée d'une première convention collective pour le groupe de salariés visés par l'accréditation est limitée à un maximum de trois ans (art. 65, al. 2 C.t.)[59]. Le terme d'une convention collective alors conclue pour plus de trois ans sera ramené à la limite maximale[60]. Cet obstacle n'est pas incontournable. Rien n'interdit en effet la signature simultanée de deux conventions collectives, la deuxième prenant effet à l'échéance de la précédente pour une durée libérée de toute contrainte légale. Pour les parties signataires, cette solution emportera qu'elles renoncent à renégocier à l'expiration de la première convention collective et aux droits qui y sont usuellement associés[61]. Le procédé demeure sujet à un aléa. Il laisse en effet la possibilité que le syndicat signataire de la convention collective initiale soit déplacé par un autre à l'occasion de son échéance (art. 22d) C.t.) et que le syndicat nouvellement accrédité dénonce toute convention collective signée par son prédécesseur (art. 61 C.t.) et réclame son droit de négociation (art. 52 et 52.2, al. 2 C.t.). L'avenir étant d'autant plus incertain qu'il est lointain, il serait donc le plus souvent opportun, d'un point de vue stratégique, de donner à une première convention collective une durée relativement courte et d'ajuster en conséquence celle de son renouvellement.

---

56. *Fraternité canadienne des cheminots, employés des transports et autres ouvriers, local 511* c. *Syndicat international des travailleurs unis de l'automobile, de l'aéronautique, de l'astronautique et des instruments aratoires d'Amérique (T.U.A.), section locale 1581*, [1978] T.T. 91, 103.
57. *Syndicat professionnel des infirmières et infirmiers du Québec* c. *Syndicat des employés d'hôpitaux de Ville-Marie (C.S.N.)*, T.T. Montréal 75-2740, 19 mai 1976.
58. *Ambulances S.O.S. Enrg.* c. *Rassemblement des employés techniciens ambulanciers du Québec*, [1984] T.T. 359.
59. *Union des employées et employés de service, section locale 800 (F.T.Q.)* c. *Côté*, D.T.E. 99T-114 (C.S.); *3008-321 Canada Inc.* c. *Fortin*, [1999] R.J.D.T. 518 (T.T.).
60. *Ibid.*; *Ambulances S.O.S. Enrg.* c. *Rassemblement des employés techniciens ambulanciers du Québec*, précité, note 58.
61. *Autobus Matanais inc.* c. *Association des chauffeurs d'autobus scolaire Matanais inc.*, [2002] R.J.D.T. 329 (T.A.) – clause de renouvellement automatique.

L'incertitude que nous venons d'évoquer affecte également les conventions collectives de longue durée auxquelles les parties peuvent souscrire (après la première), lorsque cette durée excède six ans et demi. En effet, il est alors possible que le syndicat signataire de cette convention collective soit remplacé par un autre avant son échéance (art. 22e) C.t.) et que le nouveau syndicat accrédité la dénonce alors en vertu de l'article 61 du Code.

La durée d'une convention collective s'apprécie en tenant compte de la pleine rétroactivité qu'ont pu lui donner ses signataires, le cas échéant[62].

637 – *Détermination* – Le plus souvent, les parties à la convention collective stipulent expressément à quel moment cette dernière commencera à produire ses effets, ainsi que la date à laquelle elle viendra à échéance. Dans les limites légales déjà précisées, ces stipulations peuvent prendre diverses formes. Par exemple, l'entrée en vigueur de la convention peut être suspendue à la réalisation d'une condition[63].

À défaut par les parties de prévoir expressément le moment à compter duquel la convention collective s'appliquera et celui où elle viendra à échéance, la Loi y suppléera. Ainsi que nous l'avons déjà vu, l'article 72, al. 2 C.t. prévoit qu'une convention collective déposée prend effet à compter de la date de sa signature si les parties sont demeurées muettes à ce sujet. Quant à la convention collective dont la durée n'est pas déterminée, elle est présumée en vigueur pour un an, selon l'article 66 C.t. En cas de difficulté, la C.R.T. peut, sur simple demande de tout intéressé, déterminer la date d'expiration de la convention collective, lorsque cette date n'y est pas clairement indiquée (art. 52.2, al. 3 C.t.).

638 – *Modification* – Compte tenu du caractère d'ordre public de l'article 22 C.t., et plus particulièrement de ses paragraphes d) et e), la durée de la convention collective ne peut être modifiée par entente entre les parties à l'encontre du droit d'un autre syndicat de

---

62. *Ambulances S.O.S. Enrg.* c. *Rassemblement des employés techniciens ambulanciers du Québec*, précité, note 58.
63. *Steinberg's Limitée* c. *Comité paritaire de l'alimentation au détail*, [1968] R.C.S. 971 – entrée en vigueur liée à l'adoption d'un décret en vertu de la *Loi sur les décrets de convention collective*, L.R.Q., c. D-2. Voir aussi *Union des agents de sécurité du Québec, section locale 8922* c. *Union des agents de sécurité du Québec, section locale 102*, D.T.E. 84T-887 (T.T.).

se prévaloir des délais légaux prévus pour loger une requête en accréditation, ces délais étant calculés en fonction de la durée originale de la convention[64]. La jurisprudence demeure incertaine quant à la possibilité qu'une modification de la durée d'une convention collective, à l'intérieur des limites posées par l'article 65 C.t., puisse valoir entre les parties tout en demeurant inopposable aux tiers[65].

Le *Code du travail* intervient par ailleurs pour modifier lui-même l'échéance d'une convention collective à l'occasion d'une concession partielle d'entreprise qui donne lieu à l'application de l'article 45 C.t. La convention collective transférée chez le concessionnaire, s'il y a lieu, y expirera au plus tard 12 mois après la date de la concession partielle, à moins que la C.R.T. n'en décide autrement si elle juge que la concession a été faite dans le but principal de fragmenter l'unité de négociation concernée ou de porter atteinte au pouvoir de représentation du syndicat (art. 45.2, al. 1, 1o C.t.)[66]. Une autre intervention d'autorité peut survenir dans le même genre de contexte. La Cour suprême a reconnu à la juridiction spécialisée du travail le pouvoir de modifier la durée d'une convention collective à l'occasion d'une transmission d'entreprise qui emporte l'application de l'article 45 C.t., voire de l'annuler[67].

639 – *Rétroactivité et prolongation des effets* – Il y a lieu de distinguer la durée de la convention collective elle-même de celle de ses effets, qui peuvent déborder la période pendant laquelle la convention est en vigueur.

---

64. *Teamsters du Québec, chauffeurs et ouvriers de diverses industries, section locale 69* c. *Syndicat des travailleuses et travailleurs d'Bois linière Inc. (C.S.N.)*, D.T.E. 99T-193 (C.A.).

65. **Jugements affirmatifs:** *Association des employés de plastique provinciale Inc. (F.C.A.I.)* c. *Union des employés de service, local 298 F.T.Q.*, [1974] T.T. 89; *Syndicat canadien des travailleurs du papier* c. *Union des bûcherons et employés de scieries de la Fraternité unie des charpentiers et menuisiers d'Amérique*, [1977] T.T. 276; *Union des opérateurs de machineries lourdes du Québec (F.T.Q.)* c. *Métallurgistes unis d'Amérique, syndicat local 6833 (F.T.Q.)*, D.T.E. 82T-814 (T.T.). **Jugements négatifs:** *Syndicat des employés de l'imprimerie Veilleux Ltée* c. *Syndicat international des arts graphiques, local 509*, [1984] T.T. 4; *Conseil conjoint québécois de l'Union internationale des ouvriers du vêtement pour dames* c. *Ateliers Laudia Inc.*, précité, note 37.

66. Voir *supra*, Titre II, chapitre 4, nos 512-517. Une convention collective fédérale conclue par une association non accréditée et transférée à un nouvel employeur soumis à la compétence du Québec ne liera cet employeur que jusqu'à l'expiration d'un délai de 90 jours suivant la date de l'aliénation ou de la concession si cette association n'a pas déposé pendant ce délai une requête en accréditation, selon le *Code du travail*, à l'égard de l'unité de négociation concernée ou d'une unité essentiellement similaire (art. 45.3, al. 2 C.t.).

67. *Ivanhoe Inc.* c. *TUAC, section locale 500*, [2001] 2 R.C.S. 566, 2001 CSC 47, par. 106-113.

En premier lieu, le phénomène de la rétroactivité peut jouer. On peut, par exemple, conclure aujourd'hui une convention collective d'une durée de trois ans, mais dont les clauses monétaires sont rétroactives sur une période de 12 mois[68]. La rétroactivité ne se présume pas; elle relève de la négociation et de l'expression de son résultat[69].

La convention collective peut continuer à produire des effets comme source de droits et d'obligations après son expiration. L'article 59 C.t., nous l'avons vu, prolonge l'application de la convention collective jusqu'au moment de l'exercice du droit de grève ou de lock-out. Son troisième alinéa reconnaît aussi la légalité d'une pratique devenue courante, celle de prévoir dans la convention collective que les conditions de travail qu'elle contient continueront de s'appliquer jusqu'à ce qu'intervienne une nouvelle convention (clause «de pont»)[70]. Cette prolongation des effets de la convention collective, qu'elle résulte de la Loi ou de l'entente des parties, emporte le droit de recourir à la procédure de griefs[71] et même, en cas d'urgence, celui d'obtenir le maintien temporaire des conditions de travail par ordonnance d'injonction interlocutoire[72]. Une stipulation conventionnelle qui a pour objet de prolonger l'application d'une convention collective jusqu'à son renouvellement ne prive pas l'association accréditée de son droit de grève à l'occasion de la renégociation de cette convention[73]. En l'absence de prolongation conventionnelle des effets de la convention collective à l'expiration de la période légale de

---

68. Il faut distinguer une telle rétroactivité partielle de la convention collective et une rétroactivité complète de cette dernière, qui est également possible mais dont il faudra tenir compte aux fins du calcul de la durée légale de la convention au regard de l'article 65 C.t.: *Ambulances S.O.S. Enr.* c. *Rassemblement des employés techniciens ambulanciers du Québec*, précité, note 58. L'exécution d'une obligation de faire rendue rétroactive sera toutefois impossible: *Union des employés de commerce, section locale 501* c. *Bolduc*, [1994] R.J.Q. 2498 (C.A.).

69. *Tremblay* c. *Syndicat des employées et employés professionnels-les et de bureau, section locale 57*, précité, note 15, par. 15 et 22.

70. *Syndicat canadien des communications, de l'énergie et du papier, section locale 2995* c. *Spreitzer*, précité, note 5, par. 56; *Commission scolaire régionale de Chambly* c. *Marier*, [1976] R.D.T. 129 (C.A.). Voir *supra*, Titre II, ch. 5, n° 547.

71. *Consolidated-Bathurst Inc.* c. *Syndicat national des travailleurs des pâtes et papiers de Port-Alfred*, [1987] R.J.Q. 520 (C.A.); *Fraternité des policiers de la municipalité de la Baie James* c. *Tremblay*, D.T.E. 87T-258 (C.A.); *A. & D. Prévost Ltée* c. *Lauzon*, J.E. 81-962 (C.A.).

72. Exemple: *Fraternité des policiers de Longueuil* c. *Ville de Longueuil*, J.E. 82-436 (C.S.).

73. *Bradburn* c. *Wentworth Arms Hotel Limited*, [1979] 1 R.C.S. 846. L'arrêt est rendu sur la base de la législation ontarienne mais ses motifs demeurent pertinents sous l'empire du *Code du travail du Québec*. Voir aussi *Consolidated-Bathurst Inc.* c. *Syndicat national des travailleurs des pâtes et papiers de Port-Alfred*, précité, note 70.

maintien des conditions de travail selon l'article 59 C.t., l'employeur pourra légalement envisager l'imposition unilatérale de conditions différentes de celles qui le liaient en vertu de la convention collective. Si toutefois l'employeur s'abstient de signifier une modification aux conditions de travail, il faudra présumer que celles déjà établies dans la convention collective échue continuent de s'appliquer[74].

640 – *Droits résiduels* – Sur un autre plan, des droits qui prennent naissance dans une convention collective peuvent lui survivre, après son expiration, jusqu'au moment où ils peuvent être réclamés et pendant la période où ils demeurent exécutoires[75]. Ces droits résiduels peuvent concerner tout autant le paiement d'un salaire, le droit accumulé à des vacances payées ou celui de recevoir une prestation de maladie ou de retraite. Toutes promesses souscrites dans une convention collective sont susceptibles d'une exécution, forcée au besoin, après la fin de cette dernière[76]. Pour déterminer si une réclamation est sujette à l'arbitrage de grief en vertu d'une convention collective expirée, il faut se rapporter au moment où les droits qui en font l'objet se sont constitués ou cristallisés plutôt qu'au moment où est survenue leur prétendue violation[77].

641 – *Droits substantiels* – En principe, une nouvelle convention collective peut remettre en cause et modifier toute condition de travail déterminée par une convention antérieure; la convention collective s'apparente en effet à un contrat à durée déterminée[78]. Cette réalité ne vaut toutefois qu'à l'endroit des parties soumises à la nouvelle convention collective; elle ne saurait, par exemple, diminuer les droits accumulés par d'ex-salariés pendant leur période d'emploi[79]. En outre, il n'est pas exclu que certaines conditions de travail soient expressément et spécialement garanties à des salariés pour une période plus longue que celle d'une convention collective[80].

---

74. Voir: *CAIMAW* c. *Paccar of Canada Ltd.*, [1989] 2 R.C.S. 983.
75. *Dayco (Canada) Ltd.* c. *T.C.A. – Canada*, [1993] 2 R.C.S. 230; *Centre hospitalier Pierre-Boucher* c. *Union des employés de service, local 298,* [1998] R.J.D.T. 1057 (C.A.).
76. *Dayco (Canada) Ltd.* c. *T.C.A. – Canada, ibid.*, p. 269-274. Le cas échéant, l'association accréditée sera tenue à son obligation de représentation pour obtenir cette exécution: *Tremblay* c. *Syndicat des employées et employés professionnels-les et de bureau, section locale 57*, précité, note 15, par. 21.
77. *Dayco (Canada) Ltd.* c. *T.C.A. – Canada*, précité, note 75, p. 274-280.
78. *Hémond* c. *Coopérative fédérée du Québec*, précité, note 31; *Dayco (Canada) Ltd.* c. *T.C.A. – Canada*, précité, note 75, p. 272-274.
79. *Dayco (Canada) Ltd.* c. *T.C.A. – Canada*, précité, note 75, p. 274.
80. Dans l'arrêt *Dayco (Canada) Ltd.*, précité, note 75, la Cour suprême signale que l'irrévocabilité, à l'occasion d'une négociation collective ultérieure, de droits acquis par certains salariés en vertu d'une convention collective peut s'inférer,

IV- LES EFFETS

642 – *Originalité de la convention collective* – Entente écrite entre une association accréditée et l'employeur, la convention collective lie ceux-ci et «tous les salariés actuels ou futurs visés par l'accréditation» (art. 67, al. 1 C.t.).

Résultat d'un acte contractuel bipartite qui s'inscrit dans un contexte législatif élaboré en fonction d'un intérêt collectif et général, la convention collective voit ses effets portés par la Loi au-delà de ses signataires, au bénéfice des salariés visés par l'accréditation. Comme le décrit la Cour suprême, le régime légal de rapports collectifs «consacre une nouvelle forme de contrat tripartite avec seulement deux signataires, une solution législative aux lacunes de la common law dans le domaine des droits des tiers»[81]. La convention collective apparaît ainsi comme un instrument véritablement original, qu'on ne saurait identifier à l'une ou l'autre des catégories juridiques classiques.

643 – *Unicité* – Une seule convention collective doit être conclue à l'égard du groupe de salariés visés par une accréditation (art. 67, al. 2 C.t.). Il est donc juridiquement inconcevable que les conditions de travail établies dans plus d'une convention collective soient applicables en même temps aux salariés d'une unité de négociation[82]. La particularisation de certaines conditions de travail à l'endroit de sous-groupes salariés de l'unité de négociation n'affecte pas le caractère d'unicité de la convention collective[83].

Rattachée à l'accréditation, la convention collective ne peut prétendre faire porter ses effets au-delà de l'unité de négociation pour laquelle le syndicat signataire est accrédité[84].

à l'analyse, de cette convention collective. La Cour d'appel a reconnu une telle situation dans des ententes dites tripartites garantissant certains droits à des salariés qui y avaient souscrit: *Syndicat canadien des communications, de l'énergie et du papier, section locale 145* c. *Gazette (The), une division de Southam inc.*, [2000] R.J.Q. 24 (C.A.); *Journal de Montréal, division de Groupe Québécor Inc.* c. *Hamelin*, précité note 38.

81. *St. Anne Nackawic Pulp & Paper Co.* c. *Section locale 219 du Syndicat canadien des travailleurs du papier*, précité, note 21, p. 718.

82. *Hémond* c. *Coopérative fédérée du Québec*, précité, note 31; *Société d'électrolyse et de chimie Alcan Ltée* c. *Fédération des syndicats du secteur de l'aluminium Inc.*, précité, note 1.

83. *Tremblay* c. *Syndicat des employées et employés professionnels-les et de bureau, section locale 57*, précité, note 15, par. 13-14.

84. *Société d'électrolyse et de chimie Alcan Ltée* c. *Fédération des syndicats du secteur de l'aluminium Inc.*, précité, note 1. Comparer ce jugement à celui rendu dans *Syndicat des professeurs du Collège de l'Abitibi-Témiscamingue* c. *Ayotte*, D.T.E. 90T-309 (C.A.).

644 – *Application universelle* – La convention collective s'impose non seulement aux salariés présents dans l'entreprise au moment de sa conclusion mais également aux salariés «futurs», comme les désigne l'article 67 du Code, c'est-à-dire à ceux qui s'intégreront par la suite à l'unité d'accréditation[85]. Quelques jugements ont interprété la référence de l'article 67 C.t. aux salariés «actuels» comme ayant pour effet de priver de la rétroactivité d'une convention collective les salariés qui ont quitté l'entreprise avant son entrée en vigueur de cette convention collective, à moins d'une stipulation expresse à l'effet contraire[86]. Cette solution vide le concept de rétroactivité d'une partie de ses effets et ignore la réalité de la représentation du salarié par le syndicat accrédité pendant la période couverte par la rétroactivité[87]. Cela ne veut pas dire que le salarié qui a quitté l'entreprise soit en droit d'exiger le bénéfice de la rétroactivité[88]; cela signifie simplement qu'en l'absence d'indication contraire, l'ex-salarié devrait bénéficier de la rétroactivité pour sa période d'emploi[89].

645 – *Préséance* – La convention collective ne constitue ni un acte d'engagement collectif ni, pour les salariés qu'elle régit, un contrat de travail à durée déterminée, au sens du droit civil[90].

Le contenu de la convention collective se substitue par ailleurs totalement à celui qui pourrait résulter des contrats individuels de travail, s'imposant comme unique source conventionnelle du régime de travail. Il est bien établi qu'une entente individuelle ne peut valablement prévoir des conditions de travail moins avantageuses que celles arrêtées par la convention collective[91]. La jurisprudence de

---

85. Voir, dans le contexte de l'application de l'article 45 C.t., donnant ainsi effet à l'article 67 C.t.: *Syndicat professionnel des infirmières et infirmiers de Québec* c. *Marcheterre*, D.T.E. 88T-20 (C.A.).
86. *Trait* c. *Le Petit Journal (1968) Ltée*, [1971] R.D.T. 188 (C.S.); *O'Rully* c. *C.U.M.*, [1980] C.S. 708. Un autre jugement a conclu qu'il en serait autrement lorsque la convention collective au complet prend effet de façon rétroactive: *Ambulances S.O.S. Enrg.* c. *Rassemblement des employés techniciens ambulanciers du Québec (C.S.N.)*, précité, note 58.
87. *Tremblay* c. *Syndicat des employées et employés professionnels-les et de bureau, section locale 57*, précité, note 15, par. 19-22.
88. *Ibid.*
89. Voir en ce sens: *Trottier* c. *Joubert & Fils Ltée*, D.T.E. 89T-690 (C.Q.).
90. *Commission des normes du travail* c. *Campeau Corporation*, [1989] R.J.Q. 2108 (C.A.).
91. *Rimouski (Ville de)* c. *Morin*, D.T.E. 90T-654 (C.A.); *Acier Leroux Inc.* c. *Union des camionneurs de construction et approvisionnements, mécaniciens d'auto et aides-employés de stations-service et de parcs de stationnement et salariés divers, section locale 903*, D.T.E. 93T-131 (C.A.); *Syndicat des travailleurs de la Maison-mère des Sœurs des Saints Noms de Jésus et de Marie (C.S.N.)* c. *Larouche*, D.T.E. 2001T-517 (C.A.).

la Cour suprême donne à la convention collective un effet beaucoup plus absolu qu'un simple minimum. Plusieurs arrêts ont régulièrement affirmé que l'existence d'une convention collective ne laissait aucune place à la négociation individuelle des conditions de travail[92]. Au soutien du caractère strictement minimal de la convention collective, on se réfère parfois à l'arrêt *Robitaille* de la Cour d'appel[93]. Abstraction faite que ce jugement soit antérieur à la plupart des arrêts précités de la Cour suprême, son autorité comme précédent se trouve limitée par les faits de l'espèce. En l'occurrence, une loi particulière applicable au milieu scolaire imposait le maintien d'un contrat individuel de travail formel. En outre, le contrat individuel dont les effets ont été reconnus par la Cour d'appel était à la fois antérieur à la sentence arbitrale qui tenait lieu de convention collective et couvert par une protection des droits acquis assurée par cette sentence arbitrale. Ultérieurement, la Cour d'appel a reconnu la prééminence de la convention collective sur des ententes particulières invoquées par des salariés et qui leur auraient été plus favorables[94].

La convention collective elle-même peut permettre la conclusion d'ententes individuelles sur quelque sujet que ce soit, aux conditions qu'elle peut également déterminer. En outre, le caractère absolu de la convention collective laisse néanmoins subsister, de manière complémentaire ou supplétive, l'application de règles de droit commun et même des ententes individuelles, sur des matières que la convention ne traite pas[95].

L'originalité de la convention collective et son autonomie par rapport au droit commun emportent une autre conséquence. Sous réserve des termes de la convention collective elle-même, une partie demeure tenue aux obligations qu'elle lui impose malgré l'inexécution des siennes par l'autre partie[96].

---

92. Voir notamment *Syndicat catholique des employés de magasins de Québec Inc.* c. *Cie Paquet Ltée*, précité, note 31, p. 212; *Canadian Pacific Railway Co.* c. *Zambri*, [1962] R.C.S. 624, 629; *McGavin Toastmaster Limited* c. *Ainscough*, [1976] 1 R.C.S. 718; *General Motors* c. *Brunet*, [1977] 2 R.C.S. 537; *Association internationale des débardeurs, section locale 273* c. *Association des employés maritimes*, [1979] 1 R.C.S. 120; *CAIMAW* c. *Paccar of Canada Ltd.*, précité, note 74; *Hémond* c. *Coopérative fédérée du Québec*, précité, note 31; *Noël* c. *Société d'énergie de la Baie-James*, [2001] 2 R.C.S. 207, 2001 CSC 39.
93. *Robitaille* c. *Commissaires d'école de Thetford-Mines*, [1967] B.R. 256.
94. Voir: *Cholette* c. *Université Laval*, C.A. Québec, n° 200-09-000300-787, 22 février 1982.
95. Voir: *Commission des normes du travail* c. *Campeau Corporation*, précité, note 90; *Syndicat des professionnels et professionnelles du réseau scolaire du Québec (C.E.Q.)* c. *Commission scolaire de La Mitis*, [1989] R.L. 603 (C.A.) – droit de l'employeur à la restitution de l'indu.
96. *McGavin Toastmaster Limited* c. *Ainscough*, précité, note 92, p. 726-728.

646 – *Employeurs* – Quant aux employeurs, il est utile de rappeler la portée de l'article 68, al. 1 C.t. La convention liera tous les membres d'une association d'employeurs l'ayant conclue, incluant ceux qui y adhèrent après sa signature. Évidemment, tenant compte de l'ensemble du Code, l'article 68 C.t. ne produira tous ses effets que lorsque le syndicat signataire de la convention collective conclue avec l'association d'employeurs obtiendra l'accréditation chez un employeur qui appartient, ou qui décide ensuite d'appartenir, à cette association d'employeurs[97]. En conséquence, on ne saurait opposer à un syndicat l'article 68 du Code s'il n'est pas le signataire de la convention collective intervenue avec l'association d'employeurs à laquelle appartient l'employeur. De son côté, l'association d'employeurs n'est pas obligée de négocier avec un syndicat accrédité pour le compte de tous les employeurs qui sont ses membres. Rien ne lui interdit de ne négocier expressément que pour certains d'entre eux, comme leur mandataire[98].

---

97. *Syndicat national des employés de garage de Québec Inc.* c. *Paquet Suzuki Inc.*, précité, note 39. Quant à l'obligation, dans ces circonstances, de procéder au dépôt de la convention collective, voir *Fraternité canadienne des cheminots* c. *Park Avenue Chevrolet Limitée*, [1978] T.T. 96; *Union des agents de sécurité du Québec, local 8922* c. *Union des agents de sécurité du Québec*, précité, note 63; *Règlement sur l'exercice du droit d'association conformément au Code du travail*, R.R.Q., c. C-27, r. 3, art. 44.
98. *Union des agents de sécurité du Québec, section locale 8922* c. *Union des agents de sécurité du Québec, section locale 102*, précité, note 63; *Syndicat national des employés de garage du Québec Inc.* c. *Paré Centre du camion White G.M.C. Inc.*, D.T.E. 94T-935 (T.T.).

CHAPITRE 8

L'ARBITRAGE DES GRIEFS

647 – *Institution arbitrale* – La Loi soumet les litiges auxquels peut donner lieu l'administration de la convention collective à la décision obligatoire d'un tribunal spécialisé, l'arbitre de griefs.

L'arbitrage des griefs a marqué profondément l'évolution de l'ensemble du droit du travail au cours des dernières décennies, notamment en précisant progressivement l'étendue de certaines obligations de l'employeur envers le salarié et en contrôlant l'exercice de son pouvoir disciplinaire. Malgré l'importance de l'institution, les dispositions légales qui la régissent demeurent relativement limitées. Cette réserve du législateur, qui peut être perçue comme un souci de conserver à l'arbitrage sa souplesse et son originalité, a laissé place à l'élaboration parallèle par les tribunaux supérieurs d'un ensemble de règles qui encadrent l'exercice de la fonction arbitrale.

I- LA COMPÉTENCE DE L'ARBITRE: ÉTENDUE ET CARACTÈRE

648 – *Définition légale de la compétence arbitrale* – L'arbitre de griefs tire sa compétence de l'article 100, al. 1 du *Code du travail* qui affirme que tout «grief doit être soumis à l'arbitrage [...]». Cette affirmation laisse déjà entrevoir le caractère doublement obligatoire de l'arbitrage. D'une part, lorsque le recours à l'arbitrage est disponible, les parties liées par la convention collective devront l'utiliser, à l'exclusion de tout autre forum; d'autre part, le résultat de l'arbitrage s'imposera également à elles.

La simplicité et l'apparente clarté des énoncés pertinents du *Code du travail* n'ont pas suffi à cerner et à définir la compétence de l'arbitre de griefs sans l'intervention répétée des tribunaux supérieurs. Cette question de compétence a nourri une jurisprudence abondante marquée de plusieurs arrêts déterminants de la Cour suprême.

A. L'étendue

649 – *Compétence matérielle et compétence personnelle* – La compétence de l'arbitre est tributaire de deux facteurs. Le premier a trait à l'objet ou à la nature du litige; c'est l'aspect matériel de sa compétence. Le second met en cause les personnes qui sont parties à ce litige; il s'agit alors de la dimension personnelle de la compétence de l'arbitre.

1. La compétence matérielle

650 – *Qualification descriptive* – La Cour suprême a d'abord décidé que la qualification du litige comme portant sur l'interprétation de la convention collective ou sur son application ou encore comme se rapportant à sa violation ou à sa prétendue violation pure et simple était en quelque sorte immatérielle pour déterminer la compétence de l'arbitre, cette compétence étant sienne dans l'une ou l'autre de ces situations[1]. Dès lors que les droits réclamés se rattachent à la convention collective ou découlent de cette dernière, le forum arbitral s'impose comme juridiction compétente pour assurer la sanction de ces droits, dans toutes les dimensions envisagées par la Loi.

651 – *Test de l'arrêt Weber* – La Cour suprême a été appelée à préciser sa position quant à la détermination de la compétence de l'arbitre à l'occasion de l'affaire *Weber*[2]. Elle a répondu à cet appel en adoptant un test en deux étapes. Dans un premier temps, on détermine la nature du litige, d'après son essence. La deuxième étape de l'exercice consiste à vérifier l'existence d'un lien de rattachement du litige à la convention collective. La Cour suprême a depuis réaffirmé et appliqué les principes de l'arrêt *Weber* relativement à la compétence matérielle de l'arbitre de griefs[3]. Les autres juridictions en ont pris acte. Arbitres et tribunaux supérieurs s'y rapportent régulièrement[4].

---

1. *General Motors of Canada Ltd.* c. *Brunet,* [1977] 2 R.C.S. 537, 551; *Procureur général du Québec* c. *Labrecque,* [1980] 2 R.C.S. 1057, 1073; *Shell Canada Ltd.* c. *Travailleurs unis du pétrole du Canada, local 1,* [1980] 2 R.C.S. 181.
2. *Weber* c. *Ontario Hydro,* [1995] 2 R.C.S. 929.
3. *Nouveau-Brunswick* c. *O'Leary,* [1995] 2 R.C.S. 967; *Regina Police Assn. Inc.* c. *Regina (Ville) Board of Police Commissioners,* [2000] 1 R.C.S. 360; *R.* c. *974649 Ontario Inc.,* [2001] 3 R.C.S. 575, 2001 CSC 81.
4. Voir, entre autres, les arrêts suivants de la Cour d'appel: *Gaspé (Corporation municipale de la Ville de)* c. *Côté,* [1996] R.D.J. 142 (C.A.); *Université du Québec à Trois-Rivières* c. *St-Pierre,* D.T.E. 97T-727 (C.A.); *Centre hospitalier Pierre-Boucher* c. *Union des employés de service, section locale 298 (F.T.Q.),* [1998]

L'arrêt *Weber* est en somme devenu et demeure le phare de reconnaissance de la compétence arbitrale.

652 – *Essence du litige* – L'identification de l'essence du litige procède d'une analyse strictement factuelle. Elle fait abstraction des fondements juridiques qui pourraient dicter la solution éventuelle de ce litige:

> L'examen de la nature du litige vise à en déterminer l'essence. Cette détermination s'effectue compte tenu non pas de la façon dont les questions juridiques peuvent être formulées, mais des faits entourant le litige qui oppose les parties [...][5]

La question à se poser à ce stade est en somme la suivante: qu'est-ce qui donne lieu au litige? S'agit-il d'une terminaison d'emploi, du paiement d'un salaire ou d'un autre avantage à valeur pécuniaire, ou encore d'une promotion à un poste supérieur, etc.?

653 – *Rattachement à la convention collective* – On ne pourrait mieux expliciter ce deuxième volet de l'exercice imposé par l'arrêt *Weber* que l'a fait le juge Bastarache dans le jugement ultérieur *Regina Police Assn. Inc.*:

> Après avoir examiné le contexte factuel, l'instance décisionnelle doit tout simplement déterminer si l'essence du litige concerne une matière visée par la convention collective. Après avoir établi l'essence du litige, l'instance décisionnelle doit examiner les dispositions de la convention collective afin de déterminer si elle prévoit des situations factuelles de ce genre. Il est clair qu'il n'est pas nécessaire que la convention collective prévoie l'objet du litige de façon explicite. Si l'essence du litige découle expressément ou implicitement de l'interprétation, de l'application, de l'administration ou de l'inexécution de la convention collective, l'arbitre a compétence exclusive pour statuer sur le litige.[6]

Le contenu explicite de la convention peut incorporer, par renvoi ou autrement, des dispositions légales tirées, par exemple, de lois du

---

R.J.D.T. 1057 (C.A.); *Leroux* c. *Centre hospitalier Ste-Jeanne-d'Arc*, [1998] R.J.D.T. 554 (C.A.); *Côté* c. *Saiano*, [1998] R.J.Q. 1865 (C.A.); *Collège Dawson* c. *Muzaula*, [1999] R.J.D.T. 1041 (C.A.); *Hydro-Québec* c. *Tremblay*, D.T.E. 2001T-77 (C.A.); *Latulippe* c. *Commission scolaire de la Jeune-Lorette*, [2001] R.J.D.T. 26 (C.A.); *Union canadienne des travailleurs en communication, unité 4* c. *Mayville*, D.T.E. 2001T-212; *Québec (Procureure générale)* c. *Commission des droits de la personne et des droits de la jeunesse*, [2002] R.J.D.T. 55 (C.A.).

5. *Regina Police Assn. Inc.* c. *Regina (Ville) Board of Police Commissioners*, précité, note 3, par. 25.
6. *Ibid.*

travail ou des chartes[7]. Quant au contenu implicite de la convention, il peut se rapporter soit aux droits et obligations qui découlent naturellement du contrat de travail ou de l'existence même de la convention collective et des rapports que cette dernière établit entre les parties, soit aux droits et obligations qui sont les corollaires de ceux que la convention confère ou reconnaît explicitement à l'une ou l'autre des parties qu'elle lie[8].

654 – *Droits résiduels* – L'arbitre demeure compétent pour assurer l'exécution des droits accumulés en vertu d'une convention collective expirée et réclamés ou devenus exécutoires après son échéance, même si la réclamation concerne des personnes qui ne sont plus alors des salariés de l'employeur[9]. À plus forte raison peut-il se saisir de la réclamation, par un salarié démissionnaire, d'un droit résiduel gagné selon la convention collective pendant son emploi[10].

655 – *Grief déclaratoire* – La notion légale de grief reposant sur l'existence d'une mésentente relative à l'interprétation de la convention collective, la Cour d'appel a reconnu la légalité et la rece-vabilité d'un grief «de principe» qui recherche une sentence arbitrale à caractère déclaratoire, avant même que la violation possible de la convention collective se soit matérialisée, à la condition que la mésen-tente entre les parties soit véritablement née et actuelle[11].

---

7.   *St. Anne Nackawic Pulp & Paper Co.* c. *Section locale 219 du Syndicat canadien des travailleurs du papier*, [1986] 1 R.C.S. 704 – prohibition de grève; *Commission des normes du travail* c. *Chantier Davie Ltée*, [1987] R.J.Q. 1949 (C.A.) – norme du travail; *Commission des normes du travail* c. *Domtar Inc.*, [1989] R.J.Q. 2130 (C.A.) – norme du travail. Voir aussi *supra*, Titre II, chapitre 7, n° 622.

8.   *Nouveau-Brunswick* c. *O'Leary*, précité, note 3 – obligations implicites de l'employé, d'une part, d'exécuter son travail sans négligence et de l'employeur, d'autre part, de recourir à la procédure d'arbitrage pour exercer l'ensemble de ses droits; *Côté* c. *Saiano*, précité, note 4 – obligation implicite de l'employeur de maintenir l'ordre et un milieu de travail convenable; *Nadeau* c. *Carrefour des jeunes de Montréal*, [1998] R.J.D.T. 1513 (C.A.) – droits de direction de l'employeur et obligation générale de loyauté du salarié; *Syndicat des employés manuels de la Ville de Québec, section locale 1638* c. *Québec (Ville de)*, [1994] R.J.Q. 1552 (C.A.) – obligation implicite de ne pas faire grève pendant la durée de la convention collective; *Montréal (Ville de)* c. *Syndicat canadien de la fonction publique, section locale 301*, D.T.E. 2000T-1074 (C.S.) – interdiction implicite de grève. Voir aussi *supra*, Titre II, chapitre 7, n° 623.

9.   *Dayco (Canada) Ltd.* c. *T.C.A. – Canada*, [1993] 2 R.C.S. 230; *Centre hospitalier Pierre-Boucher* c. *Union des employés de service, local 298*, précité, note 4.

10. Voir *Tremblay* c. *Syndicat des employées et employés professionnels-les et de bureau, section locale 57*, D.T.E. 2002T-455, 2002 CSC 44, par. 21.

11. *Syndicat des professeurs de l'Université du Québec à Trois-Rivières* c. *Durand*, J.E. 82-260 (C.A.); *Syndicat des professeurs de l'Université du Québec à Mont-réal* c. *Université du Québec à Montréal*, D.T.E. 83T-324 (C.A.).

656 – *Élargissement volontaire* – Au-delà de celle qui lui résulte de la Loi, la compétence de l'arbitre peut être élargie par la volonté des parties de lui déférer d'autres mésententes que des griefs légaux. Cette possibilité est envisagée par l'article 102 C.t.[12]. Il ne peut toutefois s'agir d'un différend né à l'occasion d'une réouverture de la convention collective en vertu de l'article 107 C.t., cette dernière mésentente devant nécessairement être soumise à un arbitre de différend selon les articles 74 et suivants du Code (art. 102 C.t.).

2. La compétence personnelle

657 – *Parties liées par la convention collective* – La compétence de l'arbitre comporte une dimension personnelle. Le grief est par nature une mésentente qui oppose les parties liées par la convention collective et sur lesquelles, seules, l'arbitre a autorité.

Du côté syndical, il s'agit de l'association accréditée elle-même[13] et des salariés qu'elle représente. On assimilera à l'employeur ses dirigeants et ses représentants dans la mesure où ils agissent comme ses *alter ego*, en son nom et pour son compte[14].

Pour reconnaître la compétence de l'arbitre, il n'y a pas lieu de distinguer la réclamation du salarié ou du syndicat à l'endroit de l'employeur de celle que ce dernier peut lui-même adresser au syndicat[15] ou à l'employé[16].

---

12. Exemples: *Union des employés(ées) de service, local 298 (F.T.Q.) c. Jasmin*, [1988] R.J.Q. 2282 (C.S.); *Syndicat national des employés de l'aluminium d'Arvida Inc. (Section des employés des laboratoires de recherche appliquée et centre de génie expérimental) c. Morin*, D.T.E. 91T-1160 (C.S.). L'article 102 C.t. permet aux parties de convenir d'un mode de règlement de ces mésententes qui peut être différent de l'arbitrage de grief proprement dit: voir *Syndicat des employés de magasins et de bureaux de la S.A.Q. c. Société des alcools du Québec*, [1993] R.J.Q. 2170 (C.S.).
13. *142529 Canada inc. c. Syndicat des travailleuses de Villa Les Tilleuls*, [2000] R.J.D.T. 117 (C.S.).
14. *Côté c. Saiano*, précité, note 4; *a contrario, Héon c. Doucet*, D.T.E. 2002T-1035 (C.A.).
15. *St. Anne Nackawic Pulp & Paper Co. c. Section locale 219 du Syndicat canadien des travailleurs du papier*, précité, note 7 – réclamation de dommages-intérêts à la suite d'une grève; *Commission scolaire Crie c. Association de l'enseignement du Nouveau-Québec*, [1990] R.D.J. 451 (C.A.) – réclamation au syndicat du remboursement de la libération syndicale d'un salarié; *Syndicat des employés manuels de la Ville de Québec, section locale 1638 c. Québec (Ville de)*, précité, note 8 – dommages consécutifs à une grève illégale; *Fraternité des policiers de Rimouski c. Rimouski (Ville de)*, D.T.E. 96T-563 (C.A.) – réclamation de dommages pour des amendes non perçues à la suite d'un refus concerté des policiers de faire respecter la réglementation; *Hôpital général juif Sir Mortimer B. Davis c. Athanassiadis*, D.T.E. 99T-462 (C.A.) – demande de remboursement des frais d'arbitrage à la suite d'un grief supposément frivole.
16. *Nouveau-Brunswick c. O'Leary*, précité, note 3 – réclamation par l'employeur à l'employé pour les dommages causés par ce dernier à un tiers, que l'employeur a dû indemniser; *Centre hospitalier Pierre-Boucher c. Union des employés de*

658 – *Tiers* – On ne saurait cependant rechercher par grief des conclusions contre un tiers que la Loi ne soumet pas à l'autorité de la convention collective, non plus que de l'arbitre, à moins que ce tiers y consente d'une manière ou d'une autre[17]. De même, les litiges qui opposent des coemployés, entre lesquels la convention collective ne crée pas de lien de droit, relèvent-ils de la compétence résiduelle des tribunaux de droit commun[18].

B. Le caractère

659 – *Exclusivité* – Le caractère le plus conséquent de la compétence de l'arbitre réside dans son exclusivité.

L'arrêt *St. Anne Nackawic*[19] de la Cour suprême a d'abord rejeté le modèle de la concomitance des compétences qui aurait laissé subsister une compétence concurrente ou alternative des tribunaux, parallèlement à celle de l'arbitre, lorsque les droits réclamés peuvent trouver leur fondement juridique à l'extérieur de la convention collec-

---

service, local 298, précité, note 4 – réclamation d'un montant exigible du salarié par suite de sa démission avant la fin d'un contrat de congé à traitement différé; *Syndicat de l'enseignement de la Haute Côte-Nord* c. *Commission scolaire Manicouagan*, D.T.E. 91T-237 (C.A.) – réclamation de prestations d'assurance salaire versées par l'employeur en l'absence d'invalidité au sens de la convention collective. Cette dernière affaire soulevait la question du traitement de la réclamation par l'employeur au salarié d'un indu, au regard des dispositions de la convention collective. La Cour d'appel a reconnu que dans l'espèce, la détermination du droit de l'employeur à la restitution d'un indu requérait l'interprétation de la convention collective pertinente; d'où la compétence de l'arbitre. Au même effet: *Hôpital général juif Sir Mortimer B. Davis* c. *De Vleeschouwer*, [1994] R.J.Q. 64 (C.A.); *Montréal (Communauté urbaine de)* c. *Chrétien*, D.T.E. 92T-11 (C.A.). Sur la restitution de l'indu, voir aussi *supra*, Titre I, chapitre 1, n° 122 et *infra*, n° 704.

17. *Syndicat canadien de la fonction publique, section locale 1417* c. *Vidéotron Ltée*, D.T.E. 98T-981 (C.A.) – grief dirigé contre un assureur; à distinguer d'un grief réclamant des prestations prévues par la convention collective mais dont l'exécution est confiée par l'employeur à un assureur: *Syndicat des cols bleus de Gatineau* c. *Gatineau (Corporation municipale de la Ville de)*, D.T.E. 85T-959 (C.A.). Ce qui est déterminant dans ce type de situation, c'est la substance de l'engagement souscrit par l'employeur dans la convention collective, expressément ou implicitement.

18. *Côté* c. *Saiano*, précité, note 4; *Nadeau* c. *Carrefour des jeunes de Montréal*, précité, note 8; *Gauthier* c. *Chabot*, D.T.E. 98T-1070 (C.A.).

19. *St. Anne Nackawic Pulp & Paper Co.* c. *Section locale 219 du Syndicat canadien des travailleurs du papier*, précité, note 7. Voir aussi, en application de cet arrêt, les jugements ultérieurs suivants de la Cour d'appel: *Commission des normes du travail* c. *Chantier Davie Ltée*, précité, note 7; *Commission des normes du travail* c. *Domtar Inc.*, précité, note 7; *Syndicat des employés manuels de la Ville de Québec, section locale 1638* c. *Québec (Ville de)*, précité, note 8.

tive, dans le droit commun ou une loi particulière. À l'origine de cette affaire, la convention collective reprenait elle-même l'interdiction légale de grève et, par suite d'une telle grève, l'employeur avait intenté une action en dommages-intérêts contre le syndicat, en alléguant tant la violation de la convention collective que de la Loi. L'arrêt de la Cour suprême conclut à la compétence exclusive de l'arbitre.

La Cour suprême adopta la même position dans l'arrêt *Weber*[20]. Elle y écarta de plus la théorie du chevauchement de compétence selon laquelle les tribunaux ordinaires demeureraient compétents à l'égard des questions qui débordent l'objet traditionnel du droit du travail, même si la situation factuelle à l'origine du litige est couverte par la convention collective. Dans l'espèce, un salarié soupçonné d'abuser des congés de maladie avait fait l'objet d'une enquête à son insu et avait été suspendu sur la base des résultats de cette enquête. Des griefs avaient été produits et réglés. L'employé avait néanmoins entrepris une action en justice contre l'employeur en invoquant sa responsabilité extracontractuelle et la violation des droits que la *Charte canadienne des droits et libertés* lui garantissait. Ici encore, la Cour suprême affirme la compétence exclusive de l'arbitre, à l'endroit de toutes les dimensions du litige par ailleurs matériellement couvert par la convention collective[21].

Comme elle l'a rappelé récemment dans l'arrêt *Regina Police Assn. Inc.*, la Cour suprême a retenu le modèle de la compétence exclusive de l'arbitre de griefs notamment parce qu'elle a considéré que c'était celui qui était le plus susceptible de respecter l'intégrité «d'un régime législatif complet destiné à régir tous les aspects des rapports entre les parties dans le cadre des relations du travail»[22].

660 – *Intégralité* – Une fois reconnue, la compétence de l'arbitre est intégrale, en ce sens qu'elle lui permet de trancher toutes les questions que soulève le litige et de trouver sa solution dans tout instrument juridique qui y est pertinent.

---

20. *Weber* c. *Ontario Hydro*, précité, note 2.
21. *Ibid.* Voir aussi: *Latulippe* c. *Commission scolaire de la Jeune-Lorette*, précité, note 4; *Syndicat des employés(es) de Villa Médica (FAS-CSN)* c. *Villa Médica*, D.T.E. 98T-1093 (C.A.); *Leroux* c. *Centre hospitalier Ste-Jeanne-d'Arc*, précité, note 4.
22. *Regina Police Assn. Inc.* c. *Regina (Ville) Board of Police Commissioners*, précité, note 3, par. 34. Sur l'arbitrage de griefs en général et son fonctionnement, voir Rodrigue BLOUIN et Fernand MORIN, *Droit de l'arbitrage de grief*, 5e éd., Cowansville, Éditions Yvon Blais, 2000.

Cette compétence s'exerce non seulement sur le fond du litige, mais également sur les questions préliminaires ou collatérales, comme celle de la prescription[23], celle du respect de la procédure de réclamation[24] ou de la propriété du grief[25], ou encore celle de la qualification d'une situation régie par la convention collective, comme un congédiement[26]. L'arbitre peut même trancher une question juridictionnelle au sens strict, par exemple relativement à l'applicabilité ou à l'inapplicabilité de la convention collective[27] ou de l'une ou l'autre de ses stipulations[28]. Dans ce dernier cas, l'erreur de l'arbitre,

---

23. *Syndicat des professeurs du Collège de Lévis-Lauzon c. Collège d'enseignement général et professionnel de Lévis-Lauzon*, [1985] 1 R.C.S. 596; *Syndicat des professionnels du Gouvernement du Québec c. Décary*, D.T.E. 86T-262 (C.A.); *Kruger Inc. c. Syndicat canadien des travailleurs du papier, section locale 136*, D.T.E. 86T-721 (C.A.); *Union des routiers, brasseries, liqueurs douces et ouvriers de diverses industries, section locale 1999 (Teamsters) c. Brasserie Labatt Ltée*, [1998] R.J.Q. 721 (C.A.).

24. *Cyrille Labelle et Cie c. Union des employés de commerce, local 501, T.U.A.C.-U.F.C.W.*, D.T.E. 88T-163 (C.A.) – interprétation de la convention collective et de l'article 100.2.1 C.t.; *Travailleuses et travailleurs unis de l'alimentation et du commerce, section locale 501 c. Boulangerie Gadoua ltée*, D.T.E. 2002T-1126 (C.A.) – qualification d'une irrégularité comme vice de forme n'invalidant pas le grief selon l'article 100.2.1 C.t.

25. *Hilton Canada Inc. c. Kodie*, [1986] R.J.Q. 2483 (C.A.). Comparer: *Québec (Ville de) c. Morin*, D.T.E. 88T-22 (C.A.).

26. Quant à l'appréciation de la réalité et de la valeur juridique d'une rupture du lien d'emploi, par démission ou congédiement, voir: *Brasserie Labatt Ltée c. Lamonde*, D.T.E. 99T-4 (C.A.); *Université du Québec à Trois-Rivières c. St-Pierre*, précité, note 4; *Syndicat des travailleurs et des travailleuses des Épiciers unis Métro-Richelieu (C.S.N.) c. Lefebvre*, D.T.E. 96T-817 (C.A.), p. 30-31 (j. LeBel); *Syndicat des cols bleus de la Cité de Valleyfield (C.S.N.) c. Salaberry-de-Valleyfield (Cité de)*, D.T.E. 92T-195 (C.A.). Quant à l'appréciation des conditions de formation du contrat individuel de travail: *Maribro Inc. c. Union des employés(ées) de service, local 298 (F.T.Q.)*, [1992] R.J.Q. 572 (C.A.). Par cet arrêt, la Cour d'appel révisait, à la lumière de l'arrêt *St. Anne Nackawic Pulp & Paper*, précité, note 7, la position qu'elle avait déjà prise dans *Montréal-Est (Ville de) c. Gagnon*, [1978] C.A. 100, en concluant alors que l'arbitre de grief était sans compétence pour trancher un litige sur l'existence légale du contrat de travail.

27. *Procureur général de la province de Québec c. Labrecque*, précité, note 1, p. 1073; *Dayco (Canada) Ltd. c. T.C.A. – Canada*, précité, note 9; *Syndicat professionnel des infirmières et infirmiers de Québec c. Marcheterre*, D.T.E. 88T-20 (C.A.). La Cour suprême signale par ailleurs qu'il faut éviter d'abuser de la distinction entre l'«applicabilité» et l'«application» de la convention collective, pour ne pas restreindre indûment l'aire de compétence naturelle de l'arbitre: *Hémond c. Coopérative fédérée du Québec*, [1989] 2 R.C.S. 962.

28. L'arbitre a le pouvoir de mettre de côté comme inopérante une stipulation contraire à une loi d'ordre public, comme une charte: voir *infra*, n° 692. La jurisprudence de la Cour d'appel veut d'ailleurs qu'une réclamation demandant l'application de certaines dispositions d'une convention collective en alléguant, pour ce faire, la nullité d'autres de ses stipulations, soit adressée à l'arbitre de griefs: *Leroux c. Centre hospitalier Ste-Jeanne-d'Arc*, précité, note 21; *Syndi-*

qu'elle soit ou non déraisonnable, rendra sa décision sujette à l'exercice du pouvoir de contrôle et de surveillance des tribunaux supérieurs[29].

661 – *Conclusion* – Les principes jurisprudentiels qui supportent la compétence arbitrale et qui ont été principalement élaborés par la Cour suprême témoignent de la préoccupation de cette dernière que l'arbitrage se présente comme un recours facile à gérer et complet par lui-même, dans l'intérêt des parties liées par une convention collective dont, au premier chef, les salariés représentés par un syndicat accrédité.

II- LE STATUT DE L'ARBITRE

662 – *Tribunal statutaire* – Eu égard à son statut, l'arbitre de griefs du *Code du travail* est un tribunal «statutaire», à la fois parce que la Loi l'impose aux parties comme forum exclusif pour disposer des griefs et en raison de la nature des pouvoirs et des devoirs qu'elle lui confie[30]. Outre un devoir général d'agir judiciairement, en conformité avec les principes fondamentaux de la justice naturelle, ce statut impose à l'arbitre, en particulier, une obligation d'indépendance et d'impartialité à l'endroit des parties, conformément aux garanties que l'article 23 de la *Charte des droits et libertés de la personne* leur donne à cet effet. Le critère de contrôle alors applicable est celui de la crainte raisonnable, qui consiste à se demander si une personne raisonnablement bien informée pourrait craindre, sur la base de faits et non de simples soupçons, que la décision soit entachée de partialité[31].

L'article 100.1 C.t. assure l'immunité de l'arbitre à l'égard des actes accomplis de bonne foi dans l'exercice de ses fonctions.

---

cat des travailleuses et travailleurs de la C.S.N. c. Verret, [1992] R.J.Q. 979 (C.A.); *Confédération des syndicats nationaux* c. *Verret*, [1992] R.J.Q. 975 (C.A.); *Québec (Procureure générale)* c. *Commission des droits de la personne et des droits de la jeunesse*, [2002] R.J.D.T. 55 (C.A.).

29. *Québec (Procureur général)* c. *Labrecque*, précité, note 27; *Dayco (Canada) Ltd.* c. *T.C.A. – Canada*, précité, note 9. Voir aussi *infra*, n°s 692, 719.

30. *Roberval Express Limitée* c. *Union des chauffeurs de camions et hommes d'entrepôt et autres ouvriers, local 106*, [1982] 2 R.C.S. 888; *Port Arthur Shipbuilding* c. *Arthurs*, [1969] R.C.S. 85; *Procureur général du Québec* c. *Syndicat de professionnelles et professionnels du gouvernement du Québec*, D.T.E. 99T-1018 (C.A.).

31. *Procureur général du Québec* c. *Syndicat de professionnelles et professionnels du gouvernement du Québec, ibid.; Syndicat des travailleurs de Kvaerner Hymac Inc. (C.S.N.)* c. *Kvaerner Hymac Inc.*, D.T.E. 99T-472 (C.A.); *Boulet* c. *Brody*, D.T.E. 97T-1274 (C.S.); *Syndicat canadien de la fonction publique, section locale 3333* c. *Dupuis*, [2001] R.J.D.T. 66 (C.S.).

III- LA NOMINATION DE L'ARBITRE

663 – *Nomination par les parties* – L'article 100 C.t. énonce, à son premier alinéa, que tout grief doit être soumis à l'arbitrage «en la manière prévue dans la convention collective si elle y pourvoit et si l'association accréditée et l'employeur y donnent suite» et que «sinon il est déféré à un arbitre choisi par l'association accréditée et l'employeur, ou, à défaut d'accord, nommé par le ministre». Cette disposition privilégie nettement le choix de l'arbitre par entente des parties.

La convention collective peut contenir des stipulations visant à désigner l'arbitre. Très simplement, la convention collective peut nommer une personne qui sera chargée d'entendre les griefs. Selon une autre pratique, elle peut contenir plutôt une liste de personnes qui pourront toutes être appelées à agir comme arbitres. Dans ce dernier cas, les parties peuvent avoir prévu une procédure d'attribution des griefs aux différents arbitres nommés à la convention collective, par exemple à tour de rôle. Souvent, elles se réservent plutôt la faculté de choisir l'arbitre, à même la liste préétablie, au cas par cas.

Dans quelle mesure les parties sont-elles liées par les règles qu'elles se sont données à la convention collective quant au choix d'un arbitre? Certaines décisions et surtout un *obiter* du juge Lamer, alors à la Cour d'appel, dans une affaire *Venditelli* ont donné à penser que l'une ou l'autre des parties pouvait répudier la procédure de nomination de l'arbitre à laquelle elle avait souscrit dans la convention collective[32]. Un arrêt ultérieur de la Cour d'appel a rectifié l'interprétation à donner à l'article 100, al. 1 C.t. et, en particulier, à l'expression «si l'association accréditée et l'employeur y donnent suite» qu'on y trouve[33]. Selon la Cour d'appel, les parties sont liées par la procédure d'arbitrage qu'elles se sont donnée à la convention collective, comme par toute autre disposition de cette dernière, y compris quant au choix de l'arbitre, sauf motif de récusation[34]. C'est lorsque le concours d'une partie demeure nécessaire à la désignation d'un arbitre et fait défaut que les termes «si l'association accréditée et

---

32. *Venditelli* c. *Cité de Westmount*, [1980] C.A. 49, 51 (j. Lamer).
33. *Syndicat canadien de la fonction publique, section locale 301* c. *Montréal (Ville de)*, [1998] R.J.D.T. 1503 (C.A.).
34. *Ibid.*, p. 25-26. Relativement à l'obligation de suivre l'ordre de désignation de plusieurs arbitres nommés en vertu de la convention collective pour agir à tour de rôle, voir et comparer: *Association des pompiers de Montréal Inc.* c. *Imbeau*, [1985] C.A. 311; *Société canadienne des postes* c. *Lauzon*, D.T.E. 89T-1090 (C.S.) – *Code canadien du travail*; *Société canadienne des postes* c. *Lebœuf*, D.T.E. 90T-594 (C.S.) – *Code canadien du travail*.

l'employeur y donnent suite» trouvent leur effet et permettent à l'autre partie de débloquer la situation en s'adressant, ultimement, au ministre du Travail pour qu'un arbitre soit nommé[35]. Rien n'empêche par ailleurs les parties de se réserver, par la convention collective, le droit d'écarter unilatéralement un arbitre qu'elles y ont prédésigné[36].

Si les parties sont demeurées muettes dans la convention collective quant au choix de l'arbitre, ou si elles choisissent conjointement d'ignorer le choix qu'elles y avaient fait, elles peuvent convenir de la nomination d'un arbitre pour entendre un grief au moment où celui-ci survient.

664 – *Nomination par le ministre* – C'est au ministre du Travail qu'il appartiendra de procéder à la nomination de l'arbitre lorsque la partie intimée par un grief refuse son concours pour procéder à la nomination d'un arbitre selon les termes de la convention collective et lorsque, dans ce cas ou dans tout autre où la convention est muette sur le sujet, les parties ne s'entendent pas sur le choix d'un arbitre[37]. L'absence d'accord entre les parties sur le choix d'un arbitre dans un délai raisonnable suffit pour permettre au ministre du Travail d'en nommer un, sur demande de l'une ou l'autre des parties, sans qu'il soit nécessaire de constater un désaccord formel entre elles, ni l'écoulement d'un délai précis[38].

La latitude que l'article 100 C.t. laisse aux parties dans l'aménagement conventionnel du mécanisme arbitral connaît néanmoins une limite. Cet aménagement doit respecter les exigences d'indépendance et d'impartialité que les règles de la justice naturelle attachent à l'exercice des pouvoirs de nature judiciaire qui sont ceux de l'arbitre[39].

---

35. *Syndicat canadien de la fonction publique, section locale 301* c. *Montréal (Ville de)*, précité, note 33, p. 24-25; *Commission scolaire régionale de Chambly* c. *Association des enseignants de Chambly*, C.A. Montréal, nº 14340, 22 août 1973.
36. *Syndicat canadien de la fonction publique, section locale 301* c. *Montréal (Ville de)*, précité, note 33, p. 24-26; *Bourret* c. *Association nationale des employés de l'alimentation au détail du Québec Inc.*, [1969] B.R. 90 – arrêt résumé.
37. *Syndicat canadien de la fonction publique, section locale 301* c. *Montréal (Ville de)*, précité, note 33; *Commission scolaire régionale de Chambly* c. *Association des enseignants de Chambly*, précité, note 35.
38. *Granit National Ltée* c. *Syndicat des travailleurs de l'industrie et des matériaux de construction, section Granit National (C.S.N.)*, D.T.E. 83T-758 (C.S.); *Union des employés de commerce, local 500, T.U.A.C.* c. *Larouche*, D.T.E. 83T-66 (C.S.).
39. *Syndicat des travailleurs de Kvaerner Hymac Inc. (C.S.N.)* c. *Kvaerner Hymac Inc.*, précité, note 31 – crainte raisonnable de partialité; *De Mylder* c. *Syndicat des employés de Marconi*, [1984] T.T. 296; *Roy* c. *Association des salariés des autobus de l'Estrie Inc.*, [1985] T.T. 110.

665 – *Arbitre unique* – L'arbitrage doit être confié à un arbitre unique. Un grief ne peut donc être déféré à un tribunal d'arbitrage formé de plusieurs membres, selon une formule qui a prévalu avant que l'article 100 C.t. soit modifié de manière à l'exclure. L'arbitre peut toutefois être assisté d'assesseurs, sur entente des parties à cet effet dans les 15 jours de sa nomination (art. 100.1.1 C.t.)[40]. Chaque partie désigne son assesseur à l'intérieur du même délai de 15 jours qui suit la nomination de l'arbitre (art. 100.1.1, al. 2 C.t.). Les assesseurs ne jouissent pas du statut d'arbitre et ne sont donc pas tenus aux mêmes exigences d'indépendance et d'impartialité[41]. À tous égards, l'arbitre demeure seul maître de l'exercice de sa compétence et des décisions à rendre. Ainsi que le précise le deuxième alinéa de l'article 100.1.1 du Code, l'assesseur assiste l'arbitre et représente auprès de lui, lors de l'audition du grief et du délibéré, la partie qui l'a désigné. Dans tous les cas, l'arbitre et, s'il en est, les assesseurs sont remplacés, au besoin, selon la procédure prévue pour leur nomination (art. 100.1.2 C.t.).

IV- L'ACCÈS À L'ARBITRAGE

666 – *Conditions* – L'accès à l'arbitrage soulève deux questions capitales: celle des délais d'extinction du recours et celle de la propriété des griefs.

A. Les délais

667 – *Sources des délais* – L'accès à l'arbitrage est tributaire de l'exercice du recours à l'intérieur de certains délais imposés par le *Code du travail* ou par la convention collective.

668 – *Délai légal* – L'article 71 C.t. énonce que les droits et recours qui naissent de la convention collective se prescrivent par six mois de la naissance de la cause d'action. Il s'agit là du délai légal de prescription des griefs. L'expression «jour où la cause de l'action a pris naissance», qui détermine le point de départ de la prescription, a été interprétée (et est appliquée) comme désignant le jour où le plaignant a pris connaissance des faits à l'origine du grief[42]. Sous réserve de l'impossibilité absolue d'agir de la partie plaignante, le délai de

---

40. Rien ne s'oppose à ce que cette entente soit préalablement intervenue dans la convention collective: *Commission scolaire crie* c. *Tremblay*, D.T.E. 97T-229 (C.A.).
41. *Commission scolaire crie* c. *Tremblay*, *ibid.*
42. *Celanese Canada Inc.* c. *Clément*, [1983] C.A. 319.

prescription de l'article 71 du Code est de déchéance; l'arbitre qui constate que ce délai était épuisé au moment du grief doit reconnaître son absence de compétence pour décider du fond de ce grief[43]. Cette prescription n'est toutefois pas d'ordre public et l'arbitre n'est pas tenu de la soulever d'office[44]. Saisi d'une objection de prescription fondée sur l'article 71 du Code, l'arbitre a compétence pour interpréter ses dispositions et les appliquer aux faits qui lui sont soumis. La décision de l'arbitre ne sera sujette à révision par les tribunaux supérieurs que dans la mesure où ces derniers la jugeront «manifestement déraisonnable»[45].

669 – *Délais conventionnels* – La plupart des conventions collectives prévoient des modalités particulières d'accès au stade de l'arbitrage. Les appellations «procédure interne de réclamation» ou «procédure de grief» désignent ces modalités conventionnelles de soumission des griefs. Celles-ci varient considérablement d'une convention collective à une autre. Elles peuvent ainsi compter une ou plusieurs étapes, assorties elles-mêmes de délais, qui doivent être franchies pour parvenir à l'arbitrage. Il y a donc lieu de se rapporter dans chaque cas à la convention collective pertinente. Le cas échéant, il appartient à l'arbitre, dans l'exercice de sa compétence, de décider si la procédure interne de réclamation a été suivie par la partie plaignante et si le défaut d'observer une exigence de cette procédure constitue un vice de fond, ou plutôt un vice de forme au sens de l'article 100.2.1 C.t. qui prévoit qu'aucun grief ne doit être considéré comme nul ou rejeté pour vice de forme ou irrégularité de procédure[46].

---

43. *Syndicat des professeurs du Collège de Lévis-Lauzon* c. *Collège d'enseignement général et professionnel de Lévis-Lauzon*, précité, note 23, p. 604 (j. Beetz); *Union Carbide Canada Ltd.* c. *Weiler*, [1968] R.C.S. 966; *General Truck Drivers Union, local 938* c. *Hoar Transport Co.*, [1969] R.C.S. 634.

44. *Association internationale des machinistes et des travailleurs de l'aéroastronautique* c. *Association des marchands d'automobiles de la Côte-Nord Inc.*, J.E. 81-538 (C.A.).

45. Voir, à ce sujet, l'*obiter* du juge Beetz dans *Syndicat des professeurs du Collège de Lévis-Lauzon* c. *Collège d'enseignement général et professionnel de Lévis-Lauzon*, précité, note 23, p. 610; *Union des routiers, brasseries, liqueurs douces et ouvriers de diverses industries, section locale 1999 (Teamsters)* c. *Brasserie Labatt Ltée*, précité, note 23; *Syndicat des professionnels du gouvernement du Québec* c. *Décary*, précité, note 23; *Kruger Inc.* c. *Syndicat canadien des travailleurs du papier, section locale 136*, précité, note 23.

46. *Syndicat des professeurs du Collège de Lévis-Lauzon* c. *Collège d'enseignement général et professionnel de Lévis-Lauzon*, précité, note 23; *Cyrille Labelle et Cie* c. *Union des employés de commerce, local 501, T.U.A.C.-U.C.F.W.*, précité, note 24; *Travailleuses et travailleurs unis de l'alimentation et du commerce, section locale 501* c. *Boulangerie Gadoua ltée*, précité, note 24.

670 – *Délai minimal* – D'un point de vue pratique, la conséquence la plus importante de la procédure interne de réclamation prévue à la convention collective est en général d'écourter le délai légal de prescription de six mois de l'article 71 C.t. pour la présentation d'un grief à l'autre partie. On se trouve alors en présence d'une sorte de prescription conventionnelle des griefs. Le législateur s'est préoccupé de l'introduction dans les conventions collectives de ces délais conventionnels de soumission des griefs, qui risquaient de compromettre l'exercice des droits des salariés s'ils devenaient trop courts. En vertu de l'article 100.0.1 C.t., l'arbitre ne peut rejeter un grief soumis à l'autre partie dans les 15 jours de la date où la cause du grief a pris naissance pour le seul motif que le délai prévu à la convention collective n'aurait pas été respecté. C'est dire qu'un délai conventionnel de moins de 15 jours pour déposer un grief demeurera sans effet dès lors que le grief aura effectivement été soumis dans les 15 jours (art. 100, al. 3 C.t.).

671 – *Effet interruptif* – L'article 71 du Code établit une relation entre la prescription légale de six mois qu'il fixe et la procédure conventionnelle de grief: le recours à cette procédure interrompt la prescription légale de six mois. Celle-ci recommencera à courir après l'épuisement de la procédure interne de réclamation, c'est-à-dire, normalement, au moment où l'employeur donnera sa réponse finale au grief[47]. À moins qu'un autre délai ne soit prévu à la convention collective, l'avis d'envoi du grief à l'arbitrage devra être donné dans les six mois suivant cette réponse de l'employeur.

672 – *Soumission à l'arbitrage et nomination de l'arbitre* – La soumission du grief à l'arbitrage n'implique pas que l'arbitre chargé d'en disposer ait été désigné[48]. En l'absence de procédure de grief dans la convention collective, ou lorsque cette dernière ne différencie pas l'étape initiale du dépôt du grief et celle de son envoi à l'arbitrage, le seul avis de naissance d'un grief donné par une partie à l'autre, dans le délai imparti par le *Code du travail*, aura pour effet de soumettre légalement la mésentente à l'arbitrage et d'engager le mécanisme de nomination de l'arbitre, selon un ou l'autre des modes prévus à l'article 100 du Code[49].

---

47. *Syndicat international des travailleurs, local 333* c. *Compagnie Sucre Atlantic Ltée*, [1981] C.A. 416; cet arrêt a par la suite été distingué dans *Villa Notre-Dame de Grâce* c. *Syndicat des employés de la Villa Notre-Dame de Grâce*, C.A. Montréal, n° 500-09-000575-837, 18 octobre 1983.
48. *Union des employés de commerce, local 500, T.U.A.C.* c. *Larouche*, précité, note 38.
49. *Villa Notre-Dame de Grâce* c. *Syndicat des employés de la Villa Notre-Dame de Grâce*, précité, note 47; *Syndicat des professionnels du Centre de services sociaux de Québec (S.P.C.S.S.Q.)* c. *Côté*, D.T.E. 84T-524 (C.S.).

Même si la Loi ne dicte aucun délai pour procéder à la désignation de l'arbitre et en l'absence de délai conventionnel à cet effet, un fort courant de jurisprudence arbitrale oblige la partie plaignante à agir dans un délai raisonnable pour obtenir la nomination d'un arbitre, sous peine d'être réputée avoir abandonné son recours et d'être déchue du droit à l'arbitrage. Il s'agit de l'application de la théorie dite des «laches»[50]. Un courant de pensée minoritaire refuse toutefois d'appliquer cette théorie de l'abandon des droits qui s'apparente à la péremption d'instance prévue au *Code de procédure civile*. Un jugement de la Cour supérieure a conclu à son inapplicabilité en raison de son absence tant du *Code du travail* que de la convention collective qui était applicable[51]. Un autre jugement a refusé d'annuler une sentence arbitrale qui avait elle-même refusé d'appliquer la théorie des «laches» parce que les deux parties à la convention collective étaient en mesure de poser les gestes nécessaires à la suite du dépôt d'un grief pour que ce dernier soit entendu en arbitrage[52].

673 – *Incidence d'un règlement du grief* – L'article 100.0.2 C.t. a une incidence directe sur la prescription légale ou conventionnelle des griefs. Il prévoit qu'en cas de refus d'une partie de donner suite au règlement d'un grief intervenu avant qu'il soit déféré à l'arbitrage, l'autre partie pourra soumettre le grief à l'arbitrage, malgré toute entente contraire et malgré l'expiration des délais prévus aux articles 71 et 100.0.1 C.t., ou à la convention collective[53]. La disposition ne vise que les cas où le grief a fait l'objet d'un règlement avant d'être déféré à l'arbitrage. Il est donc important de déterminer à quel moment un grief sera réputé déféré à l'arbitrage, au sens de cet article 100.0.2 C.t. et pour l'application de celui-ci. Si on tient compte de l'article 100.3 C.t. qui, lui, prévoit le traitement d'un règlement total ou partiel d'un grief dont un arbitre a été saisi, il faut conclure que c'est à compter de la nomination d'un arbitre que le grief sera réputé déféré à l'arbitrage, pour l'application de l'article 100.0.2 C.t. comme

---

50. Exemple, *Centre hospitalier Notre-Dame de la Merci c. Syndicat des infirmières et infirmiers du Centre hospitalier Notre-Dame de la Merci (C.S.N.)*, D.T.E. 91T-678 (T.A.). Consulter à ce sujet C. D'AOUST et L. DUBÉ, *L'estoppel et les laches en jurisprudence arbitrale*, monographie n° 23, École de relations industrielles, Université de Montréal, Montréal, 1990.
51. *Syndicat des professionnels du Centre de services sociaux de Québec (S.P.C.S.S.Q.) c. Côté*, précité, note 49.
52. *Commission scolaire des Mille-Isles c. Tousignant*, D.T.E. 91T-246 (C.S.).
53. Sur la notion de règlement, qui suppose l'accord des parties sur une solution, voir *Cégep de Limoilou c. Laberge*, D.T.E. 85T-958 (C.S.), conf. par *Collège d'enseignement général et professionnel de Limoilou c. Laberge*, C.A. Québec, n° 200-09-000804-853, 10 décembre 1986.

pour celle de l'article 100.3 C.t.[54]. Relativement à la compétence de l'arbitre à l'égard d'un grief qui lui est soumis en application de l'article 100.0.2 du Code, une question se pose. L'arbitre doit-il disposer du grief selon la convention collective, comme s'il n'y avait pas eu de règlement, ou encore doit-il en définitive assurer l'exécution du règlement intervenu? C'est cette dernière solution qui s'impose[55]. En outre, tout recours alternatif en exécution du règlement, devant un tribunal civil ordinaire, est alors exclu[56].

Le règlement «hors cour» d'un grief constitue, par sa nature, une transaction au sens de l'article 2631 C.c.Q., comme les parties prennent d'ailleurs souvent le soin de le stipuler expressément. Lorsqu'un règlement intervient après que le grief ait été déféré à l'arbitrage, son exécution pourra donner ouverture à un recours sur cette base auprès du tribunal de droit commun compétent. Remarquons ici l'effet juridique limité d'une pratique courante, dont l'article 100.3 C.t. fait état et par laquelle les parties demandent à l'arbitre saisi d'un grief de «prendre acte» ou de «donner acte» de son règlement. La Cour d'appel a décidé que cette forme d'intervention ne constitue qu'une simple constatation du règlement intervenu et qu'elle n'équivaut pas à une ordonnance de la part de l'arbitre[57]. Les conséquences seraient différentes si les parties demandaient plutôt à l'arbitre de prononcer, avec leur consentement, une ordonnance reprenant les termes de leur entente.

674 – *Inopposabilité ou modification des délais* – Exceptionnellement, il faudra tenir compte de la règle exceptionnelle énoncée à l'article 47.6 C.t. lorsqu'une réclamation ayant trait à une mesure disciplinaire imposée à un salarié ou à son renvoi se trouve déférée à un arbitre par ordonnance de la Commission des relations du travail en vertu de l'article 47.5 C.t. L'employeur ne pourra alors opposer à l'arbitrage l'inobservation de la procédure et des délais prévus à la convention collective.

La C.R.T. dispose en outre du pouvoir, vraisemblablement tout aussi exceptionnel, d'ordonner que soit modifiée la procédure de grief et d'arbitrage prévue à la convention collective (art. 119, 5o C.t.).

---

54. *Auger* c. *Hôpital Royal Victoria*, D.T.E. 97T-362 (C.S.).
55. *Auger* c. *Hôpital Royal Victoria, ibid.*; *Cégep de Limoilou* c. *Laberge*, précité, note 53; *Infirmières et infirmiers unis Inc.* c. *Brody*, [1986] R.J.Q. 491 (C.S.).
56. *Furlong* c. *Résidence Christophe-Colomb*, [1995] R.D.J. 162 (C.A.); *Auger* c. *Hôpital Royal Victoria*, précité, note 54.
57. *Restaurant Faubourg St-Denis Inc.* c. *Durand*, [1990] R.J.Q. 1218 (C.A.).

675 – *Délai de grâce* – L'article 2895 C.c.Q. accorde un délai supplémentaire de trois mois au demandeur qui a choisi erronément son forum pour saisir le tribunal compétent de son recours[58]. La jurisprudence demeure partagée quant à l'applicabilité ou l'inapplicabilité de ce «délai de grâce» pour recourir à l'arbitrage, lorsqu'une partie s'est d'abord adressée au tribunal de droit commun[59]. Qu'il soit lié ou non, il peut être légitime de la part de l'arbitre de s'en inspirer lorsque des impératifs de justice le justifient. Il serait par contre abusif et déraisonnable de permettre à une partie, qui savait ou devait savoir que sa réclamation relevait de la compétence de l'arbitre de griefs mais a omis d'entreprendre ce recours en temps utile, qu'elle fasse renaître son droit en s'adressant au tribunal de droit commun pour en obtenir une déclaration d'incompétence et bénéficier du délai supplémentaire de l'article 2895 C.c.Q.

B. La propriété du grief

676 – *Propriété syndicale* – Outre la prescription légale ou conventionnelle, la propriété du grief conditionne aussi l'accès à l'arbitrage.

L'article 69 C.t. affirme que le syndicat accrédité peut exercer tous les recours résultant de la convention collective en faveur des salariés, sans devoir justifier d'une cession de créance. D'autre part, le texte de l'article 100, al. 1 C.t. révèle clairement qu'en principe le grief, comme instrument d'application de la convention collective, appartient à l'association accréditée. Ainsi, sous réserve d'une stipulation contraire dans la convention collective, il sera impossible à un salarié d'obtenir la nomination d'un arbitre par le ministre du Travail sans le concours de l'association accréditée[60]. Le pouvoir

---

58. Voir *supra*, Titre I, chapitre 1, n° 173.
59. Voir et comparer: *Garage Réjean Roy Inc. (Toyota Victoriaville) c. Association des employés du garage Réjean Roy Inc.*, [1998] R.J.D.T. 945 (T.A.), conf. par *Roberge c. Cliche*, [1998] R.J.D.T. 1132 (C.S.) – applicabilité; *Québec (Société de transport de la Communauté urbaine de) c. Syndicat des salariés de garage de la S.T.C.U.Q. (C.S.N.)*, [2000] R.J.D.T. 1994 (T.A.), conf. par *Syndicat des salariés de garage de la Société de transport de la Communauté urbaine de Québec (C.S.N.) c. Dubé*, D.T.E. 2001T-329 (C.S.) – applicabilité; *For-Net Inc. c. Boily*, [2000] R.J.D.T. 860 (T.A.) – inapplicabilité.
60. *Venditelli c. Cité de Westmount*, précité, note 32; *Dalton c. Union internationale des employés professionnels et de bureau (local 409)*, D.T.E. 83T-484 (C.A.). Dans le même sens, l'arrêt *Noël c. Société d'énergie de la Baie-James*, [2001] 2 R.C.S. 207, 2001 CSC 39, dénie au salarié, normalement, l'intérêt juridique nécessaire pour entreprendre seul un recours en révision judiciaire.

accordé à l'association accréditée de contrôler l'accès à l'arbitrage demeure cependant conditionné par son obligation légale de représentation équitable de tous les salariés de l'unité de négociation (art. 47.2 C.t.)[61].

677 – *Droit individuel* – Rien ne s'oppose à ce que la procédure de grief prévue à la convention collective autorise le salarié à procéder seul aux étapes initiales de la procédure de grief. Cette pratique est d'ailleurs courante, à ce stade de la procédure. Certaines conventions collectives ont même pour effet d'assujettir la recevabilité d'un grief individuel à sa signature par le salarié intéressé, le syndicat renonçant alors en quelque sorte au pouvoir autonome que lui reconnaît l'article 69 C.t. pour exercer tous les recours que la convention collective accorde à chacun des salariés qu'il représente, sans avoir à justifier d'une cession de créance de l'intéressé[62]. Il n'est pas exclu par ailleurs que selon la convention collective, le salarié puisse aussi porter lui-même sa réclamation à l'arbitrage, y devenant ainsi personnellement partie[63].

V- LA PROCÉDURE ET LA PREUVE

678 – *Généralités* – Le fonctionnement de l'institution arbitrale obéit aux règles énoncées aux articles 100 à 102 C.t. L'article 100, al. 3 C.t. confère à ces règles un caractère d'ordre public, à moins qu'elles ne prévoient expressément que les parties puissent y déroger par convention collective. Les normes prééminentes édictées par la *Charte des droits et libertés de la personne* du Québec (ou la *Charte canadienne des droits et libertés* s'il y a lieu) et par certaines dispositions d'ordre public du *Code civil du Québec* s'imposent de la même façon à l'arbitre. Celui-ci est également tenu au respect, dans toutes leurs dimensions, des règles de justice naturelle, lorsque ces dernières ne se trouvent pas déjà exprimées par la Loi elle-même. Dans ces limites, et sous réserve des dispositions particulières de la convention collective qu'il est chargé d'appliquer, l'arbitre dirige

---

61. Voir *supra*, Titre II, chapitre 4, n°s 482-486.
62. *Hilton Canada Inc.* c. *Kodie*, précité, note 25.
63. *Noël* c. *Société d'énergie de la Baie James*, précité, note 60, par. 45. Dans *Québec (Ville de)* c. *Morin*, précité, note 25, la Cour d'appel a reconnu au salarié le statut de partie à l'arbitrage et le droit de poursuivre l'arbitrage malgré le retrait du grief par le syndicat, tenant compte du fait que la convention collective permettait la soumission du grief à l'arbitrage par le syndicat ou par le salarié. Voir aussi *Confédération des syndicats nationaux* c. *Verret*, précité, note 28.

l'instruction du grief et détermine la procédure, la preuve pertinente et les modes selon lesquels cette dernière est présentée (art. 100.2 C.t.)[64].

A. L'audition des parties

679 – *Droit de présence et représentation* – L'article 100.5, al. 1 C.t. codifie à l'adresse de l'arbitre la règle fondamentale de justice l'obligeant à donner aux parties l'occasion d'être entendues et de faire valoir pleinement leurs moyens[65]. Cette disposition prévoit en somme l'application de la règle *audi alteram partem* en faveur de l'association accréditée, du salarié intéressé et de l'employeur. Selon la jurisprudence, cette application doit tenir compte du fait que les véritables parties à l'arbitrage sont l'employeur et l'association accréditée, laquelle prend normalement charge de la défense des intérêts du salarié ou des salariés intéressés. Ainsi, si l'employeur et l'association accréditée disposent d'un plein droit d'être représentés et entendus devant l'arbitre, l'étendue des droits du salarié varie selon les circonstances.

Lorsque ses intérêts sont défendus par l'association accréditée, le salarié a le droit d'être présent en tout temps à l'audience[66]. Il peut requérir d'être entendu par l'arbitre, mais il ne saurait exiger d'être représenté par un avocat de son choix comme s'il constituait une partie distincte[67]. Par contre, les tribunaux reconnaissent au salarié un droit individuel, distinct et complet à l'application de la règle *audi alteram partem* devant l'arbitre, dans la mesure où le syndicat accrédité adopte lui-même une position allant à l'encontre de l'intérêt particulier du salarié et susceptible de le toucher[68]. Dans ce type de

---

64. *Université du Québec à Trois-Rivières* c. *Larocque*, [1993] 1 R.C.S. 471; *Poirier* c. *C.U.M.*, D.T.E. 83T-192 (C.A.); *Bourdouhxe* c. *Institut Albert Prévost*, [1974] R.D.T. 369 (C.A.); *Société canadienne des postes* c. *Morin*, D.T.E. 93T-476 (C.S.); *Fabrimet Enrg.* c. *Lauzon*, D.T.E. 85T-136 (C.S.).

65. *Collège LaSalle inc.* c. *Hamelin*, D.T.E. 2002T-1131 (C.A.) – droit des parties d'être prévenues du passage d'un processus de médiation à un processus d'adjudication.

66. *Syndicat national des travailleuses et travailleurs du Centre d'accueil La Cité des prairies* c. *Bélanger*, D.T.E. 94T-1229 (C.A.).

67. *Péroux* c. *Cité de la santé de Laval*, D.T.E. 94T-1231 (C.A.). Le salarié ne peut davantage invoquer l'obligation légale de représentation du syndicat pour réclamer le procureur de son choix: *Boulanger* c. *Syndicat des employées et employés de métiers d'Hydro-Québec, section locale 1500 (S.C.F.P.-F.T.Q.)*, D.T.E. 98T-1202 (T.T.); *Boivin* c. *Syndicat des employés de Robert-Giffard et annexe C.S.N.*, D.T.E. 88T-686 (T.T.).

68. *Hoogendoorn* c. *Greening Metal Products and Screening Equipment Company*, [1968] R.C.S. 30; *Blanchette* c. *Beaulieu*, [1975] R.D.T. 43 (C.A.); *Syndicat des employés du Centre hospitalier Robert Giffard et annexes (C.S.N.)* c. *Syndicat professionnel des infirmières et infirmiers de Québec (S.P.I.I.Q.)*, [1979] C.A. 323.

situation, le syndicat accrédité devrait prendre la précaution d'aviser par écrit le salarié dont les droits sont susceptibles d'être affectés défavorablement par la décision qu'il recherche de la tenue de l'arbitrage et du fait que le salarié peut y être entendu pour soumettre à l'arbitre les représentations qu'il jugerait appropriées[69].

C'est à l'arbitre qu'il appartient de convoquer les parties pour l'audition du grief. L'article 100.2, al. 2 C.t. l'habilite à le faire d'office. L'arbitre peut procéder en l'absence d'une partie intéressée si cette dernière a été convoquée par un avis écrit d'au moins cinq jours francs l'informant de la date, de l'heure et du lieu d'audition (art. 100.5, al. 2 C.t.).

Dans un autre ordre, l'arbitre doit inviter les parties à l'accompagner s'il y a visite des lieux, dans le cadre de l'instruction d'un grief (art. 100.9, al. 1 C.t.).

680 – *Corollaires du droit d'être entendu* – Les dispositions du *Code du travail* que nous venons d'évoquer sont loin de couvrir toutes les implications du droit d'être entendu. Les tribunaux y ont pourvu en identifiant diverses conséquences qu'emporte l'application de la règle *audi alteram partem*. L'arbitre ne saurait ainsi priver erronément une partie de son droit d'être représentée par avocat, ou lui refuser sans motif valable un ajournement sollicité en vue de requérir ses services[70]. Il doit donner à chacune des parties l'occasion de lui présenter toute sa preuve, dès lors qu'elle est significative et admissible[71], y compris en rouvrant l'enquête à cette fin si nécessaire[72]. Le droit d'interroger le signataire d'un document, par exem-

---

69. L'obligation légale de représentation du syndicat ne l'obligera toutefois pas à assumer les frais de représentation du salarié concerné dans ce contexte particulier: *Syndicat des salariées et salariés d'Autobus Laval Ltée* c. *Brochu*, [1992] R.J.Q. 61 (C.A.).
70. Sur le droit à la représentation par avocat, voir l'article 34 de la *Charte des droits et libertés de la personne*, L.R.Q., c. C-12; *Société canadienne des postes* c. *Gagnon*, D.T.E. 94T-636 (C.S.) – droit à la représentation par avocat dans un contexte d'inapplicabilité de la charte québécoise; *Pruneau* c. *Chartier*, [1973] C.S. 736 – refus injustifié d'ajournement.
71. Voir *infra*, n° 684.
72. *Dawson Teachers Union* c. *Sexton*, D.T.E. 93T-1001 (C.S.) – défaut injustifié de poursuivre l'enquête; audition incomplète; décision prématurée; *Temco, Produits électriques Inc.* c. *Brody*, D.T.E. 94T-101 (C.S.) – faits nouveaux; refus de réouverture d'enquête; *Syndicat des employées et employés de métiers d'Hydro-Québec, section locale 1500* c. *Gravel*, D.T.E. 94T-427 (C.S.) – lacune de la preuve sur un élément non débattu; défaut de rouvrir l'enquête.

ple, est particulièrement important[73]. L'arbitre doit permettre aux parties de lui soumettre toutes leurs représentations sur les questions litigieuses[74]. Il devra même prévenir les parties et leur donner l'occasion de réagir s'il envisage de rendre une décision manifestant une opinion différente de celle qu'il a déjà exprimée devant elles sur une question cruciale, ou fondée sur une considération qui n'a jamais été soulevée ni débattue devant lui[75].

B. La preuve

681 – *Direction* – L'arbitre est en principe maître de l'administration de la preuve. Le plein exercice de sa compétence lui permet de décider de la pertinence et de l'admissibilité de la preuve, sauf violation des règles de la justice naturelle ou des droits garantis par les chartes et sauf erreur manifestement déraisonnable de sa part[76].

682 – *Fardeau et présentation* – Le fardeau de la preuve incombe en principe à la partie réclamante, c'est-à-dire le plus souvent au syndicat qui recourt à la procédure de grief. Cette règle est toutefois sujette à certaines exceptions qui résultent soit explicitement de la convention collective elle-même, soit encore du fait que cette dernière assujettit la décision ou l'acte qui fait l'objet de la contestation à l'existence de certaines conditions, comme c'est généralement le cas en matière de congédiement ou de sanction disciplinaire. On imposera alors à la partie qui invoque l'existence de

---

73. *St. Lawrence Columbium and Metals Corp.* c. *Lippé*, [1976] C.S. 240. Comparer ce jugement avec celui rendu dans *Bombardier MLW Ltée* c. *Métallurgistes unis d'Amérique, local 4589*, [1978] C.S. 554, qui fut ensuite infirmé par la Cour suprême: *Métallurgistes unis d'Amérique, local 4589* c. *Bombardier MLW Limitée*, [1980] 1 R.C.S. 905. Une partie ne peut prétendre à un manquement à la justice naturelle par l'arbitre si elle a fait défaut de lui demander expressément d'entendre le signataire d'un document produit: *Charron* c. *Madras*, D.T.E. 83T-977 (C.A.).

74. *Désourdy Inc.* c. *Fraternité unie des charpentiers-menuisiers d'Amérique*, [1976] C.A. 746 – défaut de permettre à une partie de répondre à des notes soumises par l'autre; au même effet: *Hudon et Deaudelin Ltée* c. *Gagnon*, D.T.E. 91T-1004 (C.S.).

75. *Brotherhood of Maintenance of Way Employees* c. *Picher*, D.T.E. 93T-1319 (C.S.) – défaut de l'arbitre d'aviser les parties et de les réentendre, à la suite d'un changement d'orientation de sa part sur une question fondamentale; *Centres jeunesse de Montréal* c. *Dulude*, [2000] R.J.D.T. 522 (C.S.) – sentence fondée sur une disposition légale ni mentionnée ni débattue devant l'arbitre.

76. *Université du Québec à Trois-Rivières* c. *Larocque*, précité, note 62; *Fraternité unie des charpentiers et menuisiers d'Amérique, section locale 579* c. *Bradco Construction Ltd.*, [1993] 2 R.C.S. 316; *Journal de Montréal, division de Groupe Québécor Inc.* c. *Syndicat des travailleurs de l'information du Journal de Montréal*, D.T.E. 95T-18 (C.A.).

ces conditions d'en faire la preuve plutôt qu'à la partie adverse d'en établir l'inexistence. C'est la partie chargée du fardeau de la preuve qui présente d'abord sa preuve et son argumentation. Sous réserve du respect par l'arbitre des règles de justice naturelle, la responsabilité appartient d'abord à chaque partie de soumettre toute la preuve qu'elle peut croire utile à la décision de l'arbitre et de manifester, au besoin, clairement ses intentions et ses demandes à ce propos en cours d'arbitrage[77].

683 – *Règles d'admissibilité* – Les règles de preuve applicables devant l'arbitre sont de façon générale celles issues du droit de la preuve en matière civile. Les arbitres ne manqueront pas, à cet égard, de prendre en considération les règles énoncées au régime d'administration de la preuve établi par les articles 2803 à 2874 C.c.Q. L'arbitre n'est toutefois pas strictement tenu à l'application de ces règles dans les matières de son ressort[78]. Ainsi, une preuve par ouï-dire n'est pas nécessairement exclue; tout en demeurant de qualité moindre, elle peut être admise, compte tenu des circonstances et de la conduite des parties à l'arbitrage[79]. La preuve de faits postérieurs à ceux qui ont donné naissance au grief est généralement inadmissible; elle pourra toutefois être recevable dans la mesure où elle sert à éclairer la situation factuelle telle qu'elle était à l'origine du litige, ou à déterminer le redressement qui serait approprié, s'il y a lieu[80]. Une preuve extrinsèque peut aussi, verrons-nous, être admise pour permettre l'interprétation de la convention collective[81].

684 – *Limites du pouvoir de l'arbitre* – L'arbitre demeure tenu au respect de certaines limites en matière d'admissibilité de la preuve.

---

77. *Métallurgistes unis d'Amérique, local 4589* c. *Bombardier MLW Limitée*, précité, note 73; *Charron* c. *Madras*, précité, note 73.
78. *Blake* c. *Foyer Étoile d'Or Inc.*, D.T.E. 86T-701 (C.A.); *Bourdouhxe* c. *Institut Albert Prévost*, précité, note 64; *Fabrimet Enrg.* c. *Lauzon*, précité, note 64.
79. *Journal de Montréal, division de Groupe Québécor Inc.* c. *Syndicat des travailleurs de l'information du Journal de Montréal*, précité, note 76; *Charron* c. *Madras*, précité, note 73.
80. *Cie minière Québec Cartier* c. *Québec (Arbitre des griefs)*, [1995] 2 R.C.S. 1095. Cet arrêt, qui infirme un jugement de la Cour d'appel, conclut à l'inadmissibilité d'une preuve de désintoxication postérieurement au congédiement d'un employé pour cause d'alcoolisme, la compétence de l'arbitre se limitant, selon la cour, à déterminer si l'employeur avait une cause juste et suffisante pour congédier l'employé au moment où il l'a fait. *Société canadienne des postes* c. *Syndicat des travailleurs et travailleuses des postes*, D.T.E. 99T-604 (C.A.).
81. Voir *infra*, nº 691.

Ces limites lui résultent d'abord des droits et libertés fondamentaux garantis par les chartes et par le *Code civil du Québec*, notamment le droit de toute personne à la sauvegarde de sa dignité, de son honneur et de sa réputation, au respect de sa vie privée et du secret professionnel et à la protection contre l'auto-incrimination. En ce sens et à cette fin, l'article 2858 C.c.Q. oblige tout tribunal, même d'office, à rejeter tout élément de preuve obtenu dans des conditions qui portent atteinte aux droits et libertés fondamentaux et dont l'utilisation est susceptible de déconsidérer l'administration de la justice. Le deuxième alinéa de cet article ajoute qu'il n'est pas tenu compte du second critère lorsqu'il s'agit d'une violation du droit au respect du secret professionnel. On trouve chez les arbitres des opinions partagées quant à savoir si l'article 2858 C.c.Q. les lie ou s'il ne constitue plutôt pour eux qu'un guide auquel ils peuvent se référer. Des arrêts de la Cour d'appel tendent à y reconnaître une dimension de l'ordre public fondamental qui s'impose aux tribunaux spécialisés[82].

L'arrêt *Roberval Express Limitée* de la Cour suprême a donné naissance à un courant de jurisprudence selon lequel tout refus de la part d'un arbitre d'entendre une preuve pertinente et admissible emportait une violation de la justice naturelle et rendait la décision de l'arbitre annulable par révision judiciaire[83]. Par la suite, dans l'arrêt *Université du Québec à Trois-Rivières*, la Cour suprême a circonstancié la portée de son précédent jugement et précisé sa position face au refus d'une preuve pertinente par un arbitre; le juge en chef Lamer écrit ainsi:

> Pour ma part, je ne suis pas prêt à affirmer que le rejet d'une preuve pertinente constitue automatiquement une violation de la justice naturelle. L'arbitre de griefs est dans une situation privilégiée pour évaluer la pertinence des preuves qui lui sont soumises et je ne crois pas qu'il soit souhaitable que les tribunaux supérieurs, sous prétexte d'assurer

---

82. *Mascouche (Ville de)* c. *Houle*, [1999] R.J.Q. 1894 (C.A.) – inadmissibilité de conversations téléphoniques privées interceptées et enregistrées; *Syndicat des travailleuses et travailleurs de Bridgestone/Firestone de Joliette (C.S.N.)* c. *Trudeau*, [1999] R.J.Q. 2229 (C.A.) – admissibilité d'un enregistrement vidéo réalisé à l'occasion d'une filature; *Syndicat des travailleurs(euses) d'abattoir de volaille de St-Jean-Baptiste* c. *Corriveau*, D.T.E. 2001T-206, REJB 2000-22292 (C.A.) – admissibilité d'une bande vidéo de surveillance; *Syndicat des chauffeurs de la Société de transport de la Ville de Laval (C.S.N.)* c. *Ferland*, D.T.E. 2001T-235 (C.A.) – admissibilité d'un enregistrement vidéo de surveillance. Voir aussi *supra*, Titre préliminaire, chapitre 2, n° 52.
83. *Roberval Express Limitée* c. *Union des chauffeurs de camions et hommes d'entrepôt et autres ouvriers, local 106*, [1982] 2 R.C.S. 888. Voir également *Blake* c. *Foyer Étoile d'Or Inc.*, précité, note 78.

le droit des parties d'être entendues, substituent à cet égard leur appréciation à celle de l'arbitre de griefs. Il pourra toutefois arriver que le rejet d'une preuve pertinente ait un impact tel sur l'équité du processus, que l'on ne pourra que conclure à une violation de la justice naturelle.[84]

Dans le cas à l'étude, la Cour suprême a jugé que la preuve refusée par l'arbitre était cruciale au regard de la question en litige et qu'il fallait en conclure à une violation de la justice naturelle, sans qu'il soit question de spéculer par ailleurs sur ce qu'aurait été la décision de l'arbitre s'il avait entendu les éléments de preuve refusés.

685 – *Degré et qualité de la preuve* – Quant au degré de preuve requis de la partie à laquelle en incombe le fardeau, c'est la règle civile de la prépondérance de la preuve qui s'applique, le grief étant une réclamation de nature civile[85]. Le degré de preuve requis se distingue de la qualité de la preuve elle-même. Selon la nature et les circonstances d'une espèce, par exemple l'allégation d'une faute grave, l'arbitre peut exiger une preuve de qualité supérieure au soutien de l'allégation[86].

686 – *Témoignages* – Les principaux aspects de l'audition des témoins sont réglés par les dispositions des articles 100.6 à 100.8 C.t.

L'article 100.6, al. 1 et 2 C.t. prévoit le mode d'assignation et la sanction du défaut de comparaître du témoin assigné. Les témoins ont droit à leur taxe et au remboursement de leurs frais de déplacement et de séjour, payables par la partie qui les a assignés ou en parts égales entre les parties si l'assignation a eu lieu à l'initiative de l'arbitre (art. 100.6, al. 4 à 6 C.t.). L'arbitre peut exiger d'eux le serment ou l'affirmation solennelle (art. 100.6, al. 3 C.t.). Ils peuvent en outre être contraints de répondre à toutes les questions jugées utiles par l'arbitre (art. 100.7 et 100.8 C.t.). Ce dernier sera même tenu de contraindre le témoin à répondre si le droit d'une partie à une preuve pertinente complète en dépend[87]. Le refus injustifié de l'arbitre de permettre l'interrogatoire ou le contre-interrogatoire d'un témoin sur un élément crucial est susceptible de lui faire perdre compétence[88].

---

84. *Université du Québec à Trois-Rivières* c. *Larocque*, précité, note 64, p. 491. Voir aussi et transposer: *Guimont* c. *Petit*, J.E. 96-310 (C.A.).
85. *Blake* c. *Foyer Étoile d'Or Inc.*, précité, note 78; *Bourdouhxe* c. *Institut Albert Prévost*, précité, note 64. Voir aussi *Syndicat national des travailleurs des pâtes et papiers d'Alma Inc.* c. *Compagnie Price Ltée*, D.T.E. 91T-690 (C.A.).
86. *L. & M. Parking Ltd.* c. *Laurin*, D.T.E. 90T-854 (C.S.).
87. *St. Lawrence Columbium and Metals Corp.* c. *Lippé*, précité, note 73.
88. Voir et transposer: *Université du Québec à Trois-Rivières* c. *Larocque*, précité, note 64; *Centre de la maison E. Beauchesne Inc.* c. *Fortier*, D.T.E. 92T-888 (C.S.) – refus de contre-interrogatoire sur la crédibilité du témoin.

De son côté, le témoin peut réclamer de l'arbitre le respect des droits fondamentaux que lui garantissent les chartes et le *Code civil du Québec*. Il jouit aussi d'une certaine immunité. S'il soulève une objection en ce sens, une réponse qui pourrait tendre à l'incriminer ou à l'exposer à une poursuite ne pourra servir contre lui dans une poursuite pénale intentée en vertu d'une loi du Québec (art. 100.8 C.t.)[89]. S'agissant d'une éventuelle poursuite fondée sur une loi fédérale, le témoin pourrait s'appuyer sur la *Charte canadienne des droits et libertés* et sur la *Loi sur la preuve au Canada*[90] et invoquer l'absence de caractère libre et volontaire de sa déclaration devant l'arbitre pour s'opposer à son admissibilité en preuve.

687 – *Appréciation de la preuve* – L'arbitre est maître de l'appréciation de la preuve; celle-ci est au cœur même de sa compétence[91]. L'exercice de ce pouvoir judiciaire d'appréciation doit toutefois se fonder sur la preuve recueillie à l'enquête (art. 100.11 C.t.)[92]. Il s'agit là d'une autre dimension de la règle *audi alteram partem*. Par ailleurs, tout large qu'il soit, son pouvoir d'appréciation ne saurait laisser l'arbitre à l'abri de l'intervention des cours supérieures, s'il est exercé déraisonnablement ou de façon arbitraire au point de constituer un abus de pouvoir équivalant à fraude et de nature à entraîner une injustice flagrante, lui faisant ainsi perdre compétence[93]. Notamment, l'absence totale de preuve pour étayer une conclusion[94] ou l'omission de tenir compte d'une admission des parties[95] pourra justifier une révision judiciaire.

VI- LES RÈGLES D'INTERPRÉTATION ET D'APPLICATION

688 – *Règles communes* – Même si les règles du droit civil qui régissent l'interprétation des contrats (art. 1425 à 1432 C.c.Q.) ne

---

89. L'arbitre ne pourrait s'autoriser d'une disposition aussi générale que le paragraphe 100.12g) C.t. pour accorder au témoin une plus grande protection que celle que l'article 100.8 lui permet de réclamer: *Groupe Jean Coutu (P.J.C.) Inc.* c. *Lefebvre*, D.T.E. 95T-393 (C.S.).

90. L.R.C. (1985), c. C-5.

91. *Fraternité des policiers de la Communauté urbaine de Montréal Inc.* c. *Communauté urbaine de Montréal*, [1985] 2 R.C.S. 74; *Blanchard* c. *Control Data Canada Limitée*, [1984] 2 R.C.S. 476

92. *Coopérative fédérée de Québec* c. *Association des employés du comptoir avicole de St-Félix de Valois (C.S.N.)*, [1991] R.J.Q. 1221 (C.A.); *Poirier* c. *C.U.M.*, D.T.E. 83T-192 (C.A.); *D'Anjou* c. *Clément*, D.T.E. 83T-340 (C.S.).

93. *Fraternité des policiers de la Communauté urbaine de Montréal Inc.* c. *Communauté urbaine de Montréal*, précité, note 91; *Blanchard* c. *Control Data Canada Limitée*, précité, note 91. Voir aussi *infra*, nos 705, 719.

94. *Conseil de l'éducation de Toronto (City)* c. *F.E.E.E.S.O., district 15*, [1997] 1 R.C.S. 487.

95. *Syndicat canadien de la Fonction publique* c. *Gravel*, [1998] R.J.D.T. 56 (C.S.).

s'adressent pas directement, par effet d'une disposition légale, à l'interprétation de la convention collective, l'origine contractuelle de la convention justifie leur utilisation courante par les arbitres. Il arrive également que des arbitres fassent appel à certaines règles d'interprétation édictées par la *Loi d'interprétation*[96], pour dégager le sens à donner à la convention collective. Ces dernières règles devraient normalement être appliquées par l'arbitre lorsqu'il lui devient nécessaire d'interpréter une loi en vue de disposer d'un grief.

689 – *Esprit de la convention collective* – L'arbitre n'est pas tenu à une interprétation strictement littérale de la convention collective[97]. Il peut rechercher dans l'esprit et la philosophie de l'ensemble ou d'une partie de ses dispositions, y compris dans leurs conséquences implicites, la solution à la mésentente qui lui est soumise[98]. L'arbitre peut également recourir à l'interprétation comparative en se rapportant, à cette fin, à des conventions collectives antérieures entre les mêmes parties[99].

690 – *Pratique passée* – La pratique passée, par laquelle les parties ont elles-mêmes interprété une stipulation conventionnelle, par leur conduite, est aussi un guide disponible pour dégager le sens d'une disposition ambiguë[100]. Pour recevoir effet, une pratique doit avoir été constante, généralisée et consciente de la part des parties pendant une période significative. Même dans ces conditions, elle ne saurait faire obstacle à l'application d'un texte clair[101]. La Cour d'appel a reconnu la légitimité de l'application par les arbitres de la doctrine dite de l'*estoppel* ou de la fin de non-recevoir, selon laquelle la

---

96.   L.R.Q., c. I-16.
97.   *Association des manœuvres inter-provinciaux* c. *Fraternité nationale des charpentiers-menuisiers d'Amérique, local 134-2*, [1995] R.J.Q. 35 (C.A.), 42.
98.   *Syndicat des employés du Centre local de services communautaires de Forestville* c. *Guertin*, D.T.E. 97T-13 (C.A.); *Association des policiers-pompiers de Thetford-Mines* c. *Thetford-Mines (Ville de)*, D.T.E. 91T-382 (C.A.). Sur le contenu obligationnel implicite de la convention collective, voir *supra*, Titre II, chapitre 7, nº 623.
99.   *Syndicat des travailleuses et travailleurs du C.L.S.C. Lotbinière ouest* c. *Centre local de services communautaires Les Blés d'or*, D.T.E. 93T-318 (C.A.); *Syndicat canadien des produits du papier, local 33* c. *Produits forestiers E.B. Eddy Ltée*, J.E. 91-414 (C.A.).
100. *Syndicat des travailleuses et travailleurs du C.L.S.C. Lotbinière ouest* c. *Centre local de services communautaires Les Blés d'or*, *ibid.*; *Syndicat des travailleurs et travailleuses des pâtes et papiers d'East Angus (C.S.N.)* c. *Martin*, D.T.E. 2002T-861 (C.A.).
101. *Montréal (Ville de)* c. *Association des pompiers de Montréal Inc.*, J.E. 78-882 (C.A.); *Fraternité des policiers de Rock Forest Inc.* c. *Gagnon*, D.T.E. 97T-1328 (C.S.).

conduite d'une partie a pu justifier l'autre partie de croire qu'elle renonçait à faire valoir un droit lui résultant de la convention collective[102]. L'application de la doctrine de l'*estoppel*, étroitement liée à l'exigence de la bonne foi, ne permet cependant de repousser qu'une première réclamation, après laquelle il devient clair que la partie réclamante entend désormais faire valoir le droit auquel elle aurait renoncé par le passé.

691 – *Preuve extrinsèque* – Dans l'arrêt *Metropolitan Toronto Police Association*, les juges Beetz et Pigeon ont carrément condamné, en souscrivant à l'invalidation d'une sentence arbitrale à la majorité, l'admission en preuve par l'arbitre de propositions soumises pendant les négociations[103]. Ils signalaient alors que ce genre de preuve extrinsèque risquerait de détruire la sécurité et l'utilité de la forme écrite de la convention collective.

La stratégie et le marchandage inhérents au processus de négociation rendent éminemment hasardeuses les conclusions susceptibles d'être tirées de la conduite des parties avant qu'elles en arrivent à une entente.

Dans une affaire ultérieure, la Cour suprême a cette fois unanimement reconnu la légalité de la décision d'un arbitre d'admettre un autre genre de preuve extrinsèque relative à la négociation. Il s'agissait en l'occurrence du rapport d'un tiers qui avait constitué le fondement du règlement d'un long conflit et de la conclusion d'une nouvelle convention collective, rapport que l'arbitre avait jugé nécessaire à la solution d'une ambiguïté du texte de la convention[104].

692 – *Interprétation d'une loi* – Le paragraphe 100.12a) C.t. reconnaît expressément à l'arbitre le pouvoir d'interpréter ou d'appliquer une loi ou un règlement, dans la mesure où il lui est nécessaire de le faire pour décider d'un grief. Ce pouvoir accessoire conféré à

---

102. Voir et comparer: *Alliance des professeures et professeurs de Montréal* c. *Morin*, [1995] R.D.J. 202 (C.A.); *Syndicat canadien des travailleurs du papier, section locale 2995* c. *C.I.P. Inc., division forestière Maniwaki*, D.T.E. 95T-108 (C.A.); *Syndicat national des travailleurs des pâtes et papiers de Port-Alfred (S.P.)* c. *Lippé*, D.T.E. 90T-93 (C.A.).

103. *Metropolitan Toronto Police Association* c. *Metropolitan Toronto Board of Commissioners of Police*, [1975] 1 R.C.S. 630, 662-663. Les autres juges de la majorité appuyaient plutôt leur conclusion sur la commission d'une erreur de droit apparente à la face même de la sentence arbitrale.

104. *Fraternité unie des charpentiers et menuisiers d'Amérique, section locale 579* c. *Bradco Construction Ltd.*, précité, note 76. Voir également, sur l'admissibilité d'une preuve extrinsèque pour interpréter la convention collective, *Gérard Crête & Fils Inc.* c. *Morin*, D.T.E. 94T-695 (C.S.); *Fraternité des constables du contrôle routier du Québec* c. *Lussier*, D.T.E. 94T-570 (C.S.).

l'arbitre rend compte de l'inclusion du droit du travail et de la convention collective, malgré leur autonomie relative, dans un univers juridique préexistant et beaucoup plus large dont ils demeurent à plusieurs égards tributaires[105].

Cette habilitation de l'arbitre l'autorise d'abord à prendre en considération la législation qui fait partie de l'environnement juridique immédiat en droit du travail[106]. Qu'en est-il par ailleurs de la faculté d'interprétation de l'arbitre à l'endroit des autres lois générales ou des règles du droit civil? La jurisprudence récente de la Cour suprême et de la Cour d'appel penche résolument en faveur de l'autonomie décisionnelle des arbitres et, conséquemment, du seul contrôle de la rationalité de leurs décisions sous ce rapport également:

> Dans le *Code du travail du Québec*, l'arbitre de grief est protégé par une clause privative complète. Sa mission inclut l'interprétation, dans la mesure nécessaire, des dispositions relevant du droit commun. Cet usage est inévitable malgré l'autonomie relative du droit du travail, en raison de la complexité de celui-ci, du recours fréquent à une foule de règles relevant du droit civil proprement dit, de celui des preuves civiles ou même, à l'occasion, de principes de droit pénal ou de droit public. La présence d'une clause privative rigoureuse n'invite pas à reconnaître l'existence d'un contrôle de simple erreur particularisé, portant sur chaque décision faisant appel à un concept ou à une règle du droit commun. Le permettre, sauf à l'égard de textes, de règles ou de principes reconnus comme étant strictement du domaine du droit du travail, transformerait le contrôle judiciaire de l'arbitrage de grief en un simple appel d'une grande partie des questions de droit examinées par l'arbitre. Cette approche conduirait aussi à un découpage aussi dangereux qu'artificiel de la mission globale de l'arbitre, qu'en vertu de la théorie des conditions préliminaires, [...] la Cour suprême du Canada a voulu écarter [...][107]

---

105. *Syndicat des travailleurs et des travailleuses des Épiciers unis Métro-Richelieu (C.S.N.)* c. *Lefebvre*, [1996] R.J.Q. 1509. Voir aussi, au même effet mais en l'absence d'habilitation légale expresse: *McLeod* c. *Egan*, [1975] 1 R.C.S. 517; *Bell Canada* c. *Syndicat des travailleurs et travailleuses en communications et en électricité du Canada*, [1990] R.J.Q. 2808 (C.A.).

106. *Association des ingénieurs et scientifiques des télécommunications* c. *Sylvestre*, [2002] R.J.Q. 879 (C.A.).

107. *Syndicat des travailleurs et des travailleuses des Épiciers unis Métro-Richelieu (C.S.N.)* c. *Lefebvre*, précité, note 105, p. 1535 (j. LeBel). Le jugement n'exclut pas que les déterminations de l'arbitre sur des questions de droit plus éloignées de l'exercice usuel de sa compétence soient assujetties à un test d'exactitude. Dans ce cas, toutefois, la justesse de la décision sur cette question particulière ne deviendrait «qu'un élément d'appréciation du caractère raisonnable de la décision, prise dans sa globalité». Voir également: *Syndicat de l'enseignement du Grand-Portage* c. *Morency*, [2000] 2 R.C.S. 913; *Syndicat des employés(es) de Villa Médica (FAS-CSN)* c. *Villa Médica*, précité, note 21.

Le paragraphe 100.12a) C.t. habilite l'arbitre à prendre en compte les chartes et à en interpréter et appliquer les dispositions, y compris pour décider de la légalité et de l'applicabilité d'une stipulation de la convention collective[108]. L'arbitre peut également, au regard des chartes, apprécier l'exécution de l'obligation d'accommodement qui peut incomber aux parties[109].

Le cas échéant, l'arbitre mettra de côté ou considérera inopérante, pour les fins de l'affaire dont il est saisi, une disposition de la convention collective jugée contraire à la Loi[110].

L'autonomie décisionnelle de l'arbitre demeure toutefois sujette à une limitation. Dans les matières qui mettent en cause des questions constitutionnelles ou des questions importantes de droits fondamentaux, la liberté de l'arbitre s'arrêtera à l'administration et à l'appréciation de la preuve et, dans les limites de la Loi, à la détermination des solutions et des réparations; il est par contre acquis que toute erreur, déterminante sur l'issue du litige, dans l'interprétation en droit de la Loi rendra la décision sujette à sa révision par les tribunaux supérieurs sans que ces derniers soient tenus à quelque obligation de retenue judiciaire[111].

---

108. *Weber* c. *Ontario Hydro*, précité, note 2; *R.* c. *974649 Ontario Inc.*, précité, note 3, par. 61; *Douglas College* c. *Douglas / Kwantlen Faculty Association*, [1990] 3 R.C.S. 570; *Central Okanagan School Board District No. 23* c. *Renaud*, [1992] 2 R.C.S. 970; *Québec (Procureure générale)* c. *Commission des droits de la personne et des droits de la jeunesse*, précité, note 28.

109. *Commission scolaire régionale de Chambly* c. *Bergevin*, [1994] 2 R.C.S. 525. Voir aussi *supra*, Titre préliminaire, chapitre 2, nos 42, 80-81.

110. Au sujet de la distinction entre l'annulation d'une disposition de la convention collective et sa mise à l'écart en la considérant inopérante aux fins du règlement d'un litige, voir *Douglas College* c. *Douglas / Kwantlen Faculty Association*, *ibid.*; *Confédération des syndicaux nationaux* c. *Verret*, précité, note 28; *Syndicat des travailleuses et travailleurs de la C.S.N.* c. *Verret*, précité, note 28. Un recours recherchant exclusivement une déclaration de nullité d'une disposition de la convention collective relèverait de la compétence de la Cour supérieure: *Baie-James (Municipalité de la)* c. *Fraternité des policiers de la municipalité de la Baie-James*, D.T.E. 95T-107 (C.A.). Pour sauvegarder l'intention du législateur et l'intégrité de la compétence arbitrale, un tel recours formel ne devrait pas se présenter comme une façon de substituer la Cour supérieure à l'arbitre comme interprète de la convention collective.

111. *Douglas College* c. *Douglas / Kwantlen Faculty Association*, précité, note 108; *Newfoundland Association of Public Employees* c. *Terre-Neuve (Green Bay Health Care Centre)*, [1996] 2 R.C.S. 3; *Weber* c. *Ontario Hydro*, précité, note 2; *Syndicat des travailleurs et des travailleuses des Épiciers unis Métro-Richelieu (C.S.N.)* c. *Lefebvre*, précité, note 105.

VII- LA SENTENCE

A. Les formalités

693 – *Règlement en cours d'arbitrage* – Les parties demeurent maîtresses du sort du grief tant que l'arbitre n'a pas rendu sa décision. L'arbitre est tenu de donner acte de tout règlement total ou partiel ou du désistement du grief, s'il en est informé par écrit, et il doit alors déposer sa sentence en conséquence conformément à l'article 101.6 C.t. (art. 100.3 C.t.)[112].

694 – *Délibéré* – C'est le délibéré qui donne lieu à la prise de décision de l'arbitre, seul ou avec l'assistance des assesseurs nommés par les parties. Le droit des assesseurs de participer au délibéré leur résulte de la finalité de leur désignation par les parties telle qu'elle est exprimée à l'article 100.1.1, al. 2 C.t. L'article 101.3 C.t. tient l'arbitre et les assesseurs au secret du délibéré jusqu'à la date de la sentence.

695 – *Écrit motivé* – La sentence arbitrale doit être rendue par écrit et motivée; elle doit être signée par l'arbitre (art. 101.2 C.t.). La motivation n'a pas à s'arrêter à chacun des arguments plaidés par les parties; elle sera suffisante si elle est intelligible et permet de suivre et de comprendre la démarche de l'arbitre pour arriver à sa conclusion[113]. L'arbitre peut néanmoins faire connaître oralement une décision, en particulier s'il s'agit d'une décision rendue en cours d'instance, sous réserve de son obligation de la consigner et de la motiver ensuite dans un écrit.

696 – *Délai* – L'article 101.5 C.t. impose à l'arbitre un délai pour rendre sentence. Ce délai est celui fixé dans la convention collective, si elle y pourvoit. À défaut d'être imparti par la convention collective, le délai est de 90 jours suivant, soit la fin de la dernière séance d'arbitrage, soit le début du délibéré lorsqu'il n'y a pas de séance d'arbitrage. Il ne peut être prolongé qu'aux conditions suivantes: les parties doivent y consentir; leur consentement doit être par écrit; il

---

112. Sur l'effet d'une telle sentence, voir *supra*, n° 673.
113. *Blanchard* c. *Control Data Canada Limitée*, précité, note 91; *Syndicat du personnel de soutien de la Commission scolaire des Patriotes (C.S.N.)* c. *Commission scolaire des Patriotes*, [1998] R.J.D.T. 13 (C.A.); *Skorsky* c. *Rio Algom Ltée*, D.T.E. 85T-840 (C.A.); *Brasserie Molson-O'Keefe Ltée (Les Brasseries Molson)* c. *Boucher*, D.T.E. 93T-1279 (C.S.). Voir aussi *supra*, Titre II, chapitre 1, n° 357.

doit être donné avant l'expiration du délai initialement prévu; le délai supplémentaire consenti à l'arbitre doit indiquer un nombre de jours précis. Néanmoins, un jugement de la Cour d'appel a attribué un caractère supplétif à l'article 101.5 C.t. et a refusé l'annulation de la décision d'un arbitre qui avait laissé écouler le délai sans rendre sentence, la cour estimant que les parties, par leur attitude, avaient renoncé au rigorisme de cette disposition tout comme à l'écrit normalement nécessaire pour proroger le délai[114].

L'article 101.5 C.t. étant d'ordre public et prévalant, en cas d'incompatibilité, sur les dispositions de toute convention collective (art. 100, al. 3 C.t.), la question s'est posée de savoir s'il demeurait possible aux parties de convenir d'une clause de désaveu de l'arbitre, à défaut par ce dernier de rendre sentence dans le délai imparti par la convention collective. La Cour d'appel a répondu à cette question par l'affirmative[115]. Il s'ensuit non seulement que la clause de déchéance reçoit effet mais que du même coup, le recours de l'article 101.7 C.t. auprès de la C.R.T., pour que la sentence soit rendue, devient inapplicable.

697 – *Transmission aux parties et dépôt* – C'est en principe au moment où elle est communiquée aux parties que la décision sera considérée comme rendue par l'arbitre; ce dernier se trouvera dès lors dessaisi du grief[116]. En même temps qu'il en transmet copie à chacune des parties, l'arbitre doit déposer sa sentence en deux exemplaires ou copies conformes à l'original à l'un des bureaux de la Commission des relations du travail (art. 101.6 C.t.). Les articles 101.9 et 101.10 C.t. pourvoient à la conservation du dossier de l'arbitrage par l'arbitre pendant une période de deux ans et à l'obtention de copies certifiées conformes de la sentence arbitrale auprès de la C.R.T.

698 – *Sanctions* – Abstraction faite de la possibilité plutôt théorique d'une poursuite pénale en vertu de l'article 144 C.t., le *Code du travail* prévoit une double sanction au défaut par l'arbitre soit de respecter le délai qui lui est imparti pour rendre sentence, soit de la déposer et d'en transmettre copie aux parties.

---

114. *Cité de Sept-Îles* c. *Syndicat des employés manuels de la Cité de Sept-Îles*, J.E. 82-728 (C.A.). Voir aussi *Gauthier-Montplaisir* c. *Syndicat catholique des travailleurs du meuble de Victoriaville Inc.*, [1988] R.J.Q. 1719 (C.P., Petites créances).
115. *Hôpital Ste-Germaine Cousin Inc.* c. *Gagnon*, D.T.E. 85T-519 (C.A.); *Centre hospitalier régional de Trois-Rivières* c. *Gagnon*, D.T.E. 2001T-382 (C.S.).
116. *Hôpital Joyce Memorial* c. *Vézina*, [1975] C.A. 838.

L'article 101.7 C.t. crée un recours au C.R.T., à l'initiative d'une partie, pour que la sentence soit, selon le cas, rendue, déposée ou transmise dans les plus courts délais[117]. Dans l'affaire *Hôpital Joyce Memorial*, la Cour d'appel en était venue à la conclusion que le tribunal d'arbitrage avait perdu compétence en laissant écouler le délai imparti par la convention collective pour rendre sentence, la convention étant impérative à ce sujet et prévoyant le désaveu automatique de l'arbitre et la tenue d'un nouvel arbitrage, le cas échéant[118]. Ensuite, dans *Air-Care Ltd.*, une rédaction différente de la convention collective a conduit la Cour suprême à la conclusion contraire[119]. Au regard de ces arrêts ainsi que des changements législatifs et de la jurisprudence qui les ont suivis, la situation se présente maintenant comme suit: une clause de désaveu de l'arbitre demeure possible et recevra effet[120]; en l'absence d'une telle clause, il faudra se pourvoir auprès de la C.R.T., selon l'article 101.7 C.t., pour que la sentence soit rendue.

Sur un autre plan, l'article 101.8 C.t. attache une sanction personnelle au défaut de l'arbitre de rendre sentence dans le délai qui lui était imparti, en le privant de son droit d'exiger ses honoraires et ses frais[121].

B. L'objet

1. L'obligation de décider

699 – *Règlement du litige* – L'arbitre a pour mission de disposer du grief dont il a été saisi. Il doit remplir ce devoir intégralement; à défaut de le faire, sa sentence sera annulée et l'affaire lui sera retournée ou confiée à un autre arbitre[122]. L'arbitre ne doit cependant

---

117. Voir *Québec (Ville de)* c. *Morin*, précité, note 25.
118. *Hôpital Joyce Memorial* c. *Vézina*, précité, note 116.
119. *Air-Care Ltd.* c. *United Steel Workers of America*, [1976] 1 R.C.S. 2.
120. *Hôpital Ste-Germaine Cousin Inc.* c. *Gagnon*, précité, note 115; *Centre hospitalier régional de Trois-Rivières* c. *Gagnon*, précité, note 115.
121. Sur l'applicabilité de cette disposition à toutes les situations où l'arbitre rend sentence tardivement, voir *Hôpital Ste-Germaine Cousin Inc.* c. *Gagnon*, précité, note 115, opinion du j. Bisson, p. 8. Comparer toutefois avec *Gauthier-Montplaisir* c. *Syndicat catholique des travailleurs du meuble de Victoriaville Inc.*, précité, note 114.
122. *Syndicat des travailleurs et travailleuses de Loto-Québec (C.S.N.)* c. *Sylvestre*, [1987] R.J.Q. 1234 (C.A.); *Coopérative régionale des consommateurs de Tilly* c. *Cliche*, [1989] R.J.Q. 746 (C.S.); *Forano Inc.* c. *Syndicat national de la métallurgie de Plessisville Inc.*, D.T.E. 90T-1253 (C.S.); *Black & Decker Canada (1989) Inc.* c. *Brody*, D.T.E. 91T-838 (C.S.); *Communications, Energy and Paperworkers Union of Canada, Local 420*, D.T.E. 2000T-486 (C.S.).

pas excéder son mandat en adjugeant au-delà de la demande qui lui est soumise (*ultra petita*)[123].

700 – *Épuisement de la compétence* – La sentence de l'arbitre met un terme à sa mission. En la rendant, l'arbitre épuise en principe sa compétence; il devient *functus officio* et, en l'absence d'une disposition légale l'y autorisant expressément, il ne peut réviser ou modifier une décision rendue[124]. L'arrêt *Chandler* de la Cour suprême assouplit toutefois la rigueur de la règle du *functus officio* à l'endroit des tribunaux spécialisés en leur permettant d'intervenir à nouveau pour compléter la tâche qui leur incombe selon la Loi, lorsqu'il ont omis de le faire en rendant une décision[125]. L'arbitre peut, dans tous les cas corriger une erreur d'écriture ou de calcul, ou quelque autre erreur matérielle (art. 100.12e) C.t.)[126]. L'erreur matérielle est par nature celle qui s'oppose à l'erreur de l'esprit; elle exprime autre chose que l'intention véritable et manifeste du décideur[127].

Rien n'empêche par ailleurs l'arbitre, à l'occasion d'un autre grief et d'une sentence ultérieure, de constater les effets d'une sentence qu'il a déjà rendue et d'en tirer les conséquences juridiques qui s'imposent[128].

701 – *Décision unique et décisions interlocutoires* – Normalement, l'arbitre devrait disposer du grief complètement en une seule sentence, selon le principe dicté par la Cour d'appel dans l'arrêt *Hôpital Joyce Memorial*[129]. Ce principe est toutefois sujet à certaines nuances et exceptions.

---

123. *Audette* c. *Lauzon*, [1995] R.J.Q. 393 (C.A.); *Emballages Consumers Inc.* c. *Durand*, D.T.E. 94T-849 (C.S.); *Association professionnelle des technologistes médicaux du Québec (A.P.T.M.Q.)* c. *Frumkin*, D.T.E. 91T-379 (C.S.). Voir par ailleurs la mise en garde du juge LeBel contre l'utilisation trop stricte du concept de l'*ultra petita* dans l'application des conventions collectives, dans l'arrêt *Association des employés de garage de Drummondville (C.S.N.)* c. *Gougeon & Frères Ltée*, D.T.E. 92T-543 (C.A.).

124. *Munger* c. *Cité de Jonquière*, [1964] R.C.S. 45; *Commission scolaire Harricana* c. *Syndicat des travailleuses et travailleurs de l'enseignement du Nord-Est québécois*, [1988] R.J.Q. 947 (C.A.).

125. *Chandler* c. *Alberta Association of Architects*, [1989] 2 R.C.S. 848, 861-862 (j. Sopinka) et 869-870 (j. L'Heureux-Dubé); *Épiciers unis Métro-Richelieu Inc.* c. *Lefebvre*, D.T.E. 97T-1084 (C.S.); *Québec (Procureur général)* c. *Tribunal d'arbitrage*, D.T.E. 92T-860 (C.S.).

126. *Union des employés de commerce, local 502* c. *G.U.S. Canada Inc.*, D.T.E. 88T-64 (C.A.).

127. *Potvin* c. *Gagnon*, [1967] B.R. 300; *F.T.Q. – Construction* c. *Dufresne*, [1999] R.J.D.T. 1608 (C.S.).

128. *Centre communautaire juridique de la Mauricie Bois-Francs* c. *Syndicat des avocats de l'Aide juridique de la Mauricie Bois-Francs*, [1993] R.D.J. 465 (C.A.).

129. *Hôpital Joyce Memorial* c. *Vézina*, précité, note 116.

Il est ainsi acquis que l'arbitre puisse statuer préliminairement sur une objection d'une partie, sans devoir nécessairement entendre l'ensemble de l'affaire avant de disposer de cette objection[130].

Par ailleurs, le paragraphe 100.12g) C.t. habilite l'arbitre à rendre toute décision propre à sauvegarder les droits des parties, y compris par une ordonnance provisoire. Ce genre d'ordonnance, aussi dite de sauvegarde, permet à l'arbitre de statuer de façon intérimaire sur le droit des parties jusqu'à ce qu'il rende sa sentence finale, par exemple en ordonnant le maintien ou le rétablissement d'un état de faits pendant l'instance. L'octroi de cette mesure provisionnelle obéit aux mêmes facteurs de considération que ceux qui s'appliquent à une injonction interlocutoire: clarté ou, au moins, apparence du droit de la partie qui la réclame; risque de préjudice grave et irréparable; balance des inconvénients[131]. L'incapacité fonctionnelle du forum arbitral de rendre en temps utile une telle ordonnance provisoire autoriserait la Cour supérieure à y pallier en exerçant sa compétence résiduelle[132].

Quant à la sentence au fond, le paragraphe 100.12d) C.t. légitime une pratique courante selon laquelle les arbitres tranchent d'abord la question qui fait l'objet du litige, tout en laissant aux parties la possibilité de s'entendre sur le montant qui peut être dû en vertu de cette décision et en réservant leur compétence pour le fixer en cas de difficulté[133]. On évite ainsi de prolonger les enquêtes inutilement si le grief devait être rejeté. Le cas échéant, l'arbitre ne peut assujettir à un délai la subsistance de la compétence que la Loi lui réserve alors elle-même[134].

---

130. *Syndicat des employés de l'Hôpital Régina Ltée (C.S.N.)* c. *Hôpital Régina Ltée*, [1980] C.A. 378. La Cour d'appel invite toutefois les arbitres à éviter de disposer de façon trop hâtive de ces objections, sans le bénéfice de l'éclairage susceptible d'être apporté par une preuve complète: *Bandag Canada Ltée* c. *Syndicat national des employés de Bandag de Shawinigan*, [1986] R.J.Q. 956 (C.A.).

131. *Syndicat des employés de magasins et de bureaux de la S.A.Q.* c. *Société des alcools du Québec*, D.T.E. 92T-1056 (C.S.); *Nutrinor, coopérative agro-alimentaire du Saguenay-Lac-St-Jean* c. *Turcotte*, D.T.E. 2000T-121 (C.S.).

132. *Weber* c. *Ontario Hydro*, précité, note 2; *Syndicat démocratique des employés de garage, Saguenay-Lac-St-Jean (C.S.D.)* c. *Chicoutimi Chrysler Plymouth (1990) inc.*, [2001] R.J.D.T. 47 (C.S.) – rejet dans l'espèce de la demande d'injonction interlocutoire.

133. *Conseil conjoint québécois de l'Union internationale des ouvrières et ouvriers du vêtement pour dames (F.A.T.-C.O.I.-C.T.C.)* c. *Boucher-Mackay*, D.T.E. 86T-477 (C.S.); *Collège Charles Lemoyne* c. *Foisy*, D.T.E. 87T-69 (C.S.).

134. *Breuvages Lemoyne Ltée* c. *Cournoyer*, D.T.E. 85T-484 (C.S.).

2. Le pouvoir de redressement

702 – *Dommages-intérêts* – La réparation par équivalent, c'est-à-dire par l'octroi de dommages-intérêts, ne soulève pas, en principe, de difficulté juridictionnelle.

Les dommages-intérêts peuvent sanctionner le préjudice subi par les salariés, par le syndicat ou par l'employeur, selon le cas, du fait de la violation de la convention collective par une partie ou par une personne que la convention lie à l'endroit de la victime[135]. La convention collective elle-même peut cependant limiter l'octroi de dommages-intérêts par l'arbitre; cette forme de redressement passe alors, s'il y a lieu, sous la compétence résiduelle des tribunaux ordinaires[136]. Autrement, le pouvoir de réparation de l'arbitre est intégral, en ce sens qu'il s'étend à toutes les conséquences qui résultent directement de la violation de la convention collective, qu'il s'agisse d'une perte pécuniaire ou d'un inconvénient auquel l'arbitre doit attribuer une valeur pécuniaire pour l'indemniser[137].

Le redressement peut comprendre l'octroi de dommages moraux, voire exemplaires dans les cas où la Loi l'envisage, en réponse à un comportement abusif ou de nature délictuelle de la partie qui a violé la convention collective. Plus particulièrement, l'arbitre est un tribunal compétent pour accorder les réparations envisagées par l'article 24 de la *Charte canadienne des droits et libertés* et par l'article 49 de la *Charte des droits et libertés de la personne* du Québec, à la suite d'une atteinte à un droit que ces chartes garantissent[138]. L'octroi de dommages exemplaires ou punitifs n'est possible que lorsque ceux-ci sont expressément prévus par une loi, comme le fait l'article 49 de la *Charte québécoise*; une violation intentionnelle de la convention collective n'entre pas dans cette catégorie de situations[139].

---

135. Voir *supra*, nos 657-658.
136. *Québec (Procureur général)* c. *Cour du Québec*, [2001] R.J.D.T. 601 (C.A.).
137. Exemples: *Association des employés de garage de Drummondville (C.S.N.)* c. *Gougeon & Frères Ltée*, précité, note 123 – indemnisation des conséquences successives découlant d'une violation du droit d'ancienneté dénoncée par le grief, sans nécessité de griefs supplémentaires; *Syndicat des employés de l'Université de Montréal, section locale 1244, S.C.F.P.* c. *Université de Montréal*, [1981] C.A. 160 – perte économique liée à l'abolition irrégulière d'un poste; *Dawson College Support Personnel Association (C.E.Q.)* c. *Moalli*, [1981] R.P. 1 (C.A.) – inconvénient lié à la privation du droit de choisir la période de vacances annuelles.
138. *Weber* c. *Ontario Hydro*, précité, note 2; *Gaspé (Corporation municipale de la Ville de)* c. *Côté*, [1996] R.D.J. 142 (C.A.); *Université du Québec à Trois-Rivières* c. *St-Pierre*, précité, note 4; *Leroux* c. *Centre hospitalier Ste-Jeanne-d'Arc*, précité, note 4; *Collège Dawson* c. *Muzaula*, précité, note 4; *Hydro-Québec* c. *Tremblay*, précité, note 4; *Latulippe* c. *Commission scolaire de la Jeune Lorette*, précité, note 4.
139. *Collège Mont-St-Louis* c. *Brault*, [1998] R.J.Q. 2048 (C.S.); *Montréal (Communauté urbaine de)* c. *Morin*, D.T.E. 99T-537 (C.S.).

L'arbitre peut aussi ordonner le paiement d'un intérêt au taux légal, à compter du dépôt du grief, sur les sommes dues en vertu de sa sentence et y ajouter une indemnité supplémentaire calculée selon la différence entre le taux légal d'intérêt et celui fixé en vertu de l'article 28 de la *Loi sur le ministère du Revenu* (art. 100.12c) C.t.)[140]. Cette conclusion relève de la discrétion judiciaire de l'arbitre. Le cas échéant, il doit cependant exercer ce pouvoir de façon complète en ajoutant à l'intérêt au taux légal l'indemnité supplémentaire. Il ne peut cependant être question d'accorder des intérêts sur les intérêts échus[141].

703 – *Exécution en nature* – L'arbitre peut également ordonner l'exécution en nature de toute obligation prévue à la convention collective, lorsque la simple compensation pécuniaire s'avère insuffisante pour remédier à une contravention à cette convention[142]. Cette faculté de l'arbitre peut notamment s'appuyer sur les termes du paragraphe 100.12g) C.t., qui l'autorise à rendre toute décision propre à sauvegarder les droits des parties[143].

La sentence arbitrale ne doit toutefois pas avoir pour effet d'imposer à l'employeur une obligation que ne lui crée pas la convention collective[144]. Malgré la discrétion dont il peut disposer dans le choix du redressement approprié pour répondre aux conséquences de la violation de la convention collective, l'arbitre doit néanmoins fonder ce choix sur la preuve au dossier[145]. Le redressement retenu doit être exempt d'intention punitive, rationnellement relié à la violation constatée et respectueux des droits fondamentaux de la

---

140. L.R.Q., c. M-31.
141. *Automobiles Canbec Inc.* c. *Hamelin*, [1996] R.J.Q. 2709 (C.S.).
142. *Cégep du Vieux-Montréal* c. *Syndicat des professeurs du Cégep du Vieux-Montréal*, [1977] 2 R.C.S. 568 – ordonnance de réengagement d'un professeur d'abord licencié puis privé de sa priorité de réembauchage selon la convention collective; *Université Laval* c. *Syndicat des chargées et chargés de cours de l'Université Laval (C.S.N.)*, [1999] R.J.Q. 2509 (C.A.) – annulation d'une évaluation négative et ordonnance des points de priorité d'embauche dont elle avait privé le salarié.
143. *Syndicat national des produits chimiques de Valleyfield (C.S.N.)* c. *Corriveau*, D.T.E. 91T-153 (C.S.).
144. *Association des employés de radio et télévision du Canada* c. *Société Radio-Canada*, [1975] 1 R.C.S. 118; *Société d'électrolyse et de chimie Alcan Ltée* c. *Gravel*, D.T.E. 88T-357 (C.A.); *Matane (Ville de)* c. *Fraternité des policiers et pompiers de la Ville de Matane Inc.*, [1987] R.J.Q. 315 (C.A.).
145. *Coopérative fédérée de Québec* c. *Association des employés du comptoir avicole de St-Félix de Valois (C.S.N.)*, précité, note 92; *Fraternité des policiers de Baie-Comeau Inc.* c. *Baie-Comeau (Ville de)*, D.T.E. 94T-426 (C.S.).

partie à laquelle il s'adresse[146]. Toute ordonnance de l'arbitre doit être susceptible d'une exécution certaine; elle ne peut revêtir un caractère conditionnel[147].

704 – *Restitution d'un indu* – Dans un ordre plus spécifique, le paragraphe 100.12b) C.t. habilite l'arbitre à fixer les modalités de remboursement d'une somme que l'employeur a versée en trop à un salarié[148]. Ce pouvoir de l'arbitre évoque l'ensemble de la problématique du droit de l'employeur à la restitution de l'indu (art. 1699-1706 C.c.Q.) dans un contexte qui fait appel à l'interprétation et à l'application de la convention collective. Si la dette du salarié est certaine, liquide et exigible, l'employeur peut prendre l'initiative d'opérer compensation (art. 1672-1682 C.c.Q.)[149] et le salarié répliquer par un grief qui relèvera de la compétence de l'arbitre[150]. Si la réclamation de l'employeur se heurte à une contestation du salarié fondée sur la convention collective, elle deviendra l'objet d'un grief patronal soumis à la procédure d'arbitrage[151].

705 – *Mesures disciplinaires* – Le paragraphe 100.12f) C.t. régit spécifiquement le contrôle de l'arbitre sur les mesures disciplinaires imposées par l'employeur aux salariés régis par une convention collective. Comme le signale la Cour d'appel, son application commande à l'arbitre un exercice en trois temps successifs[152]. Il doit d'abord apprécier la conduite de l'employé et décider si celui-ci est responsable de la faute que lui impute l'employeur[153]. S'il y a lieu, l'arbitre doit ensuite déterminer si cette faute mérite au salarié une mesure disciplinaire. Enfin, il doit évaluer la mesure disciplinaire imposée par l'employeur par rapport à l'importance de la faute

---

146. Voir en transposant, *supra*, Titre I, chapitre 1, nos 343-344.
147. *Fraternité des chauffeurs d'autobus, opérateurs de métro et employés des services connexes au transport de la C.T.C.U.M., section locale 1983, S.C.F.P.* c. *C.T.C.U.M.,* D.T.E. 86T-100 (C.A.); *Lecofilms Inc.* c. *D'Aoust*, D.T.E. 89T-336 (C.S.).
148. *Boily* c. *For-Net Inc.*, D.T.E. 99T-135 (C.A.); *Montréal (Communauté urbaine de)* c. *Chrétien*, D.T.E. 92T-11 (C.A.).
149. *Syndicat de l'enseignement de la région de la Mitis* c. *Commission scolaire de la Mitis*, D.T.E. 87T-989 (C.A.); *Syndicat des professionnels de la Commission des écoles catholiques de Montréal* c. *Moalli*, D.T.E. 91T-679 (C.A.).
150. *Syndicat de l'enseignement de la Haute Côte-Nord* c. *Commission scolaire Manicouagan*, précité, note 16; *Hôpital général juif Sir Mortimer B. Davis* c. *De Vleeshouwer*, précité, note 16.
151. *Boily* c. *For-Net Inc.*, précité, note 148; *Montréal (Communauté urbaine de)* c. *Chrétien*, précité, note 148.
152. *Union internationale des travailleurs et travailleuses unis de l'alimentation et du commerce, section locale 503* c. *Gendreau*, [1998] R.J.D.T. 38 (C.A.).
153. L'arbitre n'est pas lié par la conclusion d'une juridiction pénale saisie des mêmes faits: *Bélanger* c. *Lippé*, D.T.E. 88T-302 (C.A.).

retenue contre le salarié et en considérant tous les autres facteurs pertinents comme, par exemple, la durée des services et la conduite antérieure du salarié.

S'il juge qu'il y a lieu de le faire, l'arbitre substitue à la décision de l'employeur celle qui lui paraît «juste et raisonnable», compte tenu de toutes les circonstances de l'affaire[154]. Couramment, l'arbitre choisira de substituer une suspension à un congédiement, ou de réduire la durée de la suspension imposée par l'employeur. Il ne lui est cependant pas permis d'imposer au salarié une sanction plus lourde que celle que l'employeur avait retenue[155]. L'arbitre pourra aussi ordonner de retirer du dossier du salarié une lettre de reproches jugés injustifiés[156] ou même enjoindre à l'employeur de remettre au salarié une lettre de recommandation qui rende compte des circonstances à l'origine de son licenciement conformément aux constatations de l'arbitrage, tout en lui interdisant parallèlement de répondre à une demande de renseignements concernant le salarié autrement que par la remise de cette lettre de recommandation[157]. En somme, comme l'a posé la Cour d'appel, «dans le respect de la *Charte* et dans le champ d'application de leur compétence, les décideurs peuvent apporter sans contrainte des solutions originales et adaptées aux milieux de travail qu'ils ont pour mission de servir»[158].

Au cours des dernières décennies, la jurisprudence arbitrale a élaboré un certain nombre de concepts et de règles qui se sont progressivement imposés à l'exercice du pouvoir disciplinaire de l'employeur et qui sont aujourd'hui repris et appliqués par les tribunaux ordinaires dans les espèces qui relèvent de leur compétence, notamment lorsqu'il s'agit d'apprécier la légitimité d'un acte de congédiement. Ainsi, les arbitres requerront que l'employeur

---

154. *Fraternité des policiers de la Communauté urbaine de Montréal Inc.* c. *Communauté urbaine de Montréal*, précité, note 91; *Blanchard* c. *Control Data Canada Limitée*, précité, note 91; *Centre communautaire juridique de la Mauricie Bois-Francs* c. *Syndicat des avocats de l'Aide juridique de la Mauricie Bois-Francs*, précité, note 128; *Sport Maska Inc.* c. *Syndicat des salariés de Sport Maska St-Hyacinthe*, D.T.E. 87T-239 (C.A.); *Syndicat des employés de Firestone de Joliette* c. *Firestone Canada Inc.*, D.T.E. 85T-907 (C.A.).

155. *Audette* c. *Lauzon*, précité, note 123.

156. *Ancienne-Lorette (Ville de l')* c. *Association des policiers et pompiers de Ville de l'Ancienne-Lorette Inc.*, D.T.E. 91T-240 (C.S.).

157. *Slaight Communications Inc.* c. *Davidson*, [1989] 1 R.C.S. 1038.

158. *Lapointe* c. *Morin*, D.T.E. 91T-60 (C.A.). Exemple de limite apportée par les droits et libertés fondamentaux: *Fraternité des policiers de Baie-Comeau Inc.* c. *Baie-Comeau (Ville de)*, D.T.E. 94T-426 (C.S.) – droit à la vie privée; nullité d'une ordonnance d'examen médical.

réagisse avec diligence, après avoir été informé d'une faute commise par un salarié, pour lui en adresser un reproche et lui imposer une mesure disciplinaire. L'exercice du pouvoir disciplinaire de l'employeur ne se justifiera que dans la mesure où les attentes de ce dernier sont clairement connues du salarié, que ce soit à travers les termes de la convention collective elle-même, ou d'un règlement d'entreprise, ou de directives ponctuelles. Le principe de l'imposition progressive de sanctions plus lourdes (réprimande, suspension et, ultimement, congédiement) pour sanctionner des fautes répétées du salarié guide couramment l'appréciation des arbitres. Seule une faute extrêmement grave ou, encore, une succession de fautes sanctionnées sans que la conduite du salarié s'en soit trouvée corrigée justifiera une mesure aussi conséquente qu'une longue suspension ou que le congédiement. La jurisprudence arbitrale prohibe uniformément l'imposition de plusieurs sanctions pour une même faute, situation qui se distingue de celle de l'imposition d'une sanction plus lourde à la suite d'une récidive du salarié.

Vu les clauses privatives des articles 139 à 140 C.t., la décision de l'arbitre ne sera pas sujette à révision par les tribunaux supérieurs à moins qu'elle constitue un abus de pouvoir équivalant à fraude et de nature à entraîner une injustice flagrante, par exemple s'il s'avérait que la pénalité substituée par l'arbitre à celle imposée par l'employeur est, «compte tenu de toutes les circonstances, clairement abusive, manifestement injuste, absurde, contraire au sens commun, et sans aucun fondement dans l'ensemble de la preuve»[159].

Par exception, l'arbitre ne sera pas autorisé à apprécier la sévérité d'une sanction et à la modifier si la convention collective prévoit une sanction déterminée pour la faute reprochée au salarié. Il ne pourra alors que confirmer ou annuler la décision de l'employeur, ou la modifier dans le seul but de la rendre conforme à la sanction prévue à la convention collective. Cette exception n'a cours que dans la mesure où la convention collective prévoit une sanction précise pour la faute spécifique reprochée au salarié[160]. Un règlement d'entreprise

159. *Blanchard* c. *Control Data Canada Ltée*, précité, note 91, p. 481; *Fraternité des policiers de la Communauté urbaine de Montréal Inc.* c. *Communauté urbaine de Montréal*, précité, note 91, p. 83; *Syndicat du personnel de soutien de la Commission scolaire des Patriotes (C.S.N.)* c. *Commission scolaire des Patriotes*, précité, note 113.

160. *Sport Maska Inc.* c. *Syndicat des salariés de Sport Maska St-Hyacinthe*, précité, note 154; *Syndicat des employés de Firestone de Joliette (C.S.N.)* c. *Firestone Canada Inc.*, précité, note 154. Voir aussi, par analogie, quant aux conditions d'application de dispositions similaires d'autres lois canadiennes: *Dairy Pro-*

extérieur à la convention collective ou une entente qui n'en fait pas partie intégrante laissera intact le pouvoir d'appréciation de l'arbitre[161].

706 – *Mesures administratives* – Seules les mesures disciplinaires, c'est-à-dire celles qui sont motivées par la conduite du salarié relevant de son contrôle et qui cherchent à la corriger, s'inscrivent dans les cadres d'application du paragraphe 100.12f) C.t. Les mesures de nature administrative y échappent, sous réserve des pouvoirs que la convention collective peut reconnaître à l'arbitre à leur endroit[162]. La jurisprudence de la Cour d'appel sert par ailleurs une mise en garde contre le danger d'une distinction artificielle entre les mesures administratives et les mesures disciplinaires[163]. Des jugements ont ainsi refusé de reconnaître une telle distinction lorsque ni la nature de la mesure ni le texte de la convention collective ne l'imposait[164].

C. L'effet

707 – *Décision finale* – La sentence arbitrale de grief est sans appel et lie les parties, y compris, le cas échéant, tout salarié concerné (art. 101 C.t.). Elle bénéficie également de la protection des clauses privatives des articles 139, 139.1 et 140 C.t. Ce n'est donc qu'en cas de défaut ou d'excès de compétence de l'arbitre, comme nous le verrons plus loin, qu'une sentence arbitrale pourra être révisée et annulée par les tribunaux supérieurs dans l'exercice de leur pouvoir de surveillance et de contrôle.

---

ducers Co-operative Ltd. c. *Lyons*, [1982] 1 R.C.S. 338; *General Drivers, Warehousemen and Helpers Union, local 979* c. *Brink's Canada Ltd.*, [1983] 1 R.C.S. 382; *International Association of Machinists and Aerospace Workers, Lodge 764* c. *Clément*, [1986] R.J.Q. 2220 (C.S.).

161. Exemples: *Indalex* c. *Deom*, D.T.E. 88T-1043 (C.S.) – règlement d'entreprise; *Aliments Delisle Ltée* c. *Descoteaux*, [1999] R.J.D.T. 445 (C.A.) – entente antérieure, non déposée selon l'article 72 C.t., envisageant l'éventualité d'une récidive.

162. Voir *Syndicat des travailleurs de l'Hôpital Notre-Dame* c. *C.H.N.D.*, [1983] C.A. 122. Il s'agissait dans ce cas d'un congédiement consécutif à un taux d'absentéisme élevé pour cause de maladie. Le jugement majoritaire identifie dans la décision de l'employeur une «mesure administrative» et non «disciplinaire» et décide ensuite que l'arbitre ne pouvait intervenir dans cette décision du fait que tant la convention collective, dans l'espèce, que le *Code du travail* limitaient son droit d'intervention aux seules mesures disciplinaires.

163. *Lamy* c. *Kraft Ltée*, D.T.E. 91T-49 (C.A.); *Coopérative fédérée de Québec* c. *Association des employés du comptoir avicole de St-Félix de Valois (C.S.N.)*, précité, note 92.

164. *Carterchem* c. *Lebœuf*, D.T.E. 84T-453 (C.A.); *Syndicat national des employés de l'Hôpital de Montréal, pour enfants* c. *Hôpital pour enfants*, [1983] C.A. 118; *Bouchard* c. *Centre hospitalier de Jonquière*, D.T.E. 82T-107 (C.A.).

708 – *Exécution* – L'article 101 C.t. prévoit que l'exécution de la sentence arbitrale peut être assurée par la procédure prévue à l'article 129 du Code, c'est-à-dire le dépôt au bureau du greffier de la Cour supérieure, procédure qui s'applique alors en y apportant les adaptations nécessaires et sans que l'autorisation de la Commission des relations du travail soit nécessaire[165]. L'association accréditée, partie à l'arbitrage, peut ainsi procéder elle-même au dépôt. Le cas échéant, le salarié au bénéfice duquel la sentence a été rendue pourrait aussi s'en charger[166]. L'intérêt du dépôt, si on peut dire, réside à la fois dans sa simplicité procédurale et dans la condamnation pour outrage au tribunal qui pourrait le suivre, dans les cas prévus à l'article 129, al. 3 C.t., outre l'imposition d'une amende selon l'article 146.1 C.t., si la partie concernée ne se conforme pas à la sentence rendue[167].

709 – *Absence d'effets obligatoires futurs* – Entre les parties, une sentence arbitrale règle le litige particulier soumis à l'arbitre. Sous réserve d'une disposition contraire dans la convention collective, les notions de chose jugée (*res judicata*) et de *stare decisis* ne s'appliquent pas en matière d'arbitrage de grief à l'égard d'un litige ultérieur relativement aux mêmes dispositions de la convention collective[168].

L'arbitre appelé à trancher une question déjà décidée par un collègue demeure responsable de sa propre conclusion et de ses motifs. Il ne saurait attribuer l'autorité de la chose jugée à une sentence d'un autre arbitre et en faire le seul motif de la sienne[169]. Même en présence d'une disposition conventionnelle qui l'obligerait à suivre une décision arbitrale antérieure sur la même question, l'arbitre pourrait refuser d'adhérer à une détermination qu'il jugerait lui-même manifestement déraisonnable[170]. Néanmoins, usuellement, les arbitres chercheront à assurer une certaine stabilité dans les relations entre

---

165. Voir *supra*, Titre II, chapitre 1, n° 359.
166. *Syndicat national des travailleurs de St-Thomas Didyme (C.S.N.)* c. *Donohue St-Félicien Inc.*, J.E. 81-649 (C.S.) – dépôt par un conseiller syndical, que le jugement assimile à cette fin à un représentant du salarié.
167. *Boucher* c. *Logistik Unicorp. Inc.*, [2001] R.J.D.T. 1 (C.A.).
168. *Isabelle* c. *Association des fonctionnaires provinciaux de l'Ontario*, [1981] 1 R.C.S. 449; *Société canadienne des postes* c. *Lauzon*, D.T.E. 92T-1054 (C.A.); *Société Radio-Canada* c. *Rousseau*, [1992] R.J.Q. 1878 (C.S.); *Syndicat des employées et employés de métiers d'Hydro-Québec, section locale 1500* c. *Jutras*, D.T.E. 92T-1355 (C.S.); *Union des employés(ées) de service, local 800 (298), F.T.Q.* c. *Larouche*, D.T.E. 89T-508 (C.S.).
169. *Syndicat des employées et employés de métiers d'Hydro-Québec, section locale 1500* c. *Jutras*, *ibid*.
170. *Société canadienne des postes* c. *Lauzon*, précité, note 168, p. 8.

les parties et, de ce fait, examineront avec attention toute décision antérieure sur la question dont ils sont saisis pour ne conclure de façon différente que dans les seuls cas où ils seront convaincus de son absence de bien-fondé.

VIII- LE TRIBUNAL DE DROIT COMMUN ET LA CONVENTION COLLECTIVE

710 – *Occasions d'intervention* – L'intervention du tribunal de droit commun relativement à une convention collective est susceptible de s'envisager soit par rapport à l'application de cette convention collective, soit pour assurer l'exécution d'une sentence arbitrale de grief, soit enfin quant à l'exercice du pouvoir de contrôle judiciaire à l'endroit du processus ou de la décision d'arbitrage.

A. L'application de la convention collective

711 – *Compétence résiduelle* – Au fur et à mesure que la jurisprudence de la Cour suprême est venue définir, en l'élargissant, l'aire de compétence de l'arbitre de griefs, elle a du même coup rétréci le champ d'intervention des tribunaux ordinaires en présence d'une convention collective.

En affirmant l'exclusivité de la compétence arbitrale lorsqu'elle est établie selon les paramètres évoqués précédemment et en écartant alors toute possibilité de concomitance ou de chevauchement de compétence avec les tribunaux de droit commun, la Cour suprême n'a laissé à ces derniers qu'une compétence dite résiduelle à l'endroit de la convention collective. La compétence résiduelle des tribunaux est fondée sur les pouvoirs inhérents qui leur sont propres et sur l'impossibilité, en certaines circonstances, d'obtenir de l'arbitre le redressement qui serait requis[171]. Cette impossibilité peut résulter soit de motifs juridiques reliés aux pouvoirs de l'arbitre[172], soit de motifs factuels d'inefficacité fonctionnelle.

Le plus souvent, c'est pour assurer à une partie la sauvegarde des droits que la convention collective lui reconnaît, jusqu'à l'adjudication finale d'un arbitre, qu'on s'adressera à la Cour supérieure

---

171. *Weber* c. *Ontario Hydro*, précité, note 2, p. 958-959; *Fraternité des préposés à l'entretien des voies – Fédération du réseau Canadien Pacifique* c. *Canadien Pacifique Ltée*, [1996] 2 R.C.S. 495.

172. *Fédération du réseau Canadien Pacifique* c. *Canadien Pacifique Ltée, ibid.* – injonction provisoire jusqu'à ce que l'arbitre ait décidé du grief; *Procureur général du Québec* c. *Cour du Québec*, précité, note 136 – négation à l'arbitre, par la convention collective, du pouvoir d'octroyer des dommages-intérêts.

pour en requérir une mesure provisoire, par exemple d'injonction aux conditions usuelles d'existence d'une apparence de droit, d'urgence, de nécessité et de balance des inconvénients en faveur du requérant[173]. Au regard du critère de nécessité, il y a lieu de garder à l'esprit que l'arbitre de grief agissant en vertu du *Code du travail* dispose, selon le paragraphe 100.12g) C.t., du pouvoir matériel d'accorder une mesure provisionnelle de cette nature. Il s'ensuit que la partie qui sollicite une telle mesure de la Cour supérieure devra lui démontrer l'impossibilité, du moins relative, d'obtenir de l'arbitre, en temps utile, le remède nécessaire[174].

712 – *Compétence personnelle et contextuelle* – C'est aussi au tribunal de droit commun qu'il faudra s'adresser dans certaines situations où la présence d'une convention collective n'est qu'incidente. C'est le cas de litiges qui n'opposent pas entre elles les parties signataires de la convention, comme les litiges entre coemployés, et de ceux qui mettent en cause des parties sur lesquelles l'arbitre ne peut prétendre avoir autorité[175].

Il y a lieu de relever que la Cour suprême n'a jamais jugé nécessaire de refermer formellement la possibilité qu'elle avait reconnue de s'adresser au tribunal de droit commun pour réclamer un salaire impayé, soit-il fixé par convention collective, en l'absence de toute problématique d'interprétation ou d'application de la convention collective[176]. Le danger d'un tel recours devant le tribunal ordinaire serait que l'employeur lui oppose une défense rattachée à l'interprétation de la convention collective et, du même coup, un moyen d'irrecevabilité. Ce recours devrait aussi prendre en compte

---

173. Exemples: *Bissonnette* c. *P.P.D. Rim-Spec Inc.*, D.T.E. 91T-1115 (C.A.); *Union des employées et employés de service, section locale 800* c. *Société en commandite Villa de Chicoutimi*, [1996] R.J.Q. 2630 (C.S.).

174. Voir *supra*, nᵒˢ 701-702; *Syndicat des travailleuses et travailleurs de Sobeys de Baie-Comeau* c. *Sobeys Inc. (numéro 650)*, D.T.E. 96T-192 (C.S.) – injonction refusée, le processus d'arbitrage ayant été amorcé par la nomination d'un arbitre; *Syndicat des employés de magasins et de bureaux de la S.A.Q.* c. *Société des alcools du Québec*, précité, note 131 – refus de l'injonction en raison du défaut du requérant d'avoir pris les mesures appropriées pour que l'arbitre puisse exercer sa compétence lui permettant de délivrer une ordonnance intérimaire de sauvegarde des droits des parties pendant l'instance arbitrale; *Poirier* c. *Montréal (Ville de)*, D.T.E. 93T-1272 (C.S.) – absence de circonstances exceptionnelles justifiant l'injonction.

175. Voir *supra*, nᵒˢ 657-658.

176. *Hamilton Street Railway Company* c. *Northcott*, [1967] R.C.S. 3 et *Re Grottoli* c. *Lock & Son Ltd.*, (1963) 39 D.L.R. (2d) 128. La Cour suprême a par la suite distingué ces jugements et les situations auxquelles ils se rapportaient dans: *General Motors of Canada Ltd* c. *Brunet*, *supra*, note 1, p. 542-543; *Procureur général de la province de Québec* c. *Labrecque*, *supra*, note 1.

l'article 70 du *Code du travail*, quant à la compétence du tribunal eu égard au montant réclamé, ainsi que la prescription de six mois de l'article 71 C.t., qui demeurerait applicable selon un jugement de la Cour d'appel[177].

Le tribunal de droit commun est enfin le seul compétent lorsque la situation d'où naît le litige demeure juridiquement indépendante de la convention collective. Il en est ainsi d'une entente particulière ou complémentaire conclue entre l'employeur et le salarié, en supposant sa légalité au regard de la convention collective[178]. C'est aussi le cas à l'égard d'un droit ou d'une obligation d'origine légale et que la convention collective n'incorpore pas explicitement ou implicitement[179].

B. L'exécution de la sentence arbitrale

713 – *Exécution forcée* – L'article 101 C.t., nous l'avons vu, renvoie à l'article 129 C.t. comme mode d'exécution, avec l'adaptation nécessaire, de la sentence arbitrale. Au besoin, l'exécution forcée de la sentence arbitrale selon cette procédure pourra conduire au mode d'exécution forcée des jugements de la Cour supérieure et même, si la décision contient une ordonnance de faire ou de ne pas faire, à une condamnation pour outrage au tribunal de nature civile ou criminelle[180]. L'outrage au tribunal est une procédure de droit strict. Il ne pourra sanctionner que la violation claire d'une ordonnance précise de l'arbitre[181].

714 – *Procédure alternative* – La jurisprudence continue de reconnaître que l'on puisse aussi s'adresser directement aux tribunaux de droit commun pour obtenir l'exécution d'une sentence

---

177. *Mayrand* c. *Commissaires d'écoles pour la municipalité de Ste-Germaine de Boulé*, [1971] C.A. 510.
178. Exemple: *Frappier* c. *Commission scolaire Crie*, D.T.E. 90T-1094 (C.A.).
179. Exemple: *Montréal (Ville de)* c. *Syndicat canadien de la fonction publique, section locale 301*, [1997] R.J.Q. 1534 (C.A.) – réclamation de l'employeur à la suite d'actes de vandalisme commis à l'occasion d'une grève légale.
180. Sur l'effet de la procédure de dépôt d'une sentence arbitrale à la Cour supérieure et sur la distinction entre l'outrage civil et l'outrage criminel, voir *United Nurses of Alberta* c. *Procureur général d'Alberta*, [1992] 1 R.C.S. 901. Exemple d'outrage civil, selon les articles 53 à 54 C.p.c.: *Association de l'enseignement du Nouveau-Québec* c. *Commission scolaire Crie*, [1989] R.J.Q. 1865 (C.S.). Voir aussi *supra*, Titre II, chapitre 1, n° 359.
181. Voir: *Restaurant Faubourg St-Denis Inc.* c. *Durand*, précité, note 53; *Commission scolaire Harricana* c. *Syndicat des travailleuses et travailleurs de l'enseignement du Nord-Est québécois*, [1988] R.J.Q. 947 (C.A.).

arbitrale, alternativement à la procédure de l'article 129 du Code[182]. Ce recours peut amener la Cour supérieure à formuler des ordonnances précises dont le contenu s'infère manifestement des conclusions de la sentence arbitrale[183]. Il ne saurait cependant s'avérer un moyen de parfaire le dispositif défaillant d'une sentence arbitrale[184]. Une injonction de la Cour supérieure pourra ultimement, elle aussi, mener la partie qui y contrevient à une condamnation pour outrage au tribunal, civil ou criminel[185].

C. Le contrôle judiciaire

1. La recevabilité du recours

715 – *Voies procédurales* – La surveillance et le contrôle des tribunaux inférieurs et des organismes administratifs constituent pour les cours supérieures un pouvoir inhérent et essentiel qui ne peut leur être enlevé de quelque façon que ce soit[186].

Sur le plan procédural, le pouvoir de contrôle judiciaire est susceptible de s'exercer par diverses voies. Celle qui est la plus fréquemment utilisée, pour des raisons de simplicité et de rapidité procédurales, est la requête en révision judiciaire en vertu de l'article 846 C.p.c. Le texte même de cette disposition réserve toutefois son utilisation à une partie devant le tribunal inférieur. En l'occurrence, il s'agit du syndicat accrédité et de l'employeur, ce qui exclut généralement le salarié dont les droits sont concernés[187]. Un syndicat

---

182. Voir et transposer: *supra*, Titre II, chapitre 1, no 359; *Procureur général de la province de Québec* c. *Progress Brand Clothes Inc.*, [1979] C.A. 326; *Boucher* c. *Logistik Unicorp. Inc.*, [2001] R.J.D.T. 1 (C.A.).

183. Voir: *Syndicat des travailleuses et travailleurs d'Épiciers unis Métro-Richelieu* c. *Épiciers unis Métro-Richelieu Inc.*, D.T.E. 97T-1075 (C.S.).

184. *Centre hospitalier Régina Ltée* c. *Syndicat national des employés de l'Hôpital Régina (C.S.N.)*, [1983] R.D.J. 223 (C.A.).

185. Exemples d'outrage civil: *Syndicat des travailleuses et travailleurs d'Épiciers unis Métro-Richelieu* c. *Épiciers unis Métro-Richelieu Inc.*, D.T.E. 98T-787 (C.S.) – condamnation; *Syndicat des travailleuses et travailleurs d'Épiciers unis Métro-Richelieu (C.S.N.)* c. *Épiciers unis Métro-Richelieu Inc.*, D.T.E. 98T-1061 (C.S.) – sentence.

186. *Noël* c. *Société d'énergie de la Baie James*, précité, note 60, par. 27.

187. *Hotte* c. *Bombardier Ltée*, [1981] C.A. 376; *Verdun (Ville de)* c. *Besner*, D.T.E. 94T-1159 (C.A.); *Rousseau* c. *Hamelin*, [1997] R.J.Q. 1853 (C.A.). Comme l'évoque le dernier jugement, le recours pourrait être ouvert au salarié dans les cas, relativement rares, où la convention collective lui permet d'avoir accès à l'arbitrage de son seul chef, sans le concours ou le consentement du syndicat, et d'acquérir ainsi le statut de partie devant le forum arbitral. Voir à cet effet, par analogie, *Québec (Ville de)* c. *Morin*, précité, note 25.

rival, dont les droits sont affectés par la sentence de l'arbitre mais qui a omis d'intervenir devant lui, ne peut se prévaloir de cette voie procédurale[188].

L'action en nullité selon l'article 33 C.p.c. se présente maintenant de façon générale comme une voie procédurale alternative de révision judiciaire[189].

716 – *Accessibilité* – Se pose ici la question suivante: le salarié lésé par une sentence arbitrale peut-il se pourvoir à l'encontre de cette décision et en obtenir la révision judiciaire par action en nullité, sans le concours de l'association accréditée, en invoquant un intérêt juridique suffisant au sens et aux fins de l'article 55 C.p.c.?

Par l'arrêt *Noël*, la Cour suprême exclut de façon générale cette possibilité[190]. Selon la cour, la notion d'intérêt procédural (art. 55 C.p.c.) est indissociable du droit substantiel[191]. Dans le contexte d'un régime de relations de travail fondé sur la négociation collective et sur le pouvoir de représentation exclusive du syndicat accrédité, l'exclusivité de la représentation syndicale se prolonge jusqu'à ce stade de l'administration de la convention collective, s'il y a lieu[192]. En contrepartie, le syndicat demeure tenu à son obligation de représentation[193]. Le juge LeBel, qui écrit pour la cour, évoque certaines situations d'exception dans lesquelles un salarié pourrait agir seul. Il mentionne ainsi les cas où l'association accréditée aurait déjà préalablement manqué à son devoir de représentation, par exemple par collusion avec l'employeur[194], ceux où le salarié a droit à une représentation distincte à l'arbitrage parce qu'il s'y trouve déjà en conflit d'intérêts avec son syndicat, ceux où on se trouverait devant certaines formes de violation de la règle *audi alteram partem*, ceux où le tribunal d'arbitrage n'aurait pas été constitué conformément à la Loi et ceux où l'arbitre aurait été saisi d'une matière relevant de la compétence d'une autre juridiction[195].

---

188. *Syndicat des travailleuses et travailleurs d'Épiciers unis Métro-Richelieu (C.S.N.)* c. *Lavoie*, D.T.E. 2002T-247 (C.S.).
189. *Noël* c. *Société d'énergie de la Baie James*, précité, note 60, par. 30-36.
190. *Ibid.*
191. *Ibid.*, par. 38.
192. *Ibid.*, par. 42, 58, 62-64.
193. *Ibid.*, par. 45, 57 et 58.
194. *Brousseau* c. *Manufacture St-Laurent Canada inc.*, D.T.E. 2002T-989 (C.A.).
195. *Noël* c. *Société d'énergie de la Baie James*, précité, note 60, par. 68-69.

717 – *Recours ou moyen alternatif* – Le recours en *mandamus*, selon l'article 844 C.p.c., peut s'avérer une alternative appropriée aux recours selon les articles 846 ou 33 du même Code, lorsque l'arbitre fait défaut d'exercer la compétence ou un pouvoir que la Loi ou la convention collective lui reconnaît[196]. Plus rarement, l'invalidité d'une sentence arbitrale pourra se soulever en défense, à l'encontre d'un recours qui en recherche l'exécution. Une telle défense faisant appel à l'exercice du pouvoir de contrôle et de surveillance de la Cour supérieure, c'est seulement devant cette dernière qu'elle sera recevable.

718 – *Moment d'exercice du recours* – Le *Code de procédure civile* ne prédétermine aucun délai précis d'exercice des recours qui font appel au pouvoir de contrôle et de surveillance de la Cour supérieure. La jurisprudence a comblé ce silence de la Loi en exigeant que le recours soit entrepris dans un délai raisonnable. En pratique, la procédure entreprise dans les 30 jours suivant la décision attaquée sera considérée satisfaire cette exigence, selon la jurisprudence. Au-delà de ce délai, il faudra commencer à expliquer le retard et l'exigence de justification croîtra avec le délai encouru.

Sur un autre plan, la Cour d'appel a énoncé une politique judiciaire claire et percutante à l'endroit des demandes de contrôle judiciaire en matière d'arbitrage de griefs: à moins d'irrecevabilité manifeste du grief et «encore là uniquement lorsqu'il y a perspective d'une longue instruction que ne justifie pas le mal-fondé évident et incontestable du droit», seule la sentence arbitrale finale disposant d'un grief pourra faire l'objet d'un recours en contrôle judiciaire[197].

2. La norme de contrôle

719 – *Choix et sens de la norme applicable* – Le choix de la norme de contrôle applicable se présente sous la forme d'un spectre à l'une des extrémités duquel se trouverait la norme de la décision exacte et à l'autre celle du test de rationalité ou de l'erreur manifestement dérai-

---

196. *Commission scolaire de la Haute-Gatineau* c. *Monnier*, [1992] R.J.Q. 365 (C.A.); *Fraternité des policiers de la municipalité de la Baie James* c. *Tremblay*, [1987] R.J.Q. 25 (C.A.); *Union des chauffeurs de camions, hommes d'entrepôts et autres ouvriers, local 106* c. *Bolduc*, D.T.E. 89T-749 (C.S.).

197. *Collège d'enseignement général et professionnel de Valleyfield* c. *Gauthier-Cashman*, [1984] C.A. 633, 634; *Produits Pétro-Canada Inc.* c. *Moalli*, [1987] R.J.Q. 261, 264-265 (C.A.); *Sûreté du Québec* c. *Lussier*, D.T.E. 94T-1038 (C.A.).

sonnable, qui impose aux tribunaux la plus grande retenue. Ce choix s'effectue de façon pragmatique et fonctionnelle, même sur les questions dites de compétence, en fonction des facteurs identifiés par la Cour suprême dans l'arrêt *Pushpanathan*[198], à savoir:

— les clauses privatives;

— l'expertise du tribunal, qui serait le facteur le plus important;

— l'objet de la Loi dans son ensemble et de la disposition en cause, qui rejoint souvent la question de l'expertise;

— la nature du problème: question de droit ou de fait?

Par effet des articles 139, 139.1 et 140 C.t., l'arbitre de griefs est protégé par une clause privative complète et rigoureuse[199]. Dans son rôle d'interprète de la convention collective et, accessoirement, dans la mesure où il lui est nécessaire de faire appel au droit commun ou aux lois du travail pour décider d'un grief, l'arbitre bénéficie d'une autonomie décisionnelle maximale et d'une obligation de retenue proportionnelle de la part des tribunaux supérieurs. Seule une erreur manifestement déraisonnable de sa part justifiera l'annulation de sa décision[200].

L'erreur manifestement déraisonnable est celle qui est à la fois évidente et totalement illogique ou irrationnelle[201]. L'erreur de droit manifestement déraisonnable correspond à une interprétation ou à une conclusion qui ne peut rationnellement s'appuyer sur le texte pertinent à appliquer, au point d'exiger une intervention judiciaire[202].

---

198. *Pushpanathan* c. *Canada (Ministre de la Citoyenneté et de l'Immigration)*, [1998] 1 R.C.S. 982.

199. *Ivanhoe Inc.* c. *TUAC, section locale 500*, [2001] 2 R.C.S. 565, 2001 CSC 47, par. 33; *Syndicat des travailleurs et des travailleuses des Épiciers unis Métro-Richelieu (C.S.N.)* c. *Lefebvre*, précité, note 105, p. 1535.

200. *Ibid.*; *Commission scolaire de Rivière-du-Loup* c. *Syndicat de l'enseignement du Grand-Portage*, [2000] 2 R.C.S. 913.

201. *Procureur général du Canada* c. *Alliance de la Fonction publique du Canada*, [1993] 1 R.C.S. 941, 963-964; *Commission scolaire de la région de Sherbrooke* c. *Syndicat de l'enseignement de l'Estrie*, [2001] R.J.Q. 1105 (C.A.); *Syndicat des enseignantes et enseignants du Collège d'enseignement général et professionnel de Victoriaville* c. *Collège d'enseignement général et professionnel de Victoriaville*, D.T.E. 2001T-583 (C.A.).

202. *Syndicat canadien de la Fonction publique* c. *Société des alcools du Nouveau-Brunswick*, [1979] 2 R.C.S. 227; *Syndicat des professeurs du Collège de Lévis-Lauzon* c. *Collège d'enseignement et professionnel de Lévis-Lauzon*, précité,

Il n'appartient pas aux tribunaux judiciaires de départager les controverses jurisprudentielles; le fait qu'une décision se démarque d'un courant de jurisprudence, soit-il majoritaire, n'emporte pas qu'elle soit déraisonnable[203]. L'erreur révisable peut également se rapporter aux faits et à leur qualification. La détermination de l'arbitre se révélera alors abusive, manifestement injuste, absurde, contraire au sens commun ou sans aucun fondement dans l'ensemble de la preuve[204].

Par ailleurs, on appliquera la norme de la décision exacte, ou on s'en approchera, lorsque la détermination de l'arbitre porte sur sa compétence matérielle à l'endroit du litige, ou sur ses pouvoirs, ou s'il contrevient aux règles de la justice naturelle, ou encore s'il erre dans l'interprétation d'une loi d'ordre public plus éloignée de son expertise. S'agissant en particulier d'une loi de nature constitutionnelle ou quasi constitutionnelle comme c'est le cas pour les chartes, l'arbitre ne disposera d'aucune marge d'erreur en droit[205].

3. L'effet du contrôle

720 – *Annulation et conséquences* – L'exercice du pouvoir de contrôle judiciaire conduit à l'annulation de la sentence rendue par l'arbitre. Cette annulation ne se présente pas, en principe, comme une occasion pour le tribunal supérieur de se substituer purement et simplement au forum spécialisé pour interpréter et appliquer la convention collective[206].

---

note 23; *CAIMAW* c. *Paccar of Canada Ltd.*, [1989] 2 R.C.S. 987. Exemples: *Centre d'accueil Miriam* c. *Syndicat canadien de la Fonction publique, section locale 2115*, [1985] 1 R.C.S. 137; *Commission scolaire régionale du Grand-Portage* c. *Syndicat de l'enseignement du Grand-Portage*, D.T.E. 90T-1097 (C.A.); *Matane (Ville de)* c. *Fraternité des policiers et pompiers de la Ville de Matane Inc.*, précité, note 144.

203. *Commission scolaire de la région de Sherbrooke* c. *Syndicat de l'enseignement de l'Estrie*, précité, note 201.

204. *Blanchard* c. *Control Data Canada Ltée*, précité, note 91, p. 481. Exemples de détermination déraisonnable au regard des faits en preuve devant l'arbitre: *Conseil de l'éducation de Toronto (City)* c. *F.E.E.E.S.O., district 15*, précité, note 94; *Fraternité des chauffeurs d'autobus, opérateurs de métro et employés des services connexes au transport de la C.T.C.U.M., section 1983, F.C.S.P.* c. *C.T.C.U.M.*, précité, note 147.

205. Voir, *supra*, n° 692.

206. *Centre d'accueil Miriam* c. *Syndicat canadien de la Fonction publique, section locale 2115*, précité, note 202, p. 144; *Acier Leroux Inc.* c. *Union des camionneurs de construction et approvisionnements, mécaniciens d'auto et aides-employés de stations-services et de parcs de stationnement et salariés divers, section locale 903*, D.T.E. 93T-131 (C.A.); voir aussi, par analogie, *Société des traversiers du Québec* c. *Jourdain (Succession de)*, [1999] R.J.Q. 1626 (C.A.).

À moins que le jugement de révision judiciaire constate l'absence totale de compétence de l'arbitre ou qu'il ne lui laisse plus rien à décider, compte tenu du motif de nullité[207], les parties seront renvoyées à un nouvel arbitrage[208] ou, si aucune circonstance particulière ne s'y oppose, le dossier sera renvoyé à l'arbitre pour qu'il rende une nouvelle décision en tenant compte des conclusions du jugement de contrôle judiciaire[209].

---

207.   Voir: *Panneaux Vicply Inc.* c. *Guindon*, D.T.E. 98T-34 (C.A.); *Matane (Ville de)* c. *Fraternité des policiers et pompiers de la Ville de Matane Inc.*, précité, note 125; *Syndicat canadien de la fonction publique, section locale 2051* c. *Tremblay*, D.T.E. 93T-1299 (C.A.) – grief accueilli.

208.   *Centre d'accueil Miriam* c. *Syndicat canadien de la Fonction publique, section locale 2115*, précité, note 202; *Société des traversiers du Québec* c. *Jourdain (Succession de)*, précité, note 206; *Air Canada Ltée* c. *Frumkin*, D.T.E. 96T-1500 (C.S.).

209.   *Acier Leroux Inc.* c. *Union des camionneurs de construction et approvisionnements, mécaniciens d'auto et aides-employés de stations-services et de parcs de stationnement et salariés divers, section locale 903*, précité, note 206; *Guilde des employés de Super-Carnaval (Lévis)* c. *Tribunal du travail*, [1986] R.J.Q. 1556 (C.A.); *Compagnie des transformateurs Phillips Limitée* c. *Métallurgistes unis d'Amérique, local 7812*, [1985] C.A. 684.

INDEX DE LA LÉGISLATION

Note: La référence est au paragraphe.

Lois constitutionnelles

Canada

Lois

Règlements

Règlements

Règles

INDEX DE LA JURISPRUDENCE

Note: La référence est au paragraphe.

585

- A -

- B -

- C -

- E -

- **F** -

- G -

- H -

- I -

- J -

- K -

- M -

- N -

- O -

- Q -

- R -

- T -

- U -

- V -

- W -

- Y -

- Z -

INDEX ANALYTIQUE

Note: La référence est au paragraphe.